Contraste insuffisant

NF Z 43-120-14

19518.

ŒUVRES

DE LEIBNIZ

TOME VII

Paris. — Typographie de Firmin-Didot frères, fils et Cie, rue Jacob, 56.

ŒUVRES

DE

LEIBNIZ

PUBLIÉES POUR LA PREMIÈRE FOIS

D'APRÈS LES MANUSCRITS ORIGINAUX

AVEC

NOTES ET INTRODUCTIONS

PAR

A. FOUCHER DE CAREIL

TOME SEPTIÈME

LEIBNIZ ET LES ACADÉMIES. LEIBNIZ ET PIERRE LE GRAND

PARIS

LIBRAIRIE DE FIRMIN DIDOT FRÈRES, FILS ET Cie

IMPRIMEURS DE L'INSTITUT, RUE JACOB, 56

1875

Droit de traduction et de reproduction réservé.

INTRODUCTION

Le septième volume des œuvres de Leibniz paraît après une assez longue interruption, dont je n'ai point besoin de dire les causes. La cessation de nos rapports scientifiques et littéraires avec l'Allemagne, et les événements désastreux qui suivirent, suffisent à l'expliquer.

Ce nouveau volume est intitulé: *Leibniz et les Académies*. Il est, pour la plus grande partie, consacré à ces fondations ou à ces projets de fondations que des circonstances étrangères à la volonté de l'auteur ont seules empêché d'être suivis d'une réalisation immédiate.

Leibniz, esprit universel et vraiment encyclopédique, avait conçu de bonne heure le projet de réunir les différentes sciences et de

grouper les savants autour d'un centre commun. Les premiers projets attestent, par leur étendue et leur généralité non moins que par leur caractère théorique et moral, du mouvement d'idées philosophiques qui l'agitaient alors.

Il est même un de ces écrits qui révèle une sorte de préoccupation étrange et qui fait songer à cette société d'alchimistes dont il avait été reçu membre à Nuremberg, et à celle des Rosecroix à laquelle il paraîtrait que fut affilié Descartes (1). C'est ainsi qu'on s'explique le langage qu'il y parle et les règles qu'il y trace pour les initiés. La *Société des Frères-Amis* (Societas Philadelphica) avait été conçue par Leibniz sur le plan des ordres monastiques et, pour tout dire, de l'institut des Jésuites. Les membres, ne pouvant entrer en communion absolue comme les RR. PP. de la Société de Jésus, devaient se lier par des serments terribles et pratiquer la règle d'o-

---

(1) Descartes avait été Rosecroix. Leibniz avait été initié et reçu comme lui à Nuremberg. C'est un très-curieux épisode de sa jeunesse qu'on pourrait intituler : Leibniz alchimiste. Il les paya de leur monnaie et fit un discours de récipiendaire dont notre Molière n'aurait pas manqué de tirer parti. (*Voir* Guhrauer, t. I.)

béissance passive. Rien n'est plus curieux que ces instituts. Leibniz les ramène suivant son ordinaire à quelques principes sublimes et d'une logique incontestable : la vraie politique dont le but est l'utilité; Dieu dont il faut suivre en tout la volonté, cette volonté qui est la perfection de l'univers et par conséquent du genre humain, dont le but est de croître en sagesse et en puissance.

Ces vues si particulières à Leibniz s'accusent et se précisent davantage dans un manuscrit plus étendu et de la même période, intitulé : *Esquisse pour le plan de la création d'une Société des arts et des sciences en Allemagne.* Ce projet est très-intéressant au point de vue moral et économique : l'amour du bien public y domine, et, à côté d'idées très-pratiques, très-positives même, on y remarque encore un côté d'utopie morale et religieuse qui est propre à ce grand homme; il cherche avec un optimisme un peu confiant, c'est lui-même qui le dit, le ciel sur la terre: *cœlum in terris.* On trouve, dans ce précieux document, des définitions merveilleuses de la foi, de l'espérance et de la charité, de la raison pratique et de la paix d'une bonne conscience.

Ces vues si élevées ne sont que la préface d'un projet tout moderne pour exciter ses compatriotes à faire des découvertes, et à concourir ainsi à la félicité du genre humain. Il y développe cette pensée, qu'une nouvelle invention fait plus pour l'honneur de Dieu que bien des sermons, des poëmes et des homélies; que c'est l'adorer en philosophe que de découvrir une nouvelle harmonie dans l'art ou la nature ; que, si les poëtes et les philosophes rendent un culte à la divinité par leurs œuvres, les moralistes et les politiques seuls l'imitent par les leurs. On y rencontre enfin cette belle définition des manufactures qui sont « des aumônes perpétuelles, croissant sans fin, se reproduisant sans cesse, et qui peuvent servir à des milliers d'hommes ».

Un autre écrit de cette même période est intitulé : *Réflexions sur l'établissement d'une Société des arts et des sciences en Allemagne.* C'est un traité plus pratique, d'un caractère plus national et tout patriotique. On peut le comparer sous ce dernier rapport à son « Exhortation aux Allemands pour cultiver leur langue », manuscrit publié par Grotefend. Leibniz cherche à démontrer dans le nôtre que

ses compatriotes ont pénétré, plus avant qu'aucun autre peuple, dans la connaissance de la nature et l'art de lui dérober ses secrets; il revendique historiquement pour sa patrie l'esprit d'invention, les expériences utiles, les termes techniques et les adresses des arts et des métiers que les Allemands ont transplantés jusqu'en Thrace et en Orient. La liste des découvertes qu'il leur attribue, des noms propres, qu'il cite depuis Albert le Grand et Paracelse jusqu'à Kepler et Copernic, est bien longue et souvent erronée. Nous ne pouvons la reproduire ici. C'est un plaidoyer fort curieux, que l'on pourra trouver paradoxal, mais qui n'en est pas moins appuyé sur des faits et des exemples nombreux. L'éloge de la renaissance allemande, avec ses conséquences pratiques, avec son caractère si distinct de la renaissance italienne, ces écoles de mineurs et de mécaniciens dont s'enorgueillissaient Nuremberg et Augsbourg, au seizième siècle, les mémorables découvertes astronomiques auxquelles reste attaché le nom de Kepler, cette émulation pour le commerce et la navigation qui donna naissance à la ligue hanséatique, méritent d'attirer l'attention. On apprendra

avec quelque surprise que les arts mécaniques, les sciences expérimentales, la chimie, la médecine, le commerce, la navigation, l'industrie, doivent leurs progrès aux Allemands. La thèse n'est point d'ailleurs exclusive. Elle peut se résumer ainsi : l'Italie est très-supérieure dans les arts du dessin, et la France n'a pas de rivale dans les arts intellectuels; mais l'Allemagne l'emporterait dans les arts utiles, si elle savait, comme les deux autres, réunir les fruits de son expérience dans des Académies et les féconder par ses Sociétés des sciences. Et encore cet éloge ainsi restreint est-il mêlé de sévères critiques; il gourmande l'inertie et la paresse de ses contemporains, qui se laissent enlever la palme à laquelle ils ont droit. L'Allemagne néglige sa propre gloire; elle ne paraît pas se soucier de ses titres à l'admiration et à la reconnaissance des autres hommes. « Il n'est pas honorable, s'écrie-t-il à la première page de ses réflexions, il n'est pas honorable pour nous Allemands, qui avons les premiers découvert les arts et les sciences mécaniques, naturelles et autres, que nous soyons maintenant les derniers à contribuer à leur accroissement et à leur progrès, comme si la gloire de

nos ancêtres suffisait à conserver la nôtre (1). »
Cette double tendance encyclopédique et nationale s'accuse de plus en plus dans les écrits qui suivent.

Leibniz n'est pas seulement un grand esprit : c'est aussi un esprit très-pratique, très-appliqué, très-exact. A mesure qu'il avançait en âge, il semble avoir mieux senti le vide de la théorie pure, bien qu'il n'y renonçât jamais. Mais il éprouve le besoin d'une philosophie plus réelle, plus positive. Il dit de lui-même: « Les actions valent mieux que les paroles, et le meilleur moyen de comprendre et d'adorer Dieu, c'est d'imiter ce bienfaiteur universel. » Les dernières années de sa vie (1700-1716) vont nous le montrer à l'œuvre.

Sans doute Leibniz n'avait pas attendu sa cinquantième année pour être convaincu de l'utilité des Sociétés entre savants. Le volume que nous publions en est la preuve. Outre les trois manuscrits si intéressants que nous avons cités, il est rempli d'autres documents de la même époque qui n'ont pas moins d'importance. L'archiviste et le bibliothécaire y paraissent tout occupés de plans ingénieux pour

(1) P. 64.

la réforme de la librairie, l'établissement des archives et des bibliothèques (1). Ses tendances pratiques se font jour dans la *consultation sur la manière d'appliquer les connaissances naturelles aux usages de la vie* (2). Sa correspondance avec Paulini (3) nous le montre déjà très-ardent et très-tenace pour la fondation d'un collége historique dont il énumère les avantages et dicte les statuts. Mais ces pensées encore un peu vagues prirent un corps dans la période où nous entrons. Ici Leibniz ne se contente plus du rôle d'excitateur scientifique : il passe résolûment à l'application. Il donne des règles, prépare des diplômes au nom des trois ou quatre potentats de l'Allemagne, et rédige de véritables chartes pour la fondation des Sociétés des sciences qu'il veut créer : il s'inquiète surtout, détail bien mince en apparence, mais très-important par ce temps de guerre et de dépenses ruineuses pour les souverains de l'Allemagne, il s'inquiète de leur procurer un fonds convenable et des ressources suffisantes.

(1) P 1, 127, 138, 155, 567.
(2) P. 93.
(3) P. 172 et suiv.

Quatre grandes fondations de ce genre l'occupèrent ainsi jusqu'à sa mort avec des fortunes diverses et des résultats très-inégaux : ce sont les Académies de Berlin, de Dresden, de Vienne et de Saint-Pétersbourg ou de Moscou. Quelques mots sur chacune d'elles sont nécessaires pour nous faire bien apprécier ses efforts et le but qu'il poursuivait.

On savait que Leibniz avait été le fondateur et le président de l'Académie de Berlin : mais les historiens, en nous parlant de cette fille du grand philosophe, ne nous ont point dit combien l'enfantement fut laborieux et ses destinées d'abord précaires. Une femme, une princesse, illustre entre toutes, s'est acquis des titres à la reconnaissance des savants par le concours qu'elle lui donna.

La reine de Prusse, Sophie-Charlotte, la fille de la duchesse Sophie de Hanovre, l'élève et l'amie de Leibniz, avait conquis ce trône si ardemment convoité par l'Électeur de Brandebourg, en y faisant asseoir, comme on l'a dit, la majesté et l'amour :

Majestas et amor in uná sede morantur.

C'était une des femmes les plus accomplies de

son temps. Elle tenait avec une grâce charmante, à cette cour de Berlin, le double sceptre de l'esprit et de la beauté. Son estime singulière pour le philosophe de Hanovre le lui avait attaché par les liens d'une véritable amitié. Leibniz la ravissait sans la satisfaire toujours par le ton aisé et naturel de sa philosophie. Elle ravissait Leibniz par son amour de la vérité et les grâces incomparables de sa personne. C'est de leur entretien qu'est née l'Académie de Berlin.

Un jour, à un dîner où elle recevait à sa table quelques intimes, « S. A. É. Madame estant venue à parler à un des prédicateurs de la cour au sujet de l'Académie des peintres et sculpteurs, et de ce que cela commençoit à aller si bien, a adjouté qu'il seroit bon qu'on établît aussi un observatoire, comme il y en a un Paris. Sur cela, on pense à y travailler, et comme on n'aura qu'à élever un peu un certain pavillon des nouvelles écuries et de l'accommoder pour les observations, les instruments se trouveront, et des observateurs aussi, de sorte qu'on espère que cela réussira. »

La nouvelle dont le prédicateur de la cour,

Yablonski, fit part au premier président, de Dankelman, parvint aux oreilles de Leibniz, qui écrivit, en novembre 1697 :

« V. A. É., estant fille de Madame l'Électrice (ce qui est tout dire), a toujours eu de grands et beaux sentimens qui peuvent faire honte à ceux des plus excellens hommes. Je m'asseure même qu'elle étend sa curiosité encore aux autres matières qui ne sont pas moins importantes et moins belles que celles de l'astronomie, et qui pourroient estre, aussi bien que cette science, l'objet d'une Académie électorale des sciences, capable de tenir teste avec le temps à celles de Paris et de Londres, pour faire honneur non-seulement à l'Électeur, maistre et fondateur, mais encore à toute l'Allemagne. Si j'estois plus asseuré que V. A. É. y prend goust, j'entrerois dans un plus grand détail. » C'est ce qu'il fit dans un Mémoire, pour les deux Électrices, vers la fin de cette année ; il offre ses services, et manifeste l'intention de se faire attacher à la cour de Berlin par quelque mission confidentielle (1).

---

(1) Ce Mémoire et la Lettre que nous avons cités se trouvent sous le n° 133 dans l'édition allemande du Dr Klopp, t. VIII. (*Voir*

C'est ce projet si souvent repris, accru par les observations de Leibniz et agréé par la reine, qui finit par réussir après bien des difficultés et des traverses. Leibniz avait sans doute un autre but que de plaire à la reine, mais le désir de lui plaire ne fut certainement pas étranger à la réussite de ce projet. Sophie-Charlotte montra, de son côté, dans la poursuite du but commun ce que peut l'amitié d'une grande reine pour aider les savants même les plus illustres. Sans elle l'Académie de Berlin serait restée, comme les autres, longtemps encore, à l'état de projet ; Leibniz ne fût jamais parvenu à lui obtenir ses lettres de naturalisation. Il eut à lutter pour lui assurer même un semblant d'existence, et il fut un instant sur le point de quitter Hanovre et d'aller s'établir à Berlin pour veiller sur son œuvre (1). Après la

le Mémoire *pour des personnes éclairées et de bonne intention* que nous avons publié dès 1854 dans les *Lettres et Opuscules inédits de Leibniz.*) Voir aussi trois Mémoires très-curieux sur cette Académie à l'appendice, p. 599. C. f. Guhrauer: *Deutsche Schriften.*

(1) Leibniz eût été à Berlin pour y occuper la place d'historiographe de Brandebourg. Mais le conseiller M. Fuchs, écrit-il, n'a pas été assez puissant pour mener à bonne fin ce qui regardait le traitement. Toujours la question d'argent ! Du reste, à partir de 1701, Leibniz ne se gêna plus, et ses fréquents voyages à Berlin indisposèrent contre lui l'Électeur de Hanovre. « Au moins, dit-il un jour à sa mère, il devroit bien me dire où il va

mort de la princesse, Leibniz tomba dans une sorte de disgrâce, et ce ne fut qu'en 1711 que l'on fit l'inauguration de la Société.

Le 18 mars 1700 dut être un beau jour pour Leibniz, et sans entrer en enthousiasme avec Guhrauer qui s'écrie : « Le 11 juin 1700 fut le jour qui vit jeter en Prusse les fondements d'un nouveau développement de l'esprit humain, » il faut s'arrêter un instant à ces deux dates. Ce fut le 18 mars que l'Électeur de Brandebourg prit la résolution de créer l'Académie des sciences et de s'en déclarer le protecteur, et ce fut le 11 juin que sortit enfin la charte de sa fondation. L'heureuse nouvelle de la résolution prise fut aussitôt communiquée à Leibniz par Yablonski, et il eut le plaisir de l'annoncer à Sophie-Charlotte qui se trouvait alors à Hanovre auprès de la duchesse Sophie, sa mère. Leibniz, à ce sujet, adressa deux écrits au prince de Prusse, et les statuts ne furent adoptés que lorsqu'il fut lui-même arrivé à Berlin sur l'invitation de son maître. Le

---

quand il s'esloigne. Je ne sçay jamais où le trouver. » Cependant, vers le mois de juin 1700, Leibniz lui écrivait qu'il était à Berlin, où « Mgr l'Électeur le fait consulter sur la Société des sciences qu'il fonde ». Il pourrait bien y avoir eu un peu de jalousie dans la mauvaise humeur de Georges-Louis.

11 juin 1700, la nouvelle Société fut définitivement constituée d'après ses plans; et, le 12 juillet suivant, les lettres patentes qui le nommaient président furent octroyées par l'Électeur (1).

Le programme de Leibniz se distingue par certains traits essentiels de ceux qui avaient été donnés aux Académies de Paris, de Londres et de Florence, ou plutôt il cherche à les comprendre tous en un seul en le frappant de son cachet particulier : cachet de nationalité et d'utilité dont il voulut que son œuvre portât en tout l'empreinte. La conservation de la langue dans sa pureté, comme à Paris et à *la Crusca*, le progrès des sciences par l'observation et l'expérience, comme à Londres et à Paris, enfin la connaissance des langues et de la géographie des peuples étrangers par les missions, tels sont les trois objets qu'il embrasse d'abord dans ce plan : mais le caractère d'utilité pratique et national devait y dominer, à ce point que la philosophie en fût exclue : exclusion sévère qu'on pourrait croire

(1) Ces lettres patentes, ainsi que le discours en français de Leibniz, qui figurent dans le tome VII de l'histoire de l'Académie de Berlin, sont reproduites sans dates, tome V de Dutens, p. 175 et suiv., ce qui nous a empêché de les donner ici.

peu digne de Leibniz : mais nous savons qu'il fut consulté. Et il ne faut voir dans cette mesure qu'une précaution prise contre le piétisme, peut-être aussi un gage donné à ces tendances pratiques, à cet amour du réel dont Leibniz s'était déclaré le partisan. Il semble qu'il prît ainsi ses sûretés contre lui-même.

La constitution de l'Académie ne pouvait du premier coup réaliser tous ses plans, j'allais dire ses rêves, pour le bonheur de l'Allemagne : la prudence était commandée par la politique, et l'amitié de Sophie-Charlotte ne put pas toujours le mettre à l'abri de certaines cabales; il fut même supplanté dans la présidence après la mort de la Reine (1). Toutefois Leibniz ne transigea pas sur les

(1) Dans une lettre à l'Électrice Sophie, sans date, mais de 1707, Leibniz, tout en reconnaissant la générosité du Roi, qui vient de faire reprendre les travaux des bâtiments de l'Académie, suspendus depuis la mort de la Reine, ne se dissimule pas qu'on a donné au Roi des préventions défavorables contre lui, mais il s'en console par la satisfaction d'avoir fait son devoir et la facilité avec laquelle il peut réfuter ses ennemis, s'il veut se donner la peine de dresser des Mémoires. Ces cabales n'étaient pas seulement des intrigues de cour : il y en avait aussi dans le sein de l'Académie, et il en fut la victime. Guerrier nous apprend qu'on l'avait mis complétement de côté : aussi, lorsqu'en 1714 l'Académie eut besoin de lui auprès du Czar et lui adressa son protocole, Leibniz lui écrivit de bonne encre et lui rappela ce qu'il avait fait pour elle. (*Voir* cette Lettre dans Guerrier, p. 195, Moscou.)

points essentiels. Son Académie devait se distinguer de toutes les autres par ce caractère pratique et national qui lui composait une physionomie et une originalité propre et lui assurait une sorte d'indépendance. Sans être en rapport direct avec les universités allemandes, elle devait agir de concert avec elles pour toutes les questions qui regardent le développement intellectuel. Ce n'était point une simple reproduction de cette Académie des arts (peinture, sculpture et architecture) qui avait vu le jour cinq années plus tôt. Ce n'était même pas une simple copie des Académies de Paris et de Londres. Leibniz marquait ses œuvres du sceau de son génie. Si l'Académie de Berlin lui fut plus tard infidèle, il n'est que juste de la ramener à ses origines et de la contempler dans cette période de formation.

Leibniz ne s'en tint pas là. Pour assurer le succès de sa fondation, il voulut lui créer des ressources propres. De 1700 à 1710, il s'est constamment occupé de lui procurer le privilége de la vente des almanachs et le double monopole de la vente des livres et du commerce de la soie. Nous publions un des nombreux écrits de Leibniz relatifs

à la plantation de mûriers pour l'élève des vers à soie en Prusse ; sur ce point comme sur beaucoup d'autres, il avait devancé son temps. Ses essais, bien que multipliés, furent infructueux ; le succès des plantations fut médiocre : mais Frédéric le Grand reprit ce projet, comme il hérita de cette Académie elle-même. Et, grâce à ce prestige du nom et de la puissance auquel il semble que rien ne résiste, il réussit là où le génie initiateur et obstiné de Leibniz avait échoué.

Ce sont ces mêmes obstacles qui se retrouveront partout sur ses pas et qui l'empêchèrent de tirer de son œuvre tout le parti qu'il en espérait. Il ne se découragea point toutefois, et, en 1710, parut le premier volume des *Miscellanea Berolinensia*, auquel il avait pris une large part. « Leibniz se montre ici, dit Fontenelle, sous ses différents aspects, comme historien, antiquaire, étymologiste, physicien, mathématicien, et même orateur. » Mais déjà Leibniz était négligé, et, lorsque le 3 juillet de la même année eut lieu l'installation définitive de la Société avec un discours latin du ministre d'État et une réponse de Yablonski, Leibniz n'était point présent. Il n'avait point été con-

voqué. Il s'en plaignit. Mais de nouveaux éléments étaient entrés dans la Société et en avaient modifié la composition. Une médaille commémorative fut frappée à quelque temps de là : cette fois Leibniz assista à la cérémonie et prononça même des vers latins qui sont parvenus jusqu'à nous.

Il n'entre pas dans le plan de cette introduction de suivre les destinées de cette Académie au-delà du rôle qu'y joua Leibniz et de la part éclatante qu'il prit à sa fondation. Des critiques lui furent adressées plus tard par ceux qui avaient altéré peut-être le dépôt qu'ils en avaient reçu. C'est ainsi qu'après lui avoir retranché son caractère si éminemment national et civilisateur, Formey, l'historien de l'Académie, put dire que « les dispositions que l'on avait prises pour donner une forme à cette Société n'étaient pas propres à en assurer la durée, et que l'on sera très-certainement surpris de voir qu'un de ses objets fut la propagation de la foi chrétienne et des missions étrangères ». Ce reproche montre bien le nouvel esprit dont étaient animés ses successeurs. Cette réaction ne s'arrêta point là. En 1745, à la suite d'un concours sur la *Monadologie,* l'Académie, pre-

nant parti pour Euler contre Wolf, couronna Justi, auteur d'un mémoire où une critique très-vive était dirigée contre cette philosophie. On connaît les querelles de Maupertuis avec Kœnig, l'un des derniers leibniziens. Frédéric le Grand, qui rendit à l'Académie un peu d'éclat, fut plus juste pour ce grand homme. Il avait coutume de l'appeler « les Leibniz » et de dire « qu'à lui seul il valait une Académie (1) ».

Leibniz, qui avait réellement le feu sacré pour les sciences et leur propagation, ne se rebuta point, et dès 1703, c'est-à-dire trois ans après la fondation de l'Académie de Berlin, il s'occupait du plan d'une Académie en Saxe, à Dresden, de concert avec l'Électeur de ce pays. Il semble même que les choses marchaient à souhait, à en juger par le diplôme que nous publions et qui est tout entier de la main de Leibniz : « Nous voulons, faisait-il dire à S. A. S. l'Électeur de Saxe, que cette Société soit solennellement constituée, que le diplôme (*in vim sanctionis pragmaticæ perpe-*

---

(1) Voir, pour les destinées ultérieures de l'Académie de Berlin, le livre excellent de M. Christian Bartholmess : *Histoire de l'Académie de Berlin*. 2 vol.

tuæ) ait toute sa force. Nous voulons qu'elle ait un président, qu'elle se compose de membres ordinaires et d'autres personnes auxiliaires; nous la pourvoirons de locaux pour les réunions : un observatoire, un laboratoire, une bibliothèque, un théâtre de la nature et de l'art ; nous lui fournirons les instruments nécessaires et tous les appareils dont elle aura besoin, ou du moins on fera en sorte qu'elle ait les fonds suffisants pour se les procurer. »

L'objet de la Société n'était pas moins vaste, et même plus compréhensif encore : « Le champ de notre Société, dit Leibniz, doit être illimité et comprendre les objets des différentes Sociétés ou Académies créées jusqu'ici ; » et il indique l'histoire d'Allemagne et principalement de Saxe, la législation, l'hygiène et la médecine, l'économie politique, la mécanique de la paix et de la guerre (génie civil et militaire), les sciences physiques, la linguistique et les antiquités. Il lui soumet les écoles supérieures et inférieures, la recommande aux fonctionnaires administratifs, et lui donne pour but suprême d'éclairer et d'améliorer les hommes. Enfin il cherche à lui assurer des moyens d'action aussi variés et des ressources égales,

sinon supérieures, à celles de l'Académie de Berlin.

Les origines de l'Académie de Dresden, l'histoire des négociations qui la préparent, les noms des personnages qui jouèrent un rôle dans cette affaire, rappellent les débuts de l'Académie de Berlin. Sophie-Charlotte (sa main est partout dans l'œuvre de Leibniz) présida à sa naissance et la tint en quelque sorte sur les fonts baptismaux. C'est elle et sa mère, la duchesse Sophie, qui gagnèrent à sa cause le confesseur du roi, le célèbre mathématicien le père Vota. Il montrait le plus grand enthousiasme pour la duchesse Sophie et pour sa fille. La reine lui fit un accueil des plus gracieux à la cour de Berlin, dans les premiers mois de 1703 et la même réception l'attendait à Hanovre. Ainsi préparé, comment n'eût-il pas bien accueilli les projets de Leibniz de former une Société des sciences à Dresde? Le père Vota le présenta au roi de Pologne, qui l'accueillit très-favorablement. Plus tard même on envoya Eckart en Pologne pour suivre l'affaire. Mais les malheurs de cet infortuné souverain et l'issue de la guerre avec Charles XII vinrent arrêter l'élan qui était donné. Leibniz eut beau

lui envoyer son *Projet de l'éducation d'un prince*, celui de la réforme des écoles, l'Académie de Dresde, objet de tant de décrets, de chartes et de diplômes, est restée un pieux désir de ce grand homme.

L'Académie de Vienne sera-t-elle du moins plus heureuse? Ce fut dans le but de l'établir que Leibniz passa une grande partie des seize dernières années de sa vie dans cette capitale de l'empire (1700-1716); et cette période est l'une des plus fécondes de sa carrière, non-seulement pour la politique, pour la réunion projetée des catholiques et des protestants, mais aussi pour le but sans cesse entrevu et toujours poursuivi de l'établissement de Sociétés scientifiques et d'une sorte de restauration et de renaissance des lettres et des sciences par les Académies. Il y consacra tous ses efforts à partir de la fin du dix-septième siècle. Il semble qu'il pressentît et hâtât autant qu'il dépendait de lui les destinées du dix-huitième. Il faut le voir dans cette partie la plus ignorée et la plus féconde de son existence à Vienne où il passa, en différentes fois, plusieurs années avec son pied malade, sa santé très-délabrée, la peste qu'il y brava seize

mois, occupé de travaux et de plans de toutes sortes pour la grandeur politique, économique et scientifique de l'Autriche. J'ai pu dire, en me fondant sur des documents nombreux retrouvés récemment, que Leibniz avait deviné l'économie politique dans cette période de Vienne. Il y développa aussi une énergie et une activité extraordinaires pour la fondation d'une Académie qui devait surpasser les deux autres.

Ce projet, si amoureusement caressé et plusieurs fois près de réussir, ne put aboutir par des circonstances indépendantes de sa volonté. Après avoir reçu le meilleur accueil des plus grands personnages de la cour de Vienne et les précieux encouragements de l'empereur Charles VI, il fut traversé par les jésuites auxquels Leibniz était suspect et dut échouer devant leur influence occulte, mais prépondérante. L'histoire de ses travaux, de ses négociations et de ses écrits de cette époque n'en forme pas moins une des parties les plus intéressantes de sa vie scientifique. Mais le plus bel épisode de cette histoire peu connue est sans contredit sa liaison avec le prince Eugène de Savoie.

J'ai raconté devant l'Académie de Vienne cette histoire si intéressante, si honorable pour le philosophe de Hanovre, et j'ai pu dire sans être démenti par ses membres actuels, en leur faisant part de cette précieuse collection : « L'Académie de Berlin, qui l'avait eu pour président à vie, n'est pas dans un rapport plus intime, plus direct avec lui que l'Académie de Vienne, qui a été fondée plus d'un siècle après celle de Berlin, mais dont il avait eu le premier l'idée, dont il avait le premier conçu le plan, et dont la fondation l'a occupé si longtemps. Vous en avez la preuve dans sa correspondance avec Paulini dans le but de former un collége historique impérial, et dans cette série de projets et de plans relatifs à la fondation d'une Société des sciences pour toute l'Allemagne dont le siége et le centre eussent été Vienne. Oui, messieurs, vos lettres de noblesse se trouvent dans cette collection si curieuse, et quels parchemins vaudraient ce lien qui vous rattache à la pensée d'un des plus grands esprits des temps modernes! Je mets sous vos yeux dix manuscrits : tous se rapportent à cette Académie, à sa constitution, à sa charte, à son but, à sa composition,

à son règlement intérieur, et même au payement de ses honoraires. Vous y trouverez les lettres adressées par lui à l'empereur Charles VI à côté de ces deux remarquables mémoires destinés au prince Eugène de Savoie, son protecteur et son ami (1). »

Cette fois, Leibniz avait définitivement arrêté ses idées sur la constitution de la Société. Il la partage en trois classes : la littéraire, la mathématique et la physique. La première comprend l'histoire et la philologie; la seconde ne s'appliquera pas seulement à l'analyse pure et la plus sublime, mais à la géométrie pratique, à l'astronomie, à la géographie, à la navigation, à l'architecture civile et militaire, à la mécanique, à l'hydraulique et aux mines; enfin la troisième et dernière embrassera les trois règnes de la nature avec toutes les sciences qui s'y rapportent, chimie, botanique, anatomie et médecine. C'est une division toute moderne.

La composition et l'apparat de la Société ne sont pas réglés avec moins de soin. Nous avons retrouvé la part corrélative assignée à chaque

---

(1) Consultez *Mémoires de l'Académie de Vienne* (octobre 1857), vol. XXV, p. 129.

État de l'empire dans le fonds commun de 40,000 florins qu'il avait jugé d'abord nécessaire pour l'établissement de cette Société, mais dont il rabattit bientôt les trois quarts en présence des difficultés de toute sorte que rencontrait son œuvre. Leibniz, qui mettait une ténacité singulière dans la poursuite de ses desseins, eut beau insister, prier, supplier: les scrupules dont nous avons parlé l'emportèrent. Il obtint de l'empereur qui l'aimait un diplôme de conseiller aulique avec un brevet et un traitement de 2,000 florins, mais il ne put installer définitivement la Société pour laquelle il s'était donné tant de peine. Le pouvoir absolu, même le mieux disposé, est parfois bien faible lorsqu'il se trouve en contact avec certaines influences. Le prince Eugène avait recommandé personnellement le projet de Leibniz à l'empereur, et, lorsqu'il quitta Vienne pour l'armée en 1714, l'empereur, l'impératrice et les ministres lui donnèrent l'assurance que suite serait donnée à cette affaire. A son retour de Hanovre, Leibniz pressait M. le comte de Bonneval d'en finir. « Je désire, lui disait-il, que les choses marchent afin de n'être pas obligé de tout recommencer.

Je suis dans un âge où je dois chercher à me hâter le plus possible : je crains qu'il ne m'arrive, comme à Moïse, qui n'a pu voir que de loin la terre promise. » Les révérends Pères y mirent bon ordre et eurent soin de le retenir sur le mont Horeb; il semble qu'ils aient voulu mettre un prix à l'obtention du diplôme : sa conversion. Leibniz parut flatter un moment leur manie, puis, voyant qu'il n'obtiendrait rien d'eux, il se détourna; et sa mort, arrivée en 1716, vint confirmer sa triste prophétie.

DES RAPPORTS DE LEIBNIZ AVEC PIERRE LE GRAND.

Tout ce que l'on savait jusqu'ici des rapports de Leibniz avec Pierre le Grand est extrait du bel éloge de Fontenelle dont il faut citer ce passage.

« Il s'ouvrit à lui, en 1711, un champ plus vaste et qui n'avait point été cultivé. Le czar, qui a conçu la plus grande et la plus noble pensée qui puisse tomber dans l'esprit d'un souverain, celle de tirer ses peuples de la barbarie et d'introduire chez eux les sciences et les arts, alla à Torgau pour le mariage du

prince, son fils aîné, et y vit et y consulta beaucoup M. Leibniz sur son projet. »

C'est cette histoire des entretiens de Torgau auxquels il faut joindre ceux qu'ils eurent ensuite à Carlsbad, à Herren-Hausen et à Pyrmont, que nous avons racontée d'après de nouveaux documents pour la plupart inédits. Il y a là une page peu connue de la vie de ce philosophe, un rapprochement entre un savant illustre et le fondateur d'un puissant empire, et enfin une source d'informations utiles pour la connaissance de la Russie et de l'Orient à cette époque, comme pour les vues si élevées de cet empereur et les plans civilisateurs de Leibniz (1).

Fort heureusement les documents ne nous manquèrent pas pour l'accomplissement de cette tâche. Guhrauer, auteur d'une biographie estimée de Leibniz, avait signalé, dès 1846, la présence de pièces curieuses aux archives de Moscou. Le conseiller d'État, Tourguenief,

---

(1) Nous ne pouvons reproduire ici ce Mémoire très-étendu, que nous avons lu devant l'Académie des sciences morales et politiques, et qui a été imprimé dans ses comptes rendus, n°ˢ de mai, juin et juillet 1874, sous ce titre : *Leibniz et Pierre le Grand*. Un tirage à part a paru à Paris, chez Germer-Baillère, in-8° de 155 pages.

qui a écrit sur l'histoire russe, lui avait montré, en 1840, à Breslau, la copie de manuscrits allemands de la main de Leibniz. Ces écrits, adressés au Czar ou à ses ministres et à ses conseillers, étaient relatifs au progrès des sciences, à des réformes administratives, à des projets économiques et à la fondation d'une Académie à Moscou ou à Saint-Pétersbourg. Depuis lors, un écrivain allemand au service de la Russie, Maurice Posselt, dans un ouvrage dédié à Son Excellence le Ministre de l'instruction publique, Sergei Semenowitsch Uranoff, avait utilisé ces manuscrits et composé avec eux une histoire des relations de Pierre le Grand et de Leibniz.

Lors de mon séjour à Göttingen, sur les indications de M. Rossler, j'ai trouvé quelques documents nouveaux qui complètent nos informations. Je les ai communiqués à l'Académie de Vienne, dans sa séance du mois d'octobre 1857, époque à laquelle je fus admis à lui faire une lecture sur les origines de cette Académie et la part qu'y prit Leibniz. Ce mémoire fut traduit par M. Joseph Bergmann, l'un de ses membres, et est inséré dans le *Recueil de ses actes*, t. XVII.

La correspondance avec la duchesse Sophie, électrice de Hanovre, et sa fille, Sophie-Charlotte, reine de Prusse, renferme aussi quelques pages curieuses sur leur entrevue avec Pierre le Grand. Celle qu'il entretenait avec les savants du temps, Veissière de la Croze, bibliothécaire du roi de Prusse, Ludolph, célèbre orientaliste, Cuneau, conseiller de Frédéric Ier, puis avec Witsen, bourgmestre d'Amsterdam, Sparvenfeld, célèbre polyglotte, et Huyssen, jurisconsulte engagé au service du Czar, est également à consulter pour l'intelligence de ses plans et les négociations dont ils ont été l'objet.

Enfin la bibliothèque de Hanovre, à laquelle il faut toujours en revenir lorsqu'il s'agit de Leibniz, renfermait sur ses rapports avec Pierre le Grand une série de documents qui viennent de voir le jour, grâce aux soins éclairés de M. Guerrier, Français d'origine, professeur à l'université de Moscou, également versé dans l'étude du français, de l'allemand et du russe. Ces pièces, qui sont au nombre de 244 lettres, mémoires et projets de lettres dans le recueil qu'il a publié, attestent de la manière la plus convaincante les efforts faits par Leibniz pour

conquérir Pierre le Grand à son projet et les résultats qu'il obtint.

On trouvera dans ce volume toutes les pièces relatives à ses entretiens avec le Czar à Torgau (1711), à Carlsbad (1712), à Pyrmont (1716).

La série des documents que nous avons recueillis et traduits, et qui remplit toute la seconde partie de ce volume, établit ainsi la continuité et la persévérance de ses efforts jusqu'à la dernière heure. Il rappela au Czar, dans une note, tous les points qu'il avait touchés précédemment : 1° progrès de l'histoire et de l'ethnographie par des recueils polyglottes et des essais de linguistique comparée (1); 2° progrès de la religion et de la civilisation par les missions; 3° progrès de la navigation par les observations magnétiques (et il compose plusieurs notes spéciales sur ce sujet qui intéresse le Czar); 4° progrès de l'astronomie par les observations; 5° progrès de la géographie par une expédition vers le pôle nord; 6° progrès des sciences

(1) Notre publication contient ces essais de linguistique comparée et ces premiers recueils de mots et de phrases comprenant les divers idiomes de la Russie. Max Müller a rendu un éclatant hommage à ces essais de Leibniz.

naturelles par des collections de plantes, d'animaux et de minéraux ; 7° progrès de la culture générale par des traductions en russe de nos encyclopédies de sciences, arts et métiers, et par des établissements d'enseignement de tous les degrés, dont le couronnement devait être une académie et un conseil supérieur de l'instruction publique (1).

C'était son testament. On peut dire qu'il est résumé dans les quelques pages magistrales d'un dernier écrit sur la réforme de l'éducation et l'avancement des sciences qui termine notre collection et où il indique ses vues sur l'organisation de l'instruction publique et la charte des écoles en Russie (2).

(1) Voir à ce sujet de très-curieux détails, p. 479, 492, 516.
(2) Voir ce Mémoire étendu et unique dans l'œuvre de Leibniz, p. 567 de ce volume.

LES
ACADÉMIES.

Leibniz' Bemühungen
um ein kaiserlich Privileg
für den Plan seiner Semestria.
1668 und 1669.

1. Die Direction des deutschen Bücherwesens an Churmainz zu ziehen (1668).

Es ist bekand und am tage, daß jeziger Zeit hohe Häupter sonderlich daran zu seyn pflegen, wie ihre juris-

EFFORTS
FAITS PAR LEIBNIZ POUR OBTENIR UN PRIVILÉGE IMPÉRIAL
POUR
LE PLAN DE SES SEMESTRIA.
1668 et 1669.

1° Pour faire attribuer à l'Électorat de Mayence la direction de tout ce qui concerne les livres en Allemagne (1668).

Il est bien connu et certain qu'à l'époque actuelle les hauts personnages ont particulièrement souci de conserver

dictionalien und regalien erhalten oder vermehrt und erweitert werden mögen.

Weil nun Churf. Gn. zu Maynz ohne daß für allen andern Reichsständen in gemeinen Reichssachen große hohe Regalien und Herrlichkeiten vermöge ihres Erz-Canzler-Amtes besizet, als ist nicht zu zweifeln, daß sie dero hocherleuchtetem Verstande nach nichts unterlaßen werden, was zu immer wehrendem nuzen dero Erzstiffts und vermehrung solcher hohen gerechtigkeiten gereichen kan, sonderlich in den sachen, welche dem Erz-Canzler-Amt nahe anverwandt und mit desto größern schein und nachdruck dazu zu ziehen, wozu sich denn jezo eine gewünschte gelegenheit ereignet und an die Hand giebt.

Nehmlich ich bin durch vertrautes schreiben eines guthen freundes aus Wien verständigt worden, was maßen man zu Wien überdrüßig worden der schimpflichen streitigkeiten, welche die beyde zum Bücher-Com-

leurs juridictions et leurs droits réguliers, ou de voir à les augmenter en étendue.

Or, comme S. A. l'électeur de Mayence possède déjà plus que tous les autres princes de l'empire de grands et hauts droits régaliens et seigneuriaux dans les affaires ordinaires de l'empire en raison de sa charge d'archichancelier, il n'y a pas à douter que, par sa haute et illustre intelligence, il ne négligera rien de ce qui peut contribuer à l'avantage constant de son archevêché et à l'extension de ses hauts droits de juridiction, spécialement dans les affaires qui touchent de près à la charge d'archichancelier, et dont elle tirera un éclat et une puissance plus grande; et il se présente et on a sous la main maintenant une occasion telle qu'on la souhaiterait.

Savoir : par une lettre confidentielle d'un bon ami de Vienne, j'ai été informé combien on est dégoûté à Vienne de la polémique injurieuse que poursuivent l'un contre l'au-

miſſariat zu Franckfurt verordnete durch einen injurien-
proceß gegen einander ausüben, und dadurch ſowohl
ihres amtes autorität, als Kaiſerl. M. respect hindan
ſezen und in viele wege bey fremden in verachtung bringen. Dahehr man faſt zu Wien nicht ungeneigt ſich
ſolcher angelegenheiten und importunen anlaufs zu ent-
ſchlagen, einem näher gelegenen ſtand, ſo beſſer einſehen
haben könne, (die Sache) zu übertragen, ſonderlich aber
Chur-Maynz, als deſſen Archi-Cancellariat es ohne
das verwandt, und ſo ohne das ſonſten in ſolchen ſachen
mit commissionen bemühet wird, dergeſtalt daß ſolches
amt an das Corpus des Maynziſchen hofrathes feſte gemacht, einer gewißen person daraus, wie ohne das bisweilen geſchehen, aufgetragen und dadurch die ober-
direction des ganzen Bücherweſens und rei literariæ
durch ganz Teutſchland an Maynz gezogen würde. Woran
dann gewislich ein großes und merkliches gelegen (wohl

tre, par un procès en diffamation, les deux personnes formant le commissariat des livres à Francfort, qui par là nui-
sent, tant à l'autorité de leurs fonctions qu'au respect dû à
la Majesté de l'Empereur, et à beaucoup d'égard les expo-
sent au mépris de l'étranger. C'est pourquoi on n'est presque
pas éloigné à Vienne de s'affranchir de pareilles affaires et
des désagréments qu'elles entraînent, en transportant la
matière à un État de l'Empire plus rapproché, qui pourrait
ainsi mieux la surveiller, mais plus spécialement à l'Électorat de Mayence, comme étant celui qui, en raison de son archicancellerie, l'aurait plus naturellement dans son ressort,
et ainsi dispenserait d'avoir à s'occuper de donner des commissions pour de telles choses; de telle façon que ces fonctions seraient assignées au Conseil aulique de Mayence,
confiées à une certaine personne, membre de ce Conseil,
comme on l'a fait quelquefois, et, par là, on attribuerait à
Mayence la direction supérieure de tout ce qui concerne la

mehr als an der ober-inspection über die Keßler, so pfalz sich zueignet), denn dadurch endtlich Maynz der Religion und geistl. Fürsten, auch des heil. Reiches nuzen desto nachdrücklicher beobachten, dawider lauffende schrifften mehr und mehr einspannen, den buchführern und buchdruckern gewisse maße vorschreiben, und summa das ganze Regale der direction des buch und Eruditionwesens im Römischen Reich durch folgerung und consequenz an sich ziehen könte. Weil sie nun zu Wien selbst dazu geneigt, die gemüther aber des orths bisweilen sehr wankelmüthig, der process auch zwischen beyden injurianten zweifelsohne vor der ostermesse zu ende lauffen, und unterdessen vielleicht gar ein dritter, und etwa wie man nachricht hat, Oesterreicher dazwischen kommen, und sich hinein flechten möchte, als ist keine zeit zu verlieren, sondern man hat aus tragender unterthänigster devotion habende nachricht ihr hochw. gnaden dem Hern Dom=

librairie et la *res litteraria* dans toute l'Allemagne. Ce qui est certainement d'une grande et sensible importance (plus grande sans aucun doute que l'inspection supérieure sur les chaudronniers que le Palatinat s'attribue), car par là Mayence pourrait enfin surveiller d'autant plus énergiquement les intérêts de la religion et des princes spirituels ainsi que du saint empire, mieux mettre un frein aux écrits qui les attaquent, prescrire aux éditeurs et libraires de certaines règles à suivre, et en somme attirer à soi, en agissant avec suite et conséquence, l'entier droit régalien de la direction des livres et de l'érudition dans l'Empire Romain. Maintenant, comme on y est disposé à Vienne même, mais comme dans cette ville les esprits sont parfois très-versatiles; comme le procès entre les deux diffamateurs se terminera indubitablement avant la foire de Pâques; et comme dans l'intervalle il peut bien se présenter un tiers, et peut-être, comme on en a avis, un Autrichien qui pourrait s'en emparer; il n'y a

propst und Stadhalter bey zeiten entdecken wollen, die sache zu Ruhm und nuzen Churf. Gn. und des Erzstiffts nachdrücklich einzurichten und zu födern, damit je eher je besser an ein glied des Maynzischen Hofrathes das commissariat fest gemacht werde, der dem werck abwarten könne und wolle. Wozu dann allerhand zum gemeinen Besten und ruhme des Erzstiffts dienende vorschläge alsdann sich thun lassen werden.

2. NOTANDA das COMMISS. betr.

Zuvörderst ist nöthig Churf. Gn. zu Maynz zu disponiren, daß sie sich der Sach annehmen: Und dann auch zu Wien es also angreiffen, daß man daselbst über verhoffen keine difficultäten finde.

Bei Maynz zu gedencken.

donc pas de temps à perdre, et l'on a, par un humble dévouement qui vous est dû, voulu découvrir en temps opportun cette nouvelle à M. le prévôt du chapitre et lieutenant de Son Altesse Électorale, pour qu'il suive et organise avec énergie cette affaire, dans l'intérêt et pour la gloire de S. A. Électorale et de l'archevêché, de telle sorte que le commissariat soit assigné, et le plus tôt sera le mieux, à un membre du Conseil aulique de Mayence, qui puisse et qui veuille se charger de cette mission. Dans ce but il y aura lieu de faire des propositions de toute espèce qui contribueront au bien public et à la gloire de l'archevêché.

2° *Notes concernant le commissariat.*

Tout d'abord il est nécessaire de disposer S..A. l'Électeur de Mayence à prendre à cœur l'affaire; et ensuite de

1. Daß dieses werck von großer consequenz sey mehr als es sich euserlich ansehen laße.

2. Daß dadurch Churf. Gn. und dero Erzstifft jura und Regalia vermehrt werden.

3. Churpfalz mache ein so groß wesen davon, daß er der Keffelflicker protector von wegen des reichs sey: vielmehr sey directio rei librariæ et literariæ zu æstimiren. Wenn andere Chur= und fürsten diese gelegenheit, nähe, und ratione officii, wie hier, Archicancellariatus colorem dazu hätten, würden sie gewißlich diesem werck mit allem eifer nachsezen. Zumahlen durch kayserl. Myt jezige eigene inclination zu dieser Sache (wie man denn gnugsame Nachricht hat, daß selbige nach vorkommenen vielen klagen und fastidien das Commissariat betr. sich proprio motu verlauten laßen, daß sie mittel verlangen derselben abzukommen), und andere guthe conjuncturen

négocier à Vienne de telle sorte qu'on n'y rencontre aucune difficulté imprévue.

Pour Mayence, il faut insister sur ce que :

1° Cette chose est d'une importance bien plus considérable qu'elle ne paraît au premier abord.

2° Que par là les droits souverains et la juridiction de Son Altesse Électorale et de son archevêché se trouveront augmentés.

3° Que le Palatinat Électoral se fait un grand honneur d'être protecteur des chaudronniers de par l'Empire ; mais la direction de la *res libraria* et *litteraria* est à estimer bien davantage. Si d'autres Électeurs et Princes en avaient l'occasion comme ici, et de plus pouvaient invoquer pour motif leurs fonctions, en raison de l'archicancellerie, ils poursuivraient certainement cette affaire avec la plus grande ardeur. De plus, l'inclination propre de S. M. Impériale pour cette affaire en ce moment (car on est suffisamment averti que

eine solche occasion sich ereignet, so die posterität nicht
so bald wieder haben möchte.

4. Es sey nicht nur eben umb Bücher privilegien zu
thun, deren sich bisher die Commissarii fast einzig und
allein angenommen, und ihre jurisdiction in deren exa-
mination, und daraus entstandenen quæstionen exercirt, wiewohl auch dieses an sich selbst nicht zu verachten,

5. sondern das commissariat begreiffe in sich die
ganze inspectionem rei literariæ, so viel dieselbe in
publico durch den Druck erscheinet,

6. und obgleich das Commissarii officium auf Franckfurt gerichtet, so geschieht doch solches per accidens, dieweil Franckfurt eben das universale emporium literarum durch Teutschland ist.

7. Ja dieses komt vielmehr Maynz wohl zu statten,
dieweil ihm Franckfurt am nächsten und besten gelegen,

Sa Majesté, après les nombreuses plaintes et les contrariétés
qu'a occasionnées le commissariat, s'est exprimée de son
propre mouvement, en disant qu'elle aviserait à des moyens
d'y remédier), et d'autres bonnes conjonctures fournissent
une occasion telle qu'on ne pourra pas de sitôt la retrouver
dans l'avenir.

4° Il ne s'agit pas non plus simplement des priviléges des
livres, dont jusqu'à présent les commissaires se sont occupés presque uniquement et exclusivement, et sur lesquels ils
ont exercé leur juridiction pour les examiner et pour décider les questions s'y rattachant, quoique ce ne soit pas déjà
chose tant à mépriser ; mais

5° Le commissariat comprend l'inspection de la *res litteraria* tout entière, en tant qu'elle se produit devant le public
par la voie de l'impression, et,

6° Bien que le bureau des commissaires soit établi à Francfort, cela n'a lieu que fortuitement, parce que Francfort est

und vermittelſt ſeiner Meßen das ganze Buchweſen an ſich ziehet,

8. daraus erſcheinet, daß das Commissarii amt ſey providere ne quid Republica per rem literariam detrimenti capiat, gehöret alſo vor denſelben für allen dingen censura librorum, damit nichts ſchädliches ſpargiret werde.

9. Man weiß, was bisweilen ein paar bücher für ſchaben gethan. Der Hippolytus a Lapide vor dieſen, der Monzambanus unlängſt haben gewißlich die gemüther verſtört und exulcerirt, wie denn auch circa particulares controversias und interesse publicum, auch in actis publicis edendis eine gewiße ſonderlich Maynz vorträgliche erſte nachricht und aufſicht hierbey gar nöthig were.

10. So werden auch noch nachträglich von Staats und Religionsſachen allerhand theils ſchädliche, theils gefährliche dinge ſpargirt, darinnen bisweilen kayſerl. Myt und

précisément l'*universale emporium literarum* en Allemagne.

7° Il conviendrait même d'autant mieux de l'établir à Mayence, que Francfort en est voisine et placée très-commodément, et qu'elle attire par ses foires tout ce qui concerne les livres;

8° Il en résulte que, les fonctions des commissaires étant de *providere ne quid Respublica per rem litterariam detrimenti capiat,* la censure des livres doit aussi leur appartenir avant toutes choses, pour qu'il ne soit publié rien de nuisible.

9° On sait combien de mal font parfois quelques livres. Il est certain que dans le temps le *Hyppolitus a Lapide* et dernièrement le *Monzambanus* ont bouleversé et ulcéré les esprits; et il serait très-nécessaire d'attribuer pour cela la première communication et l'inspection des livres à Mayence surtout; de même, pour ce qui concerne les controverses

das reich, bisweilen fremde potentaten angegriffen und schimpflich tractirt werden.

11. Es wird nicht über ein Jahr seyn, daß ein franzos bey der obrigkeit sich angeben, und sogar wegen seines Königs legitimirt, umb auf allerhand wieder seinen König und andere hohe Personen spargirte satyrische schrifften zu inquiriren.

12. Ists also nicht eben damit allein gethan, daß man die bücher, aber zu spät, wenn sie bereits in der Welt herumblauffen, confiscirt, sondern man muß bey zeiten auf die bücher kundschafft legen, damit der Commissarius nicht der letzte sey, der erfähret, was jederman weis.

13. Welches denn des jezigen Commissarii thun ganz und gar nicht ist, der auch von dergleichen dingen keine profession machet, wie doch das werck erfodert.

14. Zudem werden bisweilen mit öffentlichen confiscationen die bücher nur mehr bekand und gesucht, da sie

particulières et l'intérêt public, comme aussi la publication des actes publics.

10° C'est ainsi qu'il est encore répandu toutes sortes de choses, en partie nuisibles, en partie dangereuses, concernant les affaires de l'État et de la religion, dans lesquelles on attaque et on insulte parfois Sa Majesté Impériale et l'Empire, et parfois des souverains étrangers.

11° Il n'y a pas un an qu'un Français a été signalé à l'autorité, qui s'était même appuyé du nom de son roi, et qui avait mis sur la sellette son roi et d'autres personnages élevés par toute sorte d'écrits satiriques répandus contre eux.

12° Il ne sert de rien de confisquer les livres; on arrive trop tard quand ils courent déjà le monde; il faut avoir des renseignements sur les livres en temps opportun, pour que le commissaire ne soit pas le dernier à apprendre ce que tout le monde sait.

13° Ce que font donc les commissaires actuels n'est abso-

doch offt anfangs mit guther manier, indem bisweilen kaum wenig exemplaria in die meß kommen, in der stille supprimirt werden könten, wenn nur acht darauf gehabt würde.

15. Und were dabey freylich die bescheidenheit zu gebrauchen, damit nicht etwa blos propter religionis negotium einige contradictiones dem friedensschluß zu entgegen erreget, und wohl gar den statibus protestantibus ursach und gelegenheit gegeben würde, umb adjunction einer Person ihrer religion anzuhalten.

16. Wie denn daß sie dieses werck nicht gering achten, auch daraus zu sehen, daß unlängst sie sich in ipsis Comitiis über den Commissarium beschwehret, und solche ihre querel nicht allein in dictaturam kommen, sondern auch gar durch öffentlichen Druck gemein machen lassen.

17. Dahehr man acht zu geben, daß sie es nicht endt-

lument rien; celui qui ne ferait pas sa profession de ces choses-là en pourrait faire autant; ce n'est pas ce qu'exige cette mission.

14° Outre cela, par les confiscations publiques, les ouvrages ne sont que plus connus et plus recherchés, tandis que souvent, en s'y prenant bien dans le commencement (attendu que parfois il n'en vient que peu d'exemplaires à la foire), on pourrait les supprimer sans bruit, pourvu seulement qu'on y fît attention.

15° Il faudrait, il est vrai, agir avec circonspection, pour qu'il ne s'élevât pas quelques faits contraires à la paix conclue simplement pour les affaires de la religion, et pour ne pas donner peut-être aux États protestants un motif et une occasion de demander l'adjonction d'une personne de leur religion.

16° On peut voir aussi qu'ils n'ont pas cette question en médiocre estime, par ce fait qu'il n'y a pas longtemps, *in ipsis comitiis*, ils se sont plaints du commissariat, et ne se

lich machen wie einsmahls, so man sich vielleicht noch er=
innert, zu Speyer geschehen, alda als bisweilen die Cam=
mer Canzley nicht allerdings der gebühr versehen gewesen,
Sie solches alsbald ressentirt, und von den ihrigen dazu
gewisse Personen vorgeschlagen. Welches denn besser bey
zeiten verhüten, als erwarten, und dann erst mit mühe
ableinen.

18. Anjezo zu geschweigen, was Churf. Gn. sonsten,
wenn sie sich bey diesem werck stabilirt, für allerhand
dem gemeinen besten nüzliche, ja nöthige dinge, ordnungen
und Anstalten, die bücher, authores, buchführer, cor-
rectores, buchdrucker und studia betr., præhabitis consiliis et correspondentia eruditorum, so sich selbst
etwa eines und das andere suggeriren und wünschen
werden, so bishehr gemeinet, daß niemand sey, der ihre
concepte secundire, durch habende autorität, und mit
andern in= und ausländischen fürsten und ständen guthe

sont pas bornés à exposer leurs griefs de vive voix, mais
encore les ont rendus publics par l'impression.

17° Il faut donc y faire attention, pour qu'à la fin ils ne
fassent pas comme il est arrivé jadis à Spire (ainsi qu'on s'en
souvient peut-être encore), où quelquefois la chancellerie
camérale n'avait d'ailleurs pas eu pour eux la considération
voulue; ils ont aussitôt vivement ressenti l'injure, et ils ont
proposé quelques personnes des leurs pour en faire partie :
chose qu'il vaut mieux prévenir à temps, plutôt que d'attendre qu'elle ne se produise, pour avoir ensuite à l'aplanir
avec difficulté.

18° Maintenant, on doit passer sous silence que S. A. Électorale, quand elle se sera fortifiée dans cette œuvre, pourra
faire toutes sortes de choses, d'ordonnances et d'institutions
utiles à l'intérêt commun et même nécessaires, concernant
les livres, auteurs, libraires, correcteurs, imprimeurs, et
d'études, après avoir pris les conseils et l'avis des érudits, se-

verständtnuß im nahmen Kayserl. Mayt und mit deren gänzlicher approbation einführen könten. Maßen auch den buchführern vielleicht selbst annehmliche und nützliche vorschläge an die hand zu geben, sie vor theils liederlichen, theils gefährlichen chartequen ab=, und hingegen zu zusammentretung in compagnien, wo opera zu groß, und sonst zu verlegung realer wercke, und wie vor dem Kriege geschehen, dadurch der Franckfurter buchhandel sehr floriret (so jezo Holländer, Genffer und Lyoner fast an sich gezogen) zu nachdruckung und versionibus frem= der rarer curieuser und nüzlicher hauptbücher zu bringen und anzulocken. Auch ehstens durch nüzliche specimina, accurate catalogos, auch andere ein liecht in publicum gebende cœpta die gemüther zu encouragiren und zu gewinnen.

19. Zu geschweigen, daß vermittelst solcher gelegenheit die gelehrten und curieusen durch Teutschland sowohl

lon que cela pourra être suggéré et désiré par l'un ou par l'autre; et comme jusqu'à présent ils ont pensé qu'il n'y avait personne pour seconder leurs idées par son autorité, Son Altesse pourra les faire introduire, en bonne intelligence avec d'autres princes et souverains de l'Empire et de l'étranger, au nom de Sa Majesté Impériale et avec son entière approbation. Par là aussi peut-être, en faisant aux libraires des propositions agréables et utiles, on pourra leur fournir l'occasion de renoncer aux publications en partie immorales, en partie dangereuses, et par contre les engager à s'associer pour la publication d'ouvrages trop grands et autres ouvrages sérieux, et, comme cela se faisait avant la guerre, à publier des réimpressions et des traductions de livres étrangers, rares, curieux ou utiles, chose par laquelle florissait le commerce de Francfort (branche dont la Hollande, Genève et Lyon se sont aujourd'hui presque complétement emparés); et enfin encourager et gagner le pu-

auf nah gelegenen universitäten als sonsten nach dem exempel anderer nationen zu correspondenzen, communicationen, näherer verständtnüß aufgemuntert und dadurch zur conservirung und vermehrung vieler sich sonst mit den autoribus verlierenden nüzlichen und neuen gedanken, vorschlägen, inventionen und observationen, beydes in naturalibus, mechanicis, manufacturen, commerciis, mathematicis, als auch historicis, politicis, juridicis und anderen die bahn gebrochen würde, zu welchen occupationen auch die jugend auf universitäten und sonsten bey zeiten zu gewöhnen, weit nüzlicher, als daß sie sich unzeitig, ehe sie in rechtschaffenen studiis genugsam firmiret, sich aufs rabuliren legen und damit dem vaterland mehr schädlich als nüzlich seyn, ja ihre eigene promotion verderben.

20. Maßen ohne das bey den gelehrten sich alles allmählig zu solcher verbesserung disponirt, und der

blic par des spécimens utiles, des catalogues faits avec soin et d'autres choses qui flattent et répandent la lumière.

19° Sans compter que, par la même occasion, les savants et les amateurs de l'Allemagne seront, à l'exemple des autres nations, encouragés à correspondre, à communiquer entre eux, avec les universités voisines et d'autres, à s'entendre ensemble, et par là contribuer à la conservation et à la multiplication de beaucoup de pensées, de propositions, d'inventions et d'observations utiles, tant sur les sciences naturelles, les machines, les manufactures, le commerce, les mathématiques, que sur l'histoire, la politique, le droit, lesquelles autrement meurent avec leurs auteurs ; et en habituant à temps à ces occupations la jeunesse dans les universités et ailleurs, elle emploierait ainsi son temps bien plus utilement qu'à présent, où elle se met hors de propos à raisonner avant que d'être fortifiée par de sérieuses études,

Englischen societät, der Florentinischen neuen Academie, des Roman- und Parisischen Journals zu geschweigen, die Eruditi in Teutschland ein gleiches zu thun sich allmählich schicken und ferner schicken möchten, könte also mit der zeit solches vorhaben sowohl zu Kayserl. M. als Eminentissimi und anderer curieuser Herren nicht geringer ergözligkeit gereichen.

21. Dieses alles sind früchte, so aus diesem werck, dafern Churf. Gn. es an sich ziehen und mit ihrer autorität secundiren würden, suo tempore, wie man dem hierinnen freylich piano zu gehen hat, erwachsen könten, dadurch nicht allein gemeiner nuzen geförbert, sondern auch Churf. Gn. und dero Erzstiffts jura und hohe regalia, wo nicht in se ipsis, maßen solches vielleicht ohne das de jure dazu gehören mag, doch ratione exercitii, vermehrt und extendirt werden können.

22. Denn es nicht ohne ist, daß das Jus Cancella-

et par là est plus nuisible qu'utile à la patrie, et nuit même à son propre avancement.

20° Sans cela d'ailleurs, chez les savants, tout tend peu à peu vers cette amélioration, et sans parler de la Société d'Angleterre, de la Nouvelle Académie Florentine, du Journal de Rome et de Paris, les érudits en Allemagne se disposent et pourraient se disposer peu à peu à en faire autant; et avec le temps, une telle organisation pourrait être très-agréable tant à Sa Majesté Impériale qu'à Leurs Éminences et autres personnages et curieux.

21° Tels sont les fruits que peut produire cette œuvre avec le temps, car il faut évidemment procéder avec lenteur, pourvu bien entendu que Son Altesse Électorale veuille bien l'attirer à soi et la seconder de son autorité; par là non-seulement Son Altesse contribuera au bien public, mais encore les droits et hautes *régales* de son archevêché pourront être augmentés et étendus, sinon en eux-mêmes,

riatus Supremi vielleicht ein solches von selbsten mit sich bringet. Dieweil Cancellariatu alles was briefe, schriften, Uhrkunden betrifft, ja was nur papyr heißt, es sey bedruckt oder beschrieben, seine dependenz hat. Und daher an Chur Mainz die höchste direction der Reichs- und Comitialsachen, auch Reichs-Archivi als Obersten Churfürsten und collegii decanum, der Geistlichen und Religions-Geschäffte als Primatem, (weil ohne das vor alters die cancellarii regnorum gemeiniglich bischöffe gewesen), die Justizsachen sowohl zu Wien als Speyer als obersten Canzler jederzeit gewiesen worden, wie noch werden. Aus welchem principio auch Chur-Maynz directionem et protectionem postæ imperialis exercirt, und dessen bediente vor anderen auf der post freyheit haben. Da doch das postwesen der Canzley, Justiz, Direction der Reichssachen, und Religion bey weitem so nahe als res literaria nicht verwand, und ohne das be-

car peut-être ils le seraient sans cela *de jure*, pour le moins *ratione exercitii*.

22° Car il n'est pas invraisemblable que le *jus cancellariatus supremi* ne la comprenne en lui-même. En effet le *cancellariatus* a dans sa dépendance tout ce qui est lettres, écrits, documents, tout ce qui s'appelle seulement *papier*, soit écrit, soit imprimé. Et c'est pourquoi la direction suprême des choses ou affaires de l'Empire et des Comices est assignée à l'Électorat de Mayence, de même que lui sont attribuées les archives de l'Empire, comme le premier des princes électeurs et doyen du collége, les affaires ecclésiastiques et de la religion comme primat (car sans cela depuis des siècles les *cancellarii regnorum* ont généralement été évêques), et les choses de la justice, tant à Vienne qu'à Spire, comme chancelier suprême. C'est d'après ce principe aussi que l'Électeur de Mayence exerce la direction et la protection de la poste impériale, et que ses employés ont avant tous

fand, daß vor alters Universitäten und Schuhlen ad curam Episcopi gezogen worden, und daher gemeiniglich Episcopi vicinarum universitatum Cancellarii gewesen, und an manchen orthen noch seyn. Ob nun gleich die principes jeden in seinem Territorio sich solcher Dinge sowohl als der religion prætextu juris territorialis bemächtiget, ist doch dem reich und dessen directori die general direction, sonderlich in reichs städten (sowohl als die general direction der Posten, ob gleich ein jeder fürst seine landpost in suo territorio haben mag) unbenommen, sondern vielmehr gehörig, und daher bey gegenwertiger conjunctur die guthe gelegenheit solches habende recht in übung und stand mit gutem glimpf zu bringen, nicht zu versäumen.

23. Die guthe gelegenheit nun bestehet darin, daß gegenwärtiger Commissarius nicht allein sich des werck's sonderlich nicht annimt, oder füglich annehmen kan,

autres le droit de franchise postale. Or la poste n'est pas de beaucoup aussi rapprochée que la *res litteraria* du domaine de la chancellerie, de la justice, de la direction des affaires de l'Empire et de la religion; comme sans cela il est connu que les universités et les écoles ont toujours été assignées *ad curam episcopi*, et que c'est pour cela que les évêques ont été communément jadis, et sont encore dans bien des endroits, chanceliers des universités voisines. Maintenant, bien que les princes, chacun dans son territoire, se soient emparés de ces affaires, tant sous le prétexte de la religion que sous celui de la juridiction territoriale, cependant la direction générale en est restée intacte entre les mains de l'Empire et de ses directeurs, notamment dans les villes impériales (de même que la direction générale des postes, bien que chaque prince puisse avoir sa poste territoriale dans son propre territoire), et elle est reconnue lui appartenir. Donc il ne faut pas dans les conjonctures actuelles négliger la bonne occa-

fondern auch hin und wieder durch viele zänckereyen, streitigkeiten, und contradictiones sich außer nöthiger autorität und Nachdruck gesezt, zu einer und andern extremität mit der stadt Franckfurt kommen, dazu, maßen notorium, bringet oder bringen kan.

24. Darumb denn wohl gar ein gänzlicher abgang und gleichsam obliteration eines an sich selbst so nüzlichen werks erfolgen, oder zum wenigstens ein tertius, so darauf achtung geben möchte und von Maynz keine dependenz hätte, sich dermahleins darein flechten und von Wien die concession erhalten dürffte.

25. Solchem allen nun vorzukommen, und sich in exercitium seines habenden, nicht wenig importirenden juris via quam lenissima et contradictionibus (die wenn man anfangs einige plenipotenz und perpetuität suchen sollte, nicht ausbleiben dürfften) minus obnoxia zu bringen, were unmasgeblich nichts anders anfangs zu

sion de faire valoir et d'exercer ce droit implicite que possède Son Altesse Électorale.

23º La bonne occasion dont il s'agit consiste en ce que le commissaire actuel, non-seulement ne s'intéresse pas avec ardeur à l'œuvre ou ne peut pas s'en occuper convenablement, mais encore, par des contestations multipliées, des différends et des contradictions, s'est privé de l'autorité nécessaire et a éloigné le respect voulu; ce qui, étant notoire, amènera ou pourra amener à des extrémités avec la ville de Francfort.

24º C'est pourquoi, ou bien il arrivera en même temps déconsidération totale et oblitération d'une œuvre en elle-même si utile, ou bien il arrivera au moins qu'un tiers qui y portera son attention, et ne dépendra point de Mayence, interviendra et pourra en obtenir la concession à Vienne.

25º Pour prévenir maintenant tout cela et se mettre dans l'exercice d'un droit d'une grande importance que Son Al-

thun, als daß Churf. Gn. dem Herrn Reichs-vice-Canz=
ler durch ein schreiben zu verstehen gäben, wasmaßen sie
nachricht hätten, daß das Commissariat zu Franckfurt
zimlich außer autorität, respect und execution sowohl
gegen Magistrat als buchführer kommen, und daher fer=
nere weiterung zu verhindern, eine nachdrückliche com=
mission nöthig sey. Und weil Churf. Gn. nächst ge=
seßen, bisweilen auch interessirt, auch sonst in diesen
Sachen gemeiniglich angelanget, und mit Commissionen
beleget zu werden pflegten, als würden sie sich nicht ent=
gegen seyn laßen; dafern einer generalis commissio ad
exequendum das Commissariat betr. (so dem com-
missario und deßen adjuncto am geringsten nicht ein-
träglich, sondern beförderlich wäre, und zur execution und würckligkeit die hand bieten würde) von Kayserl.
M. dieses so nöthige werck wieder in vigorem zu bringen
an sie gerichtet würde. Welches denn durch den Herrn

tesse Électorale possède, il serait, par une voie très-douce
et moins exposée aux contradictions (qui ne manqueront
sans doute pas de se produire, si on voulait dès le principe
réclamer des pleins pouvoirs et la perpétuité), indispensable
pour commencer que Son Altesse fît entendre par une
lettre au vice-chancelier de l'Empire, qu'il a appris que le
commissariat à Francfort a perdu en autorité, en considération et en pouvoir d'exécution, tant auprès du magistrat de
la ville que sur les libraires, et que par conséquent, pour
empêcher que cette situation ne continue à s'aggraver, une
commission énergique est nécessaire. Et parce que Son Altesse Électorale réside dans le voisinage, qu'il y est parfois
intéressé, et d'ailleurs que de tels objets rentrent communément dans ses attributions, et qu'il est d'ordinaire chargé
de commissions, Son Altesse verrait sans objection qu'il lui
fût adressé de la part de S. M. l'Empereur, pour remettre
en vigueur cette institution, une *commissio generalis ad*

Reichs-vice-Canzler bey Kayserl. M. anbracht, und auf erhaltenes placet die Commissio subdelegandi von ihr alsbald ausgefertigt werden könte.

exequendum concernant le commissariat (ce qui ainsi ne serait en rien nuisible au commissaire et à son adjoint, mais leur serait utile et permettrait de prêter main-forte à l'exécution et à l'efficacité de leurs actes). Cela une fois obtenu par le vice-chancelier de l'Empire de S. M. l'Empereur, ce dernier pourra, sur le *placet* qu'il recevra, expédier promptement la *commissio subdelegandi*.

DE VERA RATIONE REFORMANDI REM LITERARIAM MEDITATIONES (1668).

Si Elector Moguntinus obtinuerit a Cæsare curam hujus rei, suggeri ei varia possunt :

1. Ut duos subdelegatos adhibeat, alterum Tridentinæ, alterum Augustanæ confessionis. Ne suspectus sit statibus Evangelicis et consilia exitu destituantur, imprimis autem ne in Lipsiensibus nundinis contra eatur.

2. Ut eos subdelegatos sinat esse consiliarios et Cæsaris et suos, et aliorum, si lubet, statuum, idque dignitatis negotii intererit, ut qui in eo occupantur, Cæsarei consiliarii habeantur.

3. Imprimis cum Electore Saxone communicet, nundinarum Lipsensium causa.

4. Ordinationem librariam concipi faciat, qua Bibliopolæ, fowohl die Verleger, als herumbträger und Krämer, dann auch Buchbinder und Buchdrucker teneantur.

5. Ordinationem illam faciat approbari in hodiernis comitiis.

6. Tentet ea ratione Archi-Cancellariatui alligare totam rei literariæ administrationem.

7. Rei literariæ stabiliendæ causa faciat formari

societatem eruditorum Germaniæ, cujus ipse sit director, regatque eam per suos deputatos.

8. Hujus societatis curæ sit commissum corresponsum eruditorum universalem sustinere.

9. Eadem curet congregari Bibliothecam Universalem.

10. Eadem societas curet fieri indices universales.

11. Eadem societas mutuas operas jungat societatibus Regiis Gallicæ et Anglicæ, et Academiis Italicis.

12. Eadem soc. rem medicam ad perfectionem evehere tentet.

13. Eadem soc. mathematicis experimentis invigilet.

14. E. s. locos communes curet fieri, experimentaque colligi.

15. E. s. congregationes habeat in certo loco, puto Francofurti.

16. E. s. nihil se immisceat rebus ad religionem pertinentibus, membra tamen particulatim suam in ea re causam agere nihil ad societatem pertineto.

17. Viri magni, opulenti, curiosi, honoraria societatis membra esse poterunt.

18. Experimentorum ac doctrinæ commercium esto.

19. Minime omnium edatur diurnale : serventur hæc suo tempori.

20. Certus personarum numerus esto : qui ultra eum recipi velit, cum onere sustineto.

21. Qui intra numerum sunt, iis de futuro salaria præbeantur.

22. Sed unde vero? Scilicet qui vix 12 Assessores

Cameræ sustentare potuerunt post sesquisecularem deliberationem, ii hominibus, ut ipsi putant, supervacuis stipendia præbebunt? — Sed accipe rationem : vectigal papyraceum, quale in Hollandia et Palatinatu, universaliter introducatur.

23. Ejus vectigalis dimidium principum, in quorum territorio charta venditur, dimidium societatis esto.

24. Hoc vectigal parum gravabit Rempublicam, quia agricolis atque opificibus, qui cæteris tributis maxime gravantur, minimum detrahet. Gravabit tantum mercatores, litigantes, eruditos, homines si cum incredibili labore miseræ plebis comparentur, otiosos, qui numquam excitabunt rebellionem.

25. Nullus sit exemtus, ne princeps quidem aut ministrorum quispiam. Quod enim ita principes solvunt, centies recipiunt, prorsus ut Elector Moguntinus itidem solvit vectigal pontis, das Brückengeld.

26. Eo vectigali imposito multorum scribacitas frenabitur. Imprimis mercatoribus hoc decedere nihil nocet Reipublicæ, cætera fere in litigantes redundabunt.

27. Societas etiam inspectionem habeat manufacturarum et commerciorum.

28. Mala Rei librariæ multa magnaque sunt et Reipublicæ admodum damnosa. Consistunt autem in eo, quod optima quæque non imprimuntur, imprimuntur multa perniciosa, plura supervacua, omnia confusa. Impressa vero vix venduntur, nisi exigua aut ridicula, omnino etiam perniciosa.

29. Rationes igitur ineundæ sunt, quibus probibeatur librorum malorum distractio, superfluorum

sistatur, optimorum adjuvetur. Par est ratio de impressione.

30. Nullus liber imprimatur, in quo non autor indicet in præmisso aliquo loco, quid præstiterit Reipublicæ utile ab aliis ignoratum. Et illud ipsum intus in libro signet, ut excerpi integrum, si opus, possit. Si quis librum totum suis speculationibus, vel experimentis plenum habuerit, exprimet tamen quod præ ceteris scitu utile patet. Hoc multos a scribendo inepta continebit.

31. Kein Drucker soll ein Buch zu drucken über sich nehmen, es sey dann die censur dabey.

32. Censura soll darin bestehen, ne quid liber contineat contra pietatem et bonos mores..

33. Censores sollen seyn die nächste universität im selben territorio, darinnen der truck geschieht, oder, ist keine universität darinnen, eine nächste universität.

Der Baron J. C. von Boineburg an den Reichs-Vice-Kanzler Grafen Königseck.

Mainz, Ende 1669.

Das Concept ist von Leibniz.

(Der Anfang in der Sache übereinstimmend mit dem Schreiben von Leibniz an Gudenus, daß er seine Wünsche auf die Erlangung eines Druck-Privilegs beschränke. Dann fährt Leibniz-Boineburg in diesem Schreiben fort:)

Man solte ja gewislich noch Salaria geben jemand zu finden, der dergleichen vornehme, geschweige denn daß man privilegia sparen solte, da sich jemand umbsonst selbst offerirt. Ich stehe in den gedanken, daß zu Reputation Teutscher nation, und zu inflammirung der gemüther bey uns zu nüzlichen studien nach exempel der auslande nicht leicht ein dienlicher werck könne erdacht werden. Dahehr auch die lust kommet, die ich dazu, und wie ich achte, alle so die wißenschafften lieben, maßen ich Ihre Excellenz zu thun weis, tragen. Daher sie mich mit beförderung deßen absonderlich und höchlich obligiren wird. Glaube auch nicht, daß man in solchem dergestalt fundirten begehren einige unbilligkeit, die nicht aus der vernunfft und exempel ander privilegien abzuleiten, zeigen wird. Schließlich ich will solch zu reinem besten gerichtetes vorhaben E. Excellenz, so sehr als es mir selber daran gelegen, zu geneigter beförderung recommendirt und im übrigen mich in dero fernere affection befohlen haben.

Ch. Gudenus an Leibniz.

Wien, 9. Januar 1670.

Wohledelst und hochgelehrter
insonderß hochgeehrter herr.

Sein fernerweiteres vom 26. nechstvorigen monathß habe sambt dem einschluß ahn hr. Lambecium wohl erhalten, und diesem also balt selbst überliffert, welcher denn nochmahlen alle mögliche assistentz versprochen und deswegen mit des H. R. V. Cantzlars Excell. weiter reden würde: bat mir solchemnach den Beyschluß bey gleich jezo abeylender post zugesendet, welchen mein hochg. herr bestens zu überreichen wissen würde, zuc dem ende solchen dienste: recommendire auch bey Ihrer freiherrl. Gnd. meine wenigkeith in guter recommendation zu erhalten bitte; was ferners vorgehet, werde jederzeit ohngesäumbt berichten und verbleibe immittelst nechst Göttlicher empfehlung

Meines hochgeehrten herrn

Dienstgeflissenster
C. Gudenus.

P. S.

Ihre Excell. herr R. V. Cantzlar haben mit voriger post von Ihrer gnaden dem herrn Freyherrn von Boineburg abermahl ein schreiben empfangen, sich auch

gegen mich erkläret, daß in dieser sache thun werden, was immer möglich sein werde.

P. S.

Als eben daß schreiben schließen wollen, sendet herr Lambecius zue mir und laßt sein schreiben wieder abfordern, mit vermelden, das noch etwas dabey zuesetzen vorgefallen, vermeine also das es mit nechster Post folgen werde (1).

(1) Ces deux lettres, l'une préparée par Leibniz pour la signature de Boinebourg, et l'autre qui est la réponse de Gudenus, sont une *recommandation* et une *promesse* de s'intéresser à l'affaire, auprès du vice-chancelier de l'empire, le comte de Königseck, auquel s'était adressé Boinebourg.

Grundriss

eines Bedenckens von aufrichtung einer Societät in Teutschland zu aufnehmen der Künste und Wissenschaften.

§ 1. Die Stück dieses bedenckens sind 1) ob, 2) wie sie aufzurichten. Wiewohl was man sagen wird, wie sie aufzurichten, dienen wird zu beweisen, daß sie aufzurichten. Soviel man von ihrer Natur und Eigenschaft gedenken wird, so viel wird man Exempel ihrer wirckung und nuzens erzehlen müssen.

§ 2. Fragt sich nun, ob sie aufzurichten, antwortet: Ja, und zwar sowohl umb der Stiffter derselben, als gemeinen bestens willen. Die Stifftende seze ich also beschaffen zu seyn, daß sie hohen Standes,

PLAN

de la création d'une Société des arts et des sciences

EN ALLEMAGNE.

§ 1. Nous allons voir 1° *si*, 2° *comment* ce plan peut être exécuté, en faisant observer que ce que l'on dira de *la manière* dont on formera cette Société servira en même temps à montrer qu'on peut la former, car, en parlant de sa nature et de ses propriétés, on sera forcé de citer des exemples qui montreront ses bons effets et son utilité.

§ 2. Demande-t-on *si on peut la former*, je répondrai : *oui*, tant à cause des *fondateurs* qu'à cause du *bien général*. Les fondateurs doivent être des personnes haut placées,

vermögens und ansehens wegen, nichts bedürffen als guthes gewißen und unsterblichen ruhm, bey den unbetrüglichen Richtern, Gott und der Posterität. Beyde werden zwar erst künfftig ihr Urtheil fällen, doch kan auch in diesem leben hohen Personen und sonderlich genereusen Menschen, die vor nothdurfft nicht sorgen dürfen, und der Leibeswollüste über nothdurfft sowohl conscienz als gesundheit wegen, nicht achten, nichts süßeres, ja nichts zu ihrer gesundheit dienlicheres seyn, als das contento, die freudigkeit, die ruhe des gemüths und mit einem wort das cœlum in terris, so ihnen der unbetriegliche vorschmack künfftiger Glückseligkeit, wo anders ein Gott und eine Posterität zu glauben und zu hoffen ist, schohn anjezo und der früchte der Ewigkeit dem gemüth in einem blick gleichsam auf einmal contentirt vorstellet. Schließe also, daß solche Gesellschaft 1. Gewißens, 2. unsterblichen Ruhms

ayant de la fortune et de la considération, et qui ne recherchent que la satisfaction d'une bonne conscience et d'une gloire immortelle aux yeux des juges les plus intègres, Dieu et la postérité. Ils devront d'abord prononcer leur jugement *comme artistes.* Il peut arriver cependant que ces hauts personnages qui ne manquent de rien et jouissent de tous les agréments de la vie, trouvent, tant à cause de leur *conscience* qu'à cause de leur *santé*, qu'il n'est rien de plus utile pour cette même santé que le *contentement*, la liberté, le repos de l'esprit, et, pour tout dire en un mot, *cœlum in terris,* ce qui leur donne cet avant-goût non trompeur d'une félicité à venir, et montre tout d'un coup à leur esprit les fruits de l'éternité. J'en conclus que la Société doit être créée 1° pour la satisfaction de notre conscience; 2° pour l'immortelle réputation de ses fondateurs; 3° par amour du bien général. Une œuvre si louable et si agréable à Dieu et aux hommes profitera, il est vrai, à ses fondateurs et sera

der Stifftenden wegen, und dann 3. umb gemeinen be=
stens willen aufzurichten. Wiewohl der gemeine nuz eines
so löblichen Gott und Menschen angenehmen werckſ den
nuzen der Stifftenden gründet, und des guthen gewißens
sowohl als unsterblichen Nahmens, wahre unfehlbare
Ursach ist. Welches anjezo von Puncten zu Puncten zu
erweisen.

§ 3. **Gutes gewißen** ist, daß ichs so zu sagen de-
finire, eine freude des gemüths wegen hofnung ewiger
Glückseeligkeit. Soviel nehmlich, wie sich dann selbst ver=
stehet, deren versicherung in menschlicher macht ist, wenn
er alles thut, was ihm müglich ist, und das übrige der
unfehlbaren versprochenen Gnade des grundgütigen und
zugleich gerechten Gottes anheimstellet.

§ 4. Die **Hofnung** ist ein glaube des **Zukünfti-
gen**, gleichwie der glaube so zu sagen eine **Hofnung des
vergangenen**. Denn glauben ist soviel als hoffen, daß

une des causes réelles de leur bonne conscience et de leur
réputation. Mais il faut prouver cela article par article.

§ 3. On peut définir *bonne conscience* la joie du cœur es-
pérant une félicité éternelle. On comprend par cela même
que l'on aura une bonne conscience quand on fera tout son
possible pour bien faire, en abandonnant le reste à la grâce
de Dieu et à sa justice.

§ 4. L'*espérance* est une *foi en l'avenir*, comme la *foi* est,
pour ainsi dire, l'*espérance du passé;* croire, c'est espérer
que le passé est vrai. La vraie foi et la vraie espérance ne
consistent pas seulement à *parler* ou à *penser;* mais à *penser
pratiquement*, c'est-à-dire à *agir* comme si les choses étaient
vraies. Croire en Dieu, espérer en lui, c'est croire que l'a-
mour de Dieu nous a été offert en réponse au nôtre, par
l'intermédiaire de Notre-Seigneur et Médiateur, et que son
amour éveille le nôtre en nous; c'est espérer que, si nous
l'aimons de tout notre cœur, il en résultera une amitié insé-

das Vergangene sowie man sagt wahr sey. Der wahre glaube nun und die wahre hofnung aber ist nicht nur reden, ja nicht nur dencken, sondern practice dencken, das ist thun, als wenns wahr were. An Gott glauben, zu Gott hoffen, ist glauben, daß Uns Gott liebe und seine liebe zu erweckung unser gegenliebe durch unsern Heiland und Mittler uns angetragen; und dann hoffen, daß wenn wir ihn von ganzem Herzen wieder lieben, dahehr eine unzertrennliche freundschafft und amicitia vera et æterna entstehen, und dann unaussprechliche unendtliche Nießung in jenem leben folgen werde.

§ 5. Ist also Hofnung und Glaube gegründet auf Liebe, und alle drey auf erkänntnuß. Liebe ist eine freude des Gemüths aus betrachtung der Schönheit oder Vortrefflichkeit eines andern. Alle Schönheit besteht in einer Harmonie und proportion, die schönheit der gemüther oder Verstand habender Dinge in der proportion zwi=

parable, *amicitia vera et æterna*, dont nous goûterons les indicibles et éternelles douceurs dans la vie à venir.

§ 5. L'espérance et la foi sont donc basées sur *l'amour*, et toutes trois sur la connaissance. L'*amour* est la joie du cœur, qui considère la beauté et l'excellence d'un autre cœur. Toute beauté consiste en *harmonie* et proportion ; la beauté du cœur ou de l'esprit consiste en la proportion entre l'esprit et la puissance, ce qui, dans ce monde, constitue le fondement de la justice, de l'ordre, des mérites et même de la forme de l'État : chacun comprend ce qu'il veut, et ne veut que ce qu'il comprend. Si la puissance est plus grande que la raison, celui qui la possède est ou un agneau qui ne sait point s'en servir, ou un loup et un tyran qui ne sait pas bien s'en servir. La raison est-elle plus grande que la puissance, celui qui la possède en est accablé. Ces deux excès sont inutiles et même nuisibles. Si donc la beauté des esprits consiste dans la proportion de la science

schen verstand und macht, welches auch in dieser welt das fundament der Gerechtigkeit, der ordnung, der meriten, ja der form der Republick ist, daß ein jeder verstehe was er vermag, und vermöge soviel als er versteht. Ist die macht größer als der Verstand, so ist der sie hat entweder ein einfältig schaf, wo er sie nicht weis zu brauchen, oder ein Wolf und Tyrann, wo er sie nicht weis wohl zu brauchen. Ist der verstand größer als macht, so ist der ihn hat, vor unterdrückt zu achten. Beyde sind unnütz, ja auch wohl schädlich. Bestehet nun pulchritudo mentium in scientiæ et potentiæ proportione, so bestehet pulchritudo summæ et infinitæ mentis in einer infinität sowohl der Macht als Weisheit, und folglich die Liebe Gottes, des höchsten guths, in der unglaublichen freude, so man (auch anjezo bereits, ohne visione beatifica) schöpfet aus der betrachtung dessen Schönheit oder proportion, das ist infinität der Allmacht und allweisheit.

et de la puissance, la beauté du souverain esprit et de l'infinie raison consistera en une infinité tant de puissance que de sagesse, et par suite l'amour de Dieu, du souverain bien qui se tire, sans vision béatifique, de la considération de leur beauté, proportion, est l'*infinité* de la toute-puissance et de la toute-sagesse.

§ 6. A leur tour, la *foi*, l'*espérance* et l'*amour*, par cette connaissance et la certitude de la toute-puissance et de la sagesse de Dieu, se trouvent singulièrement fortifiés. Comme Dieu est la souveraine sagesse, il est certain qu'il est si juste et si bon qu'il nous a déjà aimés, nous ses créatures, et qu'il a fait tout ce qui dépendait de lui (c'est-à-dire tout ce que permet l'harmonie universelle sans faire tort à notre volonté libre) pour que nous l'aimions aussi, et c'est sur cela que repose la foi. Mais, comme il est en même temps la souveraine puissance, il est certain qu'il fera jouir de son amour ceux qui l'auront aimé, c'est-à-

§ 6. Hinwiederumb wird **Glaube, Hofnung** und **Liebe** durch die **Erkänntnuß** und **Gewißheit** der **Allmacht** und **Allwissenheit** Gottes wunderbarlich befestiget. Denn weil er die höchste weisheit, so ist gewiß, daß er so gerecht und güthig sey, und Uns sein Geschöpf also bereits geliebt habe, daß er alles gethan, was an ihm ist (nehmlich soviel die Universal-Harmoni der Dinge leibe, und sich thun laßen, ohne unsern **freyen Willen** tobt zu thun) umb zu machen, daß auch wir ihn lieben, worauf der **Glaube** ruhet. Ist er aber auch zugleich die höchste Macht, so ist gewiß, daß er die so ihn wieder lieben, seiner **Liebe** genießen zu laßen, das ist ewig glücklich zu machen, kräfftig genug sey. Welche Betrachtung die **Hofnung** gründet, und wenn sie recht zu Herz gefaßet, alleine genug den Menschen glückseelig, ihm auch unglück, armuth, verfolgung, verachtung, krandheit, marter, todt, zu nicht, ja süß zu machen.

dire qu'il les rendra heureux éternellement et leur en donnera la puissance. Voilà quelle est la base de l'espérance, et, quand elle a bien pénétré dans le cœur, elle suffit à elle seule pour rendre l'homme heureux, et même pour lui faire regarder comme *rien*, comme une douceur, le malheur, la pauvreté, la persécution, le mépris, la maladie, le martyre et même la mort.

§ 7. Il ne faut pas croire et espérer superficiellement, mais *penser pratiquement*, c'est-à-dire agir comme s'il était vrai que Dieu nous aime (§ 4). Aimer Dieu, ce n'est pas l'aimer superficiellement, mais *vouloir pratiquement*, c'est-à-dire faire tout ce qui est en notre pouvoir pour le lui prouver. La *réalité de l'amour* consiste à faire ce qu'aime l'objet aimé. Nous devons *savoir*, autant que cela nous est possible, ce que Dieu aime, car, de même que notre connaissance de sa toute-puissance et de sa sagesse (§ 6) est *cause* que nous devons l'aimer, de même la connaissance de ce qu'il aime,

§ 7. Aber gleich wie glaub und hofnung ist nicht nur obenhin, sondern practice dencken, das ist thun, als wenns wahr were (sup. § 4.), daß Gott uns liebe, so ist auch Gott lieben, nicht nur obenhin, sondern practice wollen, das ist alles thun was in unsern kräfften ist, umb wahr und würcklich zu machen, daß auch wir ihn eusserst lieben. Die würckligkeit der Liebe bestehet darin, daß wir thun, was dem Geliebten lieb ist. Was Gott lieb sey, mus wiederumb deßen erkänntnuß, soviel es in unserm vermögen, geben. Denn gleichwie die Erkänntnuß, daß er allmächtig und allwissend sey, die ursache ist (supra § 6), daß wir ihn sollen lieben, so ist die Erkäntnuß, wie er allweis und allmächtig, soviel wir dahin gelangen können, die Richtschnur, wie wir ihn sollen würcklich lieben.

§ 8. Die Erkäntnuß Göttlicher Natur ist natürlicher Weise aus nichts anders zu nehmen als aus der wahren Demonstration seiner Existenz. Solche muß

autant que cela est en notre pouvoir, doit nous faire comprendre comment nous devons l'aimer.

§ 8. La *connaissance de sa nature divine* ne peut naturellement être tirée que de la démonstration de son existence. Et cette existence est basée sur ce que, sans lui, il n'est pas possible d'*avoir une cause*. Or rien n'existe sans cause : on ne pourrait expliquer pourquoi les choses qui pourraient n'être pas sont, et pourquoi les choses qui pourraient être à l'état confus et embrouillées sont dans une si belle et ineffable harmonie. Ceci fait qu'il doit être lui-même et la *ratio ultima rerum*, ou la puissance suprême, et la *harmonia maxima rerum*, ou la suprême sagesse.

§ 9. Il s'ensuit incontestablement que *caritas, amor Dei super omnia*, et la vraie contrition, et l'assurance du bonheur, n'est autre chose que *amare bonum publicum et harmoniam universalem, vel quod idem est gloriam Dei intelligere et quantum in se est facere majorem;* car, entre l'harmonie

hauptſächlich dahehr geholet werden, daß zufőrderſt ohne ihn nicht möglich iſt eine uhrſach zu haben (da doch nichts ohne Urſach iſt) warumb die dinge ſo doch könten nicht ſeyn, etwas ſeyn; und denn ferner, warumb die dinge ſo doch könten confus und verworren ſeyn, in einer ſo ſchönen, unausſprechlichen harmonie ſeyn. Jenes macht, daß er ſeyn mus Ratio ultima rerum und alſo die höchſte Macht; dieſes daß er ſeyn mus Harmonia maxima rerum und alſo die gröſte weisheit.

§ 9. Hieraus folgt unwiedertreiblich, daß Caritas, daß Amor dei super omnia, und die wahre Contritio, an der der Seeligkeit verſicherung hanget, nichts anders ſey als amare bonum publicum et harmoniam universalem; vel quod idem est gloriam Dei intelligere et quantum in se est facere majorem, denn zwiſchen der Universal Harmoni und der Ehre Gottes iſt kein unterſchied als zwiſchen Cörper und Schatten, person und bild, radio directo et reflexo, in dem

universelle et la gloire de Dieu, il y a la même différence qu'entre corps et ombre, personne et image, rayon direct et réflexe, par cela que ce que l'un est par *le fait*, l'autre l'est dans l'*âme* de ceux qui le connaissent. Car Dieu n'a créé les créatures raisonnables que pour être un miroir où viennent se refléter et se multiplier à l'infini les rayons de l'harmonie infinie. La connaissance complète et l'amour de Dieu consisteront dans une vision béatifique ou joie céleste, qui amènera la concentration de la beauté infinie en un petit *point* de l'âme. Les miroirs brûlants en sont un exemple.

§ 10. L'amour de Dieu par-dessus toutes choses, la contrition, la béatitude éternelle, consisteront à saisir, chacun selon la capacité de sa raison, la beauté de Dieu et l'universelle harmonie, et à la *réfléchir* sur d'autres; et, proportionnellement à notre puissance, nous éclairons les hommes et

daß was jene in der that, diese in der Seelen ist derer die ihn kennen. Denn Gott zu keinem andern End die Vernünfftigen Creaturen geschaffen, als daß sie zu einem Spiegel dieneten, darinnen seine unendtliche Harmonie auf unendtliche weise in etwas vervielfältiget würde. Maßen auch die vollkommen gemachte erkänndtnuß und liebe Gottes zu seiner Zeit in der visione beatifica oder unersinnlichen freude, die die bespiegelung und auf gewisse maße contentrirung der Unendtlichen Schönheit in einem kleinen Punct unser Seelen mit sich bringen wird, bestehen mus. Wie denn dessen die Brennspiegel oder Brenngläser ein natürlich vorbild seyn.

§ 10. Bestehet nun darin Amor dei super omnia, Contritio, Beatitudo æterna, daß man die Schöhnheit Gottes und Universal-Harmonie, jeder nach seines verstandes fähigkeit fasse und wiederumb auf andere reflectire, und denn auch nach proportion seines vermögens deren hervorleuchtung in Menschen und anderen Creatu-

les autres créatures. Il s'ensuit que ceux qui sont prodigues d'ombres, c'est-à-dire doués d'une raison et puissance inférieures, ne doivent servir aux autres que comme d'instruments mécaniques; et cela suffit s'ils se laissent employer comme les instruments de la gloire de Dieu, ou, ce qui est même chose, du bien commun, de l'instruction, de l'utilité, découvertes, recherches, amélioration des créatures *ex præscripto potentiorum et sapientium*. Ils satisferont leur *conscience*.

§ 11. Ceux auxquels Dieu a donné la raison sans puissance, ceux-là ont droit de *conseiller*, de même que ceux qui ont la puissance *doivent écouter patiemment*, ne pas jeter au vent les bons conseils, en pensant que les bons mais méprisables donneurs d'avis, devant les juges les plus savants, même *tacendo*, seront pour eux *exprobratores ignaviæ vel*

ren befördere und vermehre, so folgt daraus daß alle diejenigen, welche die etwas sparsamere natur, umb die welt bunt zu schattiren, mit einem geringern grad des Verstandes und macht begabt, daß sie nur anderer instrumenta velut mechanica seyn müßen, gnug thun, wenn sie sich als instrumenta der Ehre Gottes, und welches eins ist, des gemeinen Nuzens und ernehrung, erleichterung, commodität, unterweisung und erleuchtung ihres Neben Menschen, ja entdeckung, durchsuchung und verbesserung der Creaturen, ex praescripto potentiorum et sapientiorum brauchen laßen : ihrem Gewißen gnug thun.

§. 11. Welche mit Verstand ohne Macht von Gott versehen, denen gebührt zu Rathen, gleichwie die denen die Macht gegeben, gebühret gütlich gehör zu geben, guthe vorschläge nicht in wind zu schlagen, sondern zu gedencken, daß gute aber verachtete rathgeber vor dem allwißenden Richter dermahls eins, auch tacendo, ihnen

maliciæ. Les suspects, mais raisonnables conseillers, au contraire, ne doivent rien tenter *ultra consilia;* mais penser que Dieu leur réserve de meilleurs jours.

§ 12. Ceux auxquels Dieu a donné en même temps la raison et la puissance à un haut degré, ceux-là sont des héros créés par Dieu pour être les promoteurs de sa volonté, comme *instruments principaux*; mais malheur à eux si cet inestimable trésor vient à être enfoui : *corruptio et ex nimio torpore putrefactio optimi pessima est.* C'est un point important et d'où dépend le bonheur et l'honnêteté en ce monde, que de se servir comme il faut de sa raison et de sa puissance pour la gloire de Dieu. Je crois qu'un homme consciencieux ne devra jamais chercher la pierre philosophale sans crainte ni sans trembler, afin qu'il n'entende pas un jour cette dure parole : « Sois damné avec ton argent. »

als exprobratores ignaviæ vel malitiæ zum schrecken stehen werden. Hingegen gebühret verachteten, obwohl verständigen Rathgebern ultra consilia nichts zu tentiren, sondern zu gedencken, daß Gott das guthe vorhaben einer beßern Zeit vorbehalten, und deswegen aus seinem verborgenen rath ihnen keine dem verstande gleiche macht gegeben, dahero sie auch keineswegs solche zu erlangen auf verbotene, den Staat turbirende machinationes, wort und thaten, umb auch guthe consilia auszuführen, sich legen sollen.

§ 12. Welchen aber Gott zugleich verstand und macht in hohem grad gegeben, dies sind die helden, so Gott zu ausführung seines willens als principaliste instrumenta geschaffen, deren unschätzbares Talent aber, so es vergraben wird, ihnen schwehr gnug wird fallen. Corruptio et ex nimio torpore putrefactio optimi, pessima est. Es ist ein wichtiger punct, daran die Seeligkeit und endtliche Rechenschafft hanget, seinen verstand

§ 13. On peut employer la raison et la puissance en l'honneur de Dieu de trois manières principales, de la même manière que je peux rencontrer un homme sous trois formes différentes : avec de *bonnes paroles*, de bonnes pensées et de bonnes œuvres ou bienfaits. Quand il s'agit de Dieu, ces choses se nomment d'abord *laudes et sacrificia*, puis *spes cum fide*, et enfin *bona opera vel obedientia vel caritas efficax. Caritas est melior fide nuda ;* obéissance est meilleure que sacrifice, *fides melior sacrificiis laudibusque*, de ceux qui ne l'honorent qu'avec les lèvres. *Unde Deum colimus vel ut oratores et sacerdotes, vel ut philosophi naturales, vel ut morales seu politici.*

§ 14. Il s'ensuit que ceux qui honorent Dieu avec louanges et sacrifices sont les *orateurs* et les *prêtres*, sauf le soin des âmes et les *sacrements*, afin de soulager les

und macht recht zu Gottes ehre brauchen. Daß ich glaube, es solte ein gewissenhafter Mensch den Lapidem Philosophorum, mit so schwehrer condition, so aller großen macht unablößlich anhafftet, ohne furcht und zittern nicht annehmen, damit er nicht einmal die harte wort, daß du verdammet seyest mit deinem Gelde, höhren müste.

§ 13. Verstand nun und macht kan zur Ehre Gottes, auf dreyerley Weise hauptsächlich, gebrauchet werden, gleichwie ich einem Menschen auf dreyerley weise wohl begegnen kann, nehmlich mit guthen worten, guthen andenken und guthen werken, oder wie mans bey Menschen nennet, wohlthaten. Bey Gott heißt erstlich laudes et sacrificia, und endtlich bona opera, vel obedientia vel caritas efficax. Caritas est melior fide nuda; gehorsam ist beßer denn opfer, fides melior fictis sacrificiis laudibusque deren, die Gott nur mit den Lippen ehren. Unde Deum colimus vel ut oratores et

âmes. Du reste, chez les anciens, les prêtres étaient en même temps *philosophes* et *rectores rerum publicarum*, ce qui, pour bien des raisons, devrait encore être aujourd'hui. Ils sont *orateurs* par leurs paroles, *prêtres* par les cérémonies. Mais c'est une œuvre grande et sublime que de répandre la gloire de Dieu et d'enflammer les cœurs de son amour; et voilà pourquoi tout ce qui est fondé dans ce but s'appelle *absolument* fondé en l'honneur de Dieu; car, quoique tout bien tende à l'honneur de Dieu, cette manière particulière de l'honorer est plus sensible à l'homme ordinaire, puisqu'elle appelle *immédiatement* l'honneur de Dieu avec des mots qui lui conviennent. Tout ce qui est fondé dans ce but aussi se nomme κατ' ἐξοχήν, et *absolute* une bonne œuvre. Je citerai, entre autres, les sermons, la musique, la composition de sublimes et émouvants cantiques,

sacerdotes, vel ut philosophi naturales, vel ut morales seu politici.

§ 14. Danach sind diejenigen so Gott mit Lob und Opfer verehren, an sich selbst oratores et sacerdotes, (curam animarum und sacramenta beyseits gesezet, damit sie den Seelen nuz seyn, und zur dritten Classe gehörig, zu geschweigen auch das bey den alten die sacerdotes zugleich philosophi und rectores Rerumpublicarum gewesen und vieler Ursachen wegen von rechts= wegen noch seyn solten). Oratores nun sind sie mit worten, sacerdotes mit Cæremonien. Welches aber vor sich ein großes herrliches werk Gottes Ehre auszubreiten, und jederman mit dessen Liebe gleichsam anzuzünden. Daher was dazu gestiftet, pflegt man absolute zur Ehre gestifftet zu nennen, denn obgleich alles guthes zur ehre Gottes gerichtet ist, so laufft doch diese art Gott zu ehren dem gemeinen Mann meisten in augen und ohren, weil sie die Ehre Gottes immediate mit worten darinn sie be=

auxquels les Hébreux et même les païens s'appliquaient plus que nous, les cérémonies, les ornements d'église, les simples et élégantes cathédrales, qui servent à augmenter la vénération. Et certes, si toutes ces choses sont employées convenablement, elles ne sont pas à dédaigner. Je me souviens, à ce sujet, que lorsque, en France, Richelieu, pour faire fleurir la langue, fonda l'Académie, un homme pieux me demanda, entre autres choses, qu'on insérât dans le règlement que chaque membre de ladite société devrait chaque année composer quelque chose en l'honneur de Dieu. Je ne sais pourquoi on négligea cette proposition.

§ 15. Ils adorent Dieu en *philosophes,* ceux qui découvrent une nouvelle harmonie dans la nature et l'art, et font voir d'une manière sensible sa puissance et sa sagesse divines. De là vient que Moïse, Hiob, David et d'autres prirent

ſtehet, nennet. Wie dann auch, was dazu geſtifftet, ins gemein κατ' ἐξοχήν und absolute ein bonum opus genennet wird. Was nun zu Gott wohlgefälligem opfer, zu predigten und Music, zu componirung herrlicher beweglicher Lobgeſänge, damit ſich die alten Hebräer ja auch die Heiden weit mehr und beſſer als wir ergözet und geübet, zu wohlanſtändigen Ceremonien und Kirchen-Zierath, zu herrlichen Tempeln und Kirchen, ſo da eine mehrere veneration zu erwecken dienen, für mittel gewiedmet, wenn ſie wohl gebrauchet werden, unzweifentlich wohl angelegt zu achten. Dabey mir einfället, daß bey aufrichtung der franzöſiſchen zu aufnehmen und zierde ihre Sprache vom Cardinal Richelieu angerichteten Academie oder Societät ein gottſeeliger Mann unter andern in die leges einzurücken begehrt, daß ein jedes Glied etwas jährlich zum Lobe Gottes zu componiren ſchuldig ſeyn ſolte, iſt aber, weis nicht warumb, verblieben.

§ 15. Als Philosophi aber verehren Gott diejenigen,

en grande partie pour matières de leurs cantiques les merveilles naturelles des créatures, et les miracles que Dieu fit pour le salut de son peuple : comment, par exemple, il imposa des bornes à la mer, fit la voûte du ciel, les nuages, fit entendre le tonnerre, jaillir les eaux, croître les plantes, et comment les animaux trouvent leur pâture en temps voulu.

§ 16. Il est donc certain que, autant un homme connaît de merveilles, autant il possède en son cœur d'images de la majesté de Dieu s'il les rapporte à l'original. Et, sous ce rapport, je trouve dignes d'éloges les magnifiques pensées du P. Spée, de la Soc. de Jés., qui proposa de ne point laisser passer, autant que possible, la moindre des choses *sans réflexion* en l'honneur de Dieu, et encore moins les merveilles, afin que les créatures louent Dieu.

so eine neue Harmonie in der Natur und Kunst ent=
decken, und seine Allmacht und Weisheit sichtbarlich zu
spüren machen. Dahehr Moses, Hiob, David und andere
meistentheils sowohl von natürlichen Wundern, die
Gott in die geschöpf gepflanzet, als die er zur
erlösung seines Volcks gethan, materi ihrer Lob=
gesänge zu nehmen pflegen. Wie er dem Meere seine
grenzen gesezet, den Himmel gewölbet, über den wolcken
dahehr fahre, seinen donner erschallen, ströme quellen,
kräuter wachsen, die thiere ihre nahrung und speise zu
rechter Zeit finden laße.

§ 16. Dahehr vor gewis zu halten, daß soviel einer
wunder der Natur weis, so viel besize er in seinem herzen
Bildnüße der Majestät Gottes, wenn er sie nur dahin
und also zu ihrem Original reflectiret : Und sind daher
zu loben die herrlichen Gedanken des Patris Spee Soc.
Jes., eines trefflichen Mannes, welcher einen Vorschlag
gethan, wie man sich gewöhnen solle, fast nichts soviel

§ 17. C'est à cause de cela que je crois que les plus
grands moralistes et politiques, qui ne connaissent ni n'ob-
servent les merveilles de la nature, perdent une grande
partie de la vraie *observation*, de la´ vraie connaissance, de
l'ardent amour de Dieu et aussi de la perfection de leur
âme, quand, grâce à leur science excellente et au bon
usage de l'art de connaître les hommes et de les gouverner,
ils n'évitent pas cet écueil. Personne donc ne peut louer
Dieu avec plus de zèle et plus énergiquement que celui qui
joint à l'éloquence et à la poésie la connaissance de la vraie
philosophie, et qui dépasse les limites de la science ordinaire.

§ 18. En particulier, les hommes doivent estimer beaucoup, et sans aucun doute Dieu les comble de ses grâces,
ceux qui louent le Créateur avec bonne intention et qui

möglich ohne reflexion zur Ehre Gottes vorbey passiren zu laßen; vielweniger die herrliche Wunder, damit ihn die Creaturen stillschweigend zeigen und loben.

§ 17. Derowegen ich in der Meinung bin, daß auch den gröſten Moralisten und Politicis, die aber ganz keine Naturalisten, sondern der Wunder der Natur weder er= fahren seyn, noch achten, recht ein großer theil der rechten v e r w u n d e r u n g, der wahren e r k e n t n u ß und brün= ſtigen L i e b e G o t t e s und also der perfection ihrer Seelen abgehe, wo es nicht durch excellente W i ſ ſ e n = ſ ch a f f t und guthen g e b r a u ch ihrer kunſt die Men= ſchen zu e r k e n n e n und zu regiren erſezet wird. Kan derowegen niemand Gott mehrerm eifer und größerm nachdruck loben, als wer bey seiner Eloquenz und Poesie auch in der wahren philosophie die grenzen gemeiner wißenſchafft überſchritten.

§ 18. Sonderlich aber sind diejenigen bey Menschen hoch zu halten, und bey Gott außer Zweifel in gnaden,

découvrent une merveille de la nature ou de l'art, que ce soit une *expérience* ou une *harmonie bien fondée*, et qui pérorent et poétisent *ipsis factis* en l'honneur de Dieu. De même on peut préférer les empiriques aux *oratores* ou *historici*, et les *theorici* aux poëtes réels, parce que les premiers ne créent des hypothèses que sur des expériences certaines, et les seconds sur des apparences, et les uns et les autres honorent Dieu avec une telle harmonie.

§ 19. Toutes les fois, certes, qu'un habile anatomiste découvre un nouveau vaisseau par expérience, ou bien que l'usage d'un vaisseau déjà longtemps connu est mis au jour, c'est éclairer la puissance et la sagesse de Dieu des couleurs les plus vives, et un homme raisonnable admirera plus la sagesse, craindra davantage la puissance de son créateur, ainsi que sa bonté, en voyant ses merveilles, qu'en enten-

die mit guther intention den Schöpfer zu loben
und dem Nechsten zu nuzen, ein herliches wunder
der Natur oder Kunst, es sey nun eine Experienz oder
wohlgegründete Harmonie entdecken und gleichsam ipsis
factis Gott zu ehren peroriren und poëtisiren. Wie denn
die Empirici vor Oratores oder Historicos, die Theorici vor Poetas reales zu achten, dieweil jene gewisse
Experienzen, diese aber scheinbare, der Natur wohl ein-
stimmende und auf die Experienzen sich reimende
Hypotheses ersinnen und mit deren concinnität die
weisheit Gottes preisen.

§ 19. Gewislich so offt von den nunmehr fleißigen
Anatomisis ein neues Gefäß per modum experi-
menti entdecket, oder ein bisher unbekannter gebrauch der
längst bekandten Gefäße per modum hypotheseos er-
sonnen wird, so offt wird die allmacht und weisheit Gottes
gleichsam mit lebendigen Farben illuminiret, und ein
verständiger Man zur verwunderung der weis=

dant mille discours, vers, ou même lectures et homélies;
car une invention peut donner lieu à mille espèces de louanges et matière à quantité de critiques.

§ 20. Il est aujourd'hui vrai, et c'est une *expérience* ou un
théorème digne d'observation et d'étonnement, quoiqu'on
n'en puisse faire un *problème*, et qu'il ne soit pas *luciferum*,
mais *luciferum,* que, si l'on découvrait un nouveau miroir
de la beauté de Dieu il serait plus précieux et d'un prix plus
inestimable que le plus brillant diamant ; tout homme raisonnable et craignant Dieu considérera aussi tout perfectionnement apporté, soit dans les recherches, soit dans les arts
réels, comme une œuvre *pie* et fondée en l'honneur et la
vraie gloire infinie de Dieu. Je ne parle pas de l'avantage
que la plupart en retireraient si notre mauvaise constitution, notre négligence, nos retours, n'avaient pas rendu inu-

heit, furcht der macht, und Liebe der übereinstimmung beyder, das ist der Schöhn= und Gütigkeit seines Schöpfers mehr bewegt, als durch tausend orationes, carmina, auch wohl bisweilen lectiones und homilias. Maßen ein einig dergleichen Inventum vieler 1000 schöhner Lobgesänge materie und quelle seyn kan.

§ 20. Daher eine jegliche wahrheit, ein jegliches Experiment oder Theorema, so verwunderungs= und betrachtungswürdig, obgleich kein problema daraus gemacht werden könte (so doch selten) ob es gleich nicht gleich lucriferum, sondern nur luciferum wäre, als ein neu erfundener Spiegel der schöhnheit Gottes vor unschäz= bar und höher als der kostbare Diamant zu achten, dahehr auch, was auff ehrliche, Gottesfürchtige und verständige leute zur perfectionnirung der Natur=Kundigung und realen Künste gewendet wird, pro piissima causa und stifftung zur unerschöpflichen wahren ehre Gottes gehalten werden mus. Zu geschweigen, daß die meisten einen Nuzen

tiles toutes les réelles et utiles découvertes qui ont eu lieu dans notre siècle. La preuve en est que la chimie et la médecine, malgré la nouvelle découverte des vaisseaux *lacteorum* et *lympathicorum*, de la circulation et de beaucoup d'autres conduits, n'ont point été améliorées, et que les méthodes de guérir sont en plus mauvais état que jamais dans les mains des praticiens qui ne désirent que de l'argent.

§ 21. La troisième manière d'honorer Dieu, celle des moralistes et des politiques, en qualité de gouverneurs de la chose publique, est donc la plus parfaite : car les hommes qui l'emploient ne s'efforcent pas seulement de rechercher l'éclat de la beauté de Dieu dans la nature ; mais ils veulent l'imiter. Aux louanges, aux pensées, aux paroles ou aux idées, ils ajoutent les bonnes œuvres. Ils ne contemplent pas uniquement ce qu'il a fait de bien, mais ils s'offrent et se

im menschlichen Leben haben würden, wenn unsere übele anstalt, nachläßigkeit und umbwege nicht alle so reale und nüzliche erfindungen, deren unser seculum nicht wenig gehabt, uns unnüz machten. Wie denn die medecin der neu erfundenen vasorum lacteorum und lymphaticorum der Circulation, und so vieler ander ductuum, auch des von der Chymie in der Natur angezündeten Lichtes bishehr noch wenig gebessert ist, und der methodus medendi dergestalt bei denen nur allein geldesbegierigen Practicis in so schlechtem stande blieben, als er zuvor jemahls gewesen.

§ 21. Derowegen ist die dritte art Gottes Ehre zu suchen, deren nämlich so ihm dienen als moralistæ, als politici, als Rectores Rerum publicarum die vollkommenste, als welche sich bemühen, nicht allein den Glanz Göttlicher Herrligkeiten in der Natur zu finden, sondern auch durch imitation nachzuahmen und also nicht allein mit loben andencken, oder mit wort und gedancken, sondern

sacrifient comme instruments, afin de mieux contribuer au bien général et à celui des hommes en particulier.

§ 22. Oui, ce sont ceux-là qui ont découvert les merveilles de la nature et de l'art, qui ont inventé les médicaments, les mécaniques et les commodités de la vie, qui ont trouvé les matériaux pour soutenir et nourrir le pauvre, détourner les hommes de l'oisiveté et des crimes, exciter à la justice, aux récompenses, aux punitions, à la conservation du repos général, au bien de la patrie, à la suppression des temps de chèreté, de la peste et de la guerre, autant qu'il est en notre puissance et de notre devoir, qui ont répandu la vraie religion et la crainte de Dieu par tout le monde, et qui enfin n'ont cherché que le bonheur de l'humanité, et à imiter ce que Dieu a fait sur la terre.

§ 23. Une telle félicité de l'espèce humaine serait possible

auch mit guthen werken ihn zu ehren : nicht allein zu be=
trachten, was er gutes gethan, sondern auch sich ihm als
instrumenta aufzuopfern und darzustellen, dardurch mehr
guthes zu gemeinen und sonderlich des menschlichen Ge=
schlechts nuzen, als dem zum besten alle sichtbaren Creaturen, in welche wir zu würcken macht haben, geordnet,
geschaffet werde.

§ 22. Dieß sind die, welche die erfundenen Wunder
der Natur und Kunst zur arzney), zur mechanik, zur
Commodität des Lebens, zu materi der arbeit und
nahrung der armen, zu abhaltung der leute von Müßiggang und laster, zu handhabung der Gerechtigkeit, zu
belohnung und Strafe, zu erhaltung gemeiner ruhe, zu
aufnehmung und wohlfahrt des Vaterlandes, zu extermi-
nirung theurer Zeit, Pest und Krieges, soviel in unser
macht und an uns die schuld ist, zu ausbreitung der wah=
ren religion und Gottesfurcht, ja zu Glückseligmachung
des menschlichen Geschlechts so viel an ihm ist, an=

si l'on s'entendait, et si un tel accord et conspiration ne comptait pas parmi les chimères, avec l'*Utopie de Thomas Morus*,
la Cité du Soleil de Campanella et l'*Atlantide de Bacon*, et
si les conseils donnés par nos plus puissants maîtres n'étaient
pas trop éloignés de la recherche du bien général. La raison, la justice, la conscience, nous disent que chacun doit
faire son devoir dans sa sphère d'activité : afin que le tribunal de Dieu et celui de la conscience nous acquittent. *Si
non possumus quod volumus, velimus quod possumus*. On
trouverait peut-être des moyens qui seraient petits, coûte-
raient peu et qui cependant pourraient être employés pour
le bien général, pour l'entretien et la conservation des hommes, et cela en honneur de Dieu.

§ 24. Je compte au nombre de ces moyens (faire beaucoup
à peu de frais) l'établissement d'abord sûr, modeste, d'une

wenden, und was Gott in der Welt gethan, in ihrem bezirck nachzuahmen sich befleißen.

§ 23. Solche Glückseligkeit menschliches Geschlechts wäre müglich, wenn eine allgemeine conspiration und Verständniß nicht inter chimæras zu rechnen und zur Utopia Mori, und Civitate Solis Campanellæ und Atlantide Baconi zu sezen, und gemeiniglich der allergrösten Herrn consilia von allgemeiner wohlfahrt zu weit entfernt weren. Nichtsdestominder bringet die Vernunfft, die gerechtigkeit, das gewissen mit sich, daß ein jeder das seine in seiner Sphæra activitatis thue, dadurch er vor Gott und dem Tribunal seiner conscienz entschuldiget sey. Si non possumus quod volumus, velimus quod possumus. Maßen vielleicht Mittel zu finden, die dem ansehen nach gering, auch von nicht großen Kosten, und dennoch zu gemeinem Nuzen, zu aufnehmung des Vaterlandes, zu vieler Menschen unterhalt und conservation, zu ehre Gottes und ent=

société ou académie, comme étant le plus facile et le plus important. Les Allemands, excités par l'exemple de leurs voisins, feraient une conspiration plus vaste; une correspondance plus étroite entre les savants s'établirait; bien des belles pensées, inventions et expériences qui se perdent si souvent, seraient conservées et utilisées. Les théories seraient unies avec l'empirisme *felici connubio;* on suppléerait à ce qui manque; on établirait un *seminarium artificum* et une *officina experimentorum,* dans lequel chacun pourrait faire facilement ses expériences; on trouverait le moyen (si toutefois on avait au début un fonds, si mince qu'il fût) de nourrir les expériences par elles-mêmes et de les accroître, et on donnerait les moyens de procurer des subsistances au pays. On fonderait des manufactures, et par conséquent on amènerait le commerce. On ferait des maisons de correction

deckung seiner Wunder große würckung haben köndten.

§ 24. Unter solchen Mitteln (mit kleinen Kosten großen Nuzen zu schaffen) wird die Aufrichtung einer wiewol anfangs kleinen doch wohl gegründeten Societät oder academie eines der leicht= und importantesten seyn. Dadurch die Ingenia der Deutschen nach dem Exempel aller ihrer Nachbaren, denen sie es verhoffentlich bevorthun sollen, aufgemuntert, eine mehrere Conspiration und engere Correspondenz erfahrener Leute erwecket, viele schöne nüzliche Gedancken, inventiones und experimenta, so oft zu Grunde und verloren gehen (weil die habende Vertraulichkeit zu communiciren und wieder dagegen zu erfahren, gelegenheit und anstalt aus= zumachen, mittel und verlag ins große zu thun, und anders mangelt) erhalten und zu nuz gemacht, Theorici Empiricis felici connubio conjungiret, von einem des andern mangel suppliret, ein seminarium artificum und gleichsam officina experimentorum stabilirt, art und vortheil experimenta se ipsis alendi, imo augendi (wenn nur anfangs ein geringer fundus da ist) gefunden, ja mittel an die Hand gegeben werden, die Nahrung im Lande zu behalten.

pour les oisifs et les malfaiteurs. Des magasins seraient construits. On se pourvoirait en temps utile de tous les matériaux nécessaires, et jamais on n'attendrait la dernière extrémité pour se les procurer.

On exterminerait sans *defense* ni *ombrage* les mauvaises fabriques étrangères. Jamais une matière ne sortirait brute du pays. On achèterait les marchandises étrangères brutes, et on les confectionnerait chez nous.

Künste und Wissenschaften

zu vermehren und
zu verbessern,
die ingenia der Teutschen aufzumuntern,
nicht allein in commerciensachen anderen nationen zum raub blos zu stehen,
und nicht allein in cultivirung der scientien dahinter zu bleiben, sondern
    der Englischen,
    französischen,
    venetianischen,
    Romanischen
Societäten und Journalen exempel zu folgen,
ja ihnen es verhoffentlich alsbald zuvorzuthun,
ebenmäßig ein Journal anzufangen
und darin zu aufnehmen der wißenschafften, eigner reputation und mutueller correspondenz was ohne consequenz ist, zu publiciren,
mehrerer conspiration und engere correspondenz erfahrner Leute zu erwecken,
gleichsam einen handel und commercium mit wißenschafften anzufangen, welches vor allen andern den vortheil hat, daß er unerschöpflich ist und expendendo nichts verleuert,
    meritirender leute lob und vitas,
    adversaria, diaria, fliegende gedancken, schedas posthumas, so nach ihrem tode verloren zu gehen pflegen, vor untergang zu bewahren, welches verhoffentlich mancher per ultimam voluntatem begehren wird,
    Nüzliche gedancken, inventiones und experimenta,

so mancher wegen Dissidenz,

amtsgeschäffte,

nachrede, umb vor keinen laboranten geacht zu werden

fastidien und plauderey der Handwergsleute,

abgelegenheit der örther,

mangel der mittel und verlags,

nachläßigkeit der obrigkeit, der solche sachen als gegen competens oder unterhalt vergebens angetragen werden, mit sich sterben lässet,

zu erhalten,

auszumachen und mit modellen und proben zu versuchen,

oder da es wichtig mit beßerer anstalt als ein particulier thun würde, ins große zu nuz zu machen,

Theoricos Empiricis felici connubio zu conjungiren und mit einem des andern defecte zu suppliren,

durch zusammen nehmung unterschiedlicher experimente und inventionen singulas, so an sich selbst incomplet, zu nuz zu bringen,

ein Seminarium artificum,

und officinam, niederlage und stapel-stadt experimentorum et inventionum dadurch anzurichten,

art und vortheil experimenta se ipsis alendi et augendi zu finden, wenn nur anfangs in etwas ein fundus da ist.

Rem literariam zu verbeßern,

Auf das buchwesen sonderlich ein wachendes auge zu haben,

die hand darin und einige direction zu haben suchen,

nicht allein nomine Cæsaris,

mit Archi-Cancellarii imperii,

sondern auch durch fournirung des verlags an die buchführer, sie zu obstringiren, mehr ins künfftige der raison zu folgen, und mit chartequen und maculatur die welt nicht zu füllen, dadurch fast alles, was hauptsächlich und verlegenswerth, wegen verlags und schönen druckes in die frembde gehet,

mit vortheil eigne druckereyen,

und papyrmühlen aufzurichten,

catalogos fast aller bücher zusammenzubringen,

sonderlich zu erfahren, was in ständigen publiquen Bibliothequen stecke,

eine eigene Bibliothec, so nichts als kern und realität sey, aufzurichten und bei holländischen Auctionen vigiliren zu laßen,

Manuscripta: relationes, diaria, itineraria, schedas perituras, nüzliche correspondenzbrief, und andere cimelia literaria, so offt von der abgestorbenen Erben verachtet und verschleudert werden, zu sammeln,

anstalt zu machen, daß der kern aus den büchern gezogen und vortheilhaffte leichte loci communes gemacht werden,

alles in ordnung und indicibus zu haben,

also armen studiosis unterhalt zu schaffen ihre studia zu continuiren und doch dabey mit ihrem und der societät nuzen ihr brodt zu verdienen,

auch wohl begüterter pupillen erziehung und administration ihrer güther gegen gewisse recognition zu übernehmen, damit sie nicht offt durch freunde und Tutores muthwillig und mit fleis übel erzogen und debauchirt werden und noch dazu von der schnur zehren, das ihrige nicht genießen, ihren vormündern kostgeld geben, also

duppelt elend und sowohl an qualitäten als mitteln arm werden müßen,

ja gar ein unumbschränktes waisenhaus, darin alle arme waisen und findelkinder ernehret, hingegen zur arbeit und entweder studien oder mechanick und commercien erzogen würden, aufzurichten,

und also nun hoc onere pias fundationes particulares auf sich zu transferiren, und Hospitale, stipendia, waisenhäufer, communitäten, landschuhlen, ja gar universitäten zu versehen. Alles mit mehrer universalität, nachdruck und richtigkeit, als jezund geschieht.

Wo keine sind, von der obrigkeit des orths stifftungen dazu außzuwürcken und über sich zu nehmen,

und also dadurch immer mehr und mehr gottesfürchtiger und ehr-liebender hoher und niedriger standes-personen legata, donationes, beytrag und fundationes zu erwecken,

sich also zu guberniren, daß ein jeder verständiger ohne der religionen unterschied es pro pia causa halten müße,

die Schuhlen zu verbeffern,

darein compendia, richtigkeit und ordnung einzuführen,

die jugend nicht sowohl auf poëticam, logicam et philosophiam scholasticam, als realia : historiam, mathesin, geographiam und physicam veram, moralia et civilia studia zu leiten,

ganze compagnien reisende, wenn sie dazu tüchtig worden, mit einander auszuschicken und mit probatis directoribus zu versehen, dadurch kosten zu erspahren, die jugend vor debauchen zu præserviren, und doch babei der societät affairen zu thun,

zu hauß guthe Sprach= und Exercitienmeister zu halten,

ja rechte ritterschuhlen aufzurichten und zu verlegen, damit man nicht solcher dinge wegen, so man zu hauß haben können, sein halbes patrimonium in der frembde verzehren und mit seinem eigenen verderben zu verarmung des Vaterlandes cooperiren müsse,

Kunst= und raritäten, Schilderey auch Anatomiæ-Cammern, anders als jetzt geschieht bestellte Apothecen,

Hortos medicos completos,

Thiergärten,

und also theatrum naturæ et artis,

umb von allen dingen lebendige impressiones und connoissance zu bekommen, anzurichten.

Nach der fremden exempel vornehmen Herrn, dem Teutschen Adel, von ihren mitteln lebenden leuten und sonderlich wohl bepfründeten Geistlichen appetit zur curiosität entweder zu machen, oder da er vorhanden, solche mit lust und ohne mühe auszuüben gelegenheit zu geben. Und mit solchen innoxiis, ja summe utilibus occupationibus nicht allein brutalität, schwelgerey, und sünde zu verhüten, sondern auch zu verhindern, daß mancher aus geiz oder faulheit sein talent und habende mittel nicht vergrabe; wenn etliche, so von autorität, angefangen, werden die andern cum tempore folgen müssen.

Rem medicam et chirurgiam zu verbessern.

unzehlig Anatomiren an thieren und Menschen zu thun, und dazu keine gelegenheit zu versäumen,

Exactissimas historias medicas, nicht allein von raritäten der franckheiten, da uns doch die currenten be=

schwehrungen mehr tribuliren, sondern auch gemeine, aber nur zu wenig untersuchte sachen zu annotiren,

Exactissima interrogatoria Medica per artem combinatoriam zu formiren, damit keine circumstanz noch indication ohne reflexion entwischen könne,

der temperamentorum differentias veras, so bey weitem nicht in combinatione qualitatum peripateticarum besteht, sondern mehr von der humoren gleichsam chymischen reactionen und fermentationen hehrrühren, ad minutias et ultimas subdivisiones usque so viel müglich genau zu constituiren,

nicht nur morborum und curationum, wie bisher die medici gethan, sondern auch graduum sanitatis et ad morbos inclinationum, das ist temperamentorum indicationes et contra-indicationes in regeln zu bringen,

Und zu dem ende alle minutias, darin ein Mensch in compagnie eßen, trincken, schlaffen, postur, gestibus, lineamenten etwas sonderbahres und eignes hat, anzumercken, gegen einander zu halten, mit dem was ihm vorhehr an seinem Leib begegnet, compariren, auf das was ihm hernach begegnet, achtung geben, einem jeden historiam naturalem seines lebens nach vorgeschriebenen interrogatoriis formiren und gleichsam ein journal halten laßen, oder da er nicht kan, ihm darin die hand bieten,

dadurch in kurzer zeit connexio indicationum inter se et cum causis et effectibus, seu temperamentis et morbis vielfältig erhellen und ein unglaublicher apparatus wahrer aphorismorum und observationum entstehen wird,

geschweige wie durch die moralis und politica, deren

großes theil die kunst der leute sowohl natürlichen genium und inclinationen, als gegenwärtige temporale passionen zu erkennen, zu perfectioniren.

Welches alles aber nicht wohl müglich als bey einem convictu, orden und societät, auch nosocomiis zu thun.

Und vielleicht läßt sich auch anstalt machen, wie armen leuten mit rath und that, medico und medicin, ohne entgelt beyzuspringen, der leute gewogenheit zu gewinnen, sie dadurch vertraulicher zu negotiiren und ad augendas observationes medicas zu nuz zu machen, ihre wißenschaft der simplicien, die bisweilen bey Bauern und alten weibern beßer als bei gelehrten, und anderen ihre erfahrung in künsten, ackerbau, judicio de meteoris etc. auszulocken und in ærarium hoc scientiarum utilium publicum einzutragen. — Was dieß in kurzer zeit für effect haben werde, ist nicht mit wenig worten auszusprechen. Sintemahl puppen werd dagegen, was die Engländ- und französische Societäten ihren institutis und Legibus nach ausrichten können.

Die Manufacturen zu verbeßern.

Die handwerge mit vortheilen und Instrumenten zu erleichtern,

stets werendes unköstliches feuer und Bewegung als fundamenta aller mechanischen würckungen zu haben,

also in continenti alle einfälle und concepte, eigne und andrer probiren, und sich damit nicht lang schleppen dürfen.

Mit Mühlwerck, drechselbäncken,

glasschleifen und Perspectiven,

allerhand Machinen und uhren,

waßerkünsten,

schiffsvortheilen,

Mahlerey und andern figurirenden künsten,

weberey,

glasblasen und bilden,

färberey,

Apothekerkunst,

Stahl= und andern metallischen wercken,

Chymie und wohl gar einigen tüchtigen, ohne anstalt aber unausträglichen particularien,

mit neuen nüzlichen anstalten frembde pflanzen,

und thiere im land zu ziehen,

und die habenden zu beßern,

bergwerge mehr zu nuzen,

und in summa mit vielen andern nüzlichen richtigen inventionen, so theils in händen,

theils zu haben,

theils zu hoffen,

allen mit handarbeit sich nehrenden Menschen zu hülff zu kommen.

Die Commercien zu verbeſſern.

Nahrungen im lande zu schaffen,

leute im lande zu behalten,

leute hinein zu ziehen,

Manufacturen darin zu stifften,

commercien dahin zu ziehen,

frembde liederliche manufacturen gemächlich, auch ohne verbot und ombrage zu exterminiren,

die rohe wahre nie unverarbeitet aus dem lande zu laßen,

frembde rohe wahre bey uns zu verarbeiten,

werck=
und zuchthäuser,
die müßiggänger,
bettler,

krüpel und spital=mäßige übelthäter anstatt der schmie=
dung auf die Galeren und niemand nuzen todesstraffe,
oder zum wenigsten schädlichen fustigation,

in arbeit zu stellen, anzulegen;

Magazine und kaufhäuser aufzurichten,

mit allerhand materialien sich zu rechter zeit zu ver=
sehen,

niemahl an nöthigen dingen mangel zu haben, noch bis
auf den nothfall zu warten,

also hungersnoth und theuerungen vorzukommen,

ein Hospital aufrichten, so sich selbst erhalte, denn kei=
ner so lahm ist, daß er nicht auf gewiße maße arbeiten
könne (vid. supra).

Ein werckhaus zu haben, darin ein jeder armer Mensch,
tagelöhner und armer Handwercks=Gesell, so lange er will
arbeiten, und seine kost auch wohl etwas zur zehrung wei=
terzugehen, verdienen könne, daß also daselbst alle hand=
wercke geschenkt weren. vide von armen waisenkindern.

Dermahleins den rentenirern zur anlegung ihrer gel=
der ein sicher banco zu formiren,

nach gelegenheit in neue Compagnien sich zu begeben,

bey den bereits bestellten actien zu erhandeln,

mit leuten und herren, so lust und ruhe suchen, in amo-
diationes,

und leibgedinge zu treten,

die aufgenommenen gelder höher als umb's interesse
zu nuzen,

die Juden in Zwang und devotion zu haben,

auf alle vortheil der ausländer

und vaganten,

auch einheimische, so zu schaden handeln, und arbeiten achtung zu geben,

von allem, was handel und wandel betrifft, genaue relationes und überschläge zu formiren,

sonderlich münzsachen zu untersuchen,

allerhand Policeyordnungen zusammenzubringen und zu nuz zu machen,

auf den handel zur See ein wachendes auge zu halten,

bei den Hansestädten sich einzurichten,

zu deren wiederbringung zu cooperiren,

Privilegia im lande auf alles, die ausländische auszuschließen und doch nichts theurer zu geben,

Privilegia außer Landes auf alle handlung und manufacturen, so neu und zuvor daselbst nicht gethan noch getrieben worden, zu erhalten,

und also zu richten, daß man alles wohlfeiler als andere gebe, und dergestalt auch ohne privilegia sie ausschließen könne (weil alle manufacturen der wohlfeilen kost wegen, wenn nur anstalt da wäre, in Teutschland wohlfeil, mehr als in Holland zu machen),

und also durch einen stets werenden circulum den fundum zu conserviren und zu vermehren, auch alle obgeschriebene Gott gefällige, dem Vaterland nüzliche, den Fundatoren rühmliche vorhaben immer fort und fort zu treiben.

§ 25. Dieß sind rechte beständige, ja continuirliche Almosen, so ohne Ende wachsen, sich selber mehren und

§ 25. Ce sont là les aumônes vraies, constantes, continues, qui croissent sans fin, se multiplient par elles-mêmes

viel taufend Menschen nuzen können, so nullis limitibus circumscribirt seyn, so nicht wie andere fundationes, da das interesse der genießenden und Directoren mit der fundation bestand, aufnehmen oder doch Zweck nicht allemahl verbunden, mißbrauchen unterworffen, so nicht leicht durch krieg sterben und andere Landplagen zu ruiniren, so zur höchsten Ehre Gottes und lauter realen dingen gerichtet, so applausum universalem, ja fautores und beförderer, so ewige benediction und danck der nachkommen, die deren noch vielleicht über lange Zeit genießen können, nach sich ziehen; dazu Gott viele schöne conjuncturen verliehen, welche zu versäumen unverantwortlich seyn dürffte; so Gott verhoffentlich segnen, ja wohl umb was pie angefangen auszuführen, mit gesundheit und Lebenserlängerung und endlich, welches aller ver=

et peuvent servir à bien des milliers d'hommes où elles sont sans limites. La société ne serait point pareille aux autres fondations, car les intérêts du plus petit seraient ceux mêmes du directeur et de la fondation ; la guerre, la mort ou d'autres fléaux du pays ne la ruineraient pas facilement ; il ne s'agirait que de la gloire de Dieu et des plus hautes réalités, qui auront l'applaudissement universel et une bénédiction éternelle de la postérité qui jouirait de ces avantages.

Dieu du reste nous a déjà accordé de *belles conjonctures*, qu'il serait honteux de laisser échapper. Dieu aussi bénira une œuvre *pie* commencée, afin qu'elle se termine heureusement, et prolongera notre santé et notre vie, et enfin, ce qui est le désir de tout honnête homme, il nous donnera en récompense une félicité éternelle, ainsi qu'à toutes ces âmes qui, grâce à notre institution, sont arrachées à la misère et à leur perte. Je terminerai en disant que celui qui se sent assez de force pour travailler à cette œuvre doit se hâter, aussi bien pour l'acquit de sa conscience et la gloire de Dieu que pour se faire une réputation immortelle.

ständigen höchster wunsch, mit ewiger glückseeligkeit der unsterblichen Seele belohnen und des gebeths, Seegens und Zeugnüsses so vieler Seelen, die dadurch aus elend und verderben gerißen und am letzten Belohnungstage auftreten können, genießen laßen wird. Schließe derowegen diesen Punct, daß wer macht hat, etwas bey solchem werck zu thun, umb der Ehre Gottes und seines gewissens, sowohl als unsterblichen ruhms, ja eigenen Nuzens willen, reflexion darauf zu machen nicht unterlaßen solle.

Sed ante omnia efficiendum est, ut conciliati sint cum Ecclesia Romana omnes protestantes hujus societatis, saltem ut Græci conciliati Romæ et Venetiis. In eam rem poterunt aliquæ pacificationis leges iniri, tales : 1. Evangelicos Reformatosque hujus societatis pontifex non excommunicet, aut pro excommunicatis habeat, eosque expresse excipiat ex Bulla Cœnæ. 2. Evangelici Reformatique hujus societatis non teneantur in aliquo loco Deo cultum exhibere, ideo quia ibi imago est, ita ut alias non sint æque facturi. 3. Iidem non teneantur sanctos invocare. 4. Non teneantur ad professionem aliam fidei, quam Laici apud Romano-catholicos, qui contenti sunt symbolo Apostolico. Et ita professio fidei præscripta a Pio IV etiam ad eos non pertineat, qui inter Evangelicos reconciliatos sunt clerici docentque alios. Multo minus vero teneantur ad professionem Concilii Tridentini, ad quam nec docti omnes inter Romano-catholicos tenentur. Nihil igitur mutabit quoad fidem Evangelicus conciliatus, sed quoad mores vel agenda. Nam 5. teneatur omnibus contumeliis in Romano-catholicos abstinere,

non quod mutuæ refutationes sunt prohibitæ, sed ut omnia verba acria, quæque adversario non solum errorem sed et nequitatem vel negligentiam vel inscitiam tribuunt, removeantur. 6. Teneatur Pontificem Romanum, abstrahendo sitne de jure divino an non, agnoscere primarium Episcopum totius Ecclesiæ Christianæ, cuique obedientia reverentiaque Clericis omnibus debita debeatur, magis quam cæteris omnibus ; et cui proinde et honor maximus Rerumpublicarum consensu et obedientia etiam in omnibus iis, quæ salva conscientia præstari possunt, neque Magistratus juribus adversa sunt, debeatur. 7. Omnes clerici Evangelicorum Conciliatorum sunto legitime ordinati ab aliquo Episcopo legitime ordinato. Et proinde ordinentur illis Episcopi, seu quod idem est, eorum Superintendentes ordinentur in Episcopos, qui omnia pontificalia habeant, sint tamen in effectu tantum wie Weihbischöffe. Maxime si in diœcesi Romano-catholici alicujus Episcopi sint tales protestantes conciliati. Sint igitur isti Superintendentes vel inspectores quasi Chor-Episcopi. Ita poterunt ordinare et omnia peragere, quæ Episcopus. Ipse autem ordinabitur ab Episcopo vel Metropolitano Romano-catholico, nullo tamen ritu in ordinatione intermixto, qui aliquid ipsis non creditum cultum, item imaginum et sanctorum contineat. 8. Clericis istis liceat habere uxores et liberos. 9. Omnes Evangelici conciliati teneantur audire missam eo tempore, quo et Romano-catholici tenentur. 10. Missa illa consistat celebratione sacramenti Eucharistiæ, retentis omnibus, quæ commode possunt de Missa Romano-catholica, et in lingua vernacula

prolatis. 11. Adoratio Dei per gratiam præsentis nullo ad species consecratas, vel non consecratas respectu fiat toto tempore missæ, nec sit elevatio aut adoratio particularis, finitis verbis Salvatoris. 12. Ne eorum sententia turbetur, qui putant extra Communionem non esse sacramentum, saltem Presbyter ipse communicet. 13. Revideantur Agendæ Romano-catholicæ ac retineantur, quæ commode possunt, ad simplicitatem tamen traductæ. 14. Confirmatio sive sacramentum sit sive non sit, fiat tamen illis, qui jam catechismum id est religionis summa capita tenent. 15. Sed et extrema unctio cur retineri nequeat, causam video nullam. 16. Absolutio particularis a peccatis retinetur passim apud Evangelicos, nec habet sane quicquam mali. Quin et apud Evangelicos passim receptum est, ut graviora mortalia peccata ad plenam consolationem presbytero Dei loco aperiantur. 17. Ergo illud etiam Evangelicis Conciliatis injungat suus presbyter, ut peccata graviora admissa sibi aperiant, nec aliter absolvantur. Cujus rei ratio hæc est : quod non est vera pœnitentia, nisi quis vere nolit factum, remque, quantum potest, restituat in integrum. Ipse autem, quo modo res in integrum restituenda sit, commode judicare non potest, favet enim ipse sibi in propria causa judex. Satius ergo esse aliquem Dei simul et magistratus nomine, qui æstimet, qua ratione optime damnum bono publico datum sarciri queat. Is vero non tam preculas aliquas recitandas, quam opera quædam utilia Reipublicæ injunget. Qui scandalizaverit, tenebitur alios ædificare ; qui hominem occidit, ægrotis alioqui morituris con-

servandis operam dare, aliaque id genus, de quibus sacerdoti a Republica instructio danda est. Et nemo solet satis sibi ipsi durus esse, ut se ad restitutionem urgeat. Sed cum ab absolutione recessit, rem paulatim negligit. Absolutione vero ad hæc perfecte utetur, atque ita vera etiam oneris animum prementis cum nulla securitate conjuncta devolutio sequitur. 18. Evangelici reconciliati eodem ubique jure, quo Romano-catholici gaudento. In Gallia, quæ Reformatos premunt, eos non premunto; pateat illis ad officia aditus, imo de facto multi promoveantur. Qui eis se adjunget, non habeatur pro Relapso. 19. Societati paulatim ordo clericorum secularium incorporetur, quod fiet, si tota Gallia, quicunque clericus secularis esse velit, debeat esse membrum hujus societatis. Hoc in Gallia effecto, Bartholomitæ in Germania sequentur. Papa hunc ordinem confirmabit. Huic deinde ordini cæteri ordines ad bonum publicum communicare consilia cogentur, quin etiam hæc societas se offerre poterit.

Hingegen sich ihrer zu gebrauchen, sonderlich wirds am leichtesten angehen cum ordinibus qui carent generali.

Bedencken

von aufrichtung einer Academie oder Societat in Teutschland zu aufnehmen der Künste und Wissenschafften.

1. Es ist uns Teutschen gar nicht rühmlich, daß, da wir in erfindung großentheils mechanischer, natürlicher und anderer künste und wißenschafften die ersten gewesen, nun in deren vermehr= und beßerung die letzten seyn. Gleich als wenn unser Alt=Väter Ruhm gnug were, den unsrigen zu behaupten.

2. Ich will von Truckerey und Büchsenpulver nicht reden, dieß wird mir gewißlich ein jeder gestehen müßen, daß sowohl Chimie als Mechanick zu der staffel, darinn sie nunmehr stehet, durch Teutsche erhoben worden. Denn weil keine Nation der Teutschen in Bergwergssachen

RÉFLEXIONS

sur l'établissement en Allemagne d'une Académie ou Société des sciences pour faire fleurir le progrès des arts et des sciences.

§ 1. Il n'est pas honorable pour nous Allemands, qui avons les premiers découvert les arts et sciences mécaniques, naturelles et autres, que nous soyons maintenant les derniers dans leur accroissement et leur amélioration, comme si la gloire de nos ancêtres suffisait à conserver la nôtre.

§ 2. Sans parler ici de l'imprimerie et de la poudre à canon, tout le monde m'accordera qu'aussi bien la chimie que

gleichen können, ist auch kein Wunder, daß Teutschland die Mutter der Chimie gewesen. Es bezeugen die Reisenden, daß noch bis dato die termini fossorum in Asien und Thracien fast ganz Teutsch seyn, welches ein gnugsames zeichen, daß man die werckleute aus Teutschland kommen laßen.

3. Aus den Teutschen Bergwerken nun haben Frater Basilius, Isaac Hollandus, Theoph. Paracelsus ihre Experienz zusammen gelesen, und als sie der Arabischen oder von den Arabern Gebro, Morieno, Avicenna das ihre habenden Alchymisten Villanovani, Lullii, Baconis, Alberti M. mehr subtilität als erfahrung habende theori zu der Teutschen arbeitsleut praxi gethan, die wahre chymie herfür gebracht, welche hernach in solche perfection gestiegen, daß nun jederman dafür helt, daß fast die meisten innerliche functiones in der natur und sonderlich Menschlichen Leibe durch gleichsam chymische distillationes, sublimationes, solutiones, præ-

la mécanique ont été élevés par les Allemands au degré où ils se trouvent. Aucune nation n'égalera la nôtre en fait de mines ; il n'est pas étonnant que l'Allemagne ait été la mère de la chimie. Les voyageurs assurent que jusqu'à présent encore les termes de mineurs en Asie et en Thrace sont entièrement allemands, ce qui est une marque suffisante qu'on a fait venir d'Allemagne les mineurs.

§ 3. C'est des mines allemandes que les frères Basile, Isaac Hollandus, Théoph. Paracelsus ont recueilli leurs expériences, et comme les Arabes ont à partir d'Avicenne leurs alchimistes, les Villanova, les Lulle, les Bacon, les Albert le Grand ont ajouté à la pratique des ouvriers allemands plus de subtilité que de théorie fondée en expériences ; ce sont eux qui ont produit la vraie chimie qui est montée à une telle perfection que tout le monde est d'avis maintenant que

cipitationes, fermentationes, reactiones zugehen, und kein Medicus ohne gründtlichen verstand dieser philosophischen Chymi den wahren methodum medendi beobachten kan.

4. Was gestalt Augspurg und Nürnberg die Schuhle aller Mechanicorum gewesen, und die Uhren, Waßerkünste, Dreh= und Gold= und Circel=Schmids arbeit und unzehliche dem Menschlichen leben nüz= und annehmliche wercke in Schwang gebracht, könte nach der Länge ausgeführt werden, wenn es diesem orth gemäs were. Und were zu wündschen, daß wir aller vortrefflichen Teutschen Künstler leben, thun und erfindung, gleichwie die Italianer ihrer Mahler, Bildschnizer und Bildhauer thaten mit so vielen schrifften rühmen, beschrieben hätten. Aber wir sind allemahl in gestis majorum annotandis schläffrig gewesen, daß auch so gar die Nordischen winckel in Schottland, Schweden und Dennemarck ihre Histori weiter als wir hinauff führen können.

la plupart des fonctions intérieures de la nature et principalement du corps humain se font pour ainsi dire par des distillations, sublimés, précipités, ferments et réactions chimiques, et qu'aucun médecin sans une connaissance profonde de cette chimie philosophique ne peut observer la vraie méthode de guérir.

§ 4. A Augsbourg et Nuremberg étaient les écoles de tous les mécaniciens, d'où sont sortis les horloges, les travaux hydrauliques, ceux des tourneurs, de l'orfévrerie, de forges, de compas, et les innombrables ouvrages utiles et agréables à la vie humaine. Tout cela pourrait être décrit en détail, si c'était ici le lieu et s'il était besoin que nous décrivissions la vie, les faits et les découvertes de tous les premiers artistes allemands, comme les Italiens ont vanté dans tant d'écrits leurs peintres, sculpteurs et statuaires.

5. Der Italianer Künstler-Werck hat fast einzig und allein in formirung lebloser, stillstehender und nur wohl aussehender Dinge bestanden. Die Teutschen hingegen allezeit sich beflißen, bewegende Wercke zu verfertigen, die nicht nur die augen sättigten und großer Herren Curiosität büßeten, sondern auch etwas verrichten, die natur der Kunst unterwerffen und die Menschliche arbeit leichter machen könten. Und ist zu verwundern, daß eine so geistreiche nation einer ihrer Meinung nach weit mehr verdüsterten den ruhm der lebendigen künste überlaßen und sich mit ihrer todten proportion und Architectur begnüget. Kan ich also mit grund der Wahrheit sagen, daß Teutschland, und sonderlich darinn Augspurg und Nürnberg der künstlichen sowohl gewicht als feder Uhren, der so kräfftigen, verwunderungs-würdigen feuerwercke, auch lufft- und waßer-künste mutter ist.

6. Denn weil alle Bewegung der Kunstwercke entweder vom Gewicht der Erde, oder an einander hengender

Mais nous avons été toujours sommeilleux, et lents à annoter les gestes des ancêtres, de sorte que même les derniers coins du Nord en Écosse, Suède et Danemark peuvent faire remonter plus haut leur histoire.

§ 5. L'œuvre de l'artiste italien ne consistait presque uniquement qu'en la formation d'objets inanimés dans un état de repos complet, mais ayant une belle apparence. L'artiste allemand au contraire mettait tout son zèle à produire nonseulement des œuvres vivantes qui satisfaisaient l'œil et la curiosité des grands seigneurs, mais il cherchait aussi à soumettre l'art à la nature et le moyen de rendre plus facile l'ouvrage des hommes. On peut s'étonner qu'une nation si riche en esprit et en vie ait abandonné cet art vivant pour se contenter de *proportions* et d'architecture morte. Je puis donc dire en toute vérité que l'Allemagne, et princi-

unzertrennlichkeit des waßers, oder gewalt der gepreßten oder zerthrenten lufft (daher auch eine gespante feder oder bogen seine krafft hat), oder unersättlichem vielfras des feuers hehrerührt, so kan man wohl sagen, daß die Teutschen Künstler recht dieser vier Elemente Meister worden und der welt gewiesen, wie sie unter das menschliche Joch zu zwingen. Es ist puppenwerck dagegen, was andere Nationen gethan, und wers ins große gegen einander hält, wird bekennen müßen, daß was von Teutschen in diesem genere kommen, lauter realität, lauter nachdruck und fulmina gewesen.

7. Ja die Leblosen Proportionen selbst haben gewislich dem Albrecht Dürer ein großes theil ihrer gegenwertigen vollkommenheit zu dancken. Denn nachdem das zeichnen ein grund ist aller künste, die sich befleißigen, eine gewiße annehmliche Figur ihrer arbeit zu geben, Albrecht Dürer aber gewislich unter allen mahlern der Erste gewesen, so diese sach nicht nur gründtlich aus der Geo-

palement Augsbourg et Nuremberg, est la *mère* de l'art de fabriquer les horloges à poids ou à ressort, les remarquables ouvrages de forge, les machines hydrauliques et pneumatiques.

§ 6. Car, puisque tout mouvement de tout ouvrage (machine) d'art provient ou du poids de la terre, ou de l'*inséparabilité* de l'eau, ou de la force de l'air comprimé ou vaporisé (de même qu'un ressort tendu ou un arc possède une force), ou de l'*avidité* du feu, on peut dire que les artistes allemands sont devenus maîtres de ces quatre éléments et ont montré au monde comment on pourrait les soumettre au joug de l'homme. Ce que les autres nations ont fait sous ce rapport est véritablement un enfantillage, et celui qui voudra en faire la comparaison en grand reconnaîtra que tout ce qui en ce genre était sorti des mains des Alle-

metri, sondern auch nützlich und clar zum täglichen gebrauch der Handwercksleute ausgeführet, so muß man gestehen, daß auch in diesem Stück sich Italien nicht viel zu rühmen habe. Das Kupferstechen wird, wie ich nichts anders weis, einem teutschen erfinder zugelegt, und deßen jüngste vermehrung, so von Maynz sich ferner ausgebreitet, ist auch eines Teutschen.

8. Die Commercien und Schiffarten hat ganz Europa von den Nieder-Deutschen. Denn nachdem durch einfall der Barbaren und Saracenen nicht allein Asien, sondern auch Griechenland und Italien und Franckreich dieser ihrer Kronen beraubt worden, und man in diesen Ländern kaum mehr recht gewußt, was schiffen sey, so hat Gott die Nordischen Teutschen, so man Normannen genennet, und eine colluvies hominum von Gothen, Saxen, Dänen, Norwegen gewesen, auffgeweckt, welche durch ihre piraterie die Seeküsten von Europa infestiret, England sich bemächtiget, ein theil von Italien und

mands n'était que réalité et que le reste n'est que copie.

§ 7. Oui, c'est à Albrecht Dürer que les proportions non vivantes doivent leur perfection actuelle. Le dessin a pour principe fondamental de créer une *figure* ressemblante à l'œuvre qu'on veut dépeindre. Mais Albrecht Dürer, le premier d'entre tous les peintres, cherchait non-seulement à produire des œuvres d'après les règles de la géométrie, mais il tâchait surtout de pouvoir les rendre utiles et même jusqu'à l'usage journalier des ouvriers, et il faut avouer que sous ce rapport aussi l'Italie ne peut guère se flatter. L'imprimerie en taille-douce a pour inventeur un Allemand, et c'est encore un Allemand qui de Mayence l'a propagée au loin.

§ 8. Toute l'Europe doit son commerce et sa navigation aux bas Allemands. Car, lorsqu'après les invasions des Bar-

Frankreich an sich gezogen und endtlich, deposita ferocia, zu Kaufleuten worden, welche sich in den Seestädten, sonderlich den Teutschen und flämischen Küsten, als alda mehr freyheit, niedergelaßen, den Hanse-Bund formiret und lange zeit die commercia oceani allein maniiret, biß andern nationen auch die augen aufgethan worden.

9. Die Astronomie hat außer zweifel, ausgenommen was die Araber gethan, Regiomontano und Copernico, deren jener ein Franck, dieser ein Preuße gewesen, ihr aufferstehen zuzuschreiben. Und scheue ich mich nicht, Tychonem Brahe, ob er wohl ein Däne, dazu zu ziehn, deßen Nachfolger und Erbe seiner gloire, Keplerus, gleichsam in dieser scienz regiret, biß endtlich es Gott geschicket, daß durch einen Nieder Teutschen von Alcmaar oder Middelburg, denn man noch darumb streitet, die perspective uns gleichsam biß in den Himmel erhoben. Und derowegen sich sehr geirret, die Galilæo diese in-

bares et des Sarrasins, non-seulement l'Asie, mais la Grèce, l'Italie et la France perdirent leur couronne, et que dans tous ces pays on savait à peine ce que c'était que la navigation, Dieu a suscité les Allemands du nord, nommés Normands, ce ramas de Goths, de Saxons, de Danois, de Norwégiens, pour infester par leur piraterie les ports de l'Europe, s'emparer de l'Angleterre, attirer à eux une partie de l'Italie et de la France, et, enfin, leur fureur apaisée, se faire marchands, s'établir dans les ports de mer, surtout ceux appartenant aux Allemands et Flamands, y proclamer la liberté, former la ligue hanséatique et posséder à eux seuls pendant longtemps tout le commerce de l'Océan, jusqu'à ce qu'enfin les autres nations soient venues à ouvrir les yeux.

§ 9. L'astronomie, sans aucun doute, à l'exception de ce

vention zugeschrieben, ob er oder Scheinerus wohl gleich die ersten gewesen seyn mögen, die mit deren hülffe etwas Neues am Himmel erfunden.

10. Will ich derowegen den Italianern und Franzosen, Leoni X. und Francisco I. gern die Restaurationem cultiorum literarum gönnen, wenn sie nur gestehen, daß realste und unentbehrlichste wißenschaften, wenige ausgenommen, zuerst von den Teutschen kommen. Wie denn Thomas Sprat, des Königs in England Historicus, welche charge er verdient, nachdem er der aufgerichteten Königlichen Societät Histori so wohl beschrieben, gestehet, daß die Engländer und Niederländer solche realität in commercien und manufacturen von den Teutschen, als ein Kind von der Mutter, gesogen. Daß der Niederländische und Teutsche so langwierige Krieg, jener in modo (bellandi) defensivo, dieser in offensivo, jener in belagerung, dieser in bataillen, ganz Europa in die Schule geführt, kan niemand leugnen. Und

que les Arabes ont découvert, doit sa résurrection à Regiomontano et à Copernic ; l'un était Franconien, l'autre Prussien. Et je n'ai pas honte de citer aussi Tycho-Brahé, quoiqu'il fût Danois de naissance, lui dont le successeur et héritier Kepler fut la gloire de la science astronomique, jusqu'au moment où Dieu enfin suscita un quatrième Allemand d'Alcmar ou de Middelbourg (on ne sait pas trop), qui inventa le télescope, éleva la *perspective* jusqu'au ciel. Ils se sont bien trompés, ceux qui ont attribué cette invention à Galilée, quoique lui ou Scheinerus eussent été les premiers qui, moyennant cet instrument, découvrirent de nouveaux phénomènes dans le ciel.

§ 10. Je veux bien accorder aux Italiens et aux Français, à Léon X et à François Ier, l'honneur de la restauration des lettres, mais je veux qu'ils conviennent que les sciences les

hat man da gesehen, wie so gar nichts weder italianische tieffsinnigkeit, noch französische geschwindigkeit verfangen wollen.

11. Selbst in der Medicin muß man gestehen, daß, wie schöhne erfindungen auch Ascellius, Aquapendente, Pecquetus, Bartholinus, Rudbeckius, Harveus, Lowerus, Dionysius und andere entdecket, so sey doch und florire wohl die Medicina practica nirgend beßer als in Teutschland, so alle diejenigen, welche frembden Medicis, Apothekern und Chirurgis unter die Hände kommen, wohl zu sagen wißen. Die besten Medicamente, compositiones und Recepta, deren sich ganz Europa gebraucht, sind von Teutschen Medicis, Chymicis und Apothekern. Schon von alters hat Teutschland alle Länder mit Alchimisten und Laboranten versehen. Auch noch bis dato halten curiosi nicht weniger die Teutschen zu Laboranten, als große Herren die Schweizer zur leibguardi vor die besten. Die Teutsche und sonderlich

plus réelles, les plus indispensables, ont leur source en Allemagne. Que l'on fasse comme Thomas Sprat, ce digne historien du roi d'Angleterre, qui, après avoir écrit si consciencieusement l'histoire de la Société royale historique, convient que les Anglais et les habitants du Midi ont tiré les principes de la *réalité* de leurs commerce et manufactures des Allemands, de même qu'un enfant suce le lait de sa mère. Personne ne niera non plus que dans le Midi, cette longue guerre allemande, tantôt offensive, tantôt défensive, dans laquelle tantôt on montait à l'assaut, tantôt on se rencontrait sur les champs de bataille, ne fut comme une école pour l'Europe entière, et on a vu comment on a su combiner la lenteur italienne et la célérité française.

§ 11. S'il faut convenir aussi que la médecine est redevable

Schweizerische Kräutermänner haben die beyden Bauhinos, diese die ganze welt in re Botanica informiret. Die Transfusionem Sanguinis, man streite nun auch darumb, so sehr man wolle, hat doch ein Teutscher, nemlich Robavius zuerst gesehen, ob er gleich derselben gespottet. Und sind wir Teutsche in anmerckung dieses unsers ruhms so schläffrig gewesen, daß erst ein Italianer kommen und uns unser gehöriges lob zueignen müßen.

12. Aber leyder es gehet mit uns in manufacturen, commercien, mitteln, miliz, Justiz, Regierungs=form mehr und mehr bergab, da dan kein wunder, daß auch wißenschafften und Künste zu boden gehn, daß die besten ingenia entweder ruiniret werden, oder sich zu andern potentaten begeben, die wohl wißen, was an diesem ge= winst gelegen, daß man von allen orthen die besten sub- jecta an sich ziehe und mit menschen handle, deren einer mehr werth ist als 1000 schwarze aus Angola. Von ver= beßerung unserer commercien und Justiz, von erhal-

de bien belles découvertes à Ascellius, Aquapendente, Pecquetus, Bartholini, Rudbeckius, Harvey, Lowerus, Dionysius et d'autres, nulle part la médecine pratique ne fleurit davantage qu'en Allemagne, et ceux qui sont tombés entre les mains de médecins, pharmaciens et chirurgiens étrangers peuvent l'attester. Les meilleurs médicaments, compositions et recettes, dont l'usage s'est propagé dans toute l'Europe, sont dus à des médecins, chimistes et pharmaciens allemands. Et déjà dans le temps c'était l'Allemagne qui fournissait les alchimistes et les aides à tous les autres pays. De nos jours encore les *curiosi* regardent ces chimistes du même œil que les seigneurs considèrent les Suisses comme les meilleurs gardes du corps. Les Allemands et surtout les Suisses peuvent encore citer les deux fameux Bauhin qui ont appris la botanique à tout le monde.

tung unserer Sicherheit, freyheit und Regierungs-form und andern will ich jezo nicht reden, dieweil theils andere, theils auch ich davon zum theil ausführlich gehandelt; Nur soll jezo die wiederbringung, auffrichtung, verbeßerung der Wißenschafften und Künste (wiewohl gewißlich solche zur verbeßerung der commercien, manufacturen, education, Justiz etc. den grund legen kan) mein objectum seyn, davon ich meine offtmahls gehabte gedancken, so mir jezo bei fliegender feder einfallen, wie sie kommen, ohne meditation, ohne prælaboration, ohne methodo, ohne zierde der redart, auff papyr sich, gleichsam selbsten, ehe sie verschwinden, verzeichnen laßen will. Und wird mir kein Teutscher fruchtbringender verdencken, daß ich Deutsche, Lateinische und andere Barbarische oder zierliche wörther ohne wahl, wie sie sich zuerst offeriret, jure primogeniturae gebraucht und gnug gehabt, verstanden zu werden.

13. Was gestalt in Teutschland die Schuhlen, Acade-

C'est encore un Allemand, Robavius, qui le premier (quoique la question soit pendante) a découvert la transfusion du sang. Et cependant nous, Allemands, nous nous sommes endormis sur notre gloire, et c'est un Italien qui a été obligé de nous l'attribuer une seconde fois.

§ 12. Mais, hélas! nos manufactures, notre commerce, nos moyens, notre milice, notre justice, notre forme de gouvernement, vont de plus en plus mal; comment s'étonner alors que les sciences et les arts périssent, que nos meilleurs talents soient ruinés ou se réfugient chez d'autres potentats, qui savent bien ce qu'ils y ont à gagner, que l'on nous attire nos meilleurs sujets, et qu'on traite avec des personnes dont l'une vaut plus que mille noirs d'Angola? Je ne veux pas parler de l'amélioration à amener dans le commerce, la justice, la conservation de notre sécurité, liberté

mien, Education, peregrination, zünffte, Künste und wißenschafften verstellet, verderbet und verwirret, hat schohn mancher vor mir gesagt; es haben sich auch viele gefunden, die einige vorschläge gethan, dadurch man solchem Uebel abkommen köndte, aber theils sind sie zu theorisch und ex Republica Platonis und Atlantide Baconis genommen gewesen, theils waren sie zu unverständlich, Lullianisch oder Metaphysisch, theils weit außsehend und in Republica gefährlich. Mit denen wir alle nichts zu thun haben, sondern wo möglich ein mittel finden wollen, welches practicirlich und doch keinem verständigen menschen mit grund verdächtig seyn könne. Die scienzen durch Lullische Terminos einzugießen, verspricht niemand, Rosencreuzerische illuminationes, den Eliam philosophicum und andere solche rotomontaden helt man billig vor narrenwerck.

14. Wir Teutschen haben allezeit den mangel gehabt, nach art der septentrionalium, daß wir andern natio-

et forme de gouvernement; d'autres en ont déjà parlé, et moi-même j'ai traité ce sujet assez longuement. Mon seul but ici est de m'occuper de la résurrection, de la rénovation, de l'amélioration des sciences et des arts (base de l'amélioration du commerce, des manufactures, de l'éducation, de la justice, etc.). Et je le réaliserai en jetant sur le papier les idées que j'ai souvent eues à cet égard, telles qu'elles me viendront, sans méditation, sans préambule, sans *méthode*, sans ornement. Et aucun Allemand *fécond* ne m'en voudra de me servir de mots allemands, latins, barbares ou agréables, sans faire de choix, tels qu'ils se présentent, les employant par droit de primogéniture.

§ 13. Plus d'un avant moi a déjà dit ce qui était la cause de la ruine, de la destruction, de l'erreur où se trouvent les écoles, les académies, l'éducation, les voyages, les com-

nen die artes corporaliores geben und wiederumb hingegen die artes mentaliores von ihnen empfangen. Selbst den Italianern giengs mit Griechenland also : Græcia capta ferum victorem cepit et artes intulit agresti Latio. Haben wir den Italianern und andern Europæern militärische, mechanische und dergleichen künste geben, so haben sie hingegen Religion, guthe ordnung und geseze, Regiments-formen und andere dergleichen subtile gemüthsübung auff uns bracht, und ist also ein gar natürlicher, beyden theilen annehmlicher Tausch getroffen worden. Aus diesen fundament ist kommen, daß wenn wir etwas gefunden, so haben andere nationen es bald zu schmücken, zu appliciren, zu extendiren, zu perfectioniren gewust, und es uns denn wieder also auffgepuzet, daß wirs selbst nicht mehr vor das unsrige erkennet, zurückgeschicket ; daß es uns also mit diesem Commercio scientiarum gangen, wie es sonst mit unsern trafiquen gehet, daß wir rohe wahren den frembden überlassen und

munautés, les arts et les sciences ; beaucoup même se sont trouvés, qui ont proposé des moyens pour remédier à ce mal : mais les uns étaient trop théoriques et tiraient leurs idées *ex republica Platonis* ou de l'Atlantide de Bacon ; les autres incompréhensibles, lullistes ou métaphysiques et dangereux pour l'État. Nous ne nous en occuperons pas, mais nous chercherons un moyen qui soit pratique et qu'aucun homme raisonnable ne puisse trouver suspect. Personne ne promet de renfermer les sciences dans les termes de Raymond Lulle. Les illuminations de la philosophie d'Élias et autres rodomontades sont regardées comme œuvres de fous.

§ 14. Nous autres Allemands, ce qui nous a toujours manqué, c'est la méthode des Septentrionaux. C'est nous qui fournissons aux autres nations les arts corporels, et nous

uns umb ein liederliches abschwäzen laßen, die unsere
hände mit großer mühe auff und auß der Erde bracht,
und denn solche resinirt, polirt, geziert, daß wir sie selber
nicht mehr kennen, uns theuer genug wiederumb gegen
rohe wahren, perpetuo damni circulo, verkaufen und
obtrudiren laßen. (Komt mir vor wie jener dieb, der
das gestohlene Pferd dem Herrn verkauffet, der es auch,
ungeachtet ers seinem gemißeten in allen stücken ähnlich
zu seyn erkennet, bezahlet, nur weil dieses keinen schwanz
hatte, den seines gehabt. Dieweil ohne dem alles poliren
und resiniren der von der natur uns rohe gegebenen
dinge gemeinlich mehr in demendo als addendo bestehet:
qui superflua tollit, formam debitam producit.)

15. Daß es mit den scientien also gehe, giebt vorige
erzehlung; wir haben fast überall den grund gelegt, aber
die continuation, verfolgung, ausführung, das Schrei-
ner-, Mahler- und Gipswerck an diesen philosophischen
bau, und dadurch zugleich den ruhm andern überlaßen.

leur empruntons les arts intellectuels. La même chose arriva
aux Italiens à l'égard des Grecs : *Græcia capta ferum victorem cepit et artes intulit agresti Latio.* Si nous avons appris
aux Italiens et autres Européens l'art militaire, mécanique, etc., ils nous ont enseigné par contre la religion, le
bon ordre, les lois, les règlements militaires et d'autres
pratiques spirituelles, choses subtiles. L'échange a été naturel et acceptable des deux côtés. Il résulte de là que, si
nous avons inventé quelque chose, aussitôt les nations s'en
emparent, embellissent notre invention, l'appliquent, l'étendent, la perfectionnent, et quand elle nous revient, elle est
tellement bien ornée que nous ne la reconnaissons plus nous-
mêmes. Et il nous arrive avec ce commerce des sciences
comme avec notre trafic : nous livrons les matières brutes
à l'étranger, on nous embrouille dans les paroles, ce que

Gleichwie gemeiniglich der lezte Medicus der beste ist, der in statu declinationis komt, und wenn er der natur ein wenig hilfft, den krancken gesundt macht und daher zu seinem vorarbeiter wie jener schimpfsweise mit guthen recht sagen kan, was ihr gesäet, habe ich geerndtet. Nunmehr, nachdem das licht angezündet, und die fünffte gemein, auch alle nationen excitirt worden, sind wir diejenigen, die da schlaffen, oder lezten, die da aufwachen. Wir sehen, daß Engeland, seine müßigen excellente ingenia in arbeit zu stellen und von Staats-intriguen abzuführen, eine Societät vornehmer mit verstand und mitteln begabter Herrn unter des Königs Nahmen aufgerichtet, daß Franckreich schohn vor des Cardinals Richelieu zeiten dergleichen gedancken gehabt, wie dann die Academie françoise und die conférences beym Bureau d'Adresse befand. Deren auch sowohl den privat zusammenkünfften beym Canzler Séguier, beym P. Mersonno, bey M*r* de Montmor und autoribus des Journal des

nous avons retiré de la terre à grand'peine nous revient tellement raffiné, poli, orné, que nous ne le reconnaissons plus, et nous est revendu très-cher, en l'échangeant contre les matières brutes (*perpetuo damni circulo*). (Cela me fait l'effet de ce voleur qui revend à son maître le cheval qu'il vient de lui voler, et que celui-ci n'a pas reconnu parce qu'il n'avait plus de queue. *Qui superflua tollit formam debitam producit.*)

§ 15. Ce que nous venons de dire nous fait voir qu'il en est ainsi avec les sciences: presque partout nous avons posé les fondements; mais nous avons laissé aux autres la gloire de continuer et finir l'ouvrage du menuisier, du peintre, du maçon de cet édifice philosophique. De même qu'un général, le médecin qui arrive le dernier *in statu declinationis*, est le meilleur; s'il parvient un peu à aider la nature, à

Sçavans, als auch der nunmehr autoritate Regia zu aufnehmen Rei physicæ, Medicæ et Mathematicæ privilegirten, in Bibliotheca Regis zusammen kommenden Academie den Anlaß geben. Ich zweifle nicht, daß Dennemarck wegen habenden ebenmäßigen interesse des Königs, seinen Adel mit andern als Staats-Sachen zu occupiren, dem Engländischen exempel folgen, und Schweden dergleichen auch thun würde, dafern der König marjorenn und der regierung meister were. Daß des jezt regierenden Grosherzogs zu Florenz herr Vater über seine lust und connoissance dieser dinge ein gleiches absehen gehabt, ist nicht zu zweifeln. Die Experimente sind alle sumtibus et auspiciis des Cardinals Leopoldi de Medicis geschehen, obgleich nach des Gros Herzogen absterben ein so nüzliches werck etwas ins stecken gerathen.

16. Bey uns können wir nichts dergleichen auffweisen. Die Fruchtbringende Gesellschaft und Elbische Schwanen-orden, auch von etlichen Medicis versuchte Collegium

guérir le malade, il peut dire à ses prédécesseurs, en se moquant d'eux et avec droit : « Ce que vous avez semé, je l'ai récolté. » Lorsque la lumière brilla, que les sciences devinrent communes, et que toutes les nations s'éveillèrent, nous seuls restâmes endormis, ou du moins nous nous réveillâmes les derniers. Nous voyons que l'Angleterre, pour mettre en œuvre ses excellents talents et les détourner des intrigues de l'État, a créé une société d'hommes distingués et savants, sous la protection du roi, et que la France, déjà avant Richelieu, avait eu cette idée; ex. : l'Académie française et les conférences au bureau *d'adresse :* les réunions particulières chez le chancelier Séguier, le P. Mersenne, M. de Montmor, l'autorité du *Journal des savants*, et la réunion des académies dans la bibliothèque du roi, pour la réception de ce qui concernait la physique, la médecine et les mathématiques.

naturæ curiosorum ſind ein zeichen unſers willens, daß wir, wie junge vögel, gleichſam zu flattern angefangen, aber auch dabei unſers unvermögens und daß denen wollenden nicht unter die arme gegriffen worden; zudem war die fruchtbringende Geſellſchaft ſowohl, als Schwahnenorden eigentlich nur zu verbeßerung der Teutſchen Sprachkunſt angeſehen, nach exempel der Italianiſchen della Crusca und der Academie Françoiſe, deren hiſtori Mr Peliſſon beſchrieben. Das Collegium Medicorum Naturæ curioſorum war alſo formirt, daß ein jedes membrum eine gewiße materiam Physico-Medicam vor ſich nehmen und elaboriren ſolte; aber dieſes inſtitutum, ob es gleich an ſich ſelbſt guth und nicht zu verachten, iſt doch nicht real genugſam, denn dadurch nur bereits habende dinge aus andern Büchern geſammelt, nicht aber neue aus eigener experienz entdecket worden. Dahehr nicht allein die frembde bishehr von dieſem Collegio keinen Staat gemacht, ſondern auch nichts ſonder-

Je ne doute point que le Danemark, dans l'intérêt même du roi, ne suive l'exemple de l'Angleterre, en occupant la noblesse d'autre chose que d'affaires d'État. La Suède l'imitera, si le roi parvient à dominer. Et l'on ne peut avoir aucun doute sur les vues du duché de Florence à cet égard. Les expériences ont toutes été faites aux frais et sous les auspices du cardinal Léopold de Médicis, quoiqu'une œuvre aussi utile soit un peu tombée en oubli après la mort du duc.

§ 16. Nous ne pouvons rien dire de semblable quant à nous : notre *Société féconde*, notre *Ordre du Cygne de l'Elbe* et notre *Collége des Curieux de la Nature* recherché par quelques vrais médecins sont, il est vrai, une preuve de bonne volonté; nous ressemblons à certains oiseaux qui commencent à battre des ailes : mais c'est une preuve aussi de notre impuissance et du peu de volonté que

lichs darinne vorkommen, bis sie jezo das institutum
geendert, und von zeit zu zeiten etliche neue observationes Medicas herausgeben, davon sie innerhalb eines
Jahres den anfang gemacht, umb in etwas zum
wenigsten den Engländischen Transactionibus philo-
sophicis, dem französischen Journal des sçavans, der
Italiänischen Giornale di letterati zu folgen. Es mangelt aber viel dabey zu einem rechten wohlformirten corpore, davon etwas reales gehoffet werden könte; so einen
gewißen fundum, union, ruf, adresse und
anstalt hätte.

17. Solches nun zu erlangen, müßen wir Uns der
Englischen Königlichen Societät exempel vorstellen, deren natur, privilegia, jura, form und thaten ausführlich in einem buch, so nunmehr aus dem Englischen ins
französische hoc titulo übersezet: Histoire de la Société Royale, erzehlet werden. Bey dieser Societät thut
der König, der Herzog von Vorck, Prinz Robert und

nous mettons à secourir ceux qui veulent nous aider. La
Société féconde ne fut, à proprement parler, regardée que comme devant servir à l'amélioration de la
langue allemande, imitant en cela la Crusca des Italiens,
et l'Académie française, dont M. Pellisson a écrit l'histoire. Le *Collegium medicorum naturæ curiosorum* était
constitué de telle façon, qu'un des membres devait s'emparer d'une matière physico-médicale et l'élaborer; mais
une telle imitation, quoique bonne en elle-même et point à
mépriser, n'est pas assez réelle, car elle ne s'occupe que de
choses qu'elle tire des livres et non pas nouvelles et tirées
de sa propre expérience. Aussi les étrangers n'ont-ils jamais vanté ce collége et jamais rien de particulier n'y est
survenu, si ce n'est lorsqu'il prit le nom d'*institut* et pro-
duisit de temps en temps quelques observations médiocres

viel vornehme Herren das ihrige, nicht daß sie an deren Leges, an persönliche comparition und dergleichen onerosa und solchen hohen personen unanständige Dinge sich gebunden, sondern daß sie sumtus beytragen, auff ihre kosten durch ihre ministros sowohl status als privatos correspondiren laßen, alles, was sie neues, rares, importantes erfahren, der societät communiciren, die directores der coloniarum, die Schiffs-Capitains, verständige Mariniers und Schiffspatrone, ja wohl kauffleute und deren consules und Factoren befehligen und anmahnen, keine gelegenheit zu versäumen, dadurch etwas neues merckwürdiges untersucht und in hoc ærarium Eruditionis solidæ publicum gebracht werden könte. Ja sie laßen die societät Interrogatoria, Instructiones und Directoria vor reisende, vor Ministros, vor bergleute, Medicos, handwergsleute, künstler formiren, umb dadurch immer tieffer in diese unerschöpfliche

(*il a commencé il y a un an*), pour imiter un tant soit peu les *Transactions philosophiques* des Anglais, le *Journal des savants* des Français et le *Giornale dei litterati* des Italiens. Mais il s'en faut de beaucoup que cette institution soit constituée en corps dont on puisse espérer quelque chose de réel, et attendre quelque fond, *union, gloire, adresse et considération.*

§ 17. Pour parvenir à ce but, il faut nous représenter pour exemple la Société royale anglaise, dont la nature, les priviléges, les droits, la forme, les actes ont été consignés dans un livre, et traduits en français sous le titre de : *Histoire de la Société royale.* Dans cette Société, le roi, le duc d'York, le prince Robert et beaucoup d'hommes savants font leur devoir, non pas qu'ils soient astreints aux lois, aux présences et autres choses onéreuses, mais ils fournissent les fonds, permettent à leurs ministres de correspondre à leurs frais avec les États et les particuliers dans l'intérêt de la Société,

Mine der Natur zu menschlichem besten zu kommen.

18. Was ist nun England gegen Teutschland, darinn soviel Fürsten seyn, die manchem Könige selbst macht und autorität disputiren können, da soviel berühmte mit trefflichen Leuten (denen es nur an Employ mangelt) angefüllete Universitäten, deren doch in England, wenn man Schottland davon thut, nur zwey. Teutschland an sich selbst ist ein großes sich weit erstreckendes Land voller Bergwerke, voller varietät und wunder der natur, mehr außer zweifel, als ein so schmales enges Land wie England. Es ist alles voll von trefflichen Mechanicis, künstlern und laboranten, welche aber, weil bey Uns die kunst nach brodt gehet, und die Republique sich solcher dinge so wenig annimt, entweder ihr talentum vergraben und, da sie leben wollen, mit gemeinen minutien sich schlagen müßen, oder aber, wenn sie nichts desto minder ihrem genio folgen, verarmen, veracht, verlaßen, aban-

donnent communication à la même Société de tout ce qu'ils apprennent de nouveau, de rare, d'important, et des ordres aux directeurs des colonies, aux capitaines de vaisseaux, aux marins habiles, aux patrons des navires, aux commerçants, aux consuls et facteurs, de ne manquer aucune occasion de faire des recherches, des sujets, des choses importantes et de les apporter *in hoc ærarium eruditionis solidæ publicum*. Ils laissent cette société se former pour l'instruction des voyageurs, des ministres, des mineurs, des médecins, des artisans, des artistes, afin d'approfondir toujours de plus en plus la nature et d'arriver au bien-être de l'homme.

§ 18. Qu'est-ce que l'Angleterre en comparaison de l'Allemagne, où il y a tant de princes, qui ont autant d'autorité que maints rois; tant d'universités remplies d'hommes distingués (auxquels il ne manque qu'un emploi), tandis que l'Angleterre en y comptant l'Écosse n'a que deux universités?

donnirt, vor Alchymisten und wohl gar entweder be=
trüger oder narren gehalten werden. Welche gescheid
seyn, gehen fort und laßen Teutschland mit samt der
betteley im stiche, welches wie ein unwiederbringlicher
schade es sey, ein verständiger Politicus leicht judiciren
kan. Denn ingenia sind mehr vor wahren von contrebande zu achten, als gold, eisen, waffen und anders, so
etwa an manchen orthen außer landes, oder doch zum
wenigsten zum feind zu führen verbothen.

19. So viel brave Köpfe nun könten im Lande behal=
ten und gebraucht, so viel leute vor verarmung, so viel
familien vor ruin, so viel schöhne concepta, inventa,
vorschläge, experimenta, observationes raræ, opera
posthuma trefflicher leute vor verlieren und vergeßen
præservirt werden, wenn sich die Republic der dinge
annehme. Die Laboranten, Charlatans, Marcktschreyer,
Alchymisten und andere Ardeliones, Vaganten und gril=

L'Allemagne en elle-même est un grand et vaste pays abon-
dant en mines et en toutes sortes de variétés et de merveilles de la nature, et bien plus importante que l'étroite Angleterre. Elle est remplie de mécaniciens habiles, d'artistes,
de *laborantes*, mais qui, vu que l'on est obligé de travailler
pour vivre et que la république ne s'occupe pas de ces choses, ou bien enfouissent leur talent, et, comme ils sont obligés de vivre, s'occupent de minuties, ou bien, s'ils suivent
l'impulsion de leur génie, sont méprisés, abandonnés, considérés comme alchimistes ou même comme des trompeurs
et des fous. Ceux qui ont de la raison s'en vont et laissent
l'Allemagne avec ses mendiants, et un politique judicieux
voit quel dommage irréparable en résulte. Car le génie peut
plutôt être considéré comme contrebande que l'or, des ar-
mures de fer et autres choses pareilles qu'il est cependant
défendu d'exporter ou de faire passer à l'ennemi.

§ 19. Tant de têtes pourront être conservées et utilisées,

lenfänger sind gemeiniglich leute von großem ingenio, bisweilen auch experienz, nur daß die disproportio ingenii et judicii, oder auch bisweilen die wolluft, die sie haben, sich in ihren eitelen hofnungen zu unterhalten, sie ruiniret und in verderben und verachtung bringet. Gewißlich, es weis bisweilen ein solcher Mensch mehr aus der erfahrung und natur gewonnene realitäten, als mancher in der welt hoch angesehener Gelehrter, der seine aus den büchern zusammen gelesene wißenschafft mit eloquenz, adresse und anderen politischen streichen zu schmücken und zu marckt zu bringen weis, dahingegen der andere mit seiner extravagance sich verhaßet oder veracht machte. Daran sich aber verständige Regenten in einer wohlbestelten Republique nicht kehren, sondern sich solcher menschen brauchen, ihnen gewiße regulirte employ und arbeit geben und dadurch sowohl ihr als ihrer talente verderben verhüten können.

tant de gens préservés de la pauvreté, tant de familles de la ruine, tant de beaux *concepta, inventa,* propositions, *experimenta, observationes raræ, opera posthuma* d'hommes illustres préservés de leur perte et de l'oubli, si la république voulait s'occuper de ce sujet ! Les *laborantes,* charlatans, alchimistes, et autres ardélions et bohêmes sont ordinairement des gens d'un grand talent et même d'expérience, seulement dont le jugement et le talent sont disproportionnés, et les désirs qu'ils ont de se voir réussir dans leurs entreprises les ruinent et leur font perdre toute considération. Certainement quelquefois un tel homme sait plus par expérience et par la nature prise dans sa réalité que maint autre qui dans le monde passe pour savant et qui, ayant appris ce qu'il sait dans les livres, sait le reproduire avec éloquence, adresse et autres ruses politiques, tandis que l'autre, par son extravagance, se fait haïr. Mais des gouvernants raisonnables dans une république ne doivent point s'arrêter à cela ; au contraire

20. Der berühmte Cardanus kann ein recht muster seyn eines solchen eigensinnigen, wunderlichen, extravaganten und doch mit unvergleichlichem ingenio, memoria et experientia begabten kopfs, dem nichts gemangelt, als judicium oder vielmehr der wille und patienz, sich in die welt zu schicken und seine sachen judiciose zu marckt zu bringen. Schwehrlich ist einer zur selben zeit in der welt ihm an wißenschafft gleich gewesen, und schwehrlich ists einem übeler gangen; daß man wohl im buch Pierii Valeriani de infelicitate literatorum ihn obenan sezen kan. Wenn man sein leben liest, so er selbst geschrieben, wird man mit so vielen wunderlichen affecten gleichsam surprenniret, daß man sich des lachens, des zorns, der verwunderung, der erbarmung wechselsweise nicht enthalten kan. Zweene Söhne sind ihm unter des henckers Händen gestorben, er selbst ist unter der inquisition und lange zeit im gefängnüß gewesen, welches

ils doivent employer ces sortes d'hommes, leur donner un emploi et un travail régulier qui empêche leur talent de se perdre.

§ 20. Le célèbre Cardan peut être un véritable modèle d'extravagance remarquable, et cependant il possédait un génie, une mémoire et une expérience incomparables; il ne lui manquait que la judiciaire ou plutôt la volonté et la patience de se conformer au monde et de présenter ses actes *judiciose*. Je doute qu'à son époque il y eût quelqu'un qui l'égalât en science, et pas un n'a été plus malheureux : ce que l'on peut voir dans le livre de Pierre Valérien *de infelicitate literatorum*. Quand on lit sa vie qu'il a écrite lui-même, on se trouve saisi de tant d'émotions diverses et remarquables qu'on ne peut se retenir de rire, de se fâcher, de s'étonner, d'avoir compassion. Deux de ses fils sont morts entre les mains du bourreau, lui-même s'est trouvé entre les mains de l'inquisition et longtemps en prison, et tout cela

alles sammt unzehligen anderen disgousten und verfolgungen ihn so wenig angefochten, daß er in hohem alter ruhig und content und sua opinione felix gestorben. Seine beste wißenschafft hat er von vaganten, alten weibern, laboranten und dergleichen leuten zusammen gelesen, deßen er sich selbst berühmt; und bin in der meinung, daß wir ihm deswegen viel zu dancken, indem er viel stückgen auffgezeichnet und zu gemeinem besten erhalten, so sonst verlohren gangen. Und hätte Scaliger, der ihm dieses übel deuten will, vielleicht beßer gethan, wenn er, als er über den Theophrastum de plantis geschrieben, mehr mit kräutermännern und gärtnern als Aristotele und Platone umbgangen wäre.

21. Cardano ist Campanella in vielen stücken zu vergleichen und haben wir deren exempel mehr, wenn sie zu erzehlen nöthig were. Wie viel 100, welches ich kühnlich sagen darff, sind wohl andere, welche dem Cardano

au milieu de bien d'autres malheurs si peu faits pour lui qu'il est mort à un âge avancé, tranquille et heureux de son opinion. La meilleure science, il l'a acquise auprès des *vagantes*, des vieilles femmes, des *laborantes* et autres gens pareils dont il se vante; et je suis dans l'opinion qu'à cause de cela nous lui devons beaucoup, car il a retenu d'eux bien des choses qui sans cela auraient été perdues et qu'il a appropriées au bien-être général. Et Scaliger, qui lui en fait des reproches, aurait peut-être mieux fait, en écrivant sur le Théophraste *de Plantis*, de s'occuper davantage d'herboristes et de jardiniers que d'Aristote et de Platon.

§ 21. Campanella est comparable en beaucoup de points à Cardanus, et nous pourrions citer bien des exemples s'il était utile de les raconter. Combien de centaines y en a-t-il, j'ose le dire hautement, qui ne sont pas, il est vrai, tout à fait comparables à Cardanus, mais en approchant, et même des *illiterati* dont on n'a jamais rien écrit, et dont les écrits sont

in vergleichen, wo nicht zu vergleichen, doch nahe kommen, auch wohl illiterati, von denen nie nichts geschrieben worden, oder deren schrifften verlohren gangen! Cardanus selbst erzehlet, daß einer zu Rom mit bloßen kreutern und simplicibus den Lapidem vesicæ zertreiben können, es sey aber das secretum mit ihm gestorben, und thut er selbst dazu, er glaube, daß dieser man nur umb deswillen verdammet sey. Aber gewißlich, es ist der obrigkeit schuld, so dieser leute so wenig achtet und ihnen nicht zu begegnen weis; da doch ihr eigenes Persönliches interesse ebensowohl dabey versiret und sie nicht, wie vor krieg und hunger, also vor kranckheit und sterben privilegiret seyn, sondern vielmehr toto die an sich befinden wie so mangelhafft und eingespannet, anderer wißenschafften zu geschweigen, die rechtschaffene gegründete Medicin sey, an deren reale verbeßerung aber, die sie doch in ihren händen haben, sie nescio quo fato, aut

perdus! Cardanus raconte qu'à Rome un individu, en n'employant que des perles et des simples, parvenait à faire disparaître la pierre de la vessie, mais le secret est mort avec lui et il croit que cet homme était damné. Certainement cependant c'est la faute de l'autorité si ces gens sont peu considérés et si elle ne sait pas venir à leur rencontre, quoique son propre intérêt y soit attaché. Ce n'est pas qu'elle ait à redouter la guerre ou la disette, mais elle serait garantie des maladies et de la mort, car elle doit bien voir combien les sciences seraient avancées, sans parler de la véritable médecine et d'autres améliorations réelles dont ces gens ont les secrets entre les mains. Elle y pense bien peu : *nescio quo fato aut ira Dei in genus humanum*. Ou bien peut-être Dieu, comme il fait en beaucoup d'autres choses, réserve-t-il tout cela *novissimis temporibus*.

§ 22. Plus un médecin est raisonnable, moins il se fie à son art et plus il a confiance en la nature, à l'opinion du

ira Dei in humanum genus so wenig gedencken. Es sey denn, daß Gott vielleicht wie viel anderes, also auch dieses unsern Novissimis temporibus vorbehalten.

22. Je verständiger ein Medicus ist, je weniger schreibt er seiner kunst, je mehr hingegen der natur und opinion des patienten nechst göttlicher gnade zu. Man weis, wie viele die einbildung gesund gemacht. Der berühmte Porta selbst erzehlet, daß er einer vornehmen in kindes- nöthen arbeitenden frau mit etwas von der Erde auffge- rafftem Sand, den er ihr als ein köstliches secretum ein- gegeben, von stund an geholffen. Es mangeln uns noch die principia in der medicin, zu sehen die innerliche constitution dieses so verwirreten uhrenwercks, und also dessen vorstellungen und morbi sind uns großen Theils mehr effectu als definitione causali bekannt. Die bis- herige methodus medendi ist nur eine Hypothesis, deren man sich brauchen muß, bis mans einzeln bald hier,

patient et même à la grâce de Dieu. On n'ignore pas com- bien de gens on a guéris par l'imagination. Le célèbre Porta lui-même raconte qu'il a guéri sur-le-champ une femme riche dans les douleurs de l'enfantement, en lui faisant prendre un peu de sable après lui avoir fait accroire que c'était un remède merveilleux. Ce qui nous manque trop, c'est la con- naissance des principes de la médecine, pour pénétrer la con- stitution intérieure de ce ressort de montre si compliqué, et par conséquent nous connaissons les dérangements ou les maladies en grande partie plus par effet que *definitione cau- sali*. Jusqu'à présent la *methodus medendi* n'est qu'une hy- pothèse dont on sert jusqu'à ce qu'on en ait trouvé une meilleure. Mais ils se trouvent actuellement trompés ceux qui méprisent les experiences, qui espèrent trouver les *spe- cifica medicamenta* avec leur méthode, qui abandonnent les simples, que la majeure partie du temps ils ne connaissent pas, aux pharmaciens, et qui enfin croient guérir les malades

bald da beßer sind. Dahero diejenigen, die experimente verachten, specifica medicamenta mit ihrer methodo zu finden meinen, die simplicia abandonniren, ja meisten theils nicht einmahl kennen, sondern solche wißenschafft dem Apotheker überlaßen und sich contentiren, aus büchern und qualitatibus primis vel secundis und denen nach in gradus imaginarios per classes Tabulas eingetheilten medicamentis, zu curiren, — sich heßlich betrogen finden und offt, will nicht sagen von marcktschreyern, sondern alten weibern übertroffen werden.

23. Deßen erzehlt der berühmte Fioravante ein notabel exempel, daß ein ganzes collegium 12 medicorum bei einem patienten gesessen und nicht gewust was raths, auch gleichsam re desperata scheiden wollen; da sey ein altes weib hinein geschlendert kommen, so insalutato consessu recta zum patienten gangen, seinen zustand ausgefragt und dann mit ihm contrahirt, was er

en s'appuyant sur ce qu'ils apprennent dans les livres *de qualitatibus primis aut secundis*, et en consultant les tableaux distribués *in gradus imaginarios per classes et tabulas*. Il leur arrive souvent que, je ne dirai pas les charlatans, mais les vieilles femmes les surpassent.

§ 23. Le célèbre Fioravante nous cite à ce sujet ce remarquable exemple : Tout un *collegium medicorum* se trouvait réuni autour d'un patient et ne savait quel conseil donner, et on voulait décider d'un commun accord *re desperata*, lorsqu'entra une vieille femme. Elle se dirigea *insalutato consessu recta* vers le patient, le questionna sur son état, débattit avec lui le prix qu'elle obtiendrait, si elle le guérissait. Puis elle lui ordonna un simple pulvérisé ; le patient en prit plusieurs fois et fut guéri. Les médecins, au commencement, se sont moqués de cette femme, puis, selon la coutume, ils l'ont regardée comme une sorcière. Quant à Fioravante, qui se trouvait présent à cette consultation, il se

ihr geben wolte, dafern er geheilet würde; darauff ihm ein
gewißes pulverisirtes simplex verordnet, davon er re-
petitis sumtionibus hernach völlig genesen. Die Medici haben anfangs des weibes gespottet, hernach aber sie
nach gemeiner Saalbaberischer arth vor eine Hexe gehal=
ten, er, Fioravante aber, so unter anderen gegenwärtig
war, that sich gleich anfangs zu dem weibe, redete freund=
lich mit ihr und brachts dahin, daß sie ihm gegen eine
recompens ihr secretum communiciret, so in einem
eigenen unpræparirten, nur gestoßenen und in Wein
eingenommenen simplice oder kraut bestanden, so er her=
nach ein in dieser kranckheit souveraines, unvergleich=
liches remedium zu seyn befunden. Solten wir dero=
wegen unserer eingebildeten Methodo Medendi und
darauf fundirten compositionibus und recepten nicht
zu viel trauen, sondern die Natur fleißiger consultiren
und diejenigen, — ungeacht es gemeine, sonst verächtliche,

rangea de suite du côté d'elle, lui parla amicalement, et parvint, moyennant une récompense, à recevoir communication
de son secret, qui consistait à se servir d'une herbe qui n'a-
vait subi aucune préparation, et qu'on prenait dans du vin
en infusion. Et il se trouva, en effet, que pour la maladie
en question c'était un remède souverain. Nous ne devrions
donc pas avoir une si grande confiance en notre méthode
curative imaginaire et aux compositions et recettes, mais
nous devrions consulter plus souvent la nature et prendre
plus en considération les gens communs, même méprisables,
suspects, souvent même extravagants, mais qui s'occupent
de la nature plus que nous.

§ 24. Il est incontestable que l'antique méthode de guérir
consistait à se servir de simples, et que nos ancêtres, mais
principalement les Arabes et les Orientaux, avaient de ces
simples une connaissance incomparablement plus approfondie que nous. *Multæ gentes sine medicis vixere,* dit Pline,

ja auch wohl närrische extravagante leute, — so mit der natur mehr als wir umbgangen.

24. Es ist zweifels ohne die uralte art zu curiren in simplicibus bestanden, und haben unsre vorfahren, sonderlich die Araber und andere Orientales, eine incomparabel beßere cognition der simplicium gehabt, als wir. Multæ gentes sine Medicis vixere, sagt Plinius, non tamen sine Medicina. So lange alte matres et patres familias aus ihren verlegenen calendern und Memorialien, oder auch gedächtnüs ihre domestiquen hausmittel herfür gesucht und ihrem kind und gesind und nachbaren damit geholffen, ist die Medicina simplicior, sed realior gewesen. Nachdem sie aber zur kunst worden, und gewiße leute davon profession gemacht, umb sich zu ernehren, auch wohl mächtig und reich zu machen, sind fuci, fraudes, monopolia, æmulationes, odia, procrastinationes und unzehlig andere malæ artes einge-

non tamen sine medicina. Tant que les *matres et patres familias* cherchèrent des remèdes domestiques dans les calendriers, les *memoriales* et même dans leur mémoire, et s'en servirent pour soigner leurs enfants, leurs domestiques et leurs voisins, la médecine était *simplicior*, mais *realior*. Mais lorsque cette médecine devint un art et que certaines gens en firent une profession pour gagner leur vie, nous vîmes s'y introduire *fraudes, monopolia, æmulationes, odia, procrastinationes* et bien d'autres *artes malæ*, tout comme dans les autres commerces, et, cependant, *vita humana* doit être *res sancta et nullis commerciis subjecta*. Grands et petits, princes et paysans, nous sommes soumis à ces tyrans qui souvent se font la guerre entre eux, et trafiquent de notre vie, ne l'estimant pas plus que les Espagnols n'estiment les nègres d'Angola dans les mines du Potose. Nous leur servons d'instrument pour amasser de l'or et de l'argent, et cela même après notre mort! Je sais qu'il n'est pas de prince,

rißen, nicht weniger als bey andern handthierungen, da doch vita humana res sancta et nullis commerciis subjecta seyn solte. Gleichwohl müßen unterdeßen groß und klein, Fürst und Bauer, manches nundinatoris genade leben und vielen sich mit einander zankenden Tyrannen unterworffen seyn, die mit seinem leben handelen und uns nicht anders achten, als die Spanier in berg Potosi die Schwarzen von Angola, so ihnen nur zum instrument dienen, gold und silber auch mit ihrem untergang aus den minen zu langen. Ich weis, daß kein Fürst, kein großer Herr, kein reicher Man sey, der nicht an sich oder den seinigen dergleichen mehr, als ihm lieb, erfahren, und dennoch sind wir so blind, oder so irresolut, daß wir dieses joch abzuschütteln das herz nicht haben, gleichwie ein pferd, so seine stercke nicht weis, den reuter abzuwerffen.

25. Wie Närrisch auch und Paradox der Chinesen reglement in re Medica scheinet, so ists doch weit beßer als das unsrige.

<small>Leibniz hat hier mitten auf der Seite den Auffatz abgebrochen.
A. d. H.</small>

d'homme puissant ou riche qui n'ait acquis l'expérience de ce fait, soit par lui-même, soit par les siens, et cependant nous sommes si aveugles, si irrésolus, que nous n'avons pas le courage de secouer ce joug, de même qu'un cheval ne sait pas employer ses forces pour renverser son cavalier.

§ 25. Quelque insensé et paradoxal que nous paraisse le règlement des Chinois *in re medica*, il vaut cependant bien mieux que le nôtre.

Leibniz a laissé ce manuscrit inachevé.

CONSULTATIO

DE NATURÆ COGNITIONE AD VITÆ USUS PROMOVENDA
INSTITUENDAQUE IN EAM REM

SOCIETATE GERMANA.

I.

*Quædam de Societate Philadelphica proponenda
Leibnitii annotata.*

§ 1. Vera *Politica* est nosse quid sit sibi utilissimum.

§ 2. *Utilissimum* cujusque est, quod Deo gratissimum, quia Deus est Ens potentissimum, potentissimo autem non obsequi, ejus voluntati adversari periculosissimum : contra parere cum grandis præmii spe, et quia Deus etiam sapientissimus est, certitudine conjunctum.

§ 3. *Deo* autem *gratissimum* est, quicquid facit ad perfectionem universi.

§ 4. Ad perfectionem universi facit, quicquid facit ad perfectionem generis humani, quia in universo sensibili nullum est rerum genus homine perfectius.

§ 5. Perfectio humani generis in eo consistit, ut

sit quoad ejus fieri potest, et sapientissimum et potentissimum.

§ 6. Sapientia et potentia generis humani duplici ratione augetur, partim eo ut scientiæ artesque novæ eruantur, partim ut jam cognitis homines assuefiant.

§ 7. Assuefient homines jam cognitis artibus ac scientiis (id est praxibus et regulis utilibus), si inde usque a juventa educentur ad pietatem, sobrietatem, curam valetudinis, modestiam, laborem, omnesque omnium virtutes, si occasiones peccandi adimantur, si peccata pariter et bene gesta latere facile non possint; si pœna illis, præmia his magna certa immineant. Si adimatur hominibus potestas invicem dissentiendi, si introducatur charitatis necessitas.

§ 8. Augebuntur artes et scientiæ universali quantum fieri potest *corresponsu,* tum diligentissimis *inquisitionibus* in naturam rerum.

§ 9. Utraque et inventio et inventorum in animos instillatio et per *singulos* fieri potest, et conjunctis operis *societatis* late diffusæ.

§ 10. Manifestum est autem plus omnino fructu infinities majore præstari per societatem posse, quam operis singulorum sibi inconnexis et arenæ sine calce instar hiantibus.

§ 11. Societas talis stabiliri nulla melius ratione posset, quam religiosorum conspiratione, sed quando illa gens rationem non audit instituta tantum majorum sequitur. Frustra per illos quicquam tentaveris.

§ 12. Societas aliqua institui duplici ratione potest, partim cohabitatione et quasi communione, qualis est religiosorum, partim connexione tantum.

§ 13. Communione institui etiam politicam societatem voluit J. J. B(echer) autor scripti illius de stabilienda societate quadam, ingenio non carentis.

§ 14. Sed inter conjugatos vix ulla ratione facile stabiliri talis societas potest, unde prudenter religiosi conjugia et familiam exclusere. Et sane vix viri magni patientur se in religiosorum normam redigi cum tamen finis noster sit allicere maximos quosque.

§ 15. Igitur suffecerit societatem ejusmodi instituisse, ut quisque rem suam agat, cum dependentia tamen quadam; nunc quidem cum initio singula exacte institui non possint.

§ 16. Vinculum a quo connectantur, hoc est: ut quisque tum certam pecuniæ summam a societate accipiat tum sit ei religiosissimo sacramento astrictus, tum obligarint se absolute quod sit ficturus, sceleratus, infamis, perjurus, si in ulla re societati non obediat, quæ sit sine peccato et extrema sui ruina suorumque.

§ 17. Item societas promittat unumquemque receptum a societate sustentare si poscat, sed eo casu absolute se ei submittere tenetur.

§ 18. Demum jus excedere societate sub pœna qua dixi; idem in eum qui expelletur. Sed quando de aliqua persona damnanda quæstio est, colligantur vota tum directorii, tum provinciæ ejus.

§ 19. Divisio esto inter eos, qui sunt in officiis connexi tamen et qui in collegiis societatis quam ejus officiales.

§ 20. Sed quæritur, qua ratione primum allicere homines hæc societas possit. Id fiet primum certi-

tudine sustentationis, et ita sublata omni cura de toleranda vita.

§ 21. Deinde honore, impetrabitur enim a rebuspublicis, ut qui ex ea societate sunt aliis homogeneis præcedant.

§ 22. Denique stimulo pietatis, dirigetur enim hæc societas ad promovendam utilitatem generis humani (maxime ad medicinam) quo instituto nil sanctius.

§ 23. Sed quomodo et quibus artibus societas in eo statu locabitur, ut possit tum pecuniam tantam sibi, tum rerumpublicarum favorem impetrare, tum ut dent civibus ejus honoris privilegia, tum ut ejus sententias in cives suos exsequantur?

§ 24. Id sic fieri debet : societatis membra ubique omnia faciant gratis; fiant medici, judices, præfecti, præsides, consiliarii, advocati, professores, rectores, scribæ, gratis sine ullo salario a republica vel etiam ab hominibus quibus inserviunt recipiendo, nisi quod illis sponte donatur.

§ 25. Hac arte (exemplo Jesuitarum gratis docentium) impetrabitur ante omnia favor populi : notum enim est bonum medicum et bonum advocatum affluxum nactos totas fere civitates sibi colligatas habere.

§ 26. Hoc prætextu porro impetrabitur a republica contra hoc unum immunitas *teloniorum,* etc., in instituendis commerciis.

§ 27. Nam tantum reipublicæ non afferunt telonia, quantum auferunt salaria.

§ 28. Et societas a nulla re majore jure et fructu ditescere potest et fundum nancisci, quam tractis

ad se commerciis, nam manufacturas ad se trahere non potest, nisi plebem irritet; principes ne irritet omissis salariis præcavet; mercatoribus maxime carere potest respublica, et lucrum quod ipsi habent ad se trahere et ministris sibi utilissimis, id est societati pro communi bono laboranti, vindicare.

§ 30. Hoc uno medio facile in omnibus locis ubi impostæ vigent, societas ad se trahere commercia potest, vel etiam si non in infinitum, tum ad certum terminum hoc societati indulgeri potest ubi nimirum salaria et impostæ ut in Hollandia.

§ 31. Sunt et alia privilegia obtinenda, ex eodem, ut soli præ aliis ad officia admoveantur : non enim opus privilegio dum omni gratis serviunt; eo ipso præferentur.

§ 32. Sed opus erit privilegio, ut liceat eis manufacturas exercere solis, quas noviter invenere, aut invenient incipientes, quæque nondum publice frequentantur.

§ 33. Item quoniam alias Hollandi multi indignantur societati, judices utrique saltem dent operam ut societati impetretur jus simul eo negotiandi.

§ 34. Hoc impetrato ditissimi quique Hollandiæ se adjungent societati et habebitur fundus.

§ 35. Nam omnino multas ob causas sedem quasi societatis in Batavia esse velim.

§ 36. Sed tum et aliæ artes adhibeantur, nam omnes papales consentiantur facile potest responderi, papæ præsidi catholicæ religionis proponatur regi Galliæ propagare potentiæ per hanc societatem, ut Hispanos per jesuitas facta est.

§ 37. Ergo imperator et rex Galliæ consensum

papæ per imperium et Galliam circa quædam bona ecclesiastica instituant, vel cogant omnes, qui opimiora et minus honorata habent, certum aliquod contribuere societati, et de cætero non recipiant, nisi qui ex ea. Hinc jam satis fundi.

§ 38. Cum republica colligatio aliqua habeatur et cum Ind. Societ Jesu. prædic. et omnibus ordinibus, hoc tentandum sibi arctissime devincere; item societatem Anglicam, item respublicas per Germaniam.

§ 39. Curandum enim, ut nostri ad summa quæque promoveantur, omnia in manu habeant. Clerici ex iis fiant confessarii, ut ex bonis vacantibus iisque quæ ad hæredes non naturales transferuntur certum aliquid accedat ut juventus apud nostros in realibus educetur, alliceatur, ut paulatim liceat tentare Orientem medicinæ et matheseos prætextu, coloniasque ducere prætextu societatis Indicæ orientalis. Hac arte omnes divitiæ Hollandicæ trahi possunt ad societatem.

§ 40. Cæteri ministri societatis per orbem dirigent correspondentias et commercia; pars vivet suis reditibus, qui non poterunt ab ecclesiasticis intuitu societatis impetrari.

§ 41. Operam suam nulli vendant, nisi artificialium aut inquisitionis notabilis res sit augmento; ita facile nihilominus acquirent ab omnibus unde vivant.

§ 42. Donata tamen recipiant quæ certo collegio donata nihil ad alios, nisi ex plena potestate directorum.

§ 43. Interea vendant materiam, non operam, quia sunt liberi a teloniis; a materia hoc plus trahi potest.

§ 44. Si quod novum secretum manufacturarum invenerint, non doceant alios, sed elaborata vendant illis artificialibus instar mercis.

§ 45. Omnes clerici hactenus seculares, sed cura animarum carentes in hanc regulam, aut ad eam contributionem cogantur.

§ 46. Aut res reducatur ad vicarios, ipsi reditus societati tam utili deputentur.

§ 47. Nullum animal rarius sit, quod non ad secandum mittatur medico societatis.

§ 48. Societas professiones academiarum et rectoratus scholarum ac collegiatus earundem habeat.

§ 49. Societas potest facile hac ratione in eo se statu locare ut non habeat amplius quem metuant et ut ad reipublicæ clavim sedeat : nam et hac causa instituta est ut seminarium non tam theologorum, qui finis Jesuitarum, quam utilium hominum reipublicæ præbeat. Possunt etiam duces militum obligari societati, præsertim cum sit fere tota in partes tracta; classes coloniæque in America : quam multi subditi, tot ibi homines non vi, sed mansuetudine adduci ad scientias nostras eaque ibi stabiliri exquisitissima respublica per terras tota Europa majores.

§ 50. Tum demum genus humanum ubique excultum erit, cum hactenus plus quam dimidia ejus pars squaluerit sceleribus; societas quin etiam nostro arbitrio bellorum exsit et facile securitatem a vi injusta orbi præstabit; cum præsertim ubique et officia primaria teneat et plebem sibi devincerit, et opes regionis in manu teneat. Quando o candidam et auspicatam generi humano diem quærere inchoabunt?

II.

De fundatione ad scientiam provehendam instituenda.

Majo 1676.

Ex propositionibus quæ rerum emendandarum causa fiunt, eas maxime amo, quarum fructus viventibus nobis percipi posse spes est. Quanquam enim et gloriæ et posteritatis rationem habeat mens generosa, juvat tamen laborum suorum præmiis frui vivum videntemque.

Certum est unum hominem non satis temporis habere posse ad omnia invenienda, quæ a ratione pendent et certa methodo possunt inveniri, neque satis habere occasionum ad ea invenienda, quæ casu atque experimentis non semper obviis discenda sunt.

Certum est, si omnia utilia, quæ saltem unius oppidi, ne dicam provinciæ, homines sciunt aut experti sunt, in unum collecta breviterque exhibita essent, Thesaurum nos incomparabilem habituros. Quid si plures nationes consentirent, imo quid si plurium seculorum scientiam collectam haberemus?

Si omnia egregia, quæ homines sciunt aut sciverunt, annotata atque cognita essent, credo felices essemus et plerisque malis atque incommodis humanam vitam urgentibus superiores: vix enim morbus est, cui non certum aliquod atque exploratum remedium aliquis ex populo nôrit.

Ex his patet, homines non nisi propria negligentia esse infelices.

Si saltem omnia vere utilia atque realia, quæ in tot libris exstant, in unum collecta atque indicum in collectanea universalium ope in promptu essent, Thesaurum incredibilem haberemus.

Sæpe notavi egregia inventa, quæ pro novis habebantur, postea in libris veteribus fuisse reperta, sed neglecta aut ignorata.

Si paucorum aspectu similarium corporum natura nosceretur, ut salis communis, nitri, aluminis, sulphuris, fuliginis, olei, vini, lactis, sanguinis aliorumque nonnullorum, pateret inde natura plerorumque aliorum corporum, quippe quæ ex his componuntur aut generantur.

Credibile est, naturam corporum aspectu similarium, ut salis communis, nitri, etc., tam esse simplicem, ut a nobis facillime intima eorum structura intelligeretur, si quis angelus nobis eam vellet revelare.

Credibile est, si natura corporum ejusmodi similarium nobis innotesceret, non difficulter nos rationem reddituros omnium, quæ in ipsis apparent, imo prædicere posse omnes eorum sive per se sumptorum, sive cum aliis mixtorum effectus. Quemadmodum facile nobis est prædicere effectus machinæ, cujus structuram intelligimus.

Ex his sequitur, facile nobis fore, ex non admodum multis experimentis intimam eorum corporum derivare naturam. Nam si simplex est hæc natura, experimenta ex ea facile sequi debent; et si experimenta ex ea facile sequuntur, debet vicissim etiam ipsa facile sequi per regressum ex sufficienti experimentorum numero. Talis regressus fit in Al-

gebra, et in omnibus aliis fieri posset quodam calculi mathematici genere, si modo homines veram ratiocinandi artem tenerent. Est enim Algebræ methodus, ex ignotis deducere nota, ut æquatione ductorum ex ignotis cum datis notis facta etiam ignota fiant nota.

Vera ratiocinandi ars in rebus difficilibus et nonnihil abstrusis, quales sunt physicæ, frustra speratur, quamdiu non habetur ars characteristica sive lingua rationalis, quæ mirifice in compendium contrahit operationes mentis et sola præstare potest in physicis, quod Algebra in mathematicis.

Ars characteristica ostendet non tantum, quomodo experimentis sit utendum, sed et quænam experimenta sint sumenda et ad determinandam rei subjectæ naturam sufficientia. Prorsus, quemadmodum in vulgaribus illis artificiis, per quæ divinari solet numerus, quem aliquis sibi tacite proposuit, facile ab Algebræ perito dijudicari potest, an ea, quæ sibi ab alio dicta sunt de occulto illo numero, sint ad eum eruendum sufficientia.

Unus est modus, per quem pauci homines delecti parvis sumptibus et exiguo tempore res magnas pro scientiarum vitæ utilium incremento præstare possunt, si aliqui sint, qui accuratissime ratiocinari possint, his vero materiam suppeditent tum qui ex eorum voto experimenta sumant, tum qui res præclaras passim in libris aut apud curiosos exstantes colligant atque ordinent. Necesse est autem, qui talia moliantur, eos ab aliis curis esse solutos, et vero affectu in studia ferri, et a paucis dirigi, et Laboratorio atque Bibliotheca et cæteris ad sumptus

in aliquot mercenarios et experimenta necessariis abunde instructos esse, et de superiore loco protegi.

Cum multi adeo sint Ordines præclaræque fundationes, mirandum est, neminem unquam quicquam tale fundasse, in quo cum religione etiam humani generis præsens felicitas procuraretur.

Si quis unquam tale fundaret institutum, in supra quam credi potest, obligaret posteritatem et veram nomini suo immortalitatem pararet.

Tale genus Ordinis haud dubie in tanta seculi luce non tantum magno applausu acciperetur, sed et mox necessariis undique subsidiis, legatis, fundationibus, etc., splendesceret et ad omnes nationes sectasque facile diffunderetur et cum sapientia etiam pietatem propagaret.

Cum cœnobia nonnulla tantis abundent divitiis, optandum esset, quod ipsis superest ultra victus ac commoditatem, scientiarum verarum incrementis impendi, quibus maxime gloria Dei celebratur.

Omne præclarum naturæ artificium experimento vel demonstratione detectum hymnus est verus et realis Deo cantatus, cujus admirationem auget.

Quanquam non dubitem, fundationem, qualem dixi, incredibiles aliquando successus habituram, et venturum esse tempus, quo sapientiores quam nunc sunt homines, superfluas opes veræ felicitatis incrementis impendent : quoniam tamen sub initium monui, me de illis tantum dicturum quorum fructus viventibus nobis percipi possint, ideo hoc unum conclusionis loco adjicere suffecerit : si adhibeantur in hunc usum pauci homines sed selecti, quorum alii ratiocinandi vi, alii experiendi industria, alii

colligendi sedulitate valeant, et necessariis ad omnia in eam rem profutura sumptibus abundent, et vero affectu ad instituti incrementum conspirent: ausim dicere, plus eos uno decennio effecturos, quam aliqui totum genus humanum tumultuariis sparsisque multorum seculorum laboribus possit. Unde quis fructus omnes, quæ gloria Protectorem et fundatorem maneat, facile est judicare.

III.

Consultatio de Naturæ cognitione ad vitæ usus promovenda instituendaque in eam rem Societate Germana, quæ scientias artesque maxime utiles vitæ nostra lingua describat patriæque honorem vindicet.

Autor hujus consultationis magno semper animi ardore prosecutus est quæcunque ad Dei gloriam et publicam utilitatem conferre possunt; eamque professionem suam sinceram esse, nullo alio magis argumento statim in ipso limine ostendere se posse putavit, quam si nomen suum supprimeret, ut neque gloriam inanem, neque privatam utilitatem quærere eum constare possit. Quin imo perseverabit in hoc celandi sui consilio, amicoque viro optimo ac doctissimo votorum suorum interprete utetur, donec re procedente successus ipse ab omni vanitatis aut captationis eum suspicione absolvat.

Porro ut Consultationem hanc emitteret, impulsus est tum proprio zelo, tum voluntate virorum magnorum, quibus non tantum animus est, sed et

facultas hæc studia (et patriæ linguæ cultum) etiam ultra verba juvandi. Cum enim non ignorent, ad corpus aliquod Physicæ veræ aliquando conficiendum experimentis et scribendi edendique operis, id est sumptibus opus esse, profecto nihil in se patientur desiderari, modo spem esse videant, posse præclari aliquid effici, cujus non posteri demum, sed et nos ipsi intra paucos annos fructum aliquem Deo favente percipiamus.

Accedit Patriæ amor, quæ præstantissimorum ingeniorum et pulcherrimorum inventorum ferax, nescio quo tamen torpore gloriam suam non satis tuetur, dum exteri, nostra novo habitu producentes, nobis ipsis imponunt et labore alieno sæpe callide fruuntur. Nos vero interea non nisi ipsos citamus laudamusque, domesticæ virtutis ignari, et sub nescio quibus rhapsodiis sæpe præclara nostra cogitata obruentes, quæ alii speciosis ratiocinationibus ornata venditare didicerunt. (Addo quod soli omnium Germani linguam nostram negligimus, cujus tamen in rebus solidis minimeque chimæricis tradendis mirabilis efficacia tot experimentis comprobata est.)

Sed bene est, quod exteri licet ingeniosissimi et omnibus rebus instructissimi nobis, id quod potissimum est, adhuc quodammodo vacuum nostræque linguæ ornandum reliquere. Etsi enim multa elegantissima observata atque cogitata illis deberi, nisi ingrati negare non possimus, videntur tamen nonnulli eorum magis ad curiositatem quam usum respicere, et in mercibus eorum literariis sæpe idem quod in civilibus usu venire, ut magis placeant,

quam juvent. Itaque si dicendum, quod res : post tot eorum ingeniosa scripta et pulchras theorias et exquisitas observationes, ipsi tamen exteri negare non possunt, optimos Europæ medicos practicos, optimos chemicos, optimos mechanicos in Germania esse et optima quæque, quibus ipsi suas ratiocinationes inædificant, e Germania prodiisse.

Superest ergo, ut evigilemus tandem aliquando et bona nostra agnoscamus atque excolamus. In hunc præcipue finem comparata est hæc consultatio, ut viros ingeniosos patriæque ac boni publici amantes velut face clara ac signo dato excitemus ad conspirationem quandam animorum jucundam et gloriosam et seculo dignam.

Quoniam autem in scientia naturæ, quæ tam late patet, vix quicquam memorabile nisi sociatis laboribus præstari potest, opus est autem consensu atque ordine quodam ad societatem ineundam, et nemo quicquam melius facit, quam quod volens facit : ideo *sententias plurium rogandas* duxi, ut opinionibus omnibus expensis illud denique fiat, quod plerique probabunt; et quandoquidem in omni Consultatione opus est Propositione quadam, de qua deliberetur, et quæ sit totius negotii basis, id mei esse officii credidi, ut paucis exponam, de quibus cogitandum putem. Si qua tamen addant alii et in considerationem præterea venire debere ostendant, libenter morem geremus.

Ante omnia ergo Dei gloria et patriæ amor et publica utilitas Consultationis hujus suprema capita sunto, et quia nec Deo cani pulchrior hymnus potest, quam si quod naturæ miraculum patefiat, nec

afflicta patria melius reflorescet, quam si opificia et commercia et artes civiles militaresque instaurentur atque augeantur, neque generi humano post animi virtutes sanitatis auxiliis aliquid carius esse debet : sequitur Deo, patriæ, denique universis hominibus non posse aliquid præstari melius (post pietatem et justitiam) quam si rerum naturalium proprietates atque usus, quos habent in scientiis atque artibus, velut in numerato habeantur. Desiderantur ergo *relationes fideles operationum naturæ atque artis, quæ vel sint utiles, vel saltem admodum singulares :* utiles autem notandæ sunt, nulla raritatis aut vulgaritatis habita ratione. Modo ea omittantur, quæ cuivis artis ignaro statim patent per se sine magistro ac sine ingenio. Cæteroquin non omne, quod vulgare est, facile est, et vel sit dolabra fabri lignarii, aut lima ferrarii, multa habent observanda, vel cuivis nisi vel a magistro, vel ingenii perspicacia, vel ab experientia edocto facile in mentem ventura.

Excerpendæ ergo erunt Relationes nostræ non tam ex chartis, quam ex naturæ volumine et mentium thesauro : quia vero difficillimum est, etiam in pictura delineationem rei ab ejus aspectu naturaque petere potius quam jam alibi expressam ejus imaginem mutuo sumere : ideo utemur eo auxilio, quod nobis temporum felicitas dedit. Id est, cum ubique sit multitudo artificum excellentium, quorum studium ac diligentia magis magisque enitescit, adhibeamus eos in consilium et ex ipsorum non ore tantum, sed et commonstrationibus, instrumentis et laboribus accuratas quasdam descriptiones

exprimamus, quæ sufficiant publicæ instructioni: ut unus aliquid semel pro omnibus agat, ne quisque singulatim, quoties opus est, eadem repetere et cum damno et dispendio temporis sero discere cogatur.

Hanc ergo brevissimam et certissimam exiguo tempore in immensum proficiendi viam video, si ea ratione notitias, quæ jam inter homines vigent, colligamus. Frustra enim nova quærimus, dum jam in potestate posita ignoramus; quanquam illi demum ad nova invenienda quam aptissimi sunt, qui jam inventa optime tenent. Et quia librorum pariter ac rerum naturalium nimia est multitudo et libri pariter ac corpora muta sunt; libri præterea uti plerumque scripti sunt, non facile ingenerant animis veras rerum ideas: ideo nullam video compendiosiorem et solidiorem simul discendi rationem, quam si utamur quidem autoribus sed vivis, id est illis, qui in observationibus, experimentis, operibus naturæ atque artis versantur; nec refert plebeji, an docti sint; modo eos jam quæstionibus, jam oculari inspectione, jam delineationibus, jam tentamentis variis ita urgeamus, ut extorqueatur ab eis cognitio rei exacta, et descriptio conficiatur, quæ sola ad hominem attentum penitus instruendum sufficere posset.

Hac ratione etiam Scientiæ in arctum contruduntur, et quæ ex immenso naturæ campo aut petenda sunt, aut in voluminibus infinitis nequicquam quærenda essent, ultro ordine offeruntur, dummodo per hominum variis artibus naturam exercentibus vacantium genera eatur. Quorum non us-

que adeo multa esse constat. Et cum nullum oppidulum sit, ac ne pagus quidem, qui saltem opifice, vel etiam rustico aliquo, si placet, careat, a quo discere possemus, manifestum est, nemini curioso ac diligenti materiam deesse bene merendi.

Ne quis autem putet actum agi, sciendum est vix quicquam earum artium, quæ in materia versantur et cum ipsa rerum natura proprius communicant, sincere, accurate, plene et, ut verbo dicam, ita descriptum in libris exstare, quemadmodum ad hominum instructionem opus esset, id est ut descriptioni fidere ac sine magistro, sine multa sumptuum temporisque jactura, sine errore, ex formulæ præscripto rem desideratam exsequi possimus. Cujus rei causa est, quoniam descriptores fuere aut homines indocti et artem docendi, id est plene perspicueque aliquid tradendi, ignorantes; aut nimis opinione sua docti, id est fidentes suis cogitationibus et dum magna tantum et inflata moliuntur, exigua sed solida negligentes. Plerique etiam descriptores rerum practicarum sibi lectorem fingunt jam manipulationes scientem, aut quæ sibi in re præsente versantibus manifesta erant, alios imaginatione consequi posse putant; quod tantum abest a vero, ut longo post tempore ipsimet suas descriptiones sæpe non intelligant. Habent etiam plerique, qui usu potius quam ratione artes didicere, hoc malum, ut alios docere nequeant, quia confusa animi sensa evolvere non possunt. Cum tamen eorum, quæ ab hominibus constanter observari possunt, nihil sit, quod regula verbis explicabili

comprehendi figurisque aut aliis modis illustrari nequeat. Qui secus opinantur, artis didacticæ ignari sunt.

Itaque artificio multiplici opus est homini curioso, nec minore patientia, ut accuratas satis atque plenas descriptiones ex vulgarium hominum sermonibus atque operibus (hæc enim conjungenda sunt) exsculpat. Danda illi opera est, ut, ubi commode licet, ipse rem sumat in manus et præscripta magistri præsentis sequi tentet : ita ex monitis ejus sibi consulet. Instrumenta quoque artis, quam describere volet, in promptu habebit; sin minus, modulos saltem sibi parabit, quantum licet. Quin et diversos ejusdem artis magistros consulet, nonnunquam et melius a puero artificis quam a magistro ipso proficiet. Sed optime sibi prospiciet, si magistros adhibeat diversarum artium sibi vicinarum, ut fabrum lignarium et scriniarium, aut fabrum ferrarium et automatarium; nam sæpe illis inter se sunt lites atque æmulationes, et ex conflictu sententiarum attento atque industrio facile veritatis lux emicabit.

In describendo autem Methodus hæc sequenda est : primum Nomenclator quidem conficiatur propriorum artis verborum phrasiumque et receptarum formularum atque sententiarum, quæ apud artifices quodammodo in proverbium abiere. His enim illi non minus nituntur, quam jurisconsulti regulis juris aut medici Aphorismis. Ordo autem harum definitionum, phrasium atque axiomatum sequendus est non alphabeticus, sed naturalis, qualem ipsa rerum connexio offert, dum a

simplicibus ad composita imus, et quæ ad cæterorum intelligentiam desiderantur, præmittimus. Adjiciendæ sunt explicationes factæ verbis popularibus. Et vero malim pleraque ista Germanica scribi lingua, quemadmodum in communi usu versantur: nam latine pleraque non satis aut commode aut proprie reddentur, cum vocabulis veterum et multo magis phrasibus eorum aptis destituamur, et nihil causæ sit, cur non eundem linguæ nostræ honorem asseramus, quem alii suæ. Illud autem potissimum observandum est, ut schemata quam exactissima descriptionibus accedant, et cum res quæ describitur admodum composita est, ea nunc dissoluta nunc paulatim reconjuncta spectetur, variæ ejus facies ususque ac status exhibeantur, servatis ubique literis iisdem.

Definitionibus autem explicatis subjiciendi sunt Aphorismi quidam et Canones et observationes generaliores; item subjectorum naturalium, circa quas ars illa versatur, singulares quædam et curiosæ proprietates, ab artificibus observatæ, tametsi forte non æque ad praxin conferant. His autem absolutis ad opera artis sive, ut vulgo vocant, lectiones, ut Mathematici appellant Problemata, pergendum est. Et quia problemata difficiliora plerumque aliis facilioribus velut cognitis nituntur, ideo semper danda opera est, ut imitatione Mathematicorum (qui demonstrationes nimis prolixas aliqui futuras ope promissorum lemmatum contrahunt) constructionem alicujus problematis sive processum formulamve præscriptam brevem reddamus, tollendo inde et separatim ponendo quæ peculiare pro-

blema etiam aliis forte processibus usui futurum constituunt.

Hoc uno observato mira subito vi artium descriptione lux orietur. Proximum est, ut semper operationum rationes eæque, quaod fieri potest, solidæ et universales adjiciantur, quas ut magistris, hominibus sive indoctis sive non satis attentis, exsculpamus, non tantum causa, cur unumquodque faciant, quærenda est, sed et objectiones illis faciendæ, quæ cogant eos in se redire et mature expendere quod dicunt. Utile est etiam, problema unumquodque verbulo annotare, quis ejus futurus sit in sequentibus usus. Denique nec in ordine, nec in scribendi ratione nimia scrupulositas desideratur, modo circa rerum quæ tractantur potissimas proprietates annotandas, item in schematis, ac denique in fideli et plena operationum descriptione nihil desideretur. Et quia solent Magistri habere cautelas quasdam et subtilitates ac velut condita artis mysteria operaque eminentiora, Meisterstücke, quibus candidatos suos examinant, aut inter se nonnumquam de artis præstantia sive inter pocula, sive in officina certant, aut etiam quibus alios homines callide circumscribunt, ideo nulli studio parcendum est, quo nihil talium desideretur. Nam qui prudens est, facile ita quæstiones instituere potest, ut hoc genus hominum elici aliquod ex se nequidem sentiat. Subjicienda etiam sunt rerum pretia et quidem loco, in quo descriptio fit, in exemplum adhibito, et fundamentis adjectis, unde hujus pretii ratio intelligatur, atque illud quoque appareat, ex quibus causis res in aliis locis majoris,

minorisve esse soleat possitve. Libros autem idem argumentum sive attingentes, sive professa opera tractantes utiliter adhibebimus, tum ne rei initio rudes simus, tum ut sciamus, quid potissimum explicatione indigeat, aut quærendum restet, ut omnia quam plenissime describantur, ne ullus scrupulus descriptionem secuturo jure restare possit.

Porro cum vitæ genera sive professiones ut vocant, scilicet operatrices, id est, si ita cum nonnullis appellare placet, vacationes singulatim explicandas, ajo, non tantum opificia intelligo atque artificia, sed omnia hominum artium, scientiarum genera, quæ corpore ac per corpora aliquid præstant, ubi corporum numerus, mensura, vis motrix, consistentia, colores, soni, odores, sapores, cæteraque sensilia omnia in rationes vocantur, sive seria sint, sive ludicra, quæ aguntur; sive jam ludi peculiarem hominum classem faciant, ut Musica, Scenica; sive pro cujusque arbitrio ac voluptate exerceantur, ut ludi, qui magistros certos ac professos nos habent; id enim a casu est nec ad rem facit, quod alii ludi præ aliis magistros professos sunt nacti. Latent autem et involucris præclara, quibus animus ad inveniendum excitatur multaque subinde naturæ arcana involvuntur. Nec ipsos Circulatores negligendos arbitror, quos constat multa habere egregii usus, si inciderent in possessores præstantiores. Neque vero distinguendum est hoc loco inter artes, quæ opus relinquunt, ut pictoria, fabrilis, aut quarum effectus cum ipsa operatione evanescit, ut Musica, equestris, saltatoria, funam-

bularis, nautica. Et ex illis, quæ aliquid relinquunt, perinde est sive *exhibitoriæ* sint, ut piscatrix, venatrix, gemmarum et metallorum indagatrix, ubi nihil producitur, sed tantum capitur aut detegitur, sive obstetrices sint, quæ corpora naturalia invicem efficacia maritare contentæ et aliquando tantum, ubi necesse est, obstetricias naturæ manus admoventes, quo felicius ac facilius aliquid pariat, ipsæ per se non agunt, qualis est agricultoria, pastoria, ars hortulani, ars Medici, quæ tamen ob finis magnitudinem et scientiæ sublimitatem plane a cæteris separanda est. Sive sint *elaboratrices*, ubi continua artificis cura opus est, tametsi hic quoque tantum natura agat, ut chemica, pharmacopœtica, salis, nitri, aluminis, vitrioli excoctrix; docimastica, magirica, coloratrix, cujus species tinctoria est. Sive denique sint *efformatrices*, ut fabriles, automatoria, graphice sculptoria, scriptoria, impressoria, textoriorum omne genus, chirurgica. Neque vero omnem artium et vacationum varietatem nunc enumerare propositum est, quæ sive pro subjecti, in quo occupantur, sive usus ac finis ratione, aut etiam multis aliis modis distingui possunt.

Sufficit subindicasse, quam nihil eorum sit negligendum, quibus hominum curæ ac studia distrahuntur.

Demus jam, si placet, centum esse circiter genera artium describendarum (comprehensis tamen vastioribus illis, Medicina et Chemica, quæ duæ per se unaquæque corpus constituent, inter plures distribuendum). Ponamus etiam centum illas artes intra quinquaginta aut etiam pauciores viros accu-

rate doctos et curiosos distribui, totidemque libros elaborari, quot sunt artes : quis non videt, intra aliquot annos mediocri diligentia totum institutum accuratissime absolvi posse, etiam a viris in alio plane studiorum genere occupatis, si modo partem horarum subsecivarum, qualem forte ædificio alicui struendo, aut horto villæve aut rei familiaris curæ intentiori subinde tribuere solemus, labori multo gloriosiori et perennaturo impendere velint? Ita haberemus thesaurum scientiæ, cui nulla parem vidit ætas et in paucis voluminibus Bibliothecam maximis illis vera rerum scitu dignarum copia ditiorem. Nam potissimæ hominum notitiæ velut in ærarium publicum relatæ in numerato erunt, et id omne in conspectu habebimus, quo tota globi nostri terrestris superficies animatur, quo ipsa pene rerum natura convertitur, quo populi florent, unde velut ex copiæ cornu tanta rerum vis effunditur, denique id omne, quo tot millia aluntur, ornantur, agunt, pugnant, occupantur, deliciantur. Quodsi ergo Doctissimi nostrates Naturæ Curiosi varia subjecta sive corpora naturalia inter se tractanda olim distribuerunt, dum ille Absynthium, iste Chrysocollam, alius Gammaros aut Vinum, quartus Crocum, alius aliam speciem sibi sumit, quod profecto institutum laude dignissimum est : quid prohibebit, nos non tam mutorum quam vivorum atque interroganti respondentium species corporum sequi, id est opificum, artificum, vacationum genera inter nos partiri, ex quibus interrogando discamus, quæ non conjectura aut fallaci unicæ observationis testimonio, aut relatione autoris cujusdam, qui fortasse

ipse tantum audita scripsit, nituntur, sed talia, quæ artifices eorumque majores a tot annis sunt experti, quæ post innumera tentamina tandem ipse successus stabilivit, quæ ipsa vivendi necessitas semper curiositate exactior expressit propagavitque? Itaque, si humana potentia consistit in his artibus quibus naturam edomamus, sequitur, patrimonium generis humani et, ut id dicam, relictam nobis a majoribus hæreditatem hac descriptione census nostri hoc, ut ita dicam, nostri in res cæteras imperii breviario contineri.

Agite igitur, egregii Germani, quorum nomine eos comprehendi, qui aut sedem apud nos fixere, aut quos gentis linguæque cognatio nobis junxit; considerate mecum, si placet, quantulo negotio quantas res gerere possitis, et quam facile vobis futurum sit, uno ictu omnem vincere diligentiam exterorum. Dum multi alii curiosa oculis exponunt, vos profutura animis instillate, dum alii quidam ad pompam studia dirigunt, vos fructum spectate quem ex labore vestro patria percipiet. Nam si illud Artium Scientiarumque verum inventarium semel habeatur, certum est, eadem opera appariturum quænam adhuc supersint artium desiderata, et aditum patefactum iri ad innumerabilia, quæ nunc dispersa latent, tunc autem sub uno obtutu posita facile ab ingeniosis ad novos planeque insignes usus conjungentur.

(Germanico autem sermone omnia scribenda sunt, tum ut ostendamus exteris, posse et a nobis scrib , quæ se non intelligere ipsi doleant, tum ut nostratium studiis velificemur. Negandum enim non est,

mire apud exteros acui ingenia excitarique curiositatem, dum fœminæ etiam et pueri et homines, quos a scholis frequentandis vitæ ratio aut juventutis infelicitas exclusit, nihilominus aditum sibi ad omnes artes scientiasque cognoscendas apertum vident. Dum interea nostri homines etiam discendi avidi in rerum cognitionem non nisi post herculeos superatarum linguarum labores admittuntur, quibus sæpe animi acies obtunditur; qui vero sive impatientia, sive infelicitate sua a Latinitate repulsam passi sunt, hi velut ad ignorantiam condemnati habentur, magna boni publici jactura. Scientia enim est luminis instar, quod in singulos diffusum esse, omnium interest. Nec vero verendum est, ne ita Latina Græcaque literatura aliquid detrimenti capiat, nam videmus in Gallia Angliaque non deesse, imo abundare viros solide doctos, et vero Theologis linguæ Hebraica et Græca, Jureconsultis Latina (quamquam forte et Græca), Medicis Græca et Latina semper necessariæ erunt. Historiarum etiam amatores numquam fontes obstrui sibi patientur.)

(Quare metu hoc depulso vos jam alloquor, qui patriæ gloriam curæ vobis esse jam rebus ipsis ostendistis, Fructiferi illustrissimi eorumque imitatores Cycnei, quicunque ab aurea illa ætate reliqui estis, aut paribus animis interim succrevistis. Sed et vos quoque compello, laudatissimi naturæ curiosi. Cunjungite consilia Germanis animis digna et mecum pariter ac cum his, quibus institutum hoc probabitur, in *Societatem Cæsaream* conspirate. Vos curiosi tantum protectorem jam tum sapientissime elegistis. Vos autem, qui linguæ patriæ honori stu-

detis, sub hoc signo Aquilæ laxatos nonnihil ordines tutissime recolligetis. Sunt et alii credo magni Principes, qui secundam sibi a Cæsare vestri curam sument; sed quoniam scheda hæc potius naturæ quam linguæ colendæ causa scripta erat) : Nunc quidem finio, nam ad doctos, judiciosos, candidos zelo quodam augendæ efficacis scientiæ, adorandi in suis operibus Dei, juvandæ verissima caritate reipublicæ, qua egenis per artium compendia succurratur, denique vindicandæ ab exterorum insultatione patriæ, satis animasse mihi videor; plebejis ingeniis ac male animatis nunquam dixero satis.

Scribendum his plerisque eorumve amicis :

Helmont,	Morus,
Rosenroth,	Elsholz,
Crane,	'P. Kochanski si quis Ca-
Weigelius,	pucinus curiosus.
Dörfel,	Dresdæ D . . . . . cujus no-
Hevelius,	men nunc non succurrit.
Medicus Dantiscanus,	Leewenhœck,
de quo Dominus Gen.	Tschirnhaus,
M. Fleming,	P. Lana,
'Reiselius,	P. Fabri,
'Schæffer,	Bohne,
Kornman,	Ettmüller,
Eckardi,	Langelot,
Lomeier,	Major,
Siverus,	Casp. Bartolini,
Vagetius,	Oligius Jacobæus,
Feldenus,	And. Müllerus,
Ottius,	Gisebertus,
Screta.	Placcius,

Steno,
Swammerdam,
Boccone,
Vinhold,
Gericke,
E. Homberg,
Wedel, Jenæ,
Pratis,
*Reiherus,

Rolam in Suecia,
Rudbeckius,
Zimmermann, autor hypothesis Cono-Ellipticæ, pastor in ducatu Wurtenbergensi,
Reichelt, Argentorati,
Gudius,
Mengolus, Bononiæ,

Exponendum emendandæ Physicæ desiderium. Addendæ rationes, quæ omnium ingeniis conveniant: Theologus considerabit, Deum nos pariter ac cæteras res omnes sapientiæ ac potentiæ suæ patefaciendæ causa creavisse, et pium esse qui autoris consilio obedit. Philosophus fatebitur, mentem perfici contemplatione admirandorum naturæ operum, et cibum animi veritatem esse. Medicus agnoscet, cum nihil post animi virtutes sanitate sit præstantius, in ea inquirendum esse, quæ sanitati conveniunt aut contraria sunt, id est in naturam rerum. Id non tantum prudentiæ esse, qua nobis servimus et nostris, sed et pietati, ut tot infelicibus succurratur. Unde passim principes et matronæ illustres et religiosissimi viri non tantum curiositate, sed et caritate moti in naturæ arcana inquirunt. Politici autem sciunt, basin reipublicæ esse artes atque opificia aliosque labores, quibus homines rudem materiam a natura præbitam obtinent, eruunt, elaborant ad vitæ usus et commercia, et sæpe minutis quibusdam inventis hujusmodi (ut halecis conditura) incrementum civitatum inniti.

Cum tanta sit Physicæ veræ utilitas, mirandum

est, tantam ejus imperfectionem esse. Alii versantur circa formas et qualitates nimis abstractas, quas nec satis intelligunt, nec in natura ostendere nec ad usum transferre possunt. Alii magis in natura versati nimium tribuunt analogiis ab una re sensibili ad aliam, ut magnetismis, ideis operatricibus, radiationibus, acidis, fermentis, unde magna oritur incertitudo sententiarum et ambiguitas explicationum. Alii hypotheses condunt intelligibiles quidem, sed nimis a sensilibus rebus remotas, nec proinde ad eas tractandas servientes. Quidam experimenta quidem habent, sed nihil ex illis ducunt, nec ad universalium naturæ legum arcana assurgunt. Plerique omnes vix aliquid præclari in physicis efficere aut prædicere possunt, nisi casu, quod certum est signum artis imperfectæ.

Itaque consultatio instituenda cum viris boni publici naturæque amantibus et intelligentibus, quanam ratione, quam brevissime occurri possit huic malo, ut non tantum posteritas, sed et nos ipsi intra aliquot annos jam aliquem laborum nostrorum fructum effectu ipso percipere possimus. Satius enim est per gradus eundo aliquid saltem absolvere, quam nimia moliri, quorum utilitas alio demum seculo se proferre possit.

Opinio Proponentis huc redit :

I. Necessariam esse societatem quandam inter viros doctos et curiosos et candidos.

II. Operas inter eos esse partiendas.

III. Consilia pariter et opera esse communicanda.

IV. Rem ita instituendam, ut quisque agat, quod suo arrideat genio, sed ita tamen, ut id ipsum ad societatis scopum sit præaptatum.

V. Scopum primarium esse debere, invenire causas veras rerum physicarum easque tales, quæ operibus atque prædictionibus comprobentur.

VI. Media ad hunc scopum necessaria esse duo: Experimenta vera et Experimentorum aptam ad causas inveniendas coordinationem.

VII. Itaque annotanda sunt experimenta notabiliora (quæ qualia sint alias dicemus), sive jam exstent scripta in libris, ita tamen, ut gradu certitudinis discernantur.

VIII. Annotanda autem sunt per modum propositionum seu aphorismorum allegato teste autopta vel alio, prout haberi potest.

Consilii summa eo redit: ut omnis humana notitia ad usum ordinetur.

Usus seu finis contemplandi consistit in Praxi ad Vitam utili seu solutione Problematum, quibus indigemus.

Indigemus autem felicitate seu animo contento, virtute, sanitate, amicis, opibus, quæ pendent a scientia Dei, animi, corporis et hujus scientiæ praxi. Scientia autem hæc reddenda est publica et parata.

Publica, ut quod uni deest, ab alio suppleatur; unde apparet, justitiam et caritatem cum prudentia conjunctam esse, et si quisque alteri prodesse vellet, omnibus bene fore.

Parata esse debet scientia, ut omnia statim in

conspectu habeamus, ne tum maxime nos fugiant cum indigemus.

Hactenus Finis. *Materia* ordinandorum sunt : *Notitiæ humanæ,* quæ usum habent jamque satis exploratæ sunt.

Quanquam autem nulla sit veritas, quæ non sit aliqua ratione utilis, nunc tamen cogitandum ante omnia de illis, quorum utilitas major et magis cognita est.

Forma sive ordo ipse consistet in conjunctione duarum maximarum inveniendi artium, Analyticæ et Combinatoriæ. Sed hoc distinctius per Canones exponamus.

Canon I. Conscribatur Encyclopædia Scientiarum humanarum. Nam tanta rerum connexio est, ut una scientia sine alia vix perfici possit.

Canon II. Labor inter socios pro gustu et commoditate cujusque dividatur.

Canon III. Pensum quisque intra certum temporis spatium absolvat.

Canon IV. Quod quisque præstiterit, societas grata publice privatimque agnoscet.

Canon V. Si quis aliquid ultra præscriptum egerit, eo grati utemur et autorem laudantes.

Canon VI. Unusquisque eorum, quæ tractat, breves et claras constituat definitiones.

Canon VII. Unusquisque colligat experimenta explorata, quæ rem suam tangunt.

Canon VIII. Omnia exprimantur non per dissertationes seu narrationes, sed per positiones.

Canon IX. In scholiis tamen propositioni (sicubi placet) subjectis exspatiandi major erit libertas.

Canon X. Experimenta in catalogos ita referantur ab unoquoque, ut qualitatis alicujus omnes differentiæ et gradus, quoad licet, distinguantur.

Canon XI. Eodemque modo subjecti alicujus omnes species.

Canon XII. Deinde subjiciatur Catalogus subjectorum, quibus competit hæc qualitatis varietas aut hic gradus.

Canon XIII. Denique eodem modo subjiciatur catalogus qualitatum competentium dato subjecto.

Canon XIV. Nullum scribatur experimentum, quod non sit in confesso aut factum ab ipso scribente, aut communicatum ab alio admodum fide digno sive scriptore, sive amico. Semper autem nominetur is, a quo habemus (nisi is fortasse nolit), quia testis quisque in iis, quæ facti sunt, rationem scientiæ reddere debet.

Summa Consilii est Notitiarum humanarum potissimarum ordinatio ad *Usum Vitæ,* sive Encyclopædia vera. Nam multa jam præclara genus humanum in potestate habet, quibus non utitur, quia vel non publica, vel non ita ordinata sunt, ut prompte inveniri possint.

Societas ineatur inter plures, qui laborem inter se pro cujusque voluptate et commoditate ita partiantur, ut quisque, quoad fieri potest, pensum intra definitum tempus absolvat : si quid præterea præstiterit, hoc etiam societas grata agnoscet. Omnia postea coordinentur, salva cuique gloria, quam e labore suo meretur.

Omnia tractentur non per discursus, sed per

aphorismos seu per *positiones* proprie, circumspecte et nervose conceptas, easque quoad fieri potest universales et reciprocas; in scholiis tamen, quæ propositionibus subjicientur, liberius aliquando exspatiari licebit.

Omnis positio vel probetur vel *postuletur*, cum probari commode non potest. Omnia autem postulata, seu sine probatione assumta initio præfigantur. Postulati vocem hic sumo non ut Euclides, sed ut Archimedes aliique.

Postulata constabunt ex definitionibus, axiomatis et hypothesibus. Definitiones demonstrari non possunt, Axiomata demonstrari non est necesse, Hytheses demonstrantur quodammodo ex ipso successu conclusionum.

Postulatis subjiciantur *Experimenta* et ex experimentis per inductionem factæ observationes. Ponatur autem modus faciendi experimentum nomineturque is, qui experimentum fecit aut narravit. Experimenta dubia non ponantur, nisi cum magni sunt momenti. Experimenta autem in Catalogos referantur certo modo.

His jam fundamentis superstruantur conclusiones, quæ disponantur eo ordine, ut per theoremata ducamur ad problemata, sive a theoria ad praxin. Nulla ponatur propositio sine demonstratione vel veritatis, vel (si res aliter sciri nunc non potest) saltem probabilitatis; nam et probabilitas demonstrari potest. Hoc autem fiat in illis tantum probabilibus, quæ sunt alicujus momenti.

Definitiones communicentur sociis, ut communi deliberatione constituantur, vitandæ confusionsi

causa, ne scilicet in eodem cyclo idem vocabulum diversimode sumatur.

Ne nimis magna moliendo præsentia amittamus, primo rem ita constituemus, ut scilicet intra annum habeatur totius hujus Encyclopædiæ rudimentum, quod postea augeatur.

Von nüzlicher Einrichtung eines Archivi.

1. Gleich wie einem Hausvater zu guther bestellung des feldes nicht genug ist, daß er den feld=bau an sich selbst verstehe, wenn er die landesart und seines eigenen grund und bodens beschaffenheit nicht genugsam weis, weilen darinn von orthen zu orthen ein großer Unterschied und merckliche Veränderung sich findet; also kann man wohl fuhulich sagen, daß auch zu den Regierungsgeschäfften nicht nur allgemeine Wißenschafften, sondern auch besondere Nachrichtungen erfordert werden.

Denn hierinn einen Unterschied zu machen, so nenne ich Wißenschafft, was männiglich zu wißen dienlich, und

DE
L'UTILITÉ D'UN ÉTABLISSEMENT D'ARCHIVES.

1. De même qu'il ne suffit pas pour la bonne culture d'une terre que le père de famille s'entende au labourage; qu'il faut encore qu'il sache discerner la nature de son bien où se rencontrent çà et là de grandes différences et de remarquables variations; ainsi peut-on dire hardiment que, pour les affaires de gouvernement, il ne suffit pas d'avoir des connaissances générales, qu'il est nécessaire aussi de posséder des connaissances spéciales.

Et pour établir en cela une différence, j'entends par science ce qu'il est utile à chacun de connaître, soit comme avantage, soit comme ornement, par exemple, l'histoire,

entweder nuzen oder zierde bringet, als Historien, allgemeine rechte und die insonderheit also genante wißenschafften und facultäten. Aber Nachrichtungen hingegen nenne ich, was nicht jedermann, sondern Uns vor andern wohl erkundiget und beobachtet werden muß.

Und solchen Unterschied in einem domestico exemplo vorzustellen, so wäre zu wünschen gewesen, daß die Ministri des hochfürstl. Hauses Braunschweig und Lüneburg, so bey dem Westphälischen Frieden gebrauchet worden, sowohl die nachrichtungen von ihrer herren vielfältigen gerechtsamen als die wißenschafft der Historien, Rechte und ander Gelehrsamkeit gehabt hätten, in welchem stück sie nicht zu verbeßern gewesen, und also zwar mit ruhm und nachdruck vor die Religions und profanfreyheit gesprochen, auch zu der verlangten einrichtung des Instrumenti pacis nicht wenig gethan, inzwischen aber ihrer hohen Herrn principalen besondere angelegen-

les droits généraux et en particulier dès lors les sciences et facultés proprement dites. Mais j'appelle informations (renseignements) ce que le premier venu ne sait pas, mais ce qui nous regarde avant tous autres et conséquemment ce que nous devons connaître et observer particulièrement.

Et pour faire saisir cette différence par un exemple tiré de notre propre histoire, il aurait été à désirer que les ministres de la sérénissime maison de Brunswic-Lunebourg, employés aux négociations du traité de Westphalie, eussent possédé une égale connaissance des droits multiples de leurs maîtres et de l'histoire du droit en général et d'autres matières d'érudition. En quoi ils n'auraient pas trouvé de supérieur; aussi bien défendirent-ils avec éclat et énergie la liberté religieuse et profane, et coopérèrent-ils à la conclusion de la paix désirée. Mais ils n'observèrent ni ne sauvegardèrent avec le

heiten nicht also beobachtet und verwahret, wie bey habender mehrer nachrichtung wohl geschehen können, welches in ein und andern particularien mehr als zu wohl erwiesen werden köndte.

Hingegen ist bekand, daß der französischen gesandschafft bey den Westphälischen Tractaten ein in den Archivis und gerechtsamen der Cron Franckreich treflich erfahrner man, nahmens Theodorus Gothofredus, zu gegeben worden, damit der Cron nichts vergeben und keine gute gelegenheit versäumt würde.

Solche besondere Nachrichtungen nun bestehen sowohl in augenschein, oder bericht kundiger Leute, als in denen vorhandenen Schrifften, welche diesen Vortheil haben, daß sie zum gebrauch noch bequem, auch beständig und auff die Nachkommen fortgepflanzet werden können; dahingegen nicht allezeit müglich, den augenschein einzunehmen, und die, so alle umbstände berichten können, mit

même succès les intérêts particuliers de leurs illustres *commettants*, comme ils l'eussent fait avec une instruction plus spéciale et comme on pourrait le prouver par plus d'un exemple. Mais on sait que tout au contraire on avait adjoint à l'ambassade française au congrès de Westphalie, Théodore Godefroi, homme versé dans les archives et les droits de la couronne de France, afin que cette couronne n'éprouvât aucun préjudice ni ne perdît aucune bonne occasion.

Les renseignements particuliers résultent aussi bien de la vue des choses, des récits des gens au courant des faits, que des écrits existant qui ont cet avantage de pouvoir commodément et constamment se transmettre aux descendants. Mais il n'est pas toujours possible d'avoir la vue des choses ou d'emmener avec soi les gens qui puissent vous renseigner sur les circonstances, comme les possède ordinaire-

sich zu führen und beyzubehalten, die einem alten bedienten beywohnende Kundschafft auch mit ihm verstirbet, so fern sie nicht durch schrifftliche berichte erhalten wird.

Weil nun ein Archivum zu nichts anders als verwahr- und beybehaltung der dienstlichen Schrifften angesehen, als habe davon kürzlich zu handeln, anjezo da man deßen Nuzen und nothwendigkeit mehr und mehr zu erkennen und zu empfinden beginnet, vor diensam erachtet, und bestehet solche abhandlung sowohl in des Archivi zweck, als deßen einrichtung den zweck zu erlangen. Gleichwie bekand, daß kaufmans bücher, so gleichsam ein privat-Archivum und vor andern privatschafften privilegiret seyn, zweierlei zweck und nuzen haben, nehmlich erstlich, daß sie dem kaufman selbst und seinen bedienten zu nöthiger nachrichtung dienen, als auch vors andere, daß sie vor gerichten an beweises statt (wiewohl nur cum semiplena fide) angeführet werden können, also ist es

ment quelque vieux serviteur, mais dont le souvenir périt avec lui, quand il n'est pas conservé dans des documents écrits.

Mais, attendu que des archives ne peuvent être considérées que comme un dépôt d'écrits utiles, je n'aurai qu'à traiter brièvement de cette matière (puisque aussi bien on éprouve et reconnaît de plus en plus le besoin d'un établissement de ce genre); une dissertation à ce sujet doit avoir en vue le but et puis l'organisation qui le peut faire atteindre.

On sait aussi que les livres de négociants, sorte d'*Archives privées* et privilégiées entre tous les écrits particuliers, ont un double but et une double utilité : d'abord ils servent de renseignement au négociant lui-même et à ses serviteurs; ensuite ils peuvent être produits en justice et y faire foi (il est vrai, *semiplena fide*); il en est de même des documents

auch mit denen wohl verwahrten und gebührend unterhaltenen Schrifftlichen Uhrkunden der hohen obrigkeiten, die das jus Archivi haben, und soweit desto mehr bewand, daß man sich deren nicht nur zu nöthiger information, sondern auch zu beweiß in rechten mit bestande gebrauchen kan, ita ut concurrentibus requisitis sufficientibus plenam fidem faciant, wie solches von den Rechtsgelehrten mit mehrern ausgeführet wird.

2. Ein Archiv demnach ist ein solcher orth, da die schrifften, so zur Regierung dienlich, also verwahret werden, daß sie sowohl zu künfftiger nachrichtung unversehret und unverändert beybehalten, als auch in rechten zu einer völlig beglaubten beweisführung gebrauchet werden können. Dienet demnach sowohl außer gerichten zur nachricht, als in gerichten zum beweis, beydes aber zusammen zu fassen, kan man folgende haupt Nutzbarkeiten mit wenigen erzehlen:

soigneusement conservés et convenablement entretenus qui sont aux mains des autorités supérieures, ayant le *droit* (le privilége) des archives auxquelles on recourt d'autant plus souvent, que non-seulement elles peuvent servir d'*information*, mais encore être produites en droit, *ita ut concurrentibus requisitis sufficientibus plenam fidem faciant*, comme aussi bien les jurisconsultes savent en faire usage à l'occasion.

2. Les Archives sont donc un endroit où les écrits utiles au gouvernement sont gardés de telle façon qu'ils restent intacts et inaltérés pour l'avenir, et qu'à l'occasion ils peuvent faire preuve en justice. Mais, en dehors comme au sein de la justice, ils peuvent encore servir de témoignage probant. Pour embrasser le tout en un point de vue, on peut énumérer les principaux avantages suivants, que l'on peut obtenir à peu de frais.

Demnach bienet das Archivum und deßen völlige Regiſtratur, erſtlich daß man wiße, was man in ſchrifften habe oder nicht habe, und den mangel durch commissiones, zeugen-verhöhr, beſichtigungen und anderwertlich ſuchende communicationen zu ergänzen trachte; auch ſich hüte etwas vorzubringen, ſo man im nothfall nicht zu erweiſen gefaſt ſey, oder anderwertlich ſchaden bringe und nicht abgeleinet werden könne.

Vors andere kan ein Herr oder Republick aus dem Archivo ſeine habende gerechtſame, jura und prætensiones wißen, umb ſolche der gebühr zu richten oder durch gütliche Tractaten, Unterhandlungen, Compensationen und Transactionen, oder auch wohl bey gelegenheit durch nachdrücklichere Mittel auszuführen.

Vors 3. dient das Archiv einem Herrn, ſeine eigene possession und jura zu handhaben und ſich gegen ander Herrſchafften vermeintliche Prætensiones, actiones

D'abord les archives, avec leur complet enregistrement, peuvent servir à ce que l'on sache ce que l'on possède ou ne possède pas en faits d'écrits; que l'on songe à combler les lacunes au moyen de *commissions*, d'audition de témoins, d'enquêtes ou d'autres *communications;* enfin que l'on se garde de rien produire qui ne se puisse prouver au besoin ou qui soit de nature à porter préjudice.

Tout seigneur ou république peut puiser dans les archives les priviléges, droits et prétentions à lui afférents, et y trouver les moyens de les produire à l'occasion en justice ou par des traités, négociations, compensations et transactions, ou enfin par des actes probants.

3. En troisième lieu, les archives mettent le seigneur en état de maintenir sa possession particulière et ses droits contre tous autres seigneurs, toutes prétentions, actions et plaintes,

und klagten durch wohl gegründete Exceptiones und gegen prætensiones, auch wohl reconventiones zu schüzen, immaßen sich offt begiebt, daß unsere Nachbarn einige gerechtigkeiten gegen uns oder an unsern landen gehabt, davon sich beständige nachricht in ihren Archiven findet, solche aber durch anderwertige Actus, renuntiationes, transactiones, rechtssprüche, lauda, oder auff andere weise vorlängst abgethan worden und erloschen, aber die vorige Uhrkunden, obligationen und pacta nicht, wie sich das wohl umb sicherheit willen zu zeiten gebühret hätte, wieder abgefodert, aus geliefert und cassirt worden; so muß man allezeit in sorgen stehen und hat sehr hoch vonnöthen, die leztere Uhrkunden gleichsam als quittungen zu seinem Schuz und Sicherheit verwahren.

Vors 4. so weis man aus dem Archivo, was bey den Sachen bereits gethan, wie weit sie getrieben, und

et ce, au moyen d'*exceptions* fondées ; comme aussi d'opposer aux prétentions des *reconventions*. C'est qu'il arrive souvent que nos voisins ont eu à faire valoir contre nous ou sur nos terres certains droits dont la mention se trouve gardée en *leurs archives ;* mais que, d'autre part, des actes différents, des *renonciations, transactions,* des *sentences judiciaires, allodiales* (Lauda), ont fait tomber ou prescrire ces droits : seulement que les titres anciens, obligations et pactes, comme cela eût dû avoir lieu pour plus de sûreté, ne furent ni exigés, ni livrés, ni cassés; alors il faut veiller sans cesse, et il est de la plus extrême nécessité, en vue de sa propre défense et sécurité, de garder aussi à titre de quittances les derniers documents.

4. Quatrièmement, c'est au moyen des archives que l'on sait ce qui a été fait en chaque occurrence; jusqu'où l'on a poussé les choses; quelles pensées préoccupèrent nos ancê-

was unsere vorfahren vor bedencken gehabt, oder für ungelegenheit gefunden, damit man die Arbeit resumire, wo sie gelaßen, die fehler verbeßere, die guthen erinnerungen sich zu nuz mache und nicht bis in eundem lapidem impingire.

5. Kan man aus dem Archivo sehen, was für concessiones, belehnungen, extensiones, renovationes, privilegia, Regalien, mandata, renuntiationes, pacta, stipulationes, garantias, Mediationes, attestationes man bey dem Oberhaupt, Reichsgerichten, Craisen, benachbarten auch wohl fremden Cronen und herschafften vornehmlich zu suchen habe, damit man dießfalls die gelegenheit einer etwa ohne dem gestiffteten guthen freundschafft, geleisteten dienstes, errichtender Allianz, habender streitigkeit, eingehenden vertrags sich weislich bedienen könne, immaßen gewiß, daß wegen ermanglung dieser Sorgfalt viel herrliche und nicht so-

tres, dans quelles circonstances ils se trouvèrent placés; ainsi pourra-t-on reprendre l'œuvre où elle aura été laissée, corriger les erreurs, garder le souvenir de ce que l'on aura fait de bon et ne pas s'achopper à la même pierre (*in eundem lapidem impingere*).

5. On saura par les archives quelles *concessions, investitures, extensions, novations, priviléges, droits régaliens, procurations, renonciations, pactes, stipulations, garanties, médiations, attestations,* on peut faire valoir auprès des tribunaux d'empire, cercles, couronnes voisines et étrangères, afin de pouvoir utiliser l'occasion de quelque bonne amitié, d'un service rendu, d'une alliance à contracter, d'un traité à conclure; car il est certain que l'absence de cette sollicitude entraîne bien souvent et sans retour la perte d'excellentes occasions; et les exemples à l'appui sont assez nombreux. On sait aussi combien les circonstances sont

bald wiederbringliche Gelegenheiten zum öfftern versäumet worden, deßen man nicht wenig Exempel anführen könte. Dann ja bekand, wie veränderlich die zeiten, und daß hohe Fürstliche häuser nicht zu aller zeit in gleicher verfaßung, Reputation, vernehmen, aufnehmen, macht und glück stehen.

6. Wenn einige Neue Vorschläge sowohl von privat personen als andern herrschafften geschehen, auch etwas von der hohen obrigkeit gesuchet und verlanget wird, so kann man ex Archivo nachricht haben, ob dergleichen bereits vorkommen, was in solchen und andern fällen man gethan oder gelaßen, oder vor bedencken gehabt, und wie man sich dabey nüzlich verwahren könne, damit man sich weder contradicire noch præjudicire.

7. Finden sich in den Archivis zum öfftern wichtige Nachrichtungen von bergwercken, Salz=quellen, flößen, häfen, durchschnitten und Canälen, commercien, ma-

changeantes; que des maisons princières ne restent pas toujours dans le même état, la même réputation, le même éclat et la même puissance.

6. Arrive-t-il que des personnes privées ou des seigneurs fassent quelque proposition, ou encore qu'il émane de la puissance suprême quelque acte ou prétention, alors on a les *archives* pour s'y renseigner, pour savoir si des propositions se sont produites, ce qui s'est fait ou pensé en pareil cas ou dans des circonstances semblables; comment on s'y peut comporter utilement, de manière à n'éprouver ni *contradiction* ni *préjudice*.

7. Il se trouvera encore dans les archives des renseignements au sujet des mines, des salines, des fleuves, des ports, des canaux, des irrigations; sur les commerces, manufactures, sociétés, corps, corporations, leurs priviléges et obligations et autres affaires de ce genre et d'utilité publique,

nufacturen, societäten, corporibus, innungen und deren privilegien und obliegenheiten und andern dergleichen landesvortheiligen dingen, so durch die länge der zeit, eingefallene Kriege, Pest, aufruhr, ermanglung der mittel oder andere fälle und ursachen auflößig, abgängig, vermindert oder negligiret worden.

8. Woraus erscheinet, daß ein Archivum nicht nur in politicis und juribus, sondern auch in der Oeconomi des Landes selbsten dienen kan; dann uns nicht allemahl der vorfahren vortheil, Nahrungen, Münzen, taxa, Landesertrag, einkommen, gefälle, placaten, reformationen und Edicta, auch allerhand guthe policey, Krieges, Amts, Holz, Landes, Kirchen und andere ordnungen bekannt seyn, sondern zum öfftern vergeßen, verlohren und hint angesezet worden.

9. Es dient das Archivum auch ad dignitatem et gloriam serenissimarum et alioqui illustrium fami-

que le temps, les survenances de guerre, de peste, de soulèvements, le manque de moyens ou d'autres causes et accidents firent abandonner, amoindrir ou négliger.

8. On voit tout d'abord que les *Archives* peuvent avoir leur utilité non-seulement en *droit* et en *politique,* mais pour l'économie du pays. C'est que trop souvent nous ne connaissons point les avantages, les genres d'alimentation, monnaies, revenus, agréments, satisfactions patentes, réformations et édits, que possédèrent nos ancêtres, ni une foule de mesures qu'ils adoptèrent au sujet de la police, de la guerre, des états, des salines, du pays, des églises et d'autres objets enfin ; souvent même on les oublia, perdit ou mit absolument de côté.

9. Le dépôt des archives sert également *ad dignitatem et gloriam serenissimarum et alioqui illustrium familiarum*, parce que le plus souvent les hauts faits des ancêtres,

liarum, weilen zum öfftern aus denen alten darin befindtlichen Monumentis der vorfahren rühmliche Thaten, auch wahres hehrkommen und Stammes Ursprung erfahren, erläutert, auch bewiesen und bestärcket werden können..

10. Und leztens, so können aus dem Archivo auch andere sowohl unterthanen als fremde und bundsverwandte liecht und nachricht zu ihrem besten erhalten und uns dadurch verbunden gemacht werden, inmaßen es sich begeben, daß ganzer familien wohlfahrt auf einer einigen urkunde bestanden.

leur origine et leur généalogie peuvent se puiser, expliquer, démontrer et corroborer d'après les monuments qui s'y rencontrent.

10. Enfin, d'autres corps et personnes, sujets ou étrangers ou alliés, pourront puiser des lumières et des renseignements dans les archives et devenir ainsi nos obligés, puisqu'il est arrivé que le salut de familles entières a souvent tenu à un seul document.

Hanover, Janua 1680.

REPRÆSENTANDA.

1. Es ist keine Bibliothec bey dieser Fürstl. Lini, weder zu Zell noch Hanover noch Osnabrug, als die der hochseeligste Her nur umb seiner satisfaction willen alhier angefangen, ob er schohn keine Prinzen gehabt, weil nun Gott solche Ihr hochfürstl. Durchl. unsern iezigen Regirenden Herrn verliehen, so scheinet es man könne füglich dahin denken, wie solche nicht allein allezeit durch jähr-

Hanovre, janvier 1680.

REPRÆSENTANDA.

1. Il n'y a point d'autre bibliothèque dans cette principauté, ni à Zell, ni à Hanovre, ni à Osnabruck, que celle que feu Monseigneur a commencé à établir pour sa propre satisfaction, car il n'eut point d'enfants princes. Mais, puisque Dieu a fait cette grâce à S. A. le prince régnant, il me semble que l'on peut songer non pas seulement à continuer cette bibliothèque en se procurant tous les ans des livres cu-

liche herbeyschaffung curieuser Bücher ihre Suite oder verfolge haben, sondern auch weil sie viel zu enge gewesen an sich selbst erweitert werden möge.

Maßen bishehr fast allein auf das Corpus Historicum gesehen worden, da doch bey einer vollständigen Fürstl. Bibliothec nöthig, von allen materien die Kern Bücher zu haben. Wie ich dann wegen dessen so annoch vonnöthen einen sonderlichen bericht auffsetzen werde. Doch will nur dieses annitzo gedencken, daß Uns vornehmlich Manuscripta mangeln; in welchen doch sonderlich der Bibliotheken rarität bestehet item ob wir zwar überflüssig mit ausländischen Historien versehen, so mangeln uns doch viele scriptores rerum germanicarum, dahin ich auch die autores juris publici rechne, als zum exempel die da handeln von jure territoriali foederibus, Reichs und Wahl tagen, Camera und Reichshofrath, Wapen, Gauerben, Religions-Frieden, Austrägen, Creis=Obersten,

rieux, mais encore, comme elle est trop petite, aux moyens de l'agrandir.

Jusqu'à présent on n'avait recherché que ce qui a rapport au *corpus historicum,* et cependant une bibliothèque princière complète devrait contenir les livres de tout genre, traitant de toutes les matières. Je veux donc ici, vu la nécessité, en faire un rapport spécial. Je veux dire seulement, en passant, qu'il nous manque des manuscrits importants qui font estimer la rareté d'une bibliothèque. Quoique pourvus même plus que suffisamment d'histoires des pays étrangers, ce qui nous fait défaut, c'est la collection des nombreux *scriptores rerum germanicarum,* au nombre desquels je compte les *autores juris publici,* comme par exemple ceux qui traitent *de jure territoriali foederibus,* des élections, des chambres, du conseil de la cour, des armoiries, du commerce, des paix de religion, des décisions, des limites de pays et de beau-

Reichs-Verfassungen, Collecten und vielen anderen Dingen, so gleichwohl in wichtigen berathschlagungen zu beobachten, und davon man im fall der Noth in einer Bibliotheck gnuchsame nachricht finden solte.

2. Es ist nichts in der Welt so besser sonderlich junge Herrn instruire, als figuren. Nun ist mir ein Man zu Paris bekand, welcher mit unglaublichem fleis viel tausend auserlesene Estampes und Crayons colligirt und solche nach dem materien eingetheilet, so in vielen Voluminibus bestehen, ich glaube nicht, das dergleichen in der welt zu finden, und solte dieses herrliche Werck dissipiret werden, so were es ein irreparabler schaden. Der man ist nunmehr alt und es zu verkaufen bereit. Es kan vor eine ganze Bibliothec paßiren, und findet man darinn der Bildnußen fast aller berühmten Personen in der Welt, die repräsentationen unzehlicher einzüge und publiquen solennitäten, ein ganzes Theatrum naturæ et artis, Jagten,

coup d'autres choses à prendre en considération dans des délibérations importantes, et dont on devrait pouvoir prendre complétement connaissance en cas de besoin dans une bibliothèque.

2. Rien au monde n'est meilleur, pour instruire nos jeunes hommes surtout, que les figures. Je connais entre autres un homme à Paris qui, avec un zèle incroyable, fait une collection d'estampes et de dessins choisis, qu'il range d'après leur matière. Il en a déjà un si grand nombre de volumes, que je ne crois pas qu'une collection pareille à la sienne se trouve dans le monde entier; si ce bel ouvrage venait à se perdre, certes ce serait un dommage irréparable. Cet homme, du reste, est vieux et prêt à vendre son œuvre, qui, à elle seule, peut passer pour une bibliothèque entière. On y trouve les portraits des hommes célèbres du monde entier, la représentation des innombrables entrées et

Schiffahrten und Tempesten, schlachten und festungen, Palläste, Garten, Landschafften, unzehlige hieroglyphica, Caprizen, ornamenten, devisen, symbola und summa was von wahrheiten und fabeln zierliches in menschliche gedancken kommen kan, fondte man dieses werck haben, so hätte man gewißlich einen schatz und unerschöpfliche Quelle unzehlicher Nachrichtungen, deren man sich nicht nur bey fürstlichen lustbarkeiten, aufzügen Mascaraden, Tornieren, sondern auch vielmehr bey Gebäuden, Gartenwerck, Machinen, und vielen begebenheiten bedienen kondte. Summa man kondte eine solche collection wohl eine lebendige Bibliothec nennen.

3. Solches wurde umb so viel desto mehr statt haben, wenn man welches an sich selbsten wohl billig, bey der fürstlichen Bibliothec eine Kunst Kammer fugen wolte. Dergleichen eine anitzo zu verkaufen (wo sie nur nicht bereits distrahiert) welche ihres gleichen wohl in der welt

solennités publiques, des chasses, des tableaux de marine, des tempêtes, des jardins, des paysages, quantité d'hiéroglyphes, des fantaisies, des devises, des symboles, en un mot, tout ce que l'esprit humain peut produire de vrai ou d'imaginaire. Si l'on pouvait acquérir cette œuvre, on posséderait certainement un trésor immense d'indications qui pourraient être utiles, non-seulement pour les plaisirs des princes, leurs cortéges, mascarades, tournois, mais aussi pour la construction des bâtiments, des machines, le jardinage. On pourrait enfin appeler une telle collection une bibliothèque vivante.

3. Ceci pourrait très-bien se réaliser si, à côté de la bibliothèque princière, on voulait établir une *chambre pour les arts*. J'en connais une à prendre (à moins que cela ne soit déjà fait) qui n'a point sa pareille dans le monde, et, malgré tous les fonds que l'on voudrait consacrer à une collection

nicht haben und ungeacht aller festen und zeit so man auff die collection wenden wolte, wohl mit viel tausenden nicht sobald einzeln zusammenzubringen were. Große fürsten haben auf ihre reputation obwohl als gemeinen Nutzen zu sehen. Dergleichen Ornamenten geben nicht nur materie zu herrlichen decouverten, sondern sind auch ein kleinod des Staats und werden in der Welt mit Verwunderung angesehen. Bei dieser Kunstkammer deren allerhand nützliche Machinen, oder auch wo selbige zu groß deren Modelle zu fugen.

4. Und damit man nicht meine es seyen dieses bloße curiositäten, welche mehr ansehen als Vortheil bringen, so achte nöthig zu erinnern daß vielleicht kein Fürst in Deutschland bey Curiositäten der Natur und Kunst mehr intereßiert, als mein gnädigster Herr. Maßen der Harz an sich selbst nichts anders ist, als ein wunderbarer Schauplatz, alda die Natur mit der Kunst gleichsam streitet

de ce genre, on ne parviendrait jamais à en avoir une semblable, quand même on y ajouterait celle de mille autres particuliers.

Les grands princes ont à prendre en considération et leur réputation et l'avantage de tout le monde. Il en est de même des ornements: ils ne donnent pas seulement lieu à d'importantes découvertes, mais ils sont un bijou pour l'État et le monde entier les regarde avec admiration.

Dans ce musée des arts, on exposerait en même temps toutes sortes de machines utiles, ou du moins des modèles, si leur grandeur ne permettait pas de les y placer.

4. Et que l'on ne s'imagine pas que ce soient là de simples curiosités qui rapportent plus à la vue que de profit; je ferai remarquer qu'il n'est peut-être pas de prince allemand qui s'intéresse plus aux merveilles de la nature et de l'art que mon gracieux seigneur. Le Harz par lui-même qu'est-il

und kan eine einzige Nüzliche mechanische oder chymische invention so anders wo vielleicht nichs gelten würde, alhier vielleicht zehn oder zwölf tausend Thaler jährliche renten bringen, wie wir dessen Exempel haben an den Stangenkünsten, dem schiessen damit die Harz=Erze gezwungen werden und andern nüzlichen inventionen aufm Harz, auch an den neuen Windmühlen mußte bald zu sehen verhoffen dadurch er in einen weit andern stand gebracht und ferner zu bringen als darinn ihn die alten gehabt. Dero wegen sind meine wenigen gedanken, man solle sich sonderlich dahin appliciren, wie der Harz wohl ausstudiert werden möge, zu welchem ende nöthig, daß man alhier in die fürstliche Kunst Kammer alle erforderliche species und gradus der Erze, bergsäffte metalle, und mineralien, samt allen ihren sub speciebus und allergeringsten differentiis einsende, samt dem nahmen und ganz exacten beschreibungen dabey nicht nur der orth da

autre qu'un merveilleux théâtre où la nature et l'art viennent entrer en lutte? Une seule invention, soit mécanique, soit chimique, qui ailleurs ne vaudra rien, appliquée là rapportera peut-être dix ou douze mille thalers de rentes. Je ne citerai pour exemple que l'art d'employer les barres de fer, les mines pour briser les minerais et d'autres inventions utiles. Je dirai même que j'espère que l'on parviendra à améliorer bientôt les nouveaux moulins à vent, car ils doivent être portés à une perfection bien plus grande que ceux de nos ancêtres. Il faut donc, à mon avis, s'appliquer à étudier le Harz à fond. Pour cela il est nécessaire que l'on envoie, dans le musée des arts, tous les *species* et *gradus* de minerais nécessaires, tous les métaux et minerais tirés des montagnes, *sub species* et *differentias*. On y ajoutera leur nom et leur description exacte, non-seulement l'endroit d'où on les tire et les circonstances ordinaires où on les trouve, mais aussi les

sie brechen und was sich alda befinde, sondern auch die Conjecturen verständiger Bergleute und was sie von deren natur ursprung und würckung halten zu fügen weren. Ja es solten die Schichtmeistere bey denen wöchentlichen Lohnungen gehalten sein, alle bergarten die sie in der grube befunden samt solchen guthachten, in die fürstlichen zehenten einzuliefern, dahingegen sie vielen andern un= nöthigen schreibens halben würden sie viel Zeit verlieren und darüber sie clagen zu überheben. Und was von ihnen geliefert worden, were hernach bey den einkommenden wöchentlichen Bergrelationen mit einzuschisten und in die fürstliche Kunst-Kammer zu bringen. Was für ein Licht daraus entstehen würde, ist nicht wohl zu beschreiben, wohl aber bey vernunfftigen Personen zu erachten.

5. Weil demnach an Machinen und Nüzlichen inven= tionen Uns ein so großes lieget, so were auch dahin zu sehen, wie man allezeit guthe Meister bey der Hand und

conjectures que font à leur égard les mineurs et ce qu'on peut penser de leur origine et de leurs effets. Les chefs mineurs, qui reçoivent leurs salaires toutes les semaines, de- vraient être forcés d'envoyer au musée des princes toutes les espèces de minerais qu'ils auraient trouvées dans leurs fouilles, tandis qu'au contraire on leur fait tenir une foule d'écritures inutiles qui leur font perdre le temps et dont ils se plaignent. Ce qu'ils auraient ainsi envoyé serait remis entre les mains de la réunion de chaque semaine et puis rangé dans le musée princier des arts. On ne saurait dire quelles lumières en jailliraient, et les personnes sensées le comprendront bien.

5. Puis donc que les machines et les inventions utiles nous sont d'une si grande importance, on pourrait voir aussi comment on aurait de bons maîtres sous notre main et à notre disposition. Il peut très-bien se faire, et cela sans

zu unser disposition habe. Und solches kan ohne großen Kosten mit herrlichen Nutzen folgender Maßen geschehen, daß man bey unterschiedlichen diensten die ohne daß mit solchen dingen eine Verwandtnuß haben, habile Leute und guthe Künstler oder Meister nehme. Nehmlichen weil man im Arsenal ohne das Zeugwärter, Constabel und dergleichen Leute haben muß, so köndte man dahin sehen, daß keiner darunter so nicht zu allerhand arbeiten nützlich zu brauchen; als da seyn guthe Schmiede, Schlosser, Uhr=macher, Gießer, Zimmerleute, Dreher und dergleichen: Item weil man allerhand Baumeister und Bauleute von=nöthen hat, so were dahin zu sehen, daß guthe Architecti, Mahler, bildhauer, brunnenmeister, Tischler, Mau=rer, vorhanden. Deßgleichen auch Landmesser, Brücken=meister, Leute so sich auf Dyken und Schleusen verstehen auch aufn fall der Noth Canäle anlegen, ströhme reini=gen, Moräste außtrocknen und andere dergleichen nütz=liche Dinge unternehmen können. Item aufm Harz sind

beaucoup de frais assurerait un grand avantage, que dans certains services qui ont du rapport avec les précédents on emploie des gens habiles, de bons maîtres et artistes. Par exemple, puisque dans les arsenaux, outre les gardiens, on a besoin de comptables et d'autres gens de ce genre, on pourrait faire en sorte que chacun de ces hommes pût être employé avantageusement à toutes sortes d'ouvrages, comme ceux de serrurier, forgeron, horloger, fondeur, menuisier, tourneur, etc. De même, puisqu'on a besoin de toutes es=pèces d'architectes et d'ouvriers en bâtiments, on devrait s'occuper à avoir sous la main de bons architectes, dessina=teurs, sculpteurs, fontainiers, ébénistes, maçons. J'en dirai autant des arpenteurs, pontonniers, et gens qui entreprennent de faire des digues et des écluses, qui, en cas de besoin, creusent des canaux, nettoyent les fleuves, dessèchent les

diejenigen, so den Bergbau treiben, so auf gräben und stollen zu sehen haben, so die Künste oder Machinen beobachten, Marscheider, Schmelzer, probirer, Münzmeister und sehr viel andere Leute so dazu gehören, hiezu sind auch glaß und eisenhütten samt andern Kunstwerken zu rechnen:

6. Damit man nun sich aller dieser Leute, deren man ohne das sehr viel bereits an der hand hat, mit nuzen gebrauchen könne, so were nüzlich daß man nicht allein deren eine Liste hätte, sondern auch, daß sie an die furstliche Kunst Kammer und Bibliothec auf gewiße maße und also gewiesen weren, daß sie auff des Directoris erfordern erscheinen, ihm alle nachrichtungen so wohl schrifft als mündtlich zu geben, auch abrisse und modelle ihrer Concepten und unterhanden habenden Dingen in die Furstl. Bibliothec und Kunst Kammer einzuschicken hätten. Und zwar dieses alles so viel ohne Kosten geschehen kan, und damit deswegen der Fürstl. Kammer nichts a part angerechnet werde.

marais, etc. Idem pour les ouvriers du Hartz qui extraient les minerais, surveillent les fosses, les ouvrages d'art et les machines, les séparateurs de minerai, les fondeurs, les essayeurs, les monnayeurs et tant d'autres, en comprenant les verriers, les forgerons et les ouvriers des autres industries.

§ 6. Pour se servir alors avec avantage de tous ces hommes que l'on aurait ainsi sous la main, il ne s'agit pas seulement de les éclairer, mais il faudrait qu'ils puissent, jusqu'à un certain point, visiter le Musée des arts et la Bibliothèque, comparaître devant le directeur, et lui donner connaissance, tant verbalement que par écrit, de leurs observations, et envoyer au Musée et à la Bibliothèque les plans ou les modèles de leurs inventions. Et tout ceci pourrait être fait sans frais, et la Chambre des princes ne se verrait pas forcée de faire, pour cet article, un compte à part.

7. Es wird auch hoch nöthig sein, daß eine Fürstliche Typographie dabey sey, welche aber etwas anders als geschieht und dergestalt einzurichten, das sie ihre Kosten selbst bezahle und sich gleichsam unterhalte, auch wohl dazu Vortheil bringe. Köndten derowegen alda gedruckt werden: 1° ein Corpus ordinationum dieses Hochfürstl. Hauses welches hochnüzlich und nöthig, gleichwohl aber bisher nicht vorhanden, dieses würde Exemplo corporis Saxonici und Wurtenbergici auch außerhalb landes treflich abgehen; 2° köndten darinn formulæ Cancellariæ gedruckt werden, damit die Secretarien und Canzellisten nicht einerley so offt mit großer mühe und Zeitverlust zu schreiben hätten, item erlebte relationes, Decisiones und præjudicia aus hiesiger Canzley; 3° Kirchen Agenda und andere nützliche dinge in Ecclesiasticis so auch von allen Kirchen und Pastoren im Lande anzunehmen; 4° allerhand curiose beschreibungen der raritäten dieser Lande, und die die Histori und Antiquität

§ 7. Il serait utile aussi d'y ajouter une typographie, qui ne s'occuperait pas seulement d'histoire ou de choses de ce genre, mais subsisterait à ses propres frais, et rapporterait même des bénéfices. On y pourrait, par exemple, imprimer : 1° Un *Corpus ordinationum* de la maison du prince, ouvrage très-utile et nécessaire, manquant jusqu'à présent, et qui se placerait même à l'étranger comme le *Corpus saxonicum* et *wurtembergicum;* 2° les formules de la chancellerie, afin d'éviter aux secrétaires et chanceliers une grande peine et la perte du temps, et y joindre les *relationes, decisiones* et *præjudicia* de notre propre chancellerie ; 3° des agenda ecclésiastiques et d'autres choses ecclésiastiques utiles, fournies par les églises et les pasteurs du pays; 4° toutes sortes de descriptions curieuses des raretés du pays et celles qui regardent l'histoire et l'antiquité de notre

dieses Fürstlichen Hauses angehen und 5° auch andre nützliche Bücher deren abgangs und applausus man versichert und die weit mehr ansehen würden, wenn sie ex Typographia Ducali kämen; Ja was noch mehr, so glaube ich man köndte durch dieses Mittel vermittelst stechung der in Typographia Ducali verlegten materien andre curiose Bücher in die fürstl. Bibliothec schaffen und durch dieses Mittel viel geld ersparen.

8. Bey die Kunst=Kammer gehöret das fürstl. Laboratorium; dabey were meine wenige Meinung, man solle nicht sowohl große vermeinte Chymicos und Arcanisten als etwa ein paar schlechte doch guthe Laboranten haben, so da wissen was erfahrene Apotheker, Schmelzer und probirer zu wissen pflegen, durch welche weit mehr auszurichten, als durch die jungen, so alle zeit mit großen Dingen umbgehen und nie etwas fruchtbares hervorbringen. So ist auch unnöthig, in ein solch Laboratorium einen großen apparat von raren Vasis und öfen

maison princière; 5° et d'autres livres utiles qui se perdent, dont le succès serait assuré et qui seraient bien plus considérés sortant de la typographie ducale. De plus je crois qu'on pourrait, par ces moyens, faire avoir à la bibliothèque ducale bien des ouvrages curieux et ainsi éviter bien des frais.

§ 8. A côté du Musée des arts, il y aurait un laboratoire; et mon opinion serait de ne pas employer de prétendus grands chimistes et arcanistes, mais quelques pauvres aides bons à l'œuvre, qui connaissent ce que savent les pharmaciens, fondeurs et essayeurs, et avec lesquels on arrive bien plus loin qu'avec ces jeunes gens qui sont toujours occupés de grandes choses et n'inventent jamais rien de fécond. Il ne sera pas nécessaire non plus de garnir ce laboratoire de quantité de vases rares et de fourneaux; les personnes ha-

anzuschaffen, Maßen verständige Leute mit wenigen und einfältigen dingen gnug auszurichten wissen. Doch da bey gelegenheit etwas dessen nutzen sichtbar sich präsentiren solte kondte zu seiner Zeit frühe gnug herbeygeschafft und was an gläsern nöthig bey hiesigen glashütten ohngehevehr verfertiget werden.

9. Was ich oben occasione Typographiæ von den Ordnungen zu Erwehnen angefangen meritirt vorher einen Artikel à part. Nehmlichen es sind von den Hochfürstlichen Antecessoren von langen Jahren hehr sehr viel herrliche Ordinationes, Edicta, Placaten, und dergleichen publiciert worden in Kirchen, Polizey, Cammer-, Kriegs und Justizsachen, welche zum theil fast iederman unbekand, zum theil sehr verstreuet, theils auch nicht einmahl in den Archivis stecken sonst ohngefehr sich finden: Dahehr man offt zu vorfallenden begebenheiten sie erst mit mühe suchen, oder gar von neuen entwerffen muß, item unterschiedene Jurisdictions streitigkeiten und andere

biles peuvent faire beaucoup avec des objets peu nombreux et insignifiants. Cependant, si on voyait un véritable avantage, on pourrait se les procurer en temps voulu, ainsi que les verres que l'on fabriquerait sans peine dans nos verreries.

§ 9. Ce que j'ai dit plus haut à l'occasion de la *typographie* mérite un article à part. Il existe, en effet, provenant des ancêtres de nos princes, quantité d'importantes ordonnances, édits, placets, etc., des mémoires concernant les églises, la police les chambres, les affaires de la guerre et de la justice, qui, en partie, sont inconnus, en partie épars ça et là, qu'on trouve non pas dans les archives, mais par hasard. Comme souvent, quand les mêmes cas se présentent, on est obligé de se donner beaucoup de peine pour rechercher ces livres, qu'on est même quelquefois forcé de recommencer le tra-

Zweifel entstehen. Welchem übel nicht nur der gegenwertigen sondern auch der posterität zum besten durch ein Corpus Brunsvico-Luneburgicum Ernestino Augustum vorzukommen und ein ewiger Ruhm dadurch gestifftet werden köndte.

10. Gleichwie man solches Corpus Brunsvico-Luneburgicum zum gemeinen besten zu publiziren, so were hingegen eine andere Collection geheim zu halten. Solche nun bestünde in juribus, privilegiis, Regulibus, honoribus, und allen andern Herrlichkeiten, prätensionen, präminenzen und Vortheilen dieses fürstlichen Hauses und köndte mit recht genennet werden Mémoires secrets des droits de la maison. Dahin würden gehören extracta der kayserl. Privilegien, Jurisdictionalia und Grenzstreittigkeiten mit denen benachbarten, Relationes der am kayserlichen Hofrath und in Camera habenden Processen, auch vergleiche und Transactionen und was dergleichen mehr etwa.

vail, et qu'il s'élève différentes discussions de juridiction et des doutes à l'égard de ces questions, le meilleur moyen, il me semble, pour remédier à ce mal, c'est de publier non-seulement pour nous, mais pour la postérité, un *Corpus Brunsvico-Lunebergicum Ernestinum Augustum*, et cela nous acquerrait une gloire immortelle.

§ 10. Mais pour qu'une œuvre pareille servit véritablement au bien général, il faudrait en détacher une partie, qui ne contiendrait que les droits, priviléges, règles et honneurs, et toutes sortes de titres, prétentions, prééminences, avantages accordés à la maison princière, et on pourrait, à juste titre, appeler cette partie : *Mémoires secrets des droits de la maison*. On y ajouterait des extraits des priviléges impériaux, *jurisdictionaliis* et discussions avec les voisines, relatives aux limites du territoire, les relations des procès avec le conseil

11. So were auch nöthig abzufaſſen eine kurze aber deutliche Hiſtorie dieſes fürſtlichen Hauſes, welche überall mit genugſamen Documenten zu beſtercken. Abſonderlich aber weren alle dinge ſo ſich in dieſem seculo bey dem fürſtl. Hauſe begeben, ſo viel muglich genau zu unterſuchen und zu beſchreiben und ſonderlich bey denen novissimis zu inſiſtiren, welche ſich von Herzog Georgens des itzigen regierenden Fürſten herrn Vaters todt begeben, welches alles dann aus den Geheimen Raths protocollen, inſtructionen, relationen und dergleichen zu nehmen.

12. Es iſt aber zu allen dieſen dingen nicht beſſer zu gelangen, als durch folgendes mittel, daß man alle ſchrifften, ſo nicht allein im Archivo, ſondern auch in allen Collegiis und bei den Aemtern ſich befinden, inventiren, durchgehen und nach befindung extrahiren laſſe, auch inskünfftige eine gewiſſe weiße vorſchreibe, dadurch alles in Ordnung bleiben könne. Dieſes iſt das groſe ar-

impérial de la cour et la chambre, les transactions et tout ce qui s'y rapporte.

§ 11. Il serait utile aussi d'avoir une histoire courte, vraie, mais exacte, de la maison princière, histoire dont les faits s'appuyeraient sur des documents reconnus. Mais en particulier on cherchera à décrire tous ceux qui se sont passés en ce siècle durant le règne de notre prince, on les approfondira, on insistera surtout sur les derniers, qui datent de la mort du duc George, père du prince régnant, et le tout se trouve dans les protocoles, les instructions et les relations des conseillers secrets.

§ 12. Mais le meilleur moyen pour arriver à ce but, c'est de rechercher tous les écrits, non pas seulement dans les archives, mais aussi dans les colléges, les baillages, en faire l'inventaire, les collectionner et les mettre en ordre. C'est

canum dadurch man zu allen Dingen aufs schleunigste Nachricht kommen kan, Zu welchem ende dann eine gewiſſe Perſon zum Ober Archivario zu benennen, welche dieſes alles vollſtrecken könne.

13. Weilen aber alle dieſe befindliche Brieffſchafften nicht gnug umb ein vollkommenes Breviarium Ducatus zu haben, ſo were noch übrig, daß allen denen jenigen ſo in Aemtern ſizen ſie mögen auch beſchaffen ſeyn wie ſie wollen, anbefohlen würde, eine vollkommene relation von dem ſo ihm anvertrauet einzuſchicken, und dabei zu fügen was ſie dabey verlangen oder zu verbeſſern, zu erinnern zu haben vermeinen. Aus welchen ihren Relationen hernach ohngevähr andere Puncta zu entwerffen, darüber ſie ferner nach gelegenheit, ſo münd= als ſchrifft= lich, zu vernehmen. Da auch privati oder diejenigen ſo Jemahlen in Aemtern geweſen eines oder das andere vor= zutragen hätten, weren ſie damit gnädig zu hören.

14. Dieweilen unter des hochſeligen herrn papieren ſehr viel importante und curioſe dinge ſich finden muſſen,

là le grand arcane qui nous donne de la manière la plus avantageuse la clef de toutes choses. Il faut donc adjoindre à l'archiviste en chef une personne capable de ce travail.

§ 13. Tous ces papiers ne suffisent pas pour former un complet Breviaire du Duché, il faut encore enjoindre à toutes les autorités quelles qu'elles soient d'envoyer une relation exacte de ce qui leur est confié, en ajoutant ce qu'ils désirent de plus et les améliorations à faire. Ces relations feraient naître d'autres projets dont, l'occasion étant venue, on s'occuperait, soit verbalement, soit par écrit. Et comme des particuliers pourraient aussi avoir des propositions à faire, on les écouterait gracieusement.

§ 14. Comme dans les papiers de feu notre maître doivent se trouver une foule de choses importantes et curieuses,

die er mit großen Kosten an sich bracht welche zu ver=
beßerung der commercien und manufacturen dienen und
also dem Lande zu Nutz gereichen können, als in specie
das eisenwerk betr., andere seculorum magis curiosorum zu geschweigen, so wäre mein unmasgäblicher vor=
schlag, daß eine Person, so umb solche dinge einige wissen=
schafft hat, zu deren untersuchung deputieret und was
darinn curios und nützlich, wie in dergleichen fellen
bräuchlich in die Fürstl. Bibliothec gebracht und daselbst
in einem verschloßenen Schranck bewahrt würde.

15. Dieweilen die Kloster=Intraden zu besoldungen
der geistlichen, professoren und schuldiener auch stipen=
dien und andern piis causis verwendet werden, und aber
solche mit denen studien allerdings cohäriren, und zu
deren beförderung gemeiniglich gerichtet seyn, so were an
den, ob nicht die Klostersachen, so sonst in dem geheimen
Rath ein secretarius verwaltet, demjenigen so die Bibliothec, Kunstcammer, Laboratorium, Typographie,
censorum librorum und alles dergleichen under seiner

qu'il s'est procurées à grands frais et qui devaient servir à
l'amélioration du commerce et des manufactures, et qui
peuvent, par conséquent, servir au pays, spécialement pour
les fers et les forges, sans parler d'autres curiosités tirées des
siècles passés, mon opinion serait qu'une personne ayant
quelque connaissance de ces choses, devrait être chargée
de faire déposer à la bibliothèque tout ce qui serait utile
et curieux, en l'enfermant dans une armoire.

§ 15. Comme les revenus des cloîtres sont appliqués à la
solde des ecclésiastiques, professeurs, serviteurs des écoles,
traitements et autres causes pieuses, mais ont un rapport avec
ces études et sont dirigés vers ce but, il serait utile de voir
si, sous le rapport des affaires de couvents, on ne nommerait
pas dans le conseil secret un secrétaire auquel on confierait

Direction hat, zugleich anzuvertrauen, damit er allen diesen Dingen mit mehrern Nachdruck vorstehen, daraus referiren und pecunia studiorum cum ipsis studiis combiniren könne.

la direction de la bibliothèque, du musée d'art, du laboratoire, de la typographie, de la censure des livres, etc., afin d'y veiller et de faire en sorte de combiner les ressources des études avec les études elles-mêmes.

Semestria Literaria.

Es sollen gewisse
SEMESTRIA LITERARIA
alle Francfurter Meßen gedruckt werden, bestehend etwa in zwey bis drey bänden in quarto, fast auf den Schlag des Diarii Europæi. Darinn soll (1°) und zuvörderst kommen ein bericht von allerhand Erfindungen, bedencken, anmerckungen und andern schöhnen nüzlichen und neuen gedancken, so deren Autores dem gemeinen besten mittheilen, aber eben deswegen kein ganz buch schreiben, sondern sich der bequemlichkeit dieses wercks bedienen wollen.

SEMESTRIA LITERARIA.

A chaque foire de Francfort on fera imprimer des *Semestria literaria*, comportant de trois à quatre volumes *in-quarto*, dans le genre à peu près du *Diarium europæum*. On y fera entrer :

1° et en première ligne : Un compte rendu de toutes sortes d'inventions, projets, observations et autres idées intéressantes, nouvelles et utiles, que leurs auteurs communiquent en vue du bien général, mais dont par la même raison ils ne sauraient compose un livre proprement dit, parce qu'ils préfèrent profiter d'un recueil de ce genre.

2. Dabey soll gefüget werden ein bericht der neu heraus kommenden bücher, samt einem solchen auszug des kerns, daß daraus die rechte güthe des buchs, was vornehmlich darin vor andern geleistet und wozu es am besten zu gebrauchen, erscheine. Dabey man sich dann sonderlich befleißen wird recht gelehrten leuten, welche nützliche wercke vorhaben und offt keine gnugsame gelegenheit zum verlag finden, bester maßen zu beförderung ihres guthen vorhabens, an die hand zu gehen und gleichsam ein Bureau d'Adresse général des gens de lettres mit der zeit aufzurichten.

3. Und damit vermittelst dieses auszuges oder Excerptorum man endtlich zu einem vollständigen opere Photiano (wiewohl dieses vollkommener als Photius vorgehabt) auch zu gnugsamer nachricht und rechten kern des ganzen bücherwesens gelangen moge, So will man zugleich iedesmahl etliche der besten von denjenigen büchern,

2. On y ajoutera un compte rendu des ouvrages nouvellement publiés, avec un extrait rédigé de telle manière qu'il fasse ressortir la valeur réelle du livre, en quoi il a de l'importance, et quelle peut être l'utilité de son contenu. En même temps, on s'empressera de venir en aide à des gens vraiment instruits, qui ont en portefeuille des œuvres recommandables, mais n'ont pas l'occasion de les faire imprimer; on donnera à leurs bonnes idées le moyen de se produire; puis, avec le temps on érigera un *Bureau d'adresse général des gens de lettres.*

3. Et pour qu'au moyen de cet extrait ou *Excerptorum* on atteigne à une œuvre *photienne* (*Opus photianum*) quoiqu'ici il s'agisse d'une entreprise plus complète que celle projetée par Photius; afin aussi d'obtenir un compte rendu suffisant, une sorte de quintessence de tout ce qu'il y a en

so bereits vor zeiten in druck kommen, nachhohlen und gleichmäßigen bericht davon (samt auszug der kerns daraus) erstatten und also allmahlig in wenig jahren verhoffentlich dies so lange gewünschte werck, des General-Extracts, oder Bibliothecæ universalis contractæ und Repertorii, ubi omnium materiarum sedes, vel minorum optime tractentur indicare possit samt notitia rei librariæ, et Historia rei literariæ totius, zu ende bringen, Welches wahrlich hohe zeit, weilen die zahl der bücher dergestalt sich häuffet, daß, wenn man noch lange verziehet, ein solches werck endtlich desperat und gleichsam unmöglich werden dürffte; daraus nichts andres als eine gänzliche verwirrung, ja verachtung aller gelehrsamkeit, ja endtlich die alte barbaries wieder entstehen dürffte, weilen in solcher unsaglichen menge das beste vor dem schlechten und geringen nicht mehr wird zu erkennen und zu finden seyn.

matière de librairie, on aura soin de se mettre en quête des ouvrages dès leur impression, et d'en rendre aussitôt compte (d'en donner aussi un extrait) de telle sorte qu'on puisse mener à bonne fin, en peu d'années, l'œuvre si désirée: l'Extrait général ou Bibliothèque universelle résumée (*Bibliothecæ universalis contractæ*) et un répertoire pouvant indiquer les endroits où toutes matières sont traitées (*Repertorium, ubi omnium materiarum sedes vel minorum optime tractentur*), avec une notice des affaires de librairie et l'histoire de toutes les choses littéraires (*notitia rei librariæ et historia rei literariæ totius*). Sans doute une entreprise de ce genre veut du temps, à cause de l'accumulation des ouvrages. Mais si l'on diffère encore, elle finira par être désespérée, presque impossible, et alors il en résultera la confusion, le mépris de toute érudition, enfin le retour de

4. Weilen auch viele noch nie in Druck gebrachte alte codices die gleichwohl von wichtigkeit, auch sonst von vortreflichen leuten hinterlaffene Manuscripta, als Epistolæ, dissertationes posthumæ, opera affecta, schedæ sparsæ und andere cimelia literaria vorhanden; auch einige kleine aber sehr considerable bücher, sonderlich veterum (quales multi ab Aldis, Turnebo, Stephanis editi) ganz rar worden und dergestalt verschwunden, daß sie an güthe und raritæt fast den manuscriptis gleich zu achten, will man dergleichen in Appendice semestrium je zu zeiten beyfügen und dadurch in einem solchen opere nüzliche monumenta vor untergang bewahren oder wieder erwecken.

5. Dieweilen aber ungeacht der großen übermachten menge der bücher, dennoch (welches mancher kaum glauben würde und doch alzu wahr) das gröste und beste theil menschlicher wiffenschafft und Erfahrenheit noch nicht in

l'antique barbarie, par cette raison que, parmi cette quantité innombrable de livres, il ne sera plus possible de distinguer le bon du mauvais ou de l'inférieur.

4. Et comme il existe encore d'anciens et nombreux *ouvrages* également des plus importants, ainsi que des manuscrits, tels que lettres, dissertations posthumes, écrits spéciaux ou épars et d'autres trésors littéraires, laissés par des hommes éminents, comme aussi quelques petits écrits, mais considérables, surtout émanés des anciens (et tels qu'il y en a eu d'édités en assez grand nombre par les Aldes, Turnèbe et les Estiennes), devenus très-rares et la plupart disparus, à tel point que pour la rareté et le mérite, on les peut estimer presque à l'égal des manuscrits, on devra les ajouter à l'appendice des *Semestria*, et par là, dans une collection de ce genre, préserver de la destruction de précieux monuments ou du moins les ressusciter.

bücher bracht, will man sich sonderlich befleißen, daß
solcher mangel ersezet und gelehrte leute die lücken zu
erfüllen und liebeschriebene Dinge hervor zu geben, als
alte zu wiederhohlen, gelegenheit und anlaß geben werden.
Zu dem ende sollen ie zu zeiten genaue beschreibungen
allerhand wo nicht ganz neuen, doch sonst nicht iedermann
bekandter curioser, nüzlichen und noch nicht gnugsam in
büchern sich findender künste, wissenschafften, reisen, be=
gebenheiten, stratagematum, kriegs= und friedens= Actiones, rechte, gewohnheiten, kunststücke, Antiquitæten,
natürlicher und künstlicher raritæten, und Cabineten
kräuter, thiere, instrumenten, machinen, kunstspiele
und vornehmlich ganzer professionen handthierungen,
freyen und andrer kunst= oder handwercke entweder denen
semestrabus beygebracht oder sonst dadurch veranlasset
werden.

6. Über diese Semestria Literaria sollen sehr voll=

5. Puisque, malgré l'innombrable quantité d'ouvrages,
bonne partie (on le croira, à peine) de l'humaine science
et expérience ne se trouve pas encore dans les livres, il convient de faire en sorte que cette insuffisance puisse cesser;
que des gens érudits trouvent l'occasion de combler ces lacunes, de produire des choses non écrites encore, plutôt
que des choses surannées. On annexera à cet effet aux *Semestria* ou bien on fournira l'occasion d'y annexer des descriptions d'arts, de science, de voyages, d'aventures, de
stratagèmes, d'actions de guerre et de paix, de droits, d'habitudes, d'œuvres d'art, d'antiquités, de raretés naturelles ou
artificielles, de plantes de serres, d'animaux, d'instruments,
de machines, de jeux d'adresse, de travaux de toutes les
professions, d'opérations des arts libéraux et autres, en un
mot, des descriptions exactes et produites en leur temps, de

kommen particular und General- Register gemacht werden und erlangen wir dadurch mit der zeit ein rechtes ærarium publicum eruditionis oder schazkammer menschlicher wissenschafft, samt einem inventario dadurch alles in richtigkeit und ordnung gestellet, zu nöthigem gebrauch iedesmahl an die hand bracht, untersuchet und mit einem worth genüget werden könne. Dahingegen bey gegenwärtiger verwirrung wir menschen selbst nicht wissen was wir haben, zum öfftern gethane arbeit noch eins vornehmen, auch über mangel clagen, da doch oft überfluß vorhanden und nichts als die ordnung, bereitschafft und anstalt mangelt, welches sowohl in der iurisprudenz auch politicis und militaribus, als sonderlich in der höchst nöthigen wissenschafft der Arzney, wie mit so vieler menschen verlust und schaden erfahren. Sind also einem kaufman gleich, der zwar einen großen handel führte, aber keine bücher hielte. Wie dann ein

choses, sinon absolument nouvelles, du moins non connues de tout le monde.

6. On devra tenir, de ces *Semestria literaria*, un catalogue particulier et général; et nous aurons ainsi, avec le temps, un véritable trésor public de l'érudition (*ærarium publicum eruditionis*), le trésor de la science humaine avec son inventaire, de manière à ce que, tout une fois bien classé, on l'ait sous la main, on puisse le chercher, en un mot l'utiliser. Dans la confusion actuelle, nous autres humains, nous ne savons pas ce que nous possédons; le plus souvent nous faisons ce qui a déjà été fait; nous nous plaignons aussi de lacunes là où souvent il y a surabondance; il ne manque que l'ordre, l'accessibilité, la disposition, comme on en a eu l'expérience si chèrement payée dans la *Jurisprudence*, la *politique*, les *affaires de guerre* et particulièrement dans

richtiges inventarium fast der gemeine hauptmangel, so in den meisten publicis et privatis negotiis sowohl als studiis, sich spühren läßet.

7. Durch einrichtung und fortsetzung dieser semestrium, und wann dergestalt in wenig jahren fast alle die besten bücher der welt durchgangen, auch durch beschreibung aller facultæten, künste und professionen, gleichsam die ganze menschliche erfahrung zu papiere gebracht, wird endlich materi zusammengetragen und der grund geleget zu dem rechten haupt=Gebäu Encyclopædiæ perfectæ, daran inzwischen unter der hand zu arbeiten, in welcher die menschlichen gedancken oder Notiones zu resolviren und zu ordnen, alle hauptwahrheiten so aus der vernunfft fließen, demonstrative oder grundrichtig und nach mathematischer ordnung zu erweisen, wenn sie aber nur in præsumtion oder vermuthung bestehen, dennoch den gradus probabilitatis davon zu demonstri-

la science la plus éminemment nécessaire, l'art de guérir. En quoi nous ressemblons au négociant qui ferait un commerce considérable, mais ne tiendrait pas ses livres. Un inventaire exact est presque toujours ce dont l'absence se fait sentir dans les affaires publiques et privées (*negotia publica et privata*) aussi bien que dans les études.

7. La création et la continuation de ces *Semestria* et l'examen en peu d'années de presque tous les meilleurs ouvrages, la description de tous les arts, facultés et professions, puis la consignation écrite de toute la science humaine, fourniront les matériaux et poseront les bases de l'édifice d'une *Encyclopædia perfecta*. On y mettra la main de manière à résoudre et coordonner les pensées et connaissances humaines, à établir démonstrativement ou radicalement dans l'ordre mathématique les vérités fondamen-

ren; was aber eigentlich Historisch und nicht aus der vernunfft, sondern erfahrung oder anderer bericht zu nehmen, soll auch nach gewisser ordnung sowohl der Attributorum als Subjectorum und endtlich nach dem universali systemate cosmographico temporis et loci, eingerichtet mit erfahrung oder glaubwürdiger autoritæt behauptet und mit ausführlichen Registern versehen werden. Und weil umb kürze willen in dieses werck nur die haupt-wahrheiten, als ursprung aller andern kommen können. So muß vor allen dingen die rechte logica oder Methodus cogitandi sive Ars inveniendi et judicandi, Analytica et combinatoria, recht ausgearbeitet und beygeordnet werden, als ein schlüssel aller andern erkändtnuß und wahrheiten, welche wegen ihrer unendtlichkeit und weil sie aus dem obigen vermittelst dieses Methodi und gemeinen natürlichen verstandes gnugsam bey begebenheit zu finden, in dieses werck weder können noch sollen einverleibet werden.

tales telles qu'elles découlent de la raison ; puis, lorsqu'elles consisteront seulement dans des suppositions ou hypothèses, à en exposer les degrés de probabilité. Quant à ce qui a besoin d'être exposé historiquement, sinon rationnellement, d'après l'expérience ou autrement, on le classera dans un certain ordre d'*attributs* et de *sujets*, en un mot, dans le système cosmographique général de temps et de lieu, et l'on y adaptera des tables détaillées. Et comme en une œuvre de ce genre, et pour plus de rapidité, il n'y a que les vérités essentielles qui puissent y figurer comme sources de toutes les autres, il faut qu'avant tout, la vraie logique ou méthode de penser, en d'autres termes, la manière de trouver et de juger, analytique et combinatoire, soit parfaitement élaborée et disposée comme la clef des autres connaissances et vérités, qui, parce qu'elles sont infinies, qu'elles ressortent des vérités

8. Zu dieser Encyclopædie wird kommen der Atlas universalis, ein werck von vortrefflichen nuzen, dem menschlichen gemüth alles leicht und mit lust beyzubringen vermittelst einer großen menge Tafeln, figuren und wohlgemachter, auch da nöthig und nüzlich illuminirter zeichnungen oder abriße, damit alles, so einigermaßen mit den augen gefasset und auf dem papier entworffen werden kan, durch das gesicht geschwinder und anmuthiger gleichsam spielend, und wie in einem blick, ohne umbschweiff der worthe durch das gesicht dem gemüth vorgebildet und kräfftiger eingedrucket werden könne. Von welchem vorhaben ich anderwerts ein eignes bedencken verfasset.

plus hautes, et que l'entendement naturel ainsi que cette méthode peuvent aisément les mettre en lumière, ne peuvent par cela même trouver place dans une telle œuvre.

8. A cette Encyclopédie devra être joint l'*Atlas universel*, travail d'une utilité incontestable, dressé de façon à donner toute lumière et tout agrément à l'esprit humain, au moyen d'un grand nombre de tables, de figures, et, là où besoin serait, de dessins illuminés ou plans, de manière que l'on puisse en quelque sorte tout embrasser du regard, et le consigner sur le papier; que cela puisse passer prestement et d'une façon attrayante, et sans le circuit des paroles, des yeux dans l'esprit, et s'y imprimer.

Der ältere Entwurf.

SEMESTRIA LITERARIA.

Sollen alle Francfurter messen herauskommen und etwa mit ihren anhängen in zwei bis drey bänden in 4° bestehen, fast auf den Schlag des Diarii Europæi.

Jedesmahl soll sich zu förderst finden ein Bericht neuer erfindungen, anmerkungen, Entwerffungen, vorschläge und andrer schöhner, neuer und nützlicher gedancken in aller art Studien.

Ferner ein kernbericht der neuen herauskommenden bücher, samt einem gleichmäßigen kernbericht und Aus-

L'ANCIEN PROJET.

Les *Semestria literaria* devront paraître à toutes les foires de Francfort et comporter, dans les commencements, deux ou trois tomes in-4° presque dans le format du *Diarium europæum*.

Il devra y avoir chaque fois, et avant tout, un compte rendu des découvertes nouvelles, observations, projets et autres idées belles, neuves et utiles dans toutes sortes d'études.

zug etlicher nachgeholten vortreflichen, bereits vor diesen herausgegangenen Schrifften. Damit man dadurch almählig zu einer rechten anweisung der ganzen gelehrsamkeit und bücherwesens oder opere universali photiano vel potius multo præstantiori komme und die sedes materiarum, wo nehmlich iede Materi am besten ausgeführet, ja selbst den kern daraus in bereitschafft habe.

Samt einem anhang, darinn einige noch ungedruckte alte Codices oder sonst treflicher leute Manuscipta von wichtigkeit und dergleichen Cimelia Literaria; auch sonderlich kleine verlohrne büchlein, so den Manuscriptis an güthe und raritæt fast gleich zu achten, herausgegeben und in diesem großen werck vor untergang erhalten werden. Es sollen auch von zeiten zu zeiten genaue beschreibungen gewisser, wo nicht ganz neuer doch curioser und noch nicht genugsam beschriebener künste,

Ensuite un extrait succinct des livres nouvellement parus, avec un autre extrait des meilleurs écrits qui auraient paru avant ceux-là, afin que l'on puisse arriver successivement, par là, à une véritable indication de tout le domaine de l'érudition et de la science des livres, à une sorte d'œuvre *photienne* universelle (*opere universali photiano*) ou plutôt à une œuvre supérieure (*vel potius multo præstantiori*) et avoir ainsi à sa portée le lieu des matières, celui où chacune d'elles est le mieux indiquée.

Avec cela un appendice où d'anciens ouvrages non encore imprimés, ou d'autres manuscrits importants d'écrivains remarquables, enfin des *cimelia literaria* (trésors littéraires) du même genre, puis de petits livres qui sans cela seraient perdus, et presque aussi précieux et rares que des manuscrits, puissent être conservés et préservés de la destruction:

wissenschaften, raritæten, inventionen, Machinen und ganzer professionen sammt den figuren beygefüget werden.

Über diese Semestria Literaria sollen sehr vollkommene vielfältige particular- und general-Register gemacht werden. Und erlangen wir dadurch mit der zeit ein rechtes Aerarium publicum oder Schaß-Cammer menschlicher wissenschaft, samt einem inventario, dadurch alles in richtigkeit und ordnung gestellet, zu nöthigem gebrauch jedesmahl an die hand gebracht, untersuchet, und mit einem worth, genüzet werden kan. Da hingegen bey gegenwärtiger verwirrung wir menschen selbst nicht wissen was wir haben, zum öfftern gethane arbeit noch eins vornehmen, auch über mangel klagen, da doch offt überfluß vorhanden und nichts als ordnung, bereitschafft und anstalt mangelt. Welches sonderlich in der höchstnöthigen wissenschaft der arzney wir

De temps à autre aussi, on y joindra, avec les figures, d'exactes descriptions de certains arts, sciences, raretés, inventions, machines de toutes professions, le tout, sinon absolument nouveau, au moins fort curieux.

On dressera de ces *Semestria literaria* des tables complètes et multiples, générales et particulières. Ainsi obtiendrons-nous avec le temps un véritable trésor public (*ærarium publicum*) de la science humaine, avec un inventaire, qui permettra de tout mettre en ordre, tout mettre sous la main, tout rechercher et en un mot tout utiliser.

Car, en présence de la confusion actuelle, nous ne savons pas, nous autres hommes, ce que nous possédons, et le plus souvent nous nous livrons à un travail déjà fait, nous nous plaignons même d'éprouver des lacunes, alors que souvent il y a surabondance et qu'il ne manque

mit so vieler menschen verlust und Schaden erfahren. Sind also einem kaufman gleich, der zwar einen großen handel führete, aber keine bücher hielte. Wie dann ein richtiges inventarium fast der gemeine hauptmangel, so in den meisten publicis et privatis, negotiis sowohl als studiis sich spühren laßet.

Durch verfertigung dieser Semestrium, und wann man dergestalt in wenig jahren fast alle die besten bücher der welt durchgangen, auch durch beschreibung aller künste und professionen gleichsam die ganze menschliche erfahrung zu papier gebracht.

9. Wenn dieses also zu werk gerichtet, so ist nichts andres übrig zu möglichster beförderung menschlichen verstandes durch natürliche mittel, als daß die hohe obrigkeit zu fleißiger aufzeichnung aller sich begebenden merckwürdigen und nützlichen dinge, untersuchung der natur, erziehung der jugend, ermunterung der gemü-

que l'ordre, le classement et l'accessibilité, une expérience que nous avons faite dans la science la plus essentielle, la médecine, et que nous avons payée en hommes et en d'autres pertes.

En quoi nous ressemblons au négociant qui ferait des affaires considérables, mais ne tiendrait pas ses livres. C'est que, dans la plupart des affaires publiques et privées aussi bien que dans les études, l'absence d'inventaire est le grand et commun défaut, qui se fait le plus sentir.

L'achèvement de ces *Semestria* et l'examen en peu d'années des meilleurs ouvrages de l'univers, enfin la description de tous arts et professions, coucheront en quelque sorte sur le papier toute l'expérience humaine.

9. Une fois cette œuvre menée à bonne fin, il n'y aura plus, pour hâter le plus possible, par des moyens naturels, l'essor de l'intelligence humaine, qu'à obtenir que

ther vermittelſt ruhms und belohnung, und beyſchaffung aller lernungsmittel guthe anſtalt mache, welches ſonderlich bey Schulen, Universitæten, Academien, Collegiis und Societæten, Orden, Observatoriis, Laboratoriis, Bergwercken, Werckſtätten, Bibliotheken, Cabinet und kunſt- oder raritæten-Cammern, gårten, Thiergarten und fiſchereyen, Zeughäuſern und hoſpitalen und andern dergleichen fundgruben menſchlicher wiſſenſchafft, leicht zu thun und hoch vonnöthen. Was nun dergeſtalt durch fleiß und glück täglich entdecket würde, könnte in die Semestria gebracht und endtlich dermahleins in der Encyclopædiam auch an ſeinen orth eingetragen werden.

10. Ich kann, nachdem ich von langer Zeit hehr auf viel mittel gedacht, dadurch den wahren ſtudien und nützlichen wiſſenſchafft aufs nachdrücklichſte zu helffen ſeyn möchte, keines, ſo leichter und ſchleuniger und von

l'autorité supérieure, par des établissements appropriés à cet effet, fasse noter toutes choses utiles et remarquables existantes, étudier la nature, élever la jeunesse, encourager les esprits par des récompenses honorifiques et autres, enfin, procurer tous les moyens d'enseignement, ce qui ne peut avoir lieu que par des écoles, des universités, des académies, des colléges, des sociétés, des ordres, des observatoires, des laboratoires, des usines, des ateliers, des bibliothèques, des musées d'art ou de curiosités, des jardins ordinaires et zoologiques des réservoirs, des arsenaux, des hôpitaux, enfin telles autres mines de la science humaine. Or ce que le travail et un heureux hasard feraient découvrir de la sorte pourrait être utilisé dans les *Semestria* et enfin inséré quelque jour à son endroit dans l'*Encyclopédie*.

10. Après avoir longtemps médité sur les moyens les plus efficaces de venir en aide aux études sérieuses et utiles, je

Privat-Personen ohne weitläufftigkeit und sonder wag=
nüß besser zu werck zu stellen, finden können. Ver-
gleichlich, denn gleich wie berge mit körben endtlich
durch wiederhohlte arbeit zu versezen, also kann auch
das gröste werck, wenn es wie hier in viel jahre und
menschen vertheilet wird, endtlich gehoben werden.
Solte auch in diesem seculo dieß nicht zur vollkommen=
heit bracht werden können; so wird doch die posteritæt
unsere Vorsorge der unsterblichkeit würdig erkennen, daß
wir nehmlich unsre Schuldigkeit nicht länger verschoben,
sondern endtlich einmahl zum wercke gegriffen und solches
in solchen gang gebracht, daß es sich endtlich selbst wird
durch seinen eigenen lauff vollenden können. Gleichwohl aber
möchte ich wünschen, daß wir selbst unsrer arbeit ausgang
erleben, und die früchte der bäume so wir pflanzen,
genießen möchten. Welches auch wohl geschehen könnte,
wenn hohe Personen nicht nur des menschlichen ge-

n'en trouve pas de plus rapidement ni de plus aisément pra-
ticables et que des personnes même privées puissent appliquer avec moins de difficultés ni moins d'hésitation. Et, pour
faire une comparaison, de même que des travaux incessants
peuvent aplanir des montagnes, de même l'œuvre la plus
considérable, distribuée entre nombre d'hommes et d'années,
peut enfin être accomplie. Dût une entreprise de ce genre
ne point se réaliser en ce siècle, la postérité jugera digne de
mémoire cette sollicitude qui fait que nous n'ajournons pas
notre dette, mais bien que nous avons enfin mis la main à
l'œuvre et imprimé une direction telle qu'il n'y a plus qu'à
la laisser se développer toute seule. Néanmoins je voudrais
qu'il nous fût donné de vivre assez pour voir ce résultat, et
qu'ayant planté les arbres nous en pussions cueillir les
fruits. Et c'est ce qui pourrait arriver si telles personnes qui
se préoccupent de l'espèce humaine songeaient aussi à leurs

schlechts, sondern auch ihre und der ihrigen eigne angelegenheiten, wohlfarth, wohlstand, gesundheit, bequemligkeit und lust, gnugsam bedencken möchten. Denn einmahl gewiß, daß unzehlich viel menschen offtmahls bey leben und gesundheit, bey glück, wohlstand und guthen wandel zu erhalten, wenn man die in handen habende mittel, nachricht, kräffte und gaben gottes recht brauchen, und zu unsrer eignen glückseligkeit beständige schlüße saßen, auch solche unverbrüchlich volstrecken wolte. Von welchen allen dann viel zu erinnern were. Ich schließe, das thörlich, nur stein und kalk zu einem haus beyschaffen, solches aber nimmer ausbauen, sondern dessen vollendung den nachkommen überlaßen und unterdeßen unterm freyen himmel wohnen, wenn man doch selbst durch guthe anstalt bey seinem leben den bau vollführen und bewohnen könnte. Kann es aber je nicht seyn und ist unser seculum noch nicht dazu versehen, oder sind wir

propres affaires, leurs propres bien-être, santé, plaisir et avantage. Puisque aussi bien on pourrait conserver à un nombre incalculable d'hommes la vie, la santé, le bonheur, le bien-être et la plus heureuse allure, si l'on savait mettre judicieusement à profit les moyens que l'on a sous la main, les renseignements, les forces et les dons du ciel, enfin, si nous prenions l'inébranlable résolution de les appliquer en vue de notre bonheur. Il y aurait beaucoup à dire encore là-dessus. Je conclus qu'il y aurait sottise à amasser les pierres et la chaux nécessaires à la construction de l'édifice pour le laisser inachevé, ou commettre ce soin aux descendants, en se condamnant à vivre à la belle étoile, quand on pourrait, en s'y prenant bien, et de son vivant, édifier le bâtiment et l'habiter. Mais, si cela ne peut se réaliser et que notre siècle ne soit pas en mesure, ou bien si nous ne sommes pas dignes de ce parfait bonheur, encore de-

vielmehr dieses vollkommenern Glücks nicht werth, so
wollen wir unterdessen thun was in unserm vermögen,
uns dadurch vor Gott und der nachwelt außer verantwortung sezen und gleichwohl erwarten, ob nicht Gott hohe
oder auch wohl andere Personen zu seiner Ehre und
gemeinen besten erwecken möchte, die durch beihülffe,
stiftungen oder mitarbeit ein so wohlgemeintes vorhaben,
daran gewis ein großes theil menschlicher vergnügungen
hängen würde, wenn ein jeder mensch alles, was andre
menschen hauptsächlich wissen, in einem kurzen begriff
ordentlich zu finden hätte, kräfftiglich befördern können
und wollen.

vons-nous faire ce qui est en notre pouvoir, dégager notre
responsabilité devant Dieu et la postérité, puis attendre que
la Providence veuille bien, pour son honneur et le bien-être
général, susciter d'éminents personnages ou autres, qui
veuillent et puissent encourager, par des allocations, des
fondations ou une collaboration, une entreprise à laquelle
se rattacherait certainement bonne partie des puissances humaines, une fois qu'un individu pourrait trouver résumé
tout ce que d'autres hommes savent parfaitement.

LEIBNITIUS PAULLINO.

Nobilissime, Excellentissime, Experientissime Vir, Fautor honoratissime.

Quantum conspecta manu tua gavisus sum, tantum indolui nuntio morbi quem tamen spero nunc divino munere discussum, teque nobis ac Reipublicæ redditum a malo liberum et pristino vigore fruentem. Quod ex animo a me optari facile fidem habebis,

De rebus ad Historiam Germaniæ pertinentibus quas vel ipse elaborasti, vel suppeditare per amicos potes, scito locutum me cum viris insignibus hujus studii amantibus intelligentibusque quibus et *binas* tuas ostendi; visum est facturum te opere pretium, *si ad nos aliquando excurras, allatis tecum manuscriptis tuis aliisve id genus notitiis historicis. De sumtibus itineris, quod atqui non magnum est, poteris securus esse, et alioqui non pœnitebit venisse.* Nec tamen necesse est, *ut itineris causa noscatur ubi nihil refert;* possunt Lipsienses nundinæ, potest alia occasio obtentui sumi. *Si consilium placet, significabis mihi in tempore, ut melius omnia constitui possint.* Præter cætera tua, gratum erit integras quoque videre *Insulani et Amelungii* schedas. Si ante adventum ad nos in transitu apud Sagittarium aliosque studii hujus amantes inviseres, quos tibi objiceret via poterit fortasse in nonnullis melius satisfacere curiositati nostræ, sub prætextu tuæ. Ubi ad celeberr.

Pregizerum scribes, repete, quæso, testationes cultus mei, nuperis literis a me tibi significatas. Mirifice placet index operum ejus moliminumque. Roga, quæso, amabo, ut si quæ occurrunt, quæ res illustrent Guelforum nostrorum, qui in Suevia Bavariæ degebant et Altorfii non procul a Podomico lacu pariter atque inter Lycum et Ambronem ditiones habebant, ea nobis communicare velis. Intricata satis eorum genealogia est, quam exhibet monachus Wingartensis. Si qua etiam diplomata occurrant in quibus mentio primorum ac secundorum (id est nostrorum Guelforum), præsertim si qua ab ipsismet fuit data, præfer. Ea quæ Hundius Genoldusque publici juris fecere, eorum gratissimum judicium erit, nec sine grata commemoratione accipiendum. Constat Guelphum Ducem Henrici Leonis consobrinum magnas in Suevia ditiones habuisse, quas post obitum ejus imperator credo emtionis titulo sibi vindicavit; sed postea extincta Suevorum imperatorum familia varie sparsa videntur. Earum rerum seriem paulo exactius nosse, non exiguo Historiæ nostræ ornamento esse posset. Nec quisquam D. Pergizero melius hic opem ferat. Quis ille *Dn. Krebs* qui amplissimum volumen diplomatum et Eginhartum notis illustratum pollicetur? *An Dn. Crofin.* Historiæ Frid. II intentus? Nomen ejus qui *Philippum magnanimum Guilielmum sapientem* putat, non satis lego. Si quando indiculus insigniorum virorum collegio imperiali historico manus admoventium ad te redibit, quæso, fac me participem. Dn. *Zolmannus*, Gothanus consiliarius, qui nuper apud nos fuit nuntius Bernardi Saxoniæ ducis, quem Barbarossa Leoni oppo-

suit, nummum penes se esse dixit vel eo memorabilem quod in eo pariter est insigne Ascanii Trabesii, sed tamen sine rutaceo serto. Speramus ectypum. Spæ quoque (*fortasse cum duo D. a Zechio consiliario Vinariensi*) videtur, in *Lavenburgica controversia laborare*, cujus discussio Historiæ multam lucem afferet.

Litteræ tuæ ac novissimæ, *aliud sigillum* præferunt quam priores, quæ res mihi scrupulum movit. Itaque sigillum novissimum tibi mitto, nescio an Dr. Lucæ quo casu cessat sollicitudo. Has litteras ut jussisti ad Dr. Lucæ concionatorem Aulicum Casselanum mitterem, viro doctissimo communes futuras, nisi quorundam hic mentionem fecissem; sub initium, quæ fortasse præstat ad te solum pervenire alias per illum scribam. Quod superest, vale diu et integre, ac me ut facis ama.

Dabam Hannovriæ, 26 Febr. 1691.

Cultor obsequentissimus

GOTFRIDUS GUILIELMUS LEIBNITIUS.

LEIBNITIUS PAULLINO.

*Nobilissime et Experientissime Vir,
Fautor honoratissime!*

Quanto gratiores mihi fuere literæ tuæ humanitatem simul eruditionemque spirantes, tanto gravius tuli, quæ mihi antea destinasse narras *nescio quo fato intercessisse.* Nam ubi accepissem, profecto alienissimus essem a Gratiis, si pro insigni et publico benevolentiæ tuæ testimonio nullas tibi gratias egissem. Ego quanquam in *tua omnia curiose inquirere soleo quorum pretium didici, novissimum tamen opus tuum ex naturæ curiosorum lege adornatum, manus meas effugit,* quod mihi post reditum distractissimo sola necessaria diligentius inspicere licuisset. Et licet opus haud dubie elegantissimum evolvissem, *prætervidissem tamen nomen meum, neque enim tanto me dignor honore, at inter eos quæram quibus libri dedicantur.* Itaque quæ causa facit ut majores gratias debeam, facit etiam ut facilius veniam sperem. Quam si impetravero tanto arctiore vinculo me tibi adstrictum putabo, *et in fortunæ beneficiis numerabo si qua mihi gratitudinis testandæ occasio offeratur.* Multas etiam gratias debeo quod operum tuorum absolutorum indiculum aliquem mihi communicasti. *Nihil in hoc studiorum genere majoris facio, quam quod tuis scriptis maxime simile est, id est ex fontibus haustum.* Non subito quin multa tibi occurrerint, quibus res *Brunsvicenses*

illustrari possint. Talium si quod nobis indicium facies, præsertim si intersint quæ ad decus Serenissimæ Gentis pertinere videantur, haberem materiam *prædicandi favorem* tuum. Inter cetera desideramus argumenta quibus magis constabiliri possint quæ *Cranzius* aliique habent de Othonis ducis Bavariæ et ad Visurgim dynastæ, pariter ac *Brunoncis* atque *Ecberti* Brunsvicensium Dominorum originibus ad Othonianam stirpem referendis (a quibus petendum est Henrici Leonis maternum genus) deque horum allodio. *Billingunorum quoque ditiones* alicubi non satis noscimus. Videntur versus Albim potius dominati et tamen Henrici Sancti temporibus Bernardus alicubi se scribit ducem Westphalorum. Sic et Henricus mirabilis sator Grubenhagiorum alicubi se scribit principem Palatinatus Saxoniæ, nec satis nobis constat, unde illi hujus tituli occasio. Aliaque hujus modi subinde occurrunt, quæ a viro antiquitatis Germaniæ perito, *qualem te inter primos esse constat*, lucem accipere possint. Certe pagorum, comitatuum, marchionatuum, palatinatuum, ac ducatuum ipsorum in hac Saxonia limites et ut ita dicam *Geographia quædam* medii ævi magnopere desiderantur. *Ego in Italia inveni locum sepulturæ Azonis marchionis et conjugis Cunigundis Guelphicæ, diplomataque liberorum Azonis, seu fratrum Guelphi ducis,* unde non tantum connexionem utriusque Gentis Brunsvicensis et Estensis stabilivi sed et multa Estensium scriptorum παροράματα emendavi. Egregium aliquod opus tuum *de rebus corbejiensibus* in *bibliotheca Augusta magna cum voluptate* vidi. Nuper in *Schattenii Historia Westphaliæ* editum est di-

ploma quoddam Caroli M. *ex archivo Corbejensi*, id quin videris non dubito, et nosse velim an appensum sit sigillum aliquod ut Osnabrugensi. Speciem habet genuinitatis. *Schastenius* vero etiam alia illa defendit quibus adjecti sunt anni incarnationis; in quo ipsi assentiri nondum plane audeo. Ex duorum Corbejensium *Insulani* et *Amelungii* operibus ni fallor hactenus excerpta tantum edidisti: nondum ipsa opera integra *quibus multa proba inesse non dubito. Gaudeo ex Te intelligere progressum annalium patriorum de quibus nihil certi acceperamus. Si Ludolphus noster propylæum præstruet, haud dubie magnificum erit.* Optavi (et ipsi olim Viro insigni significare memini) uti scribatur Baroniano more, nec tam elegans et arguta dictio quæratur, quam rerum pondus et fides atque huic faciendæ aptum et didacticum dicendi genus passim Autorum verbis interstinctum, cum alioqui in pluribus symbolum conferentibus styli æqualitas teneri non possit, probavit sententiam judicavitque ea ratione multis difficultatibus obviam iri. Non ignoras *Varburgium* in sua demonstratione historica satis voluminosa simile consilium agitasse, et profecto fecisse pretium operæ, etsi interdum in verbis Autorum recensendis videatur nimius. Multa autem ab eo tempore prodiere, quæ tunc latebant, multa jam edita vir egregius non viderat; itaque amplissima post ipsum scripturis materia relicta est, præterquam quod ultra seculum decimum non est progressus.

Remotiora illa secula præsertim quæ Carolina tempora prægrediuntur, sunt in potestate Erudito-

rum et minus habent cautionis; at in posterioribus, ubi nostris temporibus propius acceditur, Archivorum opes sollicitandæ erunt, et cura adhibenda ne quis Magnatum offendatur; itaque consulenda erunt scripta passim edita quibus jura Principum defendentur. Jus Serenissimæ Gentis Brunsvicensis in Lauenburgicas ditiones mox publico scripto orbi exponentur, viri magni opera, multis additis præclaris monumentis. Ingentes sese aperuere difficultates in deductione stirpis Anhaltinæ ex Bernardo Alberti Marchionis vulgo Ursi filio. Has indicabant nostri ipsi Anhaltini, si possunt superabunt. Ego quoque non pauca ex Italia attuli partim et in his oris conquiro quibus illustrari res nostrorum possint. Ita passim sylva cæditur in usum annalium Germaniæ. Multum debeo nobilissimo Pregizero quod mei meminit a tanto intervallo ex quo abruptum inter nos commercium est itineribus meis; quod vero de me scribere videtur magnificentius quam fert supellex nostra, benevolentiæ ejus imputo. Intelligo res Wurtembergicas studio ejus mirifice illustratas et nunc ex Te disco primum Germaniæ seculum a Christo nato suis curis vindicasse. Ita auspicatum erit opus, quod pulcherrima initia a Viro egregio habiturum dubitare non possum. Eum rogo a me data occasione officiosissime salutes, significesque nihil mihi gratius accidere potuisse nuntiata per Te mentione mei et me vicissim florente rerum ejus statu præclarisque consiliis intellectis gaudere. Qui alii humeros supponant moli Annalium aut peculiares Historias rerum patriarum parent, Tuo judicio lubentissime discam.

Quid *Sagittarius* nunc præter Thuringica agitet aut nuper dederit Academicis speciminibus, mihi non satis constat. Idem de Schurzfleischio dicere possum. Ambos scimus excellentem habere cognitionem Historiæ Patriæ. *Sed super omnia me Tibi porro obligabis, si de Tuis propriis præclaris molitionibus observationibusque dices uberius; satis enim certus sum, multa penes Te esse, quibus erudiri juxta cum aliis possim. Nec me quisquam est beneficiorum agnoscentior.* Quod superest, vale et fave.

Dabam Hannoveræ, 14 Januar. 1691.

Cultor studiosissimus
GOTFRIDUS GUILIELMUS LEIBNIZ.

A Monsieur
Monsieur Paulini
Médecin célèbre de S. A. S. de Saxe
    Eisenach.
 Franco Cassel.
(Eigenhändig v. Leibniz.)

D. LEIBNITII, CONSIL. HANOVERANI,

Consilium Viri cujusdam clarissimi collegio Historico Germanorum.

Post cætera:

Atque hac occasione ad collegii historici consilium transeo. Quod, si recte exequi liceat, mihi sane mirifice probatur. Vidisti et notasti pro summa prudentia tua, quantis ea res difficultatibus laboret; non puto tamen insuperabiles esse, præsertim si per gradus ad summa contendamus. Itaque repeto quod coram dixi, doctissimos naturæ curiosos hac

in parte imitandos videri. Duplex illis institutum fuit, condere elaborata systemata, vel opera, et tamen præclaras quoque observationes interim miscellaneis voluminibus dare. Varia illi naturæ effecta speciesque inter collegas distribuerunt. Hic Cinnabarim, ille Chrysoccolam, alius Opium, quidam Gammaros, aliaque alii ex tribus naturæ regnis accurate describenda sibi sumserunt et magnam partem præstiterunt. Interim ne præclaræ multæ notitiæ perirent, quæ systemata hæc non commode ingredi vel expectare posse videbantur, placuit illis Ephemerides dare, omnium frugi rerum capaces. Quid vetat idem in Historia institutum servari? Diuturnæ et morosæ operæ est provinciæ alicujus aut seculi historiam perfectam dare. Dum igitur collegæ in his erunt, liceat quotidie materiam publicare, ipsismet collegis in progressu, totique Reipublicæ profuturam. Erunt enim, quibus diplomata, et chronica, et fragmenta sint ad manus, quæ aliis collegis lucem accendere possint, sed hoc non agnoscent semper, qui habent, ignari consequentiarum quas alius instituere potest in argumento versatior, nec licet circummissitare ad omnes, nisi typorum beneficio. Mihi certe non raro contigit agnoscere in diplomatibus quæ alii me oculatiores in illis non viderunt. Illud unum vereor, ne publicato collegio extranei sive invidia sive suspicione quadam et morositate, in communicandis monumentis, tardiores fiant. Itaque Cæsaris autoritate fateor et Principum favore opus foret. Denique multa adhuc deliberatione opus est, ne quemadmodum corvus Æsopicus, cantando prædam amittamus. Erunt enim, qui intellecto pu-

blicandi consilio rivos claudent. Velim igitur eos qui talia moliuntur, tuis omnia consiliis agere, neque præcipitare quidquam, ubi cum delicatissimis hominibus in Aulis, in Rebuspublicis, in Ecclesiis et Monasteriis negotium est. Nec inutile erit dicere, qui jam nomine dare sint parati, quæ ab ipsis spes, qui apparatus. Ego libenter symbolum conferam; habeo enim monumenta inedita non pauca, erunt alii me instructiores; sed consilia conferri et plura quam edita scheda comprehendi fas erat, de instituto aperiri bene animatis opus erit, quo intelligant, an in eo jam res sit, ut solida tanti ædificii fundamenta locari possint. Itaque antequam certi aliquid concludatur rogandi sunt qui nomina dare volent, ut circa propositas leges conditionesque monita sua atque cogitata communicare velint.

LEIBNIT. AD D. JOB. LUDOLFUM, S. CÆS. MAJ. CONSILIAR.

Dat. 2/12 Decemb. 1688.

Non satis dici potest, quam gratæ mihi fuerint literæ tuæ, tum quod recte valere te et mei magis quam mereor meminisse significarent, tum quod occasionem præberent erga te non minus quam doctissimos viros qui historiam patriam communi consilio illustrare aggrediuntur, ostendendi studium meum. Propositum eorum Imperiale Collegium Historicum fundandi uti nunc conceptum est Cæ-

sari non per me tantum, sed et per viros insignes accessum frequentem ad sacram ejus personam habentes commendatum est, placuitque. Præterea illustrissimus atque excellentissimus Imperii Procancellarius Dn. Comes de Königseck, ad cujus manus etiam ista pertinent, non obscure favet. Itaque rebus rite ordinatis protectio augusta et singularis Summi Principis benignitas erga præclara instituta omnia huic uni certe non deerit. Interea non dubito nomina daturos plures aut certe opem pollicitaturos. Amplissimus Nesselius (qui et ipse me suggerente rem Cæsari laudavit) pro usibus collegii optima pollicetur. Nam dubium nullum est, innumera ex Cæsarea bibliotheca erui posse unde historia patria ornetur. Ceterum deliberandum putaverim, utrum præstet Annales Germanicos scribi stylo quodam æquabiliter fluente, an potius distincto, quantum convenit, ipsis autorum contemporaneorum verbis et monumentis, quale in annalibus ecclesiasticis usus est Cardinalis Baronius. Atque huc ego potius inclinarem; aliud enim est scribi compendium aliquod elegans et floridum historiæ, aliud dari vastum corpus, quod non ideo elaboratur, ut tempori fallendo legatur, sed ut præsens actus thesaurum quendam relinquat posteritati, unde postea quivis secure fundamenta historiæ petere possit. Atque ita etiam tutius scribitur, certiusque veritati litatur, et cum alioqui non omnes, inter quos distribuendus erit labor, et qui stylo valeant, hac scribendi methodo magis æquabuntur. Nolim tamen quicquam vel exactissimæ sententiæ tuæ, cui merito fasces deferunt omnes, vel aliorum doctissi-

morum virorum deliberationibus circa argumentum hoc mea qualicunque opinione præjudicari, quam submitto libens, etc.

LEIBNIT. AD JOB. LUDOLFUM.

Sub dat. Viennæ Austriæ, 10/20 Jan. 1689.

Quod ad Cæsaris sententiam attinet, de qua testem quæres, ita habeto : mihi tunc non amplius integrum fuisse ex Sacratissimæ Majestatis suæ ore discere, quid videretur. Cum igitur tunc ægrotaret ex podagra Illustrissimus Dnus Comes de Königseck, Imperii Procancellarius, et forte reverendissimus atque illustrissimus Episcopus Neostadiensis, cum quo mihi aliqua dudum notitia intercesserat, in eo esset, ut adiret Cæsarem, scias, me offerendam Maximo Principi impressam, quam miseras, instituti delineationem, ipsi commisisse. Fecit igitur e vestigio, et renunciavit, Cæsarem diserte satis testatum fuisse, pergratam sibi esse hanc ornandæ historiæ patriæ voluntatem. Porro cum Illustrissimo Procancellario, de quo etiam quæris, jam antea locutus eram ipse, et satis intellexi, favere illum pro summo judicio suo cum historicis investigationibus in universum, tum vero singulatim consilio huic condendi collegii historici Imperialis.

Nobilissime, Excellentissime et Experientissime Vir!
Fautor Honoratissime!

Memini me posterioribus litteris Tuis ample respondere et nonnulla etiam in meis adjicere, de quibus sententiam Tuam expectabam, quod non ingrata fore confiderem.

Sed silentium Tuum facis, ut vel literis, vel Tuæ valetudini timeam. Hoc metu me ut liberes rogo, literas per ordinarium cursorem Cassellanum miseram.

Nunc præcepta ad D. Lucca Cassellis aulicum ut jubere visus et dirigo ut certior sim rectæ curationis.

Quod superest, vale et fave, Vir nobilissime.

Hannoveræ, 24 April. 1691.

Studiosissimus
Tui
G. G. LEIBNITIUS.

Nobilissime et Experientissime Vir,
Fautor Honoratissime.

Tandem binas Tuas accepi. Cur prior scio ad me pervenerit, in causa fuit absentia mea. Nam *Guelfebytum* excurreram indeque transieram Zellas. Interea is qui literas acceperat, me frustra quæsito, maluit **reditum expectare** quam literas domi meæ relinquere.

AD PAULLINUM.

Tandem ex secundis Tuis intellexi adesse aliquid mihi destinatum et reversus obtinui.

Gratissima erant specimina eorum quæ nobis paras e penna Tua diplomatica; alia haud dubie futura ab aliis quæ jam Guelphebytum olim reliquisti. Et in universum quicquid talium vel ex Tua vel amicorum collectis suppeditare poteris, acceptum nobis erit futuris non ingratis. Itaque ad priora me refero, ubi amplius exposui mentem.

Nuper inquisivi diligentius in Glossopetras, et quantum autopsia pariter et meditatione consequi possum, Columnæ potius ac Stenonio assentior quam doctissimo Reiskio nostro. Revisuntur et alia marina spol. Luneburgi et nuper quædam ex Conchyliorum genere vidi, affabre formata in nodorum formam quibus vestes astringuntur (*Knopf*).

Sed cum magna sit Tua non naturalis minus quam civilis Historiæ peritia, gratissimum erit intelligere quid sentias. Celeberrimi Pregizeri doctrinam magni faciunt omnes qui specimina videre et præclara rebus Suevicis illustrandis expectant. Optarim juvare nos possit circa res veterum Guelforum in Suevia, aliorum patrimonium constat Fridericum Barbarossam et Henricum VI sibi vindicasse, ipsi Guelfo seni et orbo soluta pecunia, sed sparsum postea ad quos venerit nosse non injucundum foret. Quicquid porro circa doctorum virorum studia et conatus tum Historicos tum et alios, innotescet, mihi quæso subinde communica, et fave.

Hannoveræ, 15. Junii 1691.

Studiosissimus
G. G. LEIBNITIUS.

Nobilissime et Experientissime Vir!
Fautor Honoratissime.

Ultra duos menses domo abfui, et vix ante binas septimanas sum reversus. Nam Guelfebyti et Bronsvigæ quæ agerentur fuere. Itaque rogo, ut moræ ignoscas.

Ob communicationem judicis diplomatum factam Tibi gratias ago nihilque gratius erit quam porro Tua alienaque historica nota atque observata Te judicante discere. Si quid nobis destinetur Cassellas oblata occasione mitti poterit, inde facile ad nos perveniet cum septimana inde Hanoveram stata lege proficiscens.

A celeberrimo Pregizero literas accepi indices eorum quæ hortatu Tuo circa Guelficas olim Sueviæ regiones et monumenta inquisivit. Rescribam quam primum, et gratias agam, nam eadem absentia differri officium fecit Zechii consiliarius Saxonici scriptum in causa Lauenburg., nec nos vidimus an typis editum sit, nosse velim quanquam suspicerem ad me coerceri. Nostrum sub prælo. Accepi tandem a D. Zallmanno promissos nummorum Bernardi Ascanii ectypos; sed postquam eos D. Tentzelius jam suis menstruis colloquiis inseruit.

Literas non ita pridem ab inclyto Ludolpho nostro accepi unde intelligent, absolutum cura rerum Æthiopicarum nunc fortiter Germanicis illustrandarum. Responde, et magnopere ad præclara Collegii Historici cœpta prosequenda sum hortatus; idem Tibi dictum velim inter primos, immo primo. Ego

et amici, si qua in re studia nostra juvare poterit, favorem conabimur demereri. Vale.

Dabam Hannoveræ, 16 Octobris. 1691.

Deditissimus
G. G. LEIBNITIUS.

P. S.

His jam scriptis et mox mittendis Tuas accipio, ex quibus ut te bene valere judico, ita lætor. Cum celeberrimus Pregizerus sumtibus ducis iter ingressus sit, credo nostros erga ipsum aliqua ratione non aspernanda testaturos quam acceptus hic fuerit illius aulæ favor. Si nondum apud nos transiit Amplissimus Ludolphus, spero ut meæ litteræ ad eum perveniant. Intelligo ex Ed. Tenzeliano virum summæ doctrinæ cum ipso commercium colere et nuper aliquod de originibus linguarum Europæarum dedisse. Mirifice optarem plura de re nosse, ipsaque Bernardina, si liceret, adipisci. Nam et ego sæpe de his cogitatis Britannicis seu Aremoricis, multa Græca, Latina, Germanica notare licet. Nec mirum, neque enim ego dubito omnes istas linguas, non minus ac Slavonicam, ex eodem fonte fluxisse. Si quid nobis de modo Cassellas deferatur aliqua occasione, inde per ordinarium currum ad nos recte venire potest. Vale.

Hannoveræ, 26 Octob. 1691.

Nobilisssime et Experientissime vir,
Fautor honoratissime!

Non neglectu sed distractione paulo serius officium facio Tuisque amantissimis respondeo, quarum alias attulit Isenacensis juvenis qui apud Aulæ marescallum versatur, alteras attulit cursor publicus, cum præclaro Tuorum Corbejensium specimine. Æstimatur merito, nihil enim in hoc genere eruditius præstari possit. Cæterum illud in aurem, ut nos diplomatis, aliisque id genus monumentis summissis, si vacat adjuves. Sunt enim qui his imprimis delectantur, mihique daretur occasio inserviendi efficacius. Misisti aliquando indicem fasciculi rerum Germanicarum. Ejus contenta speraveramus. Sed et potes talia impetrare ab amicis, dissimulatis illis qui rogant. Memini me jam ante fusius de ea re scripsisse. Nec cures anxie utrum ad nos pertinere videantur quæ mittis, nam late fusa est curiositas nostra.

Typi Saxo-Luneburgici nostri aliquando sufflaminantur longis impedimentis. Urgentur tamen qua pote. Miror D. Winkelmannum non invenire chartam edendo tanti momenti operi quale est chronicon Hassiacum, dum interea tot alia minoris momenti prodeunt, atque ipse supposititias Pauli Apostoli epistolas ad Senecam et similia edere parat, ut Tibi scripsit. Orationem Fellerianam cum Tuis notis videre summæ voluptati erit. Non est quod D. Zolmannus nostros Typos timeat, et ipse recte dixit a se non timeri. Quin potius ipsi gratos fore

puto ut habeat in quo eruditionem et ingenium ostendat D. Zechio auxiliaturus, ut ait ipse.

Annalium Westphalicorum hactenus quod sciam pars tantum prima prodiit, posthumum Schattenii opus, ultra Carolina tempora progressum. Alia Paderborniensa nescio. Cloppenburgius Schattenii curas continuat. Videtur Schattenium non inerudite scribere, etsi interdum stylum acuat in diversas sententias, quo nihil indignius historico.

Vix quisquam hominum literis operam dantium me familiarius usus est ill^{mo} Boineburgio. Et bibliotheca ejus et schedæ mihi patuere. Sed cum non servaret literarum suarum exempla, multa interdum per impetum scripsit amicis, Conringio, Bœclero, Forstuero aliisque, quæ non vidi. Ita de collegio eruditorum quid suaserit non memini me intelligere. Nec diuturnam aut durabilem fuisse cogitationem, cæterum, fallor? jucundissimum fore tale commercium et magnæ utilitatis, quale depingis. In magna urbe Francofurto, aut Noribergo, aut Hamburgo, aut nundinis celebri, ut Lipsia, fundamenta jacienda essent, ibi enim multi facillime communicant, quippe eodem in loco. Et sane acta Lipsiensia, quid aliud sunt pro magna parte quam talis commercii fructus? Fatendum est tamen majorem talis collegii fore gratiam, si non jam tum haberentur tot diaria eruditorum. Interea semper multa restabunt quæ in illis non attinguntur. Inter difficultates erit labor quem multi sibi sine fructu aliquo ultra curiositatem tendente sumere non solent, proxima erit sumptus in literarum portitores qui, etsi non adeo magnus futurus sit,

tamen aliquot morabitur. Huic malo Boineburgius mederi nonnihil poterat per Moguntinum Electorem. Verebuntur etiam aliqui ne qua sic spargantur latius quam vellent, qua ratione commentum literarium fieret conferrem, nec ad eam rem opus foret collegii titulo aut apparatus, nisi ultra tendatur. Collegium historicum urgeri magis adhuc e re erit.

Doctissimum sagittarium doleo a studiis illis quæ tantopere ornat nescio quo impetu abripi. Nihil laudabilius est cultu pietatis, sed factionis suspicio, etiamsi mea sententia falsa sit, tamen apud plerosque homines politicos, etiam omnia tuta timentes gravat has partes. Videtur mihi posse unumquemque pietatem suam rectissime demonstrare agendo ex legibus caritatis, id est, nemini nocendo (nisi cum mala impedire necesse est) et omnes juvando, sed maxime bonos et similiter animatos, nec opus est tanto motu animorum. Sed fateor mihi omnia acta non satis nota esse, et video passim affectus illaudabiles intermiscere a nonnullis qui pietatem ab una aut quietem Reipublicæ ab alia parte obtentui sumunt. Optimum foret silentium imponi omnibus autoritate publica, ne res demum in schisma erumpat. Puniri tamen calumniarum autores in insontes a re foret, nec causam eorum generali amnestia confundi.

Ita nihil esse in Tuis putas quod non attigerim. Corbejensia mature remittam qua præscribis via. Quod superest, vale, Vir Excell^{me}, et me ama.

Dabam Hannoveræ, 3 Januar. 1692.

Cultor studiosissimus.
G. G. L.

P. S.

Cœptum novum jam annum, faustum et felicem, et hunc multis fratribus, suo tempore secuturis, comitatum apprecor.

Vir Nobilissime et Experientissime!

Novissimas meas cum additis ad D. Tenzelium acceperis. Nunc Corbejensium Tuorum initia cum multa gratiarum actione remitto. Multa in iis docta et præclara. Diploma Lotharii de Regia insula valde memorabile foret, si constaret genuinum esse, sed Lotharius imperator non erat Rex Germaniæ, ut alia taceam. Secundum est quod narras de pueris angelico habitu stantibus, quos posteri rerum ignari in veros Angelos transformarunt. Et velim nosse utinam Aloys Caraffa nuntius Apostolicus hoc dixerit. Vellem aliquando obtinere posse favore Tuo librum P. Alberti de fide, spe et caritate, quod illud diarium manuscriptum testatur Eresbergi repertum. An quid de cæteris memorabile in ipso?

Spero literas meas dudum D. Pregizero fuisse redditas; idque ex responso illius facile intelliges, rogoque mihi significari si quod ad Te pervenit, ut sim extra metum.

Valde nos expeteremus lumen aliquod circa originem Othonis, Northemii, seu ad Vesurgim, ducis Bavariæ. Hunc, si bene memini, Cranzius inserit

temporibus Othonis imperatoris, quod non videtur fecisse sine aliqua autoritate.

Itaque valde rogo ut cogites quid in eam rem illustrandam afferri possit. Fuit ille dominus regionis circa Corbejam tuam.

Cranzius putat Henricum Rixosum, fratrem Othonis Magni, stirpem in Saxonia reliquisse, atque inde terræ Gottingensis seu Northeim et Brunsvicensis dominos venisse. Quod an aliqua autoritate indicioque probabili firmari possit, nosse pervellemus. Hactenus aliqua juvare conjecturam videntur, sed quæ nondum satisfaciunt. Forte viris doctis superioris Germaniæ aliquid de Henrici Rixosi Bavariæ ducis posteritate compertum. Itaque rogo ut D. Pregizeri aliorumve amicorum ea de re opem sollicites; sed tuas potissimum opes excutias, et in disquisitionem paulo studiosius incumbas, qua nos non mediocriter devincies.

Quod superest, si quid penu ex præclara tua subministrabis, habebis me, ut par est, gratum.

Dabam Hannoveræ, 25 Januar. 1692.

Cultor studiosissimus
G. G. LEIBNITIUS.

P. S.

Nihilne audisti de Petronio novo Belgradi ante aliquot annos reperto, ut ajunt? Gallus quidam inde Petronium plene edere promittit.

MONS. PAULLINI,

Médecin de S. A. S. de Saxe, à Eisenach.

Vir celeberrime, Fautor et amice honoratissime.

Non dubito quin tibi significaverit doctissimus Tenzelius noster captum a me consilium de edendis compluribus monumentis Historiam et jus gentium illustrantibus, quæ possis appellare diplomata majora, in quo numero sunt quæ pertinent maxime ad Rempublicam, veluti pacta conflata inter principes, transactiones, pacificationes, fœdera, matrimoniales contractus cum dotalibus instrumentis, testamenta et adoptiones, investituræ et homagia, arbitria sive lauda aliæve sententiæ memorabiles, cessiones regnorum, ducatuum aut dignitatum, abdicationes, depositiones aliaque id genus complura. Et cum talia inter Principes et Respublicas aliosve suprematum habentes acta vim quodam modo legis habeant erga eos ad quos pertinent, vel certe sint in jure gentium quod leges in jure civili, ideo collectionem eorum codicem juris gentium appello. Spero autem Tua ope non pauca nec contemnenda obtinere, sive nondum edita, sive in arculis schedarum aut librorum latentia, gratusque agnoscam beneficium.

Ego quoque inter eos sum, qui absolutam atque editam historiam Tuam Corbejensem videre deside-

rent. Illud facile pro prudentia Tua judicas, cum res Brunsvicenses plurimum haud dubie tangat gratissimam ministris nostris antecedaneam ejus notitiam fore.

Si clarissimus Bussingius pro Suecis hanc sibi petentibus orationem habuit, mirum est ipsius verba sumtibus obstetricis deesse praesertim in tantula re. Sed fortasse usu venit illi, quod aliis eruditis licet viris qui operam suam nostris in tuendo jure ex Lauenburgica successione ad Brunsvicenses delata obtulere; nam ipsi rerum administri nolunt causas iis committere quos vel ob absentiam vel ob alias rationes satis instruere vel nolunt vel non possunt. Mathesi quoque et philosophia elegantiore doctum esse Bussingium facile judico ex programmate quodam Germanico ad me misso quo exquisitis quibusdam verbis et jucunda atque efficaci λογοποιΐᾳ difficiliora artis Germanice exprimebat. Quod si quando ad eum dabis literas, rogo ut significes quantum mihi id consilium scientias illas sublimiores Germanice explicandi probetur. Cum in Gallia essem, saepe per jocum dicebam amicis linguam Germanicam prae Latina ejusve filiabus Gallica aut Italica ingens habere privilegium, ut ineptias commode efferre non possit, ineptias scilicet pseudo-philosophicas quibus passim scholae Latinae perstrepunt; itaque Germanicam linguam esse velut lapidem Lydium cogitationum solidarum, cum sit in realibus foecundissima, in imaginariis pauperrima. Equidem saepe dolui tot principes aliosque egregios viros, qui frugiferae societati nomen dederant, non ea parte nostrae linguae culturam aggressos,

quæ erat efficacissima et maxime profutura, artes scilicet et scientias et quicquid alibi bonæ frugis est in eam transferendo. Utinam daretur aliquis qui in Germanica faceret quod in Gallica Fureterius! Deest enim nobis glossarium sive lexicon vocabulorum, quo artium et variorum vitæ generum propria verba exponantur, cujus conficiendi spes esset, si plures in hoc institutum conspirarent, quod maximæ haud dubie utilitatis foret. De Sorabis nihil habeo probabilius conjectura Eibeniana : certe Sorabos, Surbos et Servios ipsos eosdem esse dubitare non possum; porro ex Surbis fieri Sorabos, a duplicato vel triplicato, nihil habet mirum, cum et Wendi pro Vinidis et Schwabi pro Suevis usurpentur.

Video ex Tenzeliano quodam *Mense* consilium Tuum novum de societate condenda Germanophilorum rectis cogitationibus. Quod si ad societatem nec statim nec commode venire potest, nihil prohibet amicos inter se consilia conferre. Ego certe libenter operam meam iis præbeo, qui utilia Reipublicæ et patriæ honorifica agitant. Cum ad nos aula vestra veniret, sperabam aliquid a Te interea, si quod mihi destinas sufficit, pervenire ad doctissimum Tenzelium nostrum, cujus *Menses*, ob multa præclara doctrinamque viri spirantia passim intexta, video non mihi tantum, quod parum est, sed et Spanhemio aliisque doctissimis viris laudari, itaque compendiariam ingressus est viam ad celebritatem. Magnum dolorem ex Seckendorfii nostri summi utique viri morte cepi, nec minorem Thevenotii et Pellissonii mortes attulere. Igitur Triumviros inter exiguum temporis spatium amisi,

quibus alios substituere non sperem, ita quisque in suo genere eminebat. Vale et de me serva memoriam.

Dabam Guelferbyti, 2 Feb. 1692.

Cultor studiosissimus,
G. G. LEIBNITIUS.

Nobilissime et excellentissime Vir,
Fautor honorande!

In ære Tuo sum, sed puto me tamen moram venia Tua purgare posse. Remitto Tuorum Corbejensium continuationem et debitas ago gratias. Si quid prioribus foliis damni datum est in cauta complicatione displicet, plurimum spero tamen detrimentum fore infra metum.

Multa semper disco ex Tuis; itaque attente legenti non mirum, si paucula monita subierint quæ Tua pace subjicio.

Ad. pag. 57. Suspecti mihi duo Adalgarii fratres.

Ad. pag. 61. Hoc rogo quisquis *ades* limina sacra, legendum puto : *adis*.

Ad. pag. 64. Augustus noster Ludovicus imperator, *an* avus noster?

Ibid. Mussaticum Regnum legendum censes : missaticum regium.

Ad. pag. 92. Stangefuliana deductio stemmatis Hugonis Capeti vix tuebitur locum.

Ad. pag. 93. Incredibile est, mea sententia, quod narrat Trithemius, Thuscos ad Othonem] misisse petentes dari aliquem qui eos in via veritatis instrueret. Quis credat tunc Thuscos adhuc paganos fuisse? Et si tales fingerentur, quis eos credat ex media Italia, ubi erat prima sedes, ad Othonem nondum Italiæ imperantem misisse discendæ fidei causa?

Itaque vel pro Thuscis substituendi quidam populi barbari nondum ad Christum conversi, ut Prussi, aut quidem Russi, vel putandum est Thuscos non religionis sed potius Reipublicæ causa misisse ad Othonem. Hæc in mentem venere, quæ Tuo subacto judicio submitto.

Miror quod de Othone ad Visurgim siles, ego id moveram non frustra et quia bene animatus.

Nescio quam Historiam Saxo-Luneburgicam intelligis, nisi forte in mente fuerit deductio nostri juris, quæ sane plurimum in Historiam digreditur. Etsi autem Tibi scriptum sit consummatum esse; mihi tamen tutius credere potes, nondum accepisse summam manum. Nec video cur addas : non esse igitur cur portes noctuas Athenas, quasi scilicet omnes nostræ inquisitiones in hoc unum dirigantur. Si quid non vulgare suppeditare potes, vel nostra vel vicina illustrans, etiamsi nihil illi commune cum rebus Lauenburgicis, nobis rem gratam facies et habebimus gratiam : priora non repeto.

Egregium ex media Gallia Chronicon accepi rerum Germanicarum et maxime Saxonicarum, scri-

ptum, ut apparet, ab Conrado Lotharii Saxonis successore : nam et ibi finit. Non pauca nos docet ante ignota ; etiam de rebus nostris ; et conjecturam quandam meam extra dubitationem ponit, quam olim nec Sagittario nec Meibomio per literas mecum communicantibus approbare potueram.

Quid agant Tui rerum Germanicarum fasciculi optassem scire ; in comitatu enim vestro aulico fuisses mihi gratior futurus cum chartarum stipatoribus quam qui decem equestres famulos secum adduxisset. Intellexisses melius sententiam nostram de nonnullis quæ scripseram. Videris enim ea accepisse alieno sensu, et potuisses eos quoque audire, quibus plus tribuisses quam mihi. Quid D^s Zechius pepererit, quid D^s Zolmannus parturiat, videbimus in tempore. Nescio quid sibi voluerit D^s Tenzelius cum diceret in aliquo *Mense* suo : errare nescio quos, qui negent Bernardum sumsisse sibi ducis Saxonis nomen. Forte habuit eos ex Zolmanni ingenio; ego certe illos ignoro. Nec opus est nummi autoritate in re nemini dubia. Nos tamen non ideo minus antiducem censemus; ut Antipapæ a contrariæ factionis hominibus censentur, etiam qui se papas vocant, imo non alii.

Elegantissima sunt Tua illa memorabilia Germanice scripta, quæ inscribis : Zeitkürzende erbauliche Lust (etsi pauca demas quæ imagines quasdam darent minus gratas) : etiam ab hominibus aulicis delicati gustus et mulieribus elegantiarum arbitris (quas Galli vocant : dames galantes) legi jucunde possent.

Bordum Tuum, tum illum quem adhuc venaris

ineditum scriptorem de fide, spe et caritate, et si qua alia id genus condis, videbimus fortasse aliquando Tuo beneficio.

Quæ de communicatione literarum eruditarum atque excerptarum ex illis faciendorum scribis, fateor esse optanda. Ego multa accipio ejus generis et subinde quotidianis prope literis. Itaque cogor sæpe differre responsum et velut respirare.

Scribo hac occasione et D° Tenzelio nostro et mitto ipsi excerpta adjecta ex literis Warsoviensibus nuper mihi redditis. Rogo ut accepta et lecta ad ipsum destines. Tabulam alphabetorum Eduardi Bernardi ex Anglia accepi. Nihil est elegantius, sed indiget commentario.

Famam de Ebronii novo fragmento reperto cujus meminerunt Historia operum eruditorum Bataviæ et ex illa Acta Lipsiensia, confirmavit mihi vir egregiæ et diffusæ eruditionis. Videbimus an intus reperturi simus, non quod pueri, fabam.

Si quid porro jubebis poteris curare Cassellas ad Dr Haes Archivarium serenissimi Landgravii, qui tantum mihi favet, ut deinde ad me sit facile transmissurus. Literis mihi destinatis talem inscriptionem, si placet, dabis :

A Monsieur

Monsieur Leibniz, conseiller de la cour de S. A. S.
à Hanovre.

Vale et fave.

Dabam Hanoveræ, 16. Martii 1692.

Cultor obsequentissimus
G. G. LEIBNITIUS.

P. S.

Rogo per occasionem inter vicina loca non difficulte puto nascituram D. Tenzelio præter literas meas et excerpta mittas et libellum ex jussu Rudolphi Augusti editum, quem occasione ita ferente adjeci et veniam peto.

Excellentissime Vir,

Fautor honoratissime!

Ignoravi penitus morbum Tuum, quem spero nunc superatum, optoque valetudinem bonam et mansuram.

Historiam Tuam Kirchergensium Comitum prodiisse ignoravi, et quid sint jura Smurdorum juxta cum ignarissimis scio.

Nuper diplomatis excerptum mihi communicatum est in quo imperator Otho II (puto) cuidam monasterio dat aliquot *basingas* in Fresia. Conjeci esse mensuram, opus forte, ein Tagewerk; nam *business* Anglo-Saxonibus est opus vel negotium: sed non fido huic conjecturæ.

Magis magisque opto, ut viri docti per varias Germaniæ provincias colligant vocabula provincialia in quaque tantum regione plebi nota. Glossarium Bavarium cœperat: in his enim sæpe origines et veteris linguæ reliquiæ latent.

Forte amplissimus Eibenius per Swurbos intelligit Sorabos, Wenden; sed tute scieris an suppetant literæ originales et quid in illis.

Quod superest, vale, vir excellentissime, et fave.

Dabam Hannoveræ, 22 novembr. 1692.

Deditissimus,
G. G. LEIBNITIUS.

NOMINA ADJUNCTORUM.

In circulo Franconico :	Prof. Moller Altdorfi.		(*Evangelicus.*)
»	»	Bavarico.	(*Catholicus.*)
»	»	Austriaco.	(*Catholicus.*)
»	»	Suevico : D. D. Pregitzer P. T. Tubingens.	(*Evangelicus.*)
»	»	superiori Rhenano D. Tulenvar, Prof. Heidelberg.	(*Reform. rel.*)
»	»	electoris Rhenano.	(*Catholicus.*)
»	»	Westphalico.	(*Evangelicus.*)
»	»	Saxon. superiori.	(*Evangelicus.*)
»	»	Saxon. inferiori.	(*Reformrel.*)

In Helvetia : Joh. Henric. Heidegger, S. Theol. D. et Prof. in acad. Tigurin.   (*Reform. rel.*)

Qui Dr. Ludolfum elegerunt unanimi voto.

1. D. Tulemarius.
2. D. Pregizerus.

3. D. Otto.
4. Prof. Moller.
5. D. Dalæus.
6. M. Tenzel.
7. M. Krebs.
8. Prof. Schmied.
9. S. Feller.
10. M. Reiskius.
11. M. Crafius.
12. M. Rothe
13. Paullini.
14. D. Gotter.
15. M. Sagittarius.
16. D. Lucæ.
17. D. Fries.
18. D. Kirchmeyer.
19. D. Flemmer.
20. D. Lens.

Qui Vitas miserunt.

1. D. Otto.
2. Dalæus.
3. Krebsius.
4. Friese.
5. Lucæ.
6. Crafius.
7. Rothius.
8. Kirchmeyer.
9. D. Hofmann.
10. Prof. Mollerus.
11. Feller.
12. Bussingius.

Socii ab aliis commendati.

1. Joh. Henric. Eggeling il. Secret. Reipubl. Bremensis.
2. Gerhardus Mejer, S. Theol. Dr Bremæ.
3. . . . Sagittarius Prof. et Pædagogiarcha Bremens.

} Operam suam promiserunt, ut nolunt ei socii.

4. . . . Jatt J. U. J. L. Eslingæ.
5. . . . Scheffer J. †
6. . . . Zapfen Secret. Reg, Stetinj.
7. D. Schrœder et D. Seubert, it., et consil. Wurtemb. Stutgard.
8. D: Mathæus, P. P. Lugd. Batav.
9. Mastrius, alius P. P. Duysburg, nunc Synd. Reipubl. Bremens.
10. . . . Sellius, Med. D. et Rect. Schol. Wesaliens.
11. Dr. Alpenius, Pptus Santensis.
12. Dr. Joh. Smetius, Past. Romagiensis.
12. . . . Wildeisen, it., consil. Cæs. et consul. Dunkelsp. in Suevia.
13. M. Joh. Godfr. Olearius, eccles. olim Hal. Sax. primar. et circul. Salan. insp., nunc Superint.
14. Joh. Georg. Lugritz, olim Prof. Hist. Baruthinens., nunc Superint. Neustadj.
15. . . . Gejer, Pfect. Ducat. Sax. in Dallenberg prope Altenburg.
16. D. Schubert it. et P. P. Ienæ.
17. D. Joh. Christoph. Becmann, S. Theol. et Phi D. ac Hist. P. P. Ffurt. ad Oderam.

18. D. Henr. Meibom. Med. et Hist. P. P. Helmstad.
19. . . . .
20. D. Ollo, Sperlign. it. Consil. Reg. Maj. Dan. ac Norweg.
21. M. Trogillus Avukin., Gottorpischer Probst in Holstein zu Appenrade.
22. D. Joh. Garmer, Protophys. Reipubl. Hamburg.
23. Joh. Moht, Dan. Reg. Consiliar.
24. Sam. Rachel Eiderstad. it. Præses ac Consil. Gottorpiensis.
25. Christoph. Gentius von Breitenau R. Dan. in Oldenburg und Delmenhorst Cancellar.
26. D. Joh. Dan. Major P. P. Kilon.
27. † Georg. Greenius, Concion. aulic. Elect. Saxonic. (laudatus a Joh. Mullero) S. Theol. Lic.
28. . . . Kortholt S. Theol. D. et P. P. Kilonciens.
29. Jacob a Mellen, M. Ecclesiastes Lubec. } commendat. a Bussingio.
30. . . . Kelp. Pfectus Dicasterii Ottersbergensis.

Patroni et Fautores.

1. Illustrissimus Com. a Kœnigseck, Procancell. Imper. (Leop. Wilhelm. Com. a Kœnigseck).
2. . . . a Windischgrætz.
3. L. B. a Landsee.
4. . . . a Wathorn.
5. J. Dietrich a Kunowitz, Regimin. Cassellan. Præses.
6. Dn. a Gemmingen. . . . Daurnstadiens. Præses.

7. Gotfried Wilhelm Leibnitz, Consil. Hannov.
8. Bernh. Zech . . . . Vinariens.
9. D. Ahasph. Fritschius, Cancell. Rudolst.
10. Joh. Just. Winkelmann, U. J. D. Consil. Syneb. et Hassiacus.
11. Joh. Ludov. Praschius, it. et Senat. Ratisbonensis †.
12. Georg. Conrad. Butner, Consil. Arnstad.
13. . . . . Stenger, Biblioth. Wolfenbyttl. †.
14. . . . . Moscherosis . . . Darmstadt.
15. Dr Sam. Pufendorf, Consil. et Histor. elect. Brandeburg.
15 bis. Jacob. Wilh. Imhof it. et Patr. Norinberg.
16. . . . . Spifolius ⎫ Ratisbonæ.
17. . . . . Wendeter ⎭
18. Joh. Paul. Ebener ab Eschenbach it. et Senat. illust. Reip. Norib.
19. Elias Veicl. S. Theol. D. Superint. Ulm. Suevor.
20. Conrad Samuel Schurzfleis, Hist. P. P. Witenb.
21. Joh. Georg. Culpis. it. Consil. Stutgard. olim P. P. Argentin. et Gisens.
22. Joh. Georg. (Hren.) Eggeling. it. Secret. Reipubl. Bremens.
23. Dan. de Nessel, Consil. et Bibliothecar. S. Cæs. Maj. nec non J. U. D †.

Scripta collegarum.

1. Illustr. Dn. Præses spondet prodromum annal. Germ.
2. D. Pregitzer.
    1. Regna et gentes, Europæ principes ex Siusev.
    2. Hist. manusc. Trevirens.

3. Tract. J. P. de Ducibus Germ. in genere et specie.
4. De familiis Sueviæ et Franconiæ illustribus et nobilibus, partim exstinctis, partim adhuc florentibus, ex mnsc. Gabelcover.
5. Hist. mnscr. Palatino-Bavaric.
6. Familias nobiles Bavar. ex mus. Hund. et Gabele.
7. Volumen diplom. inedit.
8. Seculum prim. et Hist. J. Cæsar.
3. M. Tenzel dabit: Hist. Ludovici Pii.
4. D. Dalæus: hist. Palatinat. infer.
5. M. Krebs. *a*. Comment. in Eginhard. *b*. Volumen dipl. Cæs. et Pontif. *c*. varias dissert. ad Baronii annal. *d*. introduct. in notitiam scriptorum hist. German. in primis Carol. M. res. illorum temporum conversiones, nec non quoad tempus penes Germanos substitit, eminentiam et dignitatem continens.
6. D. Otho notas dabit sup. Prig. instrum. pacis Westphalicæ et armistitii Ratisbonensis, nec non et comment. in B. Rhenan. compend. rer. Germanic. Spondet seculum secundum (dimidiam et prior. saltem ejus partem).
7. M. Crafius Hist. Friedr. II.
8. L. Feller. varia manuscripta et chron. ex biblioth. Paullina.
9. M. Reiskius, hist. Wolfenbyttelens. et duo manuscripta ac seculum III.
10. Moller Aldorfinus, hist. Rudolfi I et hist. German. ab usque ad hunc.

11. L. Rechenberg, varia manuscripta et alia.
12. Prof. Schmied, de rebus German. ecclesiast.
13. M. Roth. urbes Imperial. in Suevia et seculi II. part. posterior. hist. Marchion. Burgaviens.
14. Kirchmeyer, Prof. Witenb. Franconiam et Carol.
15. D. Gotter de pacificatione Princip. et rerump. imprimis German. de incr. et decrementis rerump. illustr. ac familiar. Henr. II, seu sanctum.
16. M. Sagittarius, hist. Altenburg. et Friedr. Barbarossa. Comment. Albini de Burgrav. Leisnicensibus.
17. Paullini, hist. Isenacens. annal. Hugbs., hist. Corb. hist. Varini et Cæsarem aliquem.
18. D. Lucæ, Germaniam Sanctam dabit (Hirschfeld., Herford. et Fuldens. hist.).
19. D. a Lent, antiquitates Westphalorum sacras spondet.
20. (19). Ferdin. Albert. Flemmer, Consil. Hasso. Cassel., hist. Philippi Magnanimi et Wilhelm.
20. Casp. Bussingius, hist. Meilenburg. et hist. partem.
21. D. Weigel, Prof. Constantiens., spondet chron. mnscr. Spicensia et Basileensia.
22. . . . . Sellius dabit *Vitas*....

Nomina sociorum collegii imperialis historici.

1. Jobus Ludolf alias Leuthof, hist. S. Cæs. Majest. et Sereniss. Sax. Ducum Consiliarius intimus, Præses electus.
2. Jacob Otto, U. J. D. Com. P. Cæs. Diversor. Imp. Statuum et lib. Reipubl. Ulmens. Consil.

3. Henricus Günther Tülemarius, J. v. D. Aulæ Electoral. Palat. Consil. Judicii matrimon. Assessor, nec non Juris ac Hist. PP. in Univ. Heydelb. et illust. Academ. literatorum Collega.
4. Joh. Ulric. Pregitzerus, U. J. D. Consil. Wurtemb. supremi dicasterii Aulici Assessor, Politices, Hist. et Eloq. in illustri ducat. Colleg. Tubing. Prof. ordin.
5. Daniel Guilielmus Moller, hist. PP. in illustri Noricorum Altdorfina.
6. Andr. Schmiedt, Prof. Publ. in Acad. Jenensi.
7. Joachim Feller, S. Theol. Lic., Poës. PP. Lips. et academic. Biblioth. †.
8. Adam Rechenberg, S. Theol. Lic. Hist. PP. Lipsiensis.
9. Johann. Dalæus, D. Consil. et Anhalt Hasso-Casselanus.
10. M. Joh. Fridericus Krebs, illustr. Athenæi Haylbronensis Prof. et Rect.
11. M. Wilhelm. Ernest. Tenzelius, Alumnor. Ducat. in illustri Gymn. Gothano Insp. et Prof.
12. Ch. Joh. Baptista Crafius, Gymn. Augustani Com. R. olim, nunc Com. P. Cæsar d. von Kaysersfi.
13. M. Joh. Reiskius, Gymn. Guelferbytani Rector.
14. (13) Deller Marcus Friesse, id., Consil. Aulæ Majest. illmi Comit. a Ranzow ac Com. Pal. Cæs.
15. Georg. Caspar. Kirchmeyer, El. P.P. Wittenbergæ.

15 *bis*. Joh. Eberhard Rudolf Roth, Gymn. Ulmens. Con. R. Hist. ac Moral. P. P.
16. Paullini.
17. Georg Christoph Peifker, U. J. D. Jenæ habitans.
18. M. Paul. Marc. Sagittarius, Ecclesiast. Altemb. et consist. ibid. Assessor.
19. Frieder. Gotter, U. J. D. Advoc. Aulic. Syndic. et cons. Reipubl. Altenburg.
20. Frieder. Lucæ, concionator Aulæ Hasso-Cassellanæ.
21. Johannes Lent. Dr. S. Theolog. et ling. oriental. Prof. in academ. Herborn. Nassoviar.
22. Joh. Henr. Heidegger, S. Theol. Dr. et Prof. in acad. Tigurina.
23. Joh. Henricus Rhanius, Reipubl. Tigurinæ Senator, chron. Helvet. autor.
24. Henricus Schwitzer, Prof. Tiguri et Canonic. ibidem.
25. Jacobus Hottinger F. Past. Tigurin. (est Archidiacon.).
26. Joh. Jacob. Wagner, Md. et Bibliothecar. Tigur.
27. Joh. Rudolf Wittstein, S. Theol. D. et P. P. Basileæ.
28. Sebastianus Fechius J. U. D. et PP. Basil. instit. Imperial.
29. Joh. Jacob. Hofmannus S. Theol. D. et Hist. P. P. Basil.
30. Joh. Jacob. Battier J. U. D. et P. P. Basil.
31. Samuel Werenfels, Prof. Eloquentiæ P. Basil.

32. . . . . . Zwinger, Past. Basil. provinciæ in urbe Lig.
33. Rudolfus Rudolesis, Prof. et Biblioth. Bernæ.
34. . . . . . Knecht, Patritius et L. Theolog. Cand. Bernæ.
35. Christianus Haberus, Inspector et Archidiaconus S. Galli.
36. . . . . Hoegerus J. U. D. et Secret. (San-Gallensis) S. Galli.
37. Ferdin. Albert. Flemmer J. et Consil. Hasso-Cassellaneus.
38. Henricus Mulius P. P. Gedanensis vocatus jam Prof. Poët. et L. L. oriental. Chilonii Holsatorum.
39. Vict. Ludovic. Seckendorf.
40. Joh. Melchior von Wildeisen, S. C. Maj. Consil. et Consul Dan. Kelsphulensis.
41. Joh. Muller, Rect. Schol. Flensburgens. Colleg. honorar.
42. Casp. Bussing. Mathes. Prof. Hamburg.
43. Leonhard. Henricus Weizelius, antehac juris primar. Prof. in Archiducat. Austriac. Friburg. acad., nunc Constantiam translat. acad., diversorumque S. R. I. in circulo Suevico et lib. immediat. ord. Equestr. in Hegovia Consiliar.
44. . . . . . Sellius.

Bedenken über die Seidenziehung.

Ich habe einen recht lächerlichen einfall gehabt, will ihn doch gleich wohl zum gedächtniß auffschreiben. Es sind iezo viel wackere leute so zu societäten und verständ= nißen unter gelehrten oder liebhabern der gründt= lichen wissenschaften und schöhnen künste vorschläge thun. Hr. N. N. von N. hat mir einen entwurff zugeschickt, vermöge dessen die gedancken gerichtet werden solten auff allerhand wissenschafften, dadurch land und leuten bei krieg= und friedenszeiten, gedient werden köndte. Ein andrer vornehmer mann hat eine teutschgesinnte gesell= schaft vorgeschlagen, dadurch insonderheit die wohlfahrt Teutschlands befördert würde. Herr geheimer rath N. bringt sonderlich auff ein collegium historicum dadurch

PROJET D'INDUSTRIE SÉRICICOLE.

Il vient de me venir une idée assez plaisante; je la consigne néanmoins ici rien que pour le souvenir. Il est de dignes gens qui communiquent aux sociétés et aux savants et amateurs des sciences fondamentales et des beaux-arts divers pro- jets. C'est ainsi que M. N. N. de N. m'a envoyé tout un plan tendant à porter la pensée vers toutes sortes de sciences, au moyen desquelles on pourrait utiliser le pays et les hommes en temps de paix et de guerre. Un autre honorable person- nage a proposé la fondation d'une société dans le sens alle- mand, laquelle aurait pour mission de travailler au bien-être de l'Allemagne. M. le conseiller intime N. voudrait l'érec- tion d'un collége historique (*collegium historicum*) qui pût fournir les bases d'une bonne *histoire* des pays allemands,

eine rechtschaffene histori der teutschen lande abgefaßet und allerhand dinnliche monumenta zu dem ende zusammengetragen würden. Ein ander treibt vornehmlich das aufnehmen der teutschen sprache, damit alles was dienlich zu wißen darinn beschrieben und wir nicht weniger als andre völcker des kerns der wißenschafften genießen köndten, ohne daß nöthig uns an der schule des lateins stumpf zu arbeiten. Hr. von N. schreibt mir, er möchte ein *forum sapientiæ* wünschen, da rechtgelehrte leute nicht weniger zusammenkämen als die kaufleute wegen ihrer vergänglichen dinge auff der Leipziger meße. Hr. pater N. wundert sich zum höchsten, daß noch kein potentat auf eine fundation zu beförderung der arzneykunst gedacht, daran doch nächst der gottesfurcht dem menschen am allermeisten gelegen. Und was dergleichen guthe gedancken mehr, deren nicht wenig beybracht werden köndten.

et faire surgir en vue de cette œuvre toutes sortes de monuments utiles. Un autre voudrait colliger ce qui est relatif à la langue allemande, de manière que l'on y trouvât tout ce qu'il est bon de savoir ; nous pourrions ainsi, comme d'autres peuples, jouir de ce qu'il y a d'essentiel dans les sciences, sans avoir besoin de nous fatiguer toujours à la recherche de la souche latine. M. de N. m'écrit qu'il voudrait un *forum sapientiæ* (un forum de sapience) où les gens instruits se réuniraient à la manière des négociants qui vont à la foire de Leipzig pour traiter de leurs affaires éphémères. Le père N. s'étonne qu'aucun potentat n'ait encore songé à une fondation ayant pour objet l'encouragement de la science médicale, qui, avec la crainte de Dieu, est d'un si grand intérêt pour l'homme. Et puis bien d'autres bonnes pensées, parmi lesquelles il y en aurait un assez bon nombre à citer. Mais, quand il s'agit de l'exécution, on peut dire de beaucoup d'entre elles : *Gratis pœnitet esse probum*. Qui

Alleine wenn man zur vollſtreckung komt, ſo heißets bey vielen: Gratis pœnitet esse probum. Wer will ſich viel mühe machen, wenn er nicht dafür bezahlet, vielleicht ihm auch nicht einſt dafür gedancket wird. Zugeſchweigen der berufsgeſchäfte die manchen abhalten. Weilen auch experimenta, instrumenta, Modellen, observatoria, laboratoria, bibliothequen, cabinets, amanuenses, ajutanti di studio, correspondenzen, Regiſtraturen und andere dienligkeiten erfordert würden, dazu aber gering geld gehöret, und in Teutſchland große Herren und bemittelte perſonen bey weitem ſolche liebhaber nicht ſeyn, wie man deren zum öfftern bey außländern findet; ſo müßen die guthen vorſchläge in dem erſten blut erſticken, oder komt doch nichts rechtes herauß.

Hätten wir einen adeptum, der uns ein paar austrägliche particularien außwerffen wollte, ſo wäre der

voudrait se donner de la peine pour n'en rien retirer, ou même n'en pas recevoir un jour quelque remerciment? Sans compter les affaires de profession qui sont un obstacle pour beaucoup d'hommes. Mais, comme il faudrait aussi des essais, des instruments, des modèles, des observatoires, des laboratoires, des bibliothèques, des cabinets, des secrétaires, des *ajutanti di studio*, des correspondances, des registres à tenir et autres services, qu'il faut pour cela quelque argent, et qu'en Allemagne les grands seigneurs et les gens de moyenne classe ne sont pas assez amateurs, comme cela se rencontre parfois en pays étranger, il faut bien que tous ces beaux projets avortent à leur naissance, et il n'en résulte rien autre. Si nous avions quelque adepte qui voulût nous faire l'avance de quelques points fructueux, cela aiderait à la chose, mais *rara avis in terris*, et, sans parler de tous mes correspondants, je n'en vois nulle trace. Ce serait néanmoins dommage, quand les négociants savent si bien

sach geholffen aber es ist rara avis in terris und weiß ich ohngeacht aller meiner correspondenzen noch keine spuhr davon zu zeigen. Gleichwohl wäre schade, da die kaufleute die kunst reich zu werden wißen, daß viel gelehrte wohl gesinnete leute nicht solten etwas erdencken können, so löbliche, Gott und verständigen menschen wohlgefällige vorhaben außzuführen. Soll doch einer von den ersten weisen Thales Milesius genant, die kunst gewust und gleich im ersten jahr probat gefunden haben, wie komt es dann, daß seine nachfolger sie vergeßen, die es billig noch weiter gebracht haben solten.

Hauptsächlich erachte, daß zweyerley mittel dazu, eins wenn man etwas hochnützliches zu erfinden wüste, deßen verfertigung geheim gehalten werden köndte, weil dann die menschen solches vorlangen und gern bezahlen würden; so wäre dadurch bereits der fundus erlanget. Das

s'enrichir, que tant d'érudits bien intentionnés ne parvinssent pas à imaginer quelque moyen d'exécuter des projets si utiles aux yeux de Dieu et des hommes intelligents.

Pourtant il y a eu un sage des premiers temps, Thalès de Milet, qui a possédé cette science, qui dès la première année l'a expérimentée; comment se fait-il que ses successeurs l'aient pu oublier, eux qui probablement l'auraient fait progresser ?

Que l'on considère surtout qu'il y a pour cela deux moyens : l'un consisterait à inventer quelque chose de particulièrement utile, dont l'élaboration pourrait être tenue secrète, parce qu'alors les gens en auraient besoin et ne demanderaient pas mieux que de le payer, et l'on aurait bientôt aussi le fonds de roulement. L'autre moyen consisterait à entreprendre, importer avec *privilége* de l'autorité, quelque affaire d'une utilité certaine, mais qui n'eût pas encore été réalisée ; à obtenir ensuite à bon droit un

andere wäre, daß man mit privilegio der hohen obrigkeit etwas unternehme und einführte, deßen nuzen sicher, so aber bißhehr nicht gethan; deswegen dann mit guthem recht ein octroy zu erlangen und umb so viel ehe deßen handhabung zu erhalten, wenn eine societät berühmter an unterschiedenen orthen wohl angesehener leute darauff fundiret würde. Der erste weg scheint schwehr, weil etwas geheim zu halten, so mit nuzen ins große geschehen soll, eine schwehre mißliche sache ist, und dafern solches nicht geschehen kann, muß man nothwendig bey der hohen obrigkeit hülffe suchen und dergestalt verfället man in den andern weg.

Ob nun schon viel guthe dinge anzugeben und deswegen etwa privilegia zu erhalten; so dünckt mich doch nach vielem hin- und hehrdencken, daß nichts dazu dienlicher, beständiger, thunlicher, austräglicher, anständiger als die

octroi et avant tous autres la direction de l'affaire, surtout pour le cas où une société de gens connus et de diverses localités devrait se fonder là-dessus. Le premier pas sera difficile, car garder le secret d'une affaire qui pour être utile doit être traitée en grand est chose assez épineuse, et, comme cela ne peut guère avoir lieu, il faut nécessairement recourir à l'aide de l'autorité ; ce qui vous fait entrer dans l'autre voie. Maintenant, comme il y a d'excellentes affaires à communiquer, et qu'il s'agit d'obtenir pour elles des priviléges, il me semble, après avoir pesé le pour et le contre, que rien ne serait plus utile, plus solide, plus praticable, plus productif, plus convenable que l'entreprise de la culture de la soie en Allemagne et dans d'autres États de l'empire. Et d'abord, c'est chose louable, on rend par là un éminent service à la patrie, on acclimate en Allemagne une nouvelle et excellente industrie ; on vient en aide, enfin, à nombre de pauvres gens. Avant tout elle est

unternehmung der seidenziehung in Teutschland und andern Reichs- und kayserl. landen. Denn erstlich ist es eine löbliche sach, dadurch dem vaterland ein großer Dienst gethan, eine neue und trefliche nahrung in teutschland versezet und manchen armen leuten aufgeholffen würde. Vors andere so ist sie neu und noch nirgend mit gebührendem nachdruck vorgenommen worden, ob schohn hin und wieder guthe proben geschehen. Dürffte auch ohne dergleichen vorschlag noch lange liegen bleiben. Vors dritte so ist die sach sehr thunlich. Man kan den maulbeersaamen bey millionen haben; die bäume wachsen geschwind und weil man bey ihnen nichts als das laub suchet, so hindert das clima nicht, wird auch keine lange zeit erfordert.

Vierdtens ist die sach außträglich. Denn man hat bereits die probe, daß Teutschland trefliche feste und schöhne seide gebe, so die fremde, zumahl meerseide, außstechen

nouvelle et n'a été nulle part entreprise d'une manière quelque peu suivie, bien que cà et là on ait fait quelques essais; seulement elle pourrait bien, si elle n'est pas appuyée, rester longtemps encore à l'écart. En troisième lieu, elle est parfaitement faisable.

On peut avoir par millions les graines de mûriers; les arbres croissent rapidement, et, comme on n'y cherche que la feuille, le climat n'est pas un obstacle et la culture n'exige pas beaucoup de temps.

Quatrièmement, l'affaire est productive, car on a la preuve que l'Allemagne fournit de solide et belle soie, qu'elle est en état de repousser du marché la soie étrangère, de provenance maritime, qui n'est que du chanvre en comparaison, de telle sorte que non-seulement l'Allemagne sera pourvue de cette belle marchandise, mais ce sera une branche considérable de commerce avec le dehors.

Quant à l'obtention des *privilége* et *octroi*, il y aurait à

würde, die wie ein flachs dagegen zu achten; also daß nicht allein ganz Teutschland mit dieser so schöhnen wahre zu versehen, sondern auch noch außerhalb ein großer handel damit zu treiben.

Wegen privilegirung und octroy wäre zu überlegen, welches der bequemste weg; ob hin und wieder durch ganz Teutschland von der hohen obrigkeit dienliche pläze zu pflanzung der weißen maulbeerbäume anzuweisen, mit dem bedeuten, daß andern dergleichen nicht zuzulaßen, weilen doch ja niemands bisher sich deren angenommen und also das privilegium privatum, niemand schädlich noch beschwehrlich; oder ob man iedermann die pflanzung frey geben, aber dem privilegio allein die samlung der blätter gegen gewißen billigen zinß vorbehalten wolte. Welches leztern zwar leidlicher scheinen, aber hernach zu gänzlicher eludirung des privilegii gereichen möchte.

rechercher quelle serait à cet égard la voie la plus favorable : si l'on pourrait se faire accorder par l'autorité dans telle ou telle partie de l'Allemagne des localités propres à la plantation des mûriers blancs, en considérant que ce serait à l'exclusion de tous autres, personne encore n'ayant songé à cette affaire, et que le *privilége particulier* (privilegium privatum) ne pourrait dès lors nuire à qui que ce soit ou le molester; ou bien si l'on voudrait laisser à chacun la liberté de planter, mais réserver au seul privilége le droit de rassembler les feuilles, moyennant redevances convenables. Ce dernier arrangement, en apparence plus supportable, finirait par faire éluder entièrement le privilége.

Academie von Sachsen.

Gesellschafts-Pläne.

Wir Fridrich Augustus von Gottes gnaden, vor Uns, Unsern Erben und Nachkommen an der Chur ꝛc. thun kund und zu wißen. Nachdem wir von angetretener Regierung her Uns allezeit angelegen seyn laßen, was zum gemeinen besten zur wohlfart und zierde unser lande, und insonderheit zu aufnahme guter Studien, kunst und wißenschaften gereichet zu befördern und zu hand haben, die Studien und ingenia in unsern Erblanden auch Gott lob nicht wenig blühen, deren cultur die gemüther ferner zur tugend geleitet, vom müßiggang abgehalten, zu guthen erfindungen und nahrungsmitteln aufgemuntert, die göttlichen werke und wunder nach und nach erkennet, die da-

PLAN D'UNE ACADÉMIE EN SAXE (1).

Nous, Frédéric-Auguste, par la grâce de Dieu, faisons savoir aux nôtres, à nos héritiers et descendants que, depuis que nous sommes à la tête du gouvernement, tous nos soins ayant toujours été dirigés vers le bien commun, le bien-être et tout ce qui peut orner notre pays, principalement vers les bonnes études, les arts et les sciences ; ces études et les talents, grâce à Dieu, fleurissent chez nous, ce qui porte les hommes à pratiquer la vertu, à fuir l'oisiveté, les excite à des inventions nouvelles et à trouver de bons moyens de nourriture, à connaître petit à petit les œuvres de Dieu et ses merveilles, à admirer sa sagesse

---

(1) Ce projet est de la main de Leibniz, qui l'avait soumis à S. A. S. l'Électeur de Saxe. (*N. de l'éditeur.*)

ran heraus leuchtende Allmacht und Weißheit gepriesen. Mithin die Menschen zur Ehre Gottes und eigner Wohlfarth mehr und mehr erbaut werden können: So haben wir uns endtlich ohngeacht der schweren zeiten entschlossen, nach dem Exempel einiger andrer lande eine Societat der wissenschaften aufzurichten und solche mit einem zulenglichen fundo, ansehnlichen concessionen und anständige vorrechten zu begaben, dabey aber also zu fassen, daß nichts versäumet noch unterlassen sondern möglichsten maßen in Werk fortgeschritten werde, damit man durch Gottes seegen forderlichst die früchte davon genießen möge.

Wie Wir dann krafft dieses Unsres offentlichen Diplomatis in vim sanctionis pragmaticæ perpetuæ mit guthem rath und wohlbedachten Muth außharrende vollkomene macht diese Unsre Societät der wissenschaften hiemit feyerlichst auffrichten und fundiren, sie mit einem præside und andern gliedmaßen auch sonst dienlichen Personen, versammlungsplaz und andern bequemen gelegenheiten zu observatorio, laboratorio, Bibliothec,

et sa puissance, et à apprendre de plus en plus à honorer Dieu et à travailler au bien-être commun.

Nous avons résolu, malgré les temps difficiles où nous nous trouvons, et à l'exemple des autres pays, d'établir une Société des sciences, de la doter d'un fonds suffisant, de lui accorder des concessions importantes ainsi que des droits convenables. Rien toutefois ne doit être négligé pour hâter l'exécution de cette œuvre, afin que, avec la grâce de Dieu, on puisse en recueillir bientôt les fruits.

Nous voulons donc que cette Société soit solennellement constituée, que le diplôme (*in vim sanctionis pragmaticæ perpetuæ*) ait toute sa force. Nous voulons qu'elle ait un président, qu'elle se compose de membres reconnus et d'autres personnes auxiliaires; nous la pourvoirons de locaux

Theatro naturæ et artis, nöthigen instrumenten und allen apparaten und requisiten verfehen und noch verfehen werden oder doch die mittel dazu verfchaffen wollen.

Das objectum diefer Unfrer Societät der wiffenfchafften foll ganz unbefchrenket feyn, alfo verfchiedener anderswo fundirter Societäten oder fogenannter Academien objecta zufammenfaffen und fich alle andern nachrichtungen, künfte und übungen in fich begreifen, dazu durch das natürliche liecht menfchliches nachfinnen und unermüdeten fleiß zu gelangen; alfo nicht allein auf physica und mathematica gerichtet feyn, fondern auch dahin trachten daß was bey menfchlichen ftudien, künfte, lebensarth oder profession und facultat zu wiffen auszuzeichen zu erfinden dienlich, zufammenbracht.

Historiam sacram et profanam, in primis Germanicam et speciatim Saxonicam, leges omnium gentium, curam sanitatis publicæ, rem œconomicam, rem mechanicam pacis et belli, die unter fuchung der natur in ihren drey reichen, die denckwürdige alterthümer,

pour les réunions, les observatoires, laboratoires, bibliothèques, théâtres (*naturæ et artis*); nous lui fournirons les instruments nécessaires, ainsi que tous les appareils et instruments requis, ou du moins on fera en sorte pour qu'elle ait les fonds suffisants pour se les procurer.

L'*objectum* de notre Société doit être illimité; il comprendra les *objecta* des différentes sociétés créées ou académies, les sciences, les arts et métiers. On y parviendra avec les lumières naturelles, les méditations, et en déployant un grand zèle. Nous ne devons pas seulement nous occuper de physique et de mathématiques, mais tâcher de réunir tout ce que les études de l'homme, les arts, les professions, les facultés ont fait connaître d'utile ; à savoir :

Historiam sacram et profanam in primis Germanicam et

unter andern auch die beobachtung der Teutschen Sprache, damit sie ander nichts bevorgeben möge sondern sowohl mit vollständigen wörterbüchern — sowohl üblicher als üblich gewesener gemeiner, besonderer und kunstwerthe — als anleitung des ursprungs und gebrauchs versehen, als auch sonst recht außgeübet, mithin bey ihrer reinigkeit, zierde und selbstständigkeit erhalten werde.

Wollen Wir auch, daß Unsre Societät sich angelegen seyn laße, wie sie die richtige anführung der menschen zur tugend und wahren studiis außfinden, erleichtern und verbeßern, tüchtige versicherte Wercke und Schrifften zu dem ende anschaffen und vorschläge thun möge dadurch die kostbare zeit gewonnen, ein guther grund erlanget und allerhand unrichtige auch wohl schädliche lehren durch den glanz der wahrheit vertrieben werden. Daher Unsre ernstl. Gemüthsmeynung allerdings dahin gehet, daß in allen Unsern Chur- und incorporirten landen und sonderlich bey hohen und niedrigen Schuhlen auch bey dem bücherwesen, auff Unsrer Societät guthen rath hierin gesehen

speciatim Saxonicam, leges omnium sapientium, curam sanitatis publicæ, œconomicam, rem mechanicam pacis et belli; — la considération de la nature dans ses trois règnes; — les antiquités merveilleuses, entre autres l'étude de la langue allemande, afin de la pourvoir de dictionnaires complets : — les mots usités, inusités, communs, particuliers, techniques ; — leur origine et leurs usages, afin de pouvoir les présenter dans toute leur pureté, leur élégance, et tels qu'ils doivent être.

Nous voulons aussi que notre Société avise aux moyens d'éclairer, d'améliorer les hommes ; de leur faire pratiquer la vertu, de se procurer des œuvres sérieuses et des écrits, de leur faire gagner un temps précieux, de poser de bonnes bases, et de faire disparaître les notions mauvaises et nui-

und solchen so viel immer möglich bey vermeydung Unsrer ungnad gefolget werde.

Weilen auch in Unsern Archiv, Bibliothec und Kunst-Cammer, auch in Unsern Schlößern, Häusern, gärthen, Aemter und vorwerck und pertinenzen viel seyn wird so das löbl. institutum mehrgedachter Unsrer Societät befördern kan, so befehlen wir hiemit, daß diejenige, so zu deren bewahrung und besorgung gestellet, derselbigen Unsrer Societät mit möglichster nachricht und communication an hand gehen sollen. Soll auch von allen publiken Bibliotheken, Häusern, orthen und Sachen Unsrer lande zu vorstehen auch dem zeitigen præsidi eine solche Ober-inspection über gedachte Unser kunst-Cammern und Bibliothec hiemit in gnaden gegeben haben, daß die Verwahrer derselbigen ihn nicht allein zu allen admittiren sondern auch seinem gutachten zu der Verbesserung und aufnahme folgen. Wollen auch daß auf daß bey andern Bibliothecis publicis Unser lande ihm und Unsrer Societät bestens an hand gegangen werde.

sibles à la clarté de la vérité. Notre ferme volonté est que, dans tout notre électorat et les pays incorporés, et principalement dans les écoles supérieures et inférieures, ainsi que dans les librairies, on suive les conseils de notre Société, si l'on veut éviter notre disgrâce.

Comme il se trouve aussi dans nos archives, bibliothèques, cabinets d'art, dans nos châteaux, maisons, jardins, bailliages, métairies et dépendances, bien des choses qui pourraient être demandées par notre Société, nous ordonnons à ceux qui y sont préposés de donner avis et communication complète à la Société de ce qu'elle leur demandera. Nous accordons en même temps au président actuel la présidence des bibliothèques publiques, maisons, endroits et choses de notre pays, et l'inspection générale de notre bibliothèque et

Und weil sonderlich bey Unsrer Leibziger Meß, auch sonst einer Censura librorum nöthig, so wollen Wir, daß der præses Unsrer Societät, oder wenn er es in seiner abwesenheit auftragen wird, solche censuram mit zu beobachten haben solle und seine erinnerungen beobachtet werden.

Wir wollen auch und befehlen hiemit gnädigst, daß alle unsre hohe und niedrige bedienten, officier und beamten in unsern Chur- oder Erblanden, unsre Societät mit verlangenden nachrichtungen, Scripturen, Anmerkungen und Experimenten und etwa vorschlagende proben nach thunlichkeit an hand gehen, auch auf deren erinnerungen ein absehen nehmen, als insonderheit bey hütten-, Salz-, Glaß-, Berg- und waschwercken, steinbrüche, bey dem garten-, pflanz-, forst- und floßwesen, auch andern dergleichen wirthschaftlichen dingen als bey jagten, fischerey, thiergarten und menagerie, bei bau- und wasserwercken, einteichung und anbau des landes, verhütung und verminderung der feuer und wasserschaden, bei wasser und andern

cabinet des arts. Ceux qui y sont préposés, devront non-seulement l'admettre à tout, mais suivre tous les conseils qu'il leur donnera. Nous désirons aussi que les autres bibliothèques publiques lui prêtent la main, à lui et à la Société entière. Une censure des livres étant nécessaire, surtout lors de la foire de Leipzig, nous voulons que le président de notre Société, ou en son absence un des membres qu'il en chargera, veille à cette censure, et que l'on exécute ses ordres.

Nous enjoignons et ordonnons à tous nos employés supérieurs et inférieurs, officiers et autorités de notre pays, d'assister notre Société en lui envoyant les nouvelles, les écrits, les remarques, les expérimentations, les documents qu'ils trouveront utiles. Ils lui enverront aussi des observations sur les

fünften, Hämmer, Mühlen, Manufacturen oder andern arbeiten und werden, insonderheit bey dem fuhr und wagenwesen, feldzeug, Artillerie, und profession der ingenieurs, auch allen andern objectis, da Mathesis, physica, Historie und andern Studien ihren einfluß haben mögen.

Es wird Uns auch gnädigst gefallen und zu gemeinen besten des landes gereichen, wenn Unser adel und andere wohlhabende und wohlerzogene leute nach dem exempel einiger andern völcker anstatt des Schädlichen Müssiggangs und Schwelgens eine löbliche wissensbegierde zeigen, sich mit erkenntniß der natur und kunst belustigen, bey ihren reisen auff nüzliche anmerckungen bedacht seyn, dadurch nicht allein zu dem zweck Unsre Societät behülfflich erscheinen, sondern auch ihr eigne nuz bei ihrer wirthschafft, auch ihr und ihres vaterlandes ruhe befördern, und sich sowohl als andere mit ihrem guthen Exempel und nüzlichen Bemühungen erbauen und tüchtiger machen, Gott, dem Vaterland, Uns und dem gemeinen wesen zu

verreries, mines, lavoirs, carrières, jardins, plantes, forêts, flottage, chasse, pêche, ménagerie, bâtiments, distribution et culture du pays, préservatifs contre le feu et l'eau, arts en général, marteaux, moulins, manufactures, etc., voitures, artillerie et profession des ingénieurs, et autres objets concernant les mathématiques, la physique, l'histoire et autres branches d'études.

Il nous serait bien agréable, et cela serait utile au bien général, si notre noblesse et tous les autres personnages élevés et riches, à l'exemple des autres nations, montraient un louable désir de science au lieu de se livrer à l'oisiveté et à la débauche; s'ils trouvaient du plaisir à connaître la nature, si dans leurs voyages ils faisaient d'utiles observations. Ils ne seraient alors pas seulement utiles à notre Société, mais ils

dienen; auch solches ihr bezeigen nach befindung und gelegenheit in gnaden erkennen und distinguiren.

Sonderlich aber versehen Wir Uns zu allen denjenigen so den Studien in Unsern landen obliegen, daß Sie einen ohngemeinen Eifer zeigen werden, diesen Unsern und Unsrer Societät Zweck beyzutreten, welches Wir auch allen Denen so ex publico besoldet werden, hiemit anbefohlen und außdrücklich aufgegeben haben wollen. Insonderheit werden Unser leib= und hof=Medici, land= und Stadt=Physici, Wundärzte und Apotheker und alle die bei Hospitälern und krancken gebrauchet werden, sich angelegen seyn lassen, mit richtigen anmerkungen dem publico fleißig zu dienen, und zumahl solche also zu fassen, daß iedes jahres beschaffenheit, soviel die Naturalia, sonderlich die waltende franckheiten und dabey fürfallende umbstände betrifft, zu künfftiger nachsicht auffgezeichnet und Unsrer Societät, bey welcher ein fortwerendes collegium sanitatis einverleibet seyn soll, eingesendet werden, damit man darauß zu künffti-

en tireraient eux-mêmes un véritable profit, seraient plus considérés et plus puissants en montrant aussi le bon exemple. Ils serviraient Dieu, la patrie et le bien général.

Nous recommandons à tous ceux qui s'occupent d'études dans notre pays de faire preuve d'un grand zèle pour nous assister, nous et notre Société, et nous recommandons la même chose expressément à ceux qui sont payés *ex publico*. En particulier nous prierons nos médecins et ceux de la cour, les physiciens de la ville et de la campagne, les chirurgiens et pharmaciens et tous ceux qui sont employés dans les hôpitaux ou auprès des malades de se montrer zélés pour l'intérêt public, en fournissant d'importantes observations, et de faire en sorte de pouvoir donner connaissance exacte, par écrit, au besoin, chaque année, des cas naturels, des mala-

ger vorsorge ein und anderes Nüzliches schließen könne.

Weilen Wir auch entschlossen nach dem Exempel der Englandische Bill of mortality solche anstalt machen zu lassen, da nicht nur zu ende des jahres die zahl der gebohrnen und verstorbnen jedes geschlechts, wie schohn gebräuchlich, erfahren, sondern auch unterscheide und veränderungen nach dem alter und sorte der menschen und der krandheiten und jahreszeiten beobachtet werden können; inmaßen sich befunden, was für guthe und wichtige folgerungen darauß zu machen; so haben Wir die besorgung dieses werds auch Unsrer Societät hiemit in gnaden auftragen wollen, gestalten neben dem derselbigen auch freystehen soll, ein Intelligenz-Amt aufzurichten, alda ieder mann eingeben und erfahren könne, was zu seiner und andrer nachricht dienen kan, weile sich täglich begiebet, daß einer dasjenige verlanget, worin ein ander in handel, wandel, bedienung, kauff und verkauff, oder sonst ihm gebührend fügen köndte; so aber wegen ermangelnder nachsicht beyde zu schaden unterbleibet, auch überdem

dies régnantes et autres choses semblables. Ils enverraient leurs observations à la Société, à laquelle serait attaché un *collegium sanitatis* qui pourrait prendre ses précautions pour l'avenir.

Puisque nous avons résolu aussi, à l'exemple du *bill of mortality* anglais, de créer un établissement de ce genre, qui nous fasse non-seulement connaître à la fin de chaque année le nombre des naissances et des décès, comme cela arrive déjà, mais qui fasse aussi des observations sur les différentes choses qui arrivent à tel ou tel âge sur les maladies, les saisons, afin d'en tirer des conséquences, nous avons également chargé notre Société de cette œuvre. On pourrait annexer à cet établissement un bureau de renseignements, moyennant lequel chacun pourrait se renseigner sur ce qui

durch dieses mittel allerhand nüzliches und wissenswürdiges
beyzubehalten und zu erfahrung zu bringen.

Da auch iemand mit einige Erfindungen, vorschläge
und arbeiten, die einer untersuchung aus den principiis
der Natur, kunst, wissenschafften und Studien benöthiget,
sich bey Uns, Unserm Stadthalter, liebd., Collegiis,
Räthen und bedienten angeben solle, wollen Wir daß mit
Unsrer Societät, oder wer von selbiger dazu committiret
werden möchte, nach gelegenheit sub silentii fide daraus
communication gepflogen und auff ihr bedencken absicht
genommen werde.

Gliedmaßen Unsrer Societät sollen nicht nur inn=län=
dische, sondern auch wohl auswärtige Personen, so sich
rühmlich aufgeführet und zu dem zweck das ihrige wohl
beytragen können, ohne unterscheid der Religion und
Standes nach dem Exempel andrer Königl. Societäten
und Academien aufgenommen werden können und des=
wegen keine gewisse Zahl vorgeschrieben seyn. Da dann
die abwesenden mit Correspondenz die gegenwärtigen

lui est utile. Il arrive, en effet, tous les jours que quelqu'un
demande ce qu'un autre pourrait lui procurer facilement,
tandis que maintenant le manque de cet établissement fait du
tort à tous deux. On pourrait aussi par ce moyen faire connaître bien des choses utiles.

Comme aussi, pour certaines inventions, propositions, ouvrages qui ont besoin de recherches tirées des principes de
la nature, des arts et des sciences, les inventeurs doivent
s'adresser à nos gouverneurs, conseillers et employés, nous
voulons que notre Société ou quelques membres commis
par elle prennent communication de ces inventions sous le
sceau du secret, et qu'on en tienne note.

Les membres de la Société ne doivent pas seulement être
des gens du pays, mais aussi des étrangers, qui auraient ac-

durch besuchung der Versammlungen, beyde nach ihrer gelegenheit mit übernehmung gewisser verrichtungen sich gebrauchen lassen köndten. Und wollen wir gegen diejenigen, so durch guthe erfindungen oder nüzliche arbeit sich herfürthun und deswegen uns angerühmet werden, nach befindung sonderliche gnad=zeichen spühren lassen. Und bei beförderungen die glieder der Societät, gestalten Sachen nach des vorzuges genißen, auch sonst die recommendation so bey uns von wegen dieses corporis eingeleget werden möchte, gelten lassen.

Wollen auch das protectorium dieser Unsrer Societät hiemit selbst übernommen haben, und ihren Angelegenheiten Gehör geben und Sie die Societät solche bey ihrer würde, rechte, begnadigungen und deren besitz und genuß gegen manniglich kräfftig handhaben und schüzen und solche nicht vermindern, sondern mehren und bessern lassen. Was Wir auch sonst dieser Unsrer Societät jezo und künfftig aufgeben und verleihen werden, soll eben so kräfftig seyn, als ob es bereits von worth zu worth hier ein-

quis de la renommée et qui voudraient apporter le contingent de leur savoir. On ne ferait aucune distinction de religion ni d'état, à l'exemple des autres Sociétés royales ou académiques, et voilà pourquoi le nombre des membres ne serait pas limité.

Les absents pourront correspondre entre eux, les présents se rassembleront, et ainsi tous pourront se rendre utiles. Nous voulons aussi accorder des grâces toutes particulières à ceux qui se seront distingués par de bonnes inventions ou des travaux utiles, et qui nous auront été recommandés sous ce rapport.

Nous voulons aussi, puisque nous avons pris le protectorat de notre Société, écouter tout ce qui la regarde, la protéger énergiquement dans ses dignités, droits, grâces, pos-

gereihet worden. Urkundlich haben wir dieses diploma Erectionis dieser Unsrer Societät zu beständiger krafft und stetswerenden gedächtniß mit Unsrer eigenhändigen unterschrift und auffdruckung Unsres Königl. und Churfürstl. Siegels bestercken wollen.

So geschehen.

sessions et jouissances, et ne pas les amoindrir, mais les augmenter. Ce que nous accordons maintenant et accorderons à l'avenir à la Société doit avoir la même force que si cela était inséré dans ce diplôme. Nous avons voulu dès le principe apposer notre signature et notre cachet royal et princier sur ce diplôme d'érection de notre Société, afin de lui donner une force constante et une notoriété durable.

An Stadthalter und geheimte räthe.

(*Præmissis præmittendis.*)

Nachdem Wir Uns in gnaden entschlossen, zufolge der neigung die Wir allezeit zu realen studien spühren lassen, eine Societät der wissenschaften aufzurichten, dadurch mit Gottes hülff verhoffentlich in verschiedenen zu gemeinem besten gereichenden, mit den studiis verwandten geschäften, etwas Unsern landen ersprießliches auszurichten seyn dürffte, und daher Uns Selbst zum haupt solcher societät ercläret und deren protection auf Uns genommen; so haben Wir, aus bewegenden bekandten ursachen deren Einrichtung und direction Unserm lieben besondern G. W. von L. als præsidi derselbigen allergnädigst aufgetragen und selbigen das diploma erectionis samt

AU GOUVERNEUR DE LA VILLE ET AUX CONSEILLERS SECRETS (1).

(*Præmissis præmittendis.*)

Après que nous eûmes résolu, porté que nous avons toujours été pour les études qui approfondissent les choses, de fonder une Société des sciences, grâce à laquelle, avec l'aide de Dieu, nous osons espérer quelque chose de grand pour notre pays, et que nous nous sommes déclaré nous-même le chef de cette Société en la prenant sous notre protection,

---

(1) Préparé par Leibniz pour l'Électeur de Saxe.

andern concessionen zufertigen laßen, womit er sich anmelden wird.

Gesinnen derowegen an E. L. und befehlen Euch Unsern geheimten räthen hiemit gndgst, ihm in allen seinen zu diesem zweck gerichteten ansuchen, so er gegenwärtig oder abwesend thun wird, so viel immer thunlich zu deferiren und beförderlich zu erscheinen, auch dergestalt nachdrücklich und kräftig beyzustehen und andere Unsre hohe und niedere bedienten und unterthanen dahin anzuweisen, damit ob diesen verordnungen und concessionen gehalten werde und Unsre Societät förderlichst zu stande kommen, auch zu dem genuße der von Uns zu einem stetswehrenden fundo verwilligten einkünffte, besiz und ruhigem exercitio aller ihrer privilegien, prærogationen und rechte gelangen möge. Immaßen wir nach reiffer überlegung alles dasjenige so von Uns hiezu in gnaden bewilliget worden, thunlich, billig und heilsam finden und ein besonderes vergnügen an dieser sach schöpfen.

Sollte auch erwehnter præses vor sich oder mit der So-

nous avons décidé, pour des raisons suffisantes et connues, que la direction en serait confiée à notre bien-aimé G.-W. de L. en qualité de président, avec le droit de vous délivrer le diplôme d'érection et autres concessions accordées.

En conséquence nous vous ordonnons, à vous et à vos conseillers secrets, de comparaître devant lui, de l'assister énergiquement dans toutes les recherches qu'il fera conformément au but de la Société, qu'il soit absent ou présent, d'en donner avis à nos employés supérieurs et inférieurs, afin que ces concessions et ordonnances reçoivent exécution et que notre Société soit constituée comme elle doit l'être. Nous voulons aussi qu'elle jouisse des revenus du fonds que nous lui avons assigné, ainsi que du paisible exercice de tous ses priviléges et prérogatives. Après mûre

cietät, iezo oder künfftig verlangen, daß einige von Unsern geheimten oder andern räthen, zusammen, oder nach der dinge gelegenheit absonderlich, in einem oder andern, auch zu unterschiedenen mahlen, der beförderung des guthen vorhabens sich annehmen möchten, so ist Unser will und meynung, daß von Unserm geheimen raths-collegio hierinn gefüget, denen hiezu denominirten die verlangte autorität von Unsert wegen beygeleget, und sie als von Uns Selbst bereits aniezo ihnen die sach committiret, geachtet werden sollen.

Solle auch in favorem Societatis zu vermehrung des fundi oder sonst zu besserer bestreitung des löblichen vorhabens ein mehrers als von Uns verwilliget worden, in vorschlag kommen und guth gefunden werden; sind Wir zufrieden, daß es mit dem præside Unsrer Societät concertiret und dann nicht weniger als ob es von Uns verwilliget oder dem diplomati erectionis eingerücket, förderlichst zu werck gerichtet werde.

Versehen Uns von männiglich aller schuldigen will-

réflexion, nous avons trouvé que tout ce que nous avons accordé est réalisable, juste et salutaire, et que nous en retirerions une satisfaction toute particulière.

Si le président que nous avons choisi désirait que quelques membres du conseil secret ou autre se présentassent, soit réunis, soit seuls, selon les circonstances, devant la Société, et cela même à des reprises différentes, pour prendre part à l'accomplissement du bien projeté, notre avis et volonté est que les conseils secrets du collége se rendent à cet appel, et qu'ils prennent en considération les mandats que nous leur commettrons nous-même.

S'il arrivait aussi qu'en faveur de la Société, pour augmenter le fonds qu'elle possède ou pour répandre davantage ses bienfaits, on jugeât convenable de proposer quelque

fähigkeit, so Uns zu sonderbaren wohlgefallen gereichen wird und wollen, daß ein ieder, bey dem es von nöthen, von Unsern geheimten rath, auch andern collegiis und obrigkeiten nach gelegenheit sine strepitu aut figura judicii et appellatione remota dazu nachdrücklich angehalten werde.

Hieran geschicht Unser unveränderlicher will und meynung.

Und Wir ꝛc.

chose de plus que ce que nous avons accordé, nous désirerions que cela fût concerté avec le président de la Société et exécuté comme si nous y consentions d'avance et que ce fût inséré dans le diplôme d'érection.

Nous voulons aussi que chacun, quand il sera nécessaire, soit tenu à observer ces prescriptions, et nous en ordonnons l'exécution à nos conseillers ou autres colléges et autorités, nonobstant toute noise ou forme d'appel.

C'est en quoi consiste notre volonté inébranlable.

Et en conséquence, nous, etc.

DIPLOMA.

Nachdem Uns des..... Unsers lieben besonderen G. W. von L., Churfürstlich Braunschweig-Lüneburgischen geheimten raths ohngemein große Qualitäten sehr angerühmt worden, und Wir entschlossen, ihm als præsidi die einrichtung und direction der von Uns aufrichtenden Societät der wißenschafften in gnaden aufzutragen, auch Uns in andern Dingen, so seiner iezigen herrschafft nicht entgegen, seines raths zu bedienen, so haben Wir ihn hiemit zum præside erwehnter Unsrer Societät bestellen und ihm die macht und autorität geben wollen, solche dem diplomati erectionis und andern Unsern concessionen und expeditionen gemäß einzurichten und zu dirigiren. Wollen, daß ihm darinn von männig-

DIPLOME (1).

Après qu'on nous eut fait l'éloge des grandes qualités de notre cher G.-W. de L., conseiller secret du prince de Brunswick-Lunebourg, nous avons résolu de lui confier en qualité de président l'installation et la direction de notre Société des sciences, et à ce titre d'accepter ses conseils, et de lui donner la puissance et l'autorité pour agir conformément au diplôme d'érection et à nos autres concessions et expéditions. Nous voulons que quelques-uns d'entre nous l'assistent, et sommes tout prêt à lui

(1) Préparé par Leibniz pour l'Électeur.

lich Unsertwegen assistiret werde und sind bereit ihn da=
bey zu handhaben, zu schützen, zu vertreten und schadloß
zu halten, wollen auch, daß er bey den fürfallenden dubiis sich an Uns halte und von Uns bescheid erwarte,
immaßen Wir selbst das haupt der Societät seyn wollen
und deren protection übernommen.

Und weil es an dem, daß auff des Chur=prinzens Un=
sers geliebten sohnes erziehung ferner zu gedencken und
auch deßen studien eine verfaßung erfordern, so sind Wir
bedacht Uns auch seines raths dabey zu gebrauchen. Wir
sehen auch gern, daß er sich so viel als thunlich einer
ober=inspection Unsrer bibliothec und kunst=cammer in
Unsrer residenz annehme und wollen, daß die darüber
bestellet, seinen rath und gutachten darinn deferiren.

Ob nun wohl die gegenwärtige bewandtniß der sache
nicht leidet, daß er in Unsere pflichten treten könne, den=
noch, weil er Uns in unbedencklichen dingen nüzliche
dienste leisten kan und auch dazu geneigt, haben Wir guth
befunden ihm alles, was einem Unsrer würcklichen ge=

prêter la main, à l'assister, à le défendre, à l'indemniser ;
nous voulons aussi que dans les cas douteux il s'en réfère à
nous et nous en prévienne, vu que nous voulons être la tête
de la Société et la prendre sous notre protection.

Comme aussi il faudra songer à l'éducation de notre bien-
aimé fils, le futur Électeur, nous avons pensé que nous pourrions nous servir de ses conseils. Nous avons vu avec plaisir
qu'il avait accepté l'inspection supérieure de notre bibliothèque, de notre cabinet des arts, et nous exigeons que ceux
qui y sont préposés s'en réfèrent à ses conseils.

Comme les circonstances actuelles ne permettent pas qu'il
prenne place parmi nous et se charge de nos devoirs, et puisqu'il peut nous rendre des services utiles et qu'il est porté à
le faire, nous avons trouvé bon de lui accorder ce qui revient

heimen räthe an rang und gage zukomt, beyzulegen und wollen, daß er dergestalt tractiret und von Unsrer cammer die gage eines würcklichen geheimten raths, ihm, er sey gegenwärtig oder nicht, auff die gewöhnliche Termine richtig bezahlt werde.

Es würde ein befehl an die cammer deswegen zugleich auszusezen sein in terminis bene expressis.

à nos conseillers secrets actuels, et voulons qu'il soit traité de même et que notre chambre lui paye son traitement régulièrement et aux termes voulus, qu'il ait assisté à ses services ou non.

On donnera à ce sujet un ordre à la chambre, en termes bien clairs et bien précis.

Einige puncta die aufrichtung einer Societät der Wissenschaften betreffend.

1. Königl. Mt. dürfften vielleicht allergdst. geruhen die aufrichtung der Societät der wißenschaften unter assistenz einiger personen aus dero ministerio in Sachsen, iemand zu committiren, da dann
2. was anderswo dergleichen Societäten an rechten, freyheiten, privilegien und begnadigungen, solches Königl. Mt. nicht weniger allergdst. verleihen würde.
3. Insonderheit alle dasjenige, so die Königl. Preußische Societät erhalten. Wie aus dem diplomate und instruction zu ersehen;

QUELQUES POINTS CONCERNANT LA CRÉATION D'UNE SOCIÉTÉ DES SCIENCES.

1. S. M. R. devrait mettre la fondation de la Société des sciences sous l'assistance de quelques personnes, et charger son ministère en Saxe d'y commettre quelqu'un.
2. Accorder à cette même Société tous les droits, libertés, priviléges et grâces, qu'ont déjà obtenus les Sociétés de ce genre.
3. En particulier, accorder ce qui a été concédé à la Société royale de Prusse, comme on peut le voir dans le diplôme et l'instruction.

4. In specie das privilegium der calender nach dem Brandebg. fuß, so viel thunlich; auch einige andere dem publico nüzliche und der Societät außträgliche privilegia so verschlagen werden könten.
5. Verwilligung von zeiten zu zeiten loterien zu halten, ohne daß solches andern, ausgenommen ad pias causas, leicht zu erlauben.
6. Es wären auch gewiße dem publico selbst nüzliche und plausible anlagen ad hunc pium revera usum zu verwenden. Dergleichen wäre insonderheit die erhöhung des Carten= und taback=imposts, denn weil dieser wahren consumtion in diesen landen großentheils ein abusus, zumahl auch der tabac von andern orthen hierein bracht wird, so könte diese wahre, weit höher als iezo mit recht, und etwa denen, so solches aniezo zu andern dingen ziehen wolten, in genere bedeutet werden, daß Königl. Mt. selbiges ad causam valde piam, et utilem, reserviren möchte. Nach dem exem=

---

4. Dans l'espèce, mettre le privilége des calendriers sur le même pied que celui de Brandebourg : on pourrait proposer la concession de quelques autres priviléges utiles au public et à la Société.
5. Accorder la permission de faire de temps en temps des loteries ; ne la donner que difficilement aux autres fondations, à moins que cela ne soit *ad pias causas*.
6. On pourrait aussi *ad hunc pium revera usum* détourner certains fonds provenant de choses utiles au public. Par exemple : on pourrait augmenter l'impôt sur les cartes, sur le tabac, car la consommation qui s'en fait dans ce pays est un véritable abus ; comme le tabac est importé, le prix pourrait en être de beaucoup augmenté, et les sommes que l'on retirerait d'un côté et de l'autre deviendraient importantes au point que V. M. R.

pel einiger örther könbte der preiß bes tabacs umb
den vierten, auch wohl gar dritten pfennig erhöhet
und vor das publicum zu oberwehnter abficht einbracht werben. Es könbte auch mit dem papier eine
gewisse nüzliche einrichtung gemacht werden, so etwas
abwerffen möchte.

7. Hiezu schickte sich auch die auffrichtung und einfüh=
rung of a house of intelligence and of the bill of
mortality, auff den Englischen fuß : und könbte damit
in denen dingen so das publicum internum, policey
und gesundheit angehen, viel nüzliches erfahren und
erhalten werden, zumahl da eine perpetua cura sanitatis publicæ damit combiniret würde.

8. Weilen auch viel schaden durch feuer zu geschehen
pfleget, so könbte mit assistenz der Societät, zumahlen
zum Theil auff rem mechanicam ankomt, guthe an=
stalt dagegen vorgekehret werden, nicht allein durch
généralcinführung der schlangen=sprizen, sondern auch

pourrait les employer *ad causam valde piam et utilem*.
A l'exemple de quelques localités, le prix du tabac serait augmenté d'un quart ou d'un tiers de liard, et l'argent en serait employé comme on l'a dit plus haut. Le
papier lui-même pourrait rapporter quelque argent, si
on établissait les choses autrement.

7. A cela viendrait se joindre l'établissement *of a house
of intelligence and of the bill of mortality ;* et en ce
qui concerne *publicum internum*, la police, la santé,
on pourrait apprendre et faire bien des choses utiles,
d'autant plus qu'on y ajouterait *perpetua cura sanitatis
publicæ*.

8. Comme bien des dégâts ont lieu aussi par le feu, on
pourrait, avec l'assistance de la Société, en ce qui regarde *rem mechanicam*, créer de bons établissements,

auch durch verminderung der kostbarkeit derselbigen. Wozu auch andere dienliche verfaßungen gehöhren würden.

9. Bey den subjectis so auff hohen und andern schuhlen zu gebrauchen, auch bey præbendis, stipendiis und andern piis erogationibus, auch wo res literaria sonst interessiret, könnte auff die Societät, dero vorschläge und recommendation geschehen.

10. Membra Societatis auch vor andern bey beförderungen in obacht genommen werden.

11. Die auch sonst einige honores, prærogationen, privilegia und gnaden zu genießen hätten. Bey der Société royale des sciences zu Paris, haben sie das droit de committimus, und sind von der gemeinen jurisdiction eximiret.

12. Nachdrückliche verordnungen könnten sowohl in genere als nach gelegenheit in specie an die officier und bedienten in den Königl. landen ergehen, daß sie

et non-seulement employer les pompes ordinaires, mais les améliorer. On y ajouterait d'autres inventions utiles.

9. La Société aurait aussi la haute surveillance sur les petites et grandes écoles, les prébendes, appointements et autres allocations pieuses, et même sur ce qui regarde les intérêts de la république des lettres.

10. On ferait un choix convenable pour les membres de la Société.

11. Ils jouiraient de quelques honneurs, prérogatives, priviléges et grâces. Dans la Société royale des sciences de Paris, ils ont le droit de *committimus*, et sont exempts de la juridiction ordinaire.

12. On pourrait faire d'importantes modifications *in genere* et même *in specie* parmi les officiers et serviteurs du

der Societät mit verlangenden notitiis, scripturis, observationibus und experimentis nach thunligkeit an hand zu gehen und auff deren monita zu reflectiren hätten. Als nehmlich bey hütten, salz=, glaß= und bergwercken, auch stein=brüchen; bey dem garten=, plantations- und forstwesen, auch andern dergleichen œconomicis; bey jagten, fischereyen, thiergärten und menagerien; bey bau= und waßerwercken, einteichungen, verhütung oder verminderung der wasserschäden, bey wasser= und andern künsten, mühlen, manufacturen, arbeiten und wercken; insonderheit bey dem fuhr= und wagen=wesen, auch feldzeug, artillerie und profession der ingenieurs; auch allen andern objectis, da mathesis, physica, historien, kunst und wißenschaften und andere studia sämtlich ihre influenz haben mögen. Und könnten die so mit novis inventis, vorschlägen und laboribus sich angeben möchten, wie es Colbert bey seinem König eingeführt gehabt, an einige

pays. Ils viendraient en aide à la Société avec leurs notices, écrits, observations et expériences, mais obéiraient à leurs instructions. Il en serait de même des fabriques de sel et de verre, des mines, des carriers; on surveillerait aussi les jardins, les plantations, les forêts et autres détails économiques de ce genre; la chasse, la pêche, les messageries, les bâtiments, les irrigations, les canalisations, les dégâts occasionnés par les eaux, les moulins, les manufactures et tous les ouvrages qui s'y rapportent; ce qui concerne les voitures et les chevaux, même les instruments aratoires; l'artillerie, la profession des ingénieurs; toutes les autres branches, telles que les mathématiques, la physique, l'histoire, les arts et les sciences, et autres études, et l'influence qu'elles peuvent avoir. On pourrait même nom-

commissarien aus der Societät, sub silentii fide, gewiesen werden.

mer, à l'exemple de Colbert en France, quelques commissaires qui, sous le sceau du secret, prendraient connaissance de toutes les inventions et applications nouvelles.

Wenn die Societät der wissenschafften wohl gefaßet wird, kan sie großen und schleunigen nuzen haben. Dann man dadurch zur menschlichen gesundheit, bequemlichkeit und vergnügen mehr in 10 jahren außrichten kann, als sonst in etlich 100 jahren geschehen würde, des unsterblichen ruhms zu geschweigen, so deren rechtschaffene fundation mit sich bringet.

1. So kan sie dienen die erziehung und information der jugend wie auch die studia zu verbeßern, an welchen beyden dem staat so viel gelegen. Insonderheit bey des Chur=prinzen hoheit köndte die anstalt sowohl zu statten kommen, als ob sie vor ihn eigentlich erfunden, wie die

Si la Société des sciences est constituée comme elle doit l'être, elle pourra rendre de grands et prompts services. Elle pourra faire en dix ans, pour la santé des hommes, leur agrément et leur plaisir, plus que sans elle on ne ferait en cent années. Et je ne parle pas de l'immortelle renommée que l'on acquiert en créant une telle Société.

1° Elle peut servir à améliorer l'éducation et l'instruction de la jeunesse, et même les études, ce qui est si important pour un État. Un établissement de ce genre conviendrait d'autant mieux à S. A. S., qu'Elle en serait considérée comme le véritable auteur. Les ouvrages pour M. le Dauphin servent à tout le monde; mais ils s'appuient sur des choses de peu d'importance et point du tout sur des choses pratiques; des

ouvrages pour Mons. le Dauphin iedermann dienen, aber auf schlechte dinge und gar nicht auf realia gingen, dahingegen tableaux des sciences en tailles douces et theatrum naturæ et artis nöthig wären.

2. Können die bergwercke, landes-œconomie, handwercke und beaux arts dadurch befördert werden, welches zur vermehrung der achtung gereichet; der zierde zu geschweigen.

3. Weil die gesundheit nächst der tugend über alles gehet, so würde man durch curam sanitatis, historiam analem medicam, medicis salariatis injungendam und andere guthe anstalten in kurzer zeit ein grosses ausrichten; da man iezo nicht einmahl die menge herrlicher observationen viel brauchet die man schohn hat und darauff man sich selten und bisweilen nur ohngefähr im nothfall besinnet, geschweige, daß man auff weitere observationes recht gehen solte, welche sowohl nach richti-

tableaux des sciences en taille-douce et un *theatrum naturæ et artis* seraient bien plus utiles.

2° On hâterait les progrès des mines, du pays, de l'économie, de l'industrie et des beaux-arts, ce qui nous donnerait de la réputation, sans parler de l'agrément.

3° Puisque la santé, après la vertu, est placée au-dessus de tout, en peu de temps on ferait de grandes choses moyennant *curam sanitatis, historiam analem medicam medicis salariatis injungendam* et d'autres biens de ce genre. On n'utilise même pas aujourd'hui cette quantité d'importantes observations dont nous sommes pourvus, ou, si cela arrive, ce n'est que par hasard et quand la nécessité le demande, sans ajouter que l'on pourrait faire d'autres observations qui seraient utiles soit à la guérison des corps, soit à composer des remèdes utiles pour la société. La chimie et la microscopie rendraient ici les plus grands services. On

ger form bey menschenleibern, als auch sonst in den natürlichen cörpern, die man zur gesundheit, speise und sonsten brauchet, vorzunehmen. Wozu sonderlich die chymie und die microscopica überauß dienlich, wodurch in der sichtbaren eine neue unsichtbare welt und zwar in selbiger die ursachen der sichtbaren Dinge beruhen, außzufinden. Wie die bereits habende observationes zeigen, da doch bisher so wenig leute und nur privatim sich darauff befließen.

4. So würde die anstalt auch ein großes helffen zu schuz vor Land- und leute oder zu kriegssachen. Denn zu geschweigen, daß die kriegs- operationes offensive et defensive hauptsächlich nächst guther disciplinirung, exercirung und nöthiger provision von mathematischen und mechanischen erfindungen hehrrühren, so ist leicht zu erachten, daß dabey ein großes zu verbeßern, nicht allein zu schaden, sondern auch zum wiederstand und be-

pourrait découvrir dans le monde visible un monde invisible, et dans ce monde invisible la cause du monde visible. Les observations qui ont déjà été faites le prouvent, et cependant bien peu de personnes, si ce n'est quelques-unes *privatim*, s'en sont occupées.

4° Cet établissement serait d'un grand secours au pays, à ses habitants ou aux affaires de guerre. Car, sans redire que les opérations pour une guerre offensive ou défensive reposent, outre la bonne discipline, l'exercice et les provisions nécessaires, sur des inventions mathématiques et mécaniques, on comprend facilement qu'il y a bien des choses à améliorer, non-seulement pour causer des dommages à l'ennemi, mais aussi pour s'opposer à ceux qu'il pourrait occasionner, les découvrir, et en un mot pour se tirer le mieux possible des mauvais pas dans les circonstances critiques, et cela se pourrait faire par des moyens que l'on regarde

deckung und unter andern zu besserer fortbringung schwehrer lasten auch in bösen und nach der jahrszeit vor
unbrauchbar gehaltenen wegen. Und weil nicht zu ver-
antworten, daß so viel soldaten wegen wunden oder krandheiten, aus mangel gebührender hülffe verlohren gehen,
so wäre nöthig eigne veranstaltung zu unterweisung junger chirurgorum zu machen vermittelst der anatomi
sowohl als würcklicher besuchung der patienten, welches
zugleich zu vermehrung der scienz gereichen würde. So
wären auch die krüpel oder invalides zu gewißen bequemen laboribus nüzlich zu brauchen und also dadurch die
armen soldaten beßer zu encouragiren.

5. Weilen auch offt feuer- und waßerschaden durch
guthe anstalt verhindert oder vermindert werden können, so würde dies auch eine frucht dieser guthen anstalt
seyn und nicht allein die schlangenspritzen beßer eingeführet und gebrauchet, sondern auch ohnköstlicher ge-

comme impraticables. Et pour éviter d'être responsable
de la perte des soldats blessés', malades ou à qui le nécessaire a manqué, on pourrait établir des écoles pour
l'instruction des jeunes chirurgiens, leur faire connaitre
l'anatomie et visiter les patients, ce qui serait utile en
même temps pour la science en général. Les estropiés ou
invalides eux-mêmes seraient employés à des travaux agréables, et les pauvres soldats ne prendraient que plus de courage à leur métier.

5° Comme bien souvent aussi les incendies ou inondations
sont ou peuvent être empêchés grâce à la bonne installation
de ces établissements, on pourrait leur rapporter les fruits
qu'on en tirerait. On améliorerait non-seulement le système
des pompes actuelles, mais on en ferait à meilleur marché,
et elles deviendraient plus communes.

6° L'expérience nous montrant aussi que la *propagatio*

macht werden, damit sie mehr gemein seyn köndten.

6. Nachdem auch die erfahrung gibt, daß propagatio fidei per scientias, sonderlich mathesin et medicinam, nächst göttlichem beystand am besten zu erhalten, so würden auch leute, so in Tartary, Indien und bis an China abzuschicken nicht allein die auf sie gewandte kosten mit Handel erstatten, sondern auch der abgelegenen völcker naturalia und wißenschafften, uns durch einen löblichen tausch zurückebringen. Wobey des Czars hoher beystand und guthes vernehmen mit ihrer Mt. dermahleins ein großes beytragen köndte.

7. Weil auch dieses land mit bergwercken und andern naturalien von Gott wohl begabt, die leute hurtig, die studien und künste bey ihrem blühen, der kunstcammer, menagerie, gewächsgartens und dergleichen zu geschweigen, fürnehmlich aber weil Königl. Mt. selbst bey habenden großen liecht auch ohngemeine neigung hiezu zeigen,

---

fidei per scientias et surtout *per mathesin et mathematicam*, sous l'assistance d'un ecclésiastique, se faisait de la manière la plus avantageuse, on enverrait des hommes en Tartarie, dans les Indes, en Chine, lesquels non-seulement y feraient commerce afin de subvenir à leurs frais, mais nous rapporteraient en échange les productions naturelles des peuples éloignés et leurs sciences. Et le czar, ainsi que V. M., dont on connaît les bonnes intentions, pourraient s'entendre sous ce rapport.

7° Puisqu'en outre Dieu a bien voulu favoriser notre pays sous le rapport des mines et autres produits naturels, que les gens sont lestes, que les études et les arts fleurissent rapidement chez nous (je ne veux point citer les cabinets d'arts, ménagerie, jardins des plantes, etc., qui existent déjà), mais principalement puisque V. M. R., dont les lumières sont grandes, est disposée on ne peut mieux en faveur de cette

so ist ein großer grund bereits zum anfang geleget. Und wird sich die übrige nothburfft desto leichter finden.

Société, une base solide se trouve posée dès le commencement : la nécessité de sa fondation n'en sera que mieux sentie, et son établissement d'autant plus facile.

P. P.

Nachdem Wir Unsere Societät der wissenschafften durch ein eignes diploma fundiret und aufgerichtet und mit einigen ferneren verordnungen darinn Uns allergnädigst ercläret, dieselbe mit einem zureichenden fundo, anständigen privilegien und andern begnadigungen, so solchem diplomati nicht eingerücket, zu versehen; so haben Wir solches hiemit, so viel aniezo füglich geschehen können, bewerckstelligen wollen, Uns vorbehaltend, was künfftig ferner dienliches nach und nach zu verordnen und zu verleihen, in vorschlag kommen möchte.

Zuförderst wollen Wir, daß die Societät einen præsidem, und auch, da es füglich geschehen kan, einen vice-præsidem und ein concilium haben solle, bestehend aus

P. P.

Après que notre société eut été fondée et établie par un diplôme et qu'on eut bien voulu lui accorder un certain fonds, des priviléges importants et d'autres grâces dont le diplôme ne fait pas mention, nous avons résolu de bien préciser ce qui la concerne, nous réservant de proposer et d'ordonner petit à petit ce qui serait utile à faire plus tard.

En premier lieu nous voulons que la Société ait un président et même un vice-président et un conseil composé de membres qui veuillent et puissent s'occuper de préférence des affaires de la Société. Quant au choix des personnes du conseil ainsi que des autres membres de la Société qui, dès

solchen gliedmaaßen, die sich der geschäffte der Societät vor andern annehmen können und wollen. Die wahl und delectum solcher personen des Concilii sowohl als der übrigen gliedmaßen, so gleich anfangs zu benennen guth befunden werden wird und wobey auff erudition sowohl als auf guthe intention und zelum zu sehen, tragen wir vor der hand dem zeitigen præsidi Unsre Societät hiemit auf, und haben das allergnädigste vertrauen zu dessen bekandter dexterität und zelo, daß er dabey gebührenden rath pflegen und sowohl dieses als alles andre, was von Uns nicht außdrücklich vorgeschrieben und also auf seine direction ankomt bestens faßen werde. Und wollen Wir in gnaden hoffen, daß die, so von Uns und dem publico besoldung genießen, entweder von selbst oder auf begehren der Societät als membra und sonst behülfflich zu erscheinen sich willig finden laßen und ohne erhebliche ursach dem gemeinen nuzen nicht entziehen werden. Solches concilium soll annuum seyn und zu ablauff des jahrs, jeder

le commencement, seront jugés dignes d'être nommés, vu leur érudition, leurs bonnes intentions et leur zèle, nous le laissons au président actuel, ayant la plus grande confiance en sa dextérité et son zèle, qui du reste sont connus, persuadé qu'il fera tout pour le mieux, tant en ce qui concerne ce qui ne nous est pas prescrit d'une manière précise que sa direction même. Nous voulons aussi espérer que ceux qui sont payés par nous ou par le public se présenteront soit d'eux-mêmes, soit sur la demande de la Société, pour lui être utiles et ne s'abstiendront pas sans cause majeure de contribuer au bien général. Le conseil sera annuel; cependant, en tout temps, selon qu'on le jugera convenable, une partie pourra être changée, afin que d'autres membres puissent aussi y prendre part. Tout ce qui regarde les points de

zeit doch nach befinden, kan ein theil der personen verändert werden, damit auch andre membra etwa in das
concilium gelangen können. Was nun in doctrinalibus
fürfallet, kan in pleno Societatis conventu tractiret,
was aber statum et œconomiam Societatis und inson=
derheit die fernere annehmung der glieder unsrer societät
betrifft, wird præses mit den zeitigen membris concilii
in deliberation stellen, was er aber alzu bedencklich findet
an Uns allerunterthänigst gelangen lassen.

Auch Unsres Stadthalters liebde und geheimen Raths
Collegii, krafft Unsres dießfalls an Sie abgelassenen res-
cripts, wie auch sonst andrer Unsrer collegiorum Räthe,
bediente und obrigkeiten werden alle nöthige und nach=
drückliche Assistenz auf derselben, der Societät gebührend
ansuchen zu zuwarten haben.

Und da er insonderheit verlangen solte, daß einige
Unsrer geheimen oder andern räthe, zusammen, oder nach
der dinge gelegenheit absonderlich, in einem und andern

doctrine pourra être traité en assemblée générale. Ce qui
concerne au contraire l'économie intérieure de la Société et
en particulier la réception ultérieure des membres sera mis
en délibération par le président et les membres annuels du
conseil, et il sera libre de nous en donner communication.

Grâce au rescrit que nous avons adressé au gouverneur de
la ville, au conseil secret du collége et aux autres conseillers
des colléges, employés et autorités, nous pouvons nous attendre à en recevoir toute l'assistance nécessaire.

Et comme, en particulier, on peut désirer que quelques-
uns de nos conseillers secrets ou autres se réunissent, selon
les circonstances, une ou plusieurs fois pour prendre à cœur
l'exécution de nos bons conseils, nous voulons que notre
gouverneur et conseil secret soient avertis de nos projets,

auch zu unterschiedenen mahlen, der beförderung des guten vorhabens sich annehmen möchten, wollen Wir, daß von Unserm Stadthalter, liebde, und geheimen rath, ihm hierin gefüget werde und die verlangte räthe, als ob ihnen von Uns bereits aniezo die Sache committirt geachtet werden und die autorität oder macht haben sollen, von Unsertwegen appelatione remota die vorfallende hindernisse aus dem wege zu reumen.

Das Sigillum Societatis soll der præses, und in dessen abwesenheit soll es der obereinnehmer und der Secretarius Societatis mit einander an einem verschlossenen orth zu verwahren haben und wenn præses vorhanden oder in der nähe soll nichts als was von ihm unterschrieben in nahmen der Societät besiegelt und ausgefertigt werden; wie es aber bey dessen abwesenheit zu halten, wird er richtige abrede zu nehmen wissen, damit nichts versäumet noch angestoßen werde.

Die gelder soll der Societät obereinnehmer, welcher

quoique la chose leur ait déjà été commise, et qu'ils aient la puissance et l'autorité de lever tous les obstacles qui pourraient s'opposer à leur concession, et cela *appellatione remota* de notre part.

Le président doit avoir le sceau de la Société, lequel, en son absence, sera confié au receveur et au secrétaire, qui devront le conserver dans un lieu fermé à clef. Si le président est présent ou peu éloigné, rien ne doit être terminé et scellé au nom de la Société, à moins qu'il ne l'ait signé de sa main. En cas d'absence, il dira d'une manière précise comment on devra s'y prendre pour que rien ne soit négligé ou refusé.

Les fonds de la Société seront confiés à un receveur général, qui devra avoir des propriétés dans notre pays, être un

verpflichtet, in unsere Churlanden possessioniret und ein fleißiger, verständiger auch accreditirter Mann seyn soll, iedesmahl durch sich oder nach gelegenheit durch andere haben, richtig eintragen, wohl verwahrlich behalten und alle halbe jahr berechnen, auch die reliqua exhibiren und nichts so gering es auch sey, als auf schein des præsidis, oder wenn es sonst in seiner abwesenheit oder da er verhindert aufgetragen, bezahlen.

Es soll aber alles gelb in rem societatis und deren zweck gemäß angeleget und nicht das geringste davon zu etwas anders, oder iemands eignen Nuz verwandet werden.

Den fundum und die Einkünffte der Societät belangend, ohne welche nichts fruchtbarliches außzurichten, haben Wir nach reiffer überlegung dafür gehalten, daß deren zum besten einige ohnbeschwerliche anlagen zu machen, dann auch gewisse zu gemeinen Nuz gereichende privilegia in gnaden zu verwilligen.

homme habile, raisonnable et accrédité. Il devra exactement tout inscrire lui-même, ou, selon les circonstances, d'autres l'aideront; il devra tout bien conserver, faire ses comptes tous les six mois, exhiber les *reliqua*, et ne rien solder, quelque minime que ce soit, sans un reçu du président, lors même que ce dernier serait absent ou empêché de le donner. L'argent ne devra être consacré qu'aux affaires de la Société, et pas à la moindre autre chose, ni à une utilité particulière.

Quant à ce qui concerne le capital et les revenus de la Société, sans lesquels on ne fait rien de fécond, nous avons jugé convenable, après mûre réflexion, d'en faire quelques placements avantageux, puis aussi d'accorder quelques priviléges dans l'intérêt général.

Die anlagen betreffend, so ist Uns hinterbracht worden, daß in unterschiedenen Teutschen landen vom taback der vierte bis dritte pfennig genommen und der Preiß umb so viel erhöhet werde. Weilen es nun eine wahre, die meist aus anderen orthen in unsere lande bracht wird, auch deren größe consumtion in einem Mißbrauch bestehet, dadurch die zeit verlohren und die gesundheit selbst beleidiget wird, also eine mehrere anlage darauff allerdings favorabel, so wollen Wir solche dergestalt erhöhen lassen, das was sonst zween pfennig gehalten, aniezo drei pfennig zu stehen komme und soll solche erhöhung von denen, so die bisherige auflage davon gehoben haben in cassam Societatis richtig geliefert und zu vermeidung alles unterschleiffs guthe anstalt gemacht werden. Eine gleiche bewandniß soll es haben mit den tabackspfeiffen und Spiel-Charten. Doch wollen Wir, daß denen gemeinen Soldaten Unsrer Regulirten Truppen zum besten ein gewisses quantum ohne solche anlage passiret werde.

Quant au placement, nous avons entendu dire que, dans différents pays allemands, on allait accroître l'impôt sur le tabac d'un quart ou d'un tiers de liard, et que par conséquent le prix en serait augmenté. Puisque c'est là aussi une marchandise qui nous est, en majeure partie, fournie par les autres pays, et que la consommation qu'on en fait dégénère en abus, fait perdre du temps, attaque la santé, une imposition levée sur elle ne pourra être que favorable. Nous voulons donc que ce qui a été payé 2 liards se paye 3; les sommes que produira cette augmentation seront régulièrement versées dans la caisse de la Société, et l'on veillera à ce qu'il ne se commette aucune fraude. Pareille chose doit arriver pour les pipes et les cartes à jouer. Nous désirons cependant que l'on fournisse aux simples soldats de nos

Weil auch der Papierhandel bey dem bücherwesen und
folglich bey den Studien ein großes thut, so wollen Wir
hiemit die inspection sowohl des Papier= als bücher=han=
dels, auch der Schrifft= und Kupfer=druckereyen in Unsern
Chur= oder Erblanden, insonderheit auff der Messen,
Unsrer Societät der wissenschafften in gnaden aufgetragen wissen, mit erlaubniß, weil billig, daß die der Studien genießen, etwas zu deren beförderung beytragen,
etwas leidliches davon zu ziehen sowohl als einiger nüz=
licher Regelementer einrichtung und determinirung Wir
nach befindung der sache in gnaden antorisiren wollen.
Es ist ohne dem Uns glaublich vorgebracht worden, daß
der ehemahlen favorable, bücher=handel zu einem großen
abusu angewachsen, viele gewinnsüchtige Buchhandler
wenig auff den gemeinen Nuzen und eigne reputation
sehen und sich zu unterdrückung guther werke und vertrei=
bung ihres ohndienlichen Verlags unter einander ver=
stehen, geringe Scribenten, so gleichsam in ihrem Sold,

troupes régulières une certaine quantité aux prix ordinaires.

Le commerce du papier étant très-important et pour les
libraires et pour les études, nous voulons confier à la Société
des sciences l'inspection du commerce du papier, des librairies, des imprimeries, et celui de tout notre pays, surtout
lors des foires, avec la permission de faire supporter quelque léger impôt à ceux qui font leurs études, et nous l'auto-
risons en même temps à faire quelques règlements pour
déterminer ces choses. On nous a dit aussi qu'il s'était introduit de grands abus dans le commerce des livres, autrefois si avantageux. Bien des libraires, avides d'argent, ne regardent pas à l'intérêt général et à leur propre réputation.
Ils s'entendent entre eux pour supprimer les bons ouvrages.

zu autoren auffwerffen und mit deren ohnausgearbeiteter übel corrigirten arbeit die welt anfüllen und die käuffer anführen, deßen auch in geringsten keinen scheu haben. Da dann nicht allein kein nuzen geschaffet, und das guthe unter der menge des untauglichen erstickt wird, welches der teutschen nation bei frembden zu unglimpf gereichet, sondern auch viel liederliches, theils auch ärgerliches und verläumberisches, ja in Religion und Staatssachen gefähr= liches mit unterlaufft. Und obwohl solchen mißbräuchen nicht auf einmahl genugsam ohne zerrüttung dieses han= dels gesteuert werden kan, so wollen Wir doch ernstlich, daß Unsre Societät einig einsehen darin habe, was etwa sonderlich strafbares ahnde und von dem Magistrat iedes orths ihr darinn beygestanden werde. Wollen auch, daß Unser Ober=Consistorium ihr so offt es nöthig, mit sei= ner autorität darin zu statten komme. Hingegen wird sich Unsre Societät befleißen, dem verlag nüzlicher werke beförderlich zu erscheinen und auch dahin zu trachten, daß

Ils ont à leur solde de chétifs écrivains qu'ils présentent comme des auteurs ; ils remplissent le monde de ces travaux non finis, mal corrigés ; ils trompent les acheteurs, et cela sans avoir la moindre honte. Cet état, non-seulement ne procure aucun avantage, puisque l'utile est étouffé par l'inutile, et que la nation allemande est mal vue des étrangers ; mais il propage bien des mauvaises choses, des calomnies, des scandales, et est nuisible à la religion et à l'État. A un tel abus on ne peut pas remédier d'un seul coup, sans porter préjudice au commerce ; nous voulons cependant sérieusement que notre Société en ait la surveillance, et, si elle trouve quelque chose digne d'être puni, que le magistrat de chaque endroit lui prête la main. Nous voulons aussi que le consistoire supérieur fasse preuve de son autorité en

die papier-Manufactur mehr und mehr verbessert werde. Wir verleihen auch hiemit Unsrer Societät der wissenschafften ein privilegium generale und perpetuum dergestalt und also, daß die von ihr oder iemand ihrentwegen verlegende bücher, wercke, Schrifften, Figuren, kupferstich, holzschnitt oder wie es sonst nahmen haben mag, von niemand, es sei buchhändler, Buchdrucker oder sonst iemand nachgedrucket, zum nachdruck befördert oder in unsre landen eingeführet und vertrieben werden solle. Wollen auch daß von allem was in Unsern landen gedrucket wird, es sey groß oder klein, ein sauber exemplar der Societät hehrgegeben und in Leipzig geliefert werde.

Es ist auch Unser gnädigster wille und meinung, daß alle suppliquen deren, so bey Uns umb bücher=privilegia anhalten und deren gutachten vor der Concession einbracht werden.

Es sollen auch die bucher=auctiones und alle andere auctiones publicæ et subhastationes, Verspielungen

ces choses toutes les fois que cela sera nécessaire. Quant à notre Société, elle mettra tous ses soins à ce qu'on imprime des œuvres utiles et à ce que les manufactures de papier soient de plus en plus améliorées. Nous accordons aussi à notre Société des sciences un privilége général et perpétuel consistant en ce que tout livre, œuvre, écrit, figure, impression en taille-douce, ou sur bois, ou n'importe son nom, imprimé à ses frais, ne puisse être reproduit par un imprimeur, un libraire quel qu'il soit, être réimprimé ou importé. Nous voulons que, de tout ce qui sera imprimé, grand ou petit, un exemplaire en bon état soit envoyé à la Société et livré à Leipzig.

Il nous plaît aussi de rapporter toutes les suppliques qu'on nous a adressées pour obtenir des priviléges relatifs

und von uns verwilligte Lotterien, auch sogenannte Glück=
töpfe bey der Societät angemeldet werden und sie eine
gebührende auffsicht darüber haben, und solches alles zu
dem von Uns der Societät concedirten Intelligenz-
Amt gezogen werden.

Weilen auch insonderheit ein großes daran gelegen,
daß die jugend zumahl in den Schuhlen, mit guthen
büchern versehen und dergestalt durch einen kurzen und
richtigen weg zu einer rechtschaffenen wissenschafft gefüh=
ret, also die gemüther mit guthen und festen principiis
verwachtet werden, welche zum christlichen Tugendwandel
und guter verrichtung in eines ieden stand und lebensarth
einen ohnbeweglichen grund legen mögen. So wollen Wir
auch dessen besorgung hiemit Unsrer Societät in gnaden
aufgetragen haben und ihr zugleich ein besonderes privilegium perpetuum auf die so genannte Schulbücher ver=
leihen, dergestalt, daß was sie von dieser art verleget oder
verlegen lasset, nicht allein wie andere privilegirte bücher

aux livres, et que nous avons accordés avant la concession.

Toutes les ventes de livres, toutes les autres ventes publiques et à l'encan, les représentations théâtrales, les loteries et autres revenus devront être annoncés à la Société :
elle devra les surveiller, et tout cela procédera du Bureau
de renseignements autorisé.

Comme il importe beaucoup que la jeunesse dans les
écoles ait de bons livres et arrive par le chemin le plus
court à une vraie science, il faut inculquer de bons et solides
principes dans ces jeunes cœurs, principes qui seront les
bases des vertus chrétiennes et des bonnes dispositions
qu'ils devront posséder.

Nous confions donc encore à la Société le soin de ces choses en lui concédant en particulier un privilége perpétuel

nicht nachgedruckt, sondern auch die Rectores, professores und Collegæ bey den Gymnasiis, Land und andern Schuhlen gehalten seyn sollen, sowohl der Societät gutachten in methodo studiorum zu deferiren, als auch der zu dem ende verlegter Schuhlbücher sich zu bedienen, sie zu recommendiren und nach gelegenheit zu ihren Lectionibus und Collegiis zu brauchen. Und wird die Societät mit deren gelehrtesten unter ihnen deßfals zu communiciren und gebührende bescheidenheit schohn zu gebrauchen wissen.

Weile auch an den privat informationen viel gelegen, gleichwohl aber bißher nicht sonderlich darauf gesehen worden, sollen die sich dazu gebrauchen lassen unter der Societät sonderbaren direction stehen und sich bey ihr oder denen, so dazu von ihr verordnet, anzugeben und an sie zu halten haben, welches nicht nur denen familien so sich ihrer bedienen, sondern auch diesen leuten selbst zu guthe kommen kan; daß sie sich dadurch bekand machen und nach

sur les livres d'école. Tout ce qu'elle imprimera ou fera imprimer en ce genre, non-seulement ne devra pas être reproduit, mais les recteurs, professeurs, les colléges, les gymnases et autres écoles, devront être tenus, en tant que la Société le jugera convenable, de suivre la méthode adoptée par elle pour les études, de se servir des livres imprimés par elle, de les recommander et de les employer dans les colléges et les cours. La Société ainsi communiquera avec les savants professeurs et saura ce qu'il y aura à faire.

Comme les établissements d'instruction privée sont importants aussi et que jusqu'à présent on n'y a guère fait attention, il faudra de même qu'ils se rangent sous la direction de la Société. Les gouverneurs seront tenus de s'en référer à elle, d'en recevoir les ordres, ce qui sera utile non-seulement aux

ihrer beschaffenheit zu rechter zeit gebraucht werden können. Wir versehen Uns im übrigen auch gnädigst, es werden die professores Unsrer Universitäten mit der Societät in guthem vernehmen stehen und deren zweck zu befördern sich bestens angelegen seyn lassen.

Weile auch viel Stipendia in Unsere landen zu erhaltung der studirenden Jugend gewidmet auch andere milde Stiftungen von verschiedener arth vorhanden, so wollen Wir, daß der Societät auffsicht und vorsorge auch hierin Unsere mit Geschäfften überhäuffte Collegia secundiren, mithin auf der Societät bericht guthachten und recommendation gesehen werde.

Nachdem auch unterschiedlich und andrer orthen des Römischen Reichs privilegia privativa generalia auff das Calenderwesen verwilliget worden, ein solches auch von Uns selbst geschehen, aber einige Schwührigkeiten deswegen fürgefallen, so wollen Wir solches privilegium in optima et amplissima forma, auff den Brandenbur-

familles qui les emploient, mais aussi à ces mêmes gouverneurs, car on apprendra à les connaître et on pourra en temps utile les employer selon leurs capacités. Du reste nous verrions de bon œil les professeurs de nos universités être en bonnes relations avec la Société.

Puisque bien des traitements dans notre pays sont consacrés à l'entretien de la jeunesse studieuse et que nous possédons d'autres fondations de différentes sortes, nous voulons aussi que la Société en ait le soin et la surveillance. Elle seconderait ainsi nos colléges qui sont accablés d'affaires, et on tiendrait compte des avis, conseils et recommandations provenant de sa part.

On a aussi accordé en d'autres endroits de l'empire romain des priviléges particuliers ou généraux sur les calendriers;

gischen fuß mehrgemeldeter Unſrer Societät der wiſſen-
ſchafften hiemit verliehen haben, doch der fernern Einrichtung des Wercks anheimgebend, wie einige Einführung
außwärtiger Calender zumahl bey meſſen beybehalten im
lande und der vertrieb im lande zu erlauben ſeyn möchte,
da dann die Exemplaria von wegen der Societät geſtem-
pelt und ein gewiſſes dafür genommen werden köndte.

Weil auch ein ieder Haußmann zumahl auf dem lande
iedes jahr ein oder mehr Zinß-, Steuer- und andre büchlein zu brauchen pfleget, darinn gar ſeine abgaben und
andre nöthige Puncte zu eigner und andrer nachſicht,
theils auch von den Receptoribus, anſtatt quittung, no-
tiret werden; ſo geben Wir Unſrer Societät in vim privilegii perpetui hiemit die macht zu veranſtalten, daß
die leute mit ſolchen bequemen lineirten büchern und
zugleich mit tüchtigen Schreib- und andern Calendern, umb einen billigen werth verſehen werden, welche
die beamte und obrigkeiten zu diſtribuiren und dafür

nous-même nous en avons accordé aussi : mais, comme des
difficultés se sont élevées, nous voulons concéder un privilége
sous la forme la meilleure et la plus ample, comme celle de
notre Société des sciences de Brandebourg. Elle se chargerait
de cette mission ; l'introduction de certains autres calendriers
serait conservée, et le débit en serait toléré, mais la Société
y apposerait son cachet et en retirerait un certain droit.

Puisque le cultivateur a besoin aussi chaque année d'un
ou plusieurs petits livres de rentes, d'impôts et autres, dans
lesquels il inscrit ses dépenses et d'autres choses importantes,
et que les percepteurs mêmes signent au lieu de leur fournir
des quittances, nous donnons encore à la Société, en vertu
d'un privilége perpétuel, la charge de veiller à ce que ces
livres soient bien réglés, en bon état, et d'un prix très-bas. Les

den werth an die Societät zu liefern haben werden.

Wir tragen auch Unsrer Societät in gnaden auff die vorsorge gegen feuer= und wasser= und andre landschäden umb unter auctorität Unsres geheimen Rathes dahin zu sehen, wie weit solche mit der hülffe Gottes zu verhüten; wollen zu dem ende, daß Sie die feuer=ordnungen zu revidiren und zu verbessern macht habe, die Schlangen=sprützen wo sie noch nicht sind, einzuführen und ohnkost=licher zu machen trachten, auch selbige von zeiten zu zeiten besichtigen und exerciren, wie nicht weniger auch die leute dazu abrichten lasse, damit im nothfall kein mangel erscheine, dagegen sie zu dessen bestreitung ein billiges jähr=lich zu genießen haben soll. Es wird ihr auch anheimge=geben die denen wasserschäden unterworffene orthe besich=tigen zu lassen und auf vorkehrende mittel bedacht zu seyn, auch dahin zu sehen, wie der unter wasser stehende grund gewonnen und sonst das land und dessen Anbau verbessert werde. Und da die Societät ohnangebautes

employés et les autorités les distribueraient en en remettant la valeur à la Société.

La Société veillera sur le feu et l'eau et les autres dégâts; elle s'entendra avec notre conseil secret, et sous son autorité on avisera d'y remédier. Nous voulons qu'elle revise les ordonnances en matière d'incendie et qu'elle les améliore. Elle fera mettre en usage les pompes là où cela n'a pas lieu; elle tâchera de les faire fabriquer à plus bas prix; elle les fera examiner et mettre en mouvement de temps en temps; elle y enverra beaucoup de monde, afin que les hommes capables ne manquent pas en cas de nécessité, et elle recevra pour cela une légère rétribution. Elle préservera autant que possible des eaux les endroits qui sont inondés, elle avisera aux moyens d'y remédier.

land baubar zu machen unternehmen wolte, soll es ihr gegen einen sehr moderirten Erbzins verstattet werden.

Dieweilen auch bey maaß, wag, gewicht und deren gebrauch viel unrichtigkeiten vorgehen, so tragen wir eben mäßig Unsrer Societät auff solches alles zu reguliren und zu beobachten und davon etwas nach dem exempel einiger andrer orthe zu genießen, wie dann die landmesser, visirer, marktschreier, probirer und ander die mit maaß und gewicht umbgehen, diesfalls an sie gewiesen seyn, auch wohl noch befinden ihr maaß und gewicht von ihr empfangen und sonsten sich nach ihrem reglement richten sollen.

Welches alles dahin zu verstehen, daß wenn die Societät mit einigen anstalten per gradus versehen muß und nicht gleich auff einmahl zur völligen Einrichtung kommen kan, ihr solches zu versäumniß oder verstoß oder einiger anderer vorrückung nicht zu imputiren, sondern da iemand schuldig und hinderlich, solches zu eine schwehre verantwortung gestellet und ohnabläffig geahndet werde.

Elle s'occupera aussi des eaux stagnantes, et cherchera, en général, à améliorer la terre et la culture. Et, puisque aussi la Société veut rendre profitable ce qui ne l'est pas, il doit lui revenir une certaine rente.

Bien des fraudes se commettent aussi sous le rapport des mesures et des poids; nous accordons donc encore à la Société le droit de régulariser cet état de choses et d'en tirer quelque profit à l'exemple des autres endroits. Les arpenteurs, visiteurs, mesureurs de mines, essayeurs et autres qui emploient les poids et les mesures, devront recevoir ces poids et ces mesures des mains de la Société et se conformer à ses règlements.

Ce qui précède fera voir que la Société doit commencer petit à petit à créer quelques établissements, et ne peut pas

Schließlich wollen Wir in Unsrer Residenzstadt Dreßden der Societät gewiße Zimmer und wohnungs= auch andre pläze in und vor der stadt und sonderlich Unser laboratorium daselbst zum gebrauch anweisen laßen. Und weil sie auch in Leipzig wohnung und gelegenheit von nöthen haben wird, soll ihr damit auff unserm Schloß daselbst außgeholffen, auch außer dem Observatorio so in Dreßden anzurichten, darauff gedacht werden, ob auff der Burg zu Meißen oder sonst einem Unsrer Schlößer, da der Horizont wohl entdecket wird, dergleichen anzulegen.

Bey allen diesen und noch künftig etwa erfolgenden Unsern verordnungen und begnadigungen, wollen Wir Unsre Societät der wißenschaften kräfftiglich schüzen und nicht zugeben, daß denen zu wieder gehandelt und dieser ge= mein=nüzige patriotische Zweck unterbrochen werde. Werden auch, was zu dessen förderung geschicht, in allen gnaden auffnehmen; und was dagegen vorgenommen wer=

d'un seul coup s'installer complétement. Elle ne doit point s'imputer à elle-même si telle ou telle chose est négligée, mal faite ou retardée ; mais, si quelqu'un est coupable, elle devra lui attribuer la responsabilité.

Enfin nous voulons que dans notre résidence à Dresde on concède des chambres et des logements, et même d'autres places dans et hors la ville, et principalement pour l'installation de notre laboratoire. La Société pourra disposer aussi à Leipzig de notre propre château, et, outre l'observatoire que l'on connaît à Dresde, il faudrait voir si, au château de Meissen, ou dans un de nos autres châteaux d'où l'on découvre un vaste horizon, on ne pourrait pas aussi en construire un.

Outre toutes ces grâces et priviléges, nous voulons soute-

den solte, als gegen Uns selbst begangen der gebühr nach zu bestraffen wissen. Wollen auch, daß bey vorfallenden dubiis, die interpretatio in favorem Societatis gemacht und Sie bey ihrem vortheil erhalten oder auch darin appellatione remota würcklich gesezet werde, so lange biß ein andres bey Uns durch revision herausgebracht werden, wie Wir Uns denn, als haupte und protectori Unsrer Societät, die cognition darüber außdrücklich vorbehalten haben wollen.

Alles proprio motu, certa scientia et plena potestate et cum aliis clausulis omnibus maxime favorabilibus, die als hier von wort zu wort eingerückt geachtet werden sollen.

Uhrkundlich haben Wir, ꝛc.

---

nir énergiquement notre Société; nous ne souffrirons pas que l'on s'oppose à la réalisation d'un projet dont le but est si utile et si patriotique. On écoutera aussi tout ce qu'on pourra proposer : si l'on agissait contre la Société, nous regarderions cela comme si l'on agissait contre nous-même, et les punitions s'ensuivraient. Nous voulons que, dans les cas douteux, l'interprétation soit faite en faveur de la Société, qu'elle obtienne tout l'avantage, et que la chose soit jugée nonobstant tout appel, jusqu'à ce que nous-même en ayons jugé autrement, car nous voulons nous réserver la décision suprême comme protecteur de la Société.

Tout doit être fait *proprio motu, certa scientia et plena potestate et cum aliis clausulis omnibus maxime favorabilibus*, et observé mot pour mot.

Wohlgebohrener hochzuehrender Herr!

Es ist Messe. gesandten wohlstand mir zum öfftern erfreulich zu vernehmen gewesen. Ich habe aber, bloß umb solches zu bezeigen, dero wichtige geschäffte durch meine schreiben ohne noth nicht gerne stöhren wollen. Sie werden inzwischen vermuthlich gesehen haben, was ich zur erclärung des völckerrechts in dem sogenannten Codice juris gentium und zur beförderung der reichshistori in den accessionibus historicis, auch scriptoribus Brunsvicensia illustrantibus unternommen, von welchen letztern bereits ein tomus vor einem jahr zum vorschein kommen und wills Gott bald ein paar andere folgen werden, darinn viel noch ungedruckte sachen. In den

Très-honoré Monsieur (1),

Bien souvent j'aurais désiré demander des nouvelles de la santé de l'ambassadeur de S. M. C., mais je ne voulais pas déranger inutilement par ma lettre V. E., dont les affaires sont si importantes. Du reste vous avez probablement vu le travail que j'ai entrepris pour nous éclairer sur le droit du peuple, dans mon *Code du droit des gens*, et ce que, dans mes *Contributions historiques* et les *Écrivains relatifs au Brunswick*, j'ai dit par rapport à l'histoire de l'empire. Il y a un an déjà que j'ai publié le premier volume des *Écrivains*, et, avec l'aide de Dieu, sous peu il en paraîtra quelques autres

(1) Cette pièce, bien que comprise dans les plans de l'Académie de Saxe, regarde l'Autriche.

lezten bringe verschiedene alte historische schrifften in teutscher sprache. Von beyden diesen tomis ist schohn etwas unter der presse. Alles was von scribenten bey dergleichen gelegenheit herausgebe, ist vor der religionsänderung geschrieben. Was hernach aufgesezet worden, ist nicht allein mehr partheyisch, sondern auch, da das bücherschreiben und drucken gemeiner worden, nicht so rar und auch nicht so sicher, zumahl weil mit der gelehrsamkeit sich auch die ohnanständige freyheit, unter dem schein der zierde und verbeßerung, die einfältige wahrheit mit gedancken und gedichten zu vermehren oder vielmehr zu verfälschen, überhand genommen. Doch wird in diese 3 tomos nichts kommen, als was zu der braunschweigschen und benachbarten histori dient. Ich habe aber noch unterschiedliche wichtige theils uralte lateinische stücke, damit ich eigne tomos füllen köndte, so den Pistorianis oder andern weder an größe noch güthe nachgeben würden. Allein es will mir bey einem unmehrigen alter (dabey mich

contenant des choses qui n'ont jamais été imprimées. Dans le dernier je cite divers anciens écrits historiques en langue allemande. Certaines parties de ces deux volumes sont déjà sous presse. Tout ce qui a été publié par les écrivains est antérieur au changement de religion. Tout ce qui y a été ajouté, non-seulement est plus partial, mais aussi, comme la publication des livres et l'imprimerie sont devenues plus communes, cela est moins rare et moins certain. Avec l'érudition est venue l'idée d'une liberté déplacée, et, dans l'espoir d'améliorer et d'orner, on a voulu propager la simple vérité en la produisant ou pour mieux dire en la déguisant sous une foule de pensées et de poëmes. Dans ces trois tomes on ne trouvera que ce qui est utile à l'histoire de Brunswick et ce qui s'y rapporte. Mais, outre cela, je possède encore différentes pièces importantes en majeure partie

gott lob noch wohl befinde) fast an zeit gebrechen. Zu=
mahlen noch andere guthe dinge bey handen, dadurch et=
was leisten köndte und die mit der histori nichts gemein
haben, so auch nicht gern ersterben laſſen wollte. Es haben
einige gelehrte leute einsmahls ein collegium historicum
imperiale angefangen, allein es hat damit nicht so fort
gewolt. Solten seine hochfürstl. Eminenz der hl. cardinal von Lamberg, bischoff und fürst zu Paſſau, am kayserlichen hofe, wie man sagen will, beständig seyn und
folglich ein groſſes bey den reichsgeschäfften auch dort zu
sagen haben, so solte vermeynen, daß dieser vortrefliche
und der reichssachen nicht weniger als rechtschaffener
studien höchst kundige fürst, vielleicht einige dem
kayser selbst unköstliche mittel außfinden köndte, die
erläuterung sowohl der gerechtsamen als der geschichte
des reichs mit nachdruck zu befördern, da ich dann
gern mit vorschlägen und that unterthänigst an hand
gehen wolte, wiewohl bereits iezo dero groſſes liecht und

écrites en vieux latin : je puis encore en former plusieurs
tomes qui, en grandeur et en bonté, ne le céderont pas
aux Pistoriens et autres. Mais, vu mon âge (quoique, Dieu
merci, je me porte bien), le temps me manquera. Je possède
encore d'autres bonnes choses qui pourront être utiles :
elles n'ont rien de commun avec l'histoire, mais je n'aime-
rais point à les voir tomber dans l'oubli. Autrefois quelques
savants ont commencé la fondation d'un Collége historique impérial, mais ils n'ont pas continué leur œuvre. Si Son
Éminence le cardinal de Lamberg, évêque et prince de Pas-
sau, reste, comme on dit, à la cour impériale, et que là aussi
son autorité soit grande dans les affaires de l'empire, il est
à supposer que ce prince, si porté pour les affaires de l'empire ainsi que pour les bonnes études, pourra trouver quelques moyens peu coûteux à l'empereur pour demander que

hohes ansehen dienen kan, den grund dazu legen zu helffen.

Wir solten billig nach dem exemple andrer nationen folgende wercke haben, als da sind:

1. *Jurium imperatoris et imperii* (maxime apud exteros) *syntagma*, nach dem exempel des französischen wercks : les Droits du Roy, de Messieurs du pays, dazu des Coringii werck de finibus imperii nur eine kleine anleitung gibt.

2. *Germania sacra*, nach dem exempel Italiæ sacræ Ughelli et Galliæ sacræ Sammarthanorum. In diesem werck wäre aller episcopatuum Germaniæ historia mit diplomatibus außzuführen, welche weit schöhner und wichtiger seyn würde, als die histori der italiænischen bischöffe.

3. Denen episcopatibus föndten die vornehmsten abteyen und was dienlich von andern monasteriis beygefüget werden. Dergleichen etwas Lubinus in Italien vorgehabt.

l'on apporte des éclaircissements sur le droit et l'histoire de l'empire, et alors je me ferai un plaisir de me mettre à l'œuvre, quoique maintenant déjà ses lumières et sa considération puissent servir à jeter les premiers fondements.

A l'exemple des autres nations, nous devrions avoir les ouvrages suivants :

1° *Jurium imperatoris et imperii (maxime apud externos) syntagma*, à l'exemple de l'œuvre française : *les Droits du roy, de messieurs du pays*. L'ouvrage de Coringius *de Finibus imperii* ne donne qu'une trop courte introduction.

2° *Germania sacra*, en prenant pour modèle *Italia sacra Ughelli* et *Gallia sacra Sammarthanorum*. Dans cet ouvrage on entrerait dans les détails sur l'histoire de tous les évêques d'Allemagne avec diplômes, et il deviendrait bien plus beau et plus important que l'histoire des évêques italiens.

4. *Chorographia Germaniæ*, tam antiqua et ex diplomatibus per pagos media, quam recens, dazu auch descriptio fluminum et aliorum naturalium et manufactorum.

5. *Germaniæ historia naturalis et artificialis*, wie dergleichen von theils England, Schottland und Irland, auch Schweiz vorhanden, dahin kommen: plantæ et animalia Germaniæ und dergleichen, samt art der leute, nahrung, commercien, manufacturen und polizey.

6. Kämen *concilia Germaniæ*, gleichwie Galli, Hispani, Angli, ihre concilia zusammengetragen. Und finden sich deren nicht wenig in Teutschland, so noch nie in druck kommen.

7. *Scriptores* adhuc inediti *rerum Germanicarum*, davon habe selbst nicht wenig und weiß noch mehr.

8. *Diplomatum utiliorum collectanea et excerpta*, deren Teutschland einen vortreflichen apparatum an hand geben würde, sowohl ex actis publicis als ex archivis.

3° A ces évêchés on pourrait ajouter l'histoire des abbayes les plus célèbres et ce qui pourrait être tiré des autres monastères. Lubinus en Italie avait eu l'intention de faire quelque chose de semblable.

4° *Chorographia Germaniæ tam antiqua et ex diplomatibus per pagos media quam recens;* puis: *Descriptio fluminum et aliorum naturalium et manufactorum.*

5° *Germaniæ historia naturalis et artificialis*, en prenant pour modèle celles d'Angleterre, d'Écosse, d'Irlande et de Suisse; puis: *Mineralia, plantæ et animalia*, la manière de vivre des habitants, leur nourriture, leur commerce, leurs manufactures, leur police.

6° *Concilia Germaniæ*, comme ceux de France, d'Espagne, d'Angleterre. Il y en a beaucoup en Allemagne dont on n'a pas encore publié l'histoire.

9. *Genealogiæ emendatæ* cum suis probationibus; davon habe selbst ein und anderes entdecket, auch in Austriacis.

10. *Leges et constitutiones imperii* universales et speciales majoris momenti, deren viele noch nicht gedruckt, andere aber offt noch sehr dunckel.

11. *Austriaca*, davon könte ich selbst ein ansehnliches volumen an hand schaffen ex diplomatibus et monumentis, ohne was *Lambecius* ex bibliotheca Cæsarea beybringen können. In Bavaricis, Saxonicis und andern familien und provinzien möchte iedes orths dergleichen geschehen.

12. Endlich müße aus allen solchen monumentis Germaniæ mit der zeit ein Corpus annalium imperii nach der form der Annalium Ecclesiæ cardinalis Baronii et continuatorum verfertiget werden.

Ich übergehe viel so noch erzehlet werden könte, als unter andern historiam literariam et bibliographiam

---

7° *Scriptores adhuc inediti rerum germanicarum.* J'en possède un grand nombre et sais où il y en a encore.

8° *Diplomatum utiliorum collectanea et excerpta,* dont l'Allemagne possède une riche collection dans les actes publics et les archives.

9° *Genealogiæ emendatæ cum suis probationibus.* J'en ai découvert plusieurs même dans les provinces autrichiennes.

10° *Leges et constitutiones imperii universales et speciales majoris momenti,* dont beaucoup ne sont pas imprimées, beaucoup très-souvent obscures.

11° *Austriaca.* Je pourrais en fournir un volume, tant chartes qu'autres documents, sans compter ce que Lambecius nous a donné de la bibliothèque impériale. On ferait de même pour la Bavière, la Saxe et autres familles et provinces.

12° De la réunion de tous ces monuments de l'histoire ger-

Germanorum auch inventionum Germanicarum, item lezlichen auch die Verfassung eines triplicis lexici Germanici commerciorum, nempe usualis, technici et glossarii (nach dem exempel der Académie françoise des *Furetière* und des *Ménage*) und viel andere nützliche unternehmungen zum besten Teutschlands.

Dieß aber sind nicht eines menschen, sondern collegii wercke, doch müßen leute seyn die den grund legen. Niemand kan beßer davon urtheilen, auch niemand unter den gelehrten, wegen hochachtung seiner Eminenz mehr dazu beytragen als Mss^e. Bitte ohnbeschwehret bey dero einen entwurff deswegen zu thun, und da sichs füget, auch meine unterthänigste devotion zu bezeigen. Sonsten aber bitte solche gedancken zu menagiren, damit sie kein unzeitig geschrey machen.

Es ist nunmehr die rechte zeit auff Teutschlandes fernere flor und wiederaufrichtung der teutschen glori unter Josephe zu gedencken, nachdem die gefehrliche französische

manique on ferait un *Corpus annalium imperii* d'après le modèle des *Annales Ecclesiæ cardinalis Baronii et continuatorum*.

Je passe bien des choses que je pourrais citer, comme entre autres une histoire littéraire et bibliographique de l'Allemagne, une histoire des inventions allemandes, un triple Lexique allemand, à la fois commercial, usuel et technique (à l'imitation de l'Académie française, de Furetière et de Ménage), et bien d'autres ouvrages qui seraient utiles à l'Allemagne.

Ce ne sont pas là les œuvres d'un seul homme, mais celles de toute une société savante; il faut cependant des gens qui en jettent les fondements. Personne ne peut mieux en juger, et personne parmi les savants, à cause de la considération de Son Éminence, ne peut plus y contribuer que Son Altesse. Je vous prie donc de lui présenter mon humble

obermacht von Gott erniedriget worden. Ich verbleibe lebenszeit

    Meines hochzuehrenden hl. gesandtens
                  dienstergebenster
                            B. W. v. Leibniz.

    P. S. — Sollte ich die ehre dero antwort hierauff haben, bitte sie zu recommendiren à Monsieur Schröck, agent de Bronsvic à Augsbourg.

hommage. Du reste, je vous prierai de ménager ces pensées, afin qu'on n'en parle pas avant le temps convenable.

    Le temps est venu, sous l'empereur Joseph, de penser à l'épanouissement et au rétablissement de la gloire allemande, maintenant que cette dangereuse puissance française a été abaissée par Dieu.

    Je reste pour la vie,

    De mon très-honoré ambassadeur le très-humble serviteur,

                          B. W. de LEIBNIZ.

    P. S. — Si vous daigniez m'honorer d'une réponse, je vous prie de la recommander à M. Schröck, agent de Brunswick à Augsbourg.

An das Ober-Consistorium.

(Præmissis præmittendis.)

Wir können Euch in gnaden nicht verhalten, daß Wir zu beförderung der ehre Gottes, des besten Unsrer Erblande und nützlicher studien, eine Societät der wißenschafften zu fundiren entschloßen und darauff ein diploma erectionis samt andern concessionis außfertigen laßen. Wenn Wir nun dieser Societät unter andern aufgeben, durch guthe vorschläge und anstalten der studien, des informations- und bücherwesens in Unserm lande sich anzunehmen, so wollen Wir, daß Ihr dem von Uns benanten præsidi sowohl als auch der Societät so offt es verlanget wird und sonst bey allen bedürffenden fällen

AU CONSISTOIRE SUPÉRIEUR.

(*Præmissis præmittendis.*)

Nous ne pouvons nous empêcher de vous annoncer que nous avons résolu, tant pour la gloire de Dieu que pour le bien de notre pays et des études utiles, de fonder une Société des sciences. On est sur le point de terminer le diplôme d'érection et les autres concessions. Comme nous avons donné pour tâche à cette Société de provoquer des mesures utiles, de créer des établissements pour les études et de prendre les informations nécessaires à ce sujet et en ce qui concerne les livres, nous voulons que vous assistiez énergiquement de l'autorité que nous vous avons confiée, et celui que

mit Euerer von Uns verliehenen autorität nachdrücklich assistiret und nichts an Euch erwinden lasset, dadurch der löbliche zweck erreichet und was Wir der Societät aufgetragen, zur würcklichkeit bracht werde.

---

nous avons nommé président, et la Société tout entière, toutes les fois qu'elle le désirera, et en général quand elle en aura besoin, afin que le but proposé soit atteint, et que ce dont nous avons chargé la Société puisse être mis à exécution.

Circularschreiben an die Herren vettern.

(Obligeante expression.)

E. L. können wir freundvetterlich nicht verhalten, daß Wir zu beförderung der Ehre Gottes und des gemeinen nutzens, insonderheit im land zu Sachsen, entschloßen, eine Societät der wißenschafften aufzurichten, welche sich die aufnahme und das wohlseyn guther studien, des informations- und bücherwesens, der kunst und wißenschafften und alles deßen, so von denselben in publicis et privatis, civilibus und militaribus, sonderlich auch in polizey und œconomischen sachen dependiret, angelegen seyn laße, und dem publico und denen andern collegiis, so wegen überhäuffter ordinari geschäffte, ge-

CIRCULAIRE A MESSIEURS NOS COUSINS.

(*Obligeante expression.*)

Nous ne pouvons nous empêcher de vous annoncer que, pour la gloire de Dieu et le bien général, nous avons résolu d'établir particulièrement en Saxe une Société des sciences, qui aura à s'occuper des études, informations et livres, des arts et sciences et de tout ce qui a rapport aux intérêts publics et privés, civils et militaires, surtout de police et d'économie, et à venir en aide au public et autres réunions qui sont accablées de travaux ordinaires, surtout en ce qui concerne les notices particulières. Je ne doute pas

meiniglich an den particularibus notitiis sich nicht wohl einlaßen können, darinn zu statten komme. Zweifeln auch nicht es werde viel guthes nach und nach zum besten des vaterlandes darauß entspringen.

Wann dann leicht zu urtheilen, daß der nutzen allerseits größer seyn wird, wenn in Unsern und E. L. landen, die ohnedem mit einander so fest verbunden, diesfalls einerley anstalt walten solte, Wir auch hierin keinen eigen = nutz, sondern der lande und unterthanen wohlfarth suchen; so zweifeln Wir nicht E. L. werden sich die von Uns beliebte und dieser Societät der wißenschafften verwilligte direction, auffsicht, privilegia, begnadigungen und concessiones mit gefallen laßen, solche ihres orths bekräfftigen und auf ihre lande extendiren, auch wohl nach befinden vermehren und sie ebenmäßig zu vermehren Uns anlaß geben. Wir werden solche ohnbedenkliche und selbstersprießliche willfährigkeit bey andern gelegenheiten zu erwiedern nicht ermangeln.

que peu à peu cette Société ne rende beaucoup de services à la patrie.

On peut juger facilement que l'avantage sera grand quand notre pays et le vôtre, qui déjà sont si intimement unis, s'intéresseront à cette affaire et que nous ne chercherons pas notre propre intérêt, mais le bien du pays et de nos sujets. Nous ne doutons donc point que que V. A. n'accepte la direction, la surveillance, les priviléges, les grâces et concessions que nous avons accordés à cette Société des sciences; que vous la fortifierez, lui donnerez de l'extension dans le pays, l'augmenterez et nous donnerez occasion de l'augmenter. Les occasions de vous remercier de votre complaisance ne nous manqueront pas.

Deutsche Schriften.

Societät der Wissenschaft in Preussen.

Ich habe vorlängst dafür gehalten, daß kein könig in Europa sey, dem Gott wie dem könig in Preußen die gnade gethan, daß er ohngemacht großer kriegsunruhe darein die welt verwickelt, den flor seiner unterthanen, und folglich seinen eignen inwendigen nuzen, ja selbst das allgemeine beste des menschlichen geschlechts und sonderlich der rechtgläubigen christenheit besorgen und vermehren könne.

Und weil ich iederzeit meine gedancken auf beförderung

FONDATION D'UNE SOCIÉTÉ DES SCIENCES EN PRUSSE.

Depuis longtemps j'ai tenu pour certain qu'il n'y a pas de roi en Europe auquel Dieu ait fait la grâce comme au roi de Prusse, malgré l'état dans lequel le monde se trouve, de soigner et de procurer de plus grands avantages à son pays, d'augmenter par là ses propres avantages, de faire du bien à l'humanité en général et à la foi chrétienne.

des gemeinen besten gerichtet, wie die von mir an verschiedene neue und glückliche entdeckungen freywillig angewendete (von niemand belohnte) mühe außweiset und die gelehrte welt mir dießfals zeigniß giebet; so habe ich von etlichen jahren hehr ohne entgeld und eignen nuz (ja mit nicht geringer zurücksezung meiner angelegenheiten) des königs in Preußen Majestät einige dienste zu thun mir angelegen seyn lassen, weil ich vermeynet, daß bey keinem protestirenden herrn aniezo mehr zu gemeinem besten der menschen außzurichten.

Nun einer gewißen wichtigen sach, die hieher nicht gehöret zu geschweigen, so habe zuförderst die fundirung der Societät der wissenschafften allerunterthänigst eingerathen und bewerckstelligen helffen, weil ich die wissenschafften als den rechten schaz des menschlichen geschlechts ansehe, darinn sich die erkenntniß der wunder Gottes und der brunquell aller vortheil findet, so zur menschlichen wohlfahrt und bequemlichkeit gereichen.

Comme de tout temps j'ai dirigé mes pensées vers le bien commun, ansi que celles que j'ai librement appliquées à différentes inventions nouvelles (et qui n'ont été récompensées par personne) et dont le monde savant me rend témoignage; je me suis résolu à rendre service à S. M. le roi de Prusse, car je crois qu'il n'y a pas de Prince protestant qui fasse plus que lui pour le bien commun.

Pour ne pas parler d'une certaine chose importante qui n'appartient pas à ce sujet, j'ai conseillé d'abord la fondation de la Société des sciences, car je regarde les sciences comme les véritables protectrices de l'espèce humaine, qui nous apprennent à connaître les merveilles de Dieu et son la source de tous les avantages et du bien-être des hommes.

Damit man aber nicht in der bloßen speculation verbleiben möchte, so habe dabey allerunterthänigst vorgeschlagen, daß das objectum der Societät neben den astronomischen, historischen, philologischen und andern curiositäten auch auff solche realia gehen möchte, dadurch die rechtschaffenen studien, unter andern aber die arzney, chymie, œconomie und mechanick, vor allen dingen aber die erziehung der jugend zur wahren tugend und guthen künsten, dann ferner den feldbau, die künste und manufacturen verbeßert, was guthes in dergleichen erfunden, bey uns, wenn es noch nicht vorhanden oder gnugsam gebräuchlich, eingeführt, auch selbst allerhand nüzliches außgedacht und practiciret, endtlich aber und hauptsächlich die Ehre Gottes außgebreitet und bey völckern selbst propagatio veræ fidei per scientias, sonderlich über Moscau nach China vorgenommen würde.

Solche wohlgemeynte vorschläge haben Königl. Mt. in Ihrer Societät der wißenschafften gegebenen instruction

Mais, pour que l'on ne s'arrête point à la simple spéculation, j'ai très-humblement dit que l'*objectif* de la Société, outre les études astronomiques, historiques, philologiques et autres curiosités, était aussi les *realia*, comme les médicaments, la chimie, l'économie et la mécanique, et surtout l'éducation de la jeunesse à la vertu et aux beaux-arts, afin d'améliorer l'agriculture, les arts et manufactures, d'y introduire ce que l'on aura trouvé de bon, de soi-même inventer des choses utiles, et de répandre partout la gloire de Dieu et entreprendre *propagationem veræ fidei per scientias* parmi les peuples au-delà de Moscou et de la Chine.

Ces louables projets, V. M. dans ses instructions sur la Société des sciences les a *autorisés*: non-seulement elle a accordé le privilége des Calendriers et quelques autres grâ-

autorisiret, und nicht allein das privilegium auff die calender und einige andre gnaden verwilliget, sondern auch sich allergnädigst dahin ercläret, daß wenn etwas unpræjudicirliches und anständiges zu auffnahme des fundi der Societät in vorschlag bracht werden könnte, sie mit nöthigen concessionen in gnaden zu statten kommen wolten.

Nun habe nach vielem überlegen befunden, daß nicht leicht etwas außzudencken, so anständiger, innocenter und zulänglicher die Societät der scienzen in stand zu sezen, daß sie ihrer instruction nachkomme und etwas großes und auch des großen fundators würdiges verrichten könne als die zielung der rauhen seide vermittelst pflanzung der weißen maulbeerbäume und fütterung der seidenwürme von deren laub, welche sich dann in ihre häußlen oder galetten einspinnen, deren iedes aus einem einzigen faden bestehet, dessen abhaspelung hernach die seide dargiebet.

ces, mais elle a même déclaré que si l'on proposait quelque chose de non préjudiciable et de raisonnable quant au *fundus*, elle accorderait la *concession* nécessaire.

Après mûre réflexion j'ai trouvé que ce qui serait de plus convenable, et suffirait à la Société pour la mettre dans un état florissant, répondre à vos instructions et fonder en même temps quelque chose de digne de son grand fondateur, serait la fabrication de la soie écrue, en faisant des plantations de mûriers blancs afin de nous procurer de la nourriture pour les vers à soie, qui viendraient faire leurs cocons dans leurs petites maisons lesquelles se composent chacune d'un seul fil, qui, dévidé, nous fournit la soie.

Cette fabrication de la soie ne nuira à personne, au contraire elle serait avantageuse pour les fabriques de notre pays :

Weilen nun diese seidenziehung niemand in diesem lande schaden, den hiesigen seiden-manufacturen aber zum vortheil gereicht, eine ganz neue wirthschafft ins land bringet, so dessen ertrag und reichthumb und der einwohner nahrung, mithin Königl. Mt. einkommen vermehret, alß habe an allergdst. approbation nicht zweifeln können, es haben auch Königl. Mt. sich in antecessum bei einer audienz gegen mich allergdst. ercläret, daß sie ihrem königlichen der Societät gegebenen worth gemäß mit anständigen concessionen gern helffen würden.

Man ist auch nicht der meynung Königl. Majt. wegen einiges vorschusses zu behelligen, sondern will dießfals vorschläge thun die dem König und dem publico zu sonderbarem nuz gereichen und dem werck zu hülffe kommen. Und was etwa die bestellung des grundes betrifft alba die bäume zu pflanzen, wenn von Königl. Mt. zu anfangs mit frohndiensten zu solcher bestellung und dann mit bezeunung geholffen wird, so wird hingegen auch der boden

nous aurons un nouveau genre de commerce, qui donnera de grands rapports et richesses, augmentera la nourriture des sujets et par suite les revenus de V. M. Je n'ai donc pu douter de votre approbation. V. M. *in antecessum* dans une audience a dit aussi qu'elle ferait volontiers des concessions à la Société.

On ne veut pas importuner S. M. à cause de quelques avances, mais on veut faire des propositions qui tendent au bien du public et du roi. Quant à ce qui regarde la culture du terrain, la plantation des arbres, si V. M. fait faire au commencement cet ouvrage par corvées, le terrain sera amélioré, V. M. en toucherait un certain revenu et ainsi les difficultés seraient levées.

Mais j'ai pensé aussi que la fabrication de la soie écrue,

verbeſſert und können Königl. Mt. einen zulänglichen grundzinß davon genießen, alſo daß alle ſchwührigkeiten gehoben zu ſeyn ſcheinen.

Nun habe ich zwar wohl bedacht, daß die erzielung der rauhen ſeide obſchohn an ſich ſelbſt eine edle ſache, dennoch ohne anſtalt zu deren verarbeitung und vertrieb in ſo weit unvollkommen; ich habe auch von vielen jahren hehr auff das ganze manufacturen-weſen, als eine faſt mathematiſche ſach die gedancken gehen laſſen und deſſen wichtigkeit begriffen, bin auch dießfals mit den vortrefflichſten leuten darinn in genauer kundſchafft geſtanden, alſo daß ich mich vorlängſt præparirt gehabt, etwas darinn zu thun. Habe aber von wegen der Societät mich dermahlen in keine weitläufftigkeit einlaßen ſondern eigentlich an die ſeidencultur halten wollen. Denn obſchohn der gewinn bey der rauhen ſeide mittelmäßig und keinesweges mit dem gewinn zu vergleichen, ſo durch fabriquen zu erhalten, darinn ſowohl frembde als einheimiſche

quoique étant en elle-même une noble chose, est une chose incomplète, si on n'y ajoute un établissement pour travailler cette soie et la débiter. J'ai considéré aussi cette question mathématiquement depuis plusieurs années et j'ai compris son importance; je suis entré en relation à ce sujet avec des personnes distinguées, me préparant ainsi longtemps d'avance à faire quelque chose. Mais je n'ai pas, à cause de la Société, voulu trop m'avancer et ne m'en tenir proprement qu'à la culture de la soie. Quoique le bénéfice sur la soie écrue soit médiocre et ne puisse nullement être comparé à celui des fabriques, dans lesquelles on peut employer avec avantage une grande quantité de soie étrangère et du pays, comme cela arrive en Hollande, où l'on n'a pas de soie écrue, mais les plus grandes fabriques; l'installation de ces fabri-

seide in großer menge und mit großem überschuß verarbeitet werden kan, wie in Holland geschieht, da man keine rauhe seide hat und doch große fabriquen unterhält; so ist hingegen das manufactur-wesen ein großes und schwehres werck, welches große aufsicht und erfahrene leute erfordert, habe auch der Societät nicht rathen können, rathe auch noch nicht sich darinn zu vertieffen.

Als ich aber nunmehr nach meiner letztgethanen proposition, die seidenerzielung betreffend oder vielmehr durch deren gelegenheit mit einer person alhier in kundschafft kommen, die es in puncto der manufacturen gewißlich sehr weit gebracht und zu der verbeßerung überauß bequem, auch solches in der that beziget, so bin mit solcher person allerdings einig, daß Königl. Mt. förderlichste anstalten zu verbeßerung des manufactur-wesens einzurathen, sonderlich der neue angefangene krieg mit Franckreich ein trefliches tempo dargibt, und man von hiesigen fabriquen verlangen wird, was aus Franckreich bei die-

ques est une œuvre grande et difficile, demandant une grande surveillance et des hommes expérimentés ; voilà pourquoi je ne l'ai pas conseillée à la Société. Comme, depuis ma dernière proposition concernant la fabrication de la soie, je suis entré en relation avec une personne qui, sur ce point des manufactures, a mené les choses bien loin, et montre qu'on peut les améliorer sous tous les rapports, nous sommes tombés d'accord de créer des établissements pour l'amélioration des manufactures, surtout si la nouvelle guerre avec la France nous donne une occasion précieuse. On exigera de nos fabriques ce que la France n'aura plus besoin de nous fournir. Le bénéfice des fabriques bien installées est immanquable, ainsi que le débit.

Mais on a l'idée que ce nouvel établissement pour l'amé-

ser conjunctur nicht mehr zu hohlen. Wiewohlen der nuzen der fabriquen, wenn sie gebührend angestellet, zu allen zeiten ohnverbrüchlich und können sie des abgangs nicht verfehlen.

Man stehet aber in dem gedancken, daß die neue anstalt zu verbeßerung der manufacturen, ohne Königl. Mt. kosten geschehen könne und solle. Wie dann, da man sonst ex publico zu den manufacturen geld hehrgeschoßen, die leute deßen nur alzu offt zu ihrer faulheit und verderben mißbrauchet, sie auch hinwiederumb zu zeiten in ihrem guthen vorhaben durch die so die gelder hergeben laßen und zugleich das werck regiren sollen, aber der sache nicht genugsam kundig oder befließen gewesen oder seyn können, gehindert und tardiret worden. Daher das beste daß person die mittel und wißenschafft haben, die sache auff ihr risico unternehmen von Königl. Mt. aber privilegia und manutenenz erhalten und dafür neue wercke einführen, mithin das land und selbst die Königl. ein=

lioration des manufactures devra se construire sans coûter quelque chose à V. M. On a avancé quelquefois aux manufactures des fonds *ex publico*. Les gens souvent en ont abusé par paresse, ou ont été ruinés par ceux mêmes qui auraient bien dû régir leurs affaires. Ce qu'il y a donc de mieux à faire, c'est de confier la chose à des personnes aisées et expérimentées qui l'exploiteraient à leurs risques, mais qui obtiendraient de V. M. des priviléges et brevets. On introduirait ainsi une nouvelle fabrique dans le pays, grâce à laquelle le pays aurait des avantages et les revenus du roi s'augmenteraient, et on ferait même des bénéfices. Cependant plus tard je montrerai quelque chose de plus considérable, à savoir, comment S. M., sans faire d'avance, sans capital ni danger, pourrait arriver à un bénéfice considé-

fünffte an accis und sonſt beneficiren. Doch will her=
nach noch ein mehres und großes zeigen, wie nehmlich
Königl. Mt. ohne einigen darſchuß dennoch ſelbſt gewiße
wercke allein oder mit andern verlegen und alſo ohne
capital und gefahr zu einem anſehnlichen gewinn gelan=
gen können.

rable, et cela moyennant une certaine œuvre qu'elle entre-
prendrait seule ou avec d'autres.

Societät der Wissenschaften in Preussen.

Es ist außer der von Königl. Mt. zu Preußen unsern allergdsten Herrn dero Societät der scienzen ertheilten instruction zu ersehn, mit was hohen und erleuchteten bewegnißen sie zu besagter Societät fundation geschriften. In dem sie zuförderst den ersten vorschlag aus eignem hohen urtheil dahin verbeßert, daß neben denen wissenschafften auch die Teutsche sprach und historie und was sonst bey andern königlichen academien zerstreuet, alhier vereiniget seyn solte. Hernach haben sie gewolt, daß nicht nur die natur, die kunst und historie, zu gemeinem gebrauch, und vermehrung der menschlichen vortheile und bequemlichkeiten untersucht, sondern vornehmlich das haupt absehn und der rechte zweck des ganzen menschlichen geschlechts, nehmlich die erkentniß der macht

SOCIÉTÉ DES SCIENCES EN PRUSSE.

Nous voyons d'après les instructions que S. M. le roi de Prusse a données, relativement à la Société des sciences, avec quelle ardeur elle désire voir l'établissement de cette dite Société. Et d'abord c'est elle-même qui a amélioré le premier projet dans ce sens qu'elle a voulu qu'à côté des sciences, la langue allemande, l'histoire et tout ce qui se trouve ordinairement répandu çà et là dans les autres académies, fût ici réuni. Ensuite elle a voulu qu'on fît des recherches dans la nature, l'art et l'histoire, non-seulement pour l'usage général et l'accroissement des avantages et agréments de l'humanité; mais que l'on visât au but principal

und weißheit Gottes in deßen wercken nicht vergeßen sondern dahin getrachtet würde, wie mit den wißenschafften und ander menschlicher cultur auch das liecht des wahren glaubens zu frembden völckern bracht, und also propagatio fidei per scientias veranstaltet würde.

Solches vortrefliche absehen allmählig zu erreichen, haben Königl. Mt. zuförderst einen gewißen grund geleget durch das calender privilegium in allen dero landen, so sie der Societät verliehen, auch durch geschärffte edicta und befehliche gehandhabet. Es hat sich zwar anfangs nicht wenig hinderniß in der execution gefunden, doch hoffet man solche vollends zu superiren, wie sich denn die beßerung im werck bereits zeiget. Weilen aber dieser fundus nicht weit reichen kann, so haben Königl. Mt. wenn etwas anständiges ferner vorgeschlagen werden solte, zu deßen concession sich allergöst erbothen.

Nachdem man nun auff allerhand bedacht geweßen, hat sich ergeben daß eines der anständigsten dinge seyn möchte, die erzielung der rauhen seide in des königs lan-

et qu'on n'oubliât pas le véritable but de toute l'humanité, c'est-à-dire la connaissance de la puissance et de la sagesse divine dans ses œuvres. Elle a voulu que l'on cherchât comment, grâce à ces sciences et à la culture des hommes, on peut apporter la lumière de la vraie foi aux peuples étrangers et ainsi arriver à la *propagatio fidei per scientias*.

Pour accomplir ce projet, S. M. R. a d'abord jeté une certaine base en accordant le *calender privilegium* à tous les pays et en faisant publier de sévères édits. Au commencement, on n'a pas trouvé peu d'obstacles à l'exécution de ce projet; cependant on espère les vaincre, vu que nous constatons déjà de l'amélioration. Comme avec le fonds que nous possédons on ne peut aller loin, S. M., lorsque quel-

den. Es ist nun über vierzig Jahr daß man in Teutsch=
land mit der seidenzielung umbgehet, und einer guthen
würckung versichert, aber wegen vieler zufälligen hinder=
nisse, zu der anstalt im großen noch nicht gelanget. Also
daß es scheinet die göttliche providenz habe dieses wie andre vortreffliche und große dinge dem Könige in Preußen
vorbehalten.

Es hat der weiland berühmte Chur Fürst zu Maynz
und Bischoff zu Wurzburg, Johann Philipp von Schönborn ohnweit Würzburg eine maulbeer-plantagie angefangen und seide machen lassen. Ein gleiches hat der
vortreffliche Churfürst zu Pfalz Carl Ludewig vorgehabt. Man ist auch im Würtemberger lande damit umb=
gangen aber die dazwischen kommenden todesfälle und
kriege, auch andere verwirrungen haben all solch guth
vorhaben unterbrochen.

Nachdem nunmehr auch viel Reformirten aus Franck=
reich in die Schweiz und in Teutschland kommen, haben

que chose d'important aura été proposé, peut bien se charger de la concession. Après avoir songé à toutes sortes de
projets, on a trouvé qu'une des choses les plus avantageuses
c'était la fabrication de la soie écrue dans le pays même.

Voilà à peu près quarante années que l'on s'occupe de
cela en Allemagne, et l'on est sûr d'une réussite; mais toutes sortes d'obstacles ont empêché de s'en occuper en grand.
Il paraît encore que la Providence divine a réservé au roi de
Prusse l'honneur de faire une chose si grande et si avantageuse.

Le célèbre prince de Mayence et évêque de Wurzbourg,
Jean-Philippe de Schönborn, a commencé une plantation
de mûriers non loin de Wurzbourg et fait fabriquer de la
soie. L'illustre prince du Palatinat, Charles-Louis, avait eu

sie unter andern guthen werden auch dieses in etwas für=
genommen desgleichen auch einige Teutsche gethan aber
alle nur mit einem geringen, also daß zwar die gewiß=
heit des nuzzens dadurch erscheinet aber nichts großes
noch öffentliches darauß erwachsen. Nun sind gleichwohl
die nuzbarkeiten die dießfals auß einer rechten anstalt in
das gemeine wesen fließen würden überauß groß immaßen
die seide eine kostbare und doch dabey currente wahre,
die so guth als baares geld, also das werck einer auß=
träglichen und unerschöpflichen fundgrube zu vergleichen.
Da auch wolle und flachs mit mühe von menschen ge=
sponnen werden müßen, spinnet uns hier das thier den
faden, welcher sowohl angelegt, daß das ganze häußlein
aus einem faden bestehet, die seide gehet allen andern materien die zu bergleichen gebrauch gewidmet an schöhn=
heit, reinigkeit, leichte, und festigkeit für. Es wird auch
der fremden seide eine überauß große menge in diesen
landen verbraucht. Und ist gewiß daß die seiden manu-

le même dessein. Dans le Wurtemberg on s'en est occupé
aussi, mais la mortalité et la guerre ainsi que d'autres em-
pêchements sont venus en empêcher l'exécution.

Beaucoup de réformés, venant de France et s'étant réfu-
giés soit en Suisse soit en Allemagne, ont entrepris cette
bonne œuvre. Des Allemands avaient déjà commencé; mais
leurs bénéfices avaient été minimes, il n'en résulte que la
certitude du bénéfice; mais jamais quelque chose de grand
n'avait été entrepris. L'utilité qu'un établissement de ce
genre bien installé rapportera au pays est immense. La soie
est une marchandise précieuse et courante en même temps,
c'est comme de l'argent comptant; l'œuvre en elle-même
peut être comparée à une mine inépuisable. Tandis que les
hommes emploient leurs peines à filer de la laine et du lin,

facturen nicht wenig alhier durch die theurung und den mangel der fremden tüchtigen rauhen seide gehindert werden. Also daß vor eigener seiden-zielung schwehrlich auff die wohlfeile der frembden stoffe bey uns zu gelangen; es würde auch dadurch viel ohngebautes land zu nuz gemacht, maßen bekand daß dieser maulbeerbaum eben nicht schwehr fort zu bringen, noch an den besten grund gebunden. Es würden viel menschen in neue arbeit gestellet, die sonst die zeit ohnnüzlich zubringen. Bey der fütterung und wartung der würmer, können alte leute, kinder, und andere die sonst wenig arbeiten, an hand gehn. Die haspelung geschicht durch menschen, die zwirnung theils mit instrumenten, die manufacturirer werden vermehrt, also die nahrung mit der licent verstärcket, und überauß-große summen geldes dermahleins jährlich im Laude behalten.

Man möchte dagegen einwenden, daß die sach hiezu land nicht thunlich, allein der augenschein und sich erge-

un petit animal nous tisse un fil, qui est si bien arrangé que toute la petite maison qu'il habite n'en forme qu'un. La soie, à cause de sa beauté, finesse, légèreté et solidité, est préférée à toutes les autres matières de ce genre. On emploie aussi dans notre pays une grande quantité de soie étrangère. Et il est certain que les fabriques de soie étrangères perdront beaucoup. Dans quelques années il est hors de doute que l'on recherchera les étoffes étrangères, vu leur bon marché; bien des terrains non cultivés en ce moment seront utilisés; on sait aussi que le mûrier n'est pas difficile à cultiver et ne désire pas le meilleur terrain. Bien des personnes, qui passeraient leur temps inutilement, trouveront une nouvelle occupation. Pour soigner la nourriture et attendre l'éclosion des vers, on peut prendre des hommes âgés,

bender überschuß ist vorhanden. Welcher aber schon an=
jezo im kleinen wahrgenommen, sich doch bey größe=
rer anstalt multipliciren müßte. Die bäume gerathen
in allerhand grund, wiederstehen der kälte, und verur=
sachen desto weniger besorgniß, weilen es dabey nicht
auff früchte, sondern nur auff blätter ankomt. Die
seidenwürmer sind hier den kranckheiten weniger unter=
worffen als in den warmen landen; die seide ist (nach
gelegenheit) der italiänischen und französischen zu ver=
gleichen, und zu allen arbeiten guth, wie es die werck
zeigen.

Nachdem nun Königl. Mt. zu Preußen sich geneigt
erklärt gehabt, dero Societät der scienzen in solchen
stand zu sezen, daß sie etwas leisten können, so der glorie
des allerdurchleuchtigsten fundatoris, der erwartung der
welt, und der Königl. instruction einig gnügen geben
könbte. So hat man nach reiffer überlegung dafür gehal=
ten, die concession der seiben=cultur seye ein werck, wel=

des enfants et d'autres personnes qui travaillent peu. Le dévi-
dage se fait avec les *instruments*. Les manufactures seront
accrues et leur nourriture fortifiée par les *licences :* des sommes d'argent considérables resteront aussi dans le pays.

On veut insinuer que la chose n'est pas faisable dans ce
pays, pourtant la simple vue des choses et le bénéfice qui en
résultera est évident. Mais les établissements devront s'installer en grand. Les arbres réussissent dans tous les terrains,
résistent au froid, et demandent moins de soins, car on ne
s'occupe que des feuilles et non des fruits. Les vers à soie
eux-mêmes sont ici moins sujets aux maladies que dans les
pays chauds. La soie que nous obtiendrons est comparable
à celle des Italiens et des Français; elle est bonne pour tous
les ouvrages, comme l'expérience nous le montre.

ches alle requisita habe so dazu verlangen. Dann erst=
lich kan es der Societät zu einem beständigen fundo mit
dienen, etwas rechtschaffenes auffzurichten. Vors andere
gereicht es niemand zu præjudiz und drittens so ist es an
sich selbst löblich und gemein=nüzzig. Man hat aber fürs
beste gehalten der Königin Mt. allerunterthänigst zu er=
suchen, daß sie dieß werck der seiden=cultur, als eine an=
genehme und schöhne, auch einer großen fürstin anstän=
dige sach, dergleichen die alten ihrer weisesten Göttin
zugeschrieben, unter der protection absonderlich nehmen,
und mit dero autorität zu befördern in gnaden geruhen
möchte. Welches ihre Mt. auch guth befunden und sich
darinn eine sonderbare lust machen wollen.

Wird demnach aller unterthänigst gesuchet, 1. daß der
König in Preußen unser allergdster Herr vor sich und
seine successoren an der regirung seiner Societät der
wissenschafften verleihe das perpetuum privilegium der
seidenzielung in allen dero landen, also daß niemand

Puisque S. M. le roi de Prusse s'est déclaré porté à mettre
la Société des sciences en état de pouvoir faire quelque chose
qui donnât de la gloire à son illustre fondateur, à l'attente
du monde et à l'instruction royale, on a trouvé après mûre
réflexion que la concession de la culture de la soie serait
une œuvre qui réunirait toutes les conditions. D'abord elle
procurera à la société le fonds pour ériger quelque chose
de bien. Ensuite elle ne porte préjudice à personne; et en
troisième lieu elle est louable et généralement utile. On a
jugé à propos aussi de demander à S. M. la reine de considérer cette culture de la soie comme une œuvre agréable
et belle, de la prendre par conséquent sous sa protection
et autorité. S. M. s'en trouvera bien, et cela lui procurera
un plaisir tout particulier.

als der Societät freystehen soll rauhe seide darinn zu machen.

2. Daß Königl. Mt. zu dieser vorhabenden verfaßung hergeben die vorhandenen maulbeer=gärten, zu Keppenich, Potzdam, Glünecke, Borne und wo sie sonst seyn mögen; dergestalt und also daß der Societät zu allen zeiten alda freystehen soll sich solches grundes zu bedienen, alda neue bäume zu pflanzen, die vorhandene oder noch erziehende junge bäume heraus in andere orthe zu versezen, und sonst davon die blätter zu gebrauchen, und daß davon Königl. Mt. einen jährlichen leiblichen grundzinß genießen, nach maße deffen so solcher grund bisher einbracht.

3. Daß Königl. Mt. plätze anweisen laßen, in unterschiedenen, dero landen baumschuhlen anzulegen, damit eine überauß große menge der jungen bäume förderlichst aufbracht werden die hernach zum theil in die alleen oder andere orthe versezet werden können. Auch daß Königl. Mt.

On désirerait aussi : 1⁰ que le roi de Prusse, notre gracieux maître, n'accordât le privilége perpétuel de la fabrication de la soie dans le pays qu'à la Société seule et qu'elle seule eût le droit de fabriquer de la soie écrue ;

2⁰ Que S. M. voulût bien affecter à cet emploi les plantations de mûriers qui sont à Keppenich, Potsdam, Glunecke, Borne et autres ; accorder à la société de se servir librement du terrain, afin d'y planter des mûriers, de transplanter les autres arbres, et en général de prendre les feuilles dont elle a besoin, en payant à S. M. un certain intérêt proportionnel au rapport.

3⁰ S. M. accorderait des places pour faire des plantations, afin d'employer une foule de jeunes arbres, qu'on pourrait ensuite transplanter dans les allées. La culture de ces plan-

zu bearbeitung des grundes solcher baumschuhlen oder gärten, und zu deren verzeunung mit frohndiensten und dem holz beyhülflich seyn. Und soll von solchen pläzen alsdann erst ein leidlicher grundzinß gegeben werden, wenn man sie nuzzen kan.

4. Daß Königl. Mt. beliebe dahin abforderlich zu seyn, wie so viel thunlich alleen von diesen maulbeerbäumen hin und wieder anpflanzet werden mögen. Es würde schöhn stehen, wenn von Berlin nach Schöhnhausen, Fridrichsfelde und andern Königl. nach gelegenen Häusern dergleichen alleen geführet würden, die bäume verschaffte die Societät dazu, und genüße davon der blätter ohne entgelt. Die pflanzung und erhaltung der alleen ließe der König durch die gewöhnliche anstalt besorgen, wegen der zierde so dem publico dadurch zuwächset weilen diese Bäume hierinn allerdings den linden gleich kommen.

5. Daß niemand erlaubet seyn soll solche art maul=

tations devrait aussi se faire par corvées, et on ne commencerait à payer un intérêt pour ces plantations que lorsqu'elles rapporteraient.

4° Que S. M. considère combien on pourrait planter de ces mûriers dans les allées. Ce serait beau de voir des allées de mûriers de Berlin à Schönhausen, Friedrichsfeld et autres propriétés royales. La Société fournirait les arbres et jouirait des feuilles. Les plantations et l'entretien des allées seraient soignés par l'administration ordinaire, car le public en retirerait son agrément, puisque les mûriers sont comparables aux tilleuls.

5° Il ne sera permis à personne de planter des mûriers sans l'autorisation de la Société, car ces arbres ne portent point de fruits et ne peuvent donc servir que pour faire de la soie.

beer=bäume ohne verwilligung der Societät zu pflanzen, weil solche bäume ohne dem keine frucht tragen, so die menschen genießen, und also außer der seide nicht gebräuchlich).

6. Weilen zur wartung fütterung und spinnung der würmer eine bequeme, reine und stille wohnung nöthig, da man nach belieben eine temperirte wärme geben kan, daß Königl. Mt. hin und wieder mit gebäuden, so wie es ohne præjudiz von derselben und männiglich gar leicht geschehen kan, behülflich seye.

7. Daß die Societät macht habe die von ihr gezielte seide ohne hinderung von jemand, eignes gefallens zwirnen, färben, und verarbeiten zu lassen, sowohl in ganz seidenen als gemischten stoffen, in Floretten, und allen andern arbeiten wie sie immer nahmen haben mögen. Und sollen die von ihr brauchenden leute, aller privilegien andere meister zu genießen haben. Doch wird die Societät sich gern der leute dabey bedienen, welche bereits mit

6° Comme il faut, pour l'éclosion, la nourriture et le filage des vers à soie un local agréable, pur et tranquille, que l'on peut chauffer à volonté; S. M. devrait nous venir en aide en nous livrant quelques-unes des demeures qu'elle possède, ce qu'elle pourrait faire facilement et sans grand préjudice.

7° La Société devra avoir le droit de faire filer, teindre et travailler la soie, comme elle le jugera convenable, et cela en faisant de la soie pure, mêlée, des fleurs ou quel que soit le nom qu'on leur donne. Les gens qu'elle emploierait jouiraient des mêmes priviléges que les autres maîtres. Cependant la Société emploiera de préférence les gens qui déjà dans le pays gagnaient leur pain à cet ouvrage, si toutefois ils se montrent raisonnables.

vergleichen in des Königs landen ihre nahrung treiben, wenn sie sich billig und bequem erzeigen.

8. Daß auch zu ermunterung der gemüther, und beförderung guther anstalten gleich wie bereits hiemit in diesen werck, also künfftig in andern festgestellet seyn soll, daß wer bey der Societät der scienzen etwas nuzbares vorschlagen und introduciren wird, so daß man ohne ihn nicht leicht dazu gelanget seyn würde, für sich und seine erben den zehendten theil des überschußes davon zu genießen haben solle.

9. Daß Königl. Mt. in gnaden geruhen mögen, bey allen fürfallenheiten diesem so gemein=nüzigen und edlem werck auff alle weise mit nachdruck beyzustehn auch anfangs, da es nöthig mit einigem vorschuß zu helfen.

8° Pour encourager les esprits et faire prospérer l'établissement, il sera convenu et résolu que, si quelqu'un proposait quelque chose d'utile à la Société des sciences et le mettait en pratique, il jouirait lui et ses héritiers du cinquième des bénéfices que son invention rapporterait.

9° Nous prions S. M. d'assister notre Société dans toutes les circonstances qui pourraient se présenter et de nous aider au commencement en nous avançant quelque argent.

SOCIETATIS IMPERIALIS GERMANICÆ

DESIGNATÆ SCHEMA.

CÆSAR FUNDATOR ET CAPUT.

Honorarij.

Exemplo societatis olim Germanicæ frugiferæ et regiæ Anglicanæ, ubi etiam magni principes inter membra numerabantur,

Imprimis Eminentissimus elector Moguntinus, aliique electores principes, et viri insignes, peculiari zelo Germanici honoris accensi, qui aliquid sumtuum quotannis conferre volent. Poteruntque admitti etiam communitates. Et opera dabitur ut honorariorum decori et curiositati, in iis quæ ad familiarum, personarum, communitatum historiam pertinent, per modum parergi præ cæteris satisfiat.

Ordinarij.

Gaudebunt omnes gratia aliqua ac prærogativa; in his erit :

Præses a. s. Cæsarea majestate nominandus;

Concilium, compositum ex *assessoribus* et *secretariis*.

Hi regent societatem, omniaque ad scopum dirigent. Cæsari tamen et eminentissimo electori Moguntino imprimis de rebus gestis rationem reddent.

Collaboratores erunt, quicunque viri docti aliquid operæ conferre volent.

Hi excitabuntur per *præmia*, si quid singulare præstiterint vel detexerint. Quanquam ea ne extraneis quidem negabuntur. Et possent aliquando problemata, vel etiam *opera laboranda* proponi et satisfaciendi *operæ pretium* constitui.

Excitabuntur etiam *per procurationem impressionis suorum operum*, cura sumtibusve societatis, *cum honorario;* quale etiam bibliopolæ autoribus persolvere solent. Sed si prius opus a concilio societatis dignum judicatum fuerit. Ita literæ et literati a bibliopolarum servitute vindicabuntur, quorum sæpe mercenarios agere, et hominum non satis gnarorum unique lucro intentorum vanis destinationibus famulari coguntur.

Reliqui (non collaboratores) erunt saltem :

Subscribentes, certa lege, pro libris edendis; constat morem esse Anglorum non contemnendum, ut bonorum librorum editio promoveatur per subscriptiones. Subscribentes unum exemplar vel certum numerorum exemplarium sibi destinant, pretio commodo et minore quam aliis postea liber vendetur. Prænumerant pretii partem, v. g. dimidiam, reliquum edito libro traditoque solvunt; ita præclari labores promoventur, autori de honorario, editori de indemnitate et aliquo lucro æquo prospicitur. Debent enim prænumerationes sufficere ad

indemnitatem. Reliqua deinde exemplaria his qui non subscripsere carius intra æquum tamen vendi possunt, securo jam editore. Huic scopo rei in Germania satisfaceret societas recipiens omnes subscribentes professos, qui semel in universum nomina darent, vel omnigenos vel certi generis libros pro studio vel gustui accommodatos, societatis concilio probato sibi destinarent..... Certi non spernenda fore quæ si edentur et totam societatem pro prænumerato cavere. Et hæ subscriptiones, non ad historicos tantum, sed et alios libros bonos quoscunque pertinebunt.

Quicunque bibliothecas colligent viri illustres, communitates, privati, e re sua facient, si nomina dabunt inter subscribentes.

Si qui præsertim eruditi, etiam in usum futurum viduarum et orphanorum suorum aliquid quotannis conferre volent, hi vicissim certi erunt suos se extinctis non spernendo commodo gavisuros. Res ad eum modum concipi potest, qui jam in quibusdam locis viget. Et eam ibi pecuniam collocare soleant apud debitores, qui solvant quotannis id quod interest, tales tamen quibus tuto credas non semper inveniuntur societas imperialis alios modos habebit pecuniæ cum fructu collocandæ.

FUNDUS SOCIETATIS.

Ex collationibus annuis honorarium sed his aliquando pro parte fortasse cessaturis; societati, interim, aliunde provisum erit, rebus bene constabilitis.

Ex lucro librorum cum subscriptionibus edendorum ;

Ex privilegiis gratiisve peculiaribus tum per imperium in universum qua licebit, tum per ditiones Cæsaris hæreditarias valituris.

Talia esse possunt :
Privilegium calendariorum ;
Privilegium novellarum ;
Privilegium medalionum ;
Privilegium librorum aliorum ;
Censura librorum et inspectio rei typographicæ ;
Cura vel commercium rei papyraceæ ;
Montis pietatis genus æquissimum.
(Aliaque id genus de quibus pro re nata.)

Kaiserl. deutsche Societät der Wissenschaften.

Des römischen kaysers und catholischen königs Majt. haben sich bereits ruhmwürdigst entschlossen, eine Societät der gründtlichen wißenschafften und nüzlichen künste auffzurichten und zu dem ende ein gewißes allergd.ls decret ertheilen laßen.

Der zweck solcher Societät oder academie geht nicht nur auff curiosa, zierden, beredsamkeit, critica, abstracta und dergleichen, so das gemüth allein belustigen können, sondern gereicht hauptsächlich zu ehre Gottes vermittelst der wunder so er in die natur geleget und zu menschlicher wohlfahrt vermittelst der kunst die natur wohl zu gebrauchen.

Die meinung gehet auch dahin, edle gemüther von ju-

SOCIÉTÉ IMPÉRIALE ALLEMANDE.

Sa Maj. catholique romaine l'empereur et roi a pris la résolution digne de renom d'instituer une Société des sciences fondamentales et des arts utiles; et, à cet effet, elle a gracieusement rendu un décret.

Une Société de ce genre ou académie n'a pas uniquement pour but l'étude des choses curieuses, d'ornement, la critique, les observations et ce qui y ressemble, de manière à occuper l'esprit seulement. Mais elle doit surtout avoir en vue d'honorer Dieu, en faisant bon usage de la nature, par les merveilles qu'elle recèle et en contribuant par l'art au bien-être de l'homme.

On pense ainsi encourager de la sorte de nobles esprits de

genb auff in biefen lanben auffzumuntern, baß fie ihre zeit beßer gebrauchen als fonft zu gefchehen pfleget unb anbern nationen nichts bevorgeben;

Auch wo etwas aniezo abgehet, hoffet man folches burch beybringung vortreflicher gelehrten unb künftler zu erfezen, ober wo folche nicht zu erhalten, junge leute ihnen zu erlernung unbekannter binge zu fchicken; auch was fonft überall fuchenswürbig, burch eigne reifen ober correspondenzen zu unfrer kundfchafft bringen zu laßen.

Man ift auch in hofnung benen fo etwas herfürbringen, von kayferl. Mt. belohnungen zu erhalten unb auff gewiße ungemeine leiftungen preife zu fezen.

Alfo baß baburch nicht allein bem verftanb unb ber tugenb, fonbern auch ber gefunbheit, bequemlichkeit unb nahrung zu ftatten zu kommen, neue nüzliche probirte inventiones einzuführen, nachrichtungen beyzubringen, fo zu allerhanb kunft= unb mühl= unb hanbwercken, ein=

ce pays à mieux employer leur temps dès leurs plus jeunes années, et ne plus avoir à le céder en rien aux autres nations.

Que si dans le présent il manque quelque chose, on peut espérer y suppléer par le concours de savants et d'artistes éminents, et, s'il ne se peut obtenir, en envoyant des jeunes gens étudier à leur école les choses inconnues, enfin vulgariser par voyages ou autrement ce qui est digne d'être recherché.

On espère aussi stimuler leur zèle en leur donnant la perspective des récompenses de Sa Majesté et l'obtention de prix pour des services peu ordinaires.

Par là on stimulerait l'intelligence et la vertu; on procurerait la santé, l'aisance et une saine alimentation; on importerait les inventions dont l'utilité serait éprouvée. On

teichung, wäßerung und verbeßerung des landes, verhütung von landwaßer= und feuerschaden dienfam, auch bergwerck, commercien, manufacturen, agricultur und alle œconomie zu beförbern; geographia und beschreibung der örther, astronomia und die drey regna naturæ, minerale, vegetabile et animale zu excoliren, auch vermittelst jährlicher observationes, historiam physico-medicam annuam den menschen zum besten darzugeben; überdieß auch antiquitates et historiam maxime Germanicam imperii augustissimi domus, rem genealogicam et heraldicam, auch die teutsche sprach und poësie beßer außzuüben, als sonst in den äußersten orthen Teutschlandes zu geschehen pfleget;

Daher solches ein werck, so nicht nur der höchsten herrschafft, sondern auch der herren ministrorum, landstände, obrigkeiten, herren und ritterschafft, ja aller wohlgesinneten und aufgeweckten personen genehmhaltung und

provoquerait les renseignements de nature à susciter toutes sortes d'œuvres d'art, les travaux des mines et professions, les établissements d'étangs, les irrigations et améliorations du sol ; ce qui peut servir à sauvegarder des accidents de terre, d'eau et de feu ; on pousserait à la culture de la géographie, de la topographie, de l'astronomie, des trois règnes de la nature, minéral, végétal et animal ; on publierait au moyen d'observations annuelles une *Historia physico-medica annua;* puis les *Antiquitates et historia maxime germanica imperii augustissimi domus, res genealogica et heraldica;* enfin on pousserait à cultiver la langue et la poésie allemandes mieux qu'on n'a coutume de le faire en Allemagne.

Une œuvre de ce genre mérite donc l'approbation et l'appui de la souveraineté, de messieurs les ministres, des États,

hülffe verdienet. — Wie man den staat machet, nicht nur in der kayserl. residenz und in Oesterreich sondern auch in den andern erblanden in und außer Teutschlandes, neben den pensionariis, so gewiße arbeiten übernehmen und denen ascriptis, so nach gelegenheit an hand gehen und dadurch gewißer vortheile genießen, auch honorarios zu mitgliedern zu haben, darunter standes-personen, geist- und weltlich, sich befinden möchten, deren ansehen und beytritt dem vorhaben glanz und nachdruck geben könne.

Es wären auch vortrefliche bücher und kupferstiche in menge, cabinete von medaillen und andern antiquitäten, instrumenta, machinæ, modellen, raritätencammern und mit einem wort theatra naturæ et artis dann ferner observatoria, laboratoria, werkhäuser, horti simplicium, menagerien oder vivaria rarer thiere darzustellen.

Weil aber zu einem so groß-nüzlichen vorhaben ein ansehnlicher fundus gehöret und weder anständig noch

des autorités, des nobles et chevaliers; enfin, des personnes bienveillantes et éclairées.

Et comme l'institution n'est pas créée uniquement pour la résidence impériale et l'Autriche, mais encore pour les pays héréditaires en Allemagne et au dehors, outre les pensionnaires, chargés de certains travaux, et les adjoints que l'on emploie à l'occasion et qui recueillent par là certains avantages, il y aurait des membres honoraires, parmi lesquels des personnes de condition, ecclésiastiques et gens du monde, dont le concours et la considération donneraient du poids et de l'éclat à l'institution projetée.

Il y aurait lieu aussi d'exposer en quantité d'excellents ouvrages et gravures, des collections de médailles et antiquités, des instruments, des machines, des modèles, des collections

thunlich seyn würde, kayserl. Mt. und dero vornehmen ministris offt in dergleichen beschwerlich zu fallen, so hat man auff ein mittel gedacht, welches bereits in mehr als dem halben Europa bräuchlich, und also auff alle weise untadeliche und über alle einwürffe, aber gleichsam fato quodam zu diesem löblichen vorhaben, in den kayserl. Erblanden auffgehoben worden.

Dieses mittel ist nun das gezeichnete oder gestämpelte papier, bey den Italiänern carta bollata, bey den Franzosen papier timbré genant, welches bereits in einem großen theil Teutschlandes bräuchlich und noch leztens im Hannoverischen eingeführet worden.

Es ist nicht ohne, daß man es schon etliche mahl in den kayserl. Erblanden versuchet, nehmlich in den jahren 1686, 1692 und noch leztens 1705, und iedesmahl wiederumb fahren laßen, alleine, weil die sach sonst überall angangen, ist leicht zu erachten, daß einige mißbräuche in der vollstreckung untergelauffen. Wegen einiger mißbräuche in

de raretés; en un mot, des tableaux de la nature et de l'art; puis, d'établir des observatoires, des laboratoires, des ateliers, des jardins botaniques, des ménageries, des viviers (réservoirs) d'animaux rares.

Mais comme il faudrait, pour une si grande et si utile entreprise, un fonds considérable, et qu'il ne serait ni convenable ni facile d'imposer souvent à Sa Majesté Impériale, et à ses principaux ministres, des charges de ce genre, on a songé à un moyen pratiqué dans plus de la moitié de l'Europe, par conséquent irréprochable et au-dessus de toutes objections, et qui enfin, par une sorte de destinée de cette louable entreprise, a toujours été ajourné dans les pays héréditaires de l'Empire.

Ce moyen se trouve dans le papier marqué ou estampillé.

der vollstreckung, dadurch der nuzen gleichsam verschlungen worden, und daß man es für eine kleinigkeit gehalten, welche in stand zu bringen, man sich die mühe nicht recht geben wollen. Es mag nach vielleicht an beständigkeit ermangelt haben, ohne welche viel guthes sizen bleibet. Wenn aber ein dießfals nach reiffem überlegen publicirendes kayserl. edict rechtschaffen gehalten werden solte, wie solches von kayserl. Mt. höchster autorität, weisheit und beständigkeit, auch der obrigkeiten löblicher bezeigung und gehorsam zu erwarten, so ist kein zweiffel, daß die sach ebensowohl hier von statten gehen würde, als es anderswo geschicht, denn wohl nicht zu vermuthen, daß allhier allein lufft und Erde dagegen seyn werden.

Und obschohn der ertrag vor eine kleinigkeit gegen die große kayserl. erfordernisse geachtet werden, da man wichtigere mittel nöthig gehabt, so wäre es doch ein werk eben recht zu diesem vorhaben und zulänglich gnug zu der societät der wissenschafften und künste einen rechtschaffe=

appelé chez les Italiens *carta bollata*, en France papier timbré, en usage aujourd'hui dans une grande partie de l'Allemagne, et qui, récemment, a été introduit dans le Hanovre.

Ce n'est pas qu'on n'ait essayé plusieurs fois déjà d'y avoir recours dans les pays héréditaires de l'Empire, notamment dans les années 1686, 1692, enfin en 1705, et, chaque fois, on l'a laissé tomber en désuétude; il y a eu d'ailleurs partout un commencement d'exécution; seulement, il est facile de comprendre que quelques abus ont entraîné avec eux l'utilité de la chose, si bien qu'on l'a considérée comme une affaire de mince intérêt qu'on ne tenait pas trop à mettre en pratique. Peut-être aussi manquait-on de cette persévérance sans laquelle maints utiles projets s'arrêtent

nen beſtändigen grund zu legen und würde man bey der=
ſelben es an nöthiger beſorgung nicht ermangeln laßen,
umb ſolchen unter höherer autorität in ſtand zu bringen,
welches geſchäffte von denen nicht ſowohl geſchehen kan,
welche mit größern geſchäfften überladen geweſen.

Und weil es nicht ſo gar viel bringen kan, ſo iſt auch
daher zu ſchließen, daß es eine geringe bürde, ſo von dem
publico leicht zu tragen und gleichſam unvermerckt abge=
führt werden würde, und daß wegen großer daher entſte=
hender nuzbarkeit, ſo ſich auff männiglich erſtrecket, man
insgemein mit luſt und vergnügen tragen werde.

Die hohe landes=herrſchafft iſt eigentlich dazu berech=
tiget, und wird die macht, das papier ſtempeln zu laßen,
billig zu dero regalien gezehlet, denn (zu geſchweigen, daß
das fas signandi publicum nicht nur der metalle ſondern
auch andrer dinge der hohen herrſchafft einrichtung zu=
komt) weil den landes=regenten onera supremæ jurisdictionis obliegen, indem er die leute zur administration

en chemin. Mais si, dans ce cas, après mûre délibération,
il y avait la promulgation dans un édit impérial, auquel il
fallût obéir, puisqu'il émanerait de la suprême autorité de
la sagesse et fermeté impériale; que l'on pût compter aussi
sur le louable témoignage et l'obéissance des fonctionnaires,
alors nul doute que la chose serait praticable aussi bien ici
qu'ailleurs; car on ne saurait supposer qu'en ce pays seul,
l'air et la terre lui doivent manquer.

Et bien que, comparé aux grands besoins de l'Empire, le
produit en doive être considéré comme assez mince, puisqu'on a dû recourir à des moyens plus puissants; cependant
il faudrait se mettre à l'œuvre pour mener à bien ce projet,
et créer à la Société des sciences et arts un fonds solide. La
sollicitude nécessaire ne lui ferait plus défaut; mais cette

der justiz besoldet und andere nothwendigkeiten dießfals trägt; gebühren ihm auch commoda suprimæ jurisdictionis, worunter die stämpelung des papiers, so bey allen instanzen und obrigkeiten einkomt, auch glauben haben soll, billig zu zahlen, zu geschweigen, daß auch sonst das fas signandi publicum eigentlich der hohen herrschafft vorbehalten.

Und hat man bequeme wege in vorschlag, daburch das gröste theil der mißbräuche und ungelegenheiten, so bißher hinderniß bracht und den nuzen geschwächt, abgeschnitten wird. Wenn es nur an genauer observation des edicti nicht ermangelt, ohne welche die besten anstalten von der welt vergeblich seyn.

Es ist auch dabey anständig, daß die last nicht auff die armuth fallet, denn wer processe führet, wird einige kreuzer oder groschen bei seinen producten oder schrifften nicht ansehen, da sie den schrifftsteller zahlen müssen, und pflegt man ohne dem bey dem gestämpelten papier

sollicitude ne serait guère possible à des gens surchargés d'occupations ; le produit n'en pouvant pas être excessif, on peut conclure de là que ce ne serait qu'une charge assez faible, que le public supporterait aisément, dont la rentrée se ferait presque imperceptiblement ; réparti entre le plus grand nombre et en raison de l'utilité même qui en résullerait, cet impôt serait généralement supporté volontiers et avec plaisir.

L'autorité supérieure du pays est investie de tout pouvoir à cet effet ; la faculté de timbrer le papier serait comprise parmi les droits réguliers, d'autant que le droit *signandi publicum*, non-seulement quant aux métaux, mais quant à nombre d'autres choses, fait partie de l'organisation de l'autorité supérieure. Car si à la régence du pays incombent

mit den pauperibus declaratis auff gewiße maaße zu dispensiren, zu geschweigen, daß man gewiße verordnungen machen köndte, daß die verlierenden dem recht habenden theil diese unkosten iedesmahl erstatten müsten, als welche sich selbsten aus den acten liquidiren.

Es wird dieser usus chartæ ad literarum incrementa von iedermann und überall sehr applaudiret werden, ob naturalem utriusque rei connexionem. Und zu des hohen potentaten, der diesen löblichen usum zuerst eingeführet, nicht geringer glori gereichen, auch von andern mit der zeit nachgethan werden.

Und weil wohl kein zweifel, daß es, wie in andern ländern geschehen, also auch hier endtlich über kurz oder lang eingeführet werden wird, so ist am besten, daß was ja dermahleins geschehen solte und vielleicht sonst nicht so anständig geschehen möchte, aniezo bey einer so schöhnen gelegenheit unter einem so weisen und generosen oberhaupt, zu dem besten gebrauch, so iemahls zu erdencken,

onera supremæ juridictionis, puisqu'elle paye les gens de justice et supporte d'autres nécessités, il est juste qu'elle ait les profits de la suprême juridiction (*commoda supremæ juridictionis*), parmi lesquels il faut compter comme revenant à toutes les autorités et instances, le timbre du papier, puisque d'ailleurs ce droit est compris dans le droit général *signandi publicum* (de sceau public) qui compète à la seigneurie suprême.

On a dû songer aussi à la voie la plus sûre pour arriver à faire cesser en grande partie les abus et inconvénients qui ont empêché d'en recueillir l'utilité; pourvu seulement qu'on ne manque pas à observer l'édit, sans quoi les plus beaux projets du monde sont toujours vains.

Seulement, il est convenable que le pauvre soit exempt

tanquam ad causam piissimam ein vor allemahl gleichsam consecriret werde, indem deren object vornehmlich auff die ehre gottes und liebe des nechsten gehet und die zu mehrer wißenschafft, tugend und glückseeligkeit bringet.

de cette charge; mais un plaideur ne regardera pas à comprendre dans les écrits et productions quelques kreutzers et monnaie de plus, puisqu'il faut bien qu'il paye la rédaction; ajoutez que, pour la dispense de papier timbré, il suffira d'une pauvreté dûment déclarée; à plus forte raison pourrait-on décider que la partie qui succomberait aurait à tenir compte, à la partie qui gagnerait le procès, de telle portion des dépenses résultant de la liquidation des dépens.

Cet *usus chartæ ad literarum incrementa* aura l'approbation de tout le monde, *ob naturalem utriusque rei connexionem*. Il n'en résultera pas une médiocre gloire pour le potentat qui, le premier, aura introduit ce louable usage; d'autres ne manqueront pas de l'imiter.

Et, puisqu'il n'est pas douteux que tôt ou tard, à la fin, cela n'ait lieu ici, comme dans d'autres pays, mieux vaut peut-être que ce qui aurait pu se faire en d'autres temps, mais moins bien, puisse être consacré aujourd'hui, en une si belle occasion, la plus belle, la plus généreuse qui se puisse imaginer (*tanquam ad causam piissimam*) et pour la cause la plus pieuse; puisque l'objet en a surtout en vue la gloire de Dieu et l'amour du prochain; qu'il tend à accroître la science, la vertu et le bonheur du plus grand nombre.

*Leibniz au prince Eugène concernant
l'Académie de Vienne* (1).

L'on peut dire que depuis deux ans et demi ou environ le genre humain a fait de plus grands progrès dans la connaissance des choses utiles que dans tous les siècles précédens, dont l'histoire nous soit connue. L'imprimerie a donné moyen aux hommes de rendre public et commun à plusieurs ce qui auparavant ne pouvoit être communiqué aisément. Elle a fourni aussi le moyen de perpétuer les connoissances; de sorte qu'elles ne se perdront plus aisément aujourdhui comme celles des anciens se sont perdues. L'usage de l'aimant et de la boussole nous a découvert presque la moitié de la surface de notre globe; les télescopes nous ont fait mieux connoître les globes voisins, c'est-à-dire les astres et leurs mouvemens. Ce qui a servi non-seulement à découvrir le véritable système du monde et les merveilles de la grandeur et de la sagesse de son Auteur; mais aussi à perfectionner de plus en plus la géographie et la navigation par le moyen des astres. Les microscopes font voir un petit monde dans les parties du grand et nous ont appris l'intérieur de plusieurs corps. La circulation du sang, avec les

(1) Voir, au sujet de cette correspondance de Leibniz avec le prince Eugène, une communication que l'éditeur a faite à l'Académie de Vienne, et qui a été imprimée dans ses mémoires sous ce titre : *Sur l'utilité d'une édition des œuvres de Leibniz dans ses rapports avec l'histoire d'Autriche au XVIIe siècle*

veines lactées et avec le conduit du chyle, découvertes dans le siècle passé, ont mis en lumière le véritable usage des parties du corps humain, du cœur, des artères, des veines, des poumons, du foye, avec la cause du pouls et de la sanguification, choses toutes inconnues à l'antiquité. Et quoyque la médecine ou la science de la santé (la plus importante des sciences après celle de la vertu) soit demeurée jusqu'icy la plus imparfaite, comme elle est la plus difficile; il faut pourtant avouer que jamais on n'a mieux entendu les préparatifs de cette science, c'est-à-dire la nature des animaux, des végétables et des minéraux. La réfutation de l'origine des animaux et des plantes de la pourriture, que les anciens avoient crue, et que les recherches des modernes ont destruite, a donné de nouvelles lumières sur la nature des animaux et sur la structure de l'univers et même sur la nature et constitution des âmes et des substances incorporelles. Et quant à la practique de la médecine, quoique la moins avancée, on a trouvé des spécifiques nouveaux qui surpassent tous les remèdes connus de l'antiquité; comme sont l'écorce fébrifuge du Pérou qu'on appelle Quinquina, la racine antidysentérique qu'on appelle Ipécacuanha, la décoction des bois et les bonnes préparations du mercure et de l'antimoine, sans parler des opérations chirurgiques bien préférables à celles des anciens. Nous sommes en train d'aller plus loin; et je tiens que si les choses avoient continué comme elles alloient dans l'intervalle de 24 ans, entre la paix de Westphalie et la guerre que le Roi de France porta en Hollande, on seroit déjà bien plus avancé.

J'en puis parler, comme ayant commencé à paroître dans le monde quand cet intervalle heureux alloit finir. Charles II, Roy de la Grande-Bretagne, rétabli sur son thrône, fonda pour les sciences la Société royale de Londres. Ce Prince avoit une grande connoissance des belles curiositez; il étoit très-versé dans les sciences qui se rapportent à la marine et par conséquent dans les mathématiques. Il me fit l'honneur d'ordonner qu'on me montrât une espèce de baromètre, qu'il avoit inventé lui-même, et qu'il vouloit faire porter en mer pour prévoir les tempêtes. Le Prince Palatin Robert, son cousin germain, étoit le plus grand connoisseur dans les arts mécaniques, que j'aye jamais vu. C'est lui qui a trouvé des canons de fer fondu comparables à ceux de bronze, sans parler du prinz-métal. Il avoit encore plusieurs beaux projets, dont il me parla et que je ne sai s'il a eu le loisir d'exécuter. Ce Prince, secondé des chevaliers Digby et Boyle, du lord Brounker et d'autres excellens personnages, anima extrêmement les savans. Le Roi de France, jeune alors et porté à la gloire, ne voulut point négliger un moyen des plus solides et des plus propres à la mériter, qui est l'avancement des sciences. Secondé par les conseils de Colbert, controlleur général de ses finances, il fonda une Académie royale des sciences à Paris et il donna même des pensions à des étrangers célèbres, dont il fit venir quelques-uns en France, comme entre autres M. Hugens de Hollande et M. Cassini d'Italie, et moi-même, après avoir été reçu en 1673 dans la Société royale de Londres, j'eus l'honneur, dès l'an 1675, d'être choisi pour être de

cette académie de Paris, lorsque feu Monseigneur le Duc d'Hannovre, père de l'impératrice Amalie, m'appella à son service. Mais la guerre commencée en 1672 mit l'Europe en fermentation, et, toûsjours recommencée après de petits intervalles, l'Empereur, l'Espagne et enfin l'Angleterre y furent impliquez, sans parler des Turcs et du Nord. Les Anglois quittèrent les recherches de la nature et se mirent à politiquer; les meilleures familles de France se trouvant épuisées par mille artifices des financiers, cela fit que beaucoup de gens aisez cessèrent de l'être et furent obligez d'abandonner la curiosité. Le grand-duc de Toscane, dont le père avoit fondé une académie *del Cimento*, ou d'expériences, se donna entièrement à la dévotion. L'Empereur Léopold lui-même, tout savant et tout curieux qu'il étoit, n'eut pas le loisir de respirer. Si le feu Électeur de Cologne a fait de la dépense pour les expériences, c'étoit en faveur de l'alchymie, la plus plausible, mais la plus trompeuse des recherches. Il est vrai que le feu Roi de Prusse, nonobstant la guerre, fonda sur mes projets une espèce de Société des sciences, dont il me donna la direction, mais les tems difficiles l'ont rendue trop bornée.

Maintenant tout semble conspirer à relever nos espérances sur le progrès des connoissances utiles. On vient de faire une paix générale, qui met la meilleure partie de l'Europe en repos. L'Empereur est un Prince encore jeune qui promet un règne long et heureux. Il n'affectionne pas seulement les sciences utiles, mais même il y a de grandes lumières; il peut goûter les fruits des bons établisse-

mens, qu'il va faire, et celui d'une Société des sciences sera un des plus importans. L'on sait que l'éducation de la jeunesse, qui fait la pépinière de l'État, est un des plus considérables points de gouvernement, et les bonnes instructions donnent de notables principes de la vertu et de la prudence et en un mot de l'art de vivre. Je ne dirai rien à présent des écoles latines, qui sont déjà en bonnes mains et que ceux qui les gouvernent auront soin de perfectionner. Mais on manque de bonnes écoles en vulgaire, où les gens qui ne sont point destinez aux études peuvent apprendre mille choses utiles dans leur langue maternelle. Et je serois d'avis qu'on y pensât soigneusement et que la nouvelle Société impériale qu'on va établir en eût la direction dans tous les païs héréditaires de Sa Majesté Impériale et Catholique. De plus, pour perfectionner les arts, les manufactures, l'agriculture, les deux espèces d'architecture, les descriptions chorographiques des païs, le travail de minières ; item pour employer les pauvres au travail, pour encourager les inventeurs et les entrepreneurs, enfin pour tout ce qui entre dans l'œconomique ou mécanique de l'état civil et militaire, il faudroit des observatoires, laboratoires, jardins de simples, ménageries d'animaux ; cabinets de raretez naturelles et artificielles ; une histoire physico-médicinale de toutes les années sur des relations et observations que tous médecins salariés seroient obligez de fournir. Et enfin pour des recherches historiques, politiques et juridiques sur l'Église et l'État, sur l'origine des peuples et des langues, sur les généalogies bien vérifiées des fa-

milles les plus illustres; sur les droits de l'Empire et de la très-auguste Maison, et matières semblables, surtout des droits des gens et public et de la police, sans parler du droit civil ordinaire des édits et ordonnances; pour tout cela, dis-je, il faudroit des collections et recherches des titres ou diplômes et des sceaux anciens, que les archives peuvent fournir; des collections de médailles et de manuscrits; mais surtout il faudroit avoir des bibliothèques bien complètes, où l'on trouve souvent bien plus que dans les archives. Il faudroit aussi qu'on pensât avec soin à cultiver la langue germanique trop mal menée dans ce païs-ci qui est à extrémité de l'Allemagne; et à rechercher les antiquitez germaniques, dont dépendent en bonne partie les origines des affaires de l'Europe inondée par les peuples germaniques depuis la décadence de l'Empire des Romains.

Enfin je me figure que la Société des sciences doit avoir trois départemens ou classes: *la classe littéraire*, qui regarde l'histoire, géographie, blason, le droit des gens et public, la philologie ou les langues, les antiquitez avec les médailles et inscriptions, les manuscrits et diplômes; *la classe mathématique* à laquelle appartient la description chorographique des païs, l'astronomie, l'architecture civile et militaire, et surtout le gouvernement des eaux, l'artillerie, la navigation et les voitures; les machines et moulins de toute sorte, l'avancement des manufactures; et enfin *la classe physique* embrasseroit les trois règnes, minéral, végétable et animal, et auroit soin des cabinets des choses naturelles; du jardi-

nage, des animaux, de l'anatomie, de l'histoire physico-médicinale annuelle et d'autres observations médicinales, vrai moyen d'avancer la médecine et de prévenir et bien connoître les maux épidémiques ; elle auroit soin aussi des écoles chirurgiques pour fournir des habiles gens aux armées. Et les personnes salariées par le public, archivaires, historiens, antiquaires, médecins, ingénieurs, architectes, gens d'artillerie, officiers des minières, jardiniers, chasseurs, bergers, chirurgiens, apotiquaires, directeurs des hôpitaux et maisons de travail et des manufactures, seroient obligez de favoriser les desseins de la Société des sciences par une communication convenable établie avec eux par des ordres efficaces du maître.

Il s'agit maintenant de trouver un fonds pour une si belle et si importante entreprise. Et j'oserois dire qu'on ne pourroit l'exécuter dignement sans un revenu annuel de mille écus qui fût indépendant des revenus ordinaires de l'Empereur et entre les mains de la Société, laquelle n'en disposeroit pourtant que conformément aux intentions de Sa Majesté, et avec toute l'exactitude imaginable. Une partie en seroit employée à des pensions pour des gens qui travailleroient effectivement tant à Vienne qu'en d'autres endroits des païs de Sa Majesté Impériale ; une autre partie seroit employée pour des expériences, observations, inventions et médailles, livres, instrumens, machines, modèles. Et même on donneroit tous les ans des prix à ceux qui trouveroient quelque chose d'important, résoudroient quelque problème difficile ou produiroient quelque ouvrage utile.

Abrégé du précédent dans une lettre à S. A. le Prince Eugène.

Monseigneur,

Puisque V. A. S. veut bien protéger auprès de la Majesté de l'Empereur le dessein d'une Société des sciences, je prends la liberté de vous en informer, afin qu'on puisse mieux venir à l'exécution.

Et voicy premièrement le projet sur la *constitution de la Société*, et secondement quelque essay sur les moyens de l'exécuter.

Sa Majesté Impériale et Catholique étant portée à fonder une *Société des sciences,* on a voulu mettre icy en abrégé et sousmettre à un jugement supérieur le plus essentiel de ce qui regarde tant la *forme et constitution* qu'on pourroit luy donner que les *moyens* nécessaires pour venir à l'exécution.

La *constitution de la Société* consisteroit dans son *objet*, dans les *hommes* et dans l'*apparat*.

L'objet revient aux *trois classes* : la *littéraire*, la *mathématique* et la *physique*.

La classe *littéraire* comprend l'histoire et la philologie.

L'*histoire*, tant ancienne pour les antiquités que moyenne et moderne, qui sert à l'origine et aux droits des États, des familles illustres, et autres no-

tices semblables tant curieuses qu'utiles. Et il faudroit avoir soin particulièrement de l'histoire de l'Empire, de la Germanie et de la très-Auguste Maison et de ses pays.

La *philologie* se rapporte aux langues tant savantes que vulgaires, tant pour leur pureté et régularité, antiquités et recherches, que leur beauté et pour l'éloquence en prose et en vers, où il faudroit favoriser particulièrement la culture de la langue allemande.

La *classe mathématique* aura soin non-seulement de l'analyse, qui est l'art d'inventer, mais encore des sciences practiques, d'une arithmétique enrichie de découvertes considérables pour la facilité et seureté des comptes publics, nouvelle et importante, de la *géométrie* practique pour mesurer les lignes, surfaces et les solides, pour déterminer de certains points, pour niveller et choses semblables, de l'*astronomie* pour servir aux temps calendiers, géographie, navigation, de l'architecture civile et militaire, par rapport aux terres, aux eaux, de la mécanique pour les mouvemens, voitures, bateaux, hydraulique ou mouvemens de l'eau, des pyrotechniques ou mouvemens du feu, toute sorte de moulins et machines utiles.

La *classe physique* comprend les trois règnes de la nature : le minéral, le végétable et l'animal, avec les sciences et arts qui s'y rapportent, comme la chymie, botanique, anatomie; en faveur de l'œconomie et de la médecine; et surtout pour la dernière par des observations continuelles dont le meilleur seroit conservé pour la postérité.

Les *hommes* qui entreroient dans la Société seroient des *pensionnaires* avec leurs assistans et élèves, qu'on pouroit charger de quelques travaux ; des *volontaires* qui pourroient y concourir selon leurs commodités ; et les *honoraires* qui seroient des personnes de distinction capables d'assister la Société par leur autorité et en quelque façon par leurs moyens. Sans parler maintenant des officiers de la Société. Et ces personnes de toutes ces espèces seroient tant présens qu'absens.

L'*apparat* consisteroit en bastimens et lieux publics, et en meubles. Les lieux seroient des bibliothèques qui contiendroient des livres imprimés et manuscripts ; des imprimeries, des observatoires pour les astres, laboratoires, maisons de travail, jardins des simples, ménageries des animaux, grottes des minéraux, cabinets d'antiquités, galleries de raretés, et, en un mot, théâtres de la nature et de l'art. Les meubles seroient (outre les livres, les desseins, et ce qui se trouveroit dans les lieux susdits) des instrumens de toute sorte, des modelles et des exécutions de bonnes inventions. Outre ce qu'il faudroit pour loger et employer des personnes dont on se serviroit.

Les *moyens* pour obtenir toutes ces choses seroient de quatre sortes :

1. Des *établissemens déjà faits* (par exemple des *stipendia* et fondations semblables) qui par le malheur des temps et par des accidens ont été détournés en quelque façon d'un bon usage et y pourroient être rétablis par celuy que la Société contribueroit.

2. Des *priviléges* et *immunités*, qu'on accorderoit

à la Société d'abord et avec le temps pour des entreprises qui seroient utiles en même temps au public et à elle-même, comme par exemple pour l'impression des écrits et livres usuels et utiles, avec des souscriptions (à quoy elle pourroit obtenir quelque exécution des imposts) et pour l'amendement de la fabrique et du commerce du papier qui en a grand besoin ; pour certaines compositions chymiques, qui viennent des pays étrangers, ou se font mal pour ordinaire; pour certaines autres fabriques utiles, pour des médailles modernes, pour quelques loteries, pour des bureaux d'adresse, etc., etc.

3. Des *emplois utiles*, qu'on donneroit à la Société des sciences et à ses membres, dans toutes les choses où le public est intéressé et qui demandent des discussions scientifiques : à l'exemple de l'usage que le Roy de France par le conseil de M. Colbert faisoit de l'Académie des sciences de Paris, dont il se servoit pour toute sorte d'occupations et ouvrages qui auroient rapport aux sciences et arts et pour l'examen des nouvelles inventions et projets. Et en particulier la Société impériale des sciences pourroit avoir quelque soin de plusieurs objets comme seroient les *écoles allemandes* et autres en langue vulgaire, pour ceux qui ne se donneroient point aux études et ne laisseront pas d'être susceptibles de bonnes instructions qui leur serviroient toute leur vie, à l'exemple des autres nations où une quantité de bonnes connoissances sont écrites et enseignées en langue vulgaire; les remèdes contre les dommages publics qui viennent du feu et de l'eau et autres causes naturelles. Le *mesurage des terres et autres*

dénombrements, de police, chose bien utile et en quelque façon nécessaire pour bien régler les contributions publiques, où il faut rapporter le règlement des poids et des mesures, des séminaires, des ingénieurs et des chirurgiens, etc., en faveur des années. *La culture des terres*, où entre la botanique, le desséchement des marais, l'entretien des chemins, la conservation et plantation des arbres et autres végétables et plusieurs matières œconomiques de cette nature.

Des certaines fabriques et ouvrages, moulins, minières, maisons de travail où les sciences et arts y entrent plus particulièrement. Le *blason*, armoiries et preuves historiques des familles, à l'exemple de quelques autres États.

4. Le *quatrième* et dernier moyen consisteroit en *certaines impositions*, qui se tireroient sur le public, mais qui seroient très-modiques. Il y en auroit de deux sortes : les unes porteroient leur utilité avec elles, comme le rehaussement des impôts sur l'entrée des fabriques étrangères qui se peuvent établir dans le pays, et sur la sortie des marchandises crues qui devroient être mises en œuvre dans le pays. Les autres seroient mises sur le luxe, le jeu, la chicane et autres superfluités ou même abus, qui ont besoin d'être refrénés. Je comprendrois aussi sur cet article l'immunité et l'exemption de certains imposts qu'on accorderoit à la Société, par exemple: pour le papier qu'elle employeroit à l'impression des livres, pour encourager cette espèce de commerce et tirer de l'argent dans le pays par ce moyen, ou du moins pour empêcher une partie de la sortie

de l'argent, en échangeant des livres étrangers contre les nôtres, au lieu que maintenant on n'imprime presque rien icy, et laisse sortir du pays de grandes sommes d'argent pour des livres.

Le papier *timbré ou marqué* mériteroit icy une réflexion particulière. C'est proprement un impost sur la chicane et sur les formalités, lequel, étant fort modéré, seroit insensible au public, et ne laisseroit pas d'être d'un grand effect pour jetter un fondement solide sur lequel on pourroit bâtir une grande partie de l'édifice de la Société des sciences. Cet impost est en usage presque par toute l'Europe. C'est depuis peu qu'on l'a introduit aussi dans le pays de Bronsvic-Lunebourg. Il a été introduit deux fois icy et aboli aussi deux fois. Et il n'y a pas longtemps que le feu prince Adam de Lichtenstein travailloit à le rétablir. Et je ne doute point qu'il ne soit encore receu un jour dans l'Austriche, dans la Bohême et dans leurs dépendances; mais peut-être pour un usage moins louable que celuy qu'on propose maintenant, qui seroit applaudi du public, parce que rien n'est plus naturel que de faire servir le papier aux études autant qu'il se peut. Et l'Empereur auroit été le premier qui auroit donné ce bel exemple aux autres souverains. J'apprends que la principale raison qui l'a fait abolir et négliger, a été parce que cela paroissoit une chose modique pour les grands besoins de l'État, et ne laissoit pas d'embarrasser, parce qu'on s'y étoit pris d'une manière qui demandoit beaucoup de soins et d'officiers, lesquels absorboient une très-grande partie de l'utilité. Mais on a trouvé le moyen de retrancher

presque toutes ces dépenses, et on se contentera de quelque chose de modique.

Mais le moyen le plus promt et le moins embarrassant, parmy ceux de cette espèce, seroit que l'autorité de Sa Majesté Impériale et Catholique portât les États des pays héréditaires à destiner pour l'entretien de la Société une somme annuelle, chaque pays concourant selon sa proportion. Car l'utilité des pays y seroit manifeste, parce que la noblesse et des personnes vivant noblement y trouveroient immédiatement une grande utilité pour leur jeunesse, pour encourager les esprits aux belles connoissances à l'exemple des autres nations, pour leur donner de l'émulation, pour les faire bien employant et pour les détourner de l'oisiveté et des vices dont elle est la mère ; sans répéter ce qu'on vient de dire des utilités que l'œconomie, les manufactures et le commerce trouveroient dans les sciences et arts, mathématiques et physiques ; ce qui rejailliroit non-seulement sur le gentilhomme, mais encore sur le bourgeois et sur le paysan.

Ainsi je serois d'avis qu'on fît abstraction de tous les imposts jusque à ce qu'on eût obtenu quelques aides réglés des États des pays, et qu'on se contentât, attendant, de quelques expédients tirés des trois moyens précédents, qui, bien loin de charger le public, le soulageroient par-après. L'affaire étant établie, et les aides des États ne suffisant pas pour les importantes entreprises dont la Société se chargeroit pour l'utilité publique, on tireroit quelque supplément de certains imposts justes et utiles et particulièrement du papier timbré.

A S. A. I. le prince Eugène.

Monseigneur,

Puisque V. A. S. veut bien avoir la bonté de protéger et d'avancer auprès de la Majesté de l'Empereur le dessein d'une Société des sciences, je prends la liberté de joindre icy un petit papier qui comprend en raccourci tant la constitution et forme, qu'on pourroit donner à la Société, que les moyens qu'on pourroit employer pour soubsvenir aux frais. Il est de la dignité de Sa Majesté Impériale et Catholique que ce qu'on fera pour cet effet ne soit point inférieur à ce qu'on a fait ailleurs, et particulièrement en France, où le Roy y a employé en temps de paix au-delà de cinquante mille écus par an. Icy on se contentera d'aller par degrés, mais on ne désespère pas de parvenir avec le temps à quelque chose d'approchant, par des voyes qui porteront leur utilité avec elles : comme V. A. S. jugera peut-être en jettant les yeux sur ledit papier cy-joint que je sousmets à ses lumières supérieures, la suppliant de favoriser ce dessein auprès de Sa Majesté Impériale et donner du poids aux bonnes intentions auprès de Mess. les ministres pour venir à l'effet le mieux et le plus promptement que faire se pourra,

Et je suis, avec le plus profond respect,
Monseigneur, de V. A. S.
le très-humble et très-obéissant serviteur.

LEIBNIZ.

Vienne, ce 17 d'aoust 1714.

Eine Berechnung von Umlagen, welche sich auf einem besondern einzelnen Zettel vorfindet, bezieht sich unzweifelhaft auf die neuzugründende Societät und deren Fundus.

« Zu den Oneribus gibt ungefähr :

Böhmen 1	6000 Fl.
Schlesien $\frac{2}{3}$	4000
Mähren $\frac{1}{3}$	2000
Nieder-Oesterreich $\frac{2}{3}$ ...	4000
Ober-Oesterreich $\frac{4}{9}$	2666
Innen-Oesterreich $\frac{2}{3}$	4000
Vorder-Oesterreich $\frac{1}{4}$ ...	1500
Ungarn 1	6000
Neapolis $\frac{2}{3}$	4000
Mayland $\frac{1}{3}$	2000
Niederland $\frac{2}{3}$	4000
	40,166 Fl.

Un calcul d'ensemble, qui se trouve en tête d'une simple feuille séparée, a trait sans aucun doute à la nouvelle Société projetée et à ses moyens d'existence (*fundus*).

La répartition des charges donne approximativement :

Pour la Bohême le maximum.	6000 florins.
— la Silésie les $\frac{2}{3}$........	4000 —
— la Moravie le $\frac{1}{3}$........	2000 —
— la basse Autriche les $\frac{2}{3}$.	4000 —
— la haute Autriche les $\frac{4}{9}$.	2666 —
— l'Autriche centrale les $\frac{2}{3}$.	4000 —
— l'Autriche frontière le $\frac{1}{4}$..	1500 —
— la Hongrie le maximum .	6000 —
— Naples les $\frac{2}{3}$	4000 —
— Milan le $\frac{1}{3}$.............	2000 —
— Pays-Bas les $\frac{2}{3}$	4000 —
	40,166 florins.

Stunde zu allergösste gefallen, ob Seine Kayserl. und Catholischen Mt. geruhen möchten folgende puncte zu verwilligen:

1. Daß mir eine jährliche besoldung von 6000 rt. festgestellet werde.

2. Daß ich wegen der vorm jahr verliehenen Reichshofrathswürde bereits aniezo die erste jahresbesoldung von 2000 rt. zu erheben hätte und solches S. Mt. Cammerpräsidenten, doch ohne eclat angedeutet werde.

3. Daß ich daneben unter andern die incumbenz haben möchte, K. Mt. Historie, da die sachen in sicherm gedächtniß, kurz und nervosé in lateinischer sprach zu fassen.

Je prie très-respectueusement Sa Majesté Impériale et Catholique de vouloir bien m'accorder les propositions suivantes :

1° Qu'une allocation annuelle de 6,000 thalers me soit concédée invariablement ;

2° Que je puisse dès maintenant, en raison de la dignité de conseiller aulique conférée l'année dernière, élever de 2,000 thalers la première allocation de l'année ;

3° Que parmi mes attributions, je sois chargé en outre, afin d'en perpétuer plus sûrement la mémoire, de résumer *nervosé* en langue latine les histoires de Sa Majesté Impériale ;

4° Que dans ce but et à d'autres causes j'aie l'assurance

AU PRINCE EUGÈNE.

4. Daß zu diesem und andern absehn ich wochentlich einen gewißen allerunterthänigsten zutritt hätte.

5. Daß eine genaue beschreibung der Kayserl. Erblande zu veranstalten sowohl vermittelst sonderbarer charten und Tabellen als andere nachrichtungen, dienlich bey Canzleyen, Cammern, auch besonders vor Cabinete, bei jurisdictionalibus cameralibus, militaribus, Policey, auf land= und.......... forstwesen und anders in conspectu zu haben. Dabey zugleich res naturales et artificiales beschrieben, mithin denen scienzen und studiis ein großer vorschub gethan werde köndte.

6. Wobey sonderlich auf die..... werde auch deren Harmonie und aufnahme zu gedencken und bey diesen bey= den puncten hoffe ich nüzliche Dinge zu leisten auch bey der direction der landesbeschreibung sonderlich theil zu haben.

7. Hiezu köndte ein zulänglicher fundus von gewißen

de pénétrer, très-respectueusement, une fois par semaine, auprès de Sa Majesté;

5° Qu'une carte exacte des pays héréditaires de Sa Majesté Impériale soit faite tant au moyen des chartes et manuscrits, que d'autres sources, ce qui serait excessivement utile aux chancelleries, aux trésoreries, surtout pour les collections, à la police, aux *jurisdictionalibus cameralibus, militaribus*, à l'administration des forêts et autrement. De plus une description physique (*naturales*) et politique (*artificiales res*) pourrait faire progresser les sciences et les études qui ont trait à ces matières;

6° Pour atteindre le but que je me propose, tant au sujet des travaux de..... et de leur harmonie, qu'à celui des deux derniers points, je compte obtenir quelques résultats satisfaisants en prenant une part active à la direction de la carte du pays;

puncten hergenommen, als von Calendern, zeitungen, vergleichung maaße und gewichts, einführung nüzlicher feuerspritzen mit....... kasten und anders mehr. Dazu käme ein nüzlicher gebrauch der stipendiorum et beneficiorum und anderer fundatarum piarum cum perpetuo......... besonders verläßlicher leute, ex variis ordinibus religiosorum.

8. Daß eine Societät der scienzen förderlichst gefasset werde, wobey theils dem Modelle der Königlichen Societät, deren ich ein glied und der Preußische præses bin, zufolge, theils solche zu verbessern.

Der Zweck gehet dahin, die bisherige menschliche beschriebene nüzliche nachrichtung zu concentriren, die unbeschriebene zu beschreiben, neue zu erfinden, den inventionibus præmia sezen, nüzlicher leute brauchen und animiren, Correspondenz fassen, mehre naturalia und artificialia anschaffen, alles was der men-

---

7° Des fonds suffisants pour y arriver pourraient être fournis par des moyens sûrs, comme les almanachs, les journaux, l'égalité des poids et mesures, l'introduction et la propagation des pompes à incendie..... avec caisses et bien autrement. Ce serait faire un emploi utile des *stipendiorum* et *beneficiorum,* et d'autres *fundatarum piarum cum perpetuo.......* surtout des legs, *ex variis ordinibus religiosorum ;*

8° Qu'une Société des sciences soit fondée dans les meilleures conditions pratiques, Société qui d'une part faite sur le patron de la Société royale dont je suis membre et *præses* prussien, devienne d'autre part, par la suite, un modèle de perfectionnement.

A cet effet, il suffit de réunir tous les renseignements utiles publiés jusqu'à ce jour, d'écrire ceux qui ne le sont pas, d'inventer de nouvelles choses, d'attacher des récom-

schen nahrung, bequemligkeit und gesundheit befördere.

Zu beschleunigung meiner.......... würde dienlich seyn, wenn S. M. an des Churfürsten zu Braunschweig Durchl. ein handschreiben mir mitzugeben geruhen wolte, ohnmaaßgeblich dahin gehend, daß K. M. einige nüzliche Dienste von meiner wenigkeit....... betr. die Historie und jura des Reichs erwarten und weil solche so bewand, daß auch des hauses Braunschweig und Este angelegenheit nicht wenig dabey einlauffe, so verhofften S. K. Mt. es werde dem Churfürsten meine eintretung in kayserliche Dienste, nicht zu wieder sondern lieb seyn.

penses aux inventions, d'utiliser les hommes susceptibles de rendre service, de répandre *naturalia* et *artificialia*, de rechercher tout ce qui peut améliorer la nourriture, le bien-être et la santé de l'humanité.

Pour atteindre plus sûrement mon but, Sa Majesté me serait d'une bien grande utilité si elle daignait me remettre une lettre de sa main pour le prince électeur de Brunswick. J'ose ajouter qu'elle est en droit d'attendre quelques services de la part de son très-humble serviteur au sujet des histoires et *jura* de l'Empire; par la même occasion la maison de Brunswick et d'Este y participerait; aussi Sa Majesté Impériale peut-elle espérer que, loin d'y être contraire, le prince me verra avec plaisir au service de l'Empire.

Wien, den 13ten Maji 1713.

Morgen so früh als es thunlich von hier nach Laxenburg, alda bey dem cammerthürhüter Hr. Schottel abtreten, ihn fragen wo die seite waren wo der kayser billets (?) gebe; als dann mich dem Hr. grafen von Schlick anmelden und bey S. Excellenz gedencken, daß ich hoffe bald durch den Hr. grafen von Schönborn die expeditiones mit der Reichscanzley und sonderlich an die cammer zu erhalten; daß ich durch die Hr. hofcanzler eine election einer Societät des sciences poussirte und sonderlich dem Hr. grafen von Sinzendorff hiezu geneigt finde. E. E. auch die sach bey gelegenheit zu befördern

Vienne, 13 mai 1713.

Demain matin, aussitôt que possible, aller à Laxembourg, descendre chez le valet de chambre Schottel, et lui demander de quel côté l'Empereur donne des billets (?). Me faire annoncer chez le comte de Schlick, lui rappeler que j'espère bientôt obtenir du comte de Schœnborn les expéditions de la chancellerie du royaume et surtout de la chambre. Lui dire que, par l'intermédiaire du chancelier de la cour, je poursuis une élection d'une Société des sciences et que je trouvais surtout

ersuchen, daß ich auf fundos gedacht die dem publico zum besten gereichen und als etwa auf die calender, item daß die marquirung und Eichung von maaß und gewicht ein gewißes vor die Societät eintragen, item privilegium auff aguaforte und dergleichen distillate, so nicht eigentlich (Sache) der apotheker wäre pro laboratorio.... habe nichts thun wollen, als was S. Excellenz guth finden möchte. Inzwischen aber wäre es auch an dem, daß ich auff mittel bedacht seye ich zu Hannover de bonne grâce und guthen willen erhalte, umb in kayserl. dienste demittiret zu werden, daß kayserl. Mt. allergdgst. geneigt mich mit einem handschreiben an den Churfürsten zu accompagniren, darinn enthalten, daß meine labores pro bono imperii auch dem hauß Braunschweig zu dienst gereichen würden. Das beste aber würde seyn, wenn man zu Hannover verspührte, daß ich ihnen alhier einigermaßen in billigen dingen nüzlich seyn köndte. Nun ist mir beygefallen, ob nicht dienlich durch den Churfürsten etwas

disposé en sa faveur le comte de Sinzendorff. Je prierai S. E. de parler de la chose en l'occasion favorable. J'ai pensé à la manière de se procurer un *fundus*, en le tirant du privilége du calendrier, de la marque des poids et mesures, de l'aquaforte et autres objets qui ne sont pas, à proprement parler, du ressort des pharmaciens........................... Je n'ai rien voulu faire sans avoir l'approbation de S. E. Il faudrait aussi songer aux moyens d'obtenir de bonne grâce et de bonne volonté d'être considéré comme commissaire au service impérial et que Sa Majesté Impériale daignât accompagner ma demande d'une lettre de sa main pour le prince. Cette lettre dirait que mes *labores pro bono imperii* serviraient aussi à la maison de Brunswic. Mais le meilleur serait si à Hanovre on voyait que là-bas je puis être utile

zu verlangen, das nicht leicht durch einen andern Reichsfürsten zu thun; nehmliches köndte der Churfüst krafft habenden credits gar leicht etliche tonnen Goldes umb eine billige verzinsung anschaffen, wenn ihm in der nachbarschafft etwas jure antichreseos eingeräumt werden köndte, als etwa das land von Hadeln oder etliche aemter vom Stifft Hildesheim und zwar die leztern mit einer gewissen garantia wenn sie durch den künfftigen frieden evencirt werden solten. Wenn auch sonst Kayserl. Mt. etwas insgeheim den Churfürsten wissen lassen wolte, so den briefen nicht sowohl zu vertrauen, köndte es füglich bey dieser gelegenheit geschehen. Solches habe Sr. Excellenz anheimgeben wollen, bey kayserl. Mt. wenn sie es guth finden, zu insinuiren.

NB. Hr. Goswaren und Hr. Müller hernach wieder für ihn durch V. V. C. anzutreffen und selbigen nebenst überschlag memorialis zu bitten................... erstlich, daß er befördere meine petitionen...........

en quelque chose. Ne serait-il pas utile de demander au prince une chose qu'aucun autre ne pourrait facilement donner? Il pourrait, grâce à son crédit, obtenir facilement quelques tonnes d'or à un bas intérêt. On pourrait lui promettre quelque chose *jure antichreseos*, comme par exemple le pays de Hadeln, quelques communes de la fondation de Hildesheim, et même cette fondation avec une certaine garantie, si elle devait être évincée lors de la paix prochaine. Si encore S. M. I. voulait faire savoir au prince quelque chose de secret, qu'on ne peut confier à des lettres, cela pourrait se faire à cette occasion. S. E. pourrait insinuer cela à S. M. I.; si elle le juge convenable.

N. B. Rencontrer M. Goswaren et M. Müller chez V.V.C., et prier de me donner mon compte et le *mémorial*.

A DIVERS.

2. was er sage zu meinem vorschlag, durch Hr. von Meyerburg übergeben. 3. Wegen Herzog Anton Ulrich des von.......................... und wappens mein........ bezeiget............ nicht unbillig, daß .... sonst das nicht längst gehabt....... ... beym C. Stella, ob mein brief gelieffert, ob etwas beym Kayser gedacht ob etwas resolviret. Hr. Tressori ..... vermeynet Donnerstag hinauß zu kommen, item Hr. von Immessen............................

Nachmittag bey der audienz. Mein............... voriges, ob ge....... was ich überschickt, im papier nachzusehen quantum.............................

La Verda est consenso de Nord per yardarla....
NB. Wegen lehen von Lauenburg Osnabrug........ der ländern, einschickung aller documente; wegen auffrichtung der Societát zu befolgen... Hr. Graf von Sinzendorf. Ob S. will die besoldung stabiliren. Grafen Staremberg wegen des vergangenen befehle. **Puncta so einer**

1° Il devra demander ma pétition.

2° Me dire ce que l'on pense de mon projet, remis par M. Meyerburg.

3° A cause du duc Antoine-Ulrich (le reste est illisible).

Demander chez Stella si mes lettres ont été remises.— Si l'Empereur a résolu quelque chose. — M. Tressori pense venir dimanche, ainsi que M. Immesen.

L'après-midi, à l'audience, mon............ — si.... ce que j'ai envoyé, voir dans les papiers *quantum*.........

La Verda est consenso de Nord per yardarla.

N. B. Pour les locations de Lauenbourg Osnabruck..... des pays, envoi de tous les documents; — si S. veut établir la paye. Comte de Staremberg au sujet des ordres —

schleunigen anstalt bedürffen, fragen ob S. M. angesehen, was ich vorhergeschickt, in specie religionsbericht, was ich wegen Staremburg und besoldung gebethen.

Puncta pour un établissement important. — Demander si S. M. a vu ce que j'ai envoyé, —*in specie* ce qui se rapporte à la religion,— ce que j'ai demandé à cause de Staremberg et la paye.

Allerdurchlauchtigster, großmächtigster und unüberwind=
licher kayser und könig, und allergnädigster herr!

Nachdem E. kayserliche und catholische Majt. Sich be=
reits vor einer geraumen zeit zu stifftung einer Societät
der wissenschafften und nuzlicher künste allergdst. resolviret und mir daran zu arbeiten aufgegeben, zu derselben
anfang aber nicht wohl als durch eine commission al=
hier zu gelangen;

so gereichet an E. kayserl. Mt. mein allerunterthänig=
stes suchen hiemit, Sie geruhen dero stadhalter bey der
Oesterreichischen regierung und würcklichen geheimten rath
grafen von Kevenhiller, auch einigen regiments-räh=
ten, nahmentlich Carl grafen von Kuffstein, denen

Très-illustre, très-magnanime et invincible Empereur
et Roi,

Très-gracieux Seigneur,

Votre Majesté Impériale et Catholique s'étant résolue, depuis longtemps, à la fondation d'une Société des sciences
et arts utiles, et m'ayant commis le soin de travailler à cette
fondation, à laquelle on ne peut guère arriver qu'au moyen
d'une commission,

Je soumets à V. M. Impériale ma très-humble recherche
(enquête) à ce sujet, dont la conclusion est que l'on pourrait

von Ludwigsdorff, von Schlütern und Gerbrand eine solche commission in gnaden auffzutragen krafft deren sie, wie ein anständiger fundus zu dieser Societät außzufinden, förderlichst zu überlegen, mich darüber zu höhren, auch endlich mit ihrem allerunterthänigsten guhtachten einzukommen hätten.

Und ich verbleibe lebenszeit

E. kayserl. und catholischen Majt.

allerunterthänigster treugehorsamster

G. W. von Leibniz.

Wien, den 23. Junij 1714.

confier une commission de ce genre au lieutenant près la Régence autrichienne et conseiller intime comte de Kevenhiller, puis à quelques conseillers de régence, nommément Charles, comte de Kuffstein, ceux de Ludwigsdorff, de Schlütern et Gerbrand.

Aux termes de cette commission, ils aviseraient à trouver un fonds convenable pour cette Société; ils auraient à m'entendre à ce sujet, de manière à faire concorder nos sentiments.

Et je reste pour la vie,

De Votre Majesté Impériale et Catholique,

Le très-humble et très-fidèle et obéissant serviteur,

G. W. DE LEIBNIZ.

Vienne, le 23 juin 1714.

Nachdem Se. kayserl. und kathol. Majt. Sich in Gnaden entschloſſen eine Societät der Wiſſenſchaften aufzurichten, so wird zur besonderung davon alleruntertänigſt gesuchet daß Sie in Gnaden geruhen deßfals Verordnung an Ihre hochlöbliche Hoffanzley ergehen zu laßen daß das Diploma fundationis ausgefertigt und ich über deſſen inhalt gehöhret werden möge. Und hoffet man die Sach alſo zu faſſen daß Sie weder S. Mt. noch dem publico beschwerlich falle.............................

Nachdem S. kayſ. und catholiſche Majt. sich geneigt erkläret eine Societät der Wiſſenſchaften aufzurichten und dieselbige mit dienlichen und anſtändigen Privilegien und Gnaden zu verſehen; ſo ſtünde zu Dero allerhöchſten ge-

Sa Majesté Impériale et Catholique ayant résolu d'instituer une Société des sciences, elle est humblement suppliée, pour qu'on puisse arriver à en faire la disposition, d'ordonner à son chancelier aulique de dresser le diplôme de fondation (*fundationis*), de m'entendre sur la teneur de cette pièce, afin d'arriver à organiser le tout, de manière que cette fondation ne soit une charge ni pour Sa Majesté ni pour le public.

Sa Majesté Impériale et Catholique s'étant montrée disposée à instituer une Société des sciences, et à la doter de toutes sortes de grâces et avantages, il serait digne de sa

fallen ob Sie geruhen möchten anzubefehlen, daß ein Diploma fundationis ausgefertigt und ich wegen dessen Ingredienzien gehöret werde.

Wien, 8. Maij 1713.

Ersuche Meinen hochgnade Herrn dienstlich des Hrn. Hofkanzlers Grafen von Sinzendorf dieser nebenst unterthänige recommandation von mir zuzustellen nebenst Bitte daß Sie bey kayserl. Mt. die Resolution befördern. Es wird nur ein Wort kosten, weil kayserl. Mt. sehr geneigt dazu. Dienet zur gewinnung der Zeit und wird man schon hernach das tempo nehmen so S. Excellenz gelegen von particularibus zu sprechen Maßen die Meinung gar nicht ist kayf. Mt. Cammer mit neuen kosten deswegen zu beschwehren.

suprême bienveillance d'ordonner qu'il sera dressé un diplôme de fondation, et que je serai entendu sur cet objet.

Vienne, 8 mai 1713.

Je supplie mon très-gracieux Seigneur de placer ceci, en le lui recommandant instamment, sous les yeux de M. le chancelier aulique comte de Sinzendorf, avec prière de provoquer la résolution de Sa Majesté Impériale. Il ne faudra qu'un mot pour cela, car Sa Majesté Impériale incline particulièrement vers ce projet. Il faut mettre le temps à profit; on pourra plus tard chercher l'occasion d'entretenir Son Excellence des détails. Mais il ne faut pas que l'on puisse croire qu'il en résultera quelque charge pour le trésor de Sa Majesté Impériale.

Allerdurchlauchtigster, großmächtigster, unüberwindlicher
Kayser König.

Allergnädigster Herr,

Stelle aller unterthänigst anheim ob E. kays. Majt in gnaden geruhen möchten, dero Ober-Hof-Canzler Grafen von Sinzendorf als hier gegenwärtig anzubefehlen, daß nachdem von mir etwa ohne maßgeblich an hand gebundenen Ingendienten, das Diploma der Wissenschafften abgefasset und ausgefertigt werde.

Dabey etwa zu erwähnen, daß E. kays. Majt. gewillet die fundationes ad studia in dero landen theologicis zu dieser absicht und direction zuziehen, desgleichen auch mit einigen anstalten und privilegiis als wegen Bücher, Cen-

Au très-illustre, tout-puissant et invincible Empereur
et Roi.

Très-gracieux Seigneur,

Je supplie très-humblement Votre Majesté Impériale d'ordonner à son grand chancelier aulique, comte de Sinzendorf, qu'après communication de ma part de certaines indications que je ne prétends pas imposer, il fasse dresser et expédier le diplôme des sciences.

Mentionner à cette occasion que Votre Majesté Impériale

sur, Calender, Zeitungen, einrichtungen, maaß und ge=
wichts, einiger chimischer productionen und dergleichen
dem fundo zu Hülff zukommen.

Und ich verbleibe lebenszeit

E. kayserlichen und katholischen Majt.

Allerunterthänigster treugehorsamster

G. W. von Leibniz.

daignera octroyer les *fundationes ad studia* (fonds pour les études) dans les pays soumis à sa domination, appeler à cet effet et en vue de les diriger des théologiens ; elle voudra bien doter aussi l'institution de certains attributs et priviléges portant sur les livres, la censure, le calendrier, les gazettes, les poids et mesures, certains produits chimiques et autres, pour venir en aide au capital de fondation.

Je reste pour la vie,

De Votre Majesté Impériale et Catholique,

Le très-humble, très-fidèle et obéissant,

G. W. V. Leibniz.

Ich solte ohnmasgeblich dafür halten, daß es nicht eine Academia sondern Societät der wissenschafften zu nennen, nach dem Exempel der königlichen Englischen Societatis Leopoldinæ und anderer. Immaßen die Academiæ in Italien und sonst also gemein worden, daß das wort ziemlich vilesciret.

Stelle auch anheim, ob anstatt zu sagen, daß die zeiten solche anstalt aniezo nicht zulassen, woran ich zweifle, nicht gnug sey zu sezen :

« umb willen aber man solche dem publico zum besten
« und zu aufnahme allerhand guther wissenschafften, stu-

Je devrais particulièrement tenir à ce qu'on n'adoptât point le nom d'*Académie*, mais de *Société* des sciences, à l'exemple de la Société royale anglaise, Léopoldine et autres, d'autant qu'en Italie et ailleurs les Académies sont devenues si communes que le mot lui-même s'*avilit*.

Je demande aussi, si au lieu de dire que *les temps ne sont guère favorables à un établissement de ce genre,* ce dont je doute, il ne suffirait pas d'écrire :

« Que, quant à présent, on ne peut pas, comme on le
« voudrait, organiser et faire fonctionner cette Société fon-
« dée en vue d'être utile au public, et faite pour donner
« asile à toutes sortes de bonnes sciences, études et arts. »

« dien und künfte gerichtete Societät aniezo gleich nicht
« auffrichten und zu stande bringen könne.

Weil ich auff den künfftigen fundum gewiesen werde,
so würde mir ein liecht deswegen nöthig seyn,
auch billig der terminus a quo exprimiret werden,
davon die besoldung anzurechnen.

Sonst lautets fast, als wenn Societas, fundus und
besoldung ins weite feld hinausgeschoben würden.

« Es scheinet nothwendig nüzlich und billig und an=
« ständig zu seyn, daß einer der vornehmsten Prälaten
« der kayserlichen Erblande das Oberdirectorium habe bei
« der vorhabenden kayserlichen Societät der Wissen=
« schafften. »

Die Theologie hat keinen kleinen Einfluß, die So-
cietät solte als eine pia causa angesehen werden. — Die
Geistlichkeit ist hiebei zuziehen, — vornehme geistliche
Personen kommen gut zu statten, — werden legatis ma=

Comme j'aurai aussi à m'expliquer sur le fonds (de création) futur, j'aurais besoin d'être éclairé à ce sujet.

Il serait convenable d'exprimer aussi le *terminus à quo* partirait l'allocation.

Sans cela, c'est presque dire que *société*, *fonds* et *allocation* se perdent dans les champs de l'infini.

« Il semble donc nécessaire, utile, raisonnable et conve-
« nable, qu'un des principaux prélats des États héréditaires
« de l'Empire ait la direction suprême de la Société pro-
« jetée des sciences. »

..... La théologie a une certaine influence; la Société aurait ainsi une *pia causa* (une cause *pie*). On s'attirerait ainsi le clergé. On aurait en sa faveur des personnages ecclésiastiques considérables. Ils feraient des legs; on répondrait aussi à la première idée de la fondation des cloîtres.

On pourrait surtout compter sur le concours de l'arche-

chen. — Es liegt in der alten Intention der Stiftung der Klöster. Am besten werde sich schicken der Erzbischof zu Prag, Graf von Kienburg, einer der gelehrtesten Männer der Erblande.

« Damit man wegen der Societät der Wissenschaften zu
« einem anfange gelange so hielte ohnmaßgeblich daß die
« fundation forderlichst vor sich gehen solle ob schohn die
« Fundus noch nicht ganz richtig so wird doch damit die
« Zeit gewonnen, das Werck fest gestellet und Leute. Der
« Grund geleget auch werden hin und wieder honorarii
« und volontarii aufgemuntert (welches ad applautum
« publicum gereichet) denn wenn man keine Autorisirung
« und kein impegno siehet wird alles pro mera idea
« gehalten.

Man hat ein Proscito und diplomate objecta berechnet darin die Societät zu gebrauchen damit man nicht glaube als ob auf eine bloße Cornotedt gezielet werde.

vêque de Prague, comte de Kienbourg, l'un des hommes les plus instruits des États héréditaires.

« Quant à la Société des sciences, pour qu'on arrive à
« quelque commencement, il serait bon d'en laisser la fon-
« dation se poursuivre, quand bien même on n'aurait pas
« réalisé encore tout le fonds. On gagnerait ainsi du temps;
« l'œuvre se continuerait; enfin les bases en seraient po-
« sées. De ci de là, aussi, on ferait appel aux membres hono-
« raires (*honorarii*) et volontaires (ce qui vise *ad applausum
« publicum*), car, dès qu'on ne voit apparaître en une affaire
« ni sanction ni gage, on regarde le tout comme pure ima-
« gination (*mera idea*). »

On a abordé, dans le projet et le diplôme, la question de savoir à quoi on utiliserait la Société, afin que l'on ne supposât point qu'elle n'est instituée que pour l'apparat. L'œuvre est placée sous la protection du premier ministre et du grand

Bei dem hohen ministerio und bei dem Obersten kanzler steht die Protection des werks. Zu membris honorariis wären vornehme herren und einer der vornehmsten Prälaten zum caput membrorum zu nehmen, honorarii können jahrlich beitragen. Die Labores sind von einer presidi zu dirigiren, bereits besoldete Beamten wären mit remunerationen herbei zu ziehen. Medici Ingénieurs, Baumeister, Landmesser, Gärtner, plantatores sollen ihre observationen einsenden. Der Kaiser soll geistliche stipendia beneficiæ und andere emulamentæ zuführen. « Ein gnomon konnte bei S. Stephan gezo-
« gen werden, die den italienischen nichts nach geben würde
« und wäre es eine zierde dieser vortrefflichen Kirche und
« ein solches in ecclesia ob computum sacrum pas-
« chale sonderlich in Betracht kommen. »

Die kais. und andere publica Bibliothecken, kunst und raritäten, Thiere und andere Garten werden eine

chancelier. Des personnages élevés seraient membres honoraires et l'un des premiers prélats serait le *caput membrorum* (président). Des membres honoraires feraient des allocations.

Les travaux seraient dirigés par un président, pendant que des employés payés y seraient attachés avec rémunération. Les médecins, les ingénieurs, les architectes, les arpenteurs, les planteurs enfin, seraient invités à présenter leurs observations. L'Empereur assurerait aux ecclésiastiques des bénéfices et d'autres émoluments. On pourrait tracer près Saint-Étienne un gnomon, qui ne le céderait en rien aux italiens; ce serait en même temps un des ornements de cette magnifique église. Ce qui mériterait surtout d'entrer en considération *ob computum sacrum paschale*.

Les bibliothèques impériales et autres collections publiques, d'arts, de raretés, jardins zoologiques,..... fourni-

messem nützlicher observationen angeben. — Als
fundi um der Cammer und den Einkünften kaif. Majt.
nicht beschwerlich zu fallen:

Privileg des Calenders, Diarien, Schul und anderer
Bücher- und Schriften, die Medaillen, einige destillirter
Producten concessionen zur Beförderung des in den
Erblanden schlecht stehenden Papier und Bücherhandels.
Eine eichung und Vergleichung des Maaßes und Gewichts
auf ein nützliches Merkhaus. — Die Einrichtung deut=
scher Schulen wird auch nicht wenig nüzen dem publico
und der Societät einigen Zuwachs bringen.

raient une utile moisson d'observations. Comme fonds et
pour ne pas imposer de charges au trésor et revenus de Sa
Majesté Impériale, on aurait: le priviléce du calendrier, les
diaria, les livres et écritures de classes et autres, les médailles, quelques produits des concessions pour l'encouragement du commerce quelque peu stagnant du papier et
des livres dans les pays héréditaires, l'organisation et l'é-
galité des poids et mesures, en une maison légalement
établie à cet effet. L'institution d'écoles allemandes ne
serait pas non plus sans utilité et profit pour le public et la
Société.

Wien, 6 juillet 1714.

Monseigneur,

Votre Excellence m'a fait l'honneur de me marquer une audience après dîner aujourd'hui, mais devant avoir celuy de dîner chez Mgr le prince Eugène, il supplioit V. E. de permettre que je luy envoye le mémoire cy joint.

J'ay touché entre autres que l'on pourroit trouver quelques priviléges dans les choses qui ont du rapport au livre et à l'impression, où j'ay voulu indiquer les Almanaches.

Mais j'ay au reste voulu demeurer en termes généraux tant pour ne point faire éclater avant le temps ce qu'on demande, mais aussi pour faire comprendre ce que V. E. a en veue et pour laisser le champ libre à la régence de suggérer aussi quelque chose, cette manière paroissant plus revenante.

Si V. E. prend la chose à cœur et veut seulement insinuer à la Majesté impériale qu'il sera bon d'entendre l'avis de la régence, j'espère qu'on fera quelque chose dont V. E. aura honneur et l'Empereur et le public trouveront de la gloire et de l'utilité.

Je suis avec respect, etc.

Monsieur,

Après avoir consulté ce soir des personnes informées des affaires de ce pays-cy, on m'asseure que l'érection d'une Société des sciences dans les pays héréditaires de l'Empereur doit être expédiée *par la Chancellerie* de la Cour et non pas par celle de l'Empire.

Ainsi je supplie Votre Excellence de faire connoître à l'Empereur que si Sa Majesté veut faire expédier cette affaire, elle pourra ordonner à un des chanceliers de sa Cour de faire dresser le diplôme de l'érection de la Société et de m'entendre sur les ingrédiens du diplôme.

Quant aux dispenses et aux fonds et moyens capables de les supporter, le meilleur sera à mon avis de demeurer dans la généralité en asseurant Sa Majesté qu'on trouvera ces moyens sans qu'il soit nécessaire que les revenus de Sa Majesté en soyent chargés. Et ces moyens seront tels que le public, bien loin d'en être incommodé, y trouvera de l'avantage.

Je suis avec zèle,

Monsieur, de V. Exc.
Le très-humble et très-obéissant serviteur.

LEIBNIZ.

Wien, den 24. August 1714.

Habe zuförderst allerunterthänigsten danck abzustatten daß E. Mt., wie von dero reichshofraths-præsident vernommen, mir ein ajuto gleich einigen andern reichshofräthen, allergnädigst verwilligen wollen; ich will auch hoffen, weil mit E. Mt. allergnädigste permission propter graves rationes die introductio in das collegium verschoben worden, es werde mir solches an meinem rang kein præjudicium verursachen.

Sonsten vernehme, daß ein rescriptum aus E. Mt. hofcanzlei an dero regirung ergehen solle umb ihr guhtachten zu geben von den mitteln die etwa zu der socie-

Vienne, 24 août 1714.

J'ai d'abord à vous remercier de ce que V. M., comme le président du conseil de la cour me l'a appris, daigne m'accorder un *ajuto*, comme à quelques autres conseillers. J'espère aussi, puisque, avec permission de Votre Majesté, *propter graves rationes,* l'introduction dans le *collegium* a été retardée; j'espère, dis-je, que cela ne me portera aucun *prejudicium* à mon rang.

J'ai appris, en outre, que la chancellerie de la cour doit présenter un *rescript approuvé*, concernant les moyens pour l'établissement de la Société des sciences. C'était à prévoir. Mais comme ces moyens consistent en quelques *privilegiis*

tate scientiarum aufzufinden. Welches zu erwarten; weilen aber solche mittel in einigen privilegiis oder concessionibus bestehen möchten, die zwar mit der zeit nuzen könbten, sofort aber paratam pecuniam nicht geben, so haben verständige und E. Mt. lande kundige personen, als unter andern der Graf von Harrach und der von Ordt, dafür gehalten, es wäre wohl thunlich, daß E. Mt. landschafften iede nach ihrer proportion ein gewisses jährliches dazu verwilligen möchten, weilen ein augenscheinlicher großer nuzen der lande dabey sich findet, indem dadurch die studia in besten flor gesezet werden, sonderlich aber der adel und die nobelement leben, von zeitverlust und andern, auch wohl schädlichen occupationen, nach dem exempel andrer nationen zu angenehmen und nüzlichen gedancken angefrischet und in bessern stand gesezt werden, ihrem vaterlande und zum besten wohl zu dienen. Zu geschweigen, daß vermittelst der

ou *concessionibus*, qui, avec le temps, peuvent avoir leurs avantages, mais ne donnent pas en ce moment *paratam pecuniam*, des personnes élevées, entre autres, le comte de Harrach et celui de Ordt, ont pensé qu'il serait possible que V. M. fît payer annuellement un certain impôt proportionnel au pays, car le pays entier trouvera un immense avantage à la création d'une Société. En effet les *studia* refleuriraient, la noblesse et ceux qui vivent en nobles, au lieu de perdre leur temps, ou même de s'occuper à des choses nuisibles, seraient, à l'exemple des autres nations, excités à des pensées plus utiles et mis en état de mieux rendre service au pays. Je ne veux pas rappeler que, moyennant les sciences, la nourriture des hommes, les métiers, fabriques, la santé en général s'améliorent. La basse Autriche pourrait donner 6,000 flor. par an, et les autres pays en proportion. Ce serait par elle qu'on devrait commencer, car la *primaria sedes*

scienzen auch die nahrung der menschen, artificien, fabriquen und die gesundheit besser beobachtet werden. Es könbte Nieder=Oesterreich 6000 fl. jährlich verwilligen, und andere nach proportion und von Nieder= Oesterreich wäre der anfang zu machen, weil doch die primaria sedes societatis alda als in E. Mt. residenz seyn würde, und wenn auch deswegen von den andern landschafften ein geringers geschehe, würden sie sich doch nicht gänzlich entbrechen können, weil das beneficium alle Erbländer mit angehen wird. Und wenn E. Mt. solches durch iemand von consideration einigen der verordneten der niederösterreichischen landschafft solches ihr desiderium insinuiren lassen, würden sie sich vermuthlich sponte dazu anbieten.

Sonsten scheinet nöthig zu seyn, wenn ich hoffen kan, den Churfürsten von Braunschweig, nunmehr neuen König von England annoch dießeits meeres anzutreffen, daß ich

societatis serait dans la résidence de V. M., et, quand même les autres pays ne fourniraient que peu de chose, ils ne pourraient cependant pas s'en dispenser complétement, car le *beneficium* en reviendra à tout le monde. Et si V. M. faisait insinuer ce *desiderium* à quelques-uns des sujets de la basse Autriche, par l'entremise d'un personnage en considération, on s'y prêterait probablement *sponte*.

En outre, il me paraît utile de me résoudre à faire mon voyage, si toutefois je puis espérer rencontrer le prince de Brunswick et même le nouveau roi d'Angleterre encore de ce côté-ci de la mer. S. M. connaît le zèle de ce prince pour le bien commun; elle est sûre de cette noble maison et de son affection; je ne puis donc pas douter que quelque chose de grand et de bon résultera de ce changement que nous projetons.

Quand même mon voyage d'aller et retour ne servirait

meine reise dahin möglichst beschleunige. E. Mt. sind von dieses herrn zelo vor das gemeine beste und dero höchstes hauß versichert und er hinwiederumb von E. Mt. affection, also daß ich nicht zweifle, es werde aus der iezigen veränderung etwas großes und guthes entstehen können.

Solte meine hin= und hehr=reise dienen können, einiges liecht von E. Mt. höchsterleuchtesten intentionen von hier dahin, und wiederumb von des neuen königs gedanken von dannen hieher zu bringen, würde ich mich glückseelig schäzen und stelle es E. Mt. hohem guthfinden anheim.

Es ist bekand, daß die Franzosen, da alles zu Gertrudenburg auff dem schluß gestanden, sich zurückgezogen, als sie aus England von der geheimen veränderung der intention des hofes nachricht erhalten. Nun ist der friede zwischen E. Mt. und dem reich eines, und

qu'à m'éclairer un peu sur les intentions de S. A. et à faire connaître les pensées du nouveau roi à notre égard, je m'estimerais déjà heureux. On sait que les Français, alors qu'à Gertrudenberg l'on s'attendait à une conclusion, se sont retirés lorsqu'ils ont appris par l'Angleterre le changement secret des intentions de la cour. Mais maintenant, la paix entre S. M. et l'Empire d'un côté, et de l'autre côté les Français, n'est pas encore tout à fait faite à Bade.

L'Empire aurait dû sur certains points insister davantage sur l'explication du traité de Rastadt. Un des points principaux auxquels l'Empire devrait s'arrêter et chercher à s'éclairer, c'est celui qui traite de l'Italie, car d'après le *secundum literam* on pourrait presque se demander si l'on n'a pas envie d'enlever le pouvoir d'exécuter à S. M. I. et au pays, *sententias imperiales*, si chacun doit rester dans sa possession *justa vel injusta*. Il n'y a pas de doute cependant qu'un

Frankreich des andern theils, zu Baden noch nicht gänzlich. Und hatte das Reich in gewissen puncten auff eine beßere erclärung des Rastädischen tractats zu bringen. Eines von den großen puncten, da das Reich anzustehen und eine erclärung zu suchen nöthig hätte, wäre bey dem articel des Rastädischen friedens, da von Italien gehandelt wird, weilen bey solchen secundum literam fast gezweifelt werden köndte, ob es nicht kayserl. Mt. und dem Reich die macht nehmen, scheinet die sententias imperiales zu exequiren, wenn nehmlich iedermann in seiner possessione justa vel injusta bleiben soll. Nun ist nicht ohne, daß solcher articel, wiewohl nicht ohne schwührigkeit, in bonum sensum gezogen werden könne. E. Mt. auch und dero ministri sind wohl zu entschuldigen, daß sie es bey dem damaligen zustand der sachen dabey bewenden laßen. Anieʒo aber, da Frankreich selbst sehr auff den schluß dringet und sich die scena in Engeland

pareil article, quoique avec de la peine, ne puisse être pris *in bonum sensum*. S. M. et ses ministres sont bien excusables d'avoir, à cette époque, acquiescé à toutes ces choses. Mais maintenant que la France elle-même presse la conclusion et que la scène a changé en Angleterre, S. M. I. pourrait facilement insister pour que tout se passe *salvo jure exsecutionum imperialium constitutionibus imperij conformiter*. L'on trouverait même encore d'autres points relatifs au traité de Rastadt, qui demanderaient une explication meilleure.

Si donc S. M. juge à propos, dans l'intérêt de l'Empire, de presser la question, elle serait d'autant plus sûre de l'assistance de l'Angleterre, que cette puissance et la Hollande ont de grandes raisons de se plaindre que la France viole les contrats et les élude en démolissant Dunkerque et bâtissant Mardik à côté. De même les traités commerciaux

veränderte, hätten E. Mt. billig darauff zu dringen, daß
es geschehe, salvo jure exsecutionum imperialium
constitutionibus imperij conformiter.

Und dürfften sich noch andere puncta finden, alda der
Rastädische friede eine bessere erclärung nöthig hätte.

Solte E. Mt. darauff von wegen des Reichs zu drin=
gen guth finden, so würden sie sich von England eines bey=
standes umb so viel mehr zu versprechen haben, weil
England und Holland hohe ursach haben, sich zu be=
schwehren, daß Franckreich die tractaten in der that
violiret und durch demolition von Dünkerken, aber
Bauung Mardik nahe dabey erschaffen eludiret. So
sind auch die commercien-tractaten zwischen England
eines und Franckreich oder Spanien andern theils, noch
nicht richtig.

Ferner so ist bekand, daß bey dieser lezten session des
parlaments die königin vom oberhauß ersuchet worden,

entre l'Angleterre d'un côté, et la France ou l'Italie de l'autre,
ne sont point justes.

Nous savons aussi qu'à la dernière session du Parlement,
la Reine a été engagée, par la haute chambre, à prendre
le parti des Catalans, ce que V. M. leur a fait espérer en
vain. Le roi d'aujourd'hui pourrait accomplir ce projet, et
cela, en donnant ordre à l'amiral Wishard de se rendre
dans le port de Barcelone et de faire son possible pour empêcher la ruine de ces vaillants soldats.

Reste à savoir aussi si la France, l'Anjou et la Savoie
voudront reconnaître le roi de la Grande-Bretagne. Si elles
ne le font pas, cela mettra la nation contre eux; *in specie*
le prince de Savoie a déjà osé protester contre la succession
de Hanovre, alors que la princesse Sophie fut nommée; de
là toutes les apparences d'une mauvaise entente avec le roi
d'Angleterre.

sich der Catalonier anzunehmen, dazu ihnen auch ihre Mt. wiewohl vergeblich hofnung gemacht. Solches könte der iezige könig thun und auffs schleunigste dem admiral Wishard ordre zuschicken, sich in den hafen von Barcelona zu begeben und was möglich zu thun, umb den ruin der getreuen tapfern leute zu verhüten.

So stehet auch dahin, ob Franfreich, Anjou und Savoyen den neuen könig von Großbritannien werden erkennen wollen. Thun sie es nicht, so wird es die nation höchstens gegen sie animiren; in specie hat der herzog von Savoyen sich erfühnet, gegen die hannoverische succession gleich anfangs, als die prinzessin Sophia (?), benennet worden, zu protestiren, daher allem ansehen nach der neue könig von Großbritannien mit ihm in wiedrigkeit stehen wird.

Schließlich weil E. Mt. wenigst in Spanien annoch in Krieg stehen, und Portugal auch mit Spanien noch nicht

Enfin, puisque V. M. est encore en guerre avec l'Italie et que le Portugal n'a pas encore conclu avec l'Italie non plus, il semble que de nouvelles mesures pourraient être prises entre S. M. anglaise et le Portugal, du moins contre le duc d'Anjou, en prenant pour prétexte, entre autres, l'incertitude de la renonciation de la maison d'Anjou, et l'Angleterre même pourrait demander que le duc d'Anjou ne puisse être tuteur en France.

En dernier lieu, il est à présumer que le noble Anglais, qui est venu ici, et qui a proposé à V. M. des navires contre l'Espagne, est encore à Hanovre. Ce même personnage m'a fait comprendre qu'il espérait bientôt mériter vos bonnes grâces, alors que vous auriez résolu ou bien d'examiner de nouveau ce qui a rapport aux navires, ou bien d'accepter une somme d'argent assez considérable à des conditions convenables, afin que V. M. puisse acquitter une dette qui lui mange de

zu schluß kommen, so scheinet, daß neue mensuren zwischen E. Mt. England und Portugal wenigst gegen den duc d'Anjou genommen werden köndten, unter andern wegen der ungewißheit der Anjouischen renuntiation, und hätte England dahin zu bringen, daß der duc d'Anjou auch nicht tutor in Frankreich seyn köndte.

Schließlich so vermuthe, daß der Engländische Edelmann, der hier gewesen und E. Mt. schiffe gegen Spanien angetragen, noch in Hannover seyn werde. Derselbe hat vor seiner abreise gegen mich gedacht, daß er E. Mt. hohe gnade künfftig zu verdienen hoffe; nachdem sie belieben möchten, entweder den punct wegen der schiffe zu reassumiren, oder einige ansehnliche Summen geldes umb leidliche conditionen anzunehmen, dadurch E. Mt. diejenige schuld alhier austilgen köndten, die ein großes interesse fressen, oder da E. Mt. domainen alzugering versetzet, so auszulegen alles auff weise, wie der pabst Innocentius XI gethan. Ich considerire bey redressirung der finanzen, wie bei einem morbo symptomata und ipsos morbi fontes, von jenen anzufangen, diese paulatim.

grands intérêts, ou bien, puisque S. M. a aliéné ses domaines à un très-bas prix, d'agir comme l'a fait le pape Innocent XI. Je suis d'avis que, dans le rétablissement des finances, il faut procéder comme *in morbo*, c'est-à-dire traiter peu à peu *symptomata et ipsos morbi fontes.*

Errichtung eines Notiz-Amtes.

Nachdem kayserliche Majt. sich allergnädigst geneigt bezeiget, die vorhabende Societät der wissenschafften mit einigen begnadigungen und privilegien zu behuf eines fundi zu versehen, so bedüncket mich unmaaßgeblich eines der berettesten und unbedencklichsten mittel, und gleichsam der grund zu mehrern würde seyn, die aufrichtung eines bishehr in Teutschland unbekandten N o t i z = A m t s, welches die Franzosen bureau d'adresse, die Engländer house of intelligence nennen; dadurch niemand etwas abgehet und männiglich gedienet wird.

Solches bestehet in einer anstalt vermittelst deren leute, die einander von nöthen haben, von einander kundschafft bekommen können. Einer will etwas verkauffen,

CRÉATION D'UN BUREAU D'ADRESSE.

Maintenant que V. M. I. a bien daigné accorder quelques grâces et priviléges à la Société des sciences, afin de lui constituer un fonds, il me semble bon de lui proposer le moyen le plus facile pour la fondation d'un établissement inconnu jusqu'ici en Allemagne, d'un *Notiz-Amt*, que les Français nomment *bureau d'adresse*, les Anglais *house of intelligence*, qui ne fait rien perdre à personne et sert à beaucoup.

Un pareil établissement se compose de gens qui peuvent avoir besoin les uns des autres ou vouloir correspondre les

vermiethen, verpachten, verpfänden, benachrichtigen, leh=
ren, arbeiten, verrichten, der andere will etwas erhandeln
miethen oder pachten, außlehnen, erfahren, lernen, laſſen
machen oder verrichten; beyde geben ſich an bey dem No=
tiz=Amt, laſſen alda ihr verlangen einſchreiben und auf=
zeichnen, gegen ein geringes. Und erſehen ſich auch wohl
nach belieben in dem das bereits eingezeichnet worden,
gegen eine gewiſſe erkentlichkeit. Dadurch findet offt einer
was er ſuchet, bekomt auch offt gelegenheit etwas zu ſuchen
und zu verlangen, darauff er ſonſt nicht gedacht hätte;
und ein ander macht, daß man ihn und das ſeinige finden
könne.

Manchmahl braucht ein arbeiter einen verleger oder
ein verleger den arbeiter. Mancher hat eine waare die
weiß er nicht anzubringen, und ein ander verlanget die=
ſelbige. Ein fuhr= oder ſchiffmann ſucht labung und die
labung ſucht ihn. Es ſind viele gelegenheiten, damit dem
gedient wäre ſo es wüßte; dergleichen ſeyn cavalli di ri-

uns avec les autres. Quelqu'un, par exemple, a-t-il quelque
chose à vendre, louer, donner bail, engager, donner avis,
savoir, chercher de l'ouvrage, et quelqu'un d'autre veut-il
acheter, louer, prendre à bail, apprendre, connaître, faire
faire, tous deux s'adressent au *Notiz-Amt*, et, moyennant
une légère rétribution, se font inscrire et demander, et ils
sont même reconnaissants de la promptitude avec laquelle
on opère. Souvent, de cette manière, celui qui cherche
trouve ce qu'il désire; le désir de posséder un objet auquel
on ne pensait pas vous vient souvent aussi, et l'on se porte
mutuellement secours.

Souvent un ouvrier cherche un libraire ou un libraire un
ouvrier. Un autre a une marchandise dont il ne sait comment
se défaire, tandis que son voisin en a justement besoin. Un
batelier cherche une cargaison et la cargaison attend un

torno; ein studirender oder andrer sucht eine condition und ein haußherr sucht einen feinen menschen zum informatore seiner kinder, zu einem cammer-diener oder haußmeister; auch wohl einen secretarium vor sich, oder einen hofmeister vor junge herrschafft.

Aniezo ist es ein glück, wenn einer den andern antrifft, aber durch dieses mittel wird auß einem zufälligen etwas gewißes. Und mancher ist in schulden, schaden und verderben gerathen, weil man von ihm nichts gewust; da ein ander sich emporgeschwungen, weil ihn ein besonder glück zu einem patronen geführet. Hier wird dem unfall abgeholffen.

Wenn auch einer seinen nahmen verschweigen und doch seine sach verrichtet haben will, kan er durch dieses notiz-amt seinen Zweck erreichen und was ihm verkleinerlich bedünckt, vermeiden.

Man kan auch durch dieses mittel etwas dem publico zum besten anbringen, ohne sich zu erkennen zu geben;

navire. Il est bien des circonstances où cet établissement peut servir; tels sont *cavalli di ritorno*. Un étudiant cherche une condition et un propriétaire un jeune homme distingué pour *informatore* de ses enfants, ou un domestique ou un intendant; ou bien encore un secrétaire pour soi ou un gouverneur pour une jeune famille.

C'est alors un bonheur quand l'on se rencontre; mais, grâce à notre *Notiz-Amt*, ce qui était incertain devient certain. Plus d'un a fait des dettes et s'est ruiné parce qu'on ne le connaissait pas, tandis que plus d'un autre a fait son chemin parce qu'un hasard tout particulier lui a fait rencontrer un patron. Par notre moyen l'on remédie à ces inconvénients.

Si quelqu'un veut taire son nom et cependant désire que ses affaires soient faites, grâce au *Notiz-Amt*, il arrive à son but.

wie dann bey denen venetianern die denonzie secrete
befand (deren doch nicht zu mißbrauchen). So wird auch
offt demienigen, so eine böse that oder den thäter entdecket,
von der obrigkeit schuz, verschwiegenheit und belohnung
versprochen. Und solche entdeckung kan am besten durchs
notiz=amt erhalten werden.

Es kan auch das notiz=amt wöchentlich oder monath=
lich nach befinden ein diarium der dienlichen fürgefallenen
dinge zu gemeiner nachricht drucken laßen, so auch außer
der stadt herumb geschickt und iedermann auch auff dem
lande zur nachricht dienen würden.

Hierein käme demnach alles, was offtmahls durch affichen oder angeplackte gedruckte oder ungedruckte papiere,
auch wohl durch gazetten, dem publico kund zu werden
pfleget. Und weil die affichen an verschiedenen orthen
affigiret, auch leicht abgerißen werden, so werden sie von
wenigen beschauet, zumahl man selten etwas darinn vor
sich vermuthet; auch niemand hat, den man fragen könne,

On peut aussi, par ce moyen, annoncer quelque chose
au public sans se faire connaître, comme nous le voyons
pour les Vénitiens et les *denunzie secrete* (ce dont il ne
faut cependant pas abuser). Par son entremise on apprend à
découvrir une mauvaise action ou même un malfaiteur auquel l'autorité a promis appui, silence et récompense. Et
c'est encore le *Notiz-Amt* qui le mieux peut servir à cela.

Le *Notiz-Amt* aussi peut faire imprimer chaque semaine
ou chaque mois, à volonté, un *diarium* des choses utiles
arrivées; il peut l'envoyer hors la ville et il pourra servir
d'annonces à tous les gens de la campagne.

On y insérerait tout ce qu'on a coutume de publier par
affiches, impressions ou écrits et même gazettes. Du reste,
les affiches, dans différents endroits, sont facilement arrachées; on les lit peu; on suppose aussi trouver rarement

ob oder wo etwas dienliches angedeutet werde. Es können hiedurch unter andern bekand gemacht werden: neue nüzliche arzneyen oder erfindungen, neue bücher, kunst=stück, raritäten und sehenswürdige dinge.

Und ist dabey der vortheil, daß solche offt nüzliche sachen sonst in vergeßenheit kommen, aber durch die registratur des notiz=amts mit allen umbständen der nachwelt zur nachricht in gedächtniß erhalten werden; also daß auch wißenschafften und künste dabey ihr auffnehmen finden würden, dem scopo societatis gemäß.

Was auch die obrigkeit kund thun will, als edicten, ordnungen, placaten, befehliche, edictal-citationen, subhastationes, kan auch neben andern durch dieses mittel besser zu iedermanns wißenschafft kommen und zugleich in einem perpetuirlichen diario erhalten werden. Da sonst viele guthe ordnungen und anstalten wieder verschwinden und verlohren, also daß ihrer nicht mehr gedacht wird.

quelque chose qui vous intéresse et l'on n'a pas sous la main quelqu'un à qui l'on puisse demander où et s'il y a quelque chose d'utile d'affiché. On peut, en outre, faire connaître les nouveaux remèdes et découvertes utiles, les livres, les chefs-d'œuvre, les raretés et les objets remarquables.

L'avantage qui en résulte, c'est que des choses utiles ne tombent pas dans l'oubli, car, grâce à lui, on a tout sous les yeux; les sciences mêmes et les arts sont connus et répandus conformément *scopo societatis*.

Ce que l'autorité elle-même veut ordonner, tels que édits, ordres, placets, arrêtés, *subhastationes*, peut être mis de cette façon plus à la portée et à la connaissance de chacun et en même temps être consigné dans un *perpetuo diario*. Car bien des ordres précieux et avis disparaissent et se perdent, et l'on ne s'en souvient plus.

Solches notiz-amt hätte hauptsächlich seinen siz in großen städten, würde aber auch wohl in mittelmäßigen eine stelle finden und wäre nicht allein in Teutsch- sondern auch Welschland zu practiciren.

Man köndte die gazetten oder zeitungen damit vereinigen, wie auch beym bureau d'adresse zu Paris unterm cardinal von Richelieu geschehen.

Dergleichen köndte man das calender-privilegium dazu ziehen, weil ohne dem die calender keine geringe reformation von nöthen haben. Und dieß eigentlich ein werck ist, so vor die Societät der wißenschafften gehöret, wie im Preußischen und Brandeburg füglich practiciret worden.

Es köndte auch der bücherverlag samt denen subscriptionibus, von der Societät der wißenschafften befördert werden, welches umb so mehr nöthig, weil solcher verlag bisher in den kayserlichen Erblanden sehr schlecht gewesen.

Le siége d'un tel *Notiz-Amt* serait dans une grande ville ; mais on trouverait moyen d'en établir dans les villes intermédiaires, et ceci pourrait être mis en pratique, non-seulement en Allemagne, mais aussi en France.

On pourrait n'en faire qu'un avec les gazettes, comme cela arriva à Paris sous le cardinal de Richelieu.

En même temps on y ajouterait le *privilegium* des calendriers ; car, sans cela, les calendriers n'ont besoin d'aucune autre réformation. Et cette œuvre doit réellement précéder celle de la Société des sciences.

On pourrait aussi lui confier l'impression des livres de la Société des sciences, *cum subscriptionibus*, et ceci est d'autant plus utile que, jusqu'à présent, cela a été mal accompli.

Si le *Notiz-Amt* se consolide, obtient du crédit, arrive à

Wenn das notiz-amt sich festgestellet und credit, auch einen gewißen fundum erlanget, also daß es caution oder versicherung geben kan, auch mit gewölben versehen, könte es männiglich brauchen, etwas alda sicher depouiren und verwahren zu laßen.

Es wäre auch dieses amt gleichsam ein proxeneta generalis und würde den mäcklern und allen unterhändlern treflich zu statten kommen, theils auch ihre stelle vertreten, wo sie wenig oder nichts gebrauchet werden.

Es könten auch die registraturen und protocolle des notiz-amts, samt denen förmlichen extracten darauß, in denen vermittelst dessen geschloßenen contracten, auff gewiße maaße vim instrumenti publici haben, und zu schleuniger abhelffung der daraus entstehenden processen, stylo mercantili, wie bey consulaten dienen.

Es wäre auch der rechte orth und weg, auctiones, loterien und dergleichen zu celebriren.

Gelehrte, handwercksleute und andere professionen,

avoir un certain *fundum*, donne des garanties et possède des caveaux, il pourrait même servir de dépôt.

Il serait en même temps un *proxeneta generalis*, et viendrait parfaitement en aide aux courtiers et autres.

Les registres et protocoles insérés dans le *Notiz-Amt*, même les extraits et les contrats, pourraient prendre, sous certain rapport, *vim instrumenti publici*, et servir dans les consulats, *stylo mercantili*, à terminer promptement les procès.

Ce serait aussi la manière et le moyen de multiplier les ventes aux enchères, les loteries et autres opérations semblables.

Les savants, les ouvriers et les autres professions, trouvant de pareils établissements dans leurs voyages, pourraient avoir de l'ouvrage, si ce n'est pour toujours, du moins par intervalles.

die kein sogenanntes geschencktes handwerck haben, würden auff ihren reisen dadurch ein solches finden; und alsbald zu beförderung, oder wenigstens interims- arbeit gelangen können.

Ja diese anstalt köndte vortreflich mit einem werck-, waisen- und armen-hauß, auch wohl mit den ziment-werck, oder einrichtung von maaß und gewicht combiniret werden und was mit solchen häusern in andern ländern practiciret wird, alhier zum nützlichen exempel dienen.

Und weil sich vielleicht gewiße zu dergleichen piis causis gerichtete fundationes hin und wieder finden möchten; köndte deren administration und guther gebrauch hiezu gezogen werden.

Und weil der juden ganze nahrung insgemein in schacherey bestehet, köndte eine gewiße auffsicht auff selbige und einige vortheil daher, dem notiz-amt ganz füglich beygeleget werden.

On pourrait combiner avantageusement cet établissement avec les hospices des orphelins, ceux des pauvres, les établissements des poids et mesures, et, en général, ce que l'on fait, sous ce rapport, dans les autres pays, servirait d'exemple.

Comme aussi on peut trouver des *fundationes* établies *piis causis*, rien n'empêcherait d'unir ces deux établissements. Et les juifs ne s'occupant que de trafic pour subvenir à leur entretien, ne pourrait-on point donner au *Notiz-Amt* le droit de surveillance, qui lui rapporterait quelques petits avantages?

Enfin, cet établissement est du plus grand avantage pour les villes; car là, les hommes se trouvent les uns à côté des autres, se rencontrent et se voient plus facilement que dans les campagnes où tout est dispersé; par lui, l'utilité des grandes villes est rendue plus claire; les hommes seront

Endlich und insgemein, da dies eben der hauptvortheil ist der städte, daß die menschen näher beysammen seyn, beßer zusammentreffen und einander leichter finden, da sie sonst auffm land weit von einander zerstreuet: so wird der zweck und nuzen der städte hierdurch vollkommen gemacht; und die menschen werden noch mehr vereiniget und so zu sagen concentriret, also daß sich einer dem andern moraliter nähert und gleichsam ad contactum kömt, da sie doch physice nicht beysammen und nicht in einem hause wohnen.

Summa polizey und ordnung, handel und wandel, commercien und manufacturen, studien und künste, würden durch diese anstalt überauß befördert werden, indem dadurch die menschen, so einander zu statten kommen können, sich einander nähern, sich kennen lernen und fester mit einander verknüpfet werden; auch vis unita fortior darauß entstehet. Einer spielet dem andern die nahrung zu und beyde vermehren den gemeinen nuzen.

R.

plus unis, plus concentrés pour ainsi dire ; *moraliter* ils se rapprocheront et entreront *in contactum*, quoique *physice* ils ne demeurent pas dans la même maison.

En un mot, la police, l'ordre, le commerce, les manufactures, les études, les arts, tout s'améliorera, car les hommes se rapprocheront, apprendront à se connaître, se lieront davantage les uns avec les autres, et la *vis unita* sera *fortior*. L'un procure la nourriture à l'autre et tous deux y trouvent leur avantage.

Allerdurchlauchtigster, großmächtigster, unüberwindlichster
Kayser und König,

Allergnädigster Herr!

Nachdem E. kayserliche und catholische Majt. sich ruhm=
würdigst entschlossen, eine gewisse Societät oder vereini=
gung zu aufnahme der wissenschaften und guhten künste
(wie bereits hin und wieder in Europa bräuchlich) aufzu=
richten, auch zu dem ende ein allergnädigst decret mir
ertheilen lassen: so habe meiner schuldigkeit zu seyn er=
achtet zu beförderung der sache eine allerunterthänigste
vorstellung hiemit zu thun.

Es gehet der zweck dieses werks, nach E. kayserl. Mjt.
selbsteignen erleuchtesten urtheil, nicht nur auf zierden,
beredsamkeit und gedancken, so das gemüth belustigen kön=

Très-éclairé, très-puissant et invincible Empereur et Roi,

Très-gracieux Seigneur,

Après la glorieuse résolution que Votre Majesté Impériale
et Catholique a prise de créer une Société des sciences et des
arts (comme çà et là on l'a fait en Europe), et le gracieux
décret que vous avez fait rendre en ma faveur, je crois qu'il
est de mon devoir de vous exposer humblement comment
on parviendra à l'exécution de votre projet.

Le but de cette œuvre, d'après le jugement éclairé de
V. M. I. même, ne consiste pas seulement à s'occuper d'ornements, d'éloquence et de pensées capables de réjouir
notre esprit, quoique cependant il faille ne pas perdre de

nen, wiewohl auch solche dabey nicht zu vergessen, als welche zu aufmunterung edler geister, und guther anwendung der kostbaren zeit dienen; sondern man ist auch hauptsächlich bedacht auf dinge, so die ehre gottes und das beste der menschen vermehren und zwar auff jene durch erkenntniß der wunder die der schöpfer in die natur geleget, auff diese aber durch die kunst so der natur sich wohl zu brauchen befliessen, wozu dann kommen die sprachen und historie, so nebenst der annehmligkeit auch den nuzen haben, daß jene vergnügen machen, diese zu nüzlichen exempeln, auch sonst zu publicis und erläuterung hoher gerechtsamen erfordert wird, daß also dergestalt alles in drey classen, literaria, mathematica und physica zu begreiffen.

Und solche vereinigung anständiger personen würde dienlich seyn, nicht allein was in verschiedenen orthen der welt nüzliches bereits vorhanden, untersuchet und erfunden worden, aber noch nicht überall bekand, durch brief=

vue les choses utiles à encourager les nobles cœurs et à faire employer convenablement un temps précieux, mais il consiste aussi principalement à proclamer, à répandre la gloire de Dieu, à travailler au bien-être des hommes, et cela en apprenant à connaitre les merveilles que le Créateur a placées dans la nature, et la manière dont l'art peut les utiliser; après cela on s'occupera des langues et de l'histoire, connaissances aussi agréables qu'utiles, soit comme des exemples, soit comme éclaircissements dans les *publicis*. Nous pouvons donc diviser cette œuvre en trois classes: *literaria, mathematica* et *physica*.

Une telle réunion de personnes convenables servira, grâce à ses correspondances et à ses voyages, à ses méditations et à son expérience, non-seulement à faire connaître ce que dans les différentes parties du monde on peut trouver d'utile,

wechsel und reisen beyzubringen, auch durch nachdencken und erfahrnisse zu vermehren, sondern auch dem staat ein hauptmittel zum gemeinen besten darzugeben, wodurch sowohl der menschen verstand und tugend mehr und mehr auszuuben, und das gemüth mit den gaben der erkanntniß und beredsamkeit von jugend au auszuzieren, als auch was zu der menschen gesundheit, bequemligkeit, unterhalt und nahrung in allerhand ständen in flor und aufnehmen land und leute, handels und wandels, kunst-, hand- und andrer wercke, auch verhütung allerhand land-, feuer- und wasserschäden vermittelst der wissenschaften dienen kan, bestens zu beobachten.

Nun ist zwar nicht ohne, daß dergleichen anstalt ansehnliche und beständige kosten erfordert; der große und langwierige krieg aber, dem die göttliche gnade nunmehr ein ziel gesezet, sowohl E. kayserl. und königl. Mjt. einkünffte, als auch dero land und unterthanen sehr beschwehret gehabt, die last auch großentheils annoch währet und also

et les inventions qui ne sont pas partout connues, mais elle fournira à l'État le principal moyen pour le bien-être général; elle cherchera à perfectionner de plus en plus la raison humaine, à faire pratiquer la vertu, à orner le cœur dès le jeune âge, grâce aux connaissances acquises, à s'occuper de la santé des hommes, de leur agrément, entretien, nourriture, à faire fleurir le pays, le commerce, les arts, etc., et enfin à préserver le pays et du feu et des eaux, le tout par l'application des sciences.

Il est vrai qu'un établissement de ce genre occasionnera de grandes et continuelles dépenses; et la longue et grande guerre que nous venons de soutenir, et qui, par la grâce de Dieu, est enfin terminée, a obéré les revenus même de S. M. I. et R. comme le pays et les habitants; et aujourd'hu encore ils en supportent en grande partie les conséquences,

viele der meynung seyn möchten, daß dieses guthe vorhaben auff bessere zeiten zu verschieben.

Weil aber gleichwohl, was zum lobe Gottes und menschlicher wohlfahrt abzielet, nicht anders als durch die unmögligkeit unterbrochen werden soll und nicht zeitlich genugsam bewürket werden kan, auch ein ohnnötiger verzug nicht rathsam, von künftigen zeiten auch nicht wohl ein gewisses zu versprechen, so würde die frage seyn, ob nicht bereits aniezo annehmliche mittel fürzuschlagen, die weder E. kayserl. Mjt. gefalle noch das gemeine wesen beschwehren köndten, so auch theils in andern ländern nüzlich und bequemlich gebrauchet werden, theils auff der leute willkühr beruhen, allesamt aber also bewand, daß sie in ansehen andrer mehr und größerer allgemeiner nothwendigkeiten in keine sonderbare betrachtung kommen, sondern zu diesem vorhaben füglich zu wiedmen.

Und gehet demnach an E. kayserl. und catholische Mjt. mein allerunterthänigstes suchen hiemit: sie geruhen ver-

aussi bien des personnes pensent qu'il faudrait remettre à de meilleurs temps la réalisation de notre projet.

Mais, comme tout ce qui tend à la gloire de Dieu et au bien des hommes doit être réalisé immédiatement, à moins que cela ne soit impossible, et qu'un délai inutile n'est point à conseiller, puisqu'on ne peut rien promettre de certain pour les temps à venir, la question sera de savoir s'il ne serait pas convenable de voter des fonds, qui, d'après le bon vouloir de S. M. I. ou les besoins du bien-être en général, pourraient être utilisés dans d'autres pays, à condition cependant qu'à moins de nécessité plus grande et plus absolue, ils ne puissent servir à autre chose qu'à la réussite du projet.

Mon humble désir auprès de S. M. I. et R. est donc que vous daigniez, moyennant un rescrit, nommer une commis-

mittelst eines allergnädigstes rescript durch eine hiezu
bestimmende hof=commission, allwo ich über alles, was
etwa dabey fürkommen möcht, gehöhret werden könnte,
was bereits anietzo hierin thunlich, untersuchen zu lassen,
damit kayserl. Mjt. durch ein allerunterthänigstes guht=
achten an hand gegeben werden möge, wie etwa theils
durch bereits habende anstalten, theils durch einige sehr
leidliche aufschläge, theils durch anständige privilegia,
so den commercien= und manufactur=wesen nicht hin=
derlich, sondern vielmehr befördersam, sowohl sonst als
bey sachen, so denen studien und künsten, auch dem bücher=,
druck= und papierwesen verwand, ein anständiger fundus
zu der vorhabenden Societät zu finden und festzustellen.
Immaßen insonderheit an einigen orthen zu dergleichen
absehen unter andern auff calender, pro observatione,
auff zeitungen und verlegung gewißer läufftigen bücher
und guthen verfaßung teutscher und dergleichen schuhlen,
pro re literaria, historica et linguistica nicht ohne

sion de la Cour, qui m'écouterait sur tout ce qui aurait rapport à ce projet, et prendrait elle-même toutes les informations convenables, afin que V. M. I. puisse juger elle-même comment, grâce à des préparatifs déjà faits, à des propositions très-supportables, à des priviléges ne gênant en aucune façon le commerce et les manufactures, leur étant utiles au contraire, comment, enfin, grâce à des choses qui se rapportent aux études et aux arts, livres, imprimeries, papeteries, nous trouverons les moyens de fonder et consolider une société si élevée.

C'est ainsi qu'en particulier nous avons pensé entre autre à la publication de calendriers *pro observatione*, de journaux, à l'impression de certains livres et auteurs allemands *pro re literaria, historica et linguistica*. On y joindrait la *botanica, arithmetica et omnis res physica*, un *laboratorium*,

nuzen gedacht worden. Wozu auch pro botanica, arithmetica et omni re physica und insonderheit zu einem laboratorio, gewiſſe privilegia auff distillirte materien, da auch dergleichen præparationes die oft in ſchlechter güthe meiſt am fremdben mit ſchaden des landes eingeführt zu werden pflegen, und auch auff die neue plantationes der weißen maulbeerbäume, nicht weniger auch auff die verbeſſerung und erleichterung der feuer= ſprüzen ſamt zugehör in gratiam rei mechanicæ, ge= wiſſe anſtalten zu verbeſſerung des landmeſſens, waſſer= wercke und leitungen, gezogen werden möchten, ander specialia aniezo zu geſchweigen. Durch welche mittel der zweck nicht mit beſchwehrung ſondern erleichterung und nuzen des publici erreichet werden köndte.

Und ich verbleibe lebenszeit

E. kayſerl. und catholiſchen Majt.

allerunterthänigſter treugehorſamſter

G. W. von Leibniz.

certains priviléges sur les matières distillées, les préparations que nous fournissent les étrangers au détriment du pays, les plantations nouvelles des mûriers blancs, les moyens d'améliorer et perfectionner les pompes à incendie, et enfin tout ce qui est *in gratiam rei mechanicæ*. On créerait aussi des établissements pour améliorer le pays, les ouvrages hydrauliques ; je ne parle point d'autres spécialités ; et avec tous ces moyens on arriverait à son but, non pas en accablant, mais en éclairant le public.

Et je resterai pendant toute ma vie,

De V. A. I. et R.,

Le très-humble et très-obéissant,

G. W. DE LEIBNIZ.

Præmissis præmittendis.

Nachdem die göttliche allmacht Uns verschiedene königreiche und landen zu beherschen gegeben, auch leztens Uns auff den kayserlichen trohn gesezet; sind Wir dahin bedacht gewesen, wie nicht allein die sicherheit und ruhe Unsrer reiche und unterthanen erhalten, sondern auch deren wohlseyn beförderd werden möchte. Und ob Wir gleich gezwungen worden, zu behauptung Unsrer rechte und schuz der Unsrigen, schwehre kriege zu führen, haben Wir Uns doch zugleich angelegen seyn lassen, auch mitten unter den waffen dahin zu trachten, wie Unsere land und leute der früchte bereits genießen möchten, die sonsten allein dem frieden vorbehalten scheinen.

Præmissis præmittendis.

Après que la Toute-Puissance divine nous a donné de régner sur différents royaumes et pays, et nous a mis aussi dernièrement sur le trône impérial, nous avons considéré les moyens, non-seulement de conserver la sécurité et le repos de nos empires et de nos sujets, mais encore de pourvoir à l'avancement de leur bien-être. Et bien que nous ayons été forcés, pour la défense de nos droits et pour la protection de nos sujets, à faire des guerres difficiles, nous avons eu cependant à cœur, même au milieu des armes, de nous occuper des moyens de faire jouir dès à présent notre pays et nos sujets des fruits qui, d'ordinaire, paraissent seuls réservés à la paix.

Und weil Wir beherziget, daß die wahre gelehrsamkeit, die nehmlich auff tugend und glückseligkeit der menschen und also auff die ehre Gottes hauptsächlich zielet; nebenst denen darunter begriffenen nachrichtungen, erkentnissen, wissenschafften und künsten dasjenige sey, so wohlgezogene völcker von den barbarischen unterscheidet: auch daß die furcht, liebe und verehrung der güthe, weisheit und macht Gottes durch die betrachtung der wunder, die er in die natur geleget, gemehret; guthe sitten, ordnung und polizey vermittelst dienlicher exempel und lehren unter den menschen eingeführet und erhalten; der menschlichen gesundheit, bequemligkeit und nahrung durch allerhand erfahrnissen, erfindungen und vortheile zu hülff gekommen; und fähige gemüther, auch die sonderlich, so keine nothdürftigkeit ihres unterhalts von löblichen untersuchungen abhält, anstatt vergebener auch wohl schädlicher zeitverspilung durch guthe anstalt preiß und ruhm, samt ihrer eigenen ver-

Et comme nous avons considéré que la vraie science qui contribue surtout à la vertu et au bonheur des hommes et par conséquent aussi à l'honneur de Dieu, conjointement avec les directions qui y sont comprises, connaissances, sciences et arts, est ce qui distingue les peuples bien élevés des barbares : de même que la crainte, l'amour et le culte de la bonté, de la sagesse et du pouvoir de Dieu, augmentés par la considération des merveilles qu'il a mises dans la nature, que les bonnes mœurs, l'ordre et la police sont introduits et conservés parmi les hommes, par le moyen d'exemples et de leçons convenables, qu'à la santé, la commodité et la nourriture des hommes elle vient en aide par toutes sortes d'expériences, d'inventions et d'avantages, et que des esprits capables et particuliers, ceux que ne retient aucun besoin de leur entretien de ces recherches louables, au lieu d'une perte de temps inutile ou peut-être aussi nuisible, sont rafraîchis par

gnügung zu gemeinem besten angefrischet werden: und
sich dann in der that befindet, daß von einiger zeit hehr
durch zusammengesezten fleiß ein großes geleistet und
entdecket worden, so denen vorfahren unbekand gewesen;
dergestalt daß durch fernern beständigen und vermehrten
eifer ein noch größeres zu hoffen;

So haben Wir umb solcher und andrer Uns zu ge=
müth gehender ursachen willen, auß kayserlicher, königlicher und landesfürstlicher macht, eigener bewegniß und
wohlbedachtem sinn beschloffen, nach gelegenheit Unsrer
lande und zum theil nach andrer herrschaften exempel,
eine kayserliche societät der wissenschaften aufzurichten
und solche mit gnaden, privilegien und nöthigen mitteln
zu versehen, damit sie zu allem obigen guthe anstalt
machen, dann ferner darinn unausgesezt fortfahren und
Uns, auch männiglich in allerhand fürkommenden fällen,
zumahl da sonderbare lehrbegründete bedencken nö=

la bonne provision, l'estime et la considération, par leur propre plaisir à procurer le bien commun, et qu'il se trouve en
effet que depuis quelque temps, par une application réunie,
il a été fait et découvert de grandes choses, qui ont été
inconnues aux ancêtres, de sorte qu'on peut espérer encore
de plus grandes choses par un zèle constant ultérieur
augmenté :

Nous avons donc résolu, pour de tels motifs et d'autres
qui nous vont au cœur, par notre pouvoir I., R. et Souverain, et par notre propre mouvement et notre sentiment
bien réfléchi, pour le bien de nos contrées et en partie selon
l'exemple d'autres souverains, d'établir une Société Impériale des sciences, et de la pourvoir de grâces, priviléges et
moyens nécessaires, afin qu'elle puisse donner commencement au bien ci-dessus, puis ensuite le continuer sans relâche;
qu'elle puisse aider et conseiller tout le monde dans toutes

thig, mit raht und that anständig an hand gehen könne.

Da befand, daß alle merckwürdige erkentniß der menschen, theils schohn vorhanden und in die bücher bracht, aber in denselben zerstreuet; theils zwar vorhanden, aber noch nicht in schrifften eingezeichnet; theils gar noch aufzufinden, auch daß auß mangel der hülff und belohnung viele guthe entdeckungen unvollkommen bleiben, oder ob sie gleich zu stande bracht, dennoch mit ihrem erheber sich verlohren;

So ist Unsre meynung, daß man den kern deffen, so bereits aufgefunden und beschrieben, mit der zeit in ordnung zusammenbringe, auch mit registern oder repertoriis zu beffern erfordernden gebrauch versehe; die beobachtungen und vortheile aber, so bey handwercksleuten, künstlern und andern nahrungen, wirthschafften und professionen befand, aber noch nicht in büchern registriret, nunmehro sowohl den ieztlebenden als der nachwelt zu

sortes de cas, surtout maintenant qu'il faut être scrupuleux dans la manière de montrer.

Comme il est connu que toute notion remarquable des hommes existe déjà en partie et est mise dans les livres, mais y est dispersée, et qu'à la vérité elle existe déjà, mais qu'elle n'est pas encore inscrite dans les livres, mémoires, qu'en partie même elle est encore à trouver; aussi que, faute de secours et de récompense, beaucoup de bonnes découvertes sont restées imparfaites, ou, quoiqu'elles aient été faites, se sont pourtant perdues avec leur auteur : c'est notre avis qu'on recueille en ordre et avec le temps le noyau de ce qui a été déjà trouvé et décrit, qu'il soit aussi muni de registres ou répertoires en vue d'un meilleur usage, mais que les observations et avantages connus aux ouvriers, artistes et autres états, ménages et professions, non enregistrés encore dans les livres, soient maintenant décrits en détail,

dienst, umbständlich beschrieben, nach befinden gemein
gemacht und vor vergessenheit gesichert werden mögen;
endlich aber fleiß angewendet werde, vermittelst achtha=
bung auff den lauff natürlicher dinge und eigne anstel=
lende versuch und erfahrungen, auch wohlgegründete bin=
dige vernunfftschlüße, neue nüzliche wahrheiten und
würckungen zu entdecken; nicht weniger auch durch be=
leuchtung der historien, alterthümer und alles dessen, so
die vorfahren hinterlassen, ungemeine anmerckungen her=
fürzubringen und dem gemeinen wesen von zeiten zu zeiten
darzugeben. Wie Wir dann gesinnet, auf vorschlag Unsrer
societät der wissenschaften diejenigen, so sich vor andern
in dergleichen herfürthun möchten, mit begnabigungen
anzusehen und ferner aufzumuntern; auch auff gewisse er=
findung, auflösungen und außarbeitungen, die es verdie=
nen, eigne preise und belohnungen zu sezen, lezlich auch
denen unter die arme zu greiffen, die eine zulängliche

tant pour le service de ceux qui vivent à présent que pour
celui de la postérité, selon les circonstances; qu'ils soient
rendus généraux et qu'ils soient préservés de l'oubli; enfin
que l'on s'applique, par le moyen de l'observation du cours
des choses naturelles, d'essais et d'expériences convenables,
ainsi que d'arguments concluants bien fondés, à découvrir
des vérités et des effets utiles, comme aussi à produire
des remarques peu communes et à les présenter de temps
en temps au public par l'éclaircissement des histoires, des
antiquités et de tout ce que les ancêtres ont laissé. En
conséquence nous sommes d'avis, sur la proposition de
notre Société des sciences, de gratifier de grâces ceux qui
se signalent avant les autres dans ces choses et de les encourager, ainsi que de mettre des prix et des récompenses à
certaines inventions, solutions et élaborations qui le méritent,
enfin de secourir aussi ceux qui pourraient montrer une

spuhr einer zu hoffenstehenden erfindung oder sehr vortheilhafften verrichtung zeigen können.

Weil auch alles dieses vorhaben in dreŋ haupt-theile gehet, so man classes, physicam, mathematicam et literariam nennen möchte; so sind Wir geneigt, nach und nach: der physicæ classi in den dreŋ reichen der natur durch laboratoria, pflanz= und thiergärten; classi mathematicæ durch observatoria, gnomones, instrumente, werckhäuser und modellen; und classi literariæ durch allerhand monumenta, inscriptionen, medaillen und andere antiquen; durch documenta, archiven und registraturen und durch manuscripten in allerhand, auch orientalischen sprachen; allen dreŋen aber durch cabinete und theatra der natur und kunst, raritäten-cammern und bibliotheken zu deren gebrauch zu statten zu kommen. Verlangen auch, daß man beŋ der classe literaria absonderlich die histori, alter=

trace suffisante d'une invention ou exécution très-avantageuse à espérer.

Comme tout cela se divise en trois parties principales, qu'on pourrait nommer classes *physicam, mathematicam et literariam*, nous avons l'intention de venir peu à peu en aide : à la *physicæ classi* dans les trois règnes de la nature par des *laboratoria*, des jardins de plantes et d'animaux ; à la *classi mathematicæ* par des *observatoria, gnomones*, instruments, maisons d'ouvrage et modèles ; et à la *classi literariæ* par toutes sortes de *monumenta*, inscriptions, médailles et autres antiquités ; par des *documenta*, archives et registres, et par des manuscrits dans toutes sortes de langues, même orientales ; mais à toutes trois par des cabinets et *theatra* de la nature et de l'art, des chambres de raretés et des bibliothèques pour en faire usage. Nous désirons aussi qu'à la classe *literaria* on ait principalement

thümer und rechte Unsers geliebten vaterlandes teutscher nation, auch die grundrichtigkeit, zierde und außübung Unsrer teutschen haupt=sprache, samt guther verfassung der teutschen schuhlen sich anbefohlen seyn lassen.

Wir wollen auch Unsre Societät der wissenschaften brauchen und zu rahte ziehen, wo sie dem gemeinen we= sen ersprießlich seyn kan; auch verschaffen, daß etwas davon nach gelegenheit zum fundo societatis fließen möge. Bey meß= und beschreibung der lande, einrichtung von maaß und gewicht, feuerordnung und dazu nöthigen instrumenten und anstalten, civil und militair-archi- tectur und mechanic, fuhr=, straaß= und schiffartssachen, land= und wasserbau; bei schmelz=, hammer= und mühlen= werken, gewissen chymischen productionen; bey ver- fassung des calenderswesens, beförderung des bücherver= lags und papier=handels, nüzlicher plantationen, erzielungen, arbeiten und manufacturen; bey untersu-

à cœur l'histoire, les antiquités et droits de notre chère patrie la nation allemande, ainsi que la justesse fondamen- tale, l'ornement et la pratique de notre langue princi- pale allemande, avec la bonne constitution des écoles alle- mandes.

Nous voulons aussi faire usage de notre Société des scien- ces et la consulter, là où elle peut être avantageuse au pu- blic; nous ferons aussi en sorte que quelque chose de cela coule au *fundo societatis*.

C'est-à-dire, à l'arpentage et à la description du pays, à l'établissement de mesures et de poids, règlements d'incen- die et les instruments et établissements y nécessaires, archi- tecture civile et militaire ainsi que la mécanique, affaires de charriage, de routes et de navigation, ponts et chaussées, établissements de fonte, usines et moulins, certaines produc- tions chimiques; à la composition du calendrier, à favoriser

djung und einführung neuer erfindungen und vortheile; bey cura sanitatis perpetua, sonderlich vermittelst historiæ physico-medicæ annuæ, auch chirurgische exercitien und anatomien, endlich bey denen zur reichs- und landes-histori dienenden arbeiten, auch bey einrichtung und beweiß der genealogien, wappen und ehrensachen; und insgemein bey verbesserung der studien und künste, zumahl vermittelst gutherr anwendung der zu den studien gewidmeter stipendien, stifftungen und fundationen, damit nüzliche leute herbeygezogen und das gemeine wohlwesen mehr und mehr durch die studia, wissenschafften, freye und andere künste befördert werde.

Wie Wir dann mehrgedachte Unsre Societät der wissenschafften mit mehrern und nähern instructionen, verwilligungen und verordnungen in gnaden zu versehen gewillet und Uns vorbehalten.

Demnach und dergestalt fundiren, erigiren und be=

la publication des livres, au commerce de papier, plantations utiles, produits, travaux et manufactures ; à la recherche et à l'introduction de nouvelles inventions et d'avantages nouveaux ; à la *cura sanitatis perpetua*, surtout au moyen de l'*historiæ physico-medicæ annuæ ;* aux exercices chirurgiques et d'anatomie ; enfin aux travaux qui servent à l'histoire de l'empire et du pays, aussi à l'établissement et à la preuve des généalogies, armoiries et affaires d'honneur, et en général à l'amélioration des études et des arts, principalement au moyen d'un bon emploi des bourses destinées aux études, legs et fondations, afin que des hommes utiles soient attirés, et que le bien public soit de plus en plus secondé par les *studia*, sciences, arts libéraux et autres.

Nous nous sommes proposé et réservé de munir par notre grâce notre Société des sciences ci-dessus mentionnée de plusieurs instructions détaillées, concessions et ordonnances.

stellen Wir hiemit und krafft dieses diplomatis diese Unsre kayserliche und königliche Societät der wissenschafften, nehmen deren schuz auff Uns: wollen auch nach nothdurfft an Uns bringen lassen und in gnaden anhöhren, auch allergnädigst besorgen, was zu deren einrichtung, erhaltung, fortgang, wohlwesen, auffnehmen und angelegenheit gereichen mag, auch nicht gestatten, daß deren würden, rechten und verrechten oder privilegien zu wieder, etwas von männiglich, wer der auch sey, vorgenommen oder in weg geleget werde. Wollen vielmehr und befehlen allen Unsern hohen und niedrigen vasallen, bedienten und unterthanen, daß iederman nach gelegenheit der umbstände, zumahl aber alle diejenige, die wegen Unsrer oder des publici in pflichten, diensten und besoldungen stehen, insonderheit bey scripturen und registraturen, polizeysachen, hohen und niedrigen schuhlen und academien, bibliotheken, cabineten und kunst-cammern,

En conséquence nous fondons, érigeons et établissons, par la présente et en vertu de ce diplôme, notre dite Société Impériale et Royale des sciences; nous nous chargeons de sa protection; nous permettrons aussi de nous faire présenter au besoin, nous écouterons favorablement, et soignerons dans notre grâce tout ce qui peut contribuer à son établissement, conservation, prospérité, bien-être; de même que nous ne permettrons pas que, contre ses dignités, droits et prérogatives ou priviléges, il soit rien commis ou mis aucun empêchement par qui que ce soit. Nous voulons plutôt et ordonnons à tous nos vassaux, grands et petits, serviteurs et sujets, que *tout le monde,* selon les circonstances, et surtout tous ceux qui, à cause de nous ou du public, sont en devoirs, services et gages, principalement en fait d'écritures et de greffe, affaires de police, écoles hautes et basses et académies, bibliothèques, cabi-

bauwesen, berg= und andern werken, armen= und werck=
häuser, zeug= und gießhäuser, münzen, auch fürst= und
jägerey, gärtnerey, physicaten, nosocomis und collegiis sanitatis, auch sonst bey denen dingen, wie die
sachen nahmen haben mögen, daher die erkenntniß der
natur und kunst, auch die gelehrsamkeit befördet werden
kan; dieser Unsrer Societät der wissenschaften bey allen
begebenheiten, nach besten wissen und vermögen mit
nachrichtungen und anderm geziemenden vorschub an hand
gehen sollen, als in einer sach, die zu Unsrer eignen ver=
gnügung und gemeinem besten gereichet; alles bey ver=
meidung Unsrer ungnade und schwehren straffe; hieran
geschicht Unsrer ernstlicher will und meynung.

Dessen allen zu urkund haben Wir dies diploma fun=
dationis mit Unsrer eigenhändigen unterschrifft und an=
hengung Unsrers..... insiegels ausfertigen lassen.

Gegeben W.....

nets et chambres d'art, architecture, mines et autres établissements, maisons pour les pauvres et maisons d'ouvrage,
arsenaux et fonderies, monnaies, maisons forestières et de
pêche, jardinage, charges de médecin ordinaire d'une ville,
nosocomiis et collegiis sanitatis, en outre à toutes les choses,
quel qu'en soit le nom, et par lesquelles la connaissance de
la nature et de l'art, aussi (la science), l'érudition peut être
secondée, prêtent aide et assistance, selon leur bon savoir
et pouvoir, par leur conseil à notre dite Société des sciences
dans toutes les occasions, comme dans une chose qui tend
à notre propre plaisir, au bien public, le tout sous peine de
notre disgrâce et de peines sévères; telle est notre ferme,
sérieuse volonté, et notre opinion.

En foi de quoi nous avons fait dresser ce *diploma fundationis,* nous l'avons fait munir de notre propre signature et
y avons fait apposer notre sceau. Donné à W.....

Plan zu einer deutschliebenden Genossenschaft.

1. Die teutschliebende genossenschafft hätte zu ihrem zweck die ehre Gottes und gemeinen nuzen des werthen vaterlandes teutscher nation.

2. Nächst Gott und der hohen obrigkeit kan solcher zweck nicht besser erreicht werden, als durch zusammensezung einiger personen, welche vor allen dingen den guthen willen, das ist ein recht patriotisches absehen, und dabeneben gnugsames vermögen, das ist liecht, ansehen oder mittel, und wo nicht dieses alles, doch eins davon haben.

3. Einmahl ist gewiß, daß patriotische gedancken niemahls mehr von nöthen gewesen als iezo, da das liebe vaterland ie mehr und mehr entkräfftet wird und die Ehre

PLAN D'UNE SOCIÉTÉ ALLEMANDE.

1° La Société allemande aurait pour but la gloire de Dieu et la prospérité générale de notre bien-aimée patrie, la nation allemande;

2° Avec l'aide de Dieu et de l'autorité supérieure, un tel but ne peut être mieux atteint que par la réunion de quelques personnes qui aient avant tout une bonne volonté, c'est-à-dire des vues bien patriotiques, ensuite une fortune suffisante, c'est-à-dire des lumières, de la considération et des moyens, ou, s'ils ne possèdent pas toutes ces choses à la fois, qui en possèdent au moins une;

3° Il est certain que jamais il n'a été plus nécessaire d'avoir des idées patriotiques, car notre chère patrie devient

der teutschen nation fast noth zu leiden scheinet. Dahingegen einige unsrer nachbaren an macht, und guther anstalt also zugenommen, daß wir ohne bessere ordnung unsrers orths ihnen fast nicht mehr die wage halten können, seit wir bereits ein ansehnliches Theil der besten teutschen Länder dem Reiche entrissen sehen müssen.

4. So reißet Eure Gottlosigkeit und Atheismus mehr und mehr bei uns ein.

5. So ist es auch wohl ewig schad, daß, da wir menschen iezo durch die gnade Gottes so trefliche mittel erlanget die heimligkeiten der natur zu untersuchen, und in einem jahr mehr auszurichten, als unsre vorfahren in 10, ja in 100 jahren thun können; wir uns derselben nicht gebührend gebrauchen wollen, denn nachdem unsre augen durch die Telescopia und microscopia gleichsam armiret worden, haben wir eine trefliche insicht in das innerste der natur. Wir sehen durch die Telescopia was

de jour en jour plus faible, et l'honneur de la nation allemande paraît presque souffrir, tandis que quelques-uns de nos voisins acquièrent plus de force, ont des constitutions meilleures, et, si nous n'ordonnons les choses mieux qu'elles ne le sont, il ne nous sera presque plus possible de tenir la balance.

4° L'impiété et l'athéisme s'introduisent déjà de plus en plus dans les meilleurs pays du royaume.

Il est dommage que nous qui possédons des hommes qui, par la grâce de Dieu, ont trouvé des moyens de pénétrer les secrets de la nature, et qui pourraient faire plus en un an que nos précédesseurs n'ont fait en dix et même en cent ans, nous ne voulions pas nous en servir. Depuis que nos yeux ont été armés de télescopes et de microscopes, nous pouvons regarder dans l'intérieur de la nature. Nous voyons avec le télescope ce qui est à des distances incommensurables,

ohnermeßlich von uns entfernet, haben dadurch die rechte
ideam von dem verwunderbaren weltgebau und großen
werden Gottes bekommen, davon die alten gar schlechte
und der weisheit des schöpfers wenig anstehende einbil‍-
dungen gehabt. Und durch die microscopia sehen wir
solche dinge, deren etliche millionen auf ein sandkorn
gehen; darauß denn ohnfehlbar folget, daß, wenn man
recht darauff sich legen wolte, wir sehr tieff reichen könd‍-
ten in das inwendige gewebe der cörper mit denen wir
zu thun haben, wie dann etliche wenige personen damit
ein treffliches liecht angezündet; ist nur zu bedauern, daß
es etliche wenige seyn und nicht viele sich darauf begeben.
So haben wir auch die kunst des Feuers sehr hoch ge‍-
bracht, können damit die cörper auffschließen, verkehren
und wiederbringen, auch viel neu geschöpf zeugen, zu ge‍-
schweigen der lufft-instrumente, davon das vornehmste
ein Teutscher erfunden, vermittelst dessen die lufft aus-

nous concevons une véritable idée de la merveilleuse archi‍-
tecture de la terre et de l'œuvre de Dieu, dont les anciens
avaient une mauvaise idée, et leur imagination aussi leur
montrait la sagesse divine sous des aspects peu favorables.
Le microscope nous fait voir tant de choses, qu'on pourrait
en placer plusieurs millions sous un grain de sable. Il s'en‍-
suit incontestablement que, si l'on voulait s'appliquer à ces
expériences, nous pourrions pénétrer bien avant dans la
connaissance des secrets des corps qui nous entourent, et
que quelques personnes nous pourraient procurer de grandes
lumières. Mais il est à déplorer que ce ne soient que quel‍-
ques personnes et non pas beaucoup qui s'adonnent à cette
œuvre. Nous avons aussi porté à un haut degré l'*art du feu*.
Nous pouvons séparer les corps, les changer et les ramener
à leur état naturel, nous pouvons aussi en produire beau‍-
coup de nouveaux. Je ne parlerai pas des *Luftinstrumente*

gepumpet und der plaz gleichsam leer gemacht wird, und man ganz eigentlich erfahren kan, was die lufft für eine trefliche würckung bey den meisten córpern habe.

Und über dieß alles so haben wir das organum organorum, nehmlich die rechte logik, und darinn steckende erfindungskunst ohngleich höher bracht als die alten, sowohl durch die analysin speciosam als andere mittel, also daß man sagen kan, unser verstand sey nicht weniger dadurch armiret worden, als unsre augen durch das fernglaß. Allein was hilfft die brille in ihrem futteral, wenn niemand dadurch siehet. Es sind nicht 10 personen in der welt, die sich dieses herrlichen instruments zu untersuchung der natürlichen geheimnisse gebrauchen. Und weil man also die würckung von den treflichen vortheilen so wir über die alten haben, nicht siehet, sonderlich aber die wahre medicin, daran den menschen nächst der gottesfurcht und tugend am meisten gelegen, bey ihrem alten

(pompes à air) dont un Allemand a inventé le plus important, moyennant lequel on peut enlever l'air et produire le vide, et qui nous indique de la manière la plus précise quel effet merveilleux l'air produit sur les corps. Mais par-dessus tout cela nous avons l'*organum organorum,* c'est-à-dire la véritable logique dans laquelle l'art d'inventer a été certainement porté plus loin que chez les anciens, tant sous le rapport de l'analyse que sous d'autres moyens, et nous pouvons dire, notre raison, grâce à elle, est aussi bien armée que notre œil avec le télescope. Mais à quoi sert une lunette quand elle est dans son étui, et que personne ne peut regarder à travers? Il n'y a pas dix personnes au monde qui se servent de ces précieux instruments pour chercher les secrets de la nature. Comme l'on ne voit pas les immenses avantages que nous avons sur les anciens, et que l'on laisse, avec son ancien attirail, la *vraie médecine,* chose la plus importante pour

geschlepp meistens lasset, so entstehet darauß, daß grosse
herren und andere vornehme und auch sonst zu beförderung des gemeinen besten und der wissenschafften bequeme
personen, nicht wissen, noch glauben, was für trefliche
dinge in kurzer zeit geschehen seyn und noch zu thun
wären. Die wenigsten können sich einbilden, daß man erst
kaum von 60 jahren her etwas rechtes von der structur
des macrocosmi und microcosmi, vermittelst Gallilæi,
Keppleri, Harvæi erfahren; und daß also die rechte
wissenschafft noch gar jung und in ihrer kindheit sey, bald
aber, wenn wir derselben nur dienliche alimenta geben
wolten, zu einer ziemlichen stärcke kommen würde. Sie
meinen man bliebe noch auff der alten leyer und bedenken
nicht, daß grosse und guthe dinge weile haben müssen und
die wissenschafft sey wie die Aloe Americana, die eine
lange zeit erfordert, ehe sie sich herauffthut, hernach aber,
wenn sie ihre rechte krafft erlanget, auff einmahl mit

l'homme après la crainte de Dieu et la vertu, il en résulte
que les grands seigneurs et d'autres personnes distinguées,
et d'autres encore qui pourraient être utiles au bien-être
général et aux sciences, non-seulement ignorent, mais ne
croient même pas aux choses importantes qui ont été inven-
tées depuis peu de temps et qu'on pourrait encore faire. On
s'imagine que, depuis soixante ans seulement, on a appris
quelque chose d'important sous le rapport de la structure du
macrocosme et microcosme, et cela grâce à Galilée, Keppler
et Harvey : que par conséquent la véritable science est bien
jeune et dans son enfance, mais parviendrait à une force raisonnable, si nous voulions lui donner la nourriture nécessaire. Ils croient que nous restons sur *l'ancienne lyre*, et ne
songent pas qu'il faut du temps pour faire de grandes et
bonnes choses, et que la science est comme l'*aloes americana*, qui demande un temps infini avant de *lever*, mais qui,

großer gewalt herfürbricht. Diese zeit könten wir verkürzen, wenn ernst gebraucht würde, und in 10 jahren erlangen, was sonst über 100 jahr erst zu hoffen. Weilen aber die meisten menschen die beschaffenheit dieses baums der erkentniß nicht wissen, hauen sie ihn ab ehe seine zeit komt zu blühen, anstatt daß sie ihn durch dienliche cultur befördern solten, während sceptici sonderlich in der medicin und andern nützlichen dingen meinen, das beste sey schohn gethan, oder bilden sich ein unser heutiges wissen sey eben so schlecht, wie es von alters in den schuhlen gewesen und bestehe in einem bloßen geschwäz. Dabey dann die gelehrten selbst sehr viel schuld haben, indem einige sich allzuviel mit leeren gedancken und entfernten speculationen de forma et qualitatibus vel de atomis et particularis ab usu remotis, aufhalten, die zu keinem nuz zu bringen; andere aber, so mit praxi umbgehen, können fast wenig den dingen nachsinnen, derweil

une fois qu'il a acquis sa force, éclate tout d'un coup. Nous pourrions raccourcir ce temps, si on voulait y mettre du zèle, et l'on pourrait faire en dix années ce qu'autrefois on n'aurait pas fait en cent. Mais, comme la plupart des hommes ne savent pas les propriétés de cet arbre de la science, ils l'abattent avant qu'il ait fleuri, au lieu de le soigner convenablement, tandis que les sceptiques, principalement en médecine et en choses de ce genre, s'imaginent que le meilleur est déjà fait, ou bien que notre savoir d'aujourd'hui est aussi mauvais que celui d'autrefois, et ne consiste qu'en un pur bavardage. Du reste, c'est de beaucoup la faute des savants mêmes, car les uns s'arrêtent à des pensées vides, à des *spéculations* éloignées *de forma et qualitatibus vel de atomis et particulis ab usu remotis*, qui ne peuvent rapporter aucun profit; les autres s'occupent tellement de *pratique*, qu'ils n'ont pas le temps de

sie zu viel mit sorgen der nahrung eingenommen und von
der hohen obrigkeit wenig hülffe haben; die hohe obrigkeit
aber hinwiederumb unterläßt, solche beyhülffe obange=
führter ursachen willen und weil sie nicht weis noch glau=
bet was dahinter. Und da sie je zu zeiten etwas auf solche
dinge wendet, als thut sie es mehr umb ehre und ruhms
willen, als aus hofnung eines rechten nuzens; darauß
denn hinwiederumb folget, daß von den gelehrten mehr
die artes dicendi und andere dinge getrieben werden,
die einen schein haben und zur zierde gereichen, als die
wahrhafftig den nuzen der menschen befördern können.

Nun hat man bißher durch die erfahrung, daß Gott
die Teutschen für andere mit einem verstand begabt, der
auff realitäten gehet. Andere mögen besser schwäzen,
besser singen, bessere verse machen: keine nation hat die
Teutschen in erkenntniß der natur und proben der thäti=
gen kunst übertroffen.

méditer sur les choses, car tous leurs soins sont consacrés
à trouver les moyens d'existence, et l'autorité supérieure
les appuie peu : l'autorité supérieure elle-même aban-
donne les choses; car, comme nous l'avons dit plus haut,
elle ne sait ni ne croit ce qui en résulterait. Et si même,
de temps à autre, elle y consacre quelque chose, c'est
plutôt pour acquérir de la gloire et de la renommée, que
dans l'espoir d'en retirer un bon avantage. Il s'ensuit que
les savants à leur tour s'appliquent d'avantage aux *artes
dicendi* et à d'autres choses qui ont beaucoup d'apparence
extérieure et servent plutôt à *orner* qu'à ce qui est vraiment
utile à l'homme.

On a acquis l'expérience que Dieu a doué les Allemands
d'une raison qui, plus que celle des autres peuples, tend
vers les *réalités*. Les autres nations parleront mieux, chan-
teront mieux, feront mieux les vers, mais aucune n'a sur-

Es scheinet, daß aniezo ein seculum sey, da man zu societäten lust hat. Außer der königlichen Englischen, die fast in abgang kommen; der Französischen, die durch besoldungen ihres königs unterhalten wird; der Italiänischen academien, so aber meist auff conversation und beredsamkeit angesehen, so haben wir in Teutschland bereits schöhne proben.

Die gesellschaften, so zu verbesserung der teutschen sprach von theils hohen und fürnehmen personen angefangen worden, sind von keiner geringen wichtigkeit gewesen. Nur daß man damit nicht beständig gnugsam fortgefahren, noch das hauptwerck recht angegriffen.

Dann ist es zu wissen, daß die sprache gleichsam ein heller spiegel des verstandes sey, und wo die rechtschaffen blühet, da thun sich auch zugleich trefliche geister in allen wissenschafften herfür.

Wenn man daher bey diesen lobwürdigen gesellschaften

---

passé les Allemands en ce qui regàrde la connaissance de la nature et la pratique des arts.

Il semble que le siècle est aux sociétés. En dehors de la société anglaise, qui est presque sur son déclin, de la française, qui est entretenue aux frais de son roi, de l'italienne enfin, qui, toutes, s'occupent beaucoup plus de conversation et d'éloquence : nous en avons déjà donné de belles preuves, nous autres Allemands.

Elles n'avaient pas peu d'importance, les sociétés qui se sont fondées pour l'amélioration de la langue allemande, et à la tête desquelles se trouvaient, au commencement, des personnages distingués. Seulement on n'a pas assez énergiquement poussé au but, et on a mal attaqué l'œuvre principale.

Car il est à savoir que la langue est le vrai miroir de la

etwas mehr auff übersezung nüzlicher bücher als der romanen bedacht gewesen, und mehr die gründtliche beschreibung der thätlichen wissenschafften in teutscher sprach, als klinggedichte und schäffereyen getrieben, würden wir bereits einen großen schaz haben. Welches nicht sage, umb die herrliche poesie und andere anmuthige erfindungen zu verachten, als welche ich selbstens sehr hoch halte, sondern lust und nuz mit einander zu vereinigen. Wie denn gern gestehe, daß etliche teutsche heldengedichte vorhanden, darinn vortrefliche dinge enthalten, welche dergestalt mit weit mehrem nachdruck gelesen werden, als wenn man sie auf gemeine weise fürbringet.

Es hat sonst die teutsche sprach darinn einen treflichen vorzug vor der lateinischen, und denen die aus der lateinischen entsprossen, daß sie gleichsam ein probirstein ist rechtschaffener guther gedancken. Denn die Franzosen, Italiäner und Engländer, weilen sie die freyheit haben,

raison, et, là où elle fleurit véritablement, là se produisent aussi des hommes de génie en toutes les sciences.

Si, dans ces sociétés si louables en elles-mêmes, on avait un peu plus songé aux traductions des livres utiles qu'aux romans, si on avait cherché à décrire en langue allemande les sciences pratiques, au lieu de faire des ouvrages d'enfants, nous posséderions déjà un beau trésor. Je ne dis pas cela pour mépriser les belles poésies et d'autres inventions agréables, que j'estime moi-même beaucoup, mais je désirerais voir unis le plaisir et l'avantage. J'avoue volontiers que certains ouvrages allemands héroïques contiennent des choses admirables que l'on lit avec beaucoup plus de profit que si on vous les représentait tels quels.

La langue allemande du reste a un avantage marquant sur la latine et toutes les autres qui en dérivent, puisqu'elle est en même temps la pierre d'essai des bonnes pensées.

lateinische worth ihres gefallens einzumischen, so ist ihnen leicht alle schulgrillen und unbienliche fantaseyen der philosophen in ihrer sprache zu geben. Hingegen weil die teutsche sprach dessen ohngewohnt, daher komt, daß die gedancken, die mit guthem reinen teutsch geben kan, auch gründtlich seyn, was aber sich nicht gut teutsch geben lässet, bestehet gemeiniglich in leeren worthen und gehöhret zu der scholastik.

Daher eben nicht nöthig, daß man großen fleiß anwende die philosophiam und theologiam scholasticam teutsch zu geben, sondern es ist besser, daß man der teutschen sprache diesen vorzug lasse, daß sie ein probirstein der gedancken. Denn obwohl die scholastica auch ihren nuzen haben, weilen doch aber derselbe fast allein in der theologia verspühret wird, welche man hier billig aussezet und ganz nicht nöthig findet, daß von iederman darinn gegrübelt werde, so kan man dergleichen rebens=

Car du moment que les Français, les Italiens et les Anglais ont le droit d'introduire des mots latins dans leur langue, il leur est facile d'exprimer toutes les rêveries de l'école et les inutiles fantaisies des philosophes. Il en résulte, pour la langue allemande, que les pensées que l'on peut exprimer en bon et pur allemand sont bien fondées, et que ce qui ne peut s'exprimer en bon allemand consiste ordinairement en mots vides et appartient à la scolastique.

Il n'est donc pas nécessaire de se donner beaucoup de peine pour donner la philosophie et la théologie scolastique en allemand : il vaut beaucoup mieux laisser à la langue allemande cet avantage d'être une pierre d'essai des pensées. La scolastique a bien ses avantages, mais, comme c'est presque uniquement en théologie, qui est à peu près inutile ici, on peut bien s'en passer. Une très-louable société a aussi été fondée, il y a nombre d'années, en Allemagne : on

arten im teutschen wohl entbehren. Eine sehr löbliche gesellschafft ist auch in Teutschland vor vielen jahren entstanden, so man das collegium naturæ curiosorum nennet, worinn fast lauter medici begriffen, und das absehen auff untersuchung der natur gerichtet. Und weil wir dessen fast vor allen anderen dingen zu erhaltung menschlicher gesundheit nöthig haben, kan man das absehen nicht genugsam preisen.

Daß aber noch kein so großer nuzen erfolgen können, als wohl zu wünschen, darff man sich nicht verwundern, dieweilen die wackeren leute, so sich darinn eingelassen, weder zeit oder ruhe noch hülffe gehabt, dadurch sie etwas sonderliches ausrichten können.

Es ist bisher dieser hauptfehler in Teutschland gespühret worden, daß bey uns der adel und andere vornehme leute, auch die Rentenierer nicht so wiß-begierig als etwa bey den Engländern, noch solche liebhaber der verstandes-

la nomme *collegium naturæ curiosorum*. Elle ne se compose presque que de médecins, et son but est de faire des recherches dans la nature. Et comme nous considérons la santé humaine comme une des choses les plus importantes, nous ne pouvons assez louer ce but.

Il ne faut cependant pas s'étonner qu'elle n'ait pas encore porté des fruits, comme on s'y attendait, car les hommes vaillants qui en sont membres n'ont ni temps, ni repos, ni aide pour pouvoir arriver à quelque chose de remarquable.

En général, en Allemagne, on sent un défaut capital, qui consiste en ce que notre noblesse, nos gens distingués et même nos rentiers ne sont pas portés vers les sciences comme les Anglais, ou vers les conversations spirituelles ou les ouvrages d'esprit comme les Français, mais préfèrent la boisson et le jeu.

Mais, lorsque ces habitudes de boisson et de jeu auront

übung und erbaulicher gespräche, als bey den Welschen, sondern alzuviel dem trunck und spielen ergeben gewesen.

Nachdem aber die truncken heit allmählig abkomt und das spiel nicht iedem noch allezeit beliebet, so ist zu hoffen, man werde sich allmählig auff eine nüzliche zeitvertreibung wenden. Wenn nur Gott ruhe und frieden verleihet, zumahlen da hin und wieder große fürsten mit einer löblichen wißgierigkeit vorgehen werden.

disparu, il faut espérer que l'on cherchera à passer son temps utilement. Pourvu que Dieu nous accorde le repos et la paix, afin que de grands princes désireux de science viennent à surgir.

Specimen einiger Puncte, darinn Moskau denen Scienzen beförderlich seyn köndte.

1) Weilen des Czars absehen dahin gehet, wie in dessen mächtigen und großen reich die Europæischen Scienzen und wissenschafften eingeführet werden mögen, auch zu dem ende allerhand guthe reglements gemacht worden, so stünde es nunmehr auch darauff, ob nicht rathsam, daß Seine Majestät auch Bibliotheken, Kunst=Cammern und dergleichen aufrichten, schöhne und nüzliche inventiones, so hin und wieder in diesem Europa entdecket werden, zusammenbringen und andere dienliche veranstal=

Spécimen de quelques points dans lesquels Moscou pourrait être favorable aux sciences.

1° Comme les vues du czar tendent vers l'introduction des sciences européennes dans son immense et puissant empire, et dans ce but vers l'introduction de bons règlements, il serait à considérer si l'on ne pourrait pas conseiller à S. M. d'établir des bibliothèques, des cabinets d'art et autres choses semblables, de prendre connaissance de toutes les belles et utiles inventions qui se font de temps à autre en Europe, de créer en un mot d'autres établisse-

tungen machen ließe, damit Moskau dermahl eins auch in diesem stück floriren möge.

2) Die Societäten der Scienzen, so hier in Teutschland aufgerichtet wären, könbten ihre würkung auch in Moskau erstrecken, alda unter protection, auch wohl mit hoher assistenz des Czars, ihre observationes und untersuchungen vornehme, und nicht allein einige in der Moskau wohnende außländer, sondern auch die Russen selbst dazu encouragiren; und würde wegen der guthen correspondenz zwischen dem Czar und König die Societät in Sachsen sonderlich dazu bequem seyn.

3) Es wären insonderheit gewisse astronomico-magnetische observationes in dem großen reich des Czars an vielen orthen anzustellen, welche ein neues und großes liecht geben würden bey der Schiffart, umb das geheimniß der magnetischen Abweichung besser zu entdecken, welches einigermaßen pro succedaneo longitudi-

ments utiles, pour que Moscou fleurisse aussi sous ce rapport.

2° Les sociétés des *sciences*, telles qu'elles seraient établies en Allemagne, pourraient voir leurs effets se réaliser à Moscou même. Sous la protection et avec la puissante assistance du czar, on ferait des observations et des recherches, et on y engagerait non-seulement les habitants étrangers de Moscou, mais aussi les Russes. La société établie en Saxe serait surtout favorable à ce but vu la *bonne correspondance* entre le czar et le roi.

3° On pourrait surtout faire en plusieurs endroits, dans le grand empire du czar, certaines observations *astronomico-magnétiques*, qui fourniraient de nouvelles et grandes lumières pour la navigation, qui nous feraient mieux découvrir le secret des déviations magnétiques, que l'on pourrait

num zu halten, und würde der Czar sich alle Schiffsleute damit ohnsaglich verbinden.

4) Es wäre auch nöthig, daß die mineralien, gewächs und thiere von ganz Scythien durch kenner der natur untersuchet und beschrieben würden, welches eine große und neue öfnung geben würde in den tribus regnis; zumahlen von solchen landen gemeiniglich gnugsame beschreibungen noch nicht vorhanden.

5) Man köndte sich auch zu gleichen zweck zu nuz machen, das sowohl festgestelte commercium zwischen Moskau und China, umb diejenigen künste und wissenschafften, die bey den Tschinesen, nicht aber bey den Europäern bekand, auch in Moskau und Europa zu bringen, und damit unsre manufacturen und lebens-commoditäten zu vermehren, und werde Moskau davon nicht wenig nuzen haben. Wie ich dann aus der correspondenz, die

considérer *pro succedaneo longitudinum*, et le czar acquerrait l'estime de tous les navigateurs.

4° Il serait utile aussi que les minerais, plantes et animaux de toute la Scythie fussent décrits par des connaisseurs de la nature, ce qui ouvrirait une grande et nouvelle voie *tribus regnis*. En général, on n'a pas assez de descriptions de ces pays.

5° On pourrait aussi, dans le même but, établir solidement le *commercium* entre Moscou et la Chine, pour implanter à Moscou et en Europe les sciences et les arts connus en Chine, mais inconnus chez nous. On augmenterait par là l'importance de nos manufactures et les *commodités* de la vie, et Moscou n'en retirerait pas un petit avantage. Je sais, d'après ma correspondance avec les missionnaires romains en Chine, que ce sont eux qui y introduisent nos *commodités* et nos sciences, mais que les Chinois ne sont pas généreux en échange, et qu'ils cherchent à occuper le

ich mit den Römischen missionariis in China habe, befunden, daß sie zwar die Europäischen wissenschaften und commoditäten den Tschinesen zuführen, aber keinen gnugsamen tausch treffen und sie alzuviel mit andern dingen occupiren. Darauß dann folgen wird, daß die Tschinesen dermahl eins, wenn sie alles von uns haben, die thür wieder zuthun werden.

6) Die neue und sonderliche entdeckung die ich gethan von dem verstand der uralten characteren des berühmten Fohy, fast ersten königs und philosophi in China, so vor mehr als 3000 jahren gelebet, würde sonderlich in China angenehm seyn und großen zutritt geben, weil die Tschinesen selbst vor mehr als 2000 jahren deren bedeutung verlohren und wunderlich-cabalistische mysteria darinn suchen. Ich bin aber von selbsten auf eine ganz neue, bißher ohngebräuchliche art von rechnung kommen, und habe befunden, daß solche ganz ein neues liecht in der

monde d'autres choses. Il s'ensuivra que, lorsque les Chinois auront appris de nous ce qu'ils voudront savoir, ils fermeront leurs portes.

6° La nouvelle et merveilleuse découverte que j'ai faite, à savoir le secret de pouvoir lire les antiques caractères du célèbre Fohy, un des premiers rois et philosophes de la Chine, qui a vécu il y a plus de trois mille ans, sera surtout agréable aux Chinois et nous procurera notre entrée; car les Chinois eux-mêmes ont perdu le secret de cette lecture il y a plus de deux mille ans, et le livre contient de merveilleux mystères cabalistiques. Je suis arrivé de moi-même à une manière de calculer toute nouvelle et inusitée jusqu'à présent, et j'ai trouvé que cette nouvelle méthode jetait une nouvelle lumière sur toutes les mathématiques, et que, grâce à elle, on peut découvrir des choses auxquelles on serait difficilement parvenu. En réunissant toutes les matières, il

ganzen Mathesi anzündet, also daß dinge damit zu entdecken, wozu sonst schwehrlich zu gelangen. Und hat sich in der zusammenhaltung über alles verhoffen befunden, daß dieser uralte Fohy eben diesen Schlüssel gehabt; wie sowohl aus den characteren selbst, so der P. Kircher in seiner China illustrata, der P. Couplet und andere in druck geben, als auch aus der großen figur der 64 charactere, Ly-King bei den Tschinesen genant, davon der P. Bonnet mir ein exemplar chinesischen drucks zugeschickt, und die harmoniam mit meinem ihm communicirten invento dabey observiret, ganz offenbar zu ersehen.

7) Weilen aber zu den observationibus in Moskau, Tartarey und China solche leute gehöhren, die wohl instruiret, dazu aber guthe præparatoria und anstalten von nöthen, welches etwas zeit erfordert, so will aniezo nur noch von einer untersuchung meldung thun, welche

est à supposer que cet antique Fohy avait la clef de cette méthode, comme on peut le voir d'après les caractères mêmes, et d'après ce que le P. Kircher, dans sa *China illustrata*, le P. Couplet et d'autres ont fait imprimer. On peut le voir d'après la grande figure de soixante-quatre caractères, nommée *Ly-King* chez les Chinois, que le P. Bonnet nous a envoyée en y joignant un exemplaire chinois, qui se trouve en harmonie avec l'invention que je lui ai communiquée.

7° Mais comme pour ces observations, à Moscou, en Tartarie et en Chine, il faut des hommes instruits, qu'il est donc nécessaire de faire de bons *præparatoria* et établissements, ce qui demande du temps, je ne veux plus parler que d'une seule recherche, qui ferait la gloire du czar et de Dieu, qui répandrait le christianisme parmi les barbares, et qui, pour nous, serait d'un grand avantage pour nous

sofort vorgenommen werden könbte und zur glori des Czars ja selbst zur ehre Gottes und ausbreitung des Christenthums unter den barbarischen völckern gereichen, bey der gelehrten aber zur verbesserung der histori und geographi ein grosses beytragen würde, die ursprünge und migrationes der völcker zu erläutern. Nehmlich es könbte nicht nur in der Residenz Moskau, sondern auch in andern hauptund grenz-städten, als zu Archangel, gegen die Samojeden zu, zu Tobolsko, gegen Siberien zu, zu Casan, gegen die Calmucken, zu Astracan, gegen Persien und Turkestan, zu Nipschou, gegen die Magalski und Tschinesen, zu Asof gegen Türken, etc. Vermittelst der Dolmetscher und handelsleute specimina von allen denen sprachen zusammenbracht werden, welche sowohl in dem weiten reich dieser monarchie als auch in den angrenzenden lauben geredet werden. Nun wäre zwar zu beförderung des Christenthums und cultus humani allerdings rath-

éclairer sur l'histoire, la géographie, l'origine et les migrations des peuples. On pourrait donc faire des *specimina* des langues que l'on parle soit dans cette immense monarchie, soit sur sa frontière, par le moyen d'intermédiaires interprètes habitant non-seulement la résidence de Moscou, mais aussi les villes frontières comme Archangel du côté des Samoïèdes, Tobolsko du côté de la Sibérie, Cazan du côté des Calmouckes, Astrakan du côté de la Perse et du Turkestan, Nipschou du côté de Magalski et la Chine, Azof du côté de la Turquie. Mais il serait à souhaiter, dans l'intérêt du christianisme et de la civilisation humaine, que l'on fît des dictionnaires complets et des grammaires des langues opposées les unes aux autres, non pas *dialecto*, mais *radicaliter,* et on traduirait en ces langues quelques livres utiles et spirituels et même la Bible. On pourrait ainsi avoir des *specimina* de toutes les langues connues dans le royaume du

ſam, daß von theils ſolchen ſprachen, zumahlen die nicht
nur dialecto, ſondern radicaliter von andern unter=
ſchieden, vollſtändige dictionaria und grammatiken ver=
fertiget, auch einige dienliche zumahl geiſtliche bücher,
auch wohl die Bibel ſelbſt, darein verſezet würde. Aniezo
aber und vor der hand köndte man von allen ſprachen, ſo
in dem Reich des Czars und angrenzenden landen be=
fand, specimina herbeybringen. Und ſolche specimina
köndten beſtehen theils in Vater Unſer und Glauben,
theils in einem vocabulario compendioso. Das Va=
ter Unſer mit dem symbolo apostolico oder chriſtlichen
Glaubens=bekändtniß wäre von ieder ſprache ſo viel thun=
lich herbeyzuſchaffen, und wo es noch nicht vorhanden,
mit fleiß zu machen, und ſowohl in den characteribus
oder ſchreibart des landes (wofern ſolches eine eigne
ſchreibart hat), als wenigſtens in Ruſſiſchen oder andern
bekandten buchſtaben zu ſchreiben; ſamt einer versione

czar et les pays voisins. Ces *specimina* consisteraient en
partie en *pater* et en *credo*, et en partie en vocabulaire
abrégé. On ferait bien surtout de nous faire connaître
le *pater* et le *symbole apostolique* en chaque langue, et, là où
ils n'existent pas, de les y introduire. On se servirait des
caractères ou de la manière d'écrire du pays (si toutefois il
en possède une), ou du moins on emploierait les lettres
russes ou d'autres qui sont connues; on y ajouterait une
version interlinéaire mot à mot ou *in lingua slavoncia sive
russica literalia* ou en autre langue connue. Le vocabulaire abrégé consisterait *maxime usualibus nominibus,
verbis et particulis;* il serait traduit comme le *pater* et
le *credo*, en langue *slavonico-russica literali et characteribus
Russorum*, afin qu'on pût le transmettre facilement en allemand ou en latin aux autres nations. En faisant ainsi une
collection de *pater* (que l'on possède déjà en plus de cent

interlineari von worth zu worth, entweder in lingua Slavonica sive Russica literali, oder in einer andern bekandten sprache. Vocabularium compendiosum bestünde in den maxime usualibus nominibus, verbis et particulis; alwo mit der schrifft und erklärung, eben wie bey dem Vater Unser und Glauben zu verfahren, da hernach alles ex lingua Slavonico-Russica literali et characteribus Russarum leicht in teutsch oder lateinisch vor das übrige Europa zu bringen. Dergestalt würde man durch collation der Vater Unser (die man ohnedem sonst in mehr als 100 sprachen hat, und daher auch in den sämtlichen scythischen am meisten verlanget werden) sowohl als des Glaubens-bekändtnisses, und der vornehmsten in so vielen scythischen sprachen exprimirter worthe bereits sehen können, welche nationen sowohl in Scythien als außerhalb (weile doch viel migrationes ex septentrione in Asiam et Europam gan-

langues, et dont celle des Scythes fait défaut), ainsi que de *credo* et de tout ce qu'il y a de plus important dans les nombreux dialectes scythes, on verrait déjà quelles sont les nations soit scythes, soit autres (puisque beaucoup d'émigrations se sont faites du septentrion vers l'Asie et l'Europe), qui sont plus ou moins parentes, on verrait quelle grande quantité de peuples et de langues se trouvent dans le grand royaume de Russie, et combien d'autres en dérivent. Les anciens ont déjà remarqué que les Parthes ou Perses provenaient des Scythes, et d'après Ammien Marcellin on peut conclure que les Huns, tels qu'il nous les a décrits, étaient des Calmuockes. On a trouvé aussi que les Hongrois et les Finlandais devaient être parents, car leur langue a beaucoup de rapports, et des voyageurs, tant de Hongrie que de Finlande, ont trouvé que la Tartarie, qui est soumise au czar, contient des peuplades dont ils comprennent la langue.

gen) einander mehr oder weniger verwand; und was vor große menge der völcker und zungen der Czar in seinem Reich habe, und wie viel andere aus denen ihm unterworffenen entsprossen. Es ist bey den alten bereits angemercket worden, daß die Parthen oder Persen aus Scythien kommen, und aus dem Ammiano Marcellino ist zu schließen, daß die Hunnen, wie ihre gestalt von diesem autore beschrieben wird, Calmucken gewesen. Man hat auch gefunden, daß die Ungarn und Finnen einander verwand sein müssen, weil ihre sprachen viel verwandschafft haben, und es haben reisende aus Ungarn sowohl als aus Finnland befunden, daß in der dem Czar unterworffenen Tartarey leute seyn, die sie großen theils verstehen können.

8) Schließlichen kan alhier eine abrede genommen und ein entwurff gemacht werden, die Societät der scienzen in Sachsen betr., welcher bey königl. Mjt. zur vollziehung zu befördern sein möchte, und hernach dem großen absehen des Czars auch zu statten kommen köndte.

8° Enfin on peut tomber d'accord sur le projet concernant une société des sciences en Saxe, que l'on soumettrait à Sa M. R., et que l'on communiquerait ensuite au czar.

Denkschrift

für

S. M. den Czar Petrus des Ersten über eine Societät
der Wissenschaften in Russland.

Es scheint Gottes schickung, daß zween der großen Potentaten in der welt, nehmlich seine czarische Majestät und der Monarch aus China, zu einer zeit aniezo die europäischen wissenschafften und lebensarten in ihre lande zu versezen einen großen eifer zeigen, und der Czar selbst sich uns in Person genähert den augenschein zu nehmen. Wäre schade, wenn man sich dieser von Gott an hand gegebene gelegenheit dadurch ein großes zum besten der Christenheit auszurichten nicht bedienen solte.

Es hindert zwar zum theil daran der iezige unglückliche zustand von Europa.

MÉMOIRE

pour

S. M. LE CZAR SUR L'ÉTABLISSEMENT D'UNE SOCIÉTÉ
DES SCIENCES EN RUSSIE.

Il semble un dessein de Dieu que deux des plus puissants potentats du monde, S. M. czarienne et l'empereur de Chine, montrent un grand zèle pour porter, dans leur pays, la connaissance des sciences et des mœurs de l'Europe. Le czar en personne est venu voir les choses de près. Ce serait donc dommage de laisser échapper une pareille occasion que Dieu nous envoie, et ne pas l'utiliser pour le bien de la chrétienté.

Ce qui en empêche l'exécution, c'est en partie le mauvais état actuel de l'Europe.

Die bey den protestirenden sich erzeigende furcht vor unterdrückung ihrer Religion.

Die furcht der unterdrückung des Staats durch die überhand nehmende französische macht.

Furcht einer großen veränderung in Europa durch die besorgende zerrüttung der spanischen Monarchi und zuwachs der französischen, wenn der König in Spanien mit todt abgehen sollte. Auch endtlich abmattung der meisten europäischen Potenzen, durch den langen und schwehren krieg mit Frankreich und daraus erfolgten unanständigen frieden.

Alle diese dinge verursachen, daß man nicht alles thut, was wohl zu wündschen wäre, auch was wohl geschehen köndte; und daß man auf große und guthe, zu Gottes ehre und gemeinen besten gereichende dinge nicht gnugsam denket.

Man muß dabey gleich wohl deswegen die hände nicht

Parmi les protestants, la crainte de voir leur religion opprimée.

La crainte de l'oppression de l'État par la puissance française.

La crainte d'un grand changement en Europe par le démembrement de la monarchie espagnole et l'accroissement de celle de la France, si le roi d'Espagne venait à mourir. Enfin l'apaisement de la majeure partie des puissances européennes par cette longue et terrible guerre avec la France, d'où résulte cette paix qui ne convient pas.

Toutes ces choses font que l'on ne fait pas ce qui serait désirable et ce qui pourrait arriver, et que l'on ne pense pas assez aux grandes et bonnes choses que l'on pourrait accomplir en l'honneur de Dieu et du bien-être général.

sinken lassen, sondern das seinige thun und das übrige Gott anheim stellen.

Ich an meinem wenigen orth habe bey unterschiedenen hohen orthen und fürnehmen leuten, deren theils mit des Czars Majestät kundschafft haben, deswegen erinnerung gethan und thun lassen, daß man sich dessen nähe und gegenwart besser gebrauchen möchte.

Habe aber auch inzwischen, in ermangelung anderer, dasjenige was in meiner macht stehet thun wollen, damit ich mir dermahleins nicht vorzuwerffen habe, daß ich etwas versäumet, so zu dienst Gottes und des nächsten ausschlagen mögen.

Ob ich schon ein privatus bin, so habe doch an verschiedenen hohen orthen zutritt, und sonsten eine große correspodenz und nachricht vieler paßirenden dinge, und ob mir schohn selbst große wissenschafft nicht zuschreibe, so habe ich doch bekandtschafft und notiz unterschiedener vortrefflicher civil- und militær-personen, so ungemeine

Mais, pour cela, il ne faut point laisser tomber les bras, il faut au contraire faire son devoir et laisser le soin du reste à Dieu.

Quant à moi, dans différents lieux élevés et devant des personnes distinguées, qui ont des relations avec S. M. czarienne, j'ai rappelé ces choses, j'ai tâché que l'on se rapprochât d'elle et que l'on fît un meilleur usage de sa présence. J'ai aussi voulu faire ce qui était en mon pouvoir, afin de n'avoir rien à me reprocher, et j'ai proposé sans retard ce qui seraitconvenable pour servir et Dieu et le prochain.

Quoique je ne sois qu'un *privatus,* j'ai cependant l'entrée dans certains hauts lieux, et j'ai connaissance, soit par correspondance, soit autrement, de bien des choses; ma science n'est pas très-grande, et je suis en rapport avec

guthe gedanken und erfindungen haben, also daß bey wenig privatis in Europa sich mehr kundschafft; bey keinen aber wohl beffere intention finden mag.

Solches muß ohne ruhm zu melden erwehnen, damit man sich nicht verwundere, wie ich dazu komme, mich solcher dinge zu unterwinden.

Suche aber dabey keinen andern nuzen, und habe keine ander noch größer interesse, als das etwas guthes ausgerichtet werden möge. Weilen anfangs in der sache durch schreiben nichts zu thun, so habe mich endtlich entschlossen, ohngeachtet der kosten, eine eigene person abzuschicken, durch deren briefe und bericht ich hernach Seiner czari-Majestät absehen vernehmen, und dergestalt beffer erfahren köndte, ob von mir etwas zu ihrem löblichen zweck beyzutragen seye. Weilen ich aniezo mich nicht zu hause befinde und die Zeit kurz ist, so kan vor dießmahl keine curiosa mitschicken; doch habe in der eile ein obschohn grobes doch deutliches modell einer sonst sehr nüzlichen

beaucoup de personnes civiles et militaires qui ont de bonnes pensées et qui ont fait de bonnes découvertes; peu de *privati*, en Europe, ont autant de clientèle que moi, et aucun n'a de meilleures intentions.

Il a fallu que je rappelasse ces faits tout simplement afin que l'on ne s'étonnât pas de me voir occupé de pareilles choses.

Mais je n'y cherche pas d'autre avantage et n'y ai d'autre intérêt que celui de vouloir faire le bien. Voyant que par correspondance il n'y avait rien à faire, j'ai résolu d'envoyer à mes frais une personne qui, elle-même, m'informerait par écrit des vues de S. M. czarienne. Je saurais alors si, de mon côté, je puis faire quelque chose en faveur de ce louable but. Comme je ne suis point chez moi et que le temps presse, je ne puis, pour cette fois, y ajouter *curiosa*; cepen-

sach zu bezeigung meiner devotion überschicken wollen.

Seiner czarischen Mjt. absehen scheint hauptsächlich auff zwei dinge zu gehn, nehmlich vor dießmahl auff die glückliche fortsezung des Türkenkrieges, und dann vor alle zeit auff bessern flor der lande und leute in dero großen und mächtigen reich.

Die fortsezung des krieges mit den Türcken betreffend, wären einige dinge zu melden, welche der feder nicht zu vertrauen. Solte aber über verhoffen gleich ein friede oder stillstand mit den Türcken getroffen werden, so ist und bleibet doch einen weg wie den andern des Czars hohes interesse, daß Seine Majestät solche anstalt mache, damit dero lande floriren, auch die civil- und militærsachen in vortreflichen stand gesezet werden mögen. Und zwar sowohl umb den krieg besser zu continuiren oder zu reassumiren.

Als auch damit die großen lande ferner und besser angebauet, nahrung, handel, geldmittel darin vermehret.

dant, quelque pressé que je sois, j'ai voulu, pour vous prouver mon dévouement, vous envoyer un grossier modèle d'une chose très-utile.

Les vues de S. M. czarienne paraissent surtout s'arrêter à deux choses : à l'heureuse continuation de la guerre avec les Turcs, et puis améliorer le pays et les habitants de son grand et puissant royaume. Quant à la continuation de la guerre avec les Turcs, il y aurait plusieurs choses à citer, que l'on ne peut confier à une plume. Mais si, contre tout espoir, une paix ou un armistice devait avoir lieu, il resterait cet autre point : l'intérêt que S. M. porte à faire fleurir son pays et à mettre en bon état les affaires civiles et militaires. Et cela ou pour continuer la guerre avec succès, ou pour la reprendre.

Die leute mehr auff wissenschafft, künste, arbeitsamkeit, mäßigkeit abgerichtet.

Und dadurch erlanget werde, daß Seine czarische Mjt. der ihr von Gott verliehenen großen macht, land und leute zu Gottes ehre und nuzen der ganzen werthen Christenheit auffs beste brauchen möge.

Welches umb so viel mehr von wichtigkeit ist, weilen Seiner Mjt. lande Europa und China, als die beyden florirenden extremitæten dieses theils der welt, gleichsam mit einander conjugiren und deren communication zu lande machen können; wodurch dann die chinesischen wahren und nachrichtungen in Europa, hingegen der christliche glaube in China auff eine weise die Moskau anständig fortgepflanzet, und Moskau, als unterhändler von solcher communication, ansehnlichen nuzen haben möge.

Zu allen solchen oberwehnten wichtigen desseinen oder absehen würde nöthig seyn: erstlich daß Moskau

---

Ce grand pays serait aussi mieux cultivé; la nourriture, le commerce, l'argent y seraient plus abondants.

Les hommes tendraient plus vers les sciences, les arts, le travail, la tempérance.

Et il en résulterait que S. M. pourrait employer l'immense puissance que Dieu lui a donnée, son pays et ses gens, à cette même gloire de Dieu, à l'avantage et utilité de toute la chrétienté.

Et ceci est d'autant plus important, que le pays de S. M. et la Chine, qui sont les deux extrémités de ce monde, en venant à fleurir, pourraient se joindre et la communication se faire par terre. Les marchandises chinoises, les nouvelles, la religion chinoise, seraient transplantées à Moscou,

auß unserm Europa alle dienlichen nachrichtungen zu erlangen trachte.

Vors andere, daß S. czarische Mjt. ferner wackere und nüzliche leute in allerhand professionen an sich ziehe.

Vors dritte, daß Sie ihre unterthanen wohl abrichten laße.

Vors vierte, daß Sie auch im übrigen würckliche anstalt mache, wie allerhand guthes zu werck zu richten.

1) Dienliche nachrichtungen zu erlangen aus unserm Europa wäre nöthig, daß S. czarische Mjt. die order stelleten, die beschreibungen der künste und wißenschafften so in büchern bereits vorhanden, zusammen bringen zu laßen.

Daraus hernach der kern mit gebührender vorsichtigkeit in das Rußische übersezet werden köndte.

Ferner wäre dienlich viele guthe bey denen leuten jeder profession, theils im schwang gehende, theils nur

et Moscou, comme intermédiaire, en retirerait de grands avantages.

Pour exécuter tous ces importants desseins, il faudrait d'abord transporter à Moscou toutes les institutions que nous avons en Europe;

Puis, que S. M. attirât à elle des hommes actifs et capables de toutes les professions.

En troisième lieu, elle ferait bien instruire ses sujets.

En quatrième lieu, elle créerait d'autres établissements utiles dans le but de faire le bien.

1° Pour avoir de bons résultats, il faudrait que S. M. donnât ordre de faire transcrire dans des livres les descriptions des sciences et des arts, puis en retirer ce qu'elles con-

wenigen bekandte vortheile, so noch nicht beschrieben, so viel deren zu erlangen, aufsuchen zu lassen und in beschreibungen zu bringen, damit dero leute und unterthanen deren auch genießen mögen.

2) Nehmlich die anlockung wackerer leute betreffend, wäre ein vor allemahl das land dergestalt zu öfnen, und durch eine sanctionem pragmaticam festzustellen, daß jedermann wieder nach seinem belieben herauszziehen könne.

Es wären eigene Societäten, Academien oder versamlungen von unterschiedener art, von dergleichen aus Europa hinein gezogenen leuten zu formiren, und damit solches desto weniger den einkünften des Czars beschwerlich seyn möge, köndten ihnen anstatt besoldungen in baarem geld viel mehr liegende güther zu genießen angewießen werden. Stünde dahin, ob nicht guth an gewißen bequemen orthen des moscovischen reichs ganze europäische colonien anzulegen, auch zu dem ende privilegia und vortheile zu verwilligen.

tiennent de meilleur et le faire traduire en langue russe. Puis il faudrait faire décrire aussi par les hommes de profession ce qu'ils savent de leur métier.

2° En ce qui concerne l'appel des gens habiles, il faudrait ouvrir le pays à tout le monde, établir une *sanctionem pragmaticam*, et accorder à chacun le droit de retourner librement dans son pays.

On organiserait des sociétés, des académies, ou des réunions de toutes sortes pour former ces hommes venus de l'Europe, et, pour que cela obérât le moins possible les revenus du czar, au lieu d'argent comptant, on ferait des concessions de biens. Resterait à savoir s'il ne serait pas convenable de transporter dans quelques pays agréables de la Russie des

3) Wie die leute in den moscovischen landen und reichen selbst zu schiffart, krieges-disciplien, künsten und wissenschafften, mäßigkeit und guthen sitten besser abzurichten, ist zu bedencken, daß mit denen die schohn erwachsen und des eiteln lebens sowohl als der unmäßigkeit gewöhnt, schwer etwas zu thun; also die vornehmste hofnung auff die anwachsung und erziehung junger leute zu sezen. Damit deren erziehung und unterweisung auff eine nüzliche Gott und menschen wohlgefällige und zumahl zulängliche weise vorgenommen werden könne, sind gewisse vorschläge obhanden, davon absonderlich zu handlen nöthig seyn wird, wenn S. czarische Mjt. bezeigen werde, daß Sie dergleichen mit nachdruck vorzunehmen begriffen.

Hauptsächlich würde zwar nöthig seyn, daß der Prinz, so dem lauf der natur nach den russischen thron dermahleins besteigen soll, nach dem exempel des herrn vatern zu dergleichen heroischen vorhaben angeführet

colonies entières de l'Europe, en leur accordant quelques priviléges et avantages.

3° Comme les Moscovites et les autres gens du royaume sont faciles à dresser pour la navigation, la discipline militaire, les arts et les sciences, la tempérance et les bonnes mœurs, il est à considérer qu'on aurait bien de la peine avec ceux qui sont déjà grands, habitués à l'intempérance; la seule espérance serait donc fondée sur l'élévation et l'éducation des jeunes gens. Afin que cette éducation et cet enseignement soient faits d'une manière utile à Dieu et aux hommes, il faut employer certains moyens, entre autres apprendre le commerce, si S. M. en témoigne le désir.

Il serait important aussi que le prince, qui naturellement doit succéder au trône, fût instruit, à l'exemple de son

werde, damit er dermahleins dieß große werck vollführen
könne. Man zweifelt aber nicht, es werde S. czarische
Mjt. von selbst auff eine so große und wichtige sache denken, von welcher etwas fürzuschlagen man sich ohne be=
fehl nicht erkühnet.

4) Und die anstalt belangend, wie alles ins werck zu
richten, so wäre dermahleins nöthig, daß S. czarische
Mjt. ein eignes obristes collegium auffrichte, welches
von niemand anders als Seiner Majestät dependire,
und eigentlich pro objecto habe, die bishehr erwehnten
dinge und sonderlich die vermehrung des flors der czarischen lande und leute, zumahl durch neue anstalten; dergestalt daß wissenschafften, manufacturen und was denen
anhängig davon dirigirt würden.

Es köndte auch ein gewisser fundus und einkommen
dergestalt dazu gewiedmet werden, daß dieses ober=colle-
gium selbst davon disponiren könne und andern nicht in
die hände sehen dürffe, welche vielleicht durch ihre wieder-

père, de cet héroïque projet, afin que, plus tard, il puisse
continuer cette œuvre. Mais on ne doute pas que S. M. elle-
même ne pense à ce grand et important projet.

4° Quant à la manière dont il faudrait faire marcher les
choses, il serait nécessaire que S. M. fondât un collége supérieur, qui ne dépendrait de personne autre que d'elle-
même, et dont l'objet serait de faire exécuter les choses
mentionnées ci-dessus, et principalement de faire fleurir le
pays en multipliant les établissements. S. M. prendrait
aussi la direction des manufactures et ce qui en dépend. On
pourrait aussi allouer un certain *fundus* dont ce *collegium*
supérieur disposerait lui-même, ne laissant ce fonds entre
les mains de personne, car par jalousie on pourrait vouloir
empêcher l'exécution de ces bons projets.

spänstigkeit und jalousie die guthen vorhaben hindern möchten.

Wie nun alle diese dinge auff eine so vortheilhaffte weise zu fassen, daß sie wenig beschwehrung erfordern und doch großen nuzen haben möchten, davon wäre ferner absonderlich und außführlich zu handeln.

Insonderheit wäre auff anbauung der lande, auff bergwerke, auff gebrauch der ströhme und verbesserung der binnenländischen fahrt reflexion zu machen.

Nehmlichen nicht nur auff der Volga (so nunmehr mit der Don durch einen canal, wie vernehme, vereiniget wird), sondern auch auff der Suchana und Divina, auff dem Nieper, Duna, Occa, Juga, Waga, Kama, Tobol, Irtis, inmaßen die binnenländische schiffart auff den ströhmen gleichsam ein gradus ist, die leute allmählig zur seefahrt zu bringen. Sonsten weilen S. czarische Mjt. ein so großer liebhaber der schiffartssachen, so könte ein gewisser punct vorgeschlagen werden, welcher vor an=

On verra plus tard, plus amplement, comment toutes ces choses doivent être faites, afin de demander peu de peine et procurer cependant de grands avantages.

En particulier, il faudrait réfléchir à la culture de la terre, aux mines, à l'usage qu'on pourrait faire des rivières et à l'amélioration de l'intérieur.

Il faudrait non-seulement songer au Volga (qu'on pourrait réunir par un canal au Don), mais à la Suchana, à la Dwina, Nieper, Duna, Occa, Juga, Waga, Kama, Tobol, Irtis, afin que la navigation intérieure, qui est un degré pour l'autre, rende les hommes aptes à la navigation sur mer. Et puisque S. M. est un si grand amateur sous ce rapport, on pourrait lui proposer un certain point que l'on pourrait appliquer ici et qui procurerait un grand avantage. On pourrait traiter

bern füglich in Seiner Majestät lande zu thun, daburch allen seefahrenden ein überaus großer nuz gefaßet werden köndte. Von allen diesen puncten köndte zu seiner zeit ausführlicher gehandelt werden, wenn man S. czarischen Mjt. neigung dazu auff eine solche weise verspühren solte, daß gute hofnung zum sucess vorhanden.

Man ist dießfals zu ferner correspondenz und communication nicht ungeneigt, weswegen nach guth befinden fernere mensuren zu nehmen seyn würden.

toutes ces questions en temps et lieu avec étendue, si la bonne disposition que S. M. montrait pour ce projet pouvait faire croire à un succès.

Du reste on n'est pas ennemi d'une correspondance ou communication relative aux mesures ultérieures à prendre.

EXHORTATION POUR S. M. LE CZAR.

Ayant été traité si gracieusement par Sa Majesté Czarienne, lorsque j'eus le bonheur de lui marquer ma dévotion à Torgau, et mettant d'ailleurs mon soin principal dans ce qui peut servir à l'avancement de la gloire de Dieu et du bien des hommes, par l'accroissement des connoissances solides et utiles, je serois ravi de pouvoir contribuer au grand et beau dessein que le Czar a, de faire fleurir les Sciences et les Arts dans son grand empire, qui fait la connexion de la Chine et de l'Europe, et peut profiter des lumières des uns et des autres.

J'avoue que, pendant la guerre, Sa Majesté ne peut pas assés travailler à une si noble entreprise: mais, comme il est toujours bon de gagner le tems, la plus précieuse de nos possessions, et comme il est important pour la postérité que Sa Majesté établisse bien pendant sa vie une chose aussi étendue que celle de cultiver des grandes nations, parce qu'il est bon qu'un tel dessein soit exécuté uniment par un même esprit qui le dirige, comme une ville est toujours plus belle qand elle est bâtie tout d'un coup, que lorsqu'elle s'est formée peu à peu à diverses reprises, je serois d'avis, par ces raisons et beaucoup d'autres, qu'on ne perdît point de tems; afin que Sa Majesté voye Elle-même son ouvrage bien avancé et assuré, et en puisse goûter les fruits

pendant sa vie, laquelle on lui souhaite aussi longue qu'heureuse, mais laquelle ne sauroit jamais être trop longue pour bien exécuter un dessein qui est de si longue haleine, quand on le prend dans toute son étendue.

Cela posé, il sera bon de penser au plutôt à préparer les choses; c'est-à-dire à former un plan bien lié, et puis à songer aux moyens propres à l'exécuter, c'est-à-dire tant aux personnes, choses et actions dont on aura besoin, qu'aux dépenses qu'il conviendra de faire. Les personnes seront choisies très-capables, dont la plus grande partie sera établie dans les états du Czar, et quelques-unes aussi seront au dehors pour entretenir la correspondance et pour fournir ce qu'il y a de bon ailleurs. Les choses seroient : bâtimens, jardins, bibliothèque, cabinets, observatoires, laboratoires, etc., garnis des simples, plantes, instruments, modèles, livres, médailles, anticailles, et de toute sorte de raretés de la nature et de l'art. Les actions auxquelles il faudroit penser seroient principalement les ordonnances, loix et statuts qu'il faudroit faire et les bons ordres qu'il faudroit donner pour introduire les bonnes connoissances, pour les faire recevoir des peuples, pour bien faire instruire la jeunesse, et pour éviter dès à présent les abus qui s'y peuvent glisser, et dont les études ne sont que trop infectées en Europe.

Quant aux dépenses, il faut les rendre modérées et réglées, afin qu'elles ne chargent les finances du Czar que le moins qu'il est possible, et afin qu'elles soyent néanmoins suffisantes et immanquables. Et comme la plus grande partie de la dépense se doit

faire dans les états du Czar, où les vivres sont en abondance et à bon marché, et où le territoire est grand et peut recevoir encore beaucoup de culture, il y a moyen de faire les choses en sorte que le Czar en aye le plaisir et fruit, sans en recevoir aucune incommodité. Et par rapport aux dépenses en argent qu'il faudroit faire principalement hors du pays, il y auroit encore moyen de trouver des expédiens aisés et commodes, et peut-être de tels, que Sa Majesté y gagneroit au lieu de perdre.

Si Sa Majesté Czarienne l'ordonne, on pourra penser un jour à former ce plan plus en détail ; mais pour cet effet il faudroit être plus à portée pendant quelque tems, pour avoir des informations justes et suffisantes des particularités et circonstances, et surtout des intentions de Sa Majesté.

On dira seulement ici par avance que la ville capitale de Moscou, et puis Astracan, Kiow et Pétersbourg, semblent mériter une réflexion particulière pour l'établissement des universités, académies et écoles, et ce qui en dépend ; mais il sera à propos surtout de mettre des bons ordres en général pour l'éducation de la jeunesse, et penser à prévenir les abus qui se sont glissés dans la pluspart des universités, sociétés et écoles de l'Europe.

CORRESPONDANCE CONCERNANT LA RUSSIE.

I.

LEIBNIZ A SPARVENFELD.

29 janvier 1697.

Votre généalogie des Czars de Moscovie est une pièce considérable.

J'ai aussi reçu la grammaire russienne de M. Henry-Guillaume Ludolf, imprimée l'année passée à Oxfort. Elle me paroist trop maigre aussi bien qu'à vous, et, puisqu'il dit qu'une certaine langue slavonne est la langue des sçavans en Moscovie, il auroit été bon d'en dire un peu d'avantage et de la comparer avec la langue courante des Moscovites. Il falloit aussi un petit dictionnaire. (Mais nous aurons tousjours beaucoup d'obligation à l'auteur de ce livre, s'il a contribué à vous animer à donner ce que vous méditès sur ces langues. J'ai appris qu'il a esté en Moscovie, et que depuis il a fait quelque fonction de secrétaire auprès du prince George de Dannemark. Je vous supplie cependant de me dire vostre sentiment sur la nature de cette langue slavonne et si elle a plus de rapport à la langue des Polonois ou des Bohémiens ou des Esclavons voisins de la mer Hadriatique.) Nous avons aussi un

petit reste de Slaves dans le pays de Lunebourg, le long de l'Elbe. Je me suis enquis d'eux et en ay demandé le *Pater noster,* où je trouve des mots qui ne sont pas dans les Oraisons dominicales des autres langues slavonnes et qui semblent venir du prussien, de sorte que je m'imagine que cette espèce de Wendes est venue de ce côté-là.

II.

PROJET DE LETTRE DE LEIBNIZ A UN PERSONNAGE DE LA COUR DE WOLFENBUTTEL.

Hanovre, ce 31 mai 1697.

Monsieur,

Je suis fâché de n'avoir pas pu assister cette fois à vostre feste pour témoigner ma dévotion et pour faire mes souhaits en personne. Dieu fasse que S. A. S. célèbre encore souvent cette feste et nous avec elle. Vous sçavez ce que dit un jour M. Stiquinelli en beuvant à la santé de Mgr le duc de Zell : « Vive Mgr le duc George-Guillaume et Stiquinelle aussi ! » Mais feu Mgr le duc Jean-Frideric, qui estoit présent, dit là-dessus que c'estoit comme saint Antoine et son pourceau. Si nous ne sommes pas assez gras pour être comparés avec des pourceaux, on pourra dire que Mgr le duc Antoine avec nous sera comme saint Hubert avec ses chiens. Il est vrai que nous chassons tout autrement, et que vostre chasse encore est bien autre que la mienne. Quoy qu'il en soit, je vous supplie de témoigner ma dévotion à S. A. S.

Il est vray qu'on voit les Alpes des environs d'Augsbourg et que cela aura tenté S. A. S. Il faut se réserver pour le jubilé.

Quant à l'affaire de M. le docteur Schmidt, j'espère qu'on pourra prendre ses seuretés avec luy, et il est plus aisé de faire garder les traités par un professeur de Helmstät que par un roy de France. Il a quelque raison de s'attendre à la qualité d'abbé, parce que cela donne une distinction honorable.

Et comme il est d'une humeur douce et traitable, et éloigné des dépenses, on a moins à craindre de luy que de quelques autres. Je suis très-seur qu'il ne sera jamais homme à ruiner l'œconomie de l'abbaye.

Pour ce qui est du Czar, on continue à Königsberg, selon les dernières relations, de luy faire tous les honneurs imaginables, autant que l'incognito en peut souffrir. L'Électeur le traita dans une maison de plaisance. Ceux qui mangèrent avec luy furent l'Électeur, le Marggrave, le prince de Holstein-Beck, le grand président, le commissaire de guerre, son frère, et quelques peu d'autres. Le Czar fut fort gay et parla très-familièrement avec tout le monde. Il témoigna d'approuver la douceur dont on use dans ces pays et de désapprouver les cruautés du sien. Il se promena quelques heures dans le jardin avec l'Électeur. Entendant certains hautbois, il se mit à jouer, et on reconnut qu'il en avoit appris quelque chose. Il battit aussi le tambour mieux que ne fit à Wolfenbutel Mgr le comte de Kniphausen. Sa curiosité est grande, aussi bien que sa vivacité, qui l'empêche de s'arrester. C'est pour-

quoy on a eu toutes les peines du monde à le faire peindre; on y a réussi pourtant à la fin, et le tableau ressemble assez. Un de ses gentilshommes ayant fait une faute assez lourde, il luy dit : « Si nous étions en Moscovie, vous auriez le knut; icy nous sommes dans un pays de douceur, je vous pardonne. » Enfin ses trois ambassadeurs arrivèrent. On conclut, dans le conseil, qu'on ne pourroit faire trop d'honneur à cette ambassade, puisque le Czar, quoique incognito, estoit présent. Les ambassadeurs sont le général le Fort, le commissaire général de guerre et le chancelier de l'Empire. Le premier passe pour le favori. Il est natif de Genève et fort magnifique. C'est luy qui a mis dans la tête du Czar ses desseins de voyage et de réforme. M. le Fort boit en héros, personne ne luy sçauroit tenir tête. On appréhende qu'il ne fasse crever quelque courtisan de l'Électeur. Commençant le soir, il ne quitte la pipe et le verre que trois heures après le soleil levé. Cependant c'est un homme d'un grand esprit. Les deux Moscovites ses collègues sont bien plus réservés. L'Électeur dit au Czar qu'il auroit de la peine à s'empêcher de rire quand dans l'audience il faudroit demander aux ambassadeurs, selon la coustume, comment se porte le Czar, et s'ils l'ont laissé en bonne santé. Il fut luy-même à la fenestre avec l'Électeur, pour voir leur entrée, qui fut très-magnifique, et le Czar en fut très-satisfait.

Sçavez-vous, Monsieur, quelle pensée m'est venue dans l'esprit? Vous aurez ouï dire que monsieur Weigelius travaille à introduire une réforme de nos écoles et estudes. Je m'en vay luy écrire

que, puisque le Czar veut débarbariser son pays, il y trouvera *tabulam rasam* comme une nouvelle terre qu'on veut défricher, les Moscovites n'étant pas encore prévenus en matière de science, et qu'il semble que ce prince est venu exprès en Allemagne pour luy, sans qu'il ait besoin d'aller en Moscovie, comme il est allé chez les rois du Nord. Ce n'est point raillerie du tout. M. Weigelius seroit le fait du Czar. Et moi, je suis avec zèle, Monsieur, votre très-humble et très-obéissant serviteur,

LEIBNIZ.

P. S. Mes soumissions à votre jeune prince et mes recommandations à M. Röber. Je vous supplie aussi, Monsieur, de souhaiter un heureux voyage de ma part à M. le grand maréchal. Une personne m'est venu voir, qui a de l'étude (même dans le droit) et du monde, qui écrit bien en latin, françois et allemand ; il seroit propre à quelque ministre et il souhaiteroit d'aller ainsi en Hollande, mais je m'imagine que M. le grand maréchal sera pourveu. J'apprends qu'on n'a rien encore résolu touchant le graveur; il faudra attendre le retour de M. le baron de Görz.

III.

PROJET DE LETTRE DE LEIBNIZ A PALMIERI.

Hanovre, 25 juillet 1697.

Monsieur,

En allant chez vous ce matin pour vous rapporter ce que vous aviés eu la bonté de me communiquer,

j'ay appris que vous estiés parti à grand matin pour estre de ceux qui feront les honneurs au pays auprès de l'ambassade du grand Czar de Moscovie, où ce monarque se trouve luy-même *incognito*. Or, mon dessein estant d'aller droit d'icy à Minden, où on les attend aussy, et ayant appris que vous aviés vu et connu à Rome M. le général le Fort, chef de l'ambassade et *privado* du Czar, il m'est venu dans l'esprit de vous supplier par celle-cy de me procurer quelque entrée auprès de ce grand homme, dont un des plus puissans princes du monde se sert comme de son principal organe pour exécuter les desseins héroïques qu'il a formés pour le bien de la chrestienté et de ses peuples. Il est vray que je suis poussé par une curiosité, mais que j'espère qu'on ne désapprouvera pas. Elle n'est pas de la nature de celles qu'on a ordinairement. Je souhaiterois d'estre éclairci tant sur la généalogie du Czar, dont j'ay un arbre généalogique manuscrit, que sur la diversité des nations qui luy sont soumises. Cet arbre, dont je viens de parler, fait voir comment Michel Fedrowitz, premier grand Czar de cette branche qui règne à présent, vient en ligne droite masculine du même chef dont la branche éteinte des Czars estoit descendue. Et quant à la diversité des nations, je souhaiterois fort de pouvoir obtenir des échantillons des langues de ce pays-là, sçavoir de celles qui sont entièrement différentes de la russienne, par exemple de celle des Czircasses, Czérémisses, Kalmucs, Sibériens, etc., et peut-estre qu'on apprendra par là de quels endroits de la Scythie les Huns et les Hongrois sont sortis. Et comme maintenant la juris-

diction du Czar va jusqu'aux frontières des Tartares de la Chine, cette information servira à mieux connoistre une grande partie du globe terrestre, les différentes races des nations ne se pouvant mieux discerner que par les langues et leur harmonie ou cognation. Je vous supplie d'insinuer tout cecy de bonne manière, et même (si cela se peut commodément) sans beaucoup de bruit. Car bien des gens ne se soucient pas de ces curiosités, qu'ils s'imaginent estre inutiles. Vous n'estes pas de leur sentiment, et moy non plus. Au reste, plusieurs de vostre cour et même de celle de Florence attendront de vous un récit curieux de vostre présente expédition.

Je suis avec passion, Monsieur, votre très-honoré et très-obéissant serviteur,

LEIBNIZ.

A M. le comte Palmieri, à Salz-Hemmendorf.

IV.

RÉPONSE DE PALMIERI.

Monsieur,

J'ai reçu celle que vous m'avez fait l'honneur de m'écrire, et, touchant la connoissance que vous croyez que je puisse avoir avec M. le général le Fort, je vous dirai, Monsieur, que j'ai connu à Rome, chez le duc de Schonez, ambassadeur de France, un homme qui s'appeloit le Fort et estoit dans un grand crédit auprès de M. l'ambassadeur, et alors il faisoit un voyage en Pologne; mais comme

ce Monsieur, on dit qu'il y a longtemps qu'il est en Moscovie, je crois qu'il n'est pas le mesme ; en tout cas je ne manqueray pas de luy communiquer vos sentiments et de luy dire qu'à Minden vous le pourriez voir. J'écris à la hatte sans ancre, et presque sans plume ; je vous prie (pardon) de l'adresse de ces lettres, et je suis, Monsieur, votre trèshonoré et très-obéissant serviteur,

Palmieri.

V.

PROJET DE LETTRE DE LEIBNIZ SUR LE SÉJOUR DE PIERRE A COPPENBRUCKE.

Puisque vous aimez à savoir des nouvelles de nos quartiers, je vous dirai, Monsieur, que Mme l'Électrice de Brandebourg, ayant appris que S. M. le grand Czar devoit passer à Coppenbrügge, à cinq lieues d'icy, où Mgr l'Électeur de Brunsvic avoit donné ordre de la traiter, et sachant la grande amitié qu'il y a entre Mgr son époux et lui, elle fit demander à S. M. si elle pouvoit avoir l'honneur de la voir avec Mgr l'Électeur, sa mère, M. de Cell et Messieurs ses frères, pour lui marquer l'attachement et l'estime qu'elle a pour lui. Le grand Czar ayant fait répondre qu'encore qu'il fût incognito, et que même il ne souhaitoit pas que l'on savoit qu'il fût dans le train de ses trois propres ambassadeurs, qu'il seroit pourtant fort aise de voir cette illustre compagnie avec la moindre suite que cela se pouvoit. Ainsi L. A. E. se rendirent toutes

audit lieu avant l'arrivée des Moscovites, qui n'arrivèrent que vers le soir. Mais, comme, malgré l'ordre que l'on avoit donné, la foule y estoit très-grande, M. le Prince-Électeur fut obligé de faire écarter le monde par ses gardes. Ainsi, comme MM. les ambassadeurs entrèrent avec leur suite, le grand Czar, sans être incommodé ny vu de personne, passa par un degré dérobé, pour entrer dans l'appartement qu'on lui avoit préparé, qui estoit proche de la salle où on devoit souper. Mmes les Électrices et les Sérénissimes Princes allèrent faire la révérence à S. M. Elle les receut fort obligeamment. M. le Fort, son premier ambassadeur, lui servoit de truchement. Le compliment fini, on alla souper, et le grand Czar se mit à table entre Mmes les Électrices, et Mgr le duc de Cell voulut s'asseoir entre Mme l'Électrice de Bronswic et M. le Fort, Genevois de nation, auprès duquel estoient les autres ambassadeurs. De l'autre côté, à la droite, auprès de Mme l'Électrice de Brandebourg, estoient les trois princes et le fils du roy de Menetia, qui a été détrôné par son oncle, qui a embrassé la religion mahométane et s'est mis sous la protection du Grand Seigneur, pour se maintenir sur le trône usurpé. Mais le grand Czar prétend l'en chasser et y rétablir son neveu. Il y avoit deux truchements derrière S. M. Elle parla à Mmes les Électrices avec beaucoup de vivacité et de justesse. Elle dit, à propos du prince détrôné, qu'elle ne faisoit jamais la guerre que pour la justice. Mme l'Électrice de Brandebourg lui donna la musique italienne, que le grand Czar semble trouver belle, mais il avoua que

la musique n'estoit pas son plus grand penchant. Sur quoy Mme l'Électrice de Bronsvic luy demanda s'il aimoit donc mieux la chasse. Il luy répliqua que l'Empereur son père l'avoit fort aimée, mais que pour lui il avoit toujours esté plus porté pour la navigation et les feux d'artifice; qu'il faisoit construire à présent soixante-quinze vaisseaux de guerre, qu'il y travailloit luy-même quand il s'y trouvoit présent, et montra pour marque à L. A. E. ses mains, qui estoient rudes, pour s'y être appliqué. Mmes les Électrices trouvèrent sa conversation s agréable que, bien qu'on fût longtemps à table, elles auroient souhaité d'y rester plus longtemps.

S. M. leur fit aussi voir ses quatre petits nains, qui sont fort jolis, fort bien élevés et habillés à la françoise. Cependant M. le duc de Cell entretenoit le Fort, auquel il trouva beaucoup de jugement et de politesse, et digne du poste qu'il occupe. L'on dit que les deux autres ambassadeurs ont aussi beaucoup d'esprit et de mérite; mais, comme on ne leur pouvoit point parler, on n'en peut point juger. Après que S. M. et L. A. E. eurent soupé, le grand Czar fit venir la musique, et Mmes les Électrices et les dames dansèrent avec luy à la Moscovite. C'est ce qu'il fit de fort bonne grâce, car c'est un prince fort grand et très-bien fait, qui a le visage fort beau. Il n'a que vingt-six ans. Ses ambassadeurs eurent l'honneur de danser avec L. A. E. et d'autres dansèrent aussy. On a trouvé cette danse fort grave et fort jolie. Le bal dura jusqu'à quatre heures du matin, après quoy L. A. E. prirent congé du grand Czar pour aller se reposer à une maison de gentil-

homme où on avoit dressé leurs lits. Mais comme il faisoit déjà jour, elles s'en retournèrent à Herrenhausen, sans aller coucher, trouver Mgr l'Électeur, qui ne se porte pas trop bien. Elles ont témoigné être très-satisfaites de cette entrevue, mais fort fâchées de ce qu'elle n'a pas duré plus longtemps.

VI.

PROJET DE LETTRE DE LEIBNIZ A LE FORT L'AINÉ.

Monsieur, je ne sçay si V. Exc. aura le loisir de donner un moment d'attention à mes souhaits, dont peut-être un gentilhomme de la cour électorale d'Hannover luy aura déjà donné quelque information de ma part. Mes recherches sont fort étendues. L'Empereur, l'Électeur de Brandebourg et d'autres puissances les ont souvent favorisées. Celle que je fais présentement ne déplaira peut-être pas à la majesté du Czar. Je désire plusieurs connoissances qui regardent ses États. Je n'en toucherai que deux. Premièrement, j'ai un arbre généalogique manuscrit des ancestres et de la famille du Czar, mais il en faudroit avoir des assurances et des éclaircissements.

Secondement, je demande des échantillons des langues de toutes les nations qui sont soumises au Czar et trafiquent dans ses États jusqu'à la Perse, aux Indes et à la Chine; j'entends les langues entièrement différentes de la russienne; et, pour avoir des échantillons de ces langues, je crois qu'il seroit

à propos d'y avoir des traductions du *Pater noster* et une liste de quelques mots des plus ordinaires selon le langage de chacun de ces peuples.

J'attends de semblables informations de la Chine même, et, comme les grands États du Czar joignent la Chine avec nous et embrassent presque tout le Nord, on connoîtra mieux par ce moyen une grande partie du globe terrestre. Et puisque aussi les origines des nations ne paroissent mieux que par les langues, on apprendra par ce moyen de quels endroits des pays du Czar les Huns, Hongrois et autres peuples sont sortis.

Mais je m'expliquerai plus distinctement si V. Exc. me pouvoit entendre en particulier sur ces matières, qui peut-estre ne seront pas désagréables, et qui tendent à exalter et célébrer la grandeur du Czar son maistre.

VII.

MÉMOIRE DE LEIBNIZ POUR LE FORT.

Je ne voy point comment un grand prince puisse former un plus beau dessein que celui de rendre ses États fleurissans et de cultiver en perfection la plantation que Dieu luy a confiée. Le grand Czar des Russes fait voir l'élévation extraordinaire de son génie et de son courage héroïque, non-seulement dans les affaires de guerre, mais encore dans le gouvernement, en formant et en exécutant des projets où pas un de ses prédécesseurs n'a osé penser avec effet. Il va même au-delà du besoin de son propre

pays, et, non content de donner à ses peuples les perfections qui leur manquoient, il songe au bien général de la chrestienté en animant les autres contre l'ennemi commun par une ambassade des plus solennelles, et en les assistant par des grandes forces avec beaucoup de succès : ce qui est d'autant plus considérable, que le besoin est pressant, et qu'il y a lieu de croire que sans cette diversion nos affaires en Hongrie auroient pris un mauvais pli. Ainsi nous avons sujet de prier Dieu qu'il conserve ce grand prince, qui est encore dans la fleur de son âge, pour achever ce qu'il a commencé si glorieusement. Et l'événement surprenant de l'élection de Pologne nous donne des grandes espérances, que Dieu s'est proposé d'humilier les Ottomans et de faire chasser le mahométisme au moins de l'Europe.

Il semble encore que c'est une fatalité singulière, ou plustost un coup de la Providence, qu'en même temps dans le Nord, dans l'Est et dans le Sud, les trois plus grands monarques ont des intentions semblables et toutes fort singulières. Car, outre le Czar Pieter Alexiewiecz, souverain seigneur des Russes et presque de tout le Nord, nous apprenons que Cam-hi Amalogdo-Chan, monarque de la Chine et des Tartares les plus orientaux, et Jasok Adjam-Saugbed, roy des Abyssins, qui a fait aussi des grandes conquêtes sur ses voisins barbares, ont tous conçu des desseins qui surpassent de beaucoup ceux de leurs ancestres, comme nous apprenons tant par les relations nouvelles de la Chine, où le christianisme vient d'être autorisé et appuyé d'un édit du roy, que par l'ambassade des Abyssins à Batavie

en 1692. Le Czar et le roy des Abyssins sont chrétiens tous deux, ennemis et frontiers du Turc, quoique bien éloignés l'un de l'autre. Mais le Czar et le monarque des Chinois sont frontiers entre eux et tous deux merveilleusement portés à attirer dans leur pays les sciences, les arts et les bonnes manières particulièrement de nostre Europe, et ils se peuvent prester la main et obliger mutuellement à cet égard.

Je ne veux parler présentement que de ce qui sert à cette intention, laissant à part ce qui regarde l'Estat, la guerre et le commerce avec la navigation, quoique en effet rien ne soit plus important pour tous ces points que les sciences et les arts. Il semble que, pour les transplanter dans la Russie, conformément à l'intention du Czar, il sera bon de charger exprès certaines personnes de ce soin et de former un projet général, qui consiste en ces deux chefs : attirer ce qu'il y a de bon chez les étrangers, tout autant qu'on peut avoir d'hommes excellens et intelligens et des choses rares et utiles; et il faut cultiver chez soy les hommes et le pays et ce qui en dépend.

On peut cultiver les hommes tant en les faisant voyager qu'en les instruisant chez soy. Et on peut cultiver le pays en prenant une connoissance exacte de ce qu'il a et qu'il n'a pas, et en songeant à suppléer ce qui luy manque. Ainsi voicy quelques articles qui comprennent tout ce qu'il y a à faire :

1° Former un établissement général pour les sciences et arts;

2° Attirer des étrangers capables;

3° Faire venir des choses étrangères qui le méritent;

4° Faire voyager des sujets avec les précautions convenables;

5° Instruire les peuples chez eux;

6° Dresser des relations exactes du pays pour connoistre ses besoins;

7° Suppléer à ce qui lui manque.

Il sera peut-être bon de dire quelques mots sur chacun de ces articles.

Premièrement. L'établissement général demande un projet général des personnes choisies pour l'exécution et un fonds convenable. *Le projet* seroit une description ample des choses à faire, dont ce qui se dit icy n'est qu'un petit commencement. Les personnes choisies, surtout les principales, devroient être fort versées dans les sciences et arts, d'un genie élevé, au-dessus de l'intérêt, cherchant plustôt la gloire que le gain, appliquées et actives, et qui ayent beaucoup de correspondances et de connaissance. Quant aux *fonds,* la quantité et la manière dépend entièrement du bon plaisir du Czar. Cependant il sera bon de se souvenir que le temps est la (plus) précieuse de toutes les choses du monde, qu'on ne sçauroit acheter trop cher, et qu'ainsi il vaut mieux faire les choses d'abord avec vigueur, que de les faire traisner longtemps par une trop grande épargne. Puis le délay peut faire naistre mille obstacles, outre qu'en différant trop, ce ne seroit pas nous, mais nostre postérité qui en goustera les fruits.

Secondement. Pour attirer les étrangers, il faut

révoquer ou modifier les loix qui les peuvent rebuter ou dégouster et particulièrement celle qui les empêche d'entrer et de sortir librement: car, si on les traite bien, pour un qui sortira, ils en viendront dix autres. Il faut leur accorder certains priviléges et avantages, et mettre ordre tant pour les postes et voitures pour amener ou ramener eux ou leurs meubles et hardes, qu'à l'égard de leurs habitations, subsistance, justice, police et négoce. Et il faudra délibérer s'il ne seroit à propos de leur assigner particulièrement certains endroits pour y faire des colonies.

Troisièmement. Les choses étrangères qu'on pourroit faire venir, seront des livres et instructions sur toute sorte de matières, des curiosités, raretés et belles choses, qu'on peut propager ou imiter dans le pays. Ainsi il faudra des bibliothèques, boutiques de libraires et imprimeries, des cabinets de raretés de la nature et de l'art, des jardins des simples et ménageries, des animaux, des magazins de toute sorte de matériaux et des officines de toute sorte de travaux. Les livres tant imprimés que manuscrits contiennent un trésor de la connoissance humaine sur toute sorte de sujets, puisque par le moyen de l'écriture et particulièrement de l'impression les connoissances sont fixées et transmises des uns aux autres et même à la postérité. Ainsi il n'y faut rien négliger, la mémoire des hommes ne pouvant fournir à tout sans ce secours.

Les cabinets doivent contenir toutes les choses considérables qui se peuvent mettre en petit volume et les échantillons des choses rares de la nature et

de l'art. Et quant à la nature, il y faut particulièrement des pierres, métaux, minéraux, plantes vives ou imitées, animaux séchés ou embaumés, esquelettes, peintures et autres imitations de ce dont on ne peut avoir l'original.

Les raretés de l'art peuvent être des dessins, modèles et essais de toute sorte, de belles inventions, des instruments de mathématique, tuyaux, miroirs, verres, horloges, tableaux, statues et autres sculptures, médailles et autres antiquités, en un mot tout ce qui peut instruire et plaire; outre les choses qui se peuvent enfermer dans des cabinets, il faudra, pour avoir les choses en grand, qu'on fasse dresser des jardins pour avoir toute sorte de plantes, fleurs, herbes et arbres, que le pays peut souffrir, avec des orangeries et autres moyens propres à les conserver en hyver. Il faut aussi des ménageries et viviers, étangs et volières pour avoir de toute sorte de bestes, oiseaux et poissons. Et il faut chercher de propager dans le pays les plantes et animaux qui y sont propres. Les magazins contiendront quantité d'autres drogues et matériaux bien arrangés et bien soignés. Et enfin il y aura en grand des observatoires, des moulins, boutiques, officines et maisons de travail, qui contiendront toutes sortes de machines et inventions mises effectivement en exécution.

Quatrièmement. Les voyages des Russes peuvent être de curiosité et de commerce ou employ. Les voyages de curiosité conviennent tant aux seigneurs qu'aux artisans, qui veulent se perfectionner. Il est vray que ceux-cy en auront moins besoin, s'ils sont bien instruits chez eux. On ne laissera pas d'en faire

voyager quelques-uns de temps en temps. Les voyages d'employ comme ceux des ambassades sont d'une autre espèce ; ceux de commerce sont tant par mer que par terre, par mer en naviguant aux terres voisines ou éloignées, soit sur des vaisseaux des étrangers ou dans les leurs, détachés ou par escadres et flottes, pour un simple négoce ou pour faire des établissements et colonies ; par terre on voyage chacun à part ou par caravanes, dans l'Europe, dans la Perse et Indes ou dans le Cathay. En tout ceci il faut avoir grand soin que les vertus et avantages des pays étrangers soyent apportés sans le mélange de leurs vices, autant qu'il se peut : afin qu'on ne prenne point de mauvaises habitudes ny des maximes pernicieuses, contraires à la piété due à Dieu et à l'obéissance due au monarque.

Cinquièmement. L'instruction des peuples chez soy consiste dans la fondation des écoles et académies tant de sciences et arts que des exercices. A quoy il faut faire un choix de bons informateurs, qui ayent soin de mener les enfants et la jeunesse à la vertu aussi bien qu'à la science. Il faudroit pour cela leur donner des instructions, faire faire des livres exprès pour leur usage et pour celui des écoliers, procurer des livres, instruments et occasions de les exercer. Il sera bon aussi que ceux qui doivent devenir sçavans apprennent l'histoire, les mathématiques et langues, particulièrement l'hébreu, le latin, le grec et le teutonic, mais surtout le latin, qui contient maintenant.....)

Sixièmement. La connoissance exacte du pays consiste à en faire faire des cartes, faire marquer les langues et coustumes et à quoy les hommes travaillent, examiner ce que le pays porte et ce qu'il pourroit porter. Pour faire les cartes il faudroit envoyer des ingénieurs, observer les hauteurs, longitudes et variations de l'aimant, reconnoistre les côtes surtout dans le nord-est autant qu'il se peut, pour apprendre si l'Asie est jointe à l'Amérique, ou si on peut passer entre eux; — faire marquer les moindres rivières et autres limites naturelles, la qualité du terrain, la multitude des hommes. Sous les coustumes des hommes on peut comprendre leur langue, leur religion et police et à quoy ils s'occupent, le soin principal devant être de les tirer de la bestise, impiété et fainéantise; et quant au pays même, les registres des douanes peuvent servir à apprendre ce qu'il porte, mais il faut encore examiner ce qu'il pourroit porter, s'il étoit employé comme il faut et si les hommes étoient industrieux; ce qui se peut juger par le terrain, par le climat, par les animaux et plantes qui luy sont naturels, par ce qui se fait chez les voisins et par certaines épreuves propres à s'instruire là-dessus.

Septièmement. Ainsi, pour suppléer ce qui manque au pays, on peut faire semer des grains et autres herbes, planter des bons arbres, transporter des animaux pour les y faire multiplier, ouvrir des mines, des métaux et minéraux, faire faire des verreries, forges et autres officines, instruire les hommes des provinces éloignées à bâtir, à garder la police, à cultiver la terre, à avoir des troupeaux

des animaux, à s'occuper à des travaux utiles, faire faire des canaux pour le transport des denrées et pour le desséchement des marais. Enfin mettre ordre à toutes sortes de bonnes entreprises qui se practiquent ailleurs et qui se peuvent imiter et même perfectionner. Mais comme tout cela ne se sçauroit faire également à la fois, on tâchera de faire les choses par ordre et d'embrasser et pousser le meilleur avec toute la vigueur possible.

VIII.

PROJET DE LETTRE DE LEIBNIZ A LE FORT LE JEUNE.

A M. le Fort le jeune, gentilhomme du Czar, et se trouvant maintenant auprès de la grande ambassade de Sa Majesté.

Hanovre, ce 3 (13) aoust 1697.

Monsieur,

Suivant ce que vous m'avés bien voulu permettre à Minde, je prends la liberté de vous envoyer quelques mémoires, pour obtenir avec le temps les éclaircissements que vous m'avés fait espérer. Vous recevés ici, Monsieur, un extrait de l'*arbre généalogique* des Czars que je vous ay monstré. C'est la partie qui regarde la famille régnante et les ancestres du monarque qui occupe présentement le trône des Russes. Mais je souhaiterois de l'avoir plus sûr, plus ample et plus circonstancié à l'égard des temps, des lieux et des actions des personnes et même pris de plus haut, si cela se peut. Je voudrois

bien sçavoir aussi les alliances, et s'il y a quelque connexion avec la famille éteinte des Czars, outre le mariage du Czar Iwan Wasilewicz. S'il y avoit moyen d'obtenir un jour une espèce de *Nobiliario* de la Russie, comme on en a de la plus-part des pays de l'Europe et même de la Pologne, vostre voisine, dans un livre intitulé *Orbis Polonus*; cela seroit instructif pour nous et ne devroit point déplaire à vostre noblesse. Car la nature de l'honneur et de la dignité est de demander qu'on le connoisse. Cependant, s'il y avoit lieu d'espérer une liste de tant de personnes de qualité relevée, qui vous tiennent ou ont tenu compagnie dès le commencement de cette grande ambassade, avec leur qualité et avec quelques particularités de leurs familles et charges ou de celles de leurs pères, ce seroit déjà un bel acheminement à cette notice, puisque cela comprendroit comme la fleur de la grande Russie.

Et je dois vous dire, Monsieur, que Mmes les Électrices mêmes, qui ont trouvé les Moscovites si au-dessus de ce qu'on les croyoit estre, ont bien voulu que je témoigne sur tout cela leur curiosité, qui mérite infiniment mieux que la mienne d'estre satisfaite.

Estant là-dessus je dois encore vous dire, Monsieur, que j'ay entendu ces deux grandes princesses avec Mgr le prince électoral et les deux ducs ses frères marquer leurs sentimens pleins d'admiration pour ce que vostre Empire a de plus grand, et ils m'ont permis de les rapporter icy. Ils ont une grande reconnoissance de l'honneur de l'entretien qu'on leur a accordé, et, estant partis le lendemain de bon

matin pour retourner à Hanover, de peur d'estre incommodes s'ils restoient encore d'avantage, ils en ont eu du plaisir par après, quand ils ont sçu que la continuation de leur séjour n'auroit point esté désagréable. Mmes les Électrices rapportent à l'envy l'une de l'autre les ripostes et apophthegmes dignes d'un héros qu'elles ont entendues, où il avoit esté aisé de reconnoistre l'amour de la justice à l'égard des voisins et estrangers et la clémence envers les sujets lorsque le discours estoit tombé sur la protection de l'innocence opprimée dans la personne du prince d'Immiredia et sur la grâce de la vie faite à des personnes trop malintentionnées pour la mériter. Mais on a esté charmé surtout de la résignation en la volonté de Dieu, souverain unique des roys, et de la réponse si sage et si pieuse faite à Mme l'Électrice de Brandebourg, laquelle souhaitant la prospérité de vos armes et que les soixante-quinze vaisseaux de guerre qu'on fait bâtir puissent faire déloger le Turban de Constantinople, eut pour réponse que les hommes n'y peuvent rien, que cela dépend de Dieu seul, qui a compté jusqu'à nos cheveux [et qui peut combler de prospérités et préserver des dangers ceux qu'il veut malgré toutes les embùches et tous les efforts] (1). Pour mêler les petites choses avec les grandes, nos gentilshommes ne sçauroient assez louer la bonne mine et le comportement obligeant des vostres. M. le maréchal de Coppenstein m'a chargé en particulier de vous faire ses baisemains et de vous prier de sa part de témoi-

---

(1) Ces mots sont raturés dans le texte.

gner auprès de M. le général le Fort, qu'il se tiendra tous jours infiniment obligé des bontés que S. Exc. luy a marquées. Les danses moscovites ont plu merveilleusement jusqu'à nos dames de la cour, parmi lesquelles Mme la maréchale de Coppenstein, — ma voisine, — après avoir éprouvé les civilités de ce grand ministre (lorsqu'elle estoit auprès des Électrices) dont elle garde une grande reconnoissance, témoigne du regret de ce que le lendemain la multitude et les désordres du départ ne luy ont point permis d'en jouir d'avantage. Enfin Mme l'Électrice de Bronsvic me dit qu'on souhaiteroit que vostre contentement fût aussi grand que le nostre. C'est tout dire.

On s'est encore souvenu d'une particularité, qui regarde M. l'ambassadeur Golibin : c'est qu'on a ouï dire que S. Exc. souhaitoit des airs qu'un musicien habile avoit chantés. On y mettra ordre pour les luy envoyer, et je l'ai voulu annoncer par avance. Jugez si ne je serois ravi de pouvoir contribuer en quelque chose à sa satisfaction, puisque ma curiosité à l'égard des langues de vostre Empire pourra estre contentée en bonne partie par sa faveur, d'autant que son gouvernement de Sibérie est d'une si grande étendue qu'il va jusqu'aux frontières de la Tartarie chinoise, et que j'apprends que ce seigneur y a esté luy-même, chef des armées opposées aux Chinois et plénipotentiaire du Czar pour conclure la paix et le traité de limites, comme nous sçavions déjà qu'il a fait dans la ville de Nipschou, qui vous appartient dans la Tartarie orientale, assez proche de la Grande Muraille.

Quant aux langues qui ont cours dans vostre grand Empire et qui nous sont inconnues jusqu'icy et entièrement différentes de la russienne, c'est-à-dire, qui sont comprises entre la Moscovie, l'Océan, les Indes, la Perse, la mer Caspienne et le pont Euxin, je prends encore la liberté de vous envoyer le mémoire cy-joint. Les échantillons consisteroient dans les traductions du *Pater noster* et dans une petite liste des mots plus ordinaires de chacune de ces langues. J'avoue que ce n'est pas une petite affaire et qu'elle ne se pourra bien exécuter que par les ordres du grand Czar, mais j'espère que S. M. voudra bien y employer sa suprême autorité, si M. le général le Fort trouve à propos de luy en faire rapport un jour et d'en expliquer l'usage. Les cartes font connoître les bornes des Estats, mais non pas celles des nations, que l'harmonie des langues fait mieux paroistre. Rien ne marque d'avantage la grandeur d'un Empire, que la multitude des nations et langues qu'il embrasse. Les Cimmériens, les anciens Goths, les Huns, les Hongrois et autres sont sortis en partie des États soumis aujourd'hui au Czar. Quand on connoîtra les langues, on pourra mieux juger des endroits d'où ces peuples sont venus. Il y a des relations qui nous asseurent qu'il y a des provinces où l'on parle hongrois encore; mais ces relations ne sont pas encore assez bien avérées ny circonstanciées, et les recherches que je propose lèveront tous les doutes. — L'Empire du Czar comprend presque tout le Nord et joint la Chine avec nous. Ainsi, par ces échantillons des langues et autres discussions semblables de ces quar-

tiers éloignés, on connoîtra bien mieux qu'auparavant une grande partie du globe terrestre. Cependant, si on ne peut obtenir à la fois les notices de toutes les langues les plus reculées, on pourroit commencer par celles qui sont connues des personnes qui se trouvent dans les grandes villes comme Moscou, Astracan, Tobolsko, etc.

Enfin, Monsieur, pour mieux prouver ma dévotion et pour faire voir combien je souhaiterois de pouvoir mériter la grâce que je demande, en contribuant en quelque chose qui pourroit agréer, je vous dirai qu'un sçavant mathématicien, de mes amis, a fait des verres brûlans d'une grandeur et force prodigieuses, qui surpassent tout ce que les anciens et modernes ont fait en ce genre.

Il n'y en a maintenant que trois, que je sache, l'un dans le cabinet de l'Empereur, l'autre dans celuy de l'Électeur de Saxe, nouveau roy de Pologne, et le troisième se trouve à Amsterdam chez un de mes amis nommé M. Ameldonk Block. Il n'y a pas longtemps que ce verre brûlant y estoit, j'espère qu'il y sera encore. Il y a peu de choses qui méritent d'avantage d'être vues. Ces verres surpassent la force de tous les fourneaux et font presque en un moment ce que les fourneaux les plus actifs font tard ou même jamais.

Il faut que je cesse de vous accabler de la longueur de ma lettre. J'espère que vous le pardonnerés à la matière. Si je pouvois avoir l'honneur d'apprendre quel en a esté le succès, je vous en aurois beaucoup d'obligation.

Estant avec zèle, etc.

IX.

LETTRE DE LE FORT LE JEUNE A LEIBNIZ.

20 (10) septembre 1697.

Monsieur,

Dimanche au matin je receus avec bien du plaisir la lettre que vous avés eu la bonté de m'escrire en datte du 13 aoust. Elle m'a esté rendue par un gentilhomme de la suite de l'ambassadeur de Brandbourg lequel l'a retenue sy longtemps dans l'espérance que je viendrois à la Haye pour me la remettre en main propre. Je souhaitterois, Monsieur, pouvoir satisfaire à vostre curiosité, suivant vos désirs, mais c'est une chose impossible présentement, veu que nous n'avons pas avec nous des gens qui sçachent toutes les sortes de languages, dont vous désirés avoir des échantillons; nous avons cependant escrit en Moscou pour nous les faire avoir par escrit, c'est-à-dire quelques paroles, car, pour avoir le *Pater*, il n'en faut point parler, veu que la plus-part de ces gens-là ne s'en servent point. Je feray cependant tout ce qui me sera possible pour vous contenter. Le second de nos ambassadeurs m'a promis qu'il me fairoit ou donneroit par escrit le détail des peuples qui habitent les frontières de la Chine et qui sont soumis à S. M. le Czar. Ce sont des gens tous parlans un même language, qui est calmouc proprement, à vous dire la vérité. Je ne sçay point sy ils ont les écritures, veu que ce sont des bestes quasi et qui habitent tousjours en campagne,

comme vous verrez par le détail, que je vous enverray d'abord qu'il me sera possible. Du costé de Tobolski il n'y a que des Moscovites et des gens qui ne parlent pas d'autres langages, excepté les Samoyèdes, qui sont des payens, qui demeurent près de la mer septentrionale et qui s'étendent jusque vers Arkangel. Voilà à peu près les gens qui sont du costé du nord ; il ne manque présentement que de sçavoir leurs langues, j'espère cependant recevoir des nouvelles de Moscou touchant cela.

Du long de la rivière Volga il y a aussy quantités de ces gens-là, comme les Schouvasen et autres, dont les noms me sont oubliés, et qui ne sont aussy point marqués dans la carte de M. Vitzen, ny autres, qui ont leur langage à part, fort vilain asseurément. Ces peuples-là n'ont aucune lumière de la Divinité et adorent la première chose qu'ils voyent leur estre rare. Ils croyent que, quand ils seront morts, leur corps sera métamorphosé en vache ou bœuf. Il y a trois années à peu près que je passay par leur pays, lorsque je m'en allois au siége d'Azoff; mais on a occasion de s'estonner, quand l'on voit comme ces gens-là vivent sy malproprement, comme des bestes enfin. Ces gens icy demeurent en deçà du Volga. De l'autre costé par contre il y a des Tartares, qui demeurent dans des villes, qui sont sous le commandement de S. M. le Czar, qui parlent tous tartare, non point hongrois, comme vous marqués dans votre lettre. Tout ce pays est peu habité depuis Casan jusqu'à Astracan, car il n'y a que six ou sept villes de ce costé-là et il y a 300 milles de chemin. Cela peut bien estre que les Huns et Hon-

grois ont quelque rapport à l'égard de leur langue aux Moscovites, mais pour tout cela ils peuvent bien n'en estre pas sortis. Car la langue mère de la moscovite est l'esclavonne ; les Bohémiens ont aussy beaucoup de rapport à notre langue, comme les Polonois aussy. Voilà, Monsieur, tout ce que je puis vous dire pour le présent à l'égard de cette nation.

Pour la généalogie des Princes et Zares, qui ont gouverné et régné depuis plusieurs (*sic*), je tâcheray de vous l'envoyer au plustost. J'ai prié un de nos ambassadeurs de me la donner, et aussy on a escrit en Moscou à cet esgard. La carte que vous m'avés envoyée, je l'ay baillée au second ambassadeur, lequel a plus de connoissance de cette affaire-là que moy pour la regarder et voir, sy elle estoit conforme à leur registre. Je tâcheray, Monsieur, le plus qu'il me sera possible, de vous satisfaire, touchant ces articles cy-dessus marqués. Voilà tout ce que je peux vous escrire pour le présent.

Je suis, etc.

LEFORT.

P. S. — Monsieur, j'ai gardé cettre lettre jusques à aujourd'huy dans l'espérance que j'avois de recevoir des lettres de Moscovie touchant les choses ou articles que vous me demandés ; mais, comme je vois que cela retarde un peu et qu'outre cela je me trouve redevable de donner réponse à la lettre que vous m'avés escritte, cela est cause que je vous envoye une sy vieille lettre. D'abord que je recevray quelque chose, je ne manqueray de vous en faire part. Je vous prie cependant de vouloir m'excuser de

ce que je n'ay pas répondu plus tost à vostre lettre,
à l'avenir je seray plus ponctuel.

LEFORT.

De la Haye, ce 8 octobre 1697.

Comme je ne doute point que vous ne soyez connu avec M. le lieutenant-colonel Bannierz que j'eus honneur de voir à Coppenbruck, ainsy je vous prie de vouloir bien le saluer de ma part et luy dire que je suis son serviteur.

X.

PROJET DE LETTRE DE LEIBNIZ A SOPHIE-CHARLOTTE,
ÉLECTRICE DE BRANDENBOURG.

14 décembre 1697.

Madame,

J'espère que l'ardeur de mon zèle aura obtenu pardon pour ma dernière lettre, où j'avois pris la liberté de témoigner ma joye sur les événemens qui ont contribué à la satisfaction de V. A. E., dont j'attends de fort grands biens, que Dieu veuille rendre parfaits et durables. M. de Spanheim est enfin arrivé ce soir (c'est-à-dire mercredi), les chemins fâcheux l'ayant arresté; il sera demain en cour. Son zèle et son attachement pour V. E. sont incomparables et il bénit surtout la grande et importante résolution de Mgr l'Électeur de ne plus souffrir que ses hautes lumières et l'éclat de son génie héroïque paroissent à travers d'un voile, qui en peut altérer les influences.

Celles de la bonté de S. A. E. pour moy me rendent confus, quand je ne me voy rien de capable de les attirer. Cette bonté éclate surtout lorsque V. A. E. témoigne qu'elle ne seroit point fâchée de recevoir mes soumissions à Berlin un de ces jours. Je sçais que cette capitale, outre bien d'autres avantages, est maintenant le siége des sciences et des beaux-arts, et on peut dire que Salomon et la reine de Saba s'y trouvent à la fois.

Pour ce qui est des Moscovites, on dit que le gros commissaire est le plus spirituel et le plus intelligent qu'ils ayent. Pour mieux servir au commerce que V. A. E. entretiendra avec eux, je prendray exprès le truchement qu'un Bojar qui a esté icy quelques jours durant, vient d'abandonner. Ce Bojar paroissoit homme de bon sens, mais enfin la nation a paru, comme on dit que les ongles du malin esprit paroissoit au départ. Il avoit fait acheter une perruque à son truchement, mais avant que de s'en aller il luy rompit le coffre et reprit la perruque, disant de l'avoir seulement prestée, peut-être comme les Czars prêtoient autres fois des habits à leurs ambassadeurs et leur faisoient donner autant de coups de knut qu'il y avoit de taches. Le Moscovite a déclaré de faire ces choses faute d'argent, disant qu'il vendroit la perruque pour en subsister quelques jours de plus. Cependant on assure qu'il étoit quelque chose de plus que Bojar.

Pour ce qui est des 100,000 hommes, ces Messieurs en sont plus libéraux que de martes sibelines. Avec tout cela si V. A. E. daigne de jetter ses rayons sur eux, elle contribuera beaucoup à dissiper les

ténèbres de leurs esprits, et il seroit bien qu'elle se mêlât de l'éducatiun du fils du Czar, et qu'elle luy fit donner comme gouverneur M. Walther (?), qui n'en est pas éloigné.

Si les vivans gardent quelque chose de leurs anciennes manières, leur postérité sera sur un meilleur pied, et on mettra dans leurs chroniques combien ils ont esté redevables de leur conversion à V. A. E.

En récompense nous irons à la Chine à travers de la Tartarie sur des traîneaux à voiles et en même temps à chiens. Car, aussitost que les voiles ne servent plus, les chiens se mettent en campagne pour tirer, et quand le vent est favorable ils retournent dans le traîneau et se font traîner eux-mêmes avec leur maistre.

A propos de la Chine, comme le P. Verjus (frère du comte de Crécy, un des ambassadeurs à Delft) a la direction des missions que le roy de France entretient, il m'a écrit une lettre et m'a envoyé celle d'un jésuite revenu de ces pays-là et prest à y retourner, avec offre de me donner des informations, que je demanderay. Je ferai donc mettre une affiche à ma porte avec ces mots : Bureau d'adresse pour la Chine, afin que chacun sache qu'on n'a qu'à s'adresser à moy pour en apprendre des nouvelles. Et si V. A. E. en veut sçavoir touchant le grand philosophe Confutius ou touchant les anciens rois chinois, assez proches du déluge, et par conséquence des premiers descendants de Noah, ou touchant le breuvage de l'immortalité, qui est la pierre philosophale de ce pays, ou touchant quelque chose qui

soit un peu plus sûr, Elle n'a qu'ordonner. Plût à Dieu que ce breuvage fût véritable! j'irois me mettre exprès sur les traîneaux à chiens, afin de l'aller quérir à V. A. E. et je ferois serment de ne point ouvrir la boîte en chemin, en quoy je serois plus fidèle que Psyché, comme aussi V. A. E. est plus digne de l'immortalité que cette fille et que tous les dieux de l'antiquité.

XI.

IN ELECTIONEM POLONIÆ REGIS. 1697.

Ut quondam leges, ita nunc a Saxone regem
Sarmata, qui regnum juraque servet, habet ;
Et si fata fovent, Cæsar, Czar, Saxoque juncti
Europa poterunt pellere barbariem.

XII.

EXTRAITS DE LETTRES DE WITSEN A LEIBNIZ.

22 mai 1698.

Je n'ai pas encore reçu les *Pater* en langue scythique, samojède, baskire, etc. Mais un de mes amis à Moscou m'a promis de les envoyer aussi-tôt qu'il les aura reçus, ce que j'espère qu'il fera bientôt.

Les dernières lettres que j'ai reçues de Moscou me disent qu'on a déjà envoyé de Tobol en Sibérie un prêtre grec à Pékin, où il est arrivé, et avec la permission de l'empereur de la Chine il a fait bâtir un temple moscovite ou grec, ayant même déjà baptisé, selon la coûtume de leur église, vingt Chinois.

On me mande dans la même lettre, que si on avoit des personnes ecclésiastiques capables d'instruire les Tartares, qui demeurent entre la grande muraille de la Chine et la Sibérie, on en attireroit bien tôt un grand nombre à la religion chrétienne. S. M. Czarienne est fort zélée pour la religion, bien instruite des articles de la foi et versée dans la lecture de l'Écriture sainte, dont elle a une ample connoissance. J'ai eu l'honneur de lui parler sur ce sujet. Je prie Dieu qu'il fasse servir ce grand empereur d'un glorieux instrument pour étendre les progrès de la lumière de l'Évangile et qu'il suscite partout des personnes aussi zélées que vous l'êtes.

5 juin 1698.

On continue de m'écrire que le christianisme s'avance à Pékin, tant par les soins des Romanistes que par ceux des prêtres grecs envoyés de Tobol. Je connois celui qui a la direction à Moscou de ces missions, qui m'assure qu'on commence à prendre beaucoup de peine pour la propagation de la foi de ce côté-là.

XIII.

EXTRAITS DE DEUX LETTRES DE LEIBNIZ A SPARVENFELD.

13 juillet 1698.

Que dites-vous, Monsieur, du voyage du Czar de Moscovie et du beau dessein qu'il a de débarbariser sa nation? N'est-ce pas quelque chose d'extraordinaire? Oh! que je voudrois que vous eussiez esté en

Moscovie depuis peu! Il auroit satisfait à vostre curiosité et vous auriés satisfait à la sienne.

27 décembre 1698.

On me querelle même lorsque je veux m'en excuser (des mathématiques), et on me dit que j'ai tort de quitter les vérités solides et éternelles pour les recherches des choses changeantes et périssables, comprises dans l'histoire et dans les lois.

J'ai maintenant un homme à mon service pour quelques mois, qui est venu icy de la Pologne avec un seigneur moscovite. Mais, comme les Moscovites sont des gens chiches et qui ne se soucient guère de faire les choses honnestement et de bonne grâce, ce Moscovite s'est défait icy de lui fort mal à propos. Je l'ay pris chez moi plus tôt par pitié que parce que j'en avois besoin. Il est Hongrois de nation et entend et parle également le hongrois et le slovaque. Il a été quelque temps en Pologne, et le Moscovite l'a pris à Dantzic pour son interprète allemand, luy promettant des belles choses, qu'il a mal tenues, en sorte que nostre cour trouva qu'il en avoit usé fort vilainement.

J'avois eu quelque pensée en le prenant chez moi de m'instruire un peu dans l'esclavon, mais « homo proponit, Deus disponit ». Mon temps ne l'a point permis et il a fallu rengainer ma curiosité.

(Après avoir raconté le supplice de cent cinquante Strélitz, Leibnitz continue :) On croit qu'il (le Czar) l'a fait pour reprocher tacitement à l'Empereur qu'il n'est pas assez absolu pour faire des choses semblables. Car on dit que lorsqu'il étoit à

Vienne et entendoit dire que la restitution de Philipsbourg étoit retardée par le landgrave de Hesse-Cassel, qui faisoit difficulté de rendre Rheinfels, il demanda pourquoi l'Empereur ne faisoit point couper la tête à son vassal. C'est dommage que ce grand prince, qui a tant de bonnes qualités, ne peut se défaire encore du penchant qu'il a pour la cruauté...

Mais au lieu de se frotter à la Suède, dont il (le Czar) se pourroit mal trouver, je luy conseillerois de porter ses armes vers le Levant, et d'assujettir les barbares tels que sont les Kalmucks, qui jusqu'icy ne le reconnoissent pas encore. Il est vray que les conquestes qu'il pourroit faire de ce côté-là le rendront encore plus formidable. Mais, comme il n'a pas la mine de vouloir demeurer les bras croisés, il vaut mieux pour la chrétienté qu'il s'occupe loin de nous.

XIV.

EXTRAIT D'UNE LETTRE DE WITSEN A LEIBNIZ.

Amsterdam, le 22 janvier 1699.

Monsieur,

Mon ami Moscovite qui a la direction de beaucoup d'affaires de la Sibérie et (des) pays les plus éloignez dans l'Orient m'a écrit qu'il ne peut pas encore m'envoier les autres Oraisons dominicales dans les langues les plus barbares, à cause de l'éloignement de ces quartiers-là ; mais, néanmoins, qu'il a donné les ordres nécessaires pour nous en faire avoir en son temps.

Ce que je vous ay mandé touchant la permission que le roy de la Chine a donnée aux chrétiens grecs de bâtir un temple avec libre exercice de leur religion est bien véritable, parce que non-seulement Mgr Brant m'a dit avoir esté lui-même dans cette assemblée moscovite, à Pékin, mais encore d'autres qui ont été compagnons de ce voiage. C'est pourquoi il est permis selon mon jugement d'en parler publiquement. On m'a informé que ces Moscovites à Pékin sont de ceux qui ont déserté l'armée de S. M. Czarienne dans ces quartiers pour une partie, et que le reste est du peuple d'environ la ville Albasin au Jaksa, située sur le bord septentrional du fleuve d'Amur, lesquels furent pris lorsque les Chinois assiégèrent cette place, laquelle est à présent démolie. Il y a entr'eux des femmes et quelques prêtres. Le roy de la Chine leur a donné liberté entière, à condition qu'ils sont obligez de demeurer dans ces quartiers-là, sous la domination de la Chine. On dit que le dernier ambassadeur moscovite qui a esté à Pékin a demandé pour eux la liberté entière et permission de se pouvoir retirer dans leur patrie; mais le roy de la Chine l'a refusé, à ce qu'on écrit, sous prétexte qu'un grand nombre de Tartares, de Minches et Mongals, qui ont reconnu l'empire de la Chine, ont quitté leur ancienne demeure et se sont placez sur la terre où S. M. Czarienne est maistre, n'aiant pas envie de rebrousser chemin et se trouvant mieux sous la domination moscovite. Quelques-uns de ces Moscovites à Pékin servent le roy de la Chine en qualité de cavaliers, d'autres tiennent cabaret et vendent de l'eau-de-vie, etc.

J'ay parlé ici à un de nos gens qui a demeuré au service de notre compagnie, à Hoksieu, ville maritime de la Chine, où il a rencontré un cavalier moscovite. Les Pères jésuites, à Pékin, haïssent beaucoup, à ce qu'on m'a dit, ces chrétiens grecs, à cause qu'ils ne se conforment pas avec eux; et par conséquent je craindrois, si les protestans vouloient s'y insinuer, qu'ils rencontreroient beaucoup de difficulté, car ces Pères sont fort estimez et *in flagranti gratia*.

Touchant ce que M. Fabricius, envoyé de S. M. de Suède, en Perse, a écrit sur l'affaire de la langue finlandoise, et qu'il a rencontré en chemin des Tartares qui se servoient d'une semblable langue, je crois que cela a esté sur le bord du Volga du côté du nord, trois ou quatre journées plus haut que la ville d'Astracan, d'où je sçay que quelques nations, et on dit aussi, les Hongrois ont tiré leur origine, et que ce quartier, qui est à présent fort déserté et mal peuplé, a esté autres fois aussi bien peuplé qu'aucun païs du monde.

M. Fabricius, qui est Hollandois et mon ancien ami, m'a fait autre fois un ample récit de ces païs et de ce qui lui est arrivé dans les autres voiages qu'il a faits dans ces quartiers-là.

Il est vrai que le récit de Mgr Adam Brant de Lubeck, touchant le voïage du sieur Isbrant, est fort maigre. Il fait ses excuses là-dessus, n'aiant pas eu le tems en chemin de faire beaucoup de réflexions sur des curiositez. C'est un fort honnête homme, qui est à cette heure retourné, à ce que je crois, à Mosco.

Le sieur de la Neuville a été fort mal informé de beaucoup de choses dans sa relation, et les ambassadeurs moscovites en ont fait leurs plaintes à moy et à d'autres là-dessus.

M. Spatarius est encore en vie. C'est un homme qui a de l'esprit. Il est en fonction dans la chancellerie à Moscou. J'ay reçû autre fois plusieurs lettres de lui. Mais étant estranger à Moscou, il n'a pas, à ce que je crois, la hardiesse de donner copie de la relation de son voiage.

Touchant la géographie de Le Fer, j'ay veu la carte qu'il a donnée au jour. Tout ce qu'il a de païs de nord vers la Chine n'est qu'une copie de ma carte, encore qu'il dit qu'elle est tirée du dessein de la compagnie royale.

Tout ce qu'on vous a dit, Monsieur, des habitans de Ceylon, qu'ils vouloient embrasser la religion chrétienne à condition de garder la polygamie, mais que le gouverneur de Batavia ne les avoit pas voulu recevoir à cette condition, est faux. Au contraire, ils nous sollicitent pour avoir une libre sortie du païs par mer, à un certain endroit, principalement pour avoir occasion d'entretenir amitié et correspondance avec certains payens qui demeurent à la terre ferme, et sont de la même idolâtrie qu'eux, desquels ils tirent ou ont tiré autres fois les prêtres de leur culte diabolique ; car la religion païenne de Ceilon est estrangère, dont nous avons ici une ample connoissance.

Ne croiez pas, Monsieur, que le grand Czar cherche des brouilleries avec la couronne de Suède. J'ay eu l'honneur, quoi qu'indigne, d'estre familier avec

S. M. Czarienne ici, qui n'a jamais témoigné aucune rancune contre la Suède, mais bien contre les Turcs et infidèles sujets de Mahomet, et je croy, si Dieu lui donne une longue vie, qu'on verra encore en son tems des actions contre les Mahométans qui feront voir combien il est intrépide et puissant.

Je suis entièrement, Monsieur, vostre très-humble et très-obéissant serviteur,

N. Witsen.

Je vous prie, Monsieur, de vouloir bien me faire savoir votre titre, pour bien adresser mes lettres. Depuis peu il est arrivé une caravane de Pékin à Mosco ; on me mande que le roy de la Chine est mort et que son fils a succédé à la couronne, ce qui a coûté beaucoup de sang ; car un certain officier, parmi ceux de Le-Autung, s'étant opposé et entré avec une grande armée dans la province de Pékin, s'étoit déclaré roy ; mais les anciens Tartares de la Chine, appelés Mansiou, les ont défaits, ruinés et dissipés.

XV.

EXTRAIT DE LETTRE DE WITSEN A LEIBNIZ.

Amsterdam, le 9 avril 1699.

Il est vrai, Monsieur, que le Czar est un grand guerrier, et qu'il aime mieux continuer la guerre qu'avoir la paix avec les infidèles. Il n'étoit pas même ici trop content de nous, parce qu'on poussoit la paix avec le Turc. Il est certain que les dé-

sordres domestiques ont été fort grands en son absence, et qu'il a été obligé de mettre la main à l'exécution des criminels ; mais il n'y a rien à craindre de la part des amis des exécutez, parce que la coûtume est d'envoier en Sibérie, et dans les païs les plus éloignez, les femmes, les enfans et même tous les parens de ceux qui sont morts par supplice. Nous avons appris beaucoup de choses de ce qui s'est passé à Mosco en dernier lieu, et je crois aussi, Monsieur, que vous en estes amplement informé.

Je croy qu'il est vrai que S. M. Czarienne a accordé, étant à Vienne, un libre passage par ses terres pour la Chine aux jésuites allemands ; mais je doute pourtant comme vous de l'effet.

Mes amis de Mosco m'écrivent d'avoir reçu quelques autres Oraisons dominicales, mais qu'à cause des troubles passés et de plusieurs autres affaires, ils n'avoient pas eu du temps pour les faire copier. J'espère néanmoins que je les recevray bien tôt pour vous en faire part, vous priant de me croire toujours très-parfaitement, etc.

XVI.

EXTRAIT DE LETTRE DE WITSEN A LEIBNIZ.

Amsterdam, ce 5 juillet 1699.

A l'occasion, Monsieur, de ce que vous dites d'une certaine coutume moscovite, qui sent un peu la scythique, je ne peux me dispenser de vous dire que je me souviens d'avoir esté en un certain lieu, qui

n'est pas loin de la ville de Novogrod, en Moscovie, où je rencontray une montagne appelée *Cholobgora*, c'est-à-dire *Montagne des Esclaves,* et au pied de cette montagne une petite rivière appelée *Cholobreca* ou *Rivière des Esclaves.* Et lors que je m'informay de la raison et origine de ce nom, les gens du païs me racontèrent qu'autrefois les hommes de ce lieu étoient sortis pour aller faire la guerre en des païs fort éloignez, et qu'après une longue absence, les femmes aiant contracté amitié avec les esclaves ou valets de leurs maris, tâchèrent de s'opposer à l'entrée dans le païs de ceux-ci, lors qu'ils retournèrent; mais que les maris avoient battu et chassé ces valets sans se servir d'autres armes que de leurs fouets. En un mot, ils me contèrent toute l'histoire qu'on trouve dans Justin, touchant les esclaves scythes, qui disputèrent l'entrée du païs à leurs maîtres. Cependant il faut sçavoir, Monsieur, que ces gens-là n'entendent ni grec ni latin, n'aiant aucune connoissance des histoires du vieux temps. D'où je conclus que ce païs autour de Novogrod a esté une partie de l'ancienne Scythie, comme vous le remarquez.

XVII.

OBSERVATIONS DIVERSES DE LEIBNIZ SUR LA RUSSIE.

Magnæ curiositatis res est *Mammotovoi Kost*, quod in Siberia ex terra eruitur. Miras de eo fabulas plebs narrat, dicunt enim esse ossa animalis sub terra degentis et omnia animalia super terra viventia magnitudine superantis. In medicina adhibent

illud ad eosdem usus, ut istud quod cornu monocerotis vocatur. Frustum mihi datum fuit, quod genuinum ebur videbatur, et peritiores credunt esse dentes elephantinos, ita ut in diluvio universali eo delatos, atque longo temporis tractu terra magis magisque tectos fuisse necesse sit.

Etiam *Adamovoi Kost* lignum Adamiticum ex visceribus terræ in via versus Emporium Archangel emitur. Colore est subnigro, duritie lapidem, forma et venis ramos arboris refert. Communisque opinio est esse lignum petrefactum.

Est in Russia malum dictum *Naliva,* quod non tantum saporis suavitate gustum delectat, sed et visui valde blanditur, dum vitri instar pellucidum est.

Nota in Russia est fama radicis vulnerariæ, quæ in Siberia crescit, et *Voltschnoi Koren*, lupina radix vocatur, quæ maximam in sanandis vulneribus virtutem habere dicitur, et quidam asserunt masticatam vulneribus sanandis prodesse.

Inter pisces eminet *Sterlet,* inter cupedias Russicas censendus. Caput et cauda tam longa sunt, ut corpus ipsum vix dimidiam piscis partem excedat; squamis destitutus est, sed cute instar anguillæ præditus. Illi maxime æstimantur, quorum cutis interior pars flava est.

Vichochol est mus major aquaticus suaviter olens. Pelles illius impositæ scrinio, in quo linteæ vestes asservantur, gratum illis odorem conciliant.

Scorbuti nomen est vox slavonica quasi morbus κατ' ἐξοχὴν, nam *Scorb* lingua slavonica est morbus.

Russi vero peculiare vocabulum habent ad designandum Scorbutum, quem *Tsinga* vocant.

Urbs Jerislaw maxime celebris est ob confectionem corii russici.

Quia Armeni commode ex mari Balthico merces in Hollandia emtas per Volgam in Persiam transferre possunt, hinc Russi hoc iter nemini concedunt, nisi qui ex Persia per Russiam ad mare Balthicum venit.

Baneanes ex India olim Moscuam usque veniebant; nunc illis ultra Astracanum proficisci non licet.

Ex China afferunt factitium, quod colore flavo, odore aromatico, atque textura cretacea, quod Temzui vocant, atque egregium medicamentum in pluribus morbis reputant. Buchartzi mahumetani, quorum metropolis Samarcand, frequenter Siberiæ metropolim Tobolsk adeunt. Tartari Kalmuki equos venales circa autumnale tempus Moscoviam adducunt. Grex equorum dictus *tabun* 6, 8, 12 millibus constare potest. Idem et liberos suos Russis vendunt. Religio eorum est ea quæ Mugalorum Tartarorum.

Des Grecs ont dit à M. Spon qu'il y avoit une prophétie parmy les Ottomans, qui portoit que leur Empire seroit détruit par une nation blonde (Chrysogenos). M. Spon croit que cela s'entend des Mosvites. (*Voyage du Levant*, 1 vol., p. 210, impression de Hollande.)

Der Czar könnte Häuser in Moscau von gebackenen Steinen bauen lassen und den Grundzins

davon geniessen. Dies wär ein grosses, ewiges Revenu der Crone. Jezo das Holz wohlfeil und der Arbeitslohn auch, einmahl wird es theurer seyn.

XVIII.

PROJET D'UNE LETTRE DE LEIBNIZ A HUYSSEN.

A M. Huyssen, conseiller de guerre du czar.

7 octobre 1703.

Monsieur,

Depuis que j'ai eu l'honneur de vous connoître, j'ay toujours fait grand estat de vostre mérite et je serois fasché que vous avez quitté nostre monde pour ainsi dire, lorsque vous avez voulu passer en Moscovie, si je ne croyois que vous y pouviez estre fort utile au public en contribuant à la culture de ces peuples, suivant l'intention héroïque de leur monarque. Vous m'obligerez infiniment, Monsieur, si vous me donniez quelque connoissance de l'estat des arts et sciences du pays et des intentions de S. M. Czarienne là-dessus.

Entre autres curiosités que j'ay, celle de la géographie n'est pas des moindres, et je trouve ce défaut dans les descriptions des pays éloignés, qu'on ne marque pas les langues des peuples, ce qui fait qu'on n'en connoist point la cognation ny les origines. Or, comme presque toute la Scythie est maintenant couverte par l'Empire des Russes, qui va jusqu'aux frontières des Tartares de la Chine, je souhaiterois qu'on marquât les langues des nations,

tant celles qui sont soumises à l'Empire du Czar que celles qui luy sont voisines ou qui ont commerce avec ses sujets. Pour cet effet, il seroit bien d'avoir l'Oraison dominicale traduite dans toutes les langues, avec une version interlinéaire mot à mot, et puis une liste d'une centaine pour le moins des mots communs et usités chez la plupart des peuples exprimés dans la langue de chaque pays avec leur signification dans une langue connue, comme seroit la slavonienne des Russes.

Il me semble qu'il seroit glorieux au monarque de ces peuples d'avoir les échantillons de ce grand nombre des langues qui sont en usage dans ses Estats, soit parmy les habitans, soit parmy ceux qui y viennent pour le commerce. Et si S. M. donnoit des ordres pour cela, Elle contribueroit en même temps pour sa gloire et à l'utilité publique en augmentant la connoissance que nous avons des peuples.

On a publié à Leipsic les lettres de Sigismond-Auguste, roy de Pologne, tirées de vostre cabinet; vous pourriez sans doute, Monsieur, nous enrichir encore de beaucoup de belles choses, et si j'estois en estat de vous rendre service en cela ou en toute autre chose, vous me feriez de l'honneur en me donnant des ordres. Je seray toujours ravi d'apprendre des nouvelles de votre fleurissant estat et de ce que vous faites pour le bien public.

Le nouveau roy d'Espagne passera dans peu de jours icy et l'Électeur l'ira voir à Hamelen, où j'iray aussi. Qui auroit cru que nous verrions dans ce pays-cy un czar et un roy d'Espagne ? — La défaite

du général Styrum ne sauroit estre bien excusée ; il vouloit aller au prince Louis par le plus court chemin, mais non pas par le plus seur, et il paroist qu'on a méprisé les ennemis. Les mécontens sont presque les maistres de la Hongrie supérieure. Enfin les affaires se gouvernent si mal en Allemagne qu'on pourroit presque dire : « Ultra Sauromatas fugere hinc libet et glaciale oceanum. » Car, si nous continuons comme nous faisons, et si le passage du nouveau roy en Espagne n'y cause quelque révolution, la France sera bientost maistre du Rhin et l'Empire achèvera de se dissoudre.

XIX.

EXTRAIT DE LETTRE DE WITSEN A LEIBNIZ.

Amsterdam, ce 19 janvier 1706.

Il est vrai, Monsieur, qu'ayant dressé la carte de Tartarie que vous avez veue, et qui m'a occupé plusieurs années depuis l'an 1665, que j'étois à Mosco, où j'en jettay le plan, j'ai médité une description de quelques peuples et places qui y sont contenues. Ces commentaires sont presque tout achevez ; mais parce que j'ay divisé cette grande carte en quelques pièces plus petites, et que le tems m'a donné plus de lumières pour mieux perfectionner cette géographie tartarique par augmentation et correction, principalement vers l'Orient, il me faut du tems pour faire crayonner et graver le tout, et j'en ay peu de reste à cause de mes emplois dans l'État et la ville. J'espère néanmoins, si Dieu me continue la santé, que l'ouvrage sera achevé dans un ou deux ans.

Il est vrai, Monsieur, que parce que j'entens un peu la langue moscovite, et que j'ay été dans ma jeunesse à la cour de Mosco, les États généraux et le magistrat de cette ville me donnèrent la commission de recevoir et d'accompagner le czar durant son séjour ici, et que pendant qu'il étoit logé chez moi à la Haye, ou que j'ay eu l'honneur de le voir souvent ici dans ma maison, je lui demandai beaucoup de choses touchant ses païs éloignez de Sibérie, sur quoi il me fit toujours la grâce de répondre à mes demandes curieuses. Mais depuis ce tems-là on ne m'a rien fourni de sa part, et vous verrez en son tems d'où j'ay tiré les lumières nécessaires pour la Géographie tartarique.

Le R. P. Fontaney dit dans la lettre que les Tartares de Pékin et les Chinois ont une ample connoissance des mers entre le Japon et les côtes jusqu'au 70ᵉ degré. J'en doute parce qu'on m'a envoyé beaucoup de cartes géographiques de Pequin, par lesquelles je voye clairement leur ignorance des mers et des terres, qui sont à l'autre côté de la muraille vers le Nord. Mais les PP. Pereyra et Gorbillon, qui ont été à *Nipeheu* (appelé par les Moscovites *Nertsinskoi*) pour les affaires de la paix et aussi dans la Tartarie Orientale, accompagnant l'empereur de la Chine, auront une parfaite connoissance de ces pays, qu'ils ont vus de leurs propres yeux, et le public aura une grande obligation à ces R. P., s'il leur plaît d'ouvrir là-dessus les yeux de toute l'Europe.

Pour moy je confesse que le païs de la Tartarie Orientale (la patrie du roy de la Chine) ne m'est pas parfaitement connu, mais les terres le long du fleuve

Amur, la terre ferme et les côtes de là jusqu'au 70ᵉ degré me sont plus familières, et j'espère de contenter en son tems le public là-dessus. Le mot *Amur* n'est pas une expression chinoise, mais moscovite, et je crois estre le premier qui a donné connoissance au public de cette rivière, étant vrai que le père Gorbillon l'a vue plus de vingt-cinq ans après, quand il étoit avec les ambassadeurs chinois à la pacification ci-dessus mentionnée.

Il est vrai aussi qu'il y a deux rivières au-dessus de l'*Amur* vers le 57ᵉ et 63ᵉ degré, qui se jettent dans la mer Orientale, où les sujets des Moscovites chassent les sibelines. Mais que les Chinois les ayent fait déloger de là, et qu'on soit convenu par traité de leur céder ce païs, c'est ce qui ne me paroît pas croiable, à cause que les traitez faits entre les Chinois et les Moscovites contiennent que les Moscovites céderont aux Chinois toute la rivière d'*Amur* avec la ville d'*Albasin*, et que le païs plus haut vers le Nord demeurera aux Tartares libres, où les Moscovites ont encore aujourd'hui la liberté de chasser les martres sibelines.

XX.

Concept einer Denkschrift von Leibniz (für den Czaaren Peter).

December 1708.

1) Auff Begehren des herrn Czarischen Plenipotentiarii Excellenz habe einige wenige gedanken von Aufnahme der wahren Studien in dem großen Reich Seiner Czarischen Majestät hiebey zu Papier bringen wollen, nachdem mir auch nichts angenehmer ist, als zu gemeinem Besten und Verbesserung der Menschen mit zur Ehre Gottes etwas beytragen zu können, zumal da das Reich dieses Monarchen einen großen Theil des Erd-kreises, nehmlich den Nord unsers Hemisphärij fast begreiffet.

PROJET D'UN MÉMOIRE DE LEIBNIZ (POUR LE CZAR PIERRE).

Décembre 1708.

1° Conformément au désir de S. Exc. le ministre plénipotentiaire du Czar, j'ai consigné ici quelques réflexions concernant les véritables études à établir dans le grand empire de Russie, alors que rien ne m'est plus agréable que de pouvoir contribuer en quelque chose au bien-être général et à l'amélioration des hommes en même temps qu'à la gloire de Dieu, surtout quand l'empire de ce monarque comprend une grande partie du planisphère terrestre, à savoir le nord de notre hémisphère. Je pense que, du moment où tout est à faire (*tabula rasa*), et qu'en fait d'études, il en est ici comme d'une amphore vierge qui n'est pas encore pénétrée

Ich stehe auch in dem gedanken, nachdem es meist alba noch tabula Rasa ist und als ein neuer Topf, so noch nicht fremdden Geschmack in den Studien angenommen, es werden viele bey uns eingeschlichene fehler verhütet und verbessert werden können, sonderlich weil alles durch das Haupt eines weisen Herrn gehet, also seine gebüh= rende Stimmung und Harmoni erlangen kan, gleich einer auff einmal und nach einem Eigen Riß neu erbau= ten Statt, dahingegen die alten Städte, so allmählich anwachsen insgemein unordentlich gebauet werden.

2) Der wahre Zweck der Studien ist die menschliche Glückseligkeit, das ist zu sagen eine beständige Vergnü= gung, so viel bei Menschen thunlich, und zwar also daß sie nicht in müssiggang und üppigkeit leben, sondern durch eine ungefärbte Tugend und rechtschaffene erkenntniß zur Ehre Gottes und gemeinem Nutzen das ihrige nach eines jedem Talent beytragen.

de l'odeur d'une liqueur étrangère, je pense, dis-je, que beaucoup d'erreurs qui se sont glissées chez nous pourront être évitées et redressées, surtout avec la sage direction d'un maître expérimenté qui, grâce à une vue d'ensemble en parfaite harmonie, saura tout régler pour le but à at- teindre : à l'instar d'une ville nouvelle construite en une seule fois d'après un plan spécial, et contrairement aux vieilles villes qui grandissent petit à petit, presque toujours sans aucun ordre.

2° Le véritable but des études, c'est le bonheur des hom- mes, ou, pour mieux dire, une satisfaction constante, au- tant que la nature humaine le comporte, de manière à ne pas vivre dans l'oisiveté et les plaisirs, mais de façon à con- tribuer, chacun de son côté, selon ses capacités, par la pra- tique sincère des vertus et des connaissances solides, au bien-être commun et à la gloire de Dieu.

Das Mittel die Menschen auff diesen Tugend= und glücksweg zu bringen ist eine guthe Erziehung der jugend; inmassen man durch die Erziehung bey den Thieren selbst wunder thun kan, wie viel mehr mit Menschen, welche Gott mit einer ohnsterblichen Seele begabet, die er nach seinem Ebendbild erschaffen. Und kan man die jugend also gewöhnen, daß sie selbst Freude und Lust bei Tu= gend und Wissenschafft empfindet; dahingegen die alten die dergestalt nicht erzogen, durch Furcht der Straffe vom Bösen abgehalten werden müssen, und man viel gedult mit ihnen haben, auch manches übersehen muß.

3) Ich will anietzo von anführung der jugend zu einem Tugendhafften leben nicht ferner reden, weil solches eine eigne handlung erfordert, sondern mich zu den Wissen= schafften und Künsten und mit einem worth zu denen Unterrichtungen wenden worunter die Studia die vor= nehmsten seyn.

Pour mettre les hommes sur cette route de la vertu et du bonheur, il faut bien élever la jeunesse, et comme en quelque sorte on réussit parfaitement avec les animaux par l'élevage, combien ne réussira-t-on pas mieux encore avec l'homme que Dieu a doué d'une âme immortelle et qu'il a fait à sa ressemblance! Et l'on peut dresser la jeunesse de telle sorte qu'elle trouve de la satisfaction et du plaisir dans la vertu et les sciences; au contraire, les aînés qui n'ont pas reçu une éducation de ce genre, doivent éviter le mal par crainte du châtiment; aussi doit-on être très-indulgent pour eux et leur passer bien des choses.

3° Je ne dirai rien de plus au sujet de la direction de la jeunesse en vue d'une vie vertueuse, car une pareille entreprise nécessite une méthode spéciale; mais je m'occuperai ici des sciences et des arts, en un mot de leur enseignement et des meilleures mesures à prendre touchant les études.

Nun die Einführung der Künste und Wissenschafften bestehet in Zweyerley, Erstlich in deren Beybringung, vors andere in deren fortpflanzung in den Czarischen Landen.

4) Die Beybringung der Kunst und Wissenschafften geschieht durch berufung der Leute die sie wohl verstehen und durch anschaffung der dazu dienlichen Nothwendigkeiten, so da fürnehmlich bestehen in Büchern, Naturalien und Kunstwerken. Wozu dann nöthig Bibliothek, theatrum naturæ et artis (darunter Kunst und raritätenkammern begriffen), Thier= und Pflanz-gärten, Observatoria, Laboratoria.

5) Die Berufung dienlicher und tüchtiger Leute betreffend, zweifle ich nicht, daß man bereits mit vielen wackern Personen versehen, doch aber auch nicht wenig annoch abgehen möchte; auff allen fall würde eine gewisse ordnung, verständnüß, correspondenz (in= und auswärtig),

L'installation des arts et des sciences est soumise à deux conditions. Il faut d'abord introduire les arts et les sciences, et ensuite les répandre dans les provinces czariennes.

4° La centralisation des arts et des sciences peut se faire, grâce au concours de personnes qui les possèdent à fond, et par l'acquisition d'objets de première nécessité d'une utilité incontestable, consistant principalement en livres, merveilles de la nature, chefs-d'œuvre de l'art. A cet effet, il est indispensable de fonder des bibliothèques, un théâtre de la nature et de l'art, y compris des cabinets des arts et des raretés, des jardins des plantes et ménageries, des observatoires et des laboratoires.

5° Quant à ce qui est du concours des personnes utiles et capables, je ne doute pas que l'on n'en ait déjà un grand nombre de dévouées, et que plus tard il ne s'en produise autant; en tout cas, il serait nécessaire, tant en dehors qu'au

auch connexion und direction unter ihnen nöthig seyn, damit die Künste und Wissenschafften wohl gefasset, wohl beschrieben, auch wohl gelehret, richtige communication und ein gewisser Methodus gehalten mithin die Harmonie unter verschiedenen Wissenschafften und deren Lehrern beobachtet werde, damit die lehren wohl an einander hengen, einander nicht wiederstreiten, sondern vielmehr erleutern mögen.

Eine Bibliothec kan zwar nicht allzu groß noch allzu wohl versehen seyn, denn offt auch in geringen Büchern etwas guthes anzutreffen, so in bessern nicht befindlich; weilen aber in allen dingen stuffenweise zu gehen, so wäre von den nöthigsten anzufangen. Und hielte ich ohnmasgäblich dafür, daß zwar von allen Materien etwas Auserlesenes, aber vornehmlich Bücher von Realien in menge anzuschaffen, wobei ich verstehe: 1) Mathesin mit der Mechanica (worunter auch Astronomico-Geographica,

dedans, d'établir parmi elles une certaine discipline, des rapports, une correspondance, comme aussi une *connexion* et une *direction* suivies, afin, par ces différents moyens, de bien composer les arts et les sciences, de bien les exposer et de bien les enseigner; de maintenir un accord parfait entre les professeurs à l'endroit des diverses sciences, en établissant une exacte communication d'idées et une méthode précise; de cette manière, les sciences, loin de se contrecarrer, s'enchaîneront et se confirmeront.

Une bibliothèque ne peut jamais être ni par trop grande, ni par trop rare, car, souvent, dans les moindres livres, on peut trouver quelque bonne chose que les meilleurs mêmes ne renferment pas; mais, comme en toute chose il faut procéder graduellement, il y aurait lieu de commencer par les livres indispensables. Sauf meilleur avis, je proposerais de composer un choix de toute espèce de sujets, mais surtout

Nautica, Bellica und Architectur begriffen. 2) Physicam nach den drey Regnis der Natur, nehmlich Minerali, Vegetabili und Animali (wozu dann gehören agricultur auch Bergwerksfachen, chymica, Botanica, Anatomica, Medica, sammt allerhand Naturkünsten) und endlich 3) Historiam, worinn die Erklärung der Zeiten und Örther, also rerum singularium expositio enthalten (wozu die Beschreibungen und Begebnissen der Königreiche, Staaten und Länder, auch Staats memoiren und dann sonderlich die itineraria oder reisebücher billig zu rechnen).

Die Lateinische Bücher würden zwar das gröstetheil machen, doch wären auch auserlesene Teutsche, Engländische und Holländische, Französische und Italiänische nicht zu vergessen, als in denen wichtige Dinge zumal zur practik anzutreffen, so in den Lateinischen vergebens gesuchet werden. Die griechischen, so gedruct, füge ich zu den Lateini-

des livres de sciences pratiques en grande quantité ; j'entends par là : 1° Mathèse avec la mécanique (y compris la géographie unie à l'astronomie, l'art maritime et l'art militaire, ainsi que l'architecture); 2° la physique, selon les trois règnes de la nature, à savoir le minéral, le végétal et l'animal (à quoi se rattachent l'agriculture, les travaux des mines, la chimie, la botanique, l'anatomie et la médecine, avec les *arts naturels* de toute espèce); et enfin, 3° l'histoire, où sont renfermées des instructions précises sur les temps et les lieux comme sur les événements remarquables (y compris les descriptions et détails des royaumes, États et pays, comme encore, et surtout, des itinéraires ou livres de voyage).

Les livres latins seraient certainement en majorité; cependant il y aurait un choix de livres allemands, anglais et hollandais, sans négliger les français et les italiens, alors que ceux-ci renferment des notions importantes pour la pra-

schen, weil sie meistentheils ihre Lateinischen Übersetzungen bey sich haben. Man müste aber auch nebenst den Slavonischen, die Arabische, persische, Türckische und Chinesische Bücher nicht ganz außer acht lassen und insgemein auch dabey auff gewisse allerhand guthe alten und Neuen Manuscripten bedacht seyn. Sonderlich aber wären Kupferstich und andere Figuren zusammen zu bringen, darinn die Beschaffenheiten der Natürlichen und Künstlichen Dinge auch Einfälle der Menschen vorgebildet und die ideen sichtbar und gleichsam figiert werden.

Von dem Theatro Naturæ et Artis und dazu gehörigen Apparatu, Cabineten und Kunst= und Rüst=Cammern, Gallerien der antiquitäten, Statün und gemähldc, Vivariis (oder Behältnissen der Thiere), Pflanzgärten (oder Behältnissen der gewächse), Modellenhäuser, Werkhäusern, Zeug=häusern, Arsenalen, Bauhöfen und wie solche nicht allein zum gemeinen gebrauch, sondern auch

tique, que ne sauraient donner les livres latins. Quant aux livres grecs, en tant qu'imprimés, je les joins aux latins, parce que la plupart renferment une traduction latine. On pourrait aussi, tout en songeant aux livres slaves, ne pas perdre tout à fait de vue les livres arabes, persans, turcs et chinois, sans oublier les manuscrits anciens et nouveaux. Il y aurait lieu de collectionner des gravures et d'autres figures où seraient reproduites les œuvres de la nature et de l'art, ainsi que les conceptions des hommes, ce qui en donnerait une idée plus exacte et plus claire.

Il y aurait beaucoup à dire touchant le théâtre de la nature et de l'art et de tout ce qui s'y rattache, les cabinets et chambres d'expériences, les galeries des antiquités, les statues et les tableaux, les vivaria (ou réceptacles d'animaux), les jardins des plantes (ou réceptacles des végétaux), les ateliers, les fabriques, les arsenaux, les chantiers, non-

zu Verbesserung der Künste und wissenschaften wohl einzurichten wäre viel zu sagen, weilen in denselben dasjenige in Natura oder doch mehr cörperlich vorgestellet wird, was die Bücher und Zeichnungen nur in etwas zeigen. Es würde aber solches eine eigne Handlung erfordern, da aniezo gnug überhaupt zu erinnern, daß man hierinn nicht fleiß gnugsam könne, mithin nichts so hiezu dienlich unterlassen solle.

Ein Laboratorium würde auch erfordert, darinn guthe Chymici und Feuerkünstler mit allem so das Feuer zu wege zu bringen wohl umbzugehen wissen sollen. Es würde solches Laboratorium eine gewisse Connexion mit Apothefen und Medicin, Bergwerksachen und den Münz auch Probierwesen und verarbeitung der Metallen sammt Schmelz- und Glashütten auch der Artillerie selbsten billig haben, und obschohn auff das gold-machen im geringsten nicht zu reflectiren, so wären doch aller-

seulement en vue de l'intérêt général, mais dans l'intérêt du progrès des arts et des sciences, alors que l'on aura en naturel et d'une façon plus sensible encore ce que les livres et les dessins ne nous donnent qu'imparfaitement. Mais une entreprise de ce genre nécessiterait une direction spéciale tout en se souvenant qu'on ne saurait trop veiller à ne rien omettre d'utile.

La création d'un laboratoire serait indispensable; les bons chimistes et les artificiers y étudieraient avec soin les applications comme les emplois du feu. Ce laboratoire aurait une certaine connexion avec la pharmacie, la médecine, les mines, la monnaie, les essais, épreuves et travail des métaux, les fonderies, les verreries et même l'artillerie, et, bien qu'il n'y ait aucun motif pour songer à la fabrication de l'or, il serait bon de faire de belles expériences de toute nature, non-seulement en vue de leur division, de leur

hand schöhne Experimenta anzustellen dadurch die Na=
türliche Cörper nicht nur erkennet und untersuchet, son=
dern auch geschieden, erhöhet und verbessert würden,
maßen das Feuer vor den kräfftigsten Schlüssel der
Cörper zu halten.

Ein Observatorium betreffend, so ist zu wissen, das
die Geographi und Schiffart ihr gröstes liecht von den
observationibus Astronomicis erlanget haben, auch
von denselben eine mehrere vollkommenheit noch täglich
erhalten und erwarten. Und weilen wie oberwehnet, das
große Russische Reich, ein ansehnlich Theil des Erdreichs
begreifft, so bey den observatoribus gleichsam annoch
als Terra virgine zur achten, weil wenig zuverlässige
observationes noch zu Zeit alba angestellet worden; so
würden Seine Czarische Majestät durch beffrige (?) An=
stalten zu Astronomischen observationen der Schiffart
und Geographi ein neues Liecht anzünden und sich das

élévation et de leur amélioration, considérant que le feu
doit être regardé comme la clef la plus puissante des corps.

Quant à ce qui concerne un observatoire, on sait que la
géographie et la navigation doivent leurs progrès aux observations astronomiques, et qu'elles en attendent et en reçoivent tous les jours un plus grand développement, et,
comme il a été mentionné plus haut, le grand empire de
Russie comprend une partie importante du globe, que
les observateurs peuvent considérer comme une terre
vierge, alors que peu d'observations sérieuses y ont été
faites. S. M. Czarienne pourrait rendre d'immenses services
à la navigation et à la géographie en prenant les meilleures
dispositions en vue d'observations astronomiques, tout en
s'attachant la reconnaissance du genre humain, comme en
procurant à son empire d'immenses avantages; alors que,
en outre, par l'intermédiaire de ce grand empire, l'Europe

Menschliche geschlecht nicht wenig verbinden, auch ihrem Reich selbst einen großen Nutzen schaffen, wozu dann kommt, daß durch solches Reich (und) dessen Commercie Asien und China selbst mit unaussprechlichen Vortheil an Europa zu verknüpfen ist.

Bißher ist von Beybringung dessen so zu Einführung der Kunst und Wissenschafften dienlich geredet worden. Nun würde auch von deren fortpflanzung zu handeln seyn, damit Sie in dem großen Czarischen Reiche rechte wurzeln bekommen, und mit der Zeit zu einer ansehnlichen Blüthe erwachsen mögen, es gehöret aber dazu eine mehre erfäntniß der umstände, auch Lande und Leute; doch kann man zum voraus wohl sagen, daß eine fundation eines eigen ansehnlichen wohl autorisirten Collegii dazu erfordert werde, von welche(m) die hohe und niedrige Schuhlen, Amt der gelehrten, auch das Buchwesen, die Druckereyen und übersetzung mit der Censur der Bücher, dann ferner die Künstler und Hand-

peut nouer des relations commerciales entre l'Asie et la Chine même au prix d'inestimables profits.

Nous nous sommes assez entretenus jusqu'ici des moyens capables de concourir efficacement à l'établissement des arts et des sciences; il s'agit maintenant de voir à les propager de telle sorte qu'ils prennent de fortes racines dans le grand empire du Czar, et qu'avec le temps ils puissent briller du plus vif éclat; aussi est-il indispensable d'avoir une connaissance plus grande des circonstances du pays et des hommes, comme encore on peut dire par avance qu'un collége spécial, dûment autorisé, est indispensable à cette cause. Les écoles supérieures et secondaires, le corps des savants, la librairie, l'imprimerie, les traductions et la censure des livres, les artistes et les ouvriers, comme leurs œuvres, seraient en quelque sorte sous sa juridiction.

wercker mit den Kunstwerken selbst, auf gewisse maaße zu dependiren hätten.

Schließlich muß man erwehnen, daß zwar vielleicht gegenwärtiger Nordischer krieg einen verzug bey dieser guthen vorhabenden vollstreckung verursachen möchte, vielleicht aber da es immer geschehen kan die Anstalt zu der Beibringung vieler Dinge nicht zu verschieben, weile gewiß daß iezo bei wärenden schlechten eingerissen(en) kriege rare sachen aus Frankreich und andern orthen umb die helffte dazu anzuschaffen, so zu andern Zeiten da die Leute weniger bedrücket erfordert werden möchte, da sie auch theils nicht feil seyn dürfften.

Am Rande der ersten Seite des Concepts ist verzeichnet:

Vom Vorhaben insgemein und dessen Vortheil im Czarischen Reiche § 1.

Die wahren Studien bestehen theils insonderheit in Erziehung der jugend zu einem tugendhafften wandel § 2 und darbey auch in unterrichtung in Künsten und wissenschafften.

Pour terminer, on peut dire que la guerre du Nord actuelle pourrait apporter quelque retard à l'exécution de cette difficile entreprise, mais cependant ce n'est pas une raison pour en différer les préparatifs; quand certainement pendant cette guerre difficile on peut se procurer à moitié prix de France et d'ailleurs des choses rares qui, plus tard, devenues nécessaires, ne sauraient être achetées à bon marché des personnes moins gênées alors.

En marge de la première page du projet est écrit ce qui suit:

Du projet en général et de ses avantages dans l'empire du Czar, § 1.

Les vraies études consistent en partie principalement dans l'éducation de la jeunesse en vue d'une vie vertueuse, § 2, et en même temps aussi dans l'instruction en vue des arts et des sciences.

Zu diesem letztern wird erfordert deren Beybringung und deren pflanzung § 3.

Die Beybringung bestehet in Beruffung tüchtiger Leute § 4. und in anschaffung der Nothwendigkeiten welche bestehen in Büchern, figuren und behältnißen Natürlicher und Künstlicher Dinge § 5.

Zu den Büchern wird gefordert Bibliotheca darinn zumahl Realien das ist Mathematico-Mechanica, physico-œconomica, Medica und Historico-politica. Von allerhand Sprachen, Bücher und Manuscripta, auch Collectiones von Kupferstichen § 6.

Die Behältnisse sind Raritäten-Cammern, Pflanzen und Thiergarten, werckhöfe § 7. Dazu gehöret ein laboratorium § 8. Ein observatorium § 9.

Die Pflanzung der beygebrachten Künste und wissenschafften damit sie im Land wurzeln möge bestehet vornehmlich in einer guthen Direction § 10.

Ces derniers doivent être mis au grand jour et ensuite répandus, § 3.

On les vulgarise grâce au concours de personnes capables, § 4, et par l'acquisition des choses indispensables consistant en livres, figures et conservatoires de la nature et de l'art, §5.

Les livres nécessitent avec une bibliothèque renfermant surtout les sciences pratiques, c'est-à-dire la mécanique unie aux mathématiques, l'économie physique, la médecine et l'histoire politique, les langues, livres et manuscrits de toutes sortes, comme des collections de gravures, §6.

Les conservatoires sont des cabinets de rareté, jardins des plantes et ménageries, ateliers, §7. Ajoutez à cela un laboratoire, §8, un observatoire, §9.

La propagation des sciences et des arts exposés de manière à s'implanter dans le pays consiste surtout en une bonne direction, §10.

Monitum wegen gegenwärtiger Zeit umbstände § 11.
(Auf der zweiten Seite steht am Rande:)

Des Vorhabens
{
  Vortheil § 1
  {
    in tugendhaften Wandel § 2
    in Kunst und wissenschafften § 3 vermittelst der
  }
  Ausführung durch unterweisung
  {
    Beybringung § 4 durch
    {
      anschaffung der Nothwendigkeiten so bestehen in
      {
        Berufung tüchtiger Leute § 5.
        Büchern, wozu eine Bibliothek § 6.
        Behältnissen naturæ et artis § 7.
        werckhäusern, wozu unter andern ein
        {
          laboratorium § 8
          observatorium § 9.
        }
      }
      pflanzung durch ein gewisses wohl entrichtetes Collegium § 10
    }
  }
  Beschleunigung § 11.
}

Avis à propos des circonstances de l'époque actuelle, § 11.

Sur la seconde page, on lit en marge :

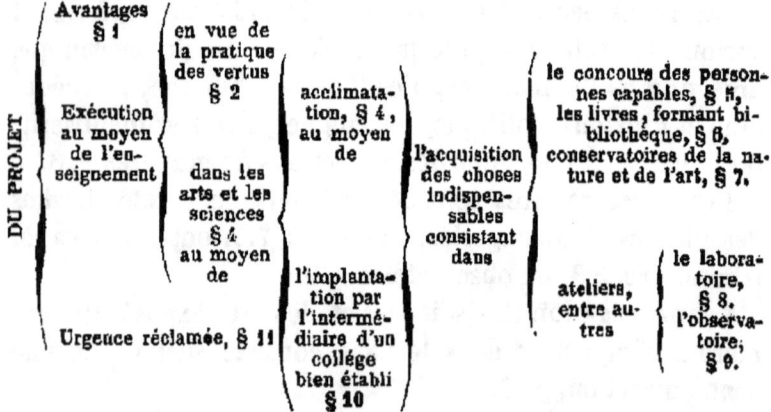

XXI.

Vortrag (1).

Es hat H. von Urbich mir zu verschiedenen mahlen zu verstehen geben, daß wegen Einrichtung der Scienzen und Studien in dem großen rußischen Reich worauf S. Cz. M. sehr bedacht, ich mit nützlichen Gedanken an Hand gehen könnte; hat auch deswegen seinem Vermelden nach an S. Cz. M. selbst berichtet und approbation gefunden.

Weil ich nun gern zum allgemeinen Besten der Menschen nach meinem geringen Vermögen arbeite und hierin (2) keinen Unterschied mache, auch vielleicht in denen

RAPPORT (1).

M. d'Urbich m'a donné à entendre en maintes circonstances que je pourrais être de quelque utilité relativement à l'établissement des sciences et des études dans le grand empire russe, établissement auquel le Czar songe sérieusement; il m'a fait savoir qu'il en avait référé au Czar et qu'il avait obtenu à ce sujet son approbation.

Comme en ce moment je travaille avec plaisir en vue du bien-être général des hommes, et qu'en cela (2) je ne fais

---

(1) Mis au net sous ce titre de la main de Leibniz aux archives de Moscou dans le carton des dernières correspondances d'Urbich. Deux brouillons, présentant quant au fond quelques différences, se trouvent à la Bibliothèque de Hanovre.

(2) Il y a dans le brouillon les termes : zumal unter Christen, surtout parmi les chrétiens.

russischen Landen (1) gleichsam noch tabula Rasa dieß=
fals ist, also daß die Studien allda auf eine solche Weise
eingerichtet (2) werden können, dadurch viel Unordnun-
gen, so in unserem Europa dabey eingerissen zu vermeiden, gleich wie die aufführung eines ganz neuen Gebäudes
etwas vollkommeneres zu Wege bringen kann, als die
Verbesserung und Aufflickung bei einem alten, so bin ich
umb so viel mehr dazu geneigt, da auch die Gottesfurcht
und Ehre Gottes in Erkenntniß seiner Werke und daraus
fließender Erbauung der Menschen damit vermehret
werde.

Und weil ich bereits die Ehre habe eine fürnehme Societät der Wissenschaften nehmlich die Königliche Berlinische (3) zu dirigiren und eines von den ältesten Glie-
dern bei der königlichen Engländischen und Französischen
bin, auch große Correspondenz mit Gelehrten nicht nur

pas de différence, qu'il y a peut-être dans les pays russes (1)
encore table rase pour y établir et y implanter (2) les études
d'après une méthode telle qu'on puisse éviter les désordres
qui se sont glissés chez nous, considérant que la construction d'un monument tout à fait neuf peut donner lieu à une
œuvre plus parfaite que l'amélioration et le rapiécetage
d'un monument déjà vieux, je me sens d'autant plus disposé
à y concourir que le respect et la gloire de Dieu seront
augmentés par la connaissance de ses œuvres et par suite
grâce à l'édification des hommes.

Et comme j'ai présentement l'honneur de diriger une célèbre société des sciences, à savoir la Société royale berlinoise (3), et en même temps celui d'être un des membres
les plus anciens des sociétés savantes d'Angleterre et de

(1) Brouillon: in dem russischen Reich, dans l'Empire russe.
(2) Brouillon: und eingeführt, et implanter.
(3) Brouillon: zu Berlin, de Berlin.

in Europa, sondern biß nach Tschina oder Catay habe, auch bekanntermaßen ein ganz neuer Weg Mathesin höher zu bringen durch die Scientiam infiniti von mir entdecket und großer Nuz daraus gezogen worden, vieler (1) ander von mir öffentlich mit gemeiner approbation in allerhand studiis (2) geleisteter Dinge zu geschweigen — so dürffte ohne ruhm zu melden, wohl nicht leicht jemand hierinn besser an Hand gehen können und eifriger wollen als ich, sonderlich auch, weil ich die Ehre habe in S. Hochf. Durchl. zu Braunschweig=Wolfenbüttel Diensten mitzustehen, welcher aniezo mit dem großen Czar so genau verbunden (3), auch einer der führnehmsten Mæcenaten und gelehrtester Fürsten dieser Zeit und meinen wohlgemeinten Vorschlag sehr guth findet (4). Protestire

France, que je suis en correspondance avec les savants non-seulement en Europe, mais jusqu'en Chine ou Catay, que j'ai découvert une voie nouvelle pour faire progresser les mathématiques, à savoir : *scientia infiniti*, et qu'il en est résulté de grands avantages, sans parler d'une foule (1) d'autres choses ayant trait à toutes sortes d'études (2) qui ont reçu l'approbation générale, je pourrais donc dire sans forfanterie que personne autre que moi ne saurait facilement apporter un concours plus éclairé et plus zélé, surtout que j'ai l'honneur d'être au service (3) de son altesse le grand prince de Brunswick, un des amis les plus intimes du Czar, comme aussi un des Mécènes les plus distingués et des princes les plus savants de notre époque, lui qui a daigné approuver hautement mon projet, conçu dans les meilleures intentions (4).

(1) Brouillon: allerhand, toutes espèces.
(2) « In allerhand studiis », « à toutes sortes d'études », manque dans le brouillon.
(3) Brouillon: in genauer Verbindung, dans une étroite intimité.
(4) Dans le brouillon il y a, au lieu de la dernière phrase commen-

aber hieben, daß, was von mir selbst angeführet, ich nicht aus eitlem Ruhm sondern aus nothdurft der vorhabenden Sache fürbracht, welches auch gar leicht aus vielen in öffentlichen Druck gegebenen Schriften und Zeugnissen, ander unverdächtiger Leute verschiedener Nationen bewiesen werden kann.

Ob nun wohl aniezo des Czars Mayt. bei diesen Kriegsläuften mit andern nothwendigen Sorgen und Geschäfften auch Ausgaben überladen (1), jedennoch weil fast alles durch bloße Verordnungen und ohne Kosten geschehen kann, hingegen nichts kostbarer ist als die Zeit, da das menschliche Leben kurz, und dergestalt so viel möglich nichts zu verschieben, dessen Versäumniß man hernach bereuen möchte, so bedünket mich, daß S. Cz. M. zu Be-

Et je déclare hautement ici, que ce que je viens de dire de moi-même, ne m'a pas été dicté par le désir d'une vaine gloire, mais bien par la nécessité du projet en question, comme en font foi du reste les nombreux écrits répandus dans le public, ainsi que des personnes dignes d'être crues de différentes nationalités.

Bien que dans ces temps de guerre Sa Majesté Czarienne soit accablée (1) de soucis, d'occupations et de charges indispensables, cependant, comme presque tout peut se faire sans frais et n'exige que des ordonnances, que au contraire rien n'est plus précieux que le temps, alors que la vie humaine est si courte, que pour ce motif on doit autant que possible ne rien différer dont on puisse regretter le retard, je

---

çant par Protestire, je déclare hautement: den ich hierzu als hohen Oberdirectoren wünschen würde, welches umb so viel thunlicher, da S. D. mit dem großen Czar aniezo so genau verbunden und in vertraulichem Vernehmen stehen. Je désirerais l'avoir comme haut directeur, ce qui serait d'autant plus facile, que son altesse est avec le Czar dans la plus étroite intimité, et la plus parfaite intelligence.

(1) Brouillon: belaben, chargée.

förderung der Sach gar geneigt sein werden, inmaßen (1) befand, daß Sie (2) nicht nur ein großer Liebhaber, sondern auch ein Kenner seyn; und weiß man, daß in Holland die besten anstalten auch in dergleichen chemahlen bei währendem großen Kriege mit Spanien gemacht worden.

Vornehmlich aber wäre das Werk nicht zu verschieben, dieweil solche Mittel und Wege vorzuschlagen, daß es voriezo S. Cz. M. wenig kosten und doch so fort einen guten Grund bekommen würde. Wie dann auch auf meine Vorschläge die Berlinische Societät der Wissenschaften also gefasset worden, daß sie dem Könige fast nichts kostet. Es käme demnach auf etwa folgende Hauptabsehen an :

1) Wie die Studien zum Besten der Jugend im ganzen Russischen Reich nützlich einzurichten sind; damit diese nebenst den guthen Sitten, auch Spra=

pense que Sa Majesté Czarienne se montrera disposée à l'exécution du projet, sachant suffisamment (1) qu'elle (2) est nonseulement grand amateur, mais encore connaisseur ; et l'on sait que en Hollande les meilleures dispositions pour le même but ont été prises pendant la grande guerre avec l'Espagne.

Avant tout il serait bon de ne pas apporter de retard, attendu que dès maintenant on est à même de proposer des mesures et des moyens tels que l'œuvre occasionnerait peu de frais à Sa Majesté Czarienne et pourrait néanmoins être assise de suite sur des bases solides. Aussi bien c'est sur mes propositions que la Société berlinoise des sciences a été fondée, de telle sorte qu'elle ne coûte presque rien au roi. L'œuvre se résumerait dans les points principaux suivants :

1° Disposition des études en vue du plus grand bien de la jeunesse dans l'empire russe tout entier; de sorte que cette jeunesse puisse, tout en recevant une bonne édu-

---

(1) Brouillon : zumal, surtout.
(2) Brouillon : selbst, elle-même.

chen, Künste und Wissenschaften wohl erlernen möge.

2) Wie in solchem Reich observationes physicæ und technicæ (das ist Naturæ et Artis) auch insonderheit astronomicæ anzustellen. Denn weil diese große unter dem Czar stehende Landschaften noch wenig untersuchet, so dürffte sich zweifelsohne viel Neues und Nützliches darinn dargeben, so auch andern Menschen dienen, insonderheit aber der Czarischen Einwohner Zahl und Nahrung vermehren würde.

3) Wie aus Europa und aus Tschina oder Catay der Kern der besten Nachrichtungen zusammen zu bringen, und da das Czarische Reich diese beide ansehnliche Welttheile zu Lande mit einander verbindet, wie solches Alles bestens zu Nuz zu machen, und durch einführung des guthen von allen orthen (1) das Russische Reich ie mehr und mehr in (2) Flor zu bringen.

cation, bien étudier les langues, les arts et les sciences.

2° Mesures à prendre en vue d'observations physiques et techniques (c'est du domaine de la nature et de l'art), comme principalement astronomiques à faire dans cet empire; car le petit nombre d'explorations faites dans les grandes régions soumises au Czar est garant des nombreuses découvertes utiles qu'on pourrait y faire ; non-seulement le genre humain en profiterait, mais surtout le nombre et la vie des sujets du Czar seraient augmentés.

3° Faire un choix des meilleures connaissances de l'Europe et de la Chine ou Catay, et, comme l'empire russe réunit par terre ces deux parties importantes du monde, en tirer le plus de profit possible, et, grâce à l'importation de ce qu'il y a de bon de tous les endroits (1), faire prospérer (2) de plus en plus l'empire russe.

(1) Brouillon: Zumal da die Russen gehorsam und gelehrig, alors que les Russes sont obéissants et dociles.

(2) Brouillon: in großen Flor, à une grande prospérité.

Zu erreichung dieser Hauptabsehen wäre ohnmaßgeblich von Ez. M. ein eignes Collegium zu fundiren und zu privilegiren und mit einer gewissen Direction zu fassen, worüber dann zu deliberiren stünde.

Sollte Seine M. Beliebung hiezu bezeigen, so könnten einige von ihren anwesenden Herrn Ministris hiezu deputiret (1), mit denen von mir in Conferenz getreten

Pour atteindre ces principaux résultats il y aurait lieu, sauf meilleur avis de Sa Majesté Czarienne, de fonder,

(1) Das Concept lautet von hier an folgendermaßen:

Dazu deputiret, mit ihnen conferirt und Alles bis zur Ausfertigung entworffen, solches auch bei allgn. approbation sofort vollzogen werden. Inzwischen aber wäre die Secretezza möglichst zu beobachten.

Bey einer allgn. privataudienz hoffet man einige nicht unangenehme particularitäten anzuführen:

1) Daß eine Machina Arithmetica erfunden, welche große Rechnungen ohne Mühe und ohne sonderbare aufmerksamkeit verrichtet und wäre wohl nicht leicht etwas anzutreffen, so mehr verdienen würde bei einer großen Ambassade den Monarchen von China oder Catay (wie es die Russen nennen) præsentirt zu werden.

2) Daß gewiße Astronomische Observationes an einigen orthen von Finnland bis an die Grenzen der Chinesischen Tartarey anzustellen, welche der Schiffahrt zur See ein neues Licht anzünden würden.

3) Daß sonderliche Vorschläge und Erfindungen vorhanden die navigation auf den Strömen, sonderlich dem Nieper und Irtis umb ein großes zu verbessern.

4) Daß wofern der Krieg gegen die Türcken wieder angehen sollte gewisse instrumenta militaria darzu zu geben, so sicher leicht und unköstlich und die so lange sie noch geheim ein überaus großes ausrichten könnten und gleichsam totam belli rationem verändern dürffen. Weil nun die Zeit kurz, wär etwa dienlich daß S. Durchl. geruhen möchten der M. des Czars vorläufige Nachricht zuförderst von der Sach mit nachdruck zu geben und zugleich bei dem Czar selbst mir eine ausführliche privataudienz zu erlangen, dabey aber zu recommendiren, daß die Sach annoch möglichst menagirt und ohne abrede Niemand eröfnet werde. Es wird auch dieses billig betrachtet, als S. D. eigne Sach welche hierinn das Ober-directorium haben, und badurch auch mit gelegenheit finden würden, nicht nur den nahe verbundenen Czar sondern auch nach ihrer generosen Neigung zu dero unsterblichen Ruhm, Millionen Menschen zu verbinden und ein großes zu gemeinem Nutzen des menschlichen Geschlechts beyzutragen; auch alles dergestalt zu fassen, daß es auch zu dero Lande, dero hoher Alliirten und des Römischen Reichs Wohlfahrt und Besten
e ichen möge.

und Alles biß zur Außfertigung entworfen, die Expedition auch bei allergnädigster approbation so fort voll=

doter de priviléges, organiser un collége spécial, puis après on traiterait les différentes questions.

Si Sa Majesté Czarienne daignait acquiescer à nos désirs, elle pourrait alors déléguer (1) quelques-uns de messieurs les ministres disponibles, pour s'entendre, en dresser un plan complet, et l'exécuter de suite avec sa très-gracieuse appro-

> (1) La teneur du brouillon à partir de cet endroit est comme suit :
> Déléguer pour conférer ensemble, et dresser un plan à exécuter de suite, avec sa très-gracieuse approbation. Cependant il y aurait lieu, pour certains motifs, de garder le silence autant que possible.
> Dans une audience particulière, toute de faveur, on espère faire valoir quelques particularités qui ne manqueront pas d'être bien accueillies :
> 1° La découverte d'une machine arithmétique, qui sans peine et sans grande attention permet d'effectuer de grands comptes, et l'on ne trouverait pas aisément quelque chose de plus digne d'être présenté lors d'une grande ambassade aux monarques de la Chine ou Catay (comme les Russes l'appellent).
> 2° L'opportunité de prendre des mesures nécessaires en vue d'observations astronomiques à faire dans quelques endroits de la Finlande, aux frontières de la Tartarie Chinoise, observations qui seraient très-utiles à la navigation maritime qu'elles rendraient plus sûre.
> 3° La mise à exécution de certains projets et découvertes en vue d'améliorer la navigation fluviale principalement sur le Niéper et l'Irtis.
> 4° Dans le cas où la guerre éclaterait avec la Turquie, il y aurait lieu de proposer certains instruments militaires, qui, tant que secrets, pourraient être, sans beaucoup de frais et de difficulté, d'une grande utilité et changer totalement *Rationem belli*. Et comme le temps est court, il serait utile que son altesse daigne provisoirement en faire part à Sa M. Czarienne, en lui communiquant son impression le plus tôt possible et obtenir en même temps du Czar une audience particulière, en recommandant à ce sujet la plus grande circonspection, loin d'en informer qui que ce soit sans entente. On peut considérer à juste titre son altesse comme ayant la haute main, à même par là non-seulement d'associer à sa gloire immortelle le Czar avec lequel il est si intime, mais encore mû par de nobles sentiments, de mettre en rapport des millions d'hommes, comme aussi de régler tout, de telle sorte que ses États, ceux de ses alliés et l'empire romain parviennent au faîte de la grandeur et de la prospérité.

zogen werden. Inzwischen aber wäre umb gewisse Ursachen willen die Secretezza möglichst zu beobachten.

Bey etwa einer allergnädigsten Privat-audienz hoffet man einige nicht unangenehme particularia auzuführen (1).

bation. Cependant il y aurait lieu pour certains motifs de garder le silence autant que possible.

Dans une audience particulière, toute de faveur, on espère faire valoir quelques particularités qui ne manqueront pas d'être bien accueillies (1).

(1) Un second brouillon, qui se trouve à Hanovre, ne s'écarte que par de légères variantes, de ce qui est exposé dans les remarques.

XXII.

Von Leibniz während seiner Zusammenkunft mit dem Czaar Peter in Torgau aufgesetzte Concepte.

Zu gewinnung der Zeit wegen der umbstände und wichtigkeit der Sache, nehme ich die Freyheit beykommenden Auffatz ad statum legendi unterthänigst zuzuschicken welche wenn die Sach vorbey ich wiederumb erwarten werde und im übrigen umb dessen menagirung bitten muß.

Es ist eines von denen Haupt-absehen des Czars in seinem großen Reich die wissenschaften blühen zu machen.

Ob nun wohl bey gegenwärtigen Zeiten noch nicht ge-

.

BROUILLONS RÉDIGÉS PAR LEIBNIZ PENDANT SON ENTRETIEN
AVEC LE CZAR PIERRE A TORGAU.

Pour gagner du temps, et par suite des circonstances et de l'importance de la chose, je prends la liberté d'expédier très-humblement le mémoire ci-joint *ad statum legendi;* si le temps fait défaut j'attendrai une meilleure occasion, demandant, du reste, avec instance de la discrétion.

C'est un des projets les plus chers au Czar que de faire fleurir les sciences dans son grand empire.

Sans doute les temps présents ne sont pas aussi favorables que d'autres; la grande guerre nécessite des frais énormes, qu'autrement on aurait pu consacrer à cet effet.

schehen kan, was sonst zu thun wäre, weil der große Krieg die Kosten wegnimmt, die sonst hiezu erfordert werden möchten.

Je dennoch aber weil nichts Kostbarer ist als die Zeit, und das menschliche leben kurz und man also, so viel möglich nichts verschieben soll, dessen Versäumung man hernach bereuen möchte; so solte ich dafür halten, es wäre bereits aniezo, ungeachtet des Krieges viel haupt=nützliche Dinge zu thun, so mehr auf guthe anstalt als merkliche Kosten ankämen und könbte dasjenige so mehr kostbar allmählig nachgeholet werden. Ich will aber aniezo mit wenigen nur folgende Puncte erwehnung thun.

1) Weil es in Rußland mit den Studien gleichsam noch Tabula Rasa, es könbten alba die besten anstalten von der Welt gemacht werden, zu unterweisung der jugend in Sprachen und Wissenschaften.

2) Weil solches große Land noch wenig untersucht, so

Cependant, comme rien n'est plus précieux que le temps, vu le peu de durée de la vie humaine et la nécessité de ne rien remettre dont on doive regretter plus tard le renvoi, je suis d'avis qu'il y aurait lieu dès maintenant, malgré la guerre, d'accomplir de nombreuses choses de la plus haute importance et utilité qui nécessitent plutôt de bonnes dispositions que des dépenses énormes, quitte à pourvoir petit à petit aux frais. Je veux mentionner maintenant en peu de mots les seuls points suivants:

1° Comme il y a pour ainsi table rase en Russie quant aux études, on pourrait prendre les meilleures dispositions du monde pour l'instruction de la jeunesse dans les langues et les sciences.

2° Comme cette grande contrée a été à peine explorée, on ourrait y faire des observations importantes touchant

könbten darinn vortrefliche observationes naturales, geographicæ, astronomicæ und sonst gemacht werden, so gleichsam einen Neuen Schaz der wissenschaften dargeben würden. In specie sind Vorschläge zu thun, wie durch gewisse Astronomische observationes in des Czars Landen von Finland an biß an die grenze der Sinesischen Tartarey die Schiffart überaus befördert werden köndte.

3) Man köndte aus Europa und China den Kern der besten nachrichtungen zusammen bringen, und solche pratice in des Czars Landen einführen und weil die Russen gehorsam und gelehrig, so würden sie dadurch auch viel geld in das Land bringen.

4) Wenn Seine Czarische M. zu diesen Dingen vor iezo zehentausend Thaler jährlich bestimmten und die direction darüber einer Person aufträgen, welche der Sach gewachsen, und auch recht wohl gesinnet, also daß sie sich

la nature, la géographie et l'astronomie, et de la sorte offrir un nouveau trésor des connaissances.

In specie, il y a des propositions à faire, à propos d'observations astronomiques dans les provinces du Czar, de la Finlande aux frontières de la Tartarie chinoise, pour le plus grand bien de la navigation.

3° On pourrait faire un choix des connaissances réunies de la Chine et de l'Europe, l'importer dans les États du Czar, et, comme les Russes sont dociles et obéissants, il enrichirait considérablement le pays.

4° Si Sa Majesté Czarienne consacrait chaque année par avance 10,000 thalers à ces différents objets, en confiant à une personne expérimentée dans la matière, et animée des meilleures intentions, la direction de l'entreprise, qui prendrait sérieusement à cœur le progrès des sciences, je suis certain que dans un an on obtiendrait plus de résultats

die beförderung der Wissenschaften ernstlich angelegen seyn lasse; so bin ich versichert, daß in einem jahr mehr als sonst in zehen jahren und mit 10,000 thlr. mehr als sonst mit 100,000 auszurichten.

Gewisse wichtige particularia sezet man aniezo beyseits, biß man von des Czars absehn, und von allen umbständen besser berichtet.

II.

Solte S. Cz. Maj. einige beliebung zum Werk zeigen so wäre ohnmaßgeblich auff eine schriftliche Verfassung etwa folgenden Inhalts anzutragen.

Seine Cz. Maj. fundiret ein Collegium welches in dero nahmen die direction der Studien, Künste und Wissenschaften im Czarischen Reich haben soll, und worinn verschiedene Nationen plaz finden mögen. Dieses Colle-

qu'autrement dans dix, et qu'avec 10,000 thalers on réussirait mieux que d'une autre manière avec 100,000.

Je laisse de côté pour le moment certaines particularités jusqu'à ce que l'on soit mieux informé de l'intention du Czar et de toutes les circonstances.

II.

Si Sa Majesté Czarienne daignait se montrer favorable à l'entreprise, il y aurait lieu, sauf meilleur avis, de rédiger un mémoire dont voici la teneur :

Sa Majesté Czarienne fonde un collège, qui, en son nom, doit avoir la direction des études, arts et sciences dans son empire, et dont peuvent faire partie les différentes nations. Ce collége aura sous sa surveillance toutes les écoles, et tous les maîtres enseignants, l'imprimerie, tout ce qui con-

gium soll die aufsicht haben über alle Schuhlen und Lehrende, Druckereyen, das ganze Buchwesen und den Papierhandel, auch Arzney, Apotheken, desgleichen über die Salz- und Bergwercke, und endlich über die inventionen und Manufacturen, und introduction neuer cultur der vegetabilien, neuer fabriquen, und neu einführender Commercien, also ein Collegium sanitatis, Bergcollegium und Vorsteher auch zu Nahrungs Sachen in sich halten, und soll ieder Czarische Unterthan bei schwehrer straffe schuldig seyn, diesem Collegio zu obigem Zweck mit allem Dienlichen nach billigkeit an Hand zu gehen.

Damit es aber dieses alles bestreiten und Seiner Maj. genüge leisten könne ohne beschwehrung der Czarischen intraden so gönnet S. Maj. diesem ihrem Collegio einige Vortheil bey dem Kitaischen, Caspischen und Neuen Baltischen Handel so dem Czarischen Landesin-

cerne la librairie et le commerce du papier, la médecine et la pharmacie, comme aussi les salines et les mines, et enfin les inventions et manufactures, l'introduction de nouvelle culture de végétaux, de nouvelles fabriques, de nouveaux commerces, en un mot, il comprendra un collége *sanitatis*, un collége des mines, tout en veillant aux moyens de subsister, et chaque sujet du Czar doit, sous peine de punition grave, aider le collége par tous les moyens possibles en vue du but à atteindre ; et ce sera justice.

Mais pour surmonter tant de difficultés et satisfaire Sa Majesté sans grever les revenus de l'État, Sa Majesté daignera concéder à son collége quelques profits du commerce du Katay, de la Caspienne et de la Baltique, sans nuire aux intérêts du pays. Elle voudra bien venir en aide au collége dans l'intérêt de ces innovations utiles par des priviléges, en accordant de suite au même collége le privilége des

teresse nicht entgegen. Will auch bei neuen nüzlichen Einführung(en) dem Collegio mit privilegiis an Hand gehn inzwischen auch geben Sie sofort denselbigen das Bücher=privilegium, die Calender, Gazette und ander Courante, auch Zinsbücher, Formularien und Edicten Verlag. Erlauben auch und privilegiren solches Lombarden oder Monti di pietà, nach holländischen oder Italienischen Fuß, Loterien von allerhand Sorten, Leib und andere Renten, Assecuranz-, depositen-, Wittwen= und Waysen= und andere Caffen, sonderlich auch Banco, Werck= und intelligenz Häuser und dergleichen anzulegen. Zuvorderst aber damit das Collegium einen gewissen fundum haben möge, verwilligen sie dazu das gestämpelte Papier, und gewisse Straffgefälle.

Hingegen wird das Collegium sich angelegen seyn laffen, daß die Jugend wohl erzogen, guthe Lehrer und Bücher angeschafft, die freyen und andern Künste, auch

livres, les calendriers, la gazette et autres publications courantes, les rôles pour les impôts, l'impression des formulaires et des édits. Comme aussi elle daignera permettre et donner en privilége les lombards ou monts-de-piété, comme en Hollande et en Italie, les loteries de toutes espèces, rentes viagères et autres, caisses d'assurance, des veuves et des orphelins, surtout de fonder des maisons de banque, des ateliers et des offices d'annonces.

Mais avant tout, afin de procurer au collége un capital assuré, elle accordera le papier timbré et certaines amendes.

En revanche, le collége aura à cœur que la jeunesse soit bien élevée, qu'on lui procure de bons maîtres et de bons livres, de faire progresser les arts libéraux et autres, ainsi que les sciences, de prendre les meilleures dispositions pour la santé publique, d'examiner et d'améliorer les travaux des mines, des salines et des savonneries, de faire

Wissenschafften befördert, guthe Anstalten zu menschlicher Gesundheit gemacht, die Berg= und Salz und Seiffenwerke untersuchet und gebessert, observationes physicæ et technicæ, in specie Astronomicæ et Magneticæ behuf der Schiffart angestellet, was sonst zu derselben auf See und Ströhmen dienlich außgedacht und zu werk gerichtet, Bibliothec und Kunst=Cammern angeschaffet und allerhand nüzliche Nachrichtungen aus Europa und China zusammen bracht, Erfahrne Leute und Künstler angelocket und summa die Wohlfahrt, Nahrung und Flor der Czarischen Lande und Leute durch Künste und Wissenschaften beobachtet und befördet werden.

Der præsident oder Director dieses Collegii soll stelle in dem höchsten Czarischen Staats=Rath, als wirklicher geheimer Rath haben, auch ihm ein plaz im geheimen Kriegs=Rath zustehen. Die glieder sollen nach gelegenheit die qualität von Czarischen Räthen und Secretarien

des observations physiques et techniques, *in specie* astronomiques et magnétiques d'une si grande utilité pour la navigation, de réaliser tout ce qui a été trouvé d'utile pour cette navigation, tant maritime que fluviale, de fonder des bibliothèques et des cabinets des arts, de collectionner toutes les connaissances quelles qu'elles soient de Chine et d'Europe, d'attirer des gens expérimentés et des artistes, en un mot, d'avoir toujours en vue la prospérité, la splendeur et la vie des États du Czar par les progrès des arts et des sciences.

Le président ou directeur de ce collége doit avoir sa place dans les conseils supérieurs de l'État, comme membre intime actif, comme il doit aussi faire partie du conseil privé de la guerre. Les membres doivent à l'occasion avoir la qualité de conseillers du Czar ou secrétaires, et ne pas relever de la juridiction ordinaire. Et Sa Majesté Czarienne

haben, und von der ordinari jurisdiction eximiret seyn. Und kan S. Czar. Maj. dießem Collegio ein gewisses Ehrenzeichen geben, sich zuzutragen und dadurch ihren respect und ihre sicherheit besser zu erhalten nicht haben sollen.

1) Eine Privat-Audienz bei dem Czar, dazu S. Maj. vermittelst zulänglicher information zu præpariren und sonderlich die Geheimhaltung zu recommandiren.

2) Commission an den Herren von Schleinitz mit dem jungen Grafen Goloffin mit mir in Conferenz zu treten und etwas zu entwerfen.

3) Wenn ein gewisses mit mir wegen der Scienzen abgeredet, so will auch mit ihnen in Conferenz treten wie auf eine reichsconstitutionsmäßige Weise der bewuste

peut donner aux membres du collége un certain prestige qui les mettra plus à même de porter et de conserver leur dignité et leur sécurité.

III.

1° Une audience particulière du Czar, y préparer Sa Majesté en la mettant suffisamment au courant, recommander à ce sujet la plus grande discrétion.

2° Commission à M. de Schleinitz, ainsi qu'à M. le comte de Golofkin jeune, pour entrer en pourparlers avec moi et dresser un plan.

2° S'il y a conférence entre nous touchant les sciences, alors nous traiterons ensemble comment, avec des moyens conformes à la constitution de l'empire, atteindre le but proposé et réaliser mon projet, qui, sauf erreur, est conçu de

Zweck zu erreichen und mit meinem Entwurf an Hand gehen, welcher ohnmaßgeblich vielleicht so gefaßet, daß er mit Pohlen, Dänemark, Preußen communiciret und auf solchen Fuß die negotiation bey bevorstehenden congressus eingerichtet werden könnte.

4) Gewisse schriftliche Expedition unter Cz. Maj. Zusigel und was zu deren vollstreckung nöthig zu erhalten.

Particularitäten.

1) Observation der Varietät der Magnetnadel.

2) Verlangte Proben verschiedener Sprachen.

3) Vorschlag zu einer großen Verbesserung der binnenländischen Communication um auf den schnellen Ströhmen leicht gegen den Strohm zu fahren.

4) Eines Königs in Pohlen ehemaliger Vorschlag vom Nieperstrohm.

telle sorte, qu'il peut mettre en rapport la Pologne, le Danemark et la Prusse, et servir de base aux négociations en vue du prochain congrès.

4° Obtenir du Czar un diplôme avec son sceau, ainsi que tout ce qu'il faut pour son exécution.

PARTICULARITÉS.

1° Observation sur la variation de l'aiguille aimantée;

2° Monuments tant demandés des différentes langues;

3° Projet d'amélioration de la navigation intérieure pour remonter facilement le cours des fleuves rapides;

4° Projet déjà ancien d'un roi de Pologne au sujet du Niéper;

5° Machine à calcul à envoyer en Chine (à Catay);

6° Instrument très-utile aux ingénieurs, permettant hors d'un lieu de mesurer d'après certaines données;

5) Rechenmaschine nach Cathay zu schicken.

6) Instrument aus einem Stande doch auf gewisse supposition mit großem Nutz zu messen, sehr dienlich für ingenieur.

7) Instrument ohne Pulver zu werfen über 400 mal in einer Stunde, jedesmal 2 Pfund auf 30 Schritt, kann von 2 Menschen fortgebracht und regiert werden, auch wenn man will noch mehr ausrichten auf größere Distanzen.

8) Vorschläge wie ohne Beschwerung der Einkünfte die nöthigen Kosten zur Verbesserung der Studien zu erhalten.

7° Instrument pouvant lancer, sans poudre, plus de 400 fois par heure, un poids de deux livres à trente pas, que deux hommes portent et manœuvrent, avec facilité d'obtenir plus à des distances plus grandes.

8° Propositions tendant à obtenir, sans nouveaux impôts, les frais indispensables aux progrès des études.

XXIII.

Concept eines Briefes von Leibniz an H. Anton Ulrich.

Durchleuchtigster Herzog, gnädigster Herr!

Weil in einem Monath zweymahl, obschon auf unterschiedene Weise, das Haus Braunschweig mit dem doppelten Adler vereiniget wird, habe ich vermeynet, es könnte das Wappen der doppelte braunschw. Löwe nicht übel zwischen dem Römischen Kayserlichen und Czarischen Russischen doppelten Adler auf einer Medaille stehen, mit einem versu memoriali, der das Jahr und den Monath anzeige : Dant geMInIs oCtobrI aqVILIs

BROUILLON D'UNE LETTRE DE LEIBNIZ AU DUC ANTON ULRICH.

Très-sérénissime Duc, très-gracieux Maître,

Comme par deux fois déjà en un mois, de diverses façons, il est vrai, la maison de Brunswick s'est unie au double aigle, j'ai pensé que les armes de Brunswick, le double lion, ne seroient pas mal placées sur une médaille, entre le double aigle impérial romain et russe, avec ce vers de circonstance, indiquant l'année et le mois :

Dant geMInIs oCtobrI aqVILIs bIs fata leones

MDCLLVIIIII fait 1711. Il en est question dans le projet

bis fata Leones — MDCLLVIIIIII macht 1711. Wie auf beykommenden entwurff zu sehen. Auf der Reverseite der Medaille könten die beyden hohen Prinzessinen mit ihren Bildniß und Nahmen stehen.

(Nehme mir) unterthänigste Freiheit E. D. beikommenden Auffsatz zuzuschicken, mit unterthänigster Bitte mir selbige mit dessen Inhalt zu menagiren und wenn sie sich dessen nach guthbefinden bedienet, mir in Gnaden wiederumb zuzustellen.

ci-joint. Au revers de la médaille pourroient figurer l'effigie des deux princesses avec leurs noms.

Je prends la liberté de vous expédier le mémoire ci-joint avec la très-humble prière d'en ménager la teneur et de daigner me le retourner quand vous vous en serez servi à votre bon plaisir.

PROJET D'UNE LETTRE DE LEIBNIZ AU CHANCELIER COMTE GOLOFKIN (1).

16 janvier 1712.

Monsieur,

Ayant eu l'honneur de faire la révérence à Votre Excellence à Torgau, je prends la liberté de vous écrire, puisqu'il s'agit du service de Sa Majesté Czarienne. Lorsque j'eus une audience gracieuse auprès de ce Monarque, Sa Majesté agréa mon zèle pour sa gloire et pour l'accroissement des sciences, et me fit dire que je recevrois de sa part un ordre ou bien une déclaration par écrit. Comme cette expédition dépend de V. Exc., j'ai cru que je ne pourrois mieux m'adresser qu'à V. Exc.

Pour avoir des lumières là-dessus, afin de mieux concourir aux intentions héroïques de Sa M., la suppliant de faire rendre à Sa M. la requête cy-jointe, ainsi que les extraits des lettres chinoises, quoyque V. Exc. ait sans doute des nouvelles plus fraîches de la Chine, cependant j'espère qu'il y aura icy des particularités qui ne déplairont pas. On m'a communiqué des lettres venues de la Chine, qui parlent que le monarque chinois auroit fait mettre en prison et déposé le prince, nommé

(1) Autre début en allemand, avec variantes.

auparavant pour héritier de l'empire. Depuis, d'autres lettres de 1710 disent que son innocence avoit été reconnue et qu'il avoit été délivré, et que le monarque lui-même, étant dangereusement malade, avoit été guéri par une (*sic*) remède d'Europe.

J'écris à V. Exc. en françois, parce que je l'adresse à M. l'envoyé extraordinaire à Berlin, à qui cette langue est familière.

Autant que je l'ai compris, les intentions dont il s'agit tendent en général à faire fleurir dans son grand empire les lettres, les sciences et les arts. Et je suppose que Sa Majesté est bien aise de gagner le temps et d'approcher de son but le plustôt que cela se pourra faire, autant que les conjectures le permettent.

Car il faut toujours gagner le temps autant qu'il est possible, puisque le temps est la chose la plus précieuse que Dieu nous ait donnée à ménager.

Or je crois que Sa M. Czarienne pourroit faire au plustôt des grandes avances vers ce but sans faire des grandes dépenses. Et lorsque j'ai été à Torgau, j'ai donné mon sentiment là-dessus par écrit, et viendray à un plus grand détail, lorsqu'on voudra venir au fait. Avec peu de personnes bien choisies, beaucoup de bonne correspondance et plusieurs bons ordres, on ira plus loin en peu de temps et avec peu de dépense, qu'on ne pourroit faire autrement avec beaucoup de temps et beaucoup de frais.

Et comme depuis ma jeunesse mon grand but a été de travailler à la gloire de Dieu par l'accroissement des sciences, qui marquent le mieux la puissance, la sagesse et la bonté divine (en quoi j'ai

réussi en partie par la grâce divine, ayant fait des
nouvelles découvertes importantes assez connues
dans la république des lettres), et comme j'ai pré-
féré ce but aux honneurs et à la fortune, quoyque les conjectures m'aient obligé d'entrer dans
des charges où j'ai eu la justice, l'histoire et les
affaires politiques pour objet; je suis toujours
prest à tourner mes pensées vers ce grand but, et
je n'ai cherché qu'un grand prince qui ait le même
but. Je crois de l'avoir trouvé dans la personne du
Grand Czar, de sorte que Sa M. se peut assurer
qu'elle ne trouvera jamais une personne plus zélée
pour ce dessein important et qui se soucie moins
de son intérest particulier, pourveu que je trouve
les moyens et les occasions de contribuer efficacement au bien commun dans ces matières. Et en cela
je ne distingue ny nation ny party, et j'aimeray
mieux de voir les sciences rendues fort fleurissantes
chez les Russes que de les voir médiocrement culti-
vées en Allemagne. Le pays où cela ira le mieux sera
celui qui me sera le plus cher, puisque tout le genre
humain en profitera toujours, et ses vrais trésors
en seront augmentés. Car les vrais trésors du genre
humain sont les arts et les sciences. C'est ce qui
distingue le plus les hommes des bêtes et les peuples cultivés des barbares.

Vous voyez par là, Monsieur, mes sentiments sin-
cères et zélés. Les livres et la renommée vous pourront dire que mon zèle n'a pas été sans effet. Maintenant je souhaite de le rendre plus effectif par la
puissance d'un grand et sage monarque, qui de tous
les princes que je connois encore maintenant paroît

le plus résolu et le plus capable d'exécuter des grands desseins de cette nature. Et quand même il continueroit encore quelque temps d'être en guerre, ce que je n'espère pourtant, je crois qu'on pourroit prendre des bonnes mesures pour avancer sans délay dans les sciences et arts, aussi bien que la gloire de Dieu, sans grands frais et beaucoup d'incommodités.

J'attends maintenant les vœux de Sa Majesté après avoir rendu compte de celles (*sic*) que j'ai pour son service, et je vous supplie, Monsieur, de me procurer ses ordres, étant entièrement, Monsieur, de Votre Excellence le serviteur.

XXV.

PROJET D'UNE LETTRE DE LEIBNIZ A GOLOFKIN LE JEUNE, AMBASSADEUR RUSSE A BERLIN (1).

16 janv. 1712.

Monsieur,

Ayant eu l'honneur de vous faire la révérence à Torgau, aussi bien qu'à M⁺ le Grand Chancelier, je prends la liberté, Monsieur, de vous adresser pour ce grand ministre (sic), d'autant plus que vous êtes chargé des affaires de Sa Majesté Czarienne dans le voisinage, et je supplie en même temps Votre Excellence de me procurer quelque éclaircissement là-dessus. C'est que Sa Majesté Czarienne m'a fait la grâce de me faire savoir à Torgau que j'apprendrai ses intentions par écrit. Et comme je souhaiterois de m'y conformer, je suis obligé d'en faire souvenir Son Excellence, puisque l'expédition dépend de la chancellerie dont elle a la suprême direction. Je souhaiterois l'occasion de pouvoir marquer mon zèle pour vous, Monsieur, et pour votre illustre famille et pour le service du Grand Czar, où elle est attachée. Je suis entièrement,

de V. Exc., etc.

(1) Autre début que la précédente.

XXVI.

Concept eines Briefes von Leibniz an Peter den Großen (1).

16. Jan. 1712.

Allerdurchlauchtigster, Großmächtigster und
Unüberwindlichster Großczaar!
Allergnädigster Herr!

Nachdem Eure Großczaarische Majestät mir in Gnaden in Torgau zu verstehen gegeben, daß meine wenige Vorschläge deroselben nicht mißfallen, habe ich nicht ermangelt, eine Magnetische Weltkugel verfertigen zu lassen, dergleichen noch nicht gesehen worden, so ein neues

BROUILLON D'UNE LETTRE DE LEIBNIZ A PIERRE LE GRAND. (1)

16 janv. 1712.

Très-auguste, très-puissant, très-invincible Czar,
Très-gracieux Seigneur,

Puisque Votre Majesté Czarienne a bien voulu me donner à entendre à Torgau que mes projets ne lui déplaisoient pas, je me suis empressé de faire construire une sphère magnétique terrestre, comme on n'en a pas encore vu, et qui permette aux navigateurs de se diriger plus sûrement en mer. Et si, tous les dix ans, de nouvelles observations sont faites avec l'aiguille aimantée, et si par elles de nouvelles sphères

(1) Sous forme de mise au net, sur une feuille grand format.

Licht bey der Schifffahrt giebet. Und wenn alle 10 Jahr neue Observationes mit Magnetnadeln angestellet, und neue Weltkugeln dazu verfertiget, auch deren Entwurf von Seefahrenden gebrauchet würde, so hätte man etwas, welches pro tempore die zehen Jahr über, vor die longitudines oder was die Holländer Ost und West nennen dienen und dann erneuert werden könnte, biß mit der Zeit etwas beständiges aufgefunden würde.

Weil aber der Magnet nicht nur die Declination in plano horizontali, sondern auch die Declination in plano verticali hat, und hoch nöthig, daß auch solche fleißig observiret werde, habe ich auch ein eigen Instrumentum inclinationes dazu eingerichtet, und ist zu wünschen, daß sowohl inclinatio als declinatio in E. M. großem Reich an verschiedenen Orten zu verschiedenen Zeiten observiret werde, weil es vor die Schifffahrt sehr nützlich sein würde.

magnétiques terrestres sont dressées à l'usage des navigateurs, on auroit alors quelque chose qui pourroit tenir lieu des longitudes, ou de ce que les Hollandois appellent Est et Ouest, et que l'on renouvelleroit jusqu'à ce que, avec le temps, on arrive à un résultat durable.

Mais, comme l'aiguille aimantée subit non-seulement la déclinaison *in plano horizontali*, mais encore la déclinaison *in plano verticali*, et qu'il est de la plus haute nécessité d'en faire l'observation sérieusement, j'ai dressé aussi à cet effet un instrument spécial d'inclinaison, et il y a lieu de désirer que l'inclinaison, comme la déclinaison, soit observée à des époques différentes et en divers lieux du grand empire de Russie, ce qui rendroit d'immenses services à la navigation.

Je n'attends que les ordres que Votre Majesté m'a promis de donner, et je m'en remets, quant au reste, aux propo-

„Ich erwarte die von wegen E. M. mir versprochene
allergn. Verordnung und beziehe mich im übrigen auf
den zu Torgau gethanen allerunth. schriftlichen Vorschlag,
in dem Gedanken stehend, daß ohngeacht der schwehren
Kriegszeiten E. M. durch zulängliche Anstalt, die Zeit
(welche das kostbarste äusserliche Dinge ist, so uns Gott
dargegeben), gewinnen und ohne große Kosten zu Beförderung und Ausbreitung der Künste und Wissenschaften ein großes in kurzer Zeit ausrichten könnten (1).

„Habe sonst auch einen Extract aus chinesischen oder
cathajischen Briefen beifügen wollen, woraus zu sehen,
wie man auch allda auf der Wissenschaften Beförderung

sitions écrites, très-humblement soumises à Torgau, toujours avec la pensée que, en dépit des temps difficiles de la
guerre, grâce à des dispositions suffisantes, Votre Majesté
ne perdra pas de temps (le bien le plus précieux de tous
ceux que Dieu nous a faits), et que, sans beaucoup de frais,
Elle saura, en peu de temps (1), contribuer largement aux
progrès et à l'extension des arts et des sciences.

J'ai voulu ajouter un extrait de lettres chinoises ou ca-
taisiennes qui prouvent clairement les bonnes intentions

(1) Un autre exemplaire de ce brouillon (en apparence l'original)
porte en marge les expressions :

« E. M. die Früchte davon bald selbst genießen. Der Krieg, da er gleich anhalten
sollte, würde daran nicht hindern, weil die Anstalten zu machen, ohne E. M. Einkünfte zu beschweren, die Kosten Anfangs mittelmäßig seyn und mit dem Nutzen
steigen würden. Falls nun E. Ksl. M. die Sache mit Nachdruck anzugreifen allgn.
gesonnen, hoffe ich dermaleins gegenwärtig Alles mit näheren Umständen vor-
zutragen. »

« Votre Majesté en gouteroit bientôt les fruits. La guerre, devroit-
elle durer, ne seroit nullement un empêchement, puisque les mesures
à prendre ne grèveroient en aucune façon des revenus de Votre Majesté,
et que les frais modiques, dès le début n'augmenteroient qu'en raison
des services rendus. Seulement, dans le cas où Votre Majesté auroit
l'intention de pousser activement la chose, j'ose espérer pouvoir lui développer mon projet avec tous les détails qu'il comporte. »

bedacht, und wie E. M. auch darinn China und Europa aneinander hengen können.

Verhoffe auch es werden E. M. meinen Eifer zu diesem großen Zweck und zu dero Dienst in Gnaden zu guth halten, daß ich (nach jüngern vernommenen Tod, dero Leibmedici Donelli) mich erkühne, diesen allerunterth. Vorschlag zu thun, daß, wofern E. M. eine neue Person zu diesem Amt annehmen wollen, ich jemand dazu wüßte, welcher auch in Physika vortrefflich und also zu Beförderung der Wissenschaften überaus dienlich sein würde. Wie ich denn von Gott zu Herzen wünsche, daß E. M. einen solchen Mann nicht allein vor sich und vor dero hohe Familie als für andre, auch für sich nicht sowohl zur Arznei als zur Wissenschaft, viele Jahre brauchen mögen, und ich verbleibe lebenszeit E. Gr. Cz. M.

allerunterthänigster Diener

G. W. v. Leibniz.

où l'on est pour ce qui touche aux sciences et combien Votre Majesté seroit à même d'unir l'Europe et la Chine.

J'espère aussi que Votre Majesté daignera accueillir avec bienveillance mon zèle et mes services, de sorte que (à la triste occasion de la mort du docteur Donelli), j'ose lui faire cette très-humble proposition que, dans le cas où Votre Majesté voudroit prendre à son service une autre personne, je sais quelqu'un qui, possédant en outre de vastes connoissances en physique, pourroit être d'une grande utilité en vue du progrès des sciences. Comme je le désire de tout cœur en Dieu, puisse Votre Majesté pouvoir se servir pendant de très-nombreuses années d'un tel homme, tant pour elle, son illustre famille et les autres, que pour la médecine et la science. Je suis, ma vie durant, de Votre Majesté Czarienne, le très-humble serviteur,

G. W. DE LEIBNIZ.

P. S. (1)

Allergnädigster Herr! Vermuthlich wird der Herr Baron von Urbich berichtet haben und E. M. sich in Gnaden erinnern, daß die negotiation E. M. an dem Churf. Hannöverschen Hofe durch mich zuerst anbracht und der Grund geleget worden, worauff hernach der Hr. Fürst Kurakin gebauet und gewisse Traktaten geschlossen.

Ob ich nun wohl oft in publiquen affairen auch Justizwesen gebrauchet worden und bißweilen von großen Fürsten dariinn consultiret werde, so halte ich doch die Künste und Wissenschaften für höher, weil dadurch die Ehre Gottes und das Beste des ganzen menschlichen Geschlechts beständig befördert wird; denn in den Wissenschaften und Erkenntnissen der Natur und Kunst erzeigen sich vornehmlich die Wunder Gottes, seine Macht, seine Weisheit und Güte; und die Künste und Wissen=

P. S. (1).

Très-gracieux Seigneur : Probablement, M. le baron d'Urbich en aura fait mention, et Votre Majesté daignera s'en souvenir, j'ai entamé des négociations avec le prince Électeur de Hanovre, et ensuite M. le prince de Kurakin a établi et conclu des traités sur les négociations. Bien que je compte de longs services dans l'administration et la justice, que j'aie été consulté pendant longtemps par de grands princes, je considère néanmoins comme plus élevés les arts et les sciences, capables d'augmenter la gloire de Dieu et le bien du genre humain, car c'est surtout dans les sciences et les connoissances de la nature et de l'art que se manifestent les merveilles de Dieu, sa puissance, sa sagesse et sa bonté; et

---

(1) Ce post-scriptum se trouve sur l'autre moitié de la feuille qui renferme le brouillon moins soigneusement écrit ou l'original.

schaften sind auch der rechte Schatz des menschlichen Geschlechts, dadurch die Kunst mächtig wird über die Natur und dadurch die wohlgefasseten Völker von den Barbarischen unterschieden werden. Derowegen habe ich von Jugend auf die Wissenschaft geliebet und betrieben, habe auch das Glück gehabt, ohngeacht vieler abhaltenden Geschäfte verschiedene ohngemeine Entdeckungen herfür zu bringen, so in öffentlichen Büchern von ohnpartheyischen und berühmten Leuten hochgelobet worden: Es hat mir auch nichts anderes gefehlet, als ein großer Herr, der sich eben der Sach genugsam annehmen wollen. Und diesen verhoffe ich nun bei E. Cz. M. gefunden zu haben, als die in Dero großen Reich gar leicht fast ohne Mühe und Kosten die vortrefflichsten Anstalten dazu machen können und wollen. E. Gr. Cz. M. wird durch solche heroische Vorhaben unzehlicher nicht nur jetziger, sondern auch künftiger Menschen Nutzen und Wohlfahrt beför-

encore les arts et les sciences sont le vrai trésor du genre humain, ils montrent la supériorité de l'art sur la nature et distinguent les peuples civilisés des barbares.

C'est pourquoi, dès mon jeune âge, je me suis adonné aux sciences que j'aimois; j'ai eu le bonheur, malgré de nombreuses occupations étrangères, d'arriver à diverses découvertes importantes, dont l'éloge a été publié dans les écrits de personnes illustres et impartiales. Il ne me manquoit plus qu'un grand prince qui voulût s'intéresser suffisamment à la chose; j'espère l'avoir trouvé dans Sa Majesté qui veut et peut prendre dans son grand empire les meilleures mesures à ce sujet. Votre Majesté Czarienne, par des projets dignes d'un héros, saura, en les mettant à exécution, procurer le bien-être et la prospérité, non-seulement aux contemporains, mais encore aux générations futures, et principalement se rendre utile aux Russes et aux autres peu-

dern und dem ganzen menschlichen Geschlecht, insonder=
heit aber den Russen und allen andern slavonischen Na=
tionen zu Nuz und zu Statten kommen und (weit mehr)(1)
bey ihnen ausrichten, als Fohi bei den Chinesen, Her=
mes bey den Aegyptiern, Zerduſt in Hochasien, Irmin
bey den Hochteutschen, Odin bey den Nordteutschen, Al=
manzor bey den Saracenen.

Es scheinet, es sey die Schickung Gottes, daß die
Wissenschaft den Kreis der Erden umbwandern und nun=
mehr auch zu Scythien kommen solle, und daß E. M.
dießfalls zum Werkzeug versehen, da sie auf der einen
Seite aus Europa, auf der andern aus China das Beste
nehmen, und was beyde gethan durch gute Anstalt ver=
bessern können. Denn weil in dero Reich großen Theils
noch alles die Studien betreffend neu und gleichsam in
weiß Papier, so können unzehlich viel Fehler vermieden
werden, die in Europa allmählig und unbemerkt einge=

ples slaves, comme Fohi chez les Chinois, Hermès chez les
Égyptiens, Zoroastre dans la haute Asie, Arminius chez
les Allemands du sud, Odin chez les Allemands du nord,
Almanzor chez les Sarrasins.

Il semble que Dieu ait décidé que la science fasse le
tour du monde et pénètre maintenant jusqu'en Scythie,
qu'il ait désigné Votre Majesté pour être son instrument
à cet effet, alors qu'Elle est en état de tirer de l'Europe
d'une part et de la Chine de l'autre ce qu'il y a de meilleur, et de perfectionner, par de sages réformes, les institutions de ces deux contrées. Car, considérant que, pour
la plus grande partie de son empire, tout ce qui concerne
les études est à faire, et qu'on a pour ainsi dire la feuille
blanche, on pourra éviter ainsi de si nombreuses er-

(1) Ces mots : weit mehr, « et plus loin », ont été effacés par Leibniz.

riffen, und weiß man, daß ein Palast, der ganz von Neuem aufgeführet wird, besser heraus kommt, als wenn daran viele secula über gebauet, gebessert, auch viel geändert worden.

Es gehören zwar zu diesen neuen und großen Kunstbau Bibliotheken, Musea oder Raritätenkammern, Werkhäuser zu Modellen und Kunststücken, Laboratoria chymica und Observatoria astronomica, allein man hat nicht alles auf einmal nöthig, sondern gehet stuffenweise, und wären Vorschläge zu thun, wie zu dem nützlichsten gar bald ohne sondere Kosten zu gelangen.

Das Vornehmste aber, so anzuschaffen, seynd Menschen, so zu dem großen Zweck bequem und von verschiedenen Orthen zu beschreiben, die sich in E. M. Reich niederließen, und junge Leute darin treulich unterwiesen, denn weil die victualia in Rußland wohlfeil, braucht

reurs qui se sont glissées petit à petit et sans qu'on s'en aperçoive, et l'on sçait qu'un palais, construit tout entier à neuf, ressort bien mieux que si, après plusieurs siècles d'existence, on vient à le réparer et à faire de nombreux changemens.

Ce qui constitue ce nouvel et vaste édifice, ce sont des bibliothèques, des musées, des cabinets de raretés, des ateliers de modèles et d'objets d'art, des laboratoires de chimie et des observatoires d'astronomie; objets qu'il n'est pas nécessaire d'avoir en même temps, mais petit à petit, alors qu'il y a lieu de soumettre quelques projets tendant à obtenir les plus pressés sans frais énormes.

L'important est de se procurer des hommes capables de répondre aux vues qu'on se propose, de différens endroits, qui s'établiroient dans l'empire de Votre Majesté, pour y instruire fidèlement les jeunes gens, alors que les *victualia*

man eben nicht so gar viel Geld, für die so sich im Lande
niederlassen...

„Ich werde es mir vor die größte Ehre, Vergnügung
und Verdienst schätzen, E. Gr. Cz. M. in einem so löblichen und gottgefälligen Werke dienen zu können; denn
ich nicht von den bin, so auf ihr Vaterland, oder sonst
auf eine gewisse Nation, erpicht seyen, sondern ich gehe
auf den Nutzen des gantzen menschlichen Geschlechts;
denn ich halte den Himmel für das Vaterland, und alle
wohlgesinnte Menschen für dessen Mitbürger, und ist mir
lieber, bey den Russen viel Guthes auszurichten, als bey
den Teutschen oder andern Europäern wenig, wenn ich
gleich bey diesen in noch so großer Ehre, Reichthum und
Ruhe sitze, aber dabey andern nicht viel nutzen sollte,
denn meine Neigung und Lust geht aufs gemeine Beste.
Zu diesem Zweck führe vorläugs große Correspondenz in
Europa ja bis in China, und bin nicht allein von vielen

....

sont à bas prix en Russie et qu'on aura peu de dépenses à
faire pour ceux qui s'installeront dans le pays.

Je m'estimerai très-fier, très-satisfait et très-récompensé
de pouvoir rendre service à Votre Majesté dans une œuvre
si digne et si agréable à Dieu; car je ne suis pas de ces
hommes passionnés pour leur pays, ou encore pour une
nation quelconque, mais je travaille pour le bien-être du
genre humain tout entier, car je considère le ciel comme la
patrie, et les hommes bien nés comme des compatriotes, et
je préfère rendre beaucoup de services aux Russes que peu
aux Allemands ou à d'autres Européens, encore que je pourrois jouir chez ces derniers du repos, des honneurs et de la
fortune; mais, ne pouvant plus être d'une aussi grande utilité, c'est par goût et par inclination que je m'occupe du
bien-être général. C'est dans ce but que, depuis longtemps
déjà, je suis en relation avec l'Europe et même la Chine.

LEIBNIZ ET PIERRE LE GRAND.

Jahren hehr in den Königl. französisch und engländischen Societäten ein Mitglied, sondern dirigire auch als præses die Königl. Preuß. Societät der Wissenschaften, welche zu E. M. hohen Absehen auf alle Weise zu concurriren suchen wird, auch sich bereits an des H. Herzogs Ludwig Rudolfs zu Braunschweig Lüneburg Drchl. schriftlich dazu erbothen. Solche Societät zu Berlin hat der König auf meine Vorschläge fundirt, und habe ich solche Anstalt dabey an Hand gegeben, daß sie dem König fast nichts zu unterhalten kostet, viel besser aber könnte nicht nur dergl., sondern ein weit mehreres in E. Gr. Cz. M. großem Land geschehen und ſamma bald zur Sachethat werden.

que depuis longues années je fais partie des Sociétés royales de France et d'Angleterre; qu'en outre je suis président de la Société royale de Prusse, qui fera tous ses efforts pour répondre aux nobles vues de Votre Majesté, témoin la demande écrite à S. A. M. le duc Louis-Rodolphe de Brunswick-Lunebourg. Cette Société, que le roi a fondée d'après mes plans, a été établie sur des bases telles qu'elle ne coûte au roi presque rien à entretenir, ce qui pourroit bon seulement avoir lieu, mais encore se réaliser avec plus de profits dans le grand empire de Sa Majesté Czarienne et devenir glorieux par la renommée.

XXVII.

PROJET D'UN CONSEIL SUPÉRIEUR DES SCIENCES ET ARTS POUR LE CZAR (1).

Sa Majesté Czarienne m'ayant traité si gracieusement quand j'eus l'honneur de lui marquer ma dévotion, je souhaiterois de pouvoir contribuer à sa gloire par quelque chose qui fût en même temps avantageux au bien général et propre à avancer la gloire de Dieu.

Et je crois que tout cela se peut trouver ensemble dans l'accroissement des connoissances solides. Car elles relèvent l'admiration des ouvrages de Dieu; elles augmentent le bien et les commodités des hommes en les rendant plus éclairés, en les détournant des occupations inutiles et mauvaises, en fournissant de nouvelles découvertes utiles à la police, au commerce, à la marine, aux arts et manufactures, à la santé. Et enfin personne n'y prend part maintenant plus glorieusement que Sa Majesté Czarienne, qui a naturellement de l'inclination pour les sciences et y a acquis de grandes lumières et s'est proposé de les faire fleurir dans un grand empire, ayant la commodité de joindre pour cela les avantages de l'Europe et de la Chine.

(1) Ce projet est de 1712 et doit avoir été préparé pour Schleiniz, comme celui découvert par Pertz : *Ayant été traité si gracieusement...* et qui a été par erreur reporté avant sa date dans ce recueil.

Pour mieux réussir dans un si grand et si beau dessein, il seroit peut-être à propos que Sa Majesté établît une espèce de conseil particulier, dont l'objet fût en général le soin d'introduire, d'augmenter et de faire fleurir toutes les bonnes connoissances dans son empire. De ce conseil dépendroient les académies et les sociétés savantes, les écoles, les imprimeries et librairies, le soin des langues avec les truchemens, l'histoire et la géographie, tant interne qu'externe, l'instruction des artisans, mariniers, jardiniers, chymistes et autres; puis la correspondance avec les étrangers sur les lettres et sciences, les gazettes et almanachs, l'importation et la censure des livres, la formation des bibliothèques et cabinets de raretés, les observatoires et laboratoires, et quantité d'autres matières qu'il seroit trop long de spécifier, et où l'on se peut rapporter en partie à l'exemple d'autres sociétés savantes ou académies des sciences et des arts. Sa Majesté Czarienne auroit aussi quelques personnes hors du pays qui entretiendroient correspondance sur ces matières et auroient soin de fournir des nouvelles connoissances, livres, personnes, machines, instrumens, simples et autres choses utiles.

Il pourroit sembler que la guerre où Sa Majesté Czarienne est occupée ne permet pas de songer à l'exécution entière de ce dessein. Mais comme les plus grandes difficultés de la guerre sont surmontées par l'assistance de Dieu, Sa Majesté est en état déjà de préparer les choses, puisqu'aussi bien il faut du temps pour obtenir ce grand but, et que par conséquent il est bon d'y avancer le plus qu'il se peut

et de faire au plustôt ce qui est le plus faisable pour gagner le temps, qui est une des plus précieuses choses du monde.

Ainsi le Czar pourroit commencer par la formation d'un plan bien digéré de ce grand et beau dessein. On feroit un projet du but et des moyens propres à l'obtenir, qui changeroient le moins et seroient pourtant d'une grande efficace. Et l'on verroit en même temps ce qui seroit propre à être fait tout présentement. Il paroist que la ville de Moscou, capitale de l'empire, celle d'Astracan, frontière vers la Perse, celle de Kiof, frontière vers les Turcs, et celle de Pétersbourg sur la mer Baltique, qui fait une nouvelle communication avec l'Allemagne et les pays voisins, seroient les plus propres à fonder des académies et à faire d'autres établissemens convenables. Mais il seroit temps particulièrement de penser à la formation d'une bibliothèque et d'un cabinet, et de choisir quelques personnes. Il seroit peut-être à propos aussi de commencer par l'académie de Pétersbourg et de faire faire aussi par tous les États du Czar les expériences magnétiques si importantes pour la navigation.

Mais le plus nécessaire seroit de penser à certains fonds et revenus qu'il faudroit destiner à l'exécution de ces beaux desseins de Sa Majesté, et qui fussent d'une telle nature qu'ils chargeassent le moins ses finances.

XXVIII.

Concept einer Denkschrift Leibniz's über Untersuchung der Sprachen und Beobachtung der Variation des Magnets im Russischen Reiche.

Weilen vernehme, daß Seine Czarische Mt. unter den von mir zu Torgau erwähnten zu der glori und gemeinen Nuz gerichteten Puncten zweener sonderlich allergnädigst erinnern und dazu sein belieben zeigen, so habe hiermit meine darüber habende gedanken etwas umbständlicher außführen sollen. Der eine bestehet in Untersuchung der Sprachen in dem Czarischen Reich und angrenzenden Ländern, der andere in Beobachtung der Variation des Magnets in denselbigen.

PROJET D'UN MÉMOIRE DE LEIBNIZ CONCERNANT L'ÉTUDE DES LANGUES ET L'OBSERVATION DE LA VARIATION DE L'AIGUILLE AIMANTÉE DANS L'EMPIRE RUSSE.

Puisque je suis informé du bon souvenir et des gracieuses intentions de S. M. Czarienne au sujet des deux principaux projets dont il a été fait mention à Torgau en vue de la gloire et de l'utilité générales, j'ai dû développer avec plus de détails mes idées à ce double sujet. L'un consiste dans l'étude des langues dans l'empire russe et les pays limitrophes; l'autre dans l'observation de l'aiguille aimantée dans les mêmes lieux.

Pour ce qui est de l'étude des langues, non-seulement en vue de la conversion et de la civilisation des peuples, mais

So viel nun die Untersuchung der Sprachen anlanget welche sowohl zu bekehrung und Civilisirung der Völcker, als auch zu der Histori und erläuterung des Ursprungs und der verwandnis derselben (als welche nicht besser als aus den Sprachen zu erlernen) dienen würde; so ist mein weniger Vorschlag dieser: Zuförderst wäre das Vater unser und das Symbolum Apostolicum oder allgemeine christliche glaubensbekändniss in jede Sprache die in den Czarischen Reich und angrenzenden Landen sich findet, zu übersezen. Und zwar nicht überhaupt sondern versione interlineari, dass ein worth so viel thunlich dem andern antworte.

Dann ferner wäre ein klein vocabulbuch (daran es in Russland nicht fehlen wird) zur Hand zu nehmen; darinn nicht nur nomina, sondern auch verba enthalten, um die Russische vocabula in einer jeden von der Russischen merklich verschiedenen Sprache absonderlich zu geben,

aussi dans l'intérêt de leur histoire, de l'éclaircissement de leur origine et de leur parenté (les langues sont le meilleur moyen pour y arriver), j'exposerai ce qui suit : tout d'abord il y auroit lieu de traduire Notre Père et le symbole des Apôtres ou bien les principaux articles de la foi chrétienne dans chaque langue en usage dans l'empire russe et dans les pays voisins. Et ce n'est certes pas une version sommaire, mais une version interlinéaire telle qu'un mot réponde, autant que possible, à un autre mot, que je propose.

Puis, plus tard, il y auroit lieu d'entreprendre un petit vocabulaire (je suis sans inquiétude à ce sujet pour la Russie), qui renfermât aussi non-seulement les noms, mais aussi les verbes, en donnant les vocables russes, principalement dans chaque langue qui diffère sensiblement de la russe, et encore en écrivant, autant que faire se peut, la prononciation en caractères russes. On devroit aussi à l'occasion donner

LEIBNIZ ET PIERRE LE GRAND. 521

und auch die ausspradje mit Russischen Buchstaben, so
viel thunlich zu schreiben. Es müßte aber auch, wo es
nöthig, der Name der Nation und der darinn befindlichen
vornehmsten Ströhme, mithin die Lage des Landes wohl
bedeutet werden. Solche untersuchung und auffzeichnung
köndte geschehen theils in der Haupt= und Residenz Stadt
Moskau, theils in den vornehmsten Land= und Grenz=
städten als zu Astracan, Casan, Tobolsko, Archangel, son=
derlich aber in den grenzfesten gegen China. Und köndte
man dazu brauchen nicht nur die Dolmetscher, sondern
auch einige Kaufleute und Reisende, oder auch bediente,
so entweder aus der Nation bürtig oder wenigstens viel
mit ihr umbgangen. Solten sich einige wörther finden,
so in den barbarischen Sprachen nicht wohl oder nicht
anders als mit umbschweif zu geben, hätte man sich da=
ran nicht zu kehren. Als die Holländer den christlichen
glauben in die Hottentotsche Sprache bringen lassen, hat

le nom de la nation, avec les principaux cours d'eau qui
l'arrosent, comme en même temps la situation du pays. Un
travail de ce genre pourroit avoir lieu dans la capitale et résidence de Moscou, d'autre part dans les contrées les plus
importantes et les villes frontières, comme Astrakan, Cazan,
Tobolsk, Archangel, et principalement dans les forteresses
aux confins de la Chine. Et, à cet effet, on pourroit employer non-seulement les trochemens, mais aussi quelques
commerçans et voyageurs, comme encore des domestiques
qui, ou bien sont originaires de la nation, ou bien ont au
moins des rapports avec elle. On pourra rencontrer quelques
mots qui ne sçauront être exactement rendus dans les langues
barbares, à moins d'employer des circonlocutions, ce dont
il est inutile de se préoccuper. Quand les Hollandois firent
traduire les croyances chrétiennes en longue hottentote, on
dut rendre le Saint-Esprit en ces termes, qui veulent dire :

man den heiligen Geist mit solchen worthen geben müssen, die einen angenehmen lieblichen Wind bedeuten. Wie dann selbst im Teutschen, Lateinischen und griechischen Geist, Spiritus, πνεῦμα ursprünglich nichts anders sagen will, als eine subtile lufft oder Wind. Denn die Menschen pflegen geistliche Dinge durch Vergleichung mit den leiblichen sich einzubilden.

Es ist bekand daß die alten alles was sich von Pohlen oder gar von der Weichsel biß nach Indien oder von der Ost See biß an das große orientalische meer gegen Japonien über erstrecket mit einem Nahmen Scythien benennet haben. Die occidentalischen oder die so nahe bei der ost See hießen bey einem celtoscythen, die orientalischen aber, oder was von indien nach Norden gehet, indoscythæ. Nun besitzen Seine Czarische Mt. ein großes theil von Scythien, und nicht nur (die Pohlnischen Lande ausgenommen) was bey den alten Sarmatica tam Europea

l'agréable zéphyr. Du reste, chez les Allemands, les Latins et les Grecs, *geist*, *spiritus* et πνεῦμα, ne signifient pas autre chose qu'un léger souffle ou vent. Car les hommes ont l'habitude de se représenter les choses surnaturelles en les assimilant aux choses naturelles.

On sçait que les anciens désignoient sous le nom de Scythie tout ce qui s'étend de la Pologne, ou mieux de la Vistule, jusqu'à l'Inde, ou encore de la mer de l'Est à la grande mer orientale en face du Japon. Pour certains, les Occidentaux, ou ceux qui étoient sur les bords de la mer de l'Est, s'appeloient Celtoscythes; pour les mêmes, les Orientaux, c'està-dire ceux qui s'étendoient de l'Inde au Nord, Indoscythes. Maintenant S. M. Czarienne possède une grande partie de la Scythie (les États de la Pologne exceptés), et non-seulement ce qui chez les anciens étoit appelé Sarmatie tant en Europe qu'en Asie, mais encore une grande partie des pays

quam Asiatica geheißen, sondern auch ein großes theil
von den Landen, so den alten Alanis, Sacis, Hunnis,
Cumanis und Massageten zugeschrieben werden. Unter
den Sarmatischen verstehe ich alle Völcker deren Sprache
mit der Slavonischen übereinkomt, von welchen ein Theil
erst spät bey Zerrüttung des Römischen Reichs mit den
Teutschen in die diesseitige Länder eingebrochen und sich
theils in die von denen wallenden Teutschen verlaßene
Orther unter den Nahmen der Böhmen, Mähren und
Wenden gesezet, theils in Pannonien (so man heut zu tag
Ungarn nennet) eingedrungen und dann ferner biß an
das Adriatische Meer sich ausgebreitet. Und scheinet daß
die Hunni selbst nichts anders als Sarmatæ Asiatici ge=
wesen (also Russen geweßen) (1) und also S. Cz. Mt. die
eigentliche Lande der Hunen besize als welche erst am
Tanaim gewohnet. Die Alani sind auch allem ansehn
nach ein Sarmatisch oder Slavonisch Volck gewesen und

que l'on prétend avoir été habités par des Alains, les Saces,
les Huns et les Cumans, ainsi que par les Massagètes. Par
Sarmates, j'entends tous les peuples dont la langue a des
rapports avec la langue slave, peuples qui, en partie au
moment de la chute de l'empire romain, se précipitèrent
avec les Allemands sur les pays de ce côté-ci et se sont établis les uns dans les contrées abandonnées par les émi-
grans allemands, sous le nom de Bohêmes, de Moraves et
de Wendes, les autres se sont implantés dans la Pannonie,
appelée de nos jours Hongrie, et se sont étendus ensuite jusqu'à la mer Adriatique. Il semble que les Huns eux-mêmes
n'ont pas été autres que des Sarmates de l'Asie (par conséquent ont été Russes) (1), et qu'ainsi S. M. Czarienne possède
les propres pays des Huns, alors que ceux-ci ont habité

(1) Les mots entre parenthèse ont été rayés.

dürfften die Roxalani wohl ein alter Nahme der Russen seyn.

So viel ich aus bisherigen Nachrichten und alten Monumenten abnehmen können, sind in ganz Scythien, oder vielmehr in ganz Norden von Europa und Asia folgende Hauptsprachen:

Erstlich die Tartarische, welche den Calmucken und Mugallen biß an Indien und China gemein und mit welcher wie ich vernehme die Tartarische in Crimea und die Turckische sonderlich in Turkestan, Bogghara oder Usbeckerland zimlich verwand. Wie man mir dann auß China etliche wort geschickt, darinn die Sprache der Chinesischen Tartaren mit der Turckischen überein komt.

Vors andere die Slavonische, welche in dem großen Russischen Reich herrschet, sonst aber nicht nur in den meisten Landen des Pohlnischen, Böhmischen, und Ungarischen Reichs, sondern auch fast in der ganzen Europäi=

dans le principe les bords du Tanaïs. Selon toute vraisemblance, les Alains ont été un peuple sarmate ou slave, et les Roxolans pourroient bien être un ancien nom des Russes.

Autant que j'ai pu m'en assurer d'après les anciens monumens et les communications faites jusqu'ici, il y a dans toute la Scythie, ou mieux dans le nord de l'Europe et de l'Asie, les principales langues suivantes :

D'abord la langue tartare, commune aux Calmoucks et aux Mongols, jusque dans l'Inde et en Chine, et avec laquelle la langue tartare, en Crimée, et la langue turque, surtout dans le Turkestan, le *Bogghara* ou *pays d'Usbecker*, ont, selon moi, de grands rapports....... Aussi bien quelques mots m'ont été transmis de la Chine, dans lesquels la langue des Tartares-Chinois se rapproche de la langue turque.

En second lieu, la langue slave, qui domine dans le grand

schen Türckey gebräuchlich, ihren rechten ursprünglichen Siz aber in den Landen Seiner Czarischen Mt. zu haben scheinet, ob sie sich schohn biß an Dalmatien und biß in's Land von Lüneburg ausgebreitet.

Vors Dritte die Teutsche, welche nicht nur Holland, und auch zur Hälffte in Eng- und Schottland, sondern auch in Dennemark, Norwegen, Schweden, Preußen und Liefland sich zeiget, auch von diesen sich noch weiter gegen Morgen erstrecket, also daß noch vor wenig Jahren ein Rest der alten Teutschen inwohner in der Crimischen Halbinsel mitten unter den Tartaren geblieben, auch vielleicht da noch vorhanden.

Die Vierdte ist die finnländische mit welcher auch die Lappländische im Grund überein kömt und die Estische in Liefland nahe damit verwand und mag sich vielleicht solche Sprache ferner nacher Osten längst des Eiß-meeres erstrecken auch vor alters weiter herüber nach Süden gan-

empire russe, du moins non-seulement dans la plupart des pays du royaume de Bohême, de Pologne et de la Hongrie, mais encore est en usage dans presque toute la Turquie d'Europe, paroît avoir son véritable siége primitif dans les États de S. M. Czarienne, encore qu'elle se soit étendue jusqu'en Dalmatie et jusqu'à la province de Lunebourg.

En troisième lieu, vient la langue allemande, que l'on trouve non-seulement en Hollande et à moitié en Angleterre et en Écosse, mais encore en Danemark, en Norwége, en Suède, en Prusse et en Livonie, dont elle s'écarte pour aller se répandre jusqu'au levant, puisqu'il y a quelques années encore habitoient dans la péninsule criméenne, avec les Tartares, des descendans des anciens Allemands, qui peut-être existent encore.

La quatrième est la langue finlandoise avec laquelle la langue laponoise a des rapports très-intimes, plus encore

gen seyn, ehe die Sarmatier eingebrochen. Inmassen man nachricht hat, daß bey einer Schwedischen gesandtschafft nach Persien ein Finländer nicht weit vom Caspischen Meer Leute angetroffen, so ihn verstanden. Es findet sich auch daß die rechte Ungarische Sprache (so von der Slavonischen so sehr als von der Teutschen entfernet) viel mit der finnischen gemein habe. Nun ist bekand, daß die Ungarn aus den Landen herkommen so iezo unter S. Cz. Mt. bothmäßigkeit stehn. Es ward auch in einer Reisebeschreibung nach Sibirien gemeldet, daß man unterwegens Leute angetroffen deren sprache ein Liefländer fast verstehen können.

Ueber dem sind noch einige Sprachen, so sich nicht weit erstrecken, als die Wallachische, so meist Lateinisch, und von einer alten Römischen Coloni übrig blieben. Die Georgianische, welche was eigenes, die Lettische, welche in Churland und benachbarten Litthaun gesprochen wird,

que la langue *esthonienne* dans la Livonie. Cette langue s'étend peut-être plus loin du côté de l'est, le long de la Mer de glace, comme elle a pu anciennement s'étendre vers le sud, avant l'invasion des Sarmates. A ce propos, on rapporte que, dans une ambulance suédoise, en Perse, un Finlandois rencontra, non loin de la mer Caspienne, des gens qui le comprirent. Il faut dire aussi que la véritable langue hongroise (qui s'écarte autant de la langue slave que de la langue allemande) a beaucoup d'analogie avec la langue finlandoise.

On sçait que les Hongrois sortent de pays qui maintenant sont sous la domination de S. M. Czarienne. Il a été fait mention, dans un récit de voyage en Sibérie, de la rencontre en route de gens dont la langue a pu être comprise d'un Finlandois.

Il y a encore d'autres langues fort peu étendues, comme

und ein Mischmasch von Sprachen zu seyn scheinet, und
einige andere Sprachen mehr, so sich bey genauerer Untersuchung zeigen möchte. Da sich dann auch ergeben
wird, ob vielleicht noch eine oder andere weit außgebrei-
tete Sprache in Scythien anzutreffen.

Wenn man von allen Sprachen der Nordischen Völker
zulängliche Nachricht haben wird, so wird sich dann ergeben
nicht nur zu welchem Geschlecht, Tartaro=Turkische(m),
Slavonische(m), Teutsche(m) oder finnische(m), oder noch
andere(m) eine iede Nation gehöhre, sondern auch wie
eine Nation zwischen den andern eingedrungen und wann
zum theil die Migrationes oder Wallungen der Völker
beschaffen gewesen seyn, auch welche Völker in indien,
Persien, Türkey und Europa eine Verwandniß mit einer
oder andern Scytischen Nation haben. Inmaßen bekand
und theils die heilige Schrift, theils die Histori und der
augenschein bezeiget, daß die meisten Migrationes von

le valaque, qui dérive en grande partie du latin, reste d'une
ancienne colonie romaine; le grégorien, qui a quelque
chose de particulier; le lettonien, que l'on parle dans la
Courlande et dans la Lithuanie qui y touche, véritable mélange de langues, et quelques autres langues que l'on pourroit signaler après une recherche sérieuse. Il y aura aussi
lieu de voir si on ne trouveroit pas encore en Scythie quelque langue importante.

Une fois suffisamment renseigné sur toutes les langues
des peuples du Nord, on s'appliquera alors non seulement
à rechercher à quelle race tartaro-turque, slave, allemande
ou finlandoise appartient chaque nation, mais aussi comment une nation s'est glissée entre les autres, et quand en
partie les migrations ou invasions des peuples ont eu lieu,
comme encore quels peuples, dans l'Inde, la Perse, la Turquie et l'Europe, ont des liens de parenté avec telle ou telle

Osten nach Westen und von Norden nach Süden gangen. Und dieses wird der beste weg seyn, die entferneten Russischen alterthümer zu untersuchen.

Es wird sich auch ergeben, ob und wo am dienlichsten zu besserer bekehrung und Cultivirung der Völcker Catechismos und andere geistliche Bücher, auch wohl endtlich Grammatiken, dictionaria und andere Wercke in einer oder andern sonderlich Hauptsprache verfertigen zu lassen, und zu unterweisung der jugend des orthes damit und sonst anstalt zu machen, welches eines der Nützlichsten und Rühmlichsten Dinge, so ein großer Monarch vornehmen kan.

Und weil die Cura propagandæ pietatis et religionis, mithin die außbreitung der Tugend und wissenschafften unter den wilden Völckern so von den Russen bezwungen worden zweifels ohne zu den vornehmsten hauptabsehn Seiner Groß Czarischen Mt. gehöret als

nation scythe. A ce propos, l'Écriture Sainte d'un côté, et l'histoire, de l'autre, ainsi que l'observation, nous l'indiquent : la plupart des migrations se sont dirigées de l'est à l'ouest, du nord au sud. Telle est donc la route qu'il faut suivre pour rechercher les antiquités russes les plus reculées.

On s'occupera de sçavoir si et où le plus convenablement possible, pour la conversion et la civilisation des peuples, il y auroit lieu de composer des catéchismes et d'autres livres spirituels, comme encore des dictionnaires, des grammaires et autres ouvrages dans telle ou telle langue importante, et de prendre des mesures en vue de l'instruction de la jeunesse de l'endroit, ce qui sera une des œuvres les plus utiles et les plus glorieuses qu'un grand monarque puisse entreprendre.

Comme le soin de propager la piété et la religion, de répandre la vertu et les sciences parmi les peuples sau-

welche vor andern begriffen, was daran gelegen, oder dazu erfordert wird; Sie auch vor den meisten andern Potentaten gelegenheit und Mittel dazu haben; so werden Sie Dero hohen Weisheit nach das Werck der Sprachen als eine Stuffe dazu ansehen und zu Herzen nehmen.

S. Mt. haben bereits einen guten anfang zu außbreitung des Christlichen glaubens gemacht und vernehme ich, daß in Sibirien und anders wo viele Heidnische einwohner sich zum Christenthum bequemen.

Es ist auch die Christliche Religion nicht nur zur Seeseite durch die Römischen Missionarien, sondern auch zu Lande durch die Russen tieffer in China eingedrungen. Inmassen ich vernehme, daß einige Russen, so im vorigen Kriege von den Chinesen gefangen worden, in China die christliche Religion frey üben; habe auch unlängst einen Brief aus China gelesen, daß der Chinesische Monarch oder dessen Erbprinz von den Jesuiten die erklärung

vages qui ont été soumis par les Russes appartient, sans aucun doute, à la haute direction de S. M. Czarienne qui, avant tout autre, en a compris l'importance et toute la difficulté, et qui, mieux que tout autre potentat, en possède les moyens et l'occasion. Elle daignera prendre à cœur, vu sa haute sagesse, l'œuvre des langues et la considérer comme un appui.

Votre Majesté Czarienne a déjà heureusement débuté pour la propagation de la religion chrétienne, et je sais qu'en Sibérie et ailleurs beaucoup d'habitants païens s'accommodent du christianisme.

Ce n'est pas seulement sur les côtes des mers de la Chine que la religion chrétienne a pénétré, grâce aux missionnaires romains, mais encore, par l'intermédiaire des Russes, jusque bien avant dans les terres; car je sais que quelques Russes, faits prisonniers par les Chinois dans la guerre précédente, pratiquent librement en Chine la religion chré-

einiger geistlichen Bilder verlanget, so durch die Russen vielleicht mit einer Czarischen Gesandschafft nach China bracht worden.

Nun will allein wegen der Sprachen anführen, daß vielleicht guth seyn würde, wenn der heimgelassene(n) Regierung zu Moskau absonderlich, und den Landpflegern der Provinzen auch durch absonderliche Rescripta anbefohlen würde durch Sprachkundige Leute die oberwehnet Sprach Proben oder specimina zusammen bringen zu lassen, weil doch vermuthlich in der großen Stad Moskau Leute aus den meisten Nationen seyn werden. Dergestalt köndte man die specimina der Hauptstadt gegen diejenige halten, so die Provinzen selbst dargeben werden, und köndte eines zu des andern bestärkung Verbesserung und Ergänzung dienen.

Nun schreite zu dem andern Haupt Punct dieser Schrifft nehmlich der Variation des Magnets. Diese ist

tienne, et j'ai lu dernièrement dans une lettre de Chine que le monarque chinois ou le prince héritier avait demandé aux jésuites des explications au sujet d'images religieuses qui peut-être ont été introduites par les Russes lors d'une ambassade du Czar.

Maintenant j'exposerai au sujet des langues l'utilité probable d'enjoindre principalement à l'administration spéciale de Moscou, ainsi qu'à tous les gouverneurs des provinces, par des rescrits particuliers, de faire réunir, par l'entremise d'hommes initiés aux langues, des monuments ou spécimens des langues susdites, alors qu'il est présumable qu'il y aura dans la grande cité de Moscou des gens de la plupart des nations. Aussi pourra-t-on comparer les documents (*specimina*) de la capitale avec ceux que fourniront les provinces, de sorte que les uns serviront à la confirmation, à la correction et au complément des autres.

von der größten Wichtigkeit vor die Schiffart und ein Succedaneum (Saltem pro tempore) und Lücken=Büsser so zu sagen, des großen desiderati nautici, nehmlich der Longitudinum, oder dessen so die Holländer von Ost nach Westen nennen, daß man nehmlich wisse, wie weit ein orth mehr nach osten oder westen gelegen denn der andere, welches schwehr ist, weil der ganze Himmel von Osten nach Westen umbzugehen scheinet und also kein beständiger orth solche plagas andeutet, dahingegen der polus bleibet, und also vermittest der Elevationis poli und solche wege die davon dependiren, leicht zu haben, wie weit ein orth oder nördlicher oder südlicher denn der andere, welches man latitudinem nennet.

Es ist gewiß, daß man die Longitudines Locorum zu Lande oder die sogenante longitudines terrestres so ziemlich vermittelst der Finsternisse der Luminarium, sonderlich aber durch die Satellites jovis haben können,

Maintenant passons à l'autre point important du mémoire, c'est-à-dire à la variation de l'aiguille aimantée. Il y va du plus haut intérêt pour la navigation, alors que cette variation est une substitution, *succedaneum* (du moins selon les circonstances), et pour ainsi dire une des bases du grand problème nautique tant cherché, à savoir des longitudes, ou de ce que les Hollandois appellent de l'est à l'ouest, dans le but de savoir de combien un endroit est plus à l'est ou à l'ouest qu'un autre, chose difficile, car, après tout, le ciel semble tourner de l'est à l'ouest, et par conséquent aucun point fixe n'indique les régions qui s'y rapportent, tandis que le pôle est fixe et qu'il permet, au moyen de la hauteur du pôle, connoissant les voies qui en dépendent, d'arriver facilement à savoir de combien un endroit est plus au nord ou plus au sud qu'un autre: c'est ce qu'on appelle la latitude.

Il est certain que l'on pourroit obtenir les longitudes des

und wenn der lauff des mohnden völlig bekand wäre, und nicht einige Kleinigkeiten fehleten so aber zu der scharffen rechnung der longitudinum nöthig, würde der Mond vermittelst seines appulsus ad fixas dieselbe geben, und ist Hoffnung, man werde den abgang noch einst ersezen und durch solchen weg auch zu dem abitu longitudinibus nauticis gelangen können. Die Finsterniffe dienen die longitudines terrestres oder zu Lande ein für allemahl an iemand orth fest zu stellen, aber zur See können sie wenig dienen, weil man die Finsterniffe nicht hat wenn man will. Allein die Satellites jovis, nachdem ihr lauff nunmehr in regeln bracht, sind noch bequemer zu den longitudinibus terestri(bu)s selbst als die Eclipsis Solis vel Lunæ, weil man sich deren offt bedienen kan, und wenn man sie zur See wohl observiren köndte, würde dem werck geholffen seyn, allein weil sie mit hülffe des Tubi optici observirt werden müssen, die zur See

lieux sur le continent, ou les longitudes ainsi appelées terrestres, assez facilement au moyen des éclipses des astres, principalement à l'aide des satellites de Jupiter, et si le cours de la lune étoit complétement connu, encore que quelques petits détails nécessaires au calcul rigoureux des longitudes font défaut, la lune pourroit les donner au moyen de son *appulsus ad fixas stellas*, et il y a lieu d'espérer qu'un jour on remédiera à ce qui manque pour arriver ainsi à la solution des longitudes nautiques. Les éclipses servent à déterminer une fois pour toutes dans chaque endroit les longitudes terrestres ou du continent, mais elles ne sauroient être d'une grande utilité en mer, parce qu'on n'a pas d'éclipses quand on veut. Toutefois les satellites de Jupiter, dont le cours est soumis à certaines règles connues, sont plus commodes pour arriver aux longitudes terrestres que l'éclipse du soleil ou de la lune, parce que l'on peut s'en

hiebey nicht wohl zu gebrauchen, so hat man andere wege
vonnöthen. Von alters hehr hat man sich der æstima-
tion des Lauffs des Schiffes bedient, die sehr trüglich.
Leztlichen aber, nachdem die vortreffliche Horologia
pendula von einem Holländer erfunden worden, hat
man sie nicht ohne nuzen zur See gebrauchet, weil die
Longitudines durch genaue erkenntniß der Zeit sich ergeben.
Allein die große bewegung des Schiffes verursacht auch
daß die Pendul-Uhren offt stocken, und in ihrer richtigen Bewegung gestört werden.

Man ist schohn lange Zeit den Magnet oder die mit
dem Magnet bestrichene Nadel zu den longitudinibus
nauticis zu brauchen bedacht gewesen, nachdem man außgefunden, daß die acus magnetica eine gewiße declination von den Nord Punct zu haben pflege, und zwar an
einem orth der welt anders als am andern. Und weil man
vermeynet, solche declination bleibe beständig, so hat

servir souvent; et si l'on étoit à même de les observer en mer,
on auroit fait un grand pas; mais, comme elles ne peuvent
être observées qu'à l'aide du tube d'optique (télescope), dont
l'emploi n'est pas très-commode en mer, force est de recourir à d'autres moyens. Anciennement on se basoit sur la
marche du navire, estimation erronée. Mais en dernier lieu,
depuis l'invention de l'excellente horloge pendule par un
Hollandois, on s'est servi en mer de cette dernière, non sans
avantage, car on peut obtenir les longitudes grâce à une
connoissance exacte du temps; seulement la grande agita-
tion du navire occasionne souvent des perturbations, arrêts
et retards dans la marche régulière des heures.

On a, depuis longtemps déjà, songé à se servir de l'aimant ou de l'aiguille aimantée pour les longitudes marines,
après avoir reconnu que l'aiguille magnétique a l'habitude
de s'écarter plus ou moins du pôle nord, et cela pour un

man schohn das „gefunden", (wie der Archimedes) außgerufen, weil nicht leicht, wenigstens nicht in der nähe, zweene örther unter einer Elevatione poli gelegen einerley declinationem acus haben; daher wenn die Elevatio poli, mit samt der Variation observirt wird, ergibt sich dadurch die stelle des orths da man mitten in der See sich findet, und also dasjenige, so man durch die Longitudines, wiewohl auch mit Beyziehung der Latitudinum oder Elevationis poli suchet.

Allein die Freude hat sich wieder verloren, nachdem sich befunden, daß die declinatio Magnetis sich selbst an iedem orth ändert und aniezo zu Moskau, zu Rom, zu Paris, zu London etc. gar anders ist, als sie vor jahren. Zwar ist die Veränderung von einem jahre zum andern insensibel, aber mit der Zeit wird sie merckflich. Und haben etliche vermeynet, es fomme die declination und deren Veränderung von gewissen irregularen venis

point du globe autrement que pour un autre, et comme on a pensé que cette déclinaison étoit constante, on s'est écrié alors comme Archimède : « J'ai trouvé ! » alors qu'il n'est pas possible que deux endroits éloignés, situés à une certaine distance du pôle, aient une déclinaison d'aiguille constante (unique); de là, une fois la hauteur du pôle observée, ainsi que la variation, la position de l'endroit où l'on est en pleine mer se trouve d'elle-même, et le problème est résolu.

Mais la joie fut de courte durée, quand on reconnut que la déclinaison de l'aiguille magnétique change pour chaque endroit, et qu'elle est tout autre à Moscou, à Rome, à Paris, à Londres, etc., qu'elle n'étoit quelques années auparavant. Assurément le changement qui peut se produire en une seule année est insensible, mais avec le temps il est appréciable.

magneticis und deren Veränderung in dem innersten
der Erd Kugel. Allein bey näherer untersuchung hat man
befunden, daß die Sach, wenigsten(s) an den meisten
orthen, eine causam regularem haben müsse, dieweil
von einem orth zum andern und von einer Zeit zur an=
dern der transitus nicht per saltum oder sprungweise,
sondern allmählig, per gradus geschieht, wie aus denen
großen Reisen der Holländer, Engländer und Franzosen,
und denen darauf gehaltenen diariis zu ersehen.

Dieses hat mir gelegenheit gegeben zu betrachten, daß
vermittelst der Variation des Magnets, wenigstens, wie
gedacht, ein Lückenbüßer oder succedaneum der Longitudinum zu haben, so auff gewisse als etwa 10 oder
12 jahre gelten könde, und etwa alle 10 jahr erneuert
werden müsse; wenn nehmlich alle 10 jahr auß den ob=
servationibus der Seefahrenden gewisse Magnetische
Tafeln gemacht werden, welche die nechst folgende zehn

Quelques personnes ont pensé que la déclinaison et ses
variations provenoient de certains courants magnétiques
(*venis magneticis*) irréguliers, et de leurs mouvements divers dans l'intérieur du globe terrestre. Mais, à la suite de
recherches toutes récentes, on a reconnu à cet effet l'existence d'une cause régulière pour la plupart des endroits,
parce que d'un lieu à un autre, à des époques différentes,
le changement (*transitus*) ne se produit pas par saut (*per
saltum*), ou par soubresauts, mais graduellement (*per gradus*), comme on peut s'en assurer par les grands voyages
des Hollandois, des Anglois et des François, et les journaux
qu'ils en ont tenu.

Ce qui précède m'a donné l'occasion d'observer qu'à
l'aide de la variation de l'aimant, comme il a été déjà mentionné, on pourroit avoir un substitut ou une substitution
des longitudes, dont on se serviroit pendant un certain

jahr über so ziemlich gelten könten. Macht man doch gemeine Calender vor alle jahre, warumb sollte man nicht solche Magnetische Calender vor alle 10 jahr machen? ich habe dergleichen observationes in einen globum Magneticum bringen lassen, daraus mit Verwunderung zu sehn, wie die Magnetische Linien spielen. Wenn man nun solche globos von Zeiten zu Zeiten erneuert und gegen einander gehalten hätte, würde man legem variationis selbst allmählig außfinden und die anderen vorher sehn, mithin dadurch das werck dermal zu einer vollkommenheit bringen können, daß man vielleicht keine erneuerung, als vielleicht kaum nach etlichen seculis vonnöthen haben würde.

Man hat bisher viel observationes Variationis Magneticæ angestellet, aber meistens in Unserm diesseitigen Europa, auch an dem Seegestade von Asia, Afrika und Amerika, so die Europäer befahren. Man hat aber noch

nombre d'années, dix ou douze ans environ, et qu'on auroit à renouveler à peu près tous les dix ans; pour cela, tous les dix ans des tableaux magnétiques seroient dressés au moyen des observations des navigateurs pour être utilisés pendant les dix années consécutives. Puisque l'on fait des calendriers ordinaires pour chaque année, pourquoi ne dresseroit-on pas des calendriers magnétiques tous les dix ans? Pour moi, j'ai consigné les observations que j'ai faites à ce sujet en un globe magnétique; par ce moyen, je verrai avec surprise le jeu des lignes magnétiques.

En renouvelant de temps à autre et en comparant entre eux des globes de ce genre, on finiroit même, petit à petit, par arriver aux lois de variation; alors l'œuvre seroit menée à bonne fin, plus de recherches à renouveler, si ce n'est peut-être après quelques siècles écoulés.

On a fait jusqu'ici bien des observations en vue de la va-

nicht die meisten örther, so den polis globi sich nähern, anwo sie doch am dienlichsten, umb den Unterschied der polorum Magneticorum von den polis globi besser zu haben. Und weil S. Groß Cz. Mt. ein großes theil der Nordischen Lande von Finland biß an die Chinesische Grenzen besizen, so können Sie am besten dasjenige ersezen lassen was bisher an den Magnetischen observationen abgangen.

Demnach wäre dienlich, daß anstalt gemacht würde die Variationem Magneticam zu Mitau, Riga, Reval, St. Petersburg, Pleskau, Archangel und an einigen andern orthen längst des Eismeers sonderlich an den Ostiis oder außflüssen des Oby, der Lena und Jenisea, dann selbst zu Moskau, Kiow, Veroniza, Casan, Astrakan, Tobolsko, und ferner in den Russischen stationen nacher Siberien, Bughara, Indien und Catay genau zu bemercken. Es wäre aber nöthig, daß dabey elevatio poli,

riation magnétique, mais surtout dans cette partie-ci de l'Europe que nous habitons, comme aussi sur les côtes d'Asie, d'Afrique et d'Amérique, que les Européens ont explorées. Mais on ne connoît pas encore les endroits voisins des pôles de la terre, connoissance pourtant très-utile pour mieux apprécier la différence entre les pôles magnétiques et les pôles de la terre. Et comme S. M. Czarienne possède une grande partie des régions du Nord, depuis la Finlande jusqu'aux frontières de la Chine, Elle peut faire combler les lacunes qui existent en fait d'observations magnétiques.

Par conséquent, en vue de rigoureuses observations de la variation magnétique, il seroit utile de prendre des dispositions à Mitau, Biga, Reval, Saint-Pétersbourg, Pleskau, Archangel, et dans quelques autres endroits, le long des mers de glace, principalement aux embouchures de

auch selbst longitudo iedes orths durch die bekandte methodos longitudinum terrestrium mit fleiß bemercket würde, die lage solches orthes genau zu haben.

Zu der Magnetischen observation selbst so viel Variationem declinationis betrifft, gehört nichts anders, als daß man die Lineam Meridianam fleißig ziehe, und mit einem guthen Compass, dessen Nadel von einer mittelmäßigen länge, fein genau beobachte, wie viel die Nadel von der Meridian Lini abweiche. Was zu bemerckung der Meridian lini und Elevationis poli gehöhre ist bekand, und von der observatione longitudinis terrestris an iedem orth, soll bald ein Mehres erwähnet werden.

Sollten sich einige guthe observatores zu Moskau, Riga, Archangel, Kiow, St. Peterburg oder einigen andern orthen finden, köndte man ihnen solche observation auftragen. Wo aber nicht, so wäre das beste eine eigene

l'Obi, de la Léna, de l'Iénisséi, puis aussi à Moscou, Kiow, Veroniza, Cazan, Astrakan, Tobolsk, et plus loin, dans les comptoirs russes en Sibérie, Bughara, dans l'Inde et Catay. Il serait alors nécessaire de trouver la position d'un lieu au moyen de l'observation de la hauteur du pôle, ainsi que de la longitude de ce lieu par les méthodes connues des longitudes terrestres.

Quant à l'observation magnétique en vue de la variation de l'inclinaison, elle se résume à tracer la ligne méridienne, puis à examiner avec une bonne boussole, munie d'une aiguille suffisamment longue, de combien l'aiguille s'écarte de la ligne méridienne. La connoissance de ce qui concerne la ligne méridienne et la hauteur du pôle, ainsi que l'observation de la longitude terrestre pour chaque endroit, donneront bientôt naissance à de nombreuses communications.

Person, oder mehr, so in observationen geübet, noch jung von jahren und starcker complexion anzunehmen, die unter autorität Sr. Mt. von einem orth zum andern zu schicken.

Auff solchen Fall sonderlich, und da man die Sache rechtschaffen angreiffen wolte, wäre nöthig an iedem orth nicht nur die elevationem poli, Lineam Meridianam und declinationem Magnetis, sondern auch mit einem behörigen Tubo, die Satellites jovis zu observiren, damit man dadurch die Longitudines terrestres daselbst bezeichnen könne und sich auff die offt sehr fehlsamen Landkarten nicht verlassen müsse, welches ohnedem nöthig die Landkarten zu rectificiren, hier aber wird es sonderlich erfordert, iedes orths stelle selbst richtig zu haben, damit man wisse wo die observatio der declination auf dem globo eigentlich hingehöhre. Und dergestalt rechtschaffene Landkarten von dem großen Czarischen

Dans le cas où il y auroit à Moscou, Riga, Archangel, Kiow, Saint-Pétersbourg ou dans quelques autres endroits de bons observateurs (*observatores*), on pourroit les charger de cette observation. Autrement le meilleur parti à prendre seroit de s'attacher tout spécialement une personne initiée aux observations, jeune encore et d'une forte constitution, pour l'envoyer, aux ordres de Sa Majesté, d'un lieu à l'autre.

Dans ce cas surtout, si l'on veut obtenir un travail complet (fait consciencieusement), il seroit nécessaire, pour chaque endroit, non-seulement d'observer l'élévation du pôle, la ligne méridienne et la déclinaison de l'aimant, mais encore, avec un tube spécial, les satellites de Jupiter, afin, par ce moyen, de marquer en ce lieu même les longitudes terrestres, sans faire usage des cartes géographiques dont les erreurs très-nombreuses exigent une rectification, alors

Reich erhalten könne. Denn der bisherige weg durch die vermeinte Distanz der Örther so die Reisende anmerken ist sehr trüglich befunden worden.

So wäre auch guth wenn der observator nicht nur ein Mathematicus, sondern auch ein Naturkundiger wäre, der gewächse, Thiere, Mineralien und andere Naturalia et artificia loci zu beobachten, weil solches in einem hingehn und mit einerley Kosten gethan seyn würde. Die Mineralia dürfften zu neuen Bergwerden anlaß geben, die gewächse und thiere zu arzney, commercien und manufacturen, alles aber zur Vermehrung der physic dienen.

Ein solcher Mann würde auch nach verrichteter solcher arbeit auff viele weise nüzlich zu gebrauchen seyn, nicht nur zur Observirung der Sterne, welche allerdings zur Geographi, Schiffart und sonsten dienlich, sondern auch zu special karten, Landmessen, Wasserleitungen, Bau-

qu'il est indispensable d'avoir la position très-exacte de chaque endroit, pour savoir l'endroit précis auquel correspond sur le globe l'observation de la déclinaison. Alors seulement on pourra dresser la carte exacte du grand empire russe. Car jusqu'ici les voyageurs ont signalé de nombreuses inexactitudes dans leur chemin par suite de données incertaines sur la distance des endroits.

Il seroit aussi bien avantageux que l'observateur ne fût pas seulement mathématicien, mais encore naturaliste, capable d'observer les plantes, les animaux, les minéraux et autres *naturalia et artificia loci*, ce qui seroit examiné par la même occasion et sans nouveaux frais. Les minéraux pourroient donner lieu à de nouvelles mines, les plantes et les animaux servir à la médecine et aux manufactures; enfin, tout doit concourir aux progrès de la physique.

Un tel homme seroit à utiliser en vue d'un pareil travail

wesen und hundert andern nützlichen Vorrichtungen, vor=
nehmlich aber guthe observatores im Lande anzuziehen,
als daß man das wenige, so auff eine Person zu wenden
sich nicht gereuen lassen sollte.

Es müßte aber ein solcher mann zur reise mit nöthi=
gen Instrumenten in vorrath überflüßig versehen wer=
den, weil was etwas mangelhafft werden möchte unter=
wegs nicht wohl zu ersetzen. Und sind demnach nöthig
guthe Wegemesser, Compasse, Quadranten und andere
wohl eingetheilte Instrumente, große Pendul-Uhren,
Wasserwage, Probierwage, Tubus opticus, Microscopia, Micrometra, Barometria, guthe Magnete, Globus
Magneticus. Sonderlich aber wäre annoch dienlich Instrumentum inclinatiorium damit auch Inclinatio
Magnetis, welche von declinatione unterschieden, observiret werden könne.

Nehmlichen es ist gewiß daß der Magnet an verschie=

de bien des manières; non-seulement il s'occuperoit d'observer les étoiles, au plus grand intérêt de la géographie et
de la navigation, mais encore des cartes spéciales, de géographie, arpentage, de la conduite des eaux, d'architecture et de cent autres objets utiles, mais surtout d'attirer
de bons observateurs, afin de n'avoir pas à regretter le peu
qu'on aura consacré à une seule personne. Il faudroit que
ce savant, en toute prévision, fût suffisamment pourvu pour
le voyage d'instruments indispensables. En route il lui seroit difficile de se procurer ce qui lui manqueroit; par conséquent il lui faudroit un bon hodomètre, une boussole, des
quarts de cercle (*quadranten*) et d'autres instruments bien
divisés, de grosses montres, un aréomètre, une balance, un
télescope, *tubus opticus*, un microscope, un micromètre, un
baromètre, un globe magnétique. Mais il lui faudroit surtout
un instrument inclinatoire pour être à même d'observer ainsi

denen orthen, nicht nur eine unterschiedene declination oder abweichung von der Mittags Lini habe, sondern daß auch seine inclination nach dem Horizont an einem orth anders als an dem andern sey. Welche nicht mit einem Compass, sondern einem instrumento inclinatorio zu observiren, da die Nabel nicht wie bey dem Compass in plano horizontali sondern in plano verticali sich bewegen könne. Da sich dann zeiget, daß sie weder dem horizont parallel, noch auch zu demselbigen perpendicular stehe, sondern einen großen angulum ad horizontem mache, welcher aber an verschiedenen orthen unterschiedlich. Dieses ist zwar längst observiret, aber noch nicht alzu genau untersuchet worden, und würde dessen untersuchung dienen die Magnetische geheimnisse besser zu erlernen, sonderlich da man außfindig machen solte, ob und wie sich auch die inclination der Nabel an einem orth verändere. Vermuthlich würde sie dienlich seyn, die Ma=

l'inclinaison de l'aimant, toute différente de la déclinaison.

Car il est certain que l'aimant, pour différents endroits, n'a pas seulement une déclinaison différente ou une déviation de la ligne méridienne, mais encore que sa déclinaison vers l'horizon est pour un endroit autre que pour un autre. Ce n'est pas avec une boussole, mais avec un instrument inclinatoire, qu'on peut observer celle-ci, car l'aiguille doit se mouvoir, non pas comme dans la boussole en un point horizontal, mais dans un plan vertical. On voit ainsi qu'elle n'est ni parallèle à l'horizon, ni perpendiculaire à ce même horizon, mais qu'elle forme avec l'horizon un grand angle, qui varie selon les lieux. Depuis longtemps on a fait des observations à cet effet, mais pas encore avec assez de soin, alors que des recherches de ce genre serviroient à approfondir les secrets magnétiques, surtout après avoir trouvé si et comment change pour un endroit l'inclinaison de l'ai=

gnetische polos und deren Bewegung besser auszufinden.

Solte nun Seine groß Czarische Mt. geneigt seyn, eine solche Person anzunehmen, getraute ich mir wohl iemand zu finden, so bereits guthen grund geleget, und vollends sich in dem so vornehmlich verlanget wird, vor antretung der Reise geübet, auch mit billigen conditionibus begnügen möchte. Und würde eine solche Person auff viele Weise Seiner Groß Cz. Mt. selbst Vergnügung geben können. Es sind aber solche Leute darauff man sich in dergleichen verlassen könne und die auch zu solchen fatigue sich resolviren werden eben nicht alzu gemein, noch alzu leicht zu finden.

Schließlich will ich nechst der Sprachen und des Magnets noch eines dritten Puncts doch mit wenigen erwehnen, dessen Außmachung verhoffentlich zu erhalten, und Sr. groß Cz. Mt. sehr rühmlich seyn würde, auch Dero von der Providenz gleichsam verbehalten zu seyn

guille. Enfin, selon toute apparence, on seroit plus à même de découvrir les poles magnétiques et leur mouvement.

Pour peu que Sa Majesté soit disposée à s'attacher une personne dans ces conditions, je me charge de trouver quelqu'un qui ait déjà fait ses preuves, qui soit animé d'une grande ardeur, déjà initié à l'observation avant d'entreprendre le voyage et qui se contenteroit néanmoins à des conditions raisonnables.

Sa Majesté ne pourroit qu'attendre de la satisfaction d'une telle personne et de bien des manières. Il n'est certes pas facile de rencontrer des hommes sur qui l'on puisse compter et qui accepteront une semblable fatigue.

Enfin, en outre des langues et de l'aimant, je dirai quelques mots seulement d'un troisième point dont l'heureuse exécution procurera à Sa Majesté beaucoup de gloire, et que Dieu semble avoir réservé pour Elle. Jusqu'ici le monde

scheinet. Nehmlichen die Welt ist noch biß Dato in Zweifel ob Asien gegen Norden ganz umbschiffet werden könne, oder ob es wie etliche vermeynen an Amerika hange. Dieser Zweifelsknote kan von Niemand besser als von Sr. Mt. aufgelöset werden.

Es ist nur eine einige Stelle, da man sich annoch in Ungewißheit befindet, so aber unter Sr. Mt. Bothmäßigkeit stehet, nehmlich eine große Zunge Landes ziehet sich gegen das sogenannte aber noch unbekandte Eiscaap weit nach Norden hin, und wäre zu untersuchen, ob solches Caap, als dieser Zunge Ende oder Spitze, würcklich zu finden. Und da solte man vermeynen, die Einwohner des benachbarten Landes dürfften wohl eine solche Reise in den Sommermonathen, da die Sonne fast nicht untergehet, vornehmen, solche, wo nicht auff einmahl, doch stückweise vollführen, mithin den Zweifel heben können. Sonderlich da (wie zu verhoffen) möglich, einige stationes

ne sait pas si l'Asie peut être doublée tout entière par le Nord, ou bien, comme quelques-uns le pensent, si elle est unie à l'Amérique. Sa Majesté, mieux que personne, peut trancher le nœud de la difficulté.

Il n'y a plus qu'une seule contrée au sujet de laquelle on n'est pas encore renseigné, à savoir, une longue langue de terre, sous la domination de Sa Majesté, s'étend bien avant vers le Nord du côté du prétendu et encore inconnu cap glacial; il y aurait donc lieu d'examiner si le cap en question existe réellement comme fin ou pointe de cette langue. Pour cela, on peut penser que les habitants du pays voisin seroient à même, pendant la saison d'été, alors que le soleil ne se couche presque pas, d'entreprendre un voyage qu'ils feroient sinon en une fois, du moins par petite partie, de manière à faire disparoître toute incertitude. Comme on peut l'espérer, il seroit possible d'établir quelques refuges,

aufzurichten, und von dannen immer weiter zu gehen.
Welches dann nicht nur zu lande, sondern noch leichter
zu wasser an beyden seiten zu erkundigen. Es wird sich
auch vielleicht weisen, ob das Land enger werde, oder sich
mehr ausbreite, also die Hofnung zu einem Cap ver=
mehre oder vermindere. Der lauff des Meeres, art der
fische und andere umbstände an beiden ufern, dürfften
auch vorher ein liecht geben, umb zu urtheilen, ob die
Meere beider seiten zusammen hängen möchten.

Damit ich nun ein ende mache, hätten S. groß Cz.
Mt. Sich über folgende Puncte allergnädigst zu ent=
schließen förderlichst, ob Sie ihrer heimgelassenen Re=
gierung zu Moskau und auch absonderlich denen Land=
pflegern ihrer Provinzen förderlichst anbefehlen wollen,
Specimina der Sprachen ihres Reichs und der angren=
zenden Lande vermittelst interlinear übersetzungen des
Vaterunsers und Christlichen glaubens, auch eines klei-

qui permettraient de s'étendre toujours plus loin. Non-seulement les investigations pourroient être faites des deux
côtés par terre, mais encore avec plus de facilité par mer.
On découvrira peut-être si le pays devient plus étroit ou
plus large, ce qui augmentera ou diminuera la croyance à
un lac. Le courant de la mer, l'espèce des poissons et d'autres circonstances sur les deux bords pourroient mettre sur
la voie pour décider si les mers des deux côtes n'en font
qu'une.

En terminant, je prierai Sa Majesté Czarienne de vouloir
bien décider gracieusement des points suivants :

1° Si Elle a l'intention d'enjoindre à son gouvernement
de Moscou et aussi à ses gouverneurs des provinces de faire
rassembler des exemples (*specimina*) des langues de son
empire et des pays voisins avec traduction interlinéaire du
Notre Père et des articles de la foi chrétienne, y compris un

nen Vocabel Buchs der gebräuchlichsten nominum et verborum zusammen bringen zu laſſen.

2) Ob Sie die verlangte observationes latitudinum, longitudinum et variationes magneticæ an den dienſtlichſten orthen ihres großen Reichs anſtellen zu laſſen geneigt.

3) Ob Sie durch habende leute ſolches zulänglich verrichten (bekommen) vermögen, oder iemand dazu annehmen wollen.

4) Ob Sie auch förderlichſt befehl ergehn laſſen wollen, die Landeszunge, ſo am meiſten nach Norden läufft, durch benachbarte einwohner oder andere in Sommermonathen zu beyden ſeiten befahren zu laſſen, bis wo es möglich deren Ende oder Cap gefunden werde.

petit vocabulaire des noms et des verbes les plus usités;

2° Si Elle est disposée à faire prendre les dispositions nécessaires en vue des observations des latitudes et des longitudes dans les endroits les plus favorables de son grand empire;

3° Si elle dispose de personnes capables d'obtenir des résultats suffisants, ou si Elle veut engager quelqu'un dans ce but;

4° Si Elle veut donner des ordres pour explorer la langue de terre qui s'étend en grande partie vers le Nord, par les habitants voisins ou autres, pendant les mois d'été, jusqu'à la découverte possible de la fin ou cap de cette langue de terre.

XXIX.

Promemoria für Schleiniz, bei Gelegenheit der Reise des letzteren an den czarischen Hof nach Greifswald (1712).

Die kurze Schrifft wegen einer Rechtschaffenen Haupt-Anstalt zu beförderung der Studien, Künste und Wissenschaften ist französisch aufgesetzt worden, weil man sie dem Herr Fürst Kurakin zustellen wollen. Es wird aber dienstlich gebethen darob zu sehen, daß solche ins Russische vertirt werde, und wenn es thunlich die version an des Czaars Majestät selbst von des Herrn Gesandten Excellenz überreicht werde.

Was hauptsächlich dabei erwehnt werden köndte, ist erstlich, daß man am besten eine große und weitgehende Sach, durch eine allgemeine idée auf einmahl wohl zu

AVANT-MÉMOIRE DESTINÉ A SCHLEINIZ A L'OCCASION DE SON VOYAGE A LA COUR DU CZAR A GREIFSWALD.

1712.

Le petit travail concernant les dispositions relatives à un établissement principal en vue du progrès des études, des sciences et des arts, a été rédigé en françois, alors qu'on vouloit le faire tenir à M. le prince Kurakin. Mais, comme on le demande fort à propos, il y auroit lieu d'en faire une version en russe et de présenter cette version à Sa Majesté Czarienne elle-même par l'intermédiaire de Son Excellence M. l'Ambassadeur.

Ce qu'il est essentiel de mentionner ici à ce sujet, c'est premièrement la nécessité d'embrasser d'un seul coup

faſſen, und dann mit der Zeit alle Stück allmählig und bei guther gelegenheit darnach zu richten, gleichwie am beſten einen Vollkommenen abriß oder recht Modell von einem anſehnlichen Gebäude machen zu laſſen, ehe man den Bau vornimmt. Vors andere, daß man Anſtalten außfinde die Koſten zu vermindern, wozu ich vielleicht nützliche Dienſte thun könne, wie von Berlin von mir geſchehen.

Es iſt mir geſagt worden, Seiner Czaariſchen Majeſtät hätten ſonderlich Luſt einige Anſtalten zu Peters=burg circa studia förderlichſt zu machen; ob dem alſo wäre, guth Nachricht zu haben, und köndte auch darin an Hand gegangen werden.

Neben der obgemeldeten idea köndte man Seiner Czaa=riſchen Majeſtät mit einem Compendio Historiæ se-creto nostri temporis von einigen jahren hehr an Hand gehen, ſo zu denen affairen nicht wenig dienen würde.

Es köndte auch ein Kern der Regierungsregeln auß

d'œil en une idée générale un grand et vaste objet, puis de tirer le meilleur parti avec le temps et petit à petit de tous les éléments; comme il y a lieu de dresser un plan complet ou un véritable modèle d'un monument important avant d'en commencer la construction. Surtout, on doit s'arranger de manière à diminuer les dépenses, ce en quoi je pourrai peut-être être utile comme je l'ai été à Berlin. Il m'a été dit que Sa Majesté Czarienne avoit manifesté tout particulière-ment le désir de prendre certaines mesures à Pétersbourg en vue des études; dans ce cas, d'importantes modifications pourroient être faites et par là d'utiles services rendus.

Conjointement aux idées émises, Sa Majesté Czarienne pourroit tirer grand profit d'un choix de règles politiques, formé des maximes des peuples et des hommes remarqua-bles, ainsi que des exemples des hommes célèbres et des

höhern Sprüchen der Völker und Vortrefflichen leute,
auch merkwürdige Exempeln berühmter Fürsten und
Helden dargegeben werden.

Sollte Seiner Czaarischen Majeſtät geneigt ſein, we=
gen rechtſchaffener oberwehnter Hauptſach der Studien
mich umbſtändlich höhren zu wollen, würde ich bereit ſein
zu referiren.

Ich nehme die Freiheit zuzuſtellen ein zu der Forti=
fikation dienliches Inſtrument, ſo einer von meinen guten
Freunden inventirt, Vermittelſt deſſen allerhand nicht
nur regulare, ſondern auch irregulare Feſtungen, ſo
doch die gebührende defension haben, geſchwinde ent=
worffen werden können. Bitte ſolches als ein Zeichen
meiner allerunterthänigſten devotion Seiner Czaariſchen Majeſtät zu überreichen.

Sollte in des Herrn Geſandten abweſenheit etwas von
mir in dieſem orthe beobachtet werden können, würde ich
aus beſonderer devotion zu Seiner Czaariſchen Maje-

héros. Ajoutez à cela un *Compendium secretum historiæ
nostri temporis,* fort utile en toutes choses.

On pourroit aussi donner un noyau des règles de gouvernement d'après les sentences mémorables tirées de l'expérience des peuples ou de personnages considérables, et les
exemples les plus fameux des princes célèbres et des héros.

Pour peu que Sa Majesté Czarienne tienne à m'entendre,
au sujet des dispositions fondamentales à prendre en vue
des études, je serai bientôt à même de lui exposer mes
idées.

Je prends la liberté de soumettre un instrument utile à
la fortification, inventé par un de mes bons amis, et qui
permet de battre en brèche non-seulement les fortifications
régulières, mais encore les fortifications irrégulières mises
en un état convenable de défense. Je prie de le présenter à Sa

ſtåt mich dazu willig finden laſſen, in maßen auch vor dieſem auf des Herrn von Urbich begehren mit nutzen gethan; obgleich mein Hauptſehnen und inclination auf die beförderung der Studien allezeit gerichtet bleibt und ich mich in andere Dinge nicht weiter als dazu dienlich, einzulaſſen pflege.

Wenn ein Slavoniſches dictionarium, auch ein gu= thes grammatica zu haben, würde ich darumb bitten, damit man im Nothfall nachſchlagen könne. Den Werth will ich gern erſtatten.

Zweifle nicht Herr von Urbich, den ich dienſtlich zu grüßen bitte, werde zu meinem Zweck etwas beitragen können und wollen, alſo nach guthbefinden. Als er letz= tens in Hannover geweſen, hat er einige Nachricht von mir die Ruſſiſchen antiquitæten betreffend verlangt. Deswegen ich auch unter Herrn Hennebrogs couvert etwas ihm nachgeſchickt, aber nicht erfahren, ob es ihm zu Handen kommen.

Majesté Czarienne comme un témoignage de ma très-humble dévotion à son égard.

Si en l'absence de M. l'Ambassadeur des explications de ma part étoient nécessaires à cet endroit, j'y acquiescerai volontiers, par dévotion spéciale pour Sa Majesté Czarienne, alors que déjà sur le désir de M. d'Urbich j'ai été de quelque utilité, bien que mes occupations ordinaires et mon inclination tendent toujours aux progrès des études et que j'aie l'habitude de ne m'occuper d'autres choses qu'autant qu'il y a avantage pour elles.

Quant à un dictionnaire slave et à une bonne grammaire, je demanderai qu'ils puissent faire autorité en cas de différend. Je ferai volontiers un rapport sur leur valeur.

Je ne doute pas que M. d'Urbich, que je prie d'accepter mes très-humbles salutations, ne veuille et ne puisse

Der Herr General-Feld-Zeugmeister Bruce und der Herr von Huyssens, die mir in Torgau beystand geleistet und an die ich hernach beyde geschrieben, aber keine Antwort erhalten, werden verhoffentlich nichts desto minder annoch mir ihre gewogenheit beybehalten haben, derowegen ich auch meinen dienstlichen Gruß bei ihnen zu melden bitte. Der General von Huyssens hatte mir die bewußte resolution Seiner Czaarischen Majestät bekand gemacht, und der Herr General-Feld-Zeugmeister mich versichert, daß damahls eine schriftliche Expedition wegen der Kürze der Zeit nicht thunlich, die Sach aber allerdings richtig.

Stünde nunmehr dahin, ob nicht eine schriftliche Ausfertigung nun nöthig, doch daß das Werk bereits von der damahligen Zeit seinen Anfang nehme, auch auf species gerichtet werde; ich habe einen entwurf hinterlassen, wird aber wohl beym dortigen Canzler verleget sein, ich selbst werde ihn wieder finden oder von Neuem auffetzen können.

m'aider en quelque chose, comme il l'entendra, dans mon projet. Étant dernièrement à Hanovre, il a désiré connoître quelques-unes de mes communications concernant les antiquités russes. Aussi je lui ai envoyé, sous le couvert de M. Hennebrogs, un petit travail, mais j'ignore s'il l'a reçu.

Quant à M. le général d'artillerie Bruce et à M. d'Huyssens, qui m'ont rendu service à Torgau et auxquels j'ai écrit depuis, sans recevoir de réponse, j'aime à penser qu'ils m'auront conservé leur sympathie; je les prie d'agréer mes salutations très-humbles. M. de Huyssens m'avoit fait connoître la résolution prise par Sa Majesté Czarienne, et M. le général d'artillerie Bruce m'avoit assuré que, pour le moment, le manque de temps ne permettoit pas une expédition écrite, mais que l'affaire en question étoit certainement arrangée.

Endlich so habe auch einsmahls den letzten Winter an den Herrn Groß Canzler Graf Goloffin über Berlin geschrieben und zu wissen begehrt, ob Seiner Czaarischen Majestät wegen des bewußten Zweckes etwas in Gnaden zu befehlen hätten. Verhoffe solches nunmehr zu erfahren. Inzwischen bitte mich bei diesem fürnehmen ministro, auch obschohn unbefand auprès de S. A. M. le prince Menzikoff nach gelegenheit, für allen aber bei allerhöchst gedachter Sr. Majestät zu recommendiren und in Gnade zu erhalten.

Maintenant il importe de sçavoir si un brevet écrit ne seroit pas nécessaire, dès à présent, pour permettre à l'œuvre de commencer en ce temps, avec les titres indispensables à sa mise en pratique ; j'ai laissé un projet qui peut-être a été égaré à la chancellerie, mais je pourrai le retrouver et le soumettre de nouveau.

Enfin j'ai écrit l'hiver dernier à M. le grand chancelier comte Golofkin par Berlin, désirant sçavoir si Sa Majesté Czarienne avoit ordonné quelque chose concernant l'œuvre en question. J'espère le sçavoir sous peu. En attendant je me recommande aux bonnes grâces de cet excellent ministre, à l'occasion auprès de S. A. M. le prince Menzikoff, bien qu'inconnu de lui, et par-dessus tout à la bienveillance de Sa Majesté si noblement inspirée (1).

(1) Le général Bruce, sur lequel comptait surtout Leibniz, lui répondit de Greifswald le 30 août (vieux style) 1712. Voir Guerrier, p. 223. Quant à Huyssens, Leibniz lui récrivit le 23 septembre et n'en reçut pas de réponse. Il écrivit à Bruce à la même date pour lui annoncer le Mémoire sur les langues et les variations de l'aiguille aimantée, n° XXVIII.

XXX.

Wir Petrus der Erste, Czaar und aller Reussen Selbsthalter, etc., etc., etc.

haben Uns in gnaden entschlossen den Chur- und Fürstlichen Braunschweig-Lüneburgischen Geheimen justiz-Rath Gottfried Wilhelm von Leibniz, wegen seiner Uns angerühmten und von Uns befundenen guthen Qualitäten und Wissenschaften auch zu Unserem geheimen justiz-Rath anzunehmen und zu bestellen.

Weilen wir nachricht haben, daß er zur Vermehrung der Mathematischen und anderer Wissenschaften, untersuchung der Histori, und aufnahm der Studien in gesamt ein großes beitragen kan, auch mit anderen erfahrenen Leuten deßfalls in Correspondenz stehet, so sind

Nous Pierre premier, Czar et Autocrate de toutes les Russies, etc., etc., etc.,

avons décidé en grâce de Nous attacher, en le nommant Notre conseiller intime de justice, le conseiller intime de justice du prince électeur de Brunsvick-Lunebourg, Godefroi-Guillaume de Leibniz, dont Nous avons apprécié les hautes qualités et les connoissances tant vantées.

Comme Nous sçavons qu'il est à même de concourir efficacement aux progrès des mathématiques et des autres sciences, à la mise en vogue des études, aux recherches historiques, qu'il est en correspondance à ce sujet avec d'autres personnes instruites, Nous sommes décidé à nous servir de lui, dans le but avoué de faire fleurir de plus en

wir auch entschloſſen, Uns Seiner zu dem habenden Zweck, die Studien, Künste und Wiſſenſchaften in Unſerem Reich mehr und mehr floriren zu machen, zu bedienen, wollen ihm deswegen aus unſerem Lande mit dienlichen Nachrichten verſehen laſſen und auch auf ſeine Vorſchläge und recommodationes hierin eine beſondere reflexion nehmen; und haben wir ihm wegen oberwehnten charge unſeres geheimen juſtiz-Rathes eine jährliche Beſoldung von tauſend Reichs Thaler specie vermachen wollen, welches Ihnen jährlich richtig von Uns bezahlt werden ſoll und worzu wir die behörige Ordres ſtellen wollen, beginnend dieſe Dienſte vom Dato dieſes.

Zu Uhrkund dieſes iſt dieſes unter eigenhändiger unterſchrift und mit beygedrucktem Reichs Inſiegel ausgefertigt worden.

So geſchehen Carlsbad den 1. November 1712.

Peter.

Gr. Goloffin.

plus dans notre empire les études, les arts et les sciences, et à cette cause Nous voulons correspondre utilement avec lui, et tenir bonne note de ses propositions et de ses recommandations ; Nous voulons aussi, en vertu de la susdite charge de Notre conseiller intime de justice, lui allouer un traitement annuel de mille rixdales (*specie*), qui lui seront payés exactement chaque année par Nous, après avoir donné des ordres en conséquence, comptant ces (*sic*) fonctions à dater du présent.

En foi de quoi Nous avons signé ceci de notre main et clos du sceau de l'Empire.

Fait à Carlsbad le 1ᵉʳ novembre 1712.

(Pierre) PETER.

G. Golofkin.

XXXI.

Brief von Leibniz an Peter den Großen.

Allerdurchlauchtigster und großmächtigster Czaar, Allergnädigster Herr!

Nachdem E. Groß-czaarische Majestät mich in dero Bestallung genommen und mit dero großmächtigen Gnaden-Zeichen zu ende vorigen Jahres vor Sich gelassen, habe ich mich an dem Hofe des Römischen Kaysers aufgehalten, und vermuthe das Exempel E. Majestät werde nicht wenig dazu geholffen haben, daß auch Seine Römische Kayserliche Majestät mir viele gnade erwiesen, mich außer den ordentlichen Audienzen offt vor sich gelassen, auch mit Vergnügen dasjenige angehöret, was ich mit dankbarkeit und Wahrheit von E. Majestät gemeldet.

LETTRE DE LEIBNIZ A PIERRE LE GRAND (1).

Très-illustrissime et très-puissant Czar,
Très-gracieux Seigneur,

Votre Majesté Czarienne m'ayant pris à son service, et, à la fin de l'année dernière, ayant daigné m'accueillir avec bienveillance, je me suis arrêté à la cour de l'empereur des Romains, et je pense que l'exemple de Votre Majesté n'a pas peu contribué à me rendre l'objet d'insignes faveurs de la part de Sa Majesté l'empereur des Romains, qui,

---

(1) D'après l'original des archives à Moscou, imprimé par Posselt, dans *Pierre le Grand et Leibniz*, p. 236. On lit au verso l'annotation en langue russe : « Arrivée à Saint-Pétersbourg le 10 novembre 1713. » Le même jour, la traduction de cette lettre a été expédiée par André Artmonowitsch, c'est-à-dire par Matweef.

Es wird auch E. Majestät Bothschaffter und geheimer Staats-Rath von Mattueof, den ich zu Zeiten aufgewartet und dem mein Zutritt bei dem hiesigen Ministerio befand, mir ein Zeugniß meiner Treu und Eifers zu E. Majestät Dienste geben können.

E. Groß-czaarische Majestät haben von mir in gnaden zu verlangen geschienen, daß sowohl zu erläuterung und fortsetzung guther Geseze in dero Reich, als auch zu mehrerem Flor der Künste und Wissenschaften daselbst ich das meinige beytragen möchte. So viel die Geseze betrifft, so erinnere ich mich, daß dero Großkanzler Herr Graf Goloffin davon gegen mich erwehnung gethan; Vernehme auch, daß hernach E. Majestät selbst in hoher Person gegen dero Kayserlichen geheimen Rath und abgesandten Herrn Grafen von Schönborn von diesem Ihren absehen mit mir, etwas gemeldet. Ich habe auch nicht ermangelt darauf zu gedenken, und die weisen geseze, so dero Herr Vater der Groß-Czaar Alexius glorwürdig-

souvent en dehors des audiences ordinaires, m'a reçu avec bonté, écoutant avec plaisir ce que je lui mandai de Votre Majesté en toute sincérité et reconnoissance.

M. le conseiller d'État de Mattueof, ambassadeur de Votre Majesté, auquel j'ai fait plusieurs visites, et qui est informé de mon entrée au ministère actuel, sçaura répondre de ma fidélité et de mon zèle à vous servir.

Votre Majesté Czarienne a paru manifester le gracieux désir de me voir concourir selon mes forces à l'élaboration de commentaires sur les meilleures lois en vigueur dans son vaste empire, comme aussi à la prospérité des arts et des sciences.

Quant aux lois, je me souviens que votre grand chancelier, M. le comte Golofkin, m'en a entretenu; et qu'ensuite Votre Majesté elle-même, en sa personne auguste, en présence du conseiller intime de l'Empereur, M. l'ambassadeur

sten Andenkens mit großem bedacht, nach damahliger gelegenheit der Sachen gegeben, mir einigermaaßen bekand
zu machen und ein oder anderes zu bemerken, welches
nach jetzigem mehr glücklichen Zustand, dahin es E. Majestät gebracht, denen beyzufügen seyn möchte. Zumahl
nachdem E. Majestät in dero mächtigen Reich ein so großes
Liecht angezündet und die Menschen zu besseren Sitten und
mehrerer sanfftmuth zu leiten sich angelegen seyn lassen.
Worinn die auferziehung der Jugend zur Gottesfurcht,
tugend und Wissenschaft den besten Grund legen kan.

So viel auch die Wissenschaften betrifft, habe bei E.
Groß-czaarischen Majestät ich nicht allein ein und anderes bereits Münd- und schrifftlich Vorgeschlagen und
sonderlich angerathen, daß die abweichung der Magnet-
Nadel an verschiedenen Orthen der weiten Lande beobachtet, auch untersucht werden möchte, ob Asia von
America durch ein Meer geschieden, auch dahin zu trachten, wie E. Majestät Lande zwischen Europa und China

de Schœnborn, a bien voulu me communiquer ses vues à
ce sujet. Je n'ai pas perdu de temps pour prendre connoissance des sages lois que M. Votre Père, le Grand Czar
Alexis, de glorieuse mémoire, a sçu mettre en rapport avec
les mœurs de son temps, et pour y faire telle ou telle addi-
tion dont on sçauroit profiter aujourd'hui, grâce à une situation meilleure, œuvre de Votre Majesté, surtout après avoir
Elle-même répandu les lumières dans son puissant État,
soucieuse qu'Elle est de mener les hommes à des mœurs
meilleures et à des sentiments plus humains. C'est ainsi
qu'on arrivera le plus sûrement à inspirer à la jeunesse la
crainte solide de Dieu, l'amour de la vertu et des sciences.

Quant aux sciences, j'ai soumis à Sa Majesté Czarienne
maints projets verbalement et par écrit, et principalement
conseillé comme utile l'observation de la déclinaison de

eine mehrere Verwechselung und gemeinschaft nicht nur der Wahren, sondern auch der Kundschafften und Künste machen möchten. Auch habe ich ermahnet, wie der uralten griechischen Kirche und heiligen Väter Monumentum, Schrifften und concilien mehr und mehr aus dem Staube der Vergessenheit herfür zu suchen und zu nuz zu bringen, zumahl alle œcumenische Synodi, so bei den Russen gelten, auch in ganz Europa angenommen, biß auff concilium Nicænum secundum exclusive, welches von Carolo magno, so damahls gelebet, verworffen worden. Ich habe auch wohlmeinentlich vorgeschlagen, die in S. Majestät Landen und an dero grenzen übliche viele, grosse theils bisher unbekandte und un=außgeübte Sprachen schrifftbar zu machen, mit dictionariis, und wenigst anfangs mit kleinen vocabulariis zu versehen, und die zehn Gebothe Gottes, das Gebeht des Herrn oder Vater Unser und das Apostolische Symbolum des Christlichen Glaubens samt anderen cateche-

l'aiguille aimantée dans les divers endroits de ses vastes États, ainsi que des mesures à prendre pour sçavoir si l'Asie est séparée de l'Amérique par la mer. De plus il seroit bon d'examiner comment les États de Sa Majesté pourroient entretenir des relations plus étendues avec la Chine, non pas seulement au point de vue du commerce, mais encore dans l'intérêt des connoissances et des arts.

J'ai aussi mentionné l'utilité qu'il y auroit à tirer de la poussière et de l'oubli les monuments de l'ancienne Église grecque et des saints Pères, les écrits et les conciles, surtout tous les synodes œcuméniques, aussi bien ceux reconnus par les Russes, que ceux acceptés par l'Europe entière jusqu'au second concile de Nicée exclusivement, concile que Charles le Grand qui vivoit alors a réprouvé.

J'ai aussi proposé, pour le plus grand bien, d'entrepren-

tischen Stücken, in solche Sprachen nach und nach ver=
sezen zu lassen, ut omnes lingua laudet Dominum.
Es würde auch den Ruhm E. Majestät, die so viele Völ=
ker beherrschet und zu verbessern suchet, und die erkennt=
niß des Ursprunges der Nationen, so aus dem E. Ma=
jestät unterworffenen Scythien in andere Länder kommen,
aus Vergleichung der Sprachen, befördern; hauptsächlich
aber dazu dienen, damit das Christenthum bei denen
Völkern, die solche Sprachen brauchen, fortgepflanzt
werden möge; deswegen ich auch an den Hochwürdigsten
Metropoliten, Verweser des Patriarchats unter S. Ma=
jestät ein schreiben abgehen lassen.

Und weil E. Majestät sehr geneigt seyn Leute von
Kunst, Wissenschaft und Erfahrung an sich zu ziehen, so
habe ich auf begehren dero Ersten Leib=medici Hr. Ares=
kin einem berühmten Medico und vortrefflichen Natur=
forscher zu Zürich in der Schweiz die Stelle eines Leib=
medici bei E. Majestät an des seeligen Donelli stat

dre l'écriture de nombreuses langues en usage dans les
États de Sa Majesté et dans les États limitrophes, la plupart
inconnues et peu répandues, de composer des dictionnaires
et tout d'abord de petits vocabulaires, de traduire en ces
langues, petit à petit, les dix commandements de Dieu, la
prière du Seigneur ou Notre Père, le symbole apostolique
de la croyance chrétienne avec le catéchisme, afin que
toute langue glorifie le Seigneur.

Ce sera une gloire pour Votre Majesté, qui commande à
tant de peuples et qui désire les rendre meilleurs, d'arriver
par la comparaison des langues à la connoissance de l'origine des nations qui viennent de la Scythie soumise à votre
domination, et surtout d'y implanter le christianisme chez
les peuples qui se servent de ces langues. C'est pourquoi
j'ai fait tenir à ce sujet une missive au très-digne métropo-

angetragen, dieser auch mit seinem Bruder, einem vortrefflichen physico und mathematico, gegen billige conditionen zu kommen sich erbothen; wobei nicht allein E. Majestät Person mit einem belobten Mann an des Hrn. Donelli stelle versehen, sondern auch solche Leute beygebracht würden, die E. Majestät löblichen Zweck zu beförderung der Wissenschaften in dero Landen überaus dienlich sein könbten, also daß ich fast niemand besser dazu vorschlagen wußte. Es würde auch solches dienen mehr andere von gründlicher Wissenschaft anzulocken; allein ob ich gleich an den Hrn. Areskin und andere vornehme Personen an E. Majestät Hofe deswegen geschrieben, auch bei E. Majestät selbst deswegen allerunterthänigsten Bericht abgestattet, habe ich doch keine antwort erhalten, welches aber E. Majestät großen Reisen und Feldzügen zuschreibe, deren glücklicher ausgang mir anjetzo gelegenheit zu einer herzlichen glückwünschung giebet und Hoffnung machet, es werde E. Majestät nunmehr ferner be-

litain, administrateur du patriarcat sous les ordres de Votre Majesté.

Et comme Votre Majesté est très-disposée à s'attacher des artistes et des sçavans expérimentés, j'ai, sur le désir de votre premier médecin, M. Areskin, proposé à la place de feu Donelli, un célèbre médecin et naturaliste de Zurich en Suisse. Lui et son frère, un physicien et un mathématicien distingué, ont offert leurs services à des condititions acceptables. Aussi non-seulement Votre Majesté s'attachera à la place de Donelli un homme recommandable, mais encore ces serviteurs dévoués sçauroient rendre de signalés services en vue des progrès des sciences, de sorte que je ne pourrois faire une meilleure proposition. J'ajouterai que leur présence attireroit des hommes d'une grande expérience. Cependant, bien que j'aie écrit à cet effet à M. Areskin,

dacht seyn können, auch die Friedenskünste blühen zu machen.

Demnach stelle E. Majestät hohen guthbefinden anheim, ob Sie niemand bei dero Hof, oder auch ihren Herrn Bothschafter allhier allergnädigst auftragen möchten, mich in dergleichen mit einer antwort zu versehen, damit ich meinen Eifer zu Dienst E. Majestät mit mehreren nachdruck zeigen könne. Stelle auch nicht weniger anheim, was gestalt E. Majestät etwa die mir durch ein Diploma allergnädigst Verwilligte jährliche besoldung von tausend Speciesthalern mir ferner außzahlen laffen wollen, und verbleibe lebenszeit

  E. Groß-czaarischen Majestät
    allerunterthänigster Knecht
      G. W. Leibniz.

Wien, den 26. October 1713.

ainsi qu'à d'autres personnes de la cour, bien que j'aie adressé à Votre Majesté une très-humble supplique, je n'ai reçu aucune réponse, ce que j'attribue aux grands voyages et aux expéditions de Votre Majesté ; leur heureuse issue me donne l'espérance et me fait désirer de grand cœur de sçavoir Votre Majesté de plus en plus décidée à faire fleurir les arts de la paix.

Aussi je soumets à la haute appréciation de Votre Majesté, s'il n'y auroit pas lieu de charger à sa cour un ambassadeur de me faire réponse, afin de donner de nouveaux aliments à mon zèle pour la servir. Je lui demande aussi très-humblement de vouloir bien me faire toucher la pension annuelle de mille thalers qu'Elle a daigné m'accorder par diplôme.

  Je suis pour la vie, de Votre Majesté Czarienne,
    le très-humble serviteur.
      G. W. de Leibniz.

Vienne, le 26 octobre 1713.

XXXII.

Observationes über die Magnet-Nadel.

Es ist bekand, daß der Magnet an den meisten Orthen nicht allerdings nach Norden weiset, sondern gemeiniglich etwas nach Osten oder Westen abweichet, und zwar an unterschiedenen Orthen unterschiedlich.

Es findet sich auch noch eine variation dabei, Kraft deren sich solche declination von jahren zu jahren überall in etwas verändert, und also von Zeiten zu Zeiten von Neuem observirt werden muß.

Nun hat man zwar viel solche observationes zur See auch in Frankreich, England, Teutsch- und Welschland zu Lande hin und wieder gemacht, es wird auch damit

OBSERVATIONS SUR L'AIGUILLE AIMANTÉE.

On sçait que l'aimant, pour le plus grand nombre d'endroits, n'indique pas tout à fait le nord, mais qu'il s'en écarte d'ordinaire légèrement, vers l'est ou l'ouest, et cela dans des proportions qui varient pour différents endroits.

De plus, il existe une variation, en vertu de laquelle cette *déclinaison* change partout d'années en années, et dont l'observation doit nécessairement être examinée de temps à autre.

On a fait, il est vrai, beaucoup d'observations à ce sujet sur mer, en France, en Angleterre, en Allemagne et en Italie, comme ailleurs; on les continue; mais il reste à en faire de semblables dans plusieurs endroits de l'Europe et

continuiret, aber es fehlen annoch solche observationes von den nördlichen Orthen in Europa und Asien, deren Lücken vermittelst Anstalt in dem großen Russischen Reich ersetzet werden köndten.

Wenn nun Seiner Groß=czaarische Majestät dazu Anstalt machen lassen wollten, würden Sie ein Großes zu der Verbesserung der Schifffahrt beytragen, und allen Seefahrenden damit zu statten kommen.

Denenjenigen, so die inclination des Magnets zu untersuchen hätten, köndte man zugleich andere Untersuchungen auftragen, so situm et naturalia regionum zu beschreiben dienen köndten und die provincien unter sie vertheilen.

Wenn nun durch zusammengetragene observationes zu See und Land verschiedene Nationen der meisten Örther declination zu einer gewissen Zeit als z. B. im jahr 1718 bekand, köndte man solche auf einen globum und auf Seekarten tragen und die magnetischen Linien

de l'Asie, lacunes qui pourroient être comblées, grâce à certaines dispositions, dans le grand empire de Russie.

Si Sa Majesté Czarienne vouloit s'en charger, Elle contribueroit pour une large part aux progrès de la navigation, et rendroit ainsi un signalé service aux marins.

A ceux qui auroient à examiner l'*inclinaison* de l'aimant, pourroient être confiées aussi d'autres observations qui serviroient à la description des lieux et des productions naturelles par provinces.

Une fois la déclinaison de la majeure partie des endroits connue, grâce aux observations compilées faites sur mer et sur terre à une certaine époque, comme par exemple en l'année 1718, on pourroit les indiquer sur une sphère ou sur une carte des mers, tirer les lignes magnétiques, de sorte qu'une ligne passe par tous les endroits d'une seule décli-

ziehen, also daß eine Linie gehet durch alle Oerther einer declination, als nehmlich da der Magnet jetzo gar nicht, oder um ein, zwey, drey Grad etc. nach Osten oder Westen decliniret.

Derjenige nun, der in See ist und zweyerley beobachtet, erstlich die latitudinem oder Höhe poli, zum anderen die declination des Magnets, darf nur auf dem magnetischen globo die Linie suchen, wo der Magnet die gefundene declination hat, und solcher Linie folgen bis an die stelle, wo sie unter die gegenwärtige elevationem poli kömmt, so hat er die stelle, wo er sich befindet.

Solches köndte demnach dienen pro succedaneo longitudinum, denn obschohn die declination sich verändert, dennoch wenn durch beständige anstalt, sowohl durch Seiner Groß-czaarischen Majestät, als auch ander Potenzen, absonderlich England, Holland und Frankreich, solche observationes von Zeit zu Zeit erneuert würden, so dürfften nur etwa alle 5 oder 6 jahr neue Magnetische

naison, soit quand la déclinaison est nulle ou qu'elle est à un, ou deux, ou trois degrés vers l'est ou l'ouest.

Celui qui est en mer et qui observe deux points différents, d'abord la latitude du lieu ou la hauteur du pôle, puis la déclinaison de l'aimant, peut chercher sur le globe magnétique la ligne où l'aimant donne la déclinaison trouvée, et suivre cette ligne jusqu'à l'endroit où elle arrive à la hauteur du pôle; il obtient ainsi la place où il se trouve.

Une telle opération pourroit servir utilement *pro succedaneo longitudinum,* car, bien que la déclinaison change, cependant, quand, par suite de mesures constantes, aussi bien grâce à Sa Majesté Czarienne qu'à d'autres puissances, principalement l'Angleterre, la Hollande et la France, de semblables observations auront été renouvelées de temps en temps, on pourroit alors dresser de nouvelles

carten und globen gemacht werden, welche solche Zeit über
dienen köndten. Und also würde es fast eben so guth seyn,
als wenn das arcanum longitudinum außgefunden
wäre. Und gleich wie der Calender nur auff ein jahr
dienet, würden solche carten auf 5 oder 6 jahr vergnügung geben.

Und ist kein zweifel, daß mit der Zeit in der veränder-
rung sich eine gewisse Ordnung zeigen und die posteritæt endlich zu einer nähern Erkenntniß dieses Geheim-
nisses gereichen würde, daß man nicht mehr so offtmah-
lige neue observationes zu machen nöthig hätte, sondern
endlich die veränderung ziemlich vorher sehen köndte, auf
welchen Fall das längstgesuchte problema longitudinum seine gewünschte solution erlangen würde.

Weilen auch schließlich unlängst ein parlement von
Groß=Brittanien wegen longitudinum eine gewisse resolution genommen, so wäre vielleicht dienlich, daß dießfalls mit Königlicher Majestät zu Groß=Brittanien eine

cartes ou globes magnétiques tous les cinq ou six ans, laps
de temps pendant lequel on en auroit satisfaction. Et ce seroit presque aussi avantageux que si le secret des longitudes
(*arcanum longitudinum*) étoit dévoilé. Il n'y a pas à douter
qu'avec le temps il résulteroit un certain ordre dans les variations et que la postérité pourroit parvenir à la connoissance plus intime de ce secret, de manière à n'avoir plus besoin de renouveler les observations si souvent, et à pouvoir,
qui plus est, prévoir enfin les variations, auquel cas le problème des longitudes, depuis si longtemps étudié, seroit
résolu.

Enfin, vu la décision prise tout dernièrement par le parlement de la Grande-Bretagne au sujet des longitudes, il
seroit peut-être utile d'entretenir des relations avec Sa
Majesté Royale de la Grande-Bretagne, ce que j'aurois pu

gewisse unterhandlung gepflogen werde, welches, da es Seiner Groß-czaarischen Majestät allergnädigsten intention gemäß seyn sollte, vermittelst des Staats-secretarii Herrn Stanhope, welcher vermuthlich mit Seiner Königlichen Majestät herauskommen wird, durch mich geschehen könnte.

faire au moment où Sa Majesté Czarienne manifestoit les plus gracieuses intentions par l'entremise du secrétaire d'État, M. Stanhope, qui réussira certainement avec Sa Majesté.

XXXIII.

Concept einer Denkschrift Leibniz's über die Verbesserung der
Künste und Wissenschaften im russischen Reich.

Nachdem seine Groß Cz. M. mir allgn. aufgetragen in Wissenschaftssachen mit meinem wenigen Rath an Hand zu gehen, so habe ich nicht ermangelt, sowohl schriftlich als durch dero Ministros mündlich meine schuldigste Dienstwilligkeit anzutragen und befehl zu suchen; habe auch wegen der Russischen antiquitäten dienliche Untersuchungen gethan und unter andern erwiesen, daß die Hunnen und Attila eigentlich aus den Russischen Landen kommen und die Slavonische Sprach

PROJET D'UN MÉMOIRE DE LEIBNIZ AU CZAR EN VUE DES PROGRÈS DES ARTS ET DES SCIENCES ET DES ÉCOLES DANS L'EMPIRE RUSSE.

Sa Majesté Czarienne m'ayant chargé très-gracieusement de concourir pour ma foible part aux progrès des sciences, je n'ai pas manqué, tant par écrit que de bouche, auprès de ses ministres, d'offrir mes très-humbles services en attendant ses ordres; j'ai fait aussi d'utiles recherches au sujet des antiquités russes, et j'ai démontré entre autres que les Huns, comme Attila, viennent des pays russes, qu'ils ont parlé la langue slave, comme je l'ai fait voir par les anciens monuments, et ainsi que la personne et la cour d'Attila l'ont tout particulièrement établi.

gehabt wie ich denn aus alten monumentis angezeiget, wie es eigentlich mit des Attila Person und Hof für Bewandniß gehabt.

Und weil auch S. Gr. Cz. Mt. mir durch dero Großkanzler mündlich bedeuten laſſen, daß ſie auch wegen der Gesetze und Rechte mich als dero geheimte Juſtiz Rath brauchen wollten, habe ich überleget, wie insonderheit die Gerichtsordnung beſtens einzurichten, damit ein rechtes Mittel zwischen der alten Wilführigkeit der Richter und den weitläufftigen verderblichen Europäischen Prozessen getroffen werde, welche gemeiniglich mit den geschriebenen Gesetzen und der Gelehrsamkeit unterm Vorwand beſſerer Unterſuchung bei den Völkern eingeſchlichen, dergleichen, wenn nicht bei Zeiten vorgebauet wird auch in Rußland zu besorgen. Die Wissenschaften betreffend, so iſt nicht ohne zu ſagen, daß ſelbigen beſſer in Friedenszeiten obgelegen werden kann. Nachdem aber

Et puisque Sa Majesté Czarienne m'a fait savoir verbalement par son grand chancelier qu'Elle vouloit m'attacher à Elle en qualité de conseiller intime de justice, j'ai songé principalement aux moyens d'établir la meilleure procédure possible afin d'atteindre le juste milieu entre les actes arbitraires des juges et les procès européens interminables et funestes, qui, sous prétexte de plus ample information, grâce aux codes et à l'érudition, s'insinuent chez les peuples, ce qui est à craindre aussi en Russie si on n'y remédie à temps. Quant aux sciences, il va sans dire qu'en temps de paix on est mieux à même de s'y adonner. Mais encore que Sa Majesté Czarienne fasse·la guerre, non pas dans l'intérieur de ses États ou sur les frontières, mais sur des points éloignés, rien ne peut l'empêcher, lorsqu'il y a nécessité, de suivre cette belle maxime, qu'en fait de choses utiles, il y a lieu de faire l'une sans négliger l'autre, alors qu'on

S. Gr. Ez. Mt. nicht in dero Landen noch selbst an dero Grenzen, sondern an entlegenen Orthen glückliche und siegreiche Kriege führen, so kann sie nichts verhindern der schöhnen Regel in nöthigen Dingen zu folgen daß in nützlichen Dingen eines zu thun und das andre nicht zu unterlassen, zumal man billig bedacht sein solle, die Zeit als das kostbarste der menschlichen Dinge zu gewinnen.

Die Verbesserung der Künste und Wissenschaft in einem großen Reich begreift folgendes in sich: 1) Anschaffung der dazu dienlichen Bereitschaften; 2) Unterrichtung der Leute in den Wissenschaften, so bereits ausgefunden; 3) In Ausfindung neuer Nachrichtungen.

Die Anschaffung der Bereitschaften bestehet in Büchern, Cabineten, instrumenten und theatro naturæ et artis.

Zu Büchern gehören Bibliotheken, Buchläden und Druckereien. Die Bibliothek belangend bedünket mich,

doit toujours songer avec raison à gagner du temps, le plus précieux des biens de ce monde.

L'amélioration des arts et des sciences dans un grand royaume comporte : 1° l'acquisition de ce qui est capable d'y concourir ; 2° l'instruction des gens dans les sciences connues ; 3° la découverte de nouvelles connoissances.

L'acquisition est relative aux livres, cabinets, instruments, et au théâtre de la nature et de l'art. Par livres, j'entends les bibliothèques, librairies et imprimeries. Quant à la bibliothèque, il me semble qu'un aussi grand monarque que le Czar doit viser à la création d'une bibliothèque aussi complète qu'il est toujours possible de l'avoir ; surtout quand de longtemps il ne sçauroit y avoir que peu de bibliothèques dans son empire. Aussi bien de nos jours, le roi de Portugal, à l'autre extrémité de l'Europe, alors que les livres étrangers faisoient complétement défaut

daß ein so großer Monarch als der Czar eine so vollkommene Bibliothek als immer thunlich anzuschaffen trachten solle, zumal da noch lange Zeit nur wenige Bibliotheken in seinem Reiche seyn dürften. Wie dann auch anjetzo der König zu Portugal an der andern extremitæt von Europa, in dessen Lande es auch sehr an fremdben Büchern gefehlet eine kostbare Bibliothek anschaffen lässet.

Solche Bibliothek muß bestehen aus Manuscripten und gedruckten Büchern und zweiffle ich nicht es werden S. Cz. Mt. recht viele noch in Europa unbekannte Manuscripta aus Griechenland, Türkey und Persien erhalten können.

Es muß auch eine solche Bibliothek in sich halten figuren, Holz und Kupferstiche in großer Menge, wie denn in der Königl. französischen Bibliothek etliche 100 vol. befindlich blos von figuren und Rissen, darin alles was

dans ses États, s'est occupé de créer une bibliothèque rare.

Une bibliothèque comme celle-là doit renfermer des manuscrits et des livres imprimés, et je ne doute pas que Sa Majesté ne puisse acquérir beaucoup de manuscrits encore inconnus en Europe, tant de Grèce que de Turquie et de Perse.

Cette bibliothèque comprendra encore des figures, des gravures sur bois, en taille-douce et sur cuivre, en grande quantité, à l'exemple de la Bibliothèque royale de France, qui possède quelques centaines de volumes ne renfermant que des figures et des plans, ce qui permet de représenter tout ce qui a été écrit. Il est bon d'avoir aussi à sa disposition des ouvrages de toutes les langues slave, allemande, latine, comme dans toutes les langues vivantes de l'Europe, telles que l'anglois, le françois, l'italien, mais surtout le grec, l'hébreu littéraire et vulgaire, l'arabe, le syriaque, le

sonst mit Worthen gegeben auch den Augen vorgestellet wird. Es sollen auch Bücher vorhanden sein in allerhand Sprachen slavonisch, teutsch, lateinisch und in den europäischen lebenden Sprachen als englisch, französisch, welsch, spanisch, sondern auch in griechisch, literal und vulgar hebräisch, arabisch, syrisch, chaldäisch, äthiopisch, coptisch, armenisch und sinesisch selbst. Doch das größte Theil muß sein lateinisch. Es gehören auch in eine solche Hauptbibliothek alle Bücher, so vor erfundener Druckerey gemacht, nehmlich nicht nur die alten Griechen und Lateiner, sondern auch derer, so die Studien aus der gothischen Barbarey allmählig haben herausgerissen; jene werden unter die alte gerechnet, diese medii ævi genennet. Derer vor der Druckerey gemachte Bücher Anzahl ist eben nicht so übergroß und werden solche billig vor den Grund aller erudition gehalten.

Es muß auch eine solche Hauptbibliothek so bewand

chaldéen, l'éthiopien, le copte, l'arménien et le chinois même. Cependant la plus grande partie de ces livres doit être en latin. Font partie en outre d'une bibliothèque de ce genre tous les livres composés avant l'invention de l'imprimerie, à sçavoir non-seulement les auteurs grecs et les auteurs latins, mais encore les livres de ceux que les études ont arrachés petit à petit à la barbarie gothique; ceux-là sont classés parmi les anciens; ceux-ci sont dits du moyen âge (*medii ævi*). Le nombre des livres composés avant l'imprimerie n'est déjà pas si grand, outre qu'ils sont considérés avec raison comme la base de toute érudition.

Une semblable bibliothèque doit être à même de fournir autant que possible des renseignements complets de toutes les histoires, pays, langues, la nature et l'art, les affaires, les sciences, les moyens de subsistance et les professions;

(seyn), daß man von allen Historien, Ländern, Sprachen, natürliche und künstliche Dinge, Geschäften, Wissenschaften, Nahrungen und Lebensprofessionen völlige Nachricht so viel möglich darin finde und also der ganze Schatz menschlicher Wissenschafft, so viel in Schriften bracht darin stecke.

Auf die Bibliothek folgt das Cabinet, darin sich billig finden sollen alte und neue medaillen als Grund und Bestärkung der Histori, Ueberbleibsel von Römischen, Griechischen, hebreischen, sinesischen und andern antiquitäten, allerhand raritäten von den 3 Reichen der Natur, nehmlich allerhand Sorten der Mineralien, Steine, Erze, Gewächse, insecten und andere frembden Thiere, auch allerhand Kunststücke von Gemählde, sculptur und optischen, astronomischen, architectonischen, militärischen, nautischen, mechanischen und andern inventionen. Hierzu rechne ich auch allerhand instrumenta, die ein Bau-

elle renfermera par là, en fait d'écrits, le trésor entier des connoissances humaines.

Après la bibliothèque vient le cabinet où doivent se trouver avec raison d'anciennes et nouvelles médailles, comme fondement et confirmation de l'histoire, des restes des antiquités romaines, grecques, hébraïques, chinoises et autres, des raretés de toutes espèces des trois règnes de la nature, à sçavoir de toutes les sortes de minéraux, pierres, minerais, plantes, insectes et autres animaux étrangers, comme aussi des chefs-d'œuvre de toute nature en peinture et en sculpture, des inventions touchant l'optique, l'astronomie, l'architecture, l'art militaire et maritime, la mécanique et autres. A cela j'ajoute les instruments de toutes sortes dont les architectes, ingénieurs, mécaniciens, astronomes font usage, et qui, sans occuper beaucoup d'espace, ont leur place marquée dans un cabinet.

meister, ingenieur, mechanicus, astronomus brauchet und die keinen allzu großen Plaz einnehmen, sondern sich in einem Cabinet zeigen laßen.

Zur Anschaffung einer ansehnlichen Bibliothek und eines trefflichen Cabinets scheinet jezige Zeit nicht unbequem zu seyn, da man in Frankreich und anderswo von dem großen Kriege noch nicht gänzlich respiriret und mancher zumal von den Reichen partisanen bey gegenwärtiger Untersuchung seine raritäten loszuschlagen gezwungen wird.

Das Theatrum Naturæ und Artis begreifft in sich etwas größeres; und zwar zum theatro naturæ gehören ganze grotten, darin allerhand Sorten der Mineralien und Muschelwerke zu sehen, Garten, darin ungemeine Sorten von Bäumen, Stauden, Wurzeln, Kräuter, Blumen und Früchte zu finden und endlich Thiergarten und vivaria, darin lebende vierfüßige Thiere, Vögel und

Le moment présent me paroît devoir être favorable à l'acquisition d'une bibliothèque remarquable, alors qu'en France et ailleurs on n'est pas encore tout à fait remis de la grande guerre, et que plus d'un, surtout des partisans riches, est forcé de se défaire de ses raretés.

Le théâtre de la nature et des arts s'applique à quelque chose de plus grand, car au théâtre de la nature appartiennent des grottes entières, où toutes sortes de minéraux et de rocailles méritent la peine d'être vues, des jardins qui renfermeroient toutes espèces d'arbres, d'arbustes, de racines, de légumes, de fleurs et de fruits, et enfin des ménageries remplies de quadrupèdes vivants et d'oiseaux, et des viviers pleins de poissons, avec un théâtre anatomique où l'on verroit les squelettes des animaux.

Le théâtre de l'art comprend tout ce qu'exige un observatoire, un laboratoire, un conservatoire et magasin d'expé-

Fische zu sehen, samt einem theatro Anatomico, darin der Thiere Sceleta zu zeigen.

Zu dem theatro artis gehöret, was ein observatorium, laboratorium, Rüsthaus und Magazin erfordert, darin auch Modelle von allerhand nützlichen inventionen in ziemlicher Größe sich finden sollen, sonderlich von allerhand Mühlen, Hebzeugen, Wasserwerken auch vielen Arten der bey den Bergwerken gebräuchlichen Maschinen.

Bißher die Bereitschaften zu den Wissenschaften und Künsten. Nun folgt zum andern die Art und Weise, wie solche den Menschen beizubringen. Dazu gehören Schulen vor die Kinder, Universitäten und Academien vor die Jugend, und endtlich Societäten der Wissenschaften und dergleichen vor die schon weit kommen und auff die Verbesserung bedacht sein.

Die Schulen belangend vor die Kinder sollten dieselbige

riences où doivent se trouver des modèles d'une grandeur raisonnable, de dimensions de tout genre, principalement de toute espèce de moulins, de crics, de machines hydrauliques, comme des différentes machines en usage dans les mines.

Telles sont, pour les sciences et les arts, les dispositions à prendre.

Maintenant il s'agit d'indiquer les moyens d'inculquer aux hommes tout cela. A cet effet, il y a pour les enfants des écoles, pour la jeunesse des universités et des académies, et enfin, pour les personnes instruites et à même de les faire progresser, des sociétés de sciences et autres.

Quant aux écoles pour les enfants, elles devroient être à la fois des écoles de vertu, de langues et d'art. Des écoles de vertu, pour habituer les enfants de bonne heure à la crainte de Dieu, au bien, à l'obéissance, à la compassion.—
Des écoles de langues, pour y enseigner la langue slave aux

seyn zugleich Tugend=, Sprach= und Kunstschulen; Tugend=
schulen, daß die Kinder zur Gottesfurcht, Gühte, Gehorsam,
Erbarkeit bei Zeiten gewöhnet würden; — Sprachschu=
len, daß die so Handwerksleute und dergl. bleiben sollen, im
slavonischen, die zur Kaufmannschaft gewidmet auch in
latein und teutsch; die gelehrt werden sollen dabey in Etwas
griechisch, auch wohl französisch und welsch, die geistlichen
daneben insonderheit im Hebräischen, endtlich die Haupt=
gelehrt seyn und zu hohen geistlichen und weltlichen Aem=
tern gelangen sollen in vollkommener Kundschaft der
griechischen Sprach und einigermaßen im arabischen ge=
übet werden sollen, der Tolmetscher oder interpretum zu
geschweigen.

Die Kinderschulen sollen wie gedacht neben den Tu=
gend= und Sprach= auch Kunstschulen seyn, darinn die
Kinder den Grund der Künste und Wissenschaften lernen.
Kunstschulen sollen solche Schulen zugleich seyn, damit

enfants qui resteront ouvriers, tandis que ceux qui se destinent au commerce y apprendront également le latin et le
grec; ceux qui doivent recevoir une instruction solide étu-
dieront en outre le grec, le françois comme l'italien; ceux
qui se destinent à l'état ecclésiastique, principalement l'hébreu; enfin, ceux qui doivent devenir très-savants et parvenir dans le clergé ou dans le monde aux plus hautes places,
prendront une connoissance approfondie de la langue grecque en même temps qu'ils s'adonneront à la langue arabe,
sans parler des truchements ou interprètes.

Les écoles d'enfants doivent être, en même temps que
des écoles de vertu et de langues, des écoles d'art, où les
enfants apprennent les éléments des arts et des sciences.
Des écoles pour les arts doivent être ainsi organisées, que
les enfants y apprennent d'abord un catéchisme qui seroit
un extrait de l'Écriture sainte, puis un peu de logique ou

die Kinder darin lernen einen catechismum, als auszug aus der heiligen Schrift, dann ferner etwas von der logica oder Schlußkunst, Musik, Rechnen, Zeichnen, theils auch Schnizen, Drechseln, Feldmessen und Haushalters=sachen benebenst den Anfang vom Gebrauch der Waffen und der Reitkunst, alles nach eines jeden Natur und Neigung.

Zu dergleichem Schulen möchten am besten gebraucht werden einige Clöster oder Stifter, darin die Knaben unter einer guthen disciplin und Aufsicht nach Wunsch erzogen werden könnten. Wie denn bekand, daß vor Alters die Schulen vornehmlich bey den Klöstern und Kirchen gewesen und bey deren Stiftung gar sehr auf das Schulwerk gesehen worden. Und haben bey den hohen Stiftern selbst die Dom=Scholaster eigentlich die Aufsicht der Schulen gehabt.

Die Kinder, so zu Handwerken und Kaufmannschaft

art du raisonnement, de musique, d'arithmétique, de dessin, comme aussi à ciseler, tourner, arpenter, et, avec l'économie domestique, les principes des armes et de l'équitation; le tout d'après le caractère et les goûts de chaque enfant.

C'est dans des cloîtres ou couvents que seroient le plus avantageusement placées des écoles de ce genre, où les jeunes garçons pourroient être élevés à souhait sous une bonne discipline et surveillance. On sçait du reste qu'anciennement les écoles étoient attachées aux églises et aux cloîtres, et que ces derniers ont été fondés en vue de l'instruction des écoles. Et encore ce sont les écolâtres de la cathédrale qui ont été spécialement chargés de la surveillance des écoles dans les monastères importants. Les enfants destinés aux métiers ou au commerce pourroient à l'occasion sortir des écoles à l'âge de douze ou quatorze ans, pour servir comme apprentis chez un maitre ou dans une boutique, en ayant soin toute-

gewidmet, könnten nach Gelegenheit im 12. oder 14.
Jahre ihres Alters aus den Schulen gelassen werden,
umb bey einem Meister oder in einem Handelsladen vor
Junge zu dienen, wo bey doch gleich wohl allerhand zu
beobachten, daß der in der Schuhle gelegte guhte Grund
nicht wieder umbgerissen werde, dem durch guhte Ord=
nungen Zünfften und Innungen vorzukommen. Diejenigen aber, die bey Studien bleiben, oder zu Hof=, Justiz=,
Kriegs und andern Bedienungen oder Ämter dermahleins
gezogen werden sollen, behielte man billig in diesen
Schulen biß etwa nach Gelegenheit ins achzehnde Jahr
ihres Alters, damit sie in Sprachen, Künsten, Wissen=
schafften, Leibes exercitien, Wohlordenheit und andern
wohlanständigen Uebungen es weiter bringen können. Da
sich dann auch bald zeigen wird, welche ingenia sich vor
andern in diesem oder jenem herfür thun, damit sie nach
ihrem Trieb bestens gebrauchet werden.

fois que là les bons et solides principes puisés à l'école ne
soient point déracinés, ce que l'on peut prévenir, grâce à
de bons règlements, sociétés et corps de métier. Quant à
ceux qui poursuivent leurs études ou qui plus tard doivent
être à même de remplir telle ou telle charge ou emploi à la
cour, dans la justice et la guerre, on pourroit les retenir
avec raison jusqu'à l'âge de dix-huit ans, afin qu'ils puissent faire le plus de progrès possibles dans les langues, les
arts, les sciences, les exercices du corps, l'économie domestique, et dans d'autres exercices importants. Alors se
manifesteront les dispositions naturelles pour ceci ou cela,
ce qui permettra d'en faire le meilleur usage d'après leur
tendance.

Ce temps écoulé, on pourroit envoyer ceux qui se destinent au métier des armes, comme cela a lieu en France
pour les cadets, dans les garnisons ou dans les ports de

Nach Verfliessung solcher Zeit kann man die so zum Kriege gebrauchet werden sollen, wie etwa vor weniger Zeit die Cadets in Frankreich, in die Garnisonen oder in die Seehäfen schicken, die Miliz und was dazu gehörig zu Wasser und zu Lande wohl zu erlernen und aus solchen würden hernach Land und Seeofficiere zu nehmen sein.

Andere, so zu Civil Ämtern gewiedmet, könnten auff Universitäten auch wohl Ritterakademien ziehen, müssen aber allda nicht sofort in eine unbeschränkte Freyheit treten, wie dieser schädliche Mißbrauch bei den Teutschen Universitäten und Academieen eingerissen, sondern wie vor ein paar hundert Jahre gebräuchlich gewesen und noch an etlichen Orthen außer Deutschland üblich, in gewissen Colegiis oder Bursis wohnen und allda unter der principalium oder Bursariorum Aufsicht stehen, biß sie es so weit gebracht, daß sie einem Amt tüchtig vorste-

mer, pour y étudier la milice et apprendre tout ce qui concerne l'armée et la marine; on obtiendroit par là des officiers de terre et de mer.

Quant à ceux qui se destinent aux fonctions civiles, ils peuvent fréquenter les universités, ou encore les académies de jeunes nobles, toutefois sans être aussi libres que le sont les jeunes gens dans les universités ou les académies allemandes, où se sont glissés tant d'abus regrettables, mais comme cela se pratiquoit il y a deux cents ans, et comme cela se pratique encore dans quelques endroits en dehors de l'Allemagne; ils seroient réunis dans des colléges spéciaux ou de boursiers, sous la surveillance des principaux ou *Bursarii*, jusqu'à ce qu'ils fussent en état de remplir une charge, de se marier et de bien diriger leur famille et leur maison.

Dans ces universités, les jeunes gens seroient principalement exercés dans l'art de l'éloquence et du raisonnement;

hen, sich verheurathen, ihre Familie regieren und ihre Haushaltung wohl führen können.

Auf denen Universitäten wären die jungen Leute insonderlich in der Vernunftkunst und Beredsamkeit zu üben und nicht allein exercitia disputatoria, doch förmlicher als insgemein geschicht, sondern auch oratoria sowohl in der gelehrten als in der Muttersprache zu halten.

Weilen aber die Vernunftkunst nirgend besser ausgeübet wird, als in der Mathematik, auch billig in ein(er) jeden Statt einige der vornehmsten Rathsherren die Baukunst, Wasserwerke und dergl. verstehen sollten, einem jeden Hausvater auch billig der Grund des Feldbaues und was dem anhängig bekannt seyn sollte, so stehe in denen gedanken, daß ein jeder Student beym professore Matheseos sich in Etwas zu unterweisen auch billig auff einer jeden Universität ein professor œconomices gehalten werden sollte, so in der Haushaltung selbst gründ-

---

ils devroient traiter non-seulement les *exercitia disputatoria* avec plus de soin qu'on ne le fait généralement, mais encore les *oratoria*, aussi bien dans la langue sçavante que dans la langue maternelle.

Mais comme l'art du raisonnement ne sçauroit être nulle part mieux exercé que dans les mathématiques, qu'aussi dans chaque ville les conseillers les plus distingués devroient s'entendre à l'art de bâtir, aux machines hydrauliques et autres, qu'à juste titre un bon père de famille devroit connoître les éléments de l'agriculture et de ce qui s'y rapporte dans cet ordre d'idées, chaque jeune étudiant auroit à prendre des leçons d'un professeur de mathématiques; il devroit y avoir dans chaque université un professeur d'économique (*œconomices*), qui connoisse à fond l'économie domestique, l'exerce avec succès et communique facilement aux autres son sçavoir.

lich erfahren und solches mit Nutzen practiciret auch bequem andern seine Wissenschaft mitzutheilen.

Ein jeder hätte im Übrigen sich in seiner facultät vollkommen zu machen, die geistlichen in der Theologi, da ihnen der Verstand des hebräischen und griechischen Grundtextes, Kirchenhistori und der alten Kirchenlehrer schriften bekannt zu machen. Insonderheit wäre ein großes Theil der geistlichen tüchtig zu machen, daß sie zu Fortpflanzung der christlichen Religion und Unterweisung der Völker in den weitläuftigen Landen S. Ez. Mt. als Missionarii nützlich gebraucht werden könnten, daher sie in der Sprache des Landes zu üben; sonderlich aber mit ohngemeinen Tugenden, Gedulb, Standhaftigkeit und Weißheit ausgeziert seyn müßten umb nicht nur mit ihren Worten, sondern auch mit ihrem Exempel zu lehren. Es sollten auch billig diese Missionarii in Mathematicis, Medicin und Chirurgie einige Wissenschaft haben, sich

Chacun, du reste, auroit à se perfectionner dans sa partie; les ecclésiastiques dans la théologie, pour être à même d'interpréter dignement les textes fondamentaux en grec et en hébreu, l'histoire de l'Église, ainsi que les écrits des docteurs de l'Église. Il y auroit surtout lieu de mettre une grande partie des prêtres en état d'être employés comme missionnaires à la propagation de la religion chrétienne et à l'instruction des peuples dans les vastes États de Sa Majesté Czarienne; par suite, nécessité pour eux de s'exercer dans la langue du pays, mais surtout d'être armés des principales vertus de patience, persévérance et sagesse, afin d'instruire non pas seulement par leurs paroles, mais aussi par leurs exemples. Ces missionnaires devroient posséder aussi quelques connoissances en mathématiques, médecine et chirurgïe, pour s'attacher plus facilement l'affection et le respect des peuples barbares et autres.

desto mehr bey denen Barbarischen und andern Völkern
beliebt und angesehen zu machen.

Die Juristen, so Rechtsämter und obrigkeitliche Stellen
vertreten sollen, wären nicht nur mit collegiis practicis
und vorfallende nachdenkliche casibus zu üben, sondern
hätten auch ander Völker Gesetze, Gewohnheit und poli=
zey gegen die ihrige zu halten.

Die so sich höher schwingen wollten, könnten das jus
publicum und die Staatssachen dazuziehen und hätten
dazu der Welthistori sonderlich der letzten Zeiten von=
nöthen und die wären tüchtig in den geheimbten Rath
gezogen auch zu Gesandschaften gebraucht zu werden.

Die Medici, Chirurgi und Apotheker wären in Ana=
tomicis, Botanicis, Chymicis und Praxi medica zu
üben und hätten daher zu den großen Hospitälern oder
Krankenhäusern sich zu verfügen und alldahin so wohl
als sonst zu den patienten alte erfahrene Medicos und

Les juristes qui doivent remplir des charges dans la
justice et la magistrature n'auroient pas seulement à
s'occuper de *collegia practica* (conférences pratiques), et
des cas échéants et difficiles ; ils auroient aussi à comparer
les loix, les mœurs et la police des autres peuples avec les
leurs.

Ceux qui voudroient tendre plus haut pourroient y ajouter
le *jus publicum* et les affaires d'État, en même temps
qu'ils étudieroient l'histoire universelle, surtout celle des
derniers temps ; ils seroient par là en état de faire partie du
conseil privé et d'être employés comme ambassadeurs.

Les médecins, les chirurgiens et les pharmaciens auroient
à s'exercer dans l'anatomie, la botanique, la chimie et la
pratique médicale, et à se rendre pour cela dans les grands
hôpitaux ou infirmeries pour y accompagner, auprès des
patients, les vieux médecins et chirurgiens expérimentés ;

Chirurgicos zu begleiten, hätten auch in denen Apothefen sich umbzusehen und darin visitationen beyzuwohnen.

Nun sind noch übrig diejenigen, so selbst wiederumb andere zu lehren sich begeben wollen, — die müßten sich in der Facultät oder in dem Teil der Facultät sowohl, als denen dazu dienlichen professionen zu mehrerer Vollkommenheit erheben, und sollten nicht, wie oft bey Teutschen Universitäten und Schulen geschieht, in Armuth und Verachtung leben, sondern die professores auf hohen Schulen, Universitäten und Akademieen, den Räthen und hohen Beamten bey Höfen und Hauptstädten, die Lehrer der niedrigen Schulen denen vornehmen Beamten im Lande und Landstädten gleich geachtet, — guhtentheils aber solche Personen zu Lehrern gebraucht werden, als welchen ohnedem Ehre und respect gegeben wird, und denen auch mit Abteyen und andern geistlichen Pfründen geholffen werden kann.

ils auroient aussi à parcourir les pharmacies et à se joindre aux visites.

Maintenant restent ceux qui veulent se vouer à l'enseignement. Ceux-là devroient se perfectionner beaucoup dans la faculté ou la partie de la faculté aussi bien que dans les professions utiles qui s'y rattachent sans être malheureux et méprisés, comme ils le sont souvent, dans les universités et les écoles allemandes; mais les professeurs des écoles supérieures, universités et académies, devroient être considérés et estimés comme les conseillers et les hauts fonctionnaires des cours et des villes capitales; les instituteurs des écoles secondaires, comme les principaux employés de la province et des villes. — Au reste, pour la plupart, on n'emploieroit pour instruire la jeunesse que des personnes jouissant du respect et de l'estime de tous, et auxquelles on peut venir en aide par des *abbayes* et autres bénéfices ecclésiastiques.

Es sollen daher die hohen Schulen (nämlich Univer=
sitäten und Ritterakademieen) billig in den Hauptstädten
angeleget werden als sonderlich zu Moskau, Kiof, Astra=
chan, etc., denn in großen Städten die Theologi mit
Predigen und gewissensfällen, die Juristen mit der praxi
derer Rechte die Medici in den großen Siechhäusern oder
Hospitälern am Besten sich vollkommen machen können.
Die andern Schulen wären nach gelegenheit der Städte
und Lande sonderlich vermittelst der Klöster zu vertheil=
len.

Nun ist noch der dritte Punkt des gegenwärtigen Ent=
wurfs übrig, wie nehmlich die Künste, Wissenschaften und
menschliche Nachrichtungen höher zu bringen; dazu hätte
man zu gebrauchen nicht nur obige Bereitschaften samt
den Lehrern in hohen und niedrigen Schulen, auch alle
diejenige denen ihre Ämter, Verrichtungen und Geschäfte,
Gelegenheit Etwas neues zu beobachten und zu entdecken

Par suite, les écoles supérieures (nommément les universités et les académies de jeunes nobles) seroient établies
avec raison dans les capitales, principalement à Moscou,
Kiof, Astracan, etc. : car dans les grandes villes les théologiens sont à même de s'exercer et de se perfectionner par
la prédication et les cas de conscience; les juristes par la
pratique du droit; les médecins dans les grandes infirmeries ou hôpitaux. Les autres écoles seroient réparties d'après
l'importance des villes et de la province, surtout au moyen
des cloîtres.

Maintenant reste le troisième point du présent projet, à
sçavoir : comment faire progresser les arts, les sciences et
les connoissances humaines. A cet effet, on ne se serviroit
pas seulement des dispositions à prendre, comme il a été
dit plus haut, en même temps que du concours des maîtres,
des écoles supérieures et secondaires, comme aussi de celui

an Hand geben, sondern auch nach dem Exempel von England, Frankreich, Teutsch= und Welschland eigne Societäten dazu bequemer und geneigter Personen.

Zu solcher Verbesserung und Vermehrung der Wissen=schaften würde gehören sowohl die ordentliche Zusam=menbringung dessen, das die Menschen schon wissen, als die Erkündigung dessen, was sie noch nicht wissen. Was die Menschen schon wissen ist theils bereits in Schriften enthalten, theils soll es noch aufgezeichnet und in Schrif=ten bracht werden.

Was von menschlichen Nachrichtungen bereits in Schriften verfasset wäre zu bringen in inventaria, sys=temata und Kernwerke.

Inventaria wären theils alphabetisch, theils systema=tisch zu verfassen, jenes wären dictionnaria, dieses wä=ren indices reales. Dictionnariorum hat man zwar eine große Menge, es fehlen aber fast noch die besten,

de tous ceux qui, par leurs emplois, leur position, leurs af-faires, peuvent aider dans les recherches et les découvertes, mais encore, à l'exemple de l'Angleterre, de la France, de l'Allemagne et de l'Italie, de sociétés particulières, compo-sées de membres particuliers qui voudront bien en faire partie.

Les progrès et l'accroissement des sciences dépendent aussi bien de l'ensemble de ce que les hommes sçavent, comme des recherches en vue de ce qu'ils ignorent. Des connoissances humaines, les unes sont renfermées dans les livres; les autres doivent l'être, une fois qu'on en aura pris note.

Quant aux connoissances humaines déjà renfermées dans les différents ouvrages, il y auroit lieu d'en faire des inventaires, des *systemata*, et des extraits de la fleur qui s'y trouve.

Les inventaires devroient être établis, les uns par ordre

sonderlich dictionnaria technica, darin termini aller Künste und Lebensprofessionen sich nicht nur mit worthen, sondern auch mit figuren erläutert finden.

Ich solte indices reales viel nützlicher als dictionnaria halten, weil in der aphabetischen eintheilung, wo man sich an die Nahmen bindet, die Sachen, so zusammen gehören, von einander gerissen werden und also nicht wohl zu verstehen.

Wäre ich also der Meynung die inventaria sollten systematice eingerichtet, die sach gehörigen Ohrts mit Worten und Figuren erkläret und remissiones Büchern und deren Stellen beygefügt werden, wo sich zu den das übrige, so von der Sach zu wissen dienlich, findet.

Dergestalt würden die Historica eingerichtet nach der Zeit, die Geographica nach den Ländern, die doctrinalia nach denen systematicus jeder Facultät, Wissen=

---

alphabétique, les autres par systèmes; ceux-ci seroient des dictionnaires alphabétiques, ceux-là seroient des index *de choses* (*indices reales*). Certes, on ne manque pas de dictionnaires; mais ce sont les meilleurs qui font défaut, principalement les dictionnaires techniques, où l'on trouveroit les termes employés dans tous les arts et métiers, non-seulement avec des notes explicatives, mais aussi avec des figures.

Je préférerois, comme plus utiles, les index *de choses* aux dictionnaires, parce que, dans l'ordre alphabétique, on est astreint aux noms, les choses qui ont du rapport entre elles sont séparées, et par suite on ne les connoît pas bien.

Je serois d'avis d'établir les inventaires systématiquement; l'objet seroit expliqué au moyen de notes et de figures, avec des renvois aux livres, en désignant l'endroit où trouver ce qui reste d'important à sçavoir.

schaft oder Kunst. Und zu besserm Gebrauch würde ein index alphabeticus beygefüget.

Hierein würde lauffen sowohl eine rechtschaffene historia literaria, als auch eine vollständige bibliotheca classica.

Historia literaria hielte in sich durch wen, wo und wenn die menschlichen Nachrichtungen herfür bracht, vermehret und fortgepflanzt worden mit einiger Nachricht vom Leben derjenigen, so hierinn berühmt worden, welches dienen würde nicht allein denen, so sich umb das menschliche Geschlecht wohl verdienet gemacht einigen Dank abzustatten, sondern auch andre zu löblichen Nachfolge aufzumuntern.

Eine Bibliothecam Classicam zu machen haben Gesnerus, Frisius, Bolduanus, Draudius, Lipenius und andre sich angelegen seyn laffen. Es ist aber alles noch sehr unvollkommen und nicht zu verfertigen aus den

On procéderoit par conséquent pour l'histoire par époque; pour la géographie par contrée; pour les points de doctrine d'après les systèmes de chaque faculté, science ou art. On y joindroit, pour la grande utilité de tous, un index alphabétique.

Il y auroit encore place pour une histoire impartiale de la littérature, comme aussi pour une bibliothèque classique.

L'histoire littéraire feroit connoître par qui, où et quand les connoissances humaines se sont manifestées, développées et propagées; elle comprendroit, en outre, la biographie de ceux qui se sont rendus célèbres. Non-seulement on se montreroit par là reconnoissant envers les hommes qui ont bien mérité de l'humanité, mais encore on encourageroit les autres à marcher sur leurs traces.

Gesner, Frisius, Bolduanus, Draudius, Lipenius et autres

Francfurter und Leipziger Catalogis, wie die Autores zum Theil gethan, viel Bücher benennet als ob sie heraus, da sie doch erst herauskommen sollen, aber nie zum Vorschein kommen, sondern vielmehr aus den Registern schöhner Bibliotheken.

Folgen nun die Systemata, die sollten in sich begreiffen alles was guthes in allen Büchern von der materi des systematis enthalten, und würde eine jede profession ein eigenes systema, und jede Fakultät deren etliche erfordern, und müßten zu Verfertigung eines jeden systematis leute genommen werden, die sich bey der Materi fast zur Vollkommenheit geschwungen, und mit großer Wissenschaft judicio, Fleiß und aufrichtigkeit versehen.

Zur Verfertigung solcher systematum würden dienen die diaria eruditorum, welche theils bereits vorhanden, theils noch besser zu fassen, als worin die neuherauskom-

se sont efforcés de faire une bibliothèque classique. Mais leurs résultats ne laissent pas que d'être en tout très-imparfaits, et il n'y a pas lieu de se servir des catalogues de Francfort et de Leipzig, comme les autres l'ont fait en grande partie; bien des livres sont indiqués comme ayant paru, alors qu'ils sont toujours à paroître, sans jamais être publiés; mais on devroit se servir bien plutôt des registres des belles bibliothèques.

Viennent maintenant les systèmes, qui renfermeroient tout ce que les livres offrent de bon au sujet du système; chaque profession en nécessiteroit un particulier, et chaque faculté plusieurs; des personnes armées pour ainsi dire à la perfection dans la matière, et douées de grandes connoissances, d'ardeur et d'exactitude, seroient employées à la composition de chaque système.

Pour y arriver, les journaux des érudits pourroient être

menden Bücher recensiret und einigermaßen anatomirt werden, welches in Frankreich angefangen, von den Engländern, Teutschen, Holländern und Welschen auch andern nachgethan worden und behalten fast die Acta Eruditorum Lipsiensia den Preis.

Man fanget auch an die alten Bücher nachzuholen, wie vor alters der constantinopolitanische patriarch Photius, zu unserer Zeit Clericus, Struvius, Thomasius und andre zu thun angefangen.

Und könnte nicht schaden, daß eigne Leute in Rußland bestellet würden alle slavonischen und andre in Rußland herausgekommene und herauskommende alte und neue Bücher zu recensiren.

Allein ich finde, daß alle solche diaria des vornehmsten Zwecks gemeiniglich verfehlen, denn von rechts wegen sollte darin angedeutet werden was eigentlich ein jedes Buch dem vorigen Schatz der menschlichen Nachrich-

d'une grande utilité. De ces journaux, les uns sont à consulter ; les autres seront mieux compris, quand ils donneront la critique ou en quelque sorte l'anatomie des livres récemment parus, ce qui s'est d'abord fait en France, et ce que les Anglois, les Allemands, les Hollandois et les Italiens ont imité. Généralement, les *Acta Lipsiensia* des érudits sont les plus en vogue.

On commence aussi à rechercher les livres anciens, comme auparavant le patriarche de Constantinople, Photius, et de nos jours Le Clerc, Struvius, Thomasius et autres l'ont fait.

Il ne seroit certes pas inutile de charger spécialement en Russie quelques personnes de faire un compte-rendu de tous les livres slaves comme des autres anciens et nouveaux parus ou paroissant en Russie.

Je trouve que ces journaux manquent généralement le

tungen beygethan und neues denkwürdiges herfür=
bracht. Darauß denn eigentlich zu nehmen, was eigentlich
darauß zu denen vollständigen systematibus zu ge=
brauchen.

Und dergleichen wäre anießo umb so mehr nöthig, da
das Bücherwesen fast in infinitum geht und endtlich
wegen der übergroßen Menge nicht zu bestreiten sein wird.
Indem vermittelst des Drucks nicht nur die alten Bücher
großentheils verbleiben, sondern auch viel 100, ja viel
1000 neue fast jährlich dazu kommen. Dadurch aber oft
geschieht, daß gute Bücher durch schlechte wegen der Neu-
gierigkeit der Menschen ausgestoßen werden, und viel
nüßliche Nachrichtungen entweder verloren gehen oder
doch fast unbekannt werden, und lezlich in dem abscheu=
lichen Wald der unzehlbaren Bücher nicht wohl mehr
werden gefunden werden können, dem dann durch inventaria, excerpta und endtlich vermittelst denn und

but si important qu'on se propose, et il faudroit, de par la
loi, qu'il y fût relaté ce que chaque livre nouveau a
apporté au précédent trésor des connoissances humaines,
comme ce qu'il a produit qui mérite d'être livré à la postérité.

On pourroit spécialement en tirer partie pour tout ce qui
aideroit à compléter les *systemata*.

Une telle mesure seroit d'autant plus nécessaire que le
commerce des livres n'a plus de bornes, et que, par suite
de leur grand nombre, il n'y aura bientôt plus de remèdes
possibles : car, grâce à l'imprimerie, les livres anciens re-
paroissent en grande partie, et c'est par centaines, par
milliers que, chaque année, les livres nouveaux paroissent.

Aussi arrive-t-il souvent que les bons livres, grâce à la
curiosité humaine, sont mis de côté pour les mauvais, et
qu'ainsi beaucoup de connoissances utiles sont perdues ou

sonst gemachter vollständiger Werke einzig und allein vorzukommen.

Weil aber die vielen systemata ein großes und weitläufiges Werk seyn werden, wozu die Menschen so bald nicht werden gelangen können, so wäre inmittelst auf Vorbereitungen zu gedenken; solche bestünden in syntagmatibus einer jeden disciplin.

Die syntagmata wären gleichsam præludia der systematum und von vortrefflichen Leuten auszuarbeiten biß mit der Zeit vollkomene systemata daraus entstehen könnten.

Daher wenn solche syntagmata einmahl wohlgefasset, wäre rahtsam das gelehrte Leute solche Werke unter der Hand vermittelst nüßlicher Analectorum und Additionum lieber vermehrten, als neue mit unnüßlichen Wiederhohlungen ausarbeiteten.

Nun folgen die Kernwerke; solche wären theils ein-

presque inconnues, alors qu'il est très-difficile de les retrouver au milieu de cette forêt de livres sans nombre.

Le seul et unique remède à apporter en cela seroit la formation d'*inventaria*, *excerpta* d'œuvres complètes.

Mais, comme ces nombreux *systemata* constitueront une œuvre vaste et de longue haleine, que les hommes n'exécuteront pas de sitôt, il y auroit lieu d'en poser les bases, qui consisteroient dans les *syntagmata* de chaque discipline.

Les *syntagmata* seroient comme les *præludia* des *systemata*. Des hommes éminents les composeroient jusqu'à ce que, avec le temps, on obtînt des *systemata* complets.

Une fois ces *syntagmata* bien établis, il seroit convenable que des hommes érudits s'occupassent d'augmenter ces travaux au moyen d'utiles *analecta* et additions plutôt que de composer des livres nouveaux, qui ne sont que la répétition des anciens.

zelne wohlgefaßete institutiones in der Disciplin, theils Encyclopediæ, darin compendia aller disciplinen enthalten.

Die Institutiones jeder Disciplin wären auch von vortrefflichen Leuten auß denen obgedachten syntagmatibus oder nach dero methode zu verfertigen, worinn auf das nützlichste und zulänglichste zu sehen, nämlich auf das nützlichste, quod ad praxin, und auf das zulänglichste quod (ad) theoriam, damit nämlich alle solche principia, so viel möglich in dem Werk enthalten seyen, darauß durch genugsames Nachdenken das Uebrige selbst zu schließen, doch daß zu Erspahrung der Mühe und Zeit auch mehrer Sicherheit des Lesers, so nicht allezeit mit genugsamer Scharffsinnigkeit versehen, die nöthigsten und nützlichsten conclusiones denen principiis angefüget werden.

Die Encyclopedia wäre gleichsam ein syntagma

Maintenant viennent des *extraits de la fleur des ouvrages;* ce seroient en partie des instructions détachées dans la discipline, en partie aussi des encyclopédies qui renfermeroient l'abrégé de toutes les disciplines.

Des hommes distingués seroient chargés de les composer, soit à l'aide des *syntagmata* énoncés plus haut, soit d'après leur méthode, tout en veillant à ce qui est le plus utile et le plus indispensable, à sçavoir le plus utile pour la pratique et le plus indispensable pour la théorie.

Une fois ces considérations remplies en vue des principes à établir autant que le comporte l'œuvre, on pourroit, en y rélléchissant, en tirer les conséquences, et, par là, obtenir le reste; cependant, pour éviter de la peine et une perte de temps au lecteur, qui n'est pas toujours doué d'une grande sagacité, et qui par suite a besoin d'être sûrement guidé, on tireroit les conclusions

universale, bestehend aus den compendiis aller disciplinen und wäre major, media, minor. Die Encyclopediam majorem wollte ich nennen Atlantem Universalem, so auch mit sehr viel nützlichen Figuren versehen sein müßte und aus etlichen voluminibus in folio Atlantischer Form bestehen müßte; dergleichen Werk hat man noch nicht; wäre aber aniezo vermittelst einer wohlgefaßten societät füglich zu verfertigen.

Das opus medium könnte man schlechterdings encyclopediam nennen, dergleichen hat versuchet Keckermannus in seinem systemate systematum, besser aber Alstedius ausgeführet; in den mathematischen Disciplinen insonderheit können der cursus Herigonii, Schotti und letztens Wolfii (so der beste und neueste) dazu dienen. Es hat aber Alstedius zu einer Zeit geschrieben, da die Menschen bei weitem so hoch nicht kommen als aniezo, und würde daher ein großer Theil vom

les plus utiles comme les plus importantes qui en découlent.

L'Encyclopédie seroit une espèce de *syntagma* universel, consistant en un abrégé de toutes les disciplines; elle seroit *major, media et minor*.

Je désignerai la grande Encyclopédie sous le nom d'Atlas universel; les figures y seroient en très-grand nombre, et les volumes dont elle se composeroit seroient des in-folio sous forme d'atlas. Il n'existe pas d'œuvre de ce genre; le soin de le composer seroit dévolu à une société de gens éprouvés.

L'œuvre moyen (*opus medium*) pourroit être nommé Encyclopédie proprement dite. Keckermann l'a entrepris dans son *Système des systèmes;* mais il a moins bien réussi qu'Alstedt, qui s'en est mieux tiré; cependant, pour les disciplines mathématiques, le cours d'Hérigon, de Schott, et, en dernier lieu, de Wolf (celui-ci le meilleur et le plus

opere Alstedii zu Verfertigung einer neuen encyclopedie wenig dienen.

Es wäre zu wünschen, daß diese encyclopedia media nicht nur systematice, sondern auch demonstrative, und nicht nur demonstrative, sondern auch analytice geschrieben werde — systematice das ist in einer richtigen und bequemen ordnung, und demonstrative das nichts ohne nöthigen zulänglichen thunlichen Beweiß gesaget werde.

Aber damit das Werk analytice geschrieben sein möchte, würde über dem erfordert, daß man daraus sehen könnte origines inventionum, wie nehmlich die Menschen auf die Erfindungen und Wissenschaften kommen, oder doch darauf kommen können, denn eine solche Lehrart würde zugleich der Wegweiser (seyn) zu Verbesserung der Wissenschaft und neuer Erfindungen.

Es würde auch nützlich sein die encyclopediam me-

récent), peuvent y être de quelque utilité. Pourtant Alsted a écrit à une époque où les connoissances humaines n'étoient plus aussi étendues qu'aujourd'hui, et, par suite, une grande partie de son œuvre ne sçauroit servir à la composition d'une nouvelle encyclopédie.

Il seroit à souhaiter que cette encyclopédie moyenne fût non pas seulement systématique, mais aussi démonstrative, et non-seulement démonstrative, mais encore analytique. J'entends par systématique, dans un ordre convenable et commode, et par démonstrative, que rien ne soit avancé sans preuve nécessaire, suffisante et opportune.

Mais, pour établir l'œuvre analytique, il faudroit avoir connoissance des origines, des inventions, autrement dit, qu'on sçût comment les hommes arrivent aux inventions et aux sciences, ou du moins comment il est possible d'y parvenir: cette méthode d'enseignement seroit comme la

diam mit Tabellen zu begleiten daraus die Einrichtung und Verbindung der disciplinen und ihre theile zu ersehen. Wenn solche Tabellen wohl gemacht dienen sie vortrefflich nicht nur zu(m) gedächtniß sondern auch zu erfindung, denn sie weisen, was noch fehlet und welche lücken zu ersetzen.

Die Encyclopedia minor sollte sein ein manuale oder Handbuch welches man bey sich tragen und darin den Kern nützlicher Dinge gleichsam in einer Quintessenz haben könnte. Dergleichen Werke hat man zwar in mathematicis, aber in medicina und physicis noch nicht, in jure nicht genugsam, in historia und geographia einigermaßen.

Ich wäre der Meynung, daß von der encyclopedia media anzufangen, welche nicht viel größer sein sollte als des Alstedii Werk, aus diesem wäre das manuale

route à suivre pour arriver à l'amélioration des sciences et aux découvertes nouvelles.

Il y auroit lieu de joindre à l'encyclopédie moyenne des tables qui mettroient le lecteur à même de juger de la disposition et de l'union des disciplines et de leur division. De telles tables, bien dressées, tout en aidant la mémoire, serviroient aux découvertes, car elles indiqueroient ce qui fait défaut et quels sont les vides à combler.

L'Encyclopédie *minor* seroit un manuel ou livre de main qu'on porteroit sur soi et qui seroit la fleur des choses utiles dont elle seroit comme une quintessence.

Il existe à la vérité des ouvrages de ce genre pour les mathématiques, mais il n'y en a pas pour la médecine et les sciences physiques, pas assez pour le droit, et une certaine quantité pour l'histoire et la géographie.

Je suis d'avis de commencer par l'Encyclopédie moyenne, qui ne sçauroit être plus étendue que l'œuvre d'Alsted;

zu ziehen, aber der große Atlas universalis unter der Hand auszuarbeiten.

Folgt nun, welchergestalt dasjenige, so die Menschen von nützlichen nachrichtungen schohn besizen, aber noch nicht zu papier bracht, sondern sich unter den Völkern und Nahrungen zerstreut findet, auch in Schriften einzutragen und gleichsam in den menschlichen Schaz zu bringen, damit es nicht mit der Zeit verloren gehe. Wie denn unzehliche, schöhne Erfahrungen, Vortheile und guthe Gedanken der Römer, Griechen und ander Völker aus Mangel der Aufzeichnung und zulänglicher Beschreibung verloren gangen. Viele Kräuter und daraus gemachte Arzneyen der Alten sind uns unbekannt, weil die Kräuter von dem einigen Dioscoride den wir haben, nur überhin beschrieben worden. Und so ist es auch bewand mit..... (1)

d'en extraire le manuel et d'élaborer dans l'ombre le grand atlas universel.

Viennent maintenant les connoissances que les hommes possèdent actuellement sans qu'on en ait pris bonne note, et qui, se trouvant répandues parmi les peuples et dans l'industrie, doivent être réunies dans des ouvrages, afin d'augmenter le trésor humain et d'échapper ainsi à l'oubli du temps.

Car, par le manque de mémoires et d'explications suffisantes, d'innombrables et utiles connoissances, de grands profits et de bonnes pensées des Romains, des Grecs et d'autres peuples, sont perdus pour nous.

Beaucoup de plantes et de médicaments que les anciens en tiroient nous sont inconnus, parce que les plantes ont été mentionnées à la légère par le seul Dioscoride que nous possédons..... (1).

(1) Le texte offre ici une lacune.

Die unbeschriebenen und doch vorhandenen nachrichtungen der heutigen Welt sind bey den Bauern, Handwerksleuten, Jägern, Fischern, Kaufleuten und vielen andern Lebens professionen anzutreffen, sonderlich aber bey den Handwerksleuten nach eines jeden art.

Derowegen sollten billig alle Lebensprofessionen, Nahrungen und Handwerke mit allen Umbständen von erfahrenen und kundigen Leuten aufs genaueste beschrieben werden und das nicht nur in einem Lande, sondern auch in verschiedenen Ländern, nehmlich nicht nur in Rußland sondern auch in Teutschland, England, Frankreich, Italien, weil ein jedes Land seine eignen materalien und Vortheil hat. Doch weil man erwarten muß, was andre länder thun oder nicht thun wollen, kann man bey sich anfangen und was bereits in Rußland eingeführt in genaue Beschreibungen bringen.

On pourra mettre par écrit les connoissances qui ne le sont pas encore, en s'adressant aux cultivateurs, artisans, chasseurs, pêcheurs, marchands et autres états, et principalement aux ouvriers de chaque partie, qui donneront tous les renseignements nécessaires.

Aussi c'est avec raison que toutes les professions, industries et métiers devroient être décrits avec le plus de détails et d'exactitude possible par des personnes expérimentées et versées dans la matière, et cela, non pas seulement dans un pays, mais dans plusieurs, c'est-à-dire non-seulement en Russie, mais encore en Allemagne, en Angleterre, en France et en Italie, car chaque pays a ses matériaux et ses avantages particuliers, et, sans attendre ce que d'autres pays feront ou ne feront pas, on peut commencer par soi et décrire exactement tout ce qui a déjà été établi en Russie.

On pourroit encore faire voyager des jeunes gens capa-

Man könnte auch tüchtige junge Leute von allerhand Nahrung und professiones in andere Lande reisen lassen umb allda, was ihnen und Rußland mangelt zu erlernen. Und sie hernach, wenn sie das Ihrige gethan, wohlhalten.

Und weil auch die heidnische und sogar die Barbarische Völker viel Vortheil haben, wie man fast die besten Arzneyen von ihnen lernet, wäre den Missionarien und andern in die Ferne reisenden dero Untersuchung aufzugeben.

Letzlichen sind anstalten zu neuen entdeckungen, dadurch die Wissenschaften vermehret werden, zu machen, wozu die weiten Lande des russischen Reichs samt denen so vielen in Europa und Asia angrenzenden Landen vortreffliche Gelegenheit geben, denn weil Rußland gleichsam terra virgine, so noch nicht genugsam untersuchet, wer=

bles, de toute industrie et profession, dans d'autres pays. Ils y apprendroient ce qui leur manque, ainsi qu'à la Russie. Selon qu'ils se seront bien acquittés de leur mission, il en résultera pour eux de grands avantages.

Et comme les païens et les peuples barbares possèdent des avantages nombreux, puisque c'est d'eux que nous tenons les médicaments les meilleurs pour ainsi dire, on pourroit charger les missionnaires et autres voyageurs dans les pays lointains de recherches à ce sujet.

Enfin, comme dernières mesures à prendre en vue de nouvelles découvertes capables de faire progresser les sciences, il y auroit lieu d'explorer avec plus de soin le vaste empire de Russie, ainsi que les nombreux États sur les frontières de l'Europe et de l'Asie. La Russie peut être considérée comme une terre vierge; on y trouvera comme ailleurs beaucoup de plantes, d'animaux, de minéraux et d'autres *naturalia*, qui n'ont pas encore été décrits. Sa Ma-

den sich darinn sehr viele gewächse, thiere, mineralien und andre naturalia ergeben, so noch nicht beschrieben.

Es kann auch durch ordre S. Cz. Mt. außgefunden werden ob Asien gegen Norden zu umbschiffen, oder ob das äußerste Eißcap an Amerika hange, welches die Engländer und Holländer durch gefährliche Schifffahrt vergebens versuchet.

Lezlichen können S. Gr. Cz. Mt. ein großes zur Schifffahrt beytragen wenn Sie in dero weiten Reich und angrenzenden Landen die variationem magnetis fleißig observiren laßen, wodurch diesem Geheimniß näher zu kommen. Dadurch die Ausführung der Longitudinum oder wie weit man von Ost gegen Westen und mit einem Wort die Stelle, auff welcher man sich in der See befindet, wo nicht völlig auszumachen, doch umb ein großes zu verbeßern.

jesté Czarienne, en donnant des ordres, mettroit à même de sçavoir si l'Asie peut être doublée par le Nord, ou bien si l'extrême cap de glace tient à l'Amérique. C'est en vain et au prix de bien des dangers que les Anglois et les Hollandois l'ont cherché. Enfin Sa Majesté Czarienne rendroit un signalé service à la navigation en faisant observer dans ses États et sur les frontières des pays voisins la variation de l'aimant; on arriveroit plus vite à pénétrer ce secret. Par là le problème des longitudes, ou combien loin on est de l'Est à l'Ouest, en un mot, la place où l'on se trouve en mer, ce problème, dis-je, seroit résolu, ou du moins considérablement avancé.

APPENDICE.

Denkschrift über die Errichtung einer Churfürstlichen Societät der Wissenschaften.
(1700.)

Weilen Churfürstl. Durchlaucht zu Brandenburg ein glorioses und recht Königliches Werk vorhaben, eine societatem scientiarum et artium zu fundiren, so wäre auf solche Anstalt zu denken, daß der wahre Zweck und Nutzen mit geringer Beschwerde erhalten werde.

Solche Churfürstliche Societät müßte nicht auf bloße Curiosität oder Wissensbegierde und unfruchtbare Experimenta gerichtet seyn, oder bey der bloßen Erfindung nützlicher Dinge ohne Application

Mémoire pour la fondation d'une Société électorale des sciences en Prusse.
(1700.)

Puisque Son Altesse le Prince électeur de Brandebourg manifeste le glorieux et vraiment royal dessein de fonder une Société des sciences et des arts (*societatem scientiarum et artium*), il est à propos de prendre des mesures telles que le véritable but et les résultats qu'on se propose soient obtenus le plus économiquement possible.

Une Société électorale des sciences, comme nous l'entendons, ne devroit pas être établie sur la simple curiosité, l'unique désir de s'instruire, ou encore sur des expériences stériles, pas plus qu'elle ne devroit s'appuyer sur de simples découvertes purement scientifiques sans application comme

und Anbringung beruhen, wie etwa zu Paris, London und Florenz geschehen, daher eine Verspottung, und die bekannte Englische Comödie the Virtuoso (1) erfolget, auch endlich die Hände abgezogen worden; sondern man müßte gleich anfangs das Werk sammt der Wissenschaft auf den Nutzen richten, und auf solche Specimina denken, davon der hohe Urheber Ehre, und das gemeine Wesen ein mehrers zu erwarten Ursach habe.

Wäre demnach der Zweck, theoriam cum praxi zu vereinigen, und nicht allein die Künste und die Wissenschaften, sondern auch Land und Leute, Feld=Bau, Manufacturen und Commercien, und mit einem Wort die Nahrungs=Mittel zu verbessern, über dieß auch solche Entdeckungen zu thun, dadurch die überschwengliche Ehre Gottes mehr ausgebreitet, und dessen Wunder besser als bisher erkannt, mithin die Christliche Religion, auch gute Policey, Ordnung und Sitten theils bey heidnischen, theils noch rohen, auch wohl gar barbarischen Völkern gepflanzet oder mehr ausgebreitet würden.

sans conséquences, à l'instar de celles de Paris, Londres et Florence, ce qui donneroit lieu à une critique amère et ironique, témoin la comédie anglaise bien connue *the Virtuoso* (1), et à l'indifférence générale; mais on devroit dès le principe viser à une application avantageuse des sciences, et arriver à des résultats pratiques (*specimina*) tels que l'illustre promoteur en recueille de la gloire et le public du profit.

On se proposeroit donc de joindre la théorie à la pratique (*theoriam cum praxi*) et d'améliorer non-seulement les arts et les sciences, mais encore le pays et ses habitants, l'agriculture, les manufactures, le commerce, en un mot tout ce qui a trait à notre existence; en outre, d'arriver à des découvertes telles que la gloire infinie de Dieu en soit répandue, ses merveilles mieux connues qu'elles ne l'ont été jusqu'ici, la religion chrétienne, la bonne poli-

---

(1) *The Virtuoso, a comedy, at it is acted by their Majesties servants, writen by Thomas Shadwell*. London, 1676 (1ʳᵉ édition) Kapp en donne un extrait en quatre pages (voir p. 169 et suiv.).

Wobey denn wohl zu betrachten, daß Churfürstl. Durchl. wegen Lagers oder Situation dero Lande und andern Conjuncturen dazu solche Gelegenheit haben, dergleichen weder der Kayser, noch König in Frankreich bey den ihrigen finden, und nicht allein wegen guter Verständniß mit Moskau nach China, Indien und Persien und in die große Tartarey treffliche Handlung anrichten, und neben dem Evangelischen Wesen ihren Ländern große Vortheile schaffen, sondern auch in dem Ihrigen selbst wichtige, fast unköstliche Entdeckungen thun lassen können, damit dem menschlichen Geschlecht überaus gedienet seyn würde.

Nun werden zweifelsohne sich bey Churfürstlicher Durchl. vortreffliche Leute finden, welche von allen diesen Dingen herrliche Gedanken an Hand geben können. Dennoch aber weil man mir die Ehre gethan, meine Meynung zu verlangen; ich auch ein Mitglied beyder Königlicher Societäten, nehmlich der Französischen und Englischen bin, und zwar der Englischen schon von etlichen zwanzig Jahren her, zu der Französischen auch längst einiger Maßen

tique, l'ordre et les bonnes mœurs implantés et propagés soit chez les païens, soit chez les peuples non civilisés et même sauvages.

Il y a lieu aussi d'observer que Son Altesse électorale, grâce à la situation où à la disposition de ses États, jouit d'un grand nombre d'avantages que n'ont pas au même titre l'empereur et le roi de France, et que, non-seulement par suite de ses bons rapports avec Moscou elle pourroit entrer en relations commerciales avec la Chine, l'Inde, la Perse et la Grande-Tartarie, et, grâce aux doctrines évangéliques, procurer à leurs provinces de grands bienfaits, mais aussi introduire dans ses propres États, et cela à très-peu de frais, des inventions importantes dont profiteroit le genre humain.

Sans doute Son Altesse électorale trouvera autour d'elle des hommes capables de lui apporter par leurs lumières un concours efficace; cependant, puisque l'on m'a fait l'honneur de me consulter, en ma qualité de membre de deux Sociétés royales, à sçavoir de France et d'Angleterre, faisant

gerechnet, und anjetzo, nachdem der König sie gleichsam von neuen fundiret, durch ein förmliches Brevet auf Ihro Majestät besondern Befehl darein aufgenommen worden. Ueberdieß auch von vielen Jahren her meine Gedanken auf nützliche Wissenschaften und das gemeine Beste gerichtet, und dergleichen Fundation in Teutschland, sonderlich bey einem Evangelischen Potentaten gewünschet, zudem auf eigene Kosten viel Reisen, Experimenta und Untersuchungen bey Machinis, Bergwerken, Laboratoriis und sonst gethan, so habe desto weniger Bedenken gehabt, mich hierüber vernehmen zu lassen, da ohnedem nicht sehe, wie meine geringe Concepte besser, als zu dem glorwürdigen Unternehmen eines so großen Potentaten anzuwenden. Und hoffe demnach, einige besondere Vorschläge zu thun, so verhoffentlich zu Beförderung des Zwecks ihren Nachdruck haben werden.

Zuförderst ist also Anordnung zu machen, daß in den Churfürstlichen Landen gelehrte Leute, Ingenieurs und Künstler, die von Churfürstlicher Durchlaucht ohnedem besoldet werden, zu dem Zweck

partie de celle d'Angleterre depuis quelque vingt ans, et de celle de France depuis longtemps déjà, et nommé tout récemment encore par le roi sur son désir et en vertu d'un diplôme spécial membre de la nouvelle, c'est-à-dire de l'ancienne reconstituée ; après m'être occupé depuis de nombreuses années des sciences pratiques en vue du bien-être général, et désirant, surtout sous les auspices d'un potentat évangélique, la fondation en Allemagne d'une société de ce genre ; après avoir entrepris à mes frais des voyages, tenté des expériences et des essais en mécanique, dans les mines, dans les laboratoires et ailleurs, j'ai hésité d'autant moins à m'expliquer, que je ne vois rien de plus favorable à mes petits projets que de les soumettre à la glorieuse initiative d'un si grand prince. Aussi j'espère, en développant quelques idées originales, donner une forte impulsion en vue des résultats à atteindre.

Tout d'abord il est urgent d'ordonner que dans les États (de Son Altesse électorale) les gens instruits, les ingénieurs et les artistes, ceux qui sont à la solde de Son Altesse con-

der Churfürstlichen Societät, so viel bequem und thulich, sowohl gegenwärtig, wie sie bey Hof, als durch Correspondenz, wenn sie abwesend, concurriren, und nicht allein auf Begehren mit Nachricht an die Hand gehen, sondern auch von selbsten ihre Observationes und Gedanken dargeben. Woran es nicht mangeln wird, wenn sie vermerken werden, daß Churfürstl. Durchl. eine besonderliche Vergnügung darob haben. Wenn man auch solche Neigung mehr und mehr spüren würde, ist nicht zu zweifeln, es würden Vornehme von Adel, und andere Begüterte, in Ruhe und Wohlstand sich befindende Leute (wie etwa in Engelland und anderswo) aufgemuntert werden, ihre Lust in Untersuchung der Natur und Wunder Gottes, auch Mathematicis, und daher fließenden schönen Künsten zu suchen, und ein so rühmliches, nützliches und vergnügendes Zeitvertreib andern, Theils verderblichen, Zeitverspilderungen vorzuziehen; dadurch die Handwerker von ihnen auch encouragiret, viel Menschen vom Bösen abgeführet, und viel Dienliches zur Ehre Gottes und Dienst des Nächsten herfürbracht werden dürfte.

courent au but que se propose la Société aussi activement et efficacement que possible, soit en personne, quand elles sont à la cour, soit par correspondance, en cas d'absence, et, que non-seulement ils rendent service par des communications quand on leur en fait la demande, mais encore que d'eux-mêmes ils transmettent leurs observations et leurs idées.

Je ne doute pas de leur empressement dès qu'ils remarqueront combien Son Altesse en éprouvera de satisfaction.

Par suite d'un entrain de plus en plus marqué, il n'y a pas à douter que des membres de la noblesse, des personnes opulentes, des gens à leur aise et dans une belle position (comme en Angleterre et ailleurs) ne se sentent stimulés à chercher leur plaisir dans l'étude de la nature, l'examen des merveilles du Créateur, dans les mathématiques et les beaux-arts qui en découlent, et à préférer, à des pertes de temps souvent fatales, des occupations si nobles, si utiles et si agréables; c'est ainsi qu'ils encourageroient les artistes, qu'ils détourneroient du mal bien des

Ferner könnten die Churfürstlichen Gesandten Envoyés, Residenten, Agenten und Factorn, so Churfürstliche Durchl. ohnedem hin und wieder mit ansehnlichen Kosten außer dero Landen hält, angewiesen werden, nicht allein, was ihnen etwa von curiösen und nützlichen Dingen vorkommt, der Societät mitzutheilen, sondern auch die etwa von ihr verlangenden Erkundigungen einzuziehen.

Und weilen vornehmlich bey Universitäten, Academien, Gymnasiis und sowohl hohen, als niedrigen Schulen, solche Personen von dem publico erhalten werden, deren Amt ist die Studia und Wissenschaften zu treiben und fortzupflanzen, diese Leute auch ohnedem mit lectionibus, scriptis, Bücher-Schreiben und dergleichen laboribus allerhand Arbeiten thun, so würde man sich wegen der Societät auch mit denen tauglichsten unter denselben wohl zu vernehmen haben, damit wackere Leute darunter, die etwas Gutes zu thun Lust haben, dazu aufgemuntert, ihnen die Objecta, Occasiones und allerhand dienliche Nachrichtungen zu ihrem Zweck suppeditiret, und also nichts zu Aufnahme der Wissenschaften und Studien verabsäumet

gens, et feroient éclater la gloire de Dieu en même temps qu'ils rendroient service à leurs semblables.

Puis les ambassadeurs, les députés, les résidents, les agents et facteurs de commerce que Son Altesse le Prince électeur entretient à grands frais en dehors de ses États, pourroient être chargés de communiquer à la Société non-seulement tout ce qui peut s'offrir à eux de curieux et d'utile, mais encore prendre au besoin les informations qu'elle réclameroit.

Et puisque surtout dans les universités, les académies, les écoles supérieures comme les écoles inférieures, le public dispose de personnes dont les fonctions consistent à propager les études et les sciences comme à les faire progresser, que ces personnes en dehors des *lectiones, scripta*, ouvrages et nombreux travaux, s'adonnent à tout genre d'études, on pourroit dans l'intérêt de la Société s'adresser aux plus capables d'entre elles; ce seroit encourager celles qui sont disposées à faire quelque bien, mener à bonne fin les *objecta, occasiones* et communications de

werbe. Welches denn alles Dinge von großer Extension und Würkung seyn, und doch Churfürstliche Durchl. nichts, als nur die Bezeigung ihres dazu geneigten Willens kosten würden.

Weilen aber gleichwohl gewisse Leute eigentlich bey der Societät unterhalten werden müssen, und dazu ein Fundus nöthig, womit die Churfürstliche Einkünfte so wenig als möglich zu beschweren, so wäre zu dem Ende auf Vorschläge zu gedenken, so zulänglich, annehmlich, billig und nützlich : und stünde zuförderst dahin, weil Churfürstliche Durchl. viel Gnaden thun, Beneficia conferiren, und andere pure gratiosa expediren lassen, ob bey solcher Gelegenheit nicht ein gewisses von denen Begnadigten vor der Expedition zu befördern, welches zu diesem vortrefflichen Vorhaben zu bestimmen, weil niemand sich darüber zu beklagen Fug und Ursach hätte.

Es sind auch gewisse Onera so bewandt, daß sie nicht beschwerlich, sondern angenehm, wenn nehmlich der Nutzen, so dadurch erhalten wird, ohngleich großer als die Kosten, auf welchem Fall die Last nicht nur erträglich, sondern auch ersprießlich und heilsam. Zum

toute nature, de sorte que rien de ce qui a trait aux sciences et aux études ne seroit négligé.

Pour un objet si étendu et d'applications si multiples, nous ne réclamons de Son Altesse le Prince électeur que le seul témoignage de son bienveillant intérêt.

Mais pourtant, comme certaines personnes doivent être entretenues uniquement pour la Société et qu'un capital (*fundus*) aussi foible que possible, afin de ne pas grever (le moins possible) les revenus de Son Altesse le Prince électeur, est nécessaire, il convient maintenant d'exposer certains projets dans les conditions les plus économiques, les plus acceptables et les plus avantageuses : tout d'abord eu égard aux bonnes grâces de Son Altesse électorale, aux bénéfices qu'elle nous confère et aux autres faveurs qu'elle nous accorde bénévolement (*pure gratiosa*), il y auroit lieu dans une telle circonstance de prélever sur ces générosités une somme non assurée qui seroit destinée à cet excellent usage ; personne n'auroit ainsi ni droit ni matière de se plaindre.

Exempel, eines der nützlichsten Dinge, zum Besten no und Leute wäre eine gute Anstalt gegen Feuer-Schäden. Und weil nunmehro vortreffliche Mittel dagegen aufgefunden, welche in Machinis und mathematischen Grund beruhen, so könnten alle große und kleine Städte in allen Churfürstlichen Landen damit aufs vortheilhafteste versehen, und ein Theil des fundi Societatis zuförderst darin gesuchet werden, indem alle Bürger, nach Werth ihrer Häuser, ein leidliches jährlich zu Anschaffung und Erhaltung der Brandspritzen und dazu gehöriger Mittel zu contribuiren hätten, solches auch, als zu ihrer Wohlfahrt gereichend, von Herzen gern thun würden, welches dann also zu fassen, daß ein merklicher Ueberschuß bleibe, welcher zu nichts anders, als ad cassam Societatis Scientiarum anzuwenden, damit sie besser im Stand sey, mehr dergleichen Landersprießliche Dinge auszufinden, oder zu veranstalten. Daher auch die ganze Direction dieses Werks, nebenst denen dazu gehörigen Personen, von ihr zu dependiren hätte. Ebenmäßig wäre auch Anstalt zu machen gegen Wasser-Schäden, welche größer als Feuer-Schäden zu

De plus, il y a des impôts dispensés de telle sorte que, loin d'être lourds, ils sont supportés avec plaisir, à sçavoir quand les avantages obtenus les couvrent de beaucoup, de façon que pour ainsi dire le poids en est non-seulement supportable, mais, qui plus est, avantageux et économique. Par exemple, une mesure des plus utiles au pays et à ses habitants seroit l'usage de remèdes efficaces contre les dommages causés par les incendies, et, comme il y a d'excellents moyens de les prévenir, grâce aux machines et aux mathématiques, les grandes comme les petites villes des pays électoraux pourroient y contribuer de la manière la plus avantageuse, devenir ainsi en partie une source de revenus (*fundus*) pour la Société, alors que chaque bourgeois, selon la valeur de sa maison, moyennant une légère contribution chaque année, concourroit à la construction et à l'entretien des pompes à feu et de leurs accessoires, et que, dans l'intérêt de sa prospérité, il consentiroit de grand cœur à un impôt perçu de telle sorte qu'il en résulteroit un excédant sensible, destiné sans aucun doute à compléter le

seyn pflegen, weil sie zumalen sich öfters begeben. Wenn man nun solchen fürkömmt, wird dem Landmann nicht weniger dadurch, als durch Verhütung der Feuer-Brünste den Städten geholfen. Nun ist gewiß, daß an vielen Orten sich die Wasser ergießen und, wenn sie sich ergossen, lange Zeit stehen bleiben, da entweder das allzu große Ergießen durch Diversiones zu verhüten, oder zu vermindern gewesen wäre, oder das einmal vergossene Wasser förderlichst abgezogen werden könnte, so bloß aus Mangel Nachdenkens und Erkenntniß unterlassen wird. Zu geschweigen der Seen und Morasten, so allezeit stehen bleiben, und theils auszutrocknen und zu bessern Nutz zu bringen. Zu diesem trefflichen Zweck ist nichts anders, als ein rechter Gebrauch der Geometrie von nöthen, und ist die Kunst der Wasser-Wage nunmehr sehr hoch gebracht, sowohl bey Bergwerken, als sonsten, ob schon es insgemein nicht gnugsam bekannt. Wiewohl nun hiebey nicht sofort sich ein gewisser Fundus, wie bey der Verhütung der Feuer-Schäden findet, so würden doch, wenn ein gewisses künftig von dem erhaltenden Nutzen der Churfürstlichen Societät zugewen=

capital de la Société des sciences, plus à même par là de découvrir ou bien d'ordonner des choses utiles au pays. Elle auroit, bien entendu, sous sa direction et sous sa surveillance le personnel attaché à cette entreprise dont elle seroit l'âme.

D'un autre côté, il y auroit lieu aussi de prendre des mesures contre les dommages causés par les eaux, dommages qui sont généralement plus sensibles que ceux causés par le feu, parce qu'ils sont plus fréquents.

Il est certain que dans beaucoup d'endroits les eaux se répandent et qu'une fois répandues elles séjournent longtemps; c'est alors qu'il auroit fallu s'en défendre par des changements de cours (*diversiones*) ou les diminuer. D'autres fois l'eau répandue tout d'un coup auroit pu être retirée, ce que l'on néglige par manque de réflexion et par ignorance.

Quant aux lacs et aux marais qui ne s'écoulent jamais, on pourroit dessécher les uns en partie et utiliser les autres. Pour atteindre ce but signalé, il n'est besoin que de l'exacte

bet würde, deren Einkünfte dadurch immer mehr und mehr mit des Landes Wohlfahrt und den Churfürstlichen Einkünften wachsen.

Andere Denkschrift.

Den 25. May 1700.

Nachdem Churfürstl. Durchlaucht dero hohen Neigung nach sich erkläret, eine Societät zur Aufnahme realer Wissenschaften zu fundiren, so wäre auf solche Anstalt zu gedenken, dadurch etwas, so dem Großmächtigsten Fundatori recht glorios seyn möge, auszurichten und doch dero Cammer- und anderen Intraden keine Beschwerde aufzubürden. Wie dann zu beyden bereits, auch über das Observatorium und Calender-Wesen solche Vorschläge obhanden, dadurch in kurzer Zeit einige wichtige Dinge zu entdecken, und dazu die zulänglichen Mittel auszufinden.

Man hat zwar zum Beyspiel vor sich die beyden Königlichen

application de la géométrie, et, bien que de nos jours l'hydrostatique ait fait bien des progrès, elle n'est pas encore assez connue. Encore que, dès le début, il n'y ait pas là source de profits pour le *fundus* comme dans les remèdes contre les dommages causés par le feu, cependant, quand plus tard la Société des sciences se sera acquis par les services rendus un capital assuré, ses revenus ne feront qu'accroître avec le bien-être du pays et les revenus de Son Altesse le Prince électeur.

Autre Mémoire.

Le 25 mai 1700.

Puisque Son Altesse le Prince électeur, manifeste son auguste intention de fonder une Société des sciences réelles, il seroit à propos de ne pas perdre de vue que les résultats à obtenir doivent être pour le très-puissant fondateur une source de gloire sans être une (grande) charge pour les finances. Déjà, dans ce double but, par suite de

Societäten, von denen mir ziemliche Kundschaft beywohnet, weil ich die Ehre habe, ein Glied von beyden, und zwar von der Englischen etliche zwanzig Jahr über zu seyn. Und ist die Historie von beyden im Druck, das letzte Reglement auch von der Französischen vorhanden. Es wäre aber das Beste daraus zu nehmen, und sonderlich gewisse Defectus zu verbessern, welche bisher verursachet, daß obschon beyde aus vortrefflichen Leuten bestanden, und die Französische dem König ein großes gekostet, dennoch dasjenige, so von realen Scienzen zu gemeinem Nutz zu erwarten, nicht erreichet worden, sondern alles in curiosis bestehen blieben.

Derowegen wäre anjetzo dahin zu sehen, wie nicht nur curiosa, sondern auch utilia zu Werk zu richten. Denn reale Ministri werden unnützer Curiositäten bald überdrüßig, und rathen keinem großen Fürsten, viel Staat davon zu machen. Hingegen wann Dinge zu erhalten, dadurch die Bequemlichkeit des menschlichen Lebens und die Nahrung der Unterthanen zu vermehren, kann die Approbation und auch der Fundus nicht fehlen, als welcher von dem neuen daraus

certains projets touchant l'observatoire et le système des calendriers, on arrivera en peu de temps à quelques découvertes importantes et ainsi à la réalisation des moyens suffisants.

Il est vrai qu'actuellement on a comme modèle les deux Sociétés royales, sur lesquelles je suis à même de donner des renseignements assez complets, ayant l'honneur d'en être membre et cela depuis plus de vingt ans pour celle d'Angleterre. On imprime en ce moment leur histoire, et le nouveau règlement de la Société françoise a paru. Il s'agiroit d'en extraire la meilleure partie, de combler certaines lacunes et de remédier à plusieurs inconvénients qui ont été cause jusqu'ici, en dépit des hommes éminents dont elles se composent, et des charges considérables que la Société françoise a causées au trésor royal, de l'absence de résultats avantageux pour tous et que l'on est en droit d'attendre des sciences réelles, alors que les sciences curieuses (*curiosa*) ont été et demeurent seules l'objet de leurs études.

Il y auroit donc nécessité de s'occuper dès à présent des

entspringenden Nutzen selbst herzunehmen, und sonst reichlich durch selbigen zu ersetzen. Also daß es nur auf den guten Anfang ankommt, welcher mittelmäßig, und doch also gefasset seyn muß, daß das Werk mit dem sich ereignenden Nutzen wachsen könne.

Reale Wissenschaften sind Mathesis und Physica: bey beyden sind vier Hauptstücke. Bey Mathesi diese: Geometria, darunter man Mathesin generalem oder Analysin begreifet, so den andern allen das Licht anzündet; Astronomia, worunter auch in der That Geographia und Chronologia, sowohl als Optica, auf gewisse Maße beschlossen, dazu ein Observatorium mit Instrumenten gehöret, ferner Architectonica (welche civilem, militarem et nauticam Architecturam zusammen fasset, tam picturam, statuariam, und andere artes ornamentorum als subordinatas zu sich ziehet) und sonderlich Mechanica, davon die Mühl= auch Kunst= und Handwerke, so Bewegung erfordern, sammt den Manufacturen regieret werden: und sind zu der Architectonica sowohl, als Mechanica, Risse, Modellen und Werkzeuge nöthig.

mesures nécessaires à prendre non-seulement en vue des *curiosa*, mais aussi en vue des *utilia*. Car les ministres pratiques se lassent facilement des curiosités stériles et se gardent bien de les recommander à la faveur de quelque prince. Au contraire, quand il s'agit d'arriver à des résultats capables d'augmenter le bien-être et d'améliorer l'existence des sujets, la protection et le capital ne manquent pas, surtout quand ce capital provient de profits réalisés dès le début, et qu'il procure les moyens de couvrir les dépenses et au delà. De sorte que tout dépend d'un bon commencement, dont la marche doit être proportionnée et réglée de telle sorte que les travaux soient en raison directe des profits obtenus.

Les sciences réelles sont les mathématiques (*mathesis*) et la physique (*physica*); elles se divisent toutes deux en quatre classes. Ce sont, pour les mathématiques: la géométrie y compris les mathématiques générales (*mathesin generalem*) ou analyse, le flambeau de toutes les autres; l'astronomie sur laquelle reposent, grâce à des données certaines, la géogra-

Physica bestehet auch aus vier Theilen, nehmlich Chymia und den drei Reichen. Chymia ist die rechte Physica generalis practica, so allen drei Reichen gemein, dadurch das innerste der Körper zu erforschen, und wird ein Laboratorium dazu erfordert. Das Regnum minerale hat zwar hauptsächlich in sich die Berg= und Hütten=Werke, auch Metallen, doch sind auch Salz= und Salpeter= und andere Siebereyen, Stein= und Kohlen=Brüche, Glas-Arbeiten aller Art, und selbst das vortreffliche Regal des Agtsteins (so Chur= fürstl. Durchl. vor andern Potentaten haben) dahin zu rechnen. Bey dem regno vegetabili ist Botantca, daraus die Agricultura neben der Gärtnerey und Forst=Wesen fließet. Und das regnum animale, dessen rechte Erkenntniß von der Anatomia dargegeben wird, hat Thier=Zucht, Weyd=Werk und viel andere (der hohen Scienz der Medicin zu geschweigen) in sich.

Zu allen diesen Wissenschaften dienen Bibliotheken, Iconothecæ (oder Collectanea von Kupferstichen, Rissen, Bildungen und Gemählden), Kunst= und Raritäten=Kammern, Zeug= und Rüst=

phie, la chronologie et l'optique, avec un observatoire pourvu d'instruments; puis l'*architectonica* (qui comprend l'architecture civile, militaire et navale), *civilis, militaris* et *nautica architectura*, puis la peinture (*pictura*) et la statuaire (*statuaria*) et les autres arts d'ornements (*artes ornamentorum*) qui en dépendent (*subordinatæ*), et surtout la mécanique (*mechanica*), d'où les rouages de moulin, les métiers, les instruments, les différents moyens de produire le mouvement que réclament certaines professions. L'*architectonica*, aussi bien que la *mechanica*, a besoin de dessins, modèles et instruments.

La physique consiste en quatre parties, à sçavoir la chimie (*chymia*) et les trois règnes. La chimie, c'est la physique générale pratique, commune aux trois règnes, s'occupant par là de scruter la nature intime des corps, et, pour ce motif, elle a besoin d'un laboratoire.

Le règne minéral se compose principalement des mines et fonderies; il faut y ajouter les métaux, raffineries de sel, salpêtre et autres, les carrières de charbon et de pierre, les

Häuser, Garten vieler Art, auch Thier=Behältnisse, und die großen Werke der Natur und Kunst selbsten, von welchen allen, zum Theatro Naturæ et Artis, bey Churfürstl. Durchlaucht kein Mangel.

Hieraus erscheinet nun, daß zu dieser Societati Scientiarum Leute gehören, die in Geometria, Astronomia, Architectonica, Mechanica, Chymia und Mineralibus, Botanica und Anatomia vortrefflich. Wie dann auch insonderheit bey der letzten Verfassung der Königlichen Französischen Societät auf dieses alles gesehen worden. Und ob man schon nicht sofort nöthig hätte, wegen aller dieser Dinge eigne Leute zu besolden, so fehlt es doch am Churfürstlichen Hofe nicht an allerhand excellirenden Personen, so einiger Maßen dazu zu ziehen.

Könnte demnach die Societät bestehen aus innern Membris und aus Associatis. Die innern Membra formirten eigentlich das Collegium der Societät, die Associati wären theils münd= und thätlich, theils, wenn sie abwesend, mit Correspondenz behülflich. Und weilen

verreries et même la merveilleuse production de l'ambre (que Son Altesse le Prince électeur possède seul entre tous les potentats). Dans le règne végétal, il y a la botanique, avec l'agriculture à laquelle se rattachent l'horticulture et les forêts. Enfin le règne animal, dont l'anatomie nous donne une connoissance exacte, s'étend à l'élève des animaux, à la vénerie et à beaucoup d'autres choses (pour ne pas parler de la haute science de la médecine).

L'étude de toutes ces sciences est facilitée par des bibliothèques, des iconothèques (ou collections de monnaies, dessins, images, tableaux), des cabinets des arts et raretés, des arsenaux et des ateliers, des jardins de toute espèce, des ménageries, et par les grandes œuvres de la nature, toutes choses dont Son Altesse le Prince électeur est loin de manquer pour en créer un théâtre de la nature et de l'art.

On voit par là qu'appartiennent à cette Société des sciences des hommes recommandables par leur sçavoir dans la géométrie, l'astronomie, l'*architectonica*, la mécanique, la chimie, la minéralogie, la botanique et l'anatomie.

Churfürstl. Durchlaucht nicht nur an dero Hof, sondern auch in
dero großen Landen so viel berühmte, und sonst in allerhand Wis=
senschaften, Künsten und Werken hochgeschätze Leute haben, auch
theils besolden : So ist kein Zweifel, daß wenn hochgedachte Churfürstl. Durchlaucht eine gnädigste Neigung hierzu spühren lassen,
jedermann das Seinige um die Wette beytragen und sichs vor eine
Ehre schätzen werde, etwas zu dieses großen Potentaten Vergnügung
zu thun. Der Fremden zu geschweigen.

Und können Churfüstl. Durchlaucht denen, so etwas sonderliches
leisten, leicht solche Gnaden wiederfahren lassen, die theils in honore
beruhen, theils sonst ohnköstlich, auch männiglich unnachtheilig ;
bis der Fundus dahin erwachsen, daß ohne Churfüstl. Durchlaucht
Kosten Real=Erkenntlichkeit erfolgen könne. Dadurch wackere Leute
nicht nur animiret, sondern auch in Stand gesetzet werden, ein meh=
rers auszurichten, und wenn dies alles nicht wäre, wird doch man=
chen, neben dem Ruhm, die Hoffnung einer dermahleins wohlver=
dienten Beförderung anfrischen können.

On a aussi examiné avec soin toutes les dispositions
prises à ce sujet par la dernière composition de la Société
royale de France ; et, bien qu'il n'y ait pas urgence à
entretenir des hommes spécaux par suite de toutes ces
matières, il ne manque pourtant pas à la cour du Prince
électeur des hommes d'un grand sçavoir en toute espèce de
sciences et capables d'être utilisés.

La Société comprendroit donc des membres intimes et
des associés (*associati*). Les membres intimes formeroient le
collége de la Société ; quant aux associés, les uns prêteroient
leur concours verbalement et efficacement, les autres,
étant absents, par écrit. Et comme Son Altesse électorale
compte non-seulement à la cour, mais encore dans ses
vastes États, des personnes renommées et célèbres dans les
sciences, les arts et dans toute espèce de travaux, et qu'Elle
en a une partie à sa charge, il n'y a pas de doute que si Son
Altesse le Prince électeur manifeste une intention favorable
à ce sujet, chacun voudra à l'envi se rendre utile et considérera comme un honneur de faire quelque chose pour

Man kann auch sonderlich in Friedens-Zeiten sagen, daß nächst der über alles gehenden Gottes-Furcht und einer gerechten Regierung, nichts nöthiger, dienlicher und einem großen Potentaten rühmlicher sey, als was Künste und Wissenschaften, tanquam ornamenta et fructus pacis, blühen machet. Denn nicht allein die Gesundheits- und Nahrungs-Mittel daraus entspringen, dadurch eines Herrn Unterthanen und Einkünfte erhalten und vermehret werden, sondern auch freudige, aber dabey müßige Gemüther, so sich aus Mangel besser Materie auf Spiel, Debauchen und sonst, wo nicht schädliche, doch unnütze Uebungen und Zeit-Vertreib begeben, finden dergestalt ein Objectum, darinn sie sich wahrhaftig vergnügen, auch Gott und andern damit dienen können. Womit auch der Teutsche Adel sammt andern wohlhabenden Leuten (des Frauenzimmers zu geschweigen) nach dem Exempel fürnehmer Virtuosen der auswärtigen Nationen, zu einer löblichen Curiosität und dem rechten bon goût zu bringen, daß man die Welt und Werke Gottes und der Menschen anders, als der gemeine Mann ansehen, mithin unsere Nation nicht nur den

plaire à ce grand potentat (sans parler des étrangers).

Son Altesse le Prince électeur est à même d'octroyer à ceux qui rendent des services signalés certaines faveurs, les unes consistant en honneurs (*in honore*) ; les autres n'occasionnent aucun frais ni préjudice à qui que ce soit, jusqu'à ce qu'il en résulte un *fundus*, et que, sans charges aucunes pour Son Altesse électorale, on lui prouve une reconnoissance réelle. C'est ainsi que, non-seulement on encourage les hommes de cœur, mais encore on les met à même de réaliser bien des projets, et sans cela l'espérance d'une récompense bien méritée, jointe à la gloire, en stimuleroit plus d'un.

On peut dire aussi, surtout en temps de paix, qu'après la crainte de Dieu et un gouvernement juste, rien n'est plus nécessaire, avantageux et glorieux pour un grand potentat, que ce qui fait prospérer les arts et les sciences, comme ornements et fruits de la paix (*tanquam ornamenta et fructus pacis*). Il en résulte non-seulement pour la santé publique et l'entretien de la vie de grands avantages, qui

Ruhm der Tapferkeit, sondern auch eines soliden Verstandes beybehalten möge.

Sollte ein solches Werk (vergleichen nicht nur in Teutschland, sondern in der Welt, noch kein Potentat mit so realen Absehen vorgehabt) durch Gottes Hülfe von statten gehen, ist leicht zu erachten, was es nicht nur jetzo für Verwunderung bey männiglich, sondern auch für unsterbliches Lob bey der Nachwelt dem glorwürdigsten Fundatori bringen würde. Der große König in Frankreich hat es bey curiosis beruhen lassen, und bloß darinn den Ruhm eines mächtigen Potentaten gesuchet, der alles, was schön und löblich, befördert. König Carl II. von Groß=Britanien, ob er schon ein Herr war, der selbst viel wußte, so tractirte er doch die wichtigsten Dinge als Bagatellen, und so gieng es auch seiner Königlichen Societät. Was man vor langen Jahren in der Academia del Cimento zu Florenz gethan, das bliebe auch bey geringen Curiositäten, und hörete bald auf.

Allein was Churfürstl. Durchlaucht hierunter vornehmen würden,

conservent et augmentent les revenus et les sujets d'un prince, mais encore que les esprits en belle humeur, tout à la fois désœuvrés, qui faute de mieux se livrent au jeu et à la débauche, ou encore perdent leur temps sans honte à des occupations inutiles, trouvent un objet qui leur procure une véritable satisfaction, en les rendant utiles à la cause de Dieu et aux autres. En outre, c'est à la noblesse allemande ainsi qu'aux personnes bien élevées (pour ne pas parler du sexe féminin) qu'il appartient, à l'exemple des virtuoses des nations étrangères, d'entretenir une noble curiosité et le véritable bon goût, afin qu'on puisse regarder les œuvres de Dieu et des hommes autrement que le vulgaire, et que notre nation puisse conserver non-seulement la gloire de la bravoure, mais encore celle d'un esprit solide.

Si une telle entreprise (et jamais, non-seulement en Allemagne, mais dans le monde entier, aucun potentat n'a nourri des projets aussi pratiques) devoit réussir avec le secours de Dieu, il est facile d'estimer ce qu'elle vaudroit

das würde, über alles vorerwähnte, noch zu der Ausbreitung der Ehre des großen Gottes und Fortpflanzung des einen Evangelii gereichen, indem dadurch den Völkern, so noch im Finstern sitzen, das wahre Licht mit anzuzünden, dieweil die Wissenschaften und der irdische Himmel bequem befunden worden, die verirreten Menschen, gleich wie der Stern die Morgenländischen Weisen, zu dem, so recht himmlisch und göttlich ist, zu führen. Ich habe mehrmalen auch in öffentlichen Schriften mit Andern beklaget, daß man die Römische Missionarios allein die unvergleichliche Neigung und Wissens-Begierde des Chinesischen Monarchen und seiner Unterthanen sich zu Nutz machen lasse. Davon ich viel besonders mit nachdenklichen Umständen sagen könnte.

Es scheinet, als ob Gott sich Churfürstl. Durchlaucht zu einem großen Instrument auch hierinn auserwählet und vorher ausgerüstet habe. Maßen ja bey Protestirenden nirgends ein solcher Grund als zu Berlin zu der Chinesischen Literatura et propaganda illuc fide geleget worden. Wozu nunmehr vermittelst sonderbarer Schi=

d'admiration pour tous, non-seulement maintenant, mais encore d'éternelle reconnoissance dans la suite pour son glorieux fondateur. Le grand roi en France a borné cette œuvre aux *curiosa*, et n'a cherché par là que la gloire d'un puissant potentat qui favorise ce qui est beau et louable. Le roi Charles II, de la Grande-Bretagne, quoiqu'il fût lui-même très-sçavant, considéroit cependant les choses les plus importantes comme bagatelles, et il en fut de même de sa Société royale. Quant aux travaux de l'académie *del Cimento*, à Florence, pendant de longues années, ils n'ont eu trait qu'aux moindres curiosités et cessèrent bientôt.

Seulement, ce que Son Altesse le Prince électeur entreprendroit en dehors de tout ce qui a été dit, et par-dessus tout, ce seroit l'extension du respect et de la gloire du Tout-Puissant et la propagation du seul Évangile, afin d'éclairer de la vraie lumière les peuples qui sont encore dans les ténèbres, et, vu les grandes commodités qu'offrent les sciences et les choses d'ici-bas, de ramener ceux qui sont égarés à ce qui est vraiment céleste et divin.

ckung der Providenz das so ungemein gute persönliche Vernehmen mit dem Czar, in die große Tartarey und das herrliche China ein weites Thor öffnet. Dadurch ein Commercium nicht nur von Waaren und Manufacturen, sondern auch von Licht und Weisheit mit dieser gleichsam andern civilisirten Welt, und Anti=Europa einen Eingang finden dürfte, so auch viele Fremde anlocken würde, mehr höchstgedachter Churfürstl. Durchlaucht Protection dazu zu suchen, zumahlen auch bekannt, daß unter allen Europäischen Naturalien fast nichts in China mehr gesuchet und geschätzet wird als der Agtstein. Gleich als ob Gott gefällt, daß Churfürstl. Durchlaucht auch dieß natürliche Vorrecht dazu haben sollten.

Ja noch mehr zu sagen, wer weiß, ob nicht Gott eben deswegen die Pietistische, sonst fast ärgerliche Streitigkeiten unter den Evangelischen zugelassen, auf daß recht fromme und wohlgesinnte Geistlichen, die unter Churfürstl. Durchlaucht Schutz gefunden, dero beyhanden seyn möchten, dieses capitaliste Werk fidei purioris propagandæ besser zu befördern, und die Aufnahme des wahren

Dans maints ouvrages que j'ai publiés je me suis plaint, avec d'autres, qu'on laissât les missionnaires romains profiter seuls de la merveilleuse disposition et du désir d'apprendre du monarque chinois et de ses sujets. A ce propos, j'aurois bien des choses importantes à dire.

Il semble que Dieu ait choisi et formé Son Altesse le Prince électeur pour en faire un grand instrument de ses desseins. Et certes nulle part plus qu'à Berlin les protestants ne sont plus à même de connoître la littérature de la Chine, et par ce moyen de répandre la foi dans ce pays. Car, grâce aux merveilleuses dispositions de la Providence, les bons rapports particuliers qui existent entre le Czar et Son Altesse ouvrent une large porte vers la Grande-Tartarie et vers la Chine, qui renferme tant de trésors. Il en résulteroit un commerce non-seulement de marchandises et d'objets fabriqués, mais encore de lumières et de sagesse avec cet autre monde civilisé, et la vieille Europe pourroit trouver par là un débouché, ce qui engageroit beaucoup d'étrangers à rechercher la protection de Son Altesse le Prince électeur, surtout sachant que de toutes les produc-

Christenthums bey uns und außerhalb, mit dem Wachsthum realer Wissenschaften und Vermehrung gemeinen Nutzens, als funiculo triplici indissolubili zu verknüpfen. Gleichwie nun dieses so weit sich erstreckende treffliche und große Absehen annoch sehr geheim zu halten, also wäre gleichwohl das bevorstehende Reglement der Churfürstl. Wissenschafts=Societät also zu fassen, daß dieses alles mit der Zeit dabey statt haben, und das, so Anfangs geschicht, zu dem, so künftig geschehen soll, bequemlich leiten könne. Wozu Gott, dessen Ehre man über alles zu suchen hat, sein Gedeyen geben, und Churfürstl. Durchlaucht hohes Gemüth mehr und mehr zu heroischen, Christ-löblichen Unternehmungen entzünden, auch zu deren glücklichen Ausübung sie bey langem vollkommenen höchsten Wohlstand erhalten wolle.

tions européennes rien n'est plus recherché en Chine et n'a plus de prix que l'ambre. C'est encore une prérogative naturelle qu'il a plu sans doute à Dieu d'accorder à Son Altesse le Prince électeur. Il y a même plus à dire : qui sçait si Dieu n'a pas permis ces discussions religieuses, et parfois présque scandaleuses, entre évangélisants, pour que les ecclésiastiques vraiment honnêtes, mus par de bons sentiments, et placés sous la protection de Son Altesse le Prince électeur, puissent l'aider à réaliser plus facilement cette œuvre capitale de la propagation d'une foi plus pure, et à réunir en un faisceau indissoluble la reconnoissance du vrai christianisme, les progrès des sciences réelles et l'accroissement du bien-être général ? Bien qu'il y ait lieu de tenir secret un objet d'une si grande étendue et d'une si grande importance, c'est le moment de procéder à l'application du règlement de la Société des sciences, développé plus haut, de telle sorte que tout ce qui y est indiqué ait lieu avec le temps, et que ce qui se fait au début puisse conduire facilement à ce qui se fera plus tard.

Que Dieu, dont l'honneur doit être recherché par-dessus tout, daigne bénir cette œuvre; qu'il veuille bien inspirer à Son Altesse le Prince électeur des entreprises toutes chrétiennes et dignes d'un héros, et qui, une fois en bon chemin, prospèrent pendant longtemps !

Einige Vorschläge pro Fundo Societatis Scientiarum.

1. Calender-Privilegium, zu Behuf des Observatorii, hat seine Richtigkeit.

2. Weile nach Churfürstl. Durchl. selbst eigenem gnädigsten Gutfinden es eine Teutschgesinnete Societät seyn soll, so die Ehre der Teutschen Nation und Sprache sich angelegen seyn lasse, so könnte aus diesem Scopo selbst ein Ansehnliches einkommen. Wenn nehmlich an Statt der vorigen Churfürstlichen Prohibitiv-Edicten gegen gewisse ausländische Reisen, so als tacite durch den Frieden aufgehoben geachtet werden wollen, gleichwohl aber nicht ausdrücklich revociret worden, verordnet würde, daß alle Churfürstliche Vasallen und Unterthanen, so durch Reisen ihre Cultur zu suchen vermeynen, solches nicht anders, als nach vorher erhaltener Special-Indulgenz zu thun befugt seyn sollen, und daß es ihnen nicht anders

Quelques Projets en vue d'un capital de la Société des sciences.

1° Le privilége des calendriers, dans l'intérêt de l'observatoire, suit son cours.

2° Puisque, conformément à la très-gracieuse volonté de Son Altesse électorale, il doit y avoir une Société essentiellement allemande, qui prenne à cœur l'honneur de la nation et de la langue allemandes, une telle proposition suffiroit seule pour réaliser un aperçu des avantages immenses. Si nommément, au lieu des précédents édits prohibitifs électoraux contre certains voyages à l'étranger, édits considérés comme tacitement levés en temps de paix, encore qu'ils n'aient pas été expressément rapportés, on prescrivoit que tous les vassaux et sujets électoraux désireux de s'instruire en voyageant ne sçauroient être autorisés à le faire qu'après l'obtention préalable d'une faveur spéciale qu'on n'accorderoit que moyennant certaines conditions, dont pourroit profiter la Société allemande, cet

gnädigst zu erlauben, als unter gewissen Bedingungen, welche dieser Teutschgesinnten Societät zu Statten kommen könnten, damit der dabey waltende, der Teutschen Nation so schädliche Mißbrauch einigermaßen beschränket, das Böse selbst zum Guten gekehret, und Churfürstl. Durchl. zugleich von ihrer Vasallen und Unterthanen Unternehmen und Fähigkeit zu Dero Dienst desto bessern Bericht erlangen mögen. Es könnte alsonach Gelegenheit der Personen ein gewisses angesetzet werden, so in die Casse der Societät einkommen müßte. Und diejenigen, die so ansehnliche Summen außer Landes verzehren, werden sich etwas gar leibliches allhier zu erlegen gar nicht entgegen seyn lassen.

3. Es ist bekannt, was oft für Feuer-Schäden hin und wieder geschehen, dadurch nicht allein viel Leute in Armuth gerathen, sondern auch hernach dem Publico beschwerlich fallen, indem sie nicht allein die gemeine Lasten, als welche sie nicht mehr tragen können, von sich auf andere abwälzen, sondern auch durch Beysteuer und Almosen erhalten werden, auch Churfürstl. Durchl. sich selbst und

abus si préjudiciable à la nation allemande seroit ainsi restreint, le mal tourné au bien, et Son Altesse électorale renseignée au mieux sur les intentions et la capacité de ses vassaux et sujets.

On pourroit aussi imposer une certaine somme en rapport à la position des personnes et qui devroit rentrer dans la caisse de la Société.

D'ailleurs ceux qui dépensent à l'étranger des sommes considérables ne s'opposeroient certes pas à la perception d'un impôt si minime.

3° On sçait quelles sont les conséquences désastreuses du feu, que non-seulement beaucoup de personnes se trouvent plongées dans la misère, mais qu'elles deviennent pour le public une lourde charge, alors que non-seulement les impôts qu'elles ne peuvent plus supporter aggravent d'autant ceux des autres, mais encore qu'elles sont entretenues par des subventions et des aumônes, et que Son Altesse électorale doit entamer ses bois pour leur faire reconstruire leurs demeures.

APPENDICE. 621

ihre Holtzungen angreifen müssen, damit die Häuser wieder aufgebauet werden können. Nun sind von einiger Zeit her vortreffliche Feuer-Spritzen erfunden worden, welche nicht allein in einem Strahl gehen (da sonst die gemeinen Spritzen gleichsam Athem holen müssen, und nur unterbrochener Weise, so zu sagen, pfätzen), sondern auch vermittelst lederner Röhren, die man in alle Winkel herum führen kann, auf den rechten Sitz des Feuers gerichtet werden können, alsobald Raum machen, und selbiges dämpfen. Und weil man in dergleichen Fällen an Kraft keinen Mangel hat, indem bey Feuers-Brünsten nur mehr als zu viel Leute vorhanden, so darf man nur solche Spritzen haben, die etwas auszurichten bastant seyn. Womit durch Gottes Segen dem Uebel gemeiniglich gar bald zu steuern. Wie man dann eigene Bücher hat, darinnen der Gebrauch dieser Spritzen beschrieben, und mit schönen Kupferstichen dargestellt wie sie in unterschiedenen gefährlichen Brünsten das ihrige vortrefflich gethan. Sie sind aber an den wenigsten Orten eingeführet, oder im Gebrauch, da doch billig eine jede Stadt und Flecken, deren mehr oder weniger,

Maintenant il existe d'excellentes pompes à feu d'invention toute récente qui ne fonctionnent pas seulement dans une seule direction (alors que jusqu'ici les pompes ordinaires doivent pour ainsi dire reprendre haleine, et ne sçauroient jouer d'une manière continue), mais encore, au moyen de tuyaux en cuir que l'on peut diriger en tous les sens, sont dressées contre le véritable foyer de l'incendie, en parcourant tout l'espace, et sont à même de l'étouffer. Et comme, dans des circonstances semblables, on ne manque pas de force, car dans les incendies il y a plus de monde qu'il n'en faut, on n'a qu'à se procurer des pompes de ce genre, capables de rendre service. C'est ainsi qu'avec la bénédiction divine on est à même de remédier au mal. Il y a en outre des livres spéciaux où se trouve clairement expliqué l'emploi de ces pompes et où sont représentées par des estampes les différentes manœuvres exécutées avec succès dans les incendies les plus considérables. Mais bien peu d'endroits en sont pourvus, alors que chaque ville et bourg devroit en avoir une ou deux selon son étendue. Et

nach der Größe des Orts, haben sollte. Und kann man an geringeren Orten an Statt der metallenen Stiefel gar wohl solche brauchen, die von gegossenem Eisen, und auf Dörfern kann es wohl auch Holz thun, da ein Stück von einem Baum ausgebohret wird, also daß es neben den leiblichen Kosten nur auf gute Anstalt ankommt. Welche nun von der Societät vorgeschlagen, und unter Churfürstl. Durchl. Autorität zu Werk gerichtet, die Sprizen mit Zubehör angeschaffet, und die Leute von deren Gebrauch und Beobachtung unterwiesen werden könnten, damit die Sprizen in guter Bereitschaft gehalten, und von Zeiten zu Zeiten exerciret würden. Dahingegen hätte die Societät jährlich von jedem Orte, nach Zahl und Art der Sprizen, ein gewisses zu heben.

4. Nachdem einige fürnehme Theologi verstanden, daß Churfürstl. Durchl. unter andern mit dahin bedacht, wie Fides per Scientias fortzupflanzen, und durch wohlangeführte Leute, insonderheit Candidatos Theologiæ, Evangelische Missiones in das Heidenthum, nach anderer Potentaten Exempel zu bewerkstelligen, haben

en outre, dans les plus petits endroits, on pourroit, au lieu de corps de pompe en métal, en avoir en fer fondu, voire même en bois dans les villages, alors qu'une pièce de bois bien travaillée se trouve ainsi dans les meilleures conditions. Proposées par la Société, d'après les ordres et sous l'autorité de Son Altesse électorale, les pompes avec leur accessoire seroient débitées, les personnes instruites de leur emploi et de leur entretien, de sorte que ces pompes seroient tenues disponibles et mises de temps à autre en mouvement.

En échange, la Société prélèveroit chaque année sur chaque endroit un impôt régulier en rapport avec le nombre et avec la nature des pompes.

4° Puisque quelques théologiens distingués, en vue du projet conçu par Son Altesse électorale de répandre la foi au moyen des sciences, et d'organiser, à l'exemple des autres potentats, des missions évangéliques dans les contrées païennes, à l'aide d'hommes habiles, entre autres les candidats à la théologie (*canditati theologiæ*), ont trouvé

sie von selbst dafür gehalten, daß dergestalt die Clerisey welche sonst aller Immunitäten genießet, sich nicht entbrechen würde, noch könnte, das ihrige beyzutragen, und daß ein zulänglich auch von den Kirchen-Gütern und reditibus ecclesiarum nicht besser als zu solchem Christlichen und Apostolischen Gebrauch angewendet werden könne, wozu kommt, daß man berichtet worden, es sey ehemahlen zu Aufrichtung der Churfürstlichen Bibliothek, ehe und bevor man die gegenwärtige Anstalt gemacht, auch etwas zu Dero Behuf von der Geistlichkeit ohne Beschwerung gehoben worden, so hernach aufgehöret, davon nähere Kundschaft einzuziehen.

5. Weil ein großer Mißbrauch in dem Bücher-Wesen, indem die Buchhändler oft bloß und allein auf ihren Vortheil sehen, und sich nicht allein an das, so dem gemeinen Wesen fürträglich, nicht kehren, sondern auch falsche, schädliche und ärgerliche Schriften zu verlegen, einzuführen und zu vertreiben sich nicht entsehen, dadurch oft ehrliche Leute, ja hohe Personen selbst, angegriffen werden, und zu dem ein großes Geld vor liederliche Waare nach Holland und

bon que le clergé, comblé qu'il est de toutes les immunités, y apporte un concours efficace sans hésiter, et que de plus une partie assez importante des biens et revenus des églises (*reditus ecclesiarum*) ne sçauroit être mieux employée qu'à l'effet d'un projet si chrétien et si apostolique, il appert que, bien avant ces dispositions, on avoit été d'avis de pourvoir à la composition de la bibliothèque électorale, et qu'à cette intention on avoit prélevé certains fonds sur le clergé, sans que depuis il en ait été question.

5° En présence des graves abus qui existent dans le commerce des livres, alors que les libraires ne voient souvent que leur seul intérêt, que non-seulement ils ne se préoccupent pas du bien public, mais encore qu'ils ne se gênent pas d'éditer, d'introduire et d'écouler des écrits mensongers, dangereux et même scandaleux, dans lesquels des personnes honorables et même de grands personnages ont été attaqués; qu'outre cela il passe beaucoup d'argent en France et en Hollande pour l'achat de marchandises immorales, il faudroit examiner, à l'exemple du commissariat

Franckreich gehet: so stünde dahin, ob nicht, nach dem Exempel des Kayserlichen Bücher-Commissariats zu Franckfurt, eine gewisse Verfassung dagegen zu machen, und solches Bücher-Commissariat der Societät aufzutragen, und dabey zu dessen Bestreitung auf einen jeden Ballen, zumal ausländischen oder eingehenden, sonderlich bedruckten Papieres, nach dem Exempel des englischen Parlements, ein gewisses zu schlagen. Dabey zu verordnen, daß die Buchhändler, Buchdrucker und Buchbinder, unter Churfürstlichen Reglementen, nach Art einiger Compagnien oder Innungen stünden, und zu Bewahrung der vorgeschriebenen Satzungen eine gewisse Dependenz von der Societät Aufsicht hätten, wozu bereits das Calender-Wesen ziemlichen Anlaß giebt, also daß man von dem Verlag, Einfuhre und Vertrieb der Bücher sattsamen und zeitigen Bericht erlangen könne, wodurch schädliche Schriften abgehalten, hingegen nützliche Werke und rechtschaffene Bücher von den Buchhändlern mehr als bisher zu geschehen pfleget, angeschaffet und die künftigen Unternehmungen gelehrter oder erfahrner Leute, die etwas Löbliches thun wollen und können, be-

impérial des livres à Francfort, certaines mesures à prendre, confier à la Société un commissariat des livres de ce genre, pourvoir aux frais nécessaires en frappant d'un droit régulier chaque ballot de papier, importé ou exporté, principalement de papier imprimé. De plus on pourroit ordonner que les libraires, les imprimeurs et les relieurs fussent soumis à des règlements électoraux comme il arrive pour quelques compagnies, et qu'ils fussent placés en quelque sorte sous la surveillance de la Société quant à l'observance des statuts publiés. Déjà le système des calendriers nous met à même d'obtenir plus facilement des renseignements certains et suffisants au sujet de l'impression, de l'entrée et de l'écoulement des livres; ce qui permettra de supprimer les écrits dangereux, tandis que les ouvrages utiles et moraux seront recherchés par les libraires plus qu'ils ne l'ont été jusqu'ici, les entreprises prochaines des sçavants et des gens expérimentés qui peuvent et qui veulent rendre de bons services seront encouragées, et même les auteurs secourus utilement et à temps.

APPENDICE.

fördert, auch wohl nach Gelegenheit den Autoribus mit Nachricht und sonst in Zeiten unter die Arme gegriffen würde.

Und weilen die Welt mit vielen diariis eruditorum oder journaux des savans und dergleichen gelehrten Zeitungs=Bücher angefüllet, die auch annoch sehr gesucht werden, welche aber oft ganz verkehrte Urtheile fällen, und nicht das beste, sondern wohl das schlechteste aus den Büchern andeuten: so könnte die Societät, mit obgedachter Hülfe, desto besser zuverläßige Relationes und nützliche Extracte in verschiedenen Sprachen besser als andere verfertigen lassen, weil ohnedem fast zu viel, daß Privat=Personen sich einer General=Censur in ihren journaux unterfangen.

6. Es ist bekannt, daß in England, Holland, Frankreich, auch zu Hamburg und in andern Orten Teutschlands gewisse Lotterien oder Verloosungen mit Nutzen angestellet, und zumal zu milden Sachen gebrauchet worden. Weil nun das gegenwärtige Vorhaben nicht leicht einiger piæ causæ nachgiebt, so hat man zu bedenken geben wollen: ob nicht dergleichen auch hier mit Nutzen geschehen könnte.

Et puisque le monde est inondé de nombreux *diaria eruditorum* ou journaux des savants, et de revues savantes très-recherchées d'ailleurs, bien que souvent elles émettent des opinions fausses et publient, non pas le meilleur, mais le plus mauvais des ouvrages parus, la Société pourroit surveiller la publication en diverses langues d'extraits utiles et de comptes rendus d'autant plus impartiaux et mieux faits (que les précédents), que de parti pris chaque journaliste se laisse aller à une censure générale.

6° On sait qu'en Angleterre, en Hollande, en France, ainsi qu'à Hambourg et en d'autres endroits de l'Allemagne, il a été établi avec profit certaines loteries destinées à des œuvres pies. Bien que le projet en question ne comporte pas de telles œuvres, on a voulu cependant donner à réfléchir s'il n'y auroit pas lieu de profiter de semblables innovations.

Entwurf eines Chur=Brandenburgischen Befehls,

kraft welches der Societät der Wissenschaft frey stehen soll, eine oder mehrere Lotterien ohne oder in ihrem Namen anzustellen.

„Wir von Gottes Gnaden Friedrich etc.

Nachdem eine Zeit lang her in und außer Teutschlandes verschiedene Lotterien oder Verloosungen im Schwange gewesen, also daß die Sache fast zu einem Mißbrauch ausgeschlagen, und wir daher Bedenken gehabt, privatis dergleichen in unsern Landen leichtlich zu verstatten, gleichwohl aber bekannt, daß durch dieses Mittel unterschiedene gemeinnützige, Theils auch zu milden Sachen gerichtete Vorhaben glücklich zu Werke gerichtet worden: So haben Wir in Gnaden resolviret, Unser neu=fundirten Societatis Scientiarum zu verwilligen, daß ihr frei stehen soll, jetzt und künftig ein oder mehrere Lotterien, ohne oder in ihrem Namen anzustellen, die Conditiones der Verloosung zu publiciren, die Gelder von denen eingeschriebenen Personen zu heben, und endlich die Verloosung selbst ergehen lassen.

Projet d'un ordre de l'Électorat de Brandebourg

en vertu duquel la Société des sciences peut être libre de procéder à l'organisation d'une ou plusieurs loteries anonymes ou en son nom.

Nous, par la grâce de Dieu, Frédéric, etc.

Puisque, depuis un certain temps, en Allemagne et ailleurs, différentes loteries ont eu une vogue telle qu'on en a presque fait un mauvais usage, après y avoir mûrement réfléchi, et sachant que par ce moyen divers projets d'intérêt général ont été menés à bonne fin, entre autres plusieurs œuvres pies, nous avons résolu d'octroyer à notre Société des sciences nouvellement fondée l'entière liberté d'organiser présentement et à l'avenir une ou plusieurs loteries, anonymes ou en son nom, d'en publier les conditions, de percevoir les fonds des personnes inscrites et enfin de procéder au tirage des lots qu'elle s'est procurés.

Wie wir denn, zu besserm Fortgang dessen, sowohl bey Unserer Residenz als fast in Unsern Landen, durch Leute, die uns mit Pflichten und Caution verwandt, die Einzeichnungen, Einnahme der Gelder, und deren Versicherung, auch endlich die Hebung der Preise veranstalten lassen wollen; auch selbst gnädig gesonnen seyn, eine Parthey der Loose aufzunehmen, um deren Aufnehmung zu befördern, damit der gute Zweck, den Wir bei der Fundation dieser Unserer Societät haben, desto besser in Unserm Diplomate Fundationis ausgedruckt, desto besser erreicht werde möge » u. s. w.

— Die Lotterie selbst könnte auf folgende Weise publiciret werden, so aber im Namen Churfürstlicher Durchlaucht, wie die Concession, sondern nur unter Dero Autorität.

Obschon Churfürstl. Durchl. zu Brandenburg bey denen vielen in und außer Teutschland im Schwang gehenden Lotterien oder Verlosungen Bedenkungen gehabt, dergleichen, zumal privatis zu verstatten, dennoch aber, weil durch dieses Mittel einige gute Vorhaben glücklich zu Werk gerichtet worden, so haben Sie in Gnaden verwilliget, daß zu gewissen, zur Ehre Gottes und gemeinen Nutz gerichteten Zweck, eine Lotterie mit folgenden Bedingungen vorge-

Et comme, dans l'intérêt du succès, nous voulons confier à des personnes qui nous sont attachées par devoir et caution le soin des inscriptions, de la recette des fonds confiés à leur garde, enfin de la perception des prix, nous sommes disposé, pour notre compte, à prendre une partie des billets, afin d'en favoriser le placement et dans l'espérance que le noble but que nous avons exposé dans notre diplôme de fondation de cette Société des sciences sera plus facilement atteint.

La loterie pourroit être annoncée de la manière suivante, non pas au nom de Son Altesse Électorale, mais seulement sous son autorité.

Encore que son Altesse Électorale de Brandebourg ait songé, à propos des nombreuses loteries en vogue, à l'intérieur comme à l'extérieur de l'Allemagne, à en établir de semblables, c'est grâce aux bons résultats obtenus par ce moyen qu'Elle a daigné consentir à l'orga-

nommen, und Dero Autorität, und von ihrer verordneten Aufsicht gehalten werden soll nemlich, ıc.

Erzählung von der Absicht der Preußischen Societät der Wissenschaften,

was sie bisher geleistet, und wodurch sie gehindert worden; ingleichen einige Vorschläge, was vor Fundus außer dem Calender-Wesen ihr zu Statten kommen könne, wobey nebst den piis caussis, und was aus allerhand Gnaden-Concessionen fallen könnte, ein aufzurichtendes Bücher-Commissariat, Receptur-Büchlein, Richtigkeit von, Maaß und Gewicht, in Betrachtung kommen.

Es haben Königl. Majestät zu Preußen Dero Societät der Wissenschaften bereits im Jahr 1700 fundiret, und so wohl in dem diplomate fundationis als in der allergnädigsten Instruction Dero höchst erleuchtetes Absehen dabey zu Tage geleget, daß nehmlich nicht allein die Fortpflanzung und Vermehrung der Wissenschaften, sondern auch vermittelst derselben die Beförderung der Ehre Got-

nisation d'une loterie, aux conditions suivantes, dans l'intérêt de la gloire de Dieu et du bien public, sous son autorité et sous la surveillance d'une commission par Elle désignée.

Compte rendu de la Société prussienne des sciences

au sujet des services qu'elle a rendus jusqu'ici et de l'impossibilité où elle a été d'en rendre davantage, en même temps que sont examinées certaines propositions concernant les moyens de venir en aide au capital en dehors du système des calendriers; les rapports qu'elle a avec les œuvres pies; ce qui pourrait découler des concessions et faveurs de toute nature, un commissariat des livres, un carnet de recette, l'uniformité des poids et mesures.

C'est déjà depuis 1700 que Sa Majesté le roi de Prusse a fondé sa Société des sciences et qu'Elle a manifesté ses vues très-éclairées aussi bien dans le diplôme de fondation que dans la très-gracieuse instruction. On devoit donc s'occuper de la propagation et des progrès des

tes und des gemeinen Bestens gesuchet werden sollte, als insonderheit durch Verbesserung der Unterweisung, durch bessere Ausübung der Teutschen Haupt-Sprache und Historie, durch neue Erfindungen in der Natur und Kunst, durch Bemerkungen der natürlichen Dinge, und unter andern des Laufs der Sterne, nicht ohne einig Absehen, dermaleins durch diese Mittel bey entlegenen, annoch in Finsterniß sitzenden Völkern denen Evangelischen Predigern den Eingang zu verschaffen, gleichwie die Weisen durch den Stern zu Christo geführet worden. Zu solchem Ende sind einige Gliedmaßen in und außerhalb den Königlichen Landen zusammen getreten, man hat Astronomische Observationes angestellet, so viel vor Ausbauung des Observatorii füglich geschehen können, man hat neue Rechnungs- und Meßkünste angewiesen, dadurch schwere und nützliche Aufgaben aufzulösen. Es ist ein neuer Phosphorus von einem Gliedmaß der Societät erfunden worden, so in einem verschlossenem Glaß durch bloße Bewegung allezeit leuchtet, und die vermeynten Lucernas immortales der Alten dargeben kann, auch sind andere schöne Experimenta gewiesen worden. Man hat auch besondere machinas

sciences, mais encore par leur intermédiaire exalter la gloire de Dieu et favoriser le bien public, principalement par une meilleure méthode d'enseignement, un meilleur usage de la littérature et de l'histoire, par de nouvelles découvertes dans la nature et dans l'art, des observations naturelles, entre autres, du cours des astres, dans l'intention de procurer plus tard par ces moyens aux missionnaires évangéliques l'entrée auprès des peuples déshérités et plongés dans les ténèbres; c'est par les étoiles que les sages furent guidés vers le Christ. A ces causes, quelques membres ont été envoyés dans les différentes parties du royaume et ailleurs, des observations astronomiques ont eu lieu, et elles peuvent être utiles à l'observatoire en construction; on a effectué certaines opérations nouvelles concernant le calcul et les mesures, pour résoudre les problèmes difficiles et utiles. Un membre de la Société a découvert un nouveau phosphore qui, enfermé dans un verre par suite du simple mouvement, brille tou-

ausgedacht, dadurch Dinge von Nutzen und Wichtigkeit auszurichten; man hat einige uralte Zeichen der Chineser erläutert, so sie nun von 2000 Jahren her selbst nicht mehr verstehen, und die doch einen neuen mathematischen Schlüssel in sich halten. Man hat in dem Alterthum der Teutschen Sprache nicht wenig entdecket, das Celtische mit dem Teutschen zusammen gehalten, alte Teutsche Manuscripta nützlich angewendet, auch Monumenta der Teutschen Historie ans Licht bracht und hoffet, dermaleins zu einem rechtschaffenen Teutschen Wörter-Schatz gelangen zu können, sonderlich dadurch hohe Hülfe die Kunst- und andere besondere Wörter, so bey verschiedenen Sorten der Menschen in Gebrauch, zusammen zu bringen seyn möchten, so den Sprachen und Künsten zugleich zur Beförderung gereichen würde. Es würde auch verhoffentlich Königl. Majestät bereits einen oder mehr Observatores durch Moscau in die große Tartarey und bis nacher China haben gehen lassen, in den fast noch unberührten Ländern ganz neue Dinge zu entdecken, und zugleich Missiones Evangelicas zu veranlassen, wenn nicht der Nordische Krieg darzwischen kommen. Und jetzo ist man begriffen,

jours et remet en mémoire les *lucernæ immortales* des anciens. On a aussi imaginé des machines spéciales, capables de produire des objets utiles et importants. On a déchiffré aussi quelques signes très-vieux des Chinois, qui étoient restés lettre close pour eux depuis deux mille ans et qui pourtant renferment en eux une nouvelle clef mathématique.

On n'a pas moins découvert dans l'antiquité de la langue allemande ; on a comparé le celtique et le haut allemand, fait un noble usage des manuscrits allemands, mis en lumière les monuments de l'histoire de l'Allemagne, et on espère arriver un jour à la création d'un trésor des mots allemands, où se trouveroient réunies les expressions spéciales employées dans les arts et dans différents métiers. Sans la guerre qui vient d'éclater dans le Nord, Sa Majesté Royale auroit envoyé un ou plusieurs observateurs par Moscou dans la Grande Tartarie et même en Chine, dans ces pays inexplorés où il y a de nouvelles choses à décou-

die Sache also zu fassen, daß jährlich einige Miscellanea durch Veranlassung der Societät, herfür kommen mögen.

Weilen aber der Fundus der Societät bißher einig und allein in dem Calender-Wesen bestanden, welcher nicht weit reichen, und sogar die Nothdurft selbst nicht einst an Büchern und Instrumentis Observatorii bestreiten kann, geschweige daß man zu dienlichen Machinis und gar zu einem Laboratorio gelangen können, so hat man sich und andere mit der bloßen gegebenen Hoffnung abspeisen müssen, welches aber sich nicht länger schicken will, sondern es erfordert sowohl die Glori des Königes, als der gute Nahmen der Königlichen Societät, daß etwas rechtes, so der Unternehmung werth, dermahleins geleistet möge. Man hat nicht Mangel an Materie. Es sind Astronomische Observationes von vielen Jahren vorhanden bey dem Observatore der Societät, deren Plublicirung von großem Nutzen seyn würde, aber ohne Kosten nicht zu bestreiten da hingegen der Abgang nicht jedermanns Werk. Man hat machinas astronomicas im Vorschlag, womit alles, was dießfalls in China und Europa geschehen, nicht zu vergleichen. Andere mechanische

vrir, et en même temps organisé les Missions évangéliques (*Missiones evangelicas*). Et maintenant il a été décidé que chaque année on s'arrangeroit de manière à publier des *Miscellanea* par les soins de la Société.

Puisque le capital de la Société a consisté jusqu'ici dans les seules ressources du système des calendriers, qu'il ne peut aller loin et qu'il n'est pas à même de suffire aux livres et aux instruments de l'observatoire, bien loin de pouvoir nous procurer les machines nécessaires et un laboratoire, on a dû se contenter du seul espoir donné, ce qui ne sauroit durer plus longtemps, l'honneur et le nom de la Société royale des sciences y sont engagés, à savoir la prompte réalisation de quelques résultats dignes de l'entreprise. Certes les moyens ne manquent pas. L'observatoire de la Société a entre les mains de nombreuses observations astronomiques depuis de longues années, dont la publication offriroit de grands avantages; mais il est impossible de couvrir les frais, ce qui n'est le fait de personne. Nous avons en projet des

Erfindungen von nicht geringer Wichtigkeit zu Kriegs= und Frie=
dens=Zeiten anjetzo zu geschweigen. Weilen auch bey dem Corpori
Evangelicorum zu Regenspurg das Werk der verbesserten Jahr=
Rechnung nicht ganz zu Ende bracht worden, sondern noch ein an=
ders unausgemacht geblieben, so hat man sich deswegen mit vortreff=
lichen Astronomis vernommen, und wäre im Stande, Sr. Majestät
mit einem allerunthänigsten Bedenken an Hand zu gehen, damit Dero
allerhöchste Autorität (zumahl kein anderer Evangelischer Potentat
in Europa mit einem solchen Collegio irgend versehen) das Werk zu
ergänzen, und zwar vor künftigen Friedensschluß zu Ende gebracht,
und bey demselben auch in den Punct die Evangelische Freiheit unter
Römischer Herrschaft zu den Zeiten, wo man dem Gregorianischen
nicht blindlings, sondern dem Schluß des Corporis Evangelici
folgen würde, gesichert werden möge. Nun haben Sr. Königliche
Majestät sich allergnädigst erboten gehabt, so wohl zur Vermehrung
des Fundi, als auf andere Weise bey Gelegenheiten hülfreich zu er=
scheinen. Es ist von einigen Gratien, Präbenden, Straf=Gefällen
und andern dergleichen Zufälligkeiten gesprochen worden, der So=

machines astronomiques qui n'ont rien d'égal en ce genre
en Europe et en Chine, sans parler d'une multitude de
machines propres à la guerre et à la paix. Puisque l'œuvre
de la rectification de l'année confiée au *Corpus evangeli-
cum* à Ratisbonne, n'a pas été terminée, alors que çà et
là il existe plusieurs points non traités, des astronomes distingués ont pris la détermination et sont à même d'assister
Sa Majesté de leurs très-humbles réflexions, afin que, sous
son autorité (jamais aucun potentat évangélique n'a disposé en Europe d'un semblable collége), cette œuvre soit
menée à bonne fin, et cela même avant la conclusion de
la paix, et surtout pour que, en présence de la puissance
romaine, la liberté évangélique soit assurée, surtout dans
des temps où, loin de suivre en aveugle les décisions gré-
goriennes, on s'en rapporteroit à celles du Corps évangélique. Sa Majesté Royale s'est montrée très-favorable tant à
l'augmentation du capital qu'à tous les moyens de venir en
aide. Il a été question de faveurs, prébendes, droits d'a-

cietät zum Besten anzuwenden. Weilen aber niemand hierinn vor die Societät füglich wachen können, ist Königl. Majestät allergnädigstes Absehen dießfalls ohne Würklichkeit blieben. Gleichwohl wenn etwas ist, so ad pias Causas zu rechnen, ist es dieses Werk, welches nicht nur die Studien und Nahrungen, sondern auch vermittelst derselben die Erkänntniß der Wunder des Schöpfers, mithin die Tugend und Gottes=Furcht befördern, daher bey dem, so zu milden Sachen verwendet wird, dieß Werk auch billig in Betrachtung zu ziehen wäre. Und weilen junge Leute bey der Societät in Mathesi und Natur=Kunde, Mechanicis, Astronomicis, auch sonderlich zum Absehen der künftigen Evangelischen Missionen anzuziehen, so könnte denselben vermittelst Stipendien und Communitäten nach Gelegenheit unter die Arme gegriffen, und hernach denen, so es verdienen, zu Beförderungen geholfen werden. Und werden verhoffentlich Se. Majestät in Gnaden geruhen, einige Verordnungen zu thun, daß so wohl bey den gratiis casualibus, als piis causis, stipendiis und promotionibus des gemeinnützigen Absehens der Societät nicht vergessen werde.

mende et autres concessions au profit de la Société. Mais, puisque personne n'a pu en cela faire assez pour la Société, les vues de Sa Majesté sont restées sans effet. Si cependant il y a quelque chose qui puisse être considéré comme œuvre pie (*ad pias caussas*), c'est à juste titre cette entreprise qui a pour but non-seulement de faire progresser les études et d'améliorer l'existence, mais encore de mener ainsi à la connoissance des œuvres du Créateur et, par là, à la vertu et à la crainte de Dieu; elle devroit donc avoir les mêmes avantages que les œuvres pies. Et puisqu'il y a lieu d'attirer dans la Société des jeunes gens pour les mathématiques, les sciences naturelles, la mécanique et l'astronomie, et surtout en vue des missions évangéliques, on pourroit donc leur venir en aide au moyen de bourses et de subventions; on encourageroit ainsi ceux qui le méritent. Et Sa Majesté daignera faire en sorte que les nobles et utiles projets de la Société ne soient pas oubliés aussi bien pour les *gratiæ casuales*, que pour les *piæ caussæ*, *stipendia* et *promotiones*.

Weilen aber gleichwohl auch ein gewisser Zuwachs des Fundi nöthig, darauf man Staat machen könne, so ist ein und anders in Vorschlag kommen, und zwar so dürfften sich vielleicht annoch Objecta finden, daraus etwas ohne des Publici Beschwerung und Schaden zu heben. Es könnte auch die Veranstaltung einiger gemeinnützigen Dinge, daraus zugleich ein besonder Nutz zu ziehen, der Societät aufgetragen, auch endlich gewisse unbedenkliche Privilegia gegönnet werden, zumahl da etwas Neues und Nützliches dadurch eingeführet werden könnte. Alles dreyes würde concurriren in dem bereits einsmahls vorbrachten, und nicht übel angesehenen Vorschlag des Bücher=Commiſſariats. Denn da anjetzo die Welt mit so viel Schriften überhäufet wird, also der Handel nicht so favorabel, da zumahl fast wenig in den Königlichen Landen verlegt wird, hingegen viel untängliches Zeug eingeführet wird, so wäre dadurch auf eine Remedirung zu gedenken, den Einführung frembden Drucks etwas zu beschwehren, den einheimischen zu befördern, der Societät sowohl die Aufsicht und Censur, als privilegia impressoria zu verstatten, diejenigen, so andere gegeben werden, mit sel=

Mais puisqu'une certaine augmentation du fonds est nécessaire, pour y arriver, il y auroit tel ou tel projet à exécuter, certains *objecta* à trouver pour prélever sur le public sans charge ni préjudice pour lui. On pourroit aussi confier à la Société l'établissement de quelques entreprises utiles, dont elle retireroit profit; enfin certains priviléges exempts de danger pourroient lui être concédés; elle obtiendroit par là de nouvelles et utiles ressources.

Ces trois propositions concourroient au progrès déjà soumis et accueilli avec bienveillance du commissariat des livres. Car maintenant le monde est tellement inondé d'écrits, que le commerce s'en fait dans les plus mauvaises conditions, alors que l'on n'imprime presque plus dans les États royaux, qu'au contraire l'importation existe sur une grande échelle; certes il y auroit lieu de songer à réprimer de tels abus en imposant des droits sur l'importation de l'imprimerie étrangère, en encourageant l'imprimerie de l'intérieur, en accordant à la Société la surveillance et le

biger vorher communiciren zu lassen, und von solcher Anstalt aus obigen etwas der Societät zu gönnen.

Es ist auch in Vorschlag kommen, einige Receptur=Büchlein mit den Calendern zu combiniren, und solche an selbige heften lassen, und um leidliches durch die Obrigkeiten und Beamte an die Unterthanen jährlich distribuiren zu lassen, in welche hernach die Obrigkeitliche Einnehmer, wie die Namen haben mögen, anstatt Quittungen, was sie empfangen, jedesmahl zu schreiben hätten, welches männiglich zu mehrer Bequemlichkeit und Richtigkeit gereichen würde.

Und weilen an Richtigkeit von Maaß und Gewicht dem gemeinen Wesen nicht wenig gelegen, und viele Leute durch deren Mißbrauch vervortheilet werden, so könnte, nach dem Exempel einiger Königreiche und Lande, in den Königlichen dießfalls eine Gleichförmigkeit, etwa die Maaß nach dem Rheinländischen Fuß durchgehends eingeführet, die Abtheilung zu großer Bequemlichkeit, Nutz des Publici und Aufhebung der Brüche, in Decimal=Zahlen gemacht, die hin und wieder in locis publicis und privatis befind=

droit de censure aussi bien que certains priviléges qui lui seraient concédés en concordance avec les autres; grâce à de telles mesures la Société recevroit quelques fonds. Nous avons aussi l'intention de combiner quelques carnets de recette avec les calendriers, de les réunir et de les faire distribuer chaque année aux sujets par les fonctionnaires moyennant une petite somme. Les receveurs y inscriroient chaque fois, au lieu de quittance, ce qu'ils reçoivent; cette mesure, tout le monde la trouveroit plus commode et plus exacte.

Et puisque l'uniformité des poids et mesures n'importe pas moins à l'intérêt général, que beaucoup de personnes sont lésées par le mauvais usage qu'on en fait, on pourroit, à l'exemple de quelques royaumes et pays, introduire dans les États du roi une uniformité; la mesure du pied du Rhin seroit adoptée, la division pour la grande commodité, le profit du public et la perception des fractions, faite en nombres décimaux, et les poids et mesures en usage chez les

APPENDICE.

liche Gewichte und Maße darnach gerichtet, und etwas aus dieser nützlichen Anstalt abgeworfen werden.

Es ist auch von mir vorlängst der Punct einer Affecurations=Caſſa angebracht worden, dabey nicht allein auf die Einſammlung der Gelder in der Feuer=Caſſe, ſondern auch auf eine gute Feuer=Ordnung und Einführung nützlicher Inſtrumenta, ſonderlich der Feuer=Spritzen, die Gedanken gangen, und Königl. Majeſtät ſolche Anſtalt der Societät der Wiſſenſchaften bereits aufgetragen. Nachdem nun itzo die Feuer=Caſſe im Werk begriffen, ſo durfte es an dem ſeyn, daß Königl. Majeſtät Verordnung, die Societät betreffend, exequiret, zu Aufrichtung dieſes gemeinnützigen Werkes mit der Societät communiciret, und deren Aufnahme dabey befördert würde.

Nachdem auch nicht wenig Oerter in den Provincien Königl. Majeſtät, allda durch Eindeichung Land zu gewinnen, ſo könnte dadurch der Königl. Societät ꝛc.

---

particuliers et les lieux publics basés là-dessus, il y auroit profit à agir ainsi.

Depuis longtemps déjà je songe à la création d'une caisse d'assurances, non-seulement en vue de la concentration des fonds en caisse contre les incendies, mais aussi au sujet des moyens de remédier au feu, à l'introduction d'instruments utiles, principalement des pompes ; du reste Sa Majesté Royale a déjà chargé la Société des sciences d'une semblable entreprise.

Ce projet adopté, il y a lieu que Sa Majesté Royale donne des ordres concernant la Société, qu'Elle s'entende avec elle au sujet de la mise en pratique de cette œuvre utile, et en favorise ainsi l'exécution.

Puisqu'il y a lieu de s'attacher le pays en endiguant certains endroits des provinces royales, la Société royale pourroit par là, etc.

APPENDICE.

Ohnmaßgeblicher Vorschlag, im Monat August 1704 gethan,

wie durch allerhand Königliche und gemeinnützliche Concessiones der Societät der Wissenschaften aufzuhelfen.

Es ist bekannt, daß Königlicher Majestät höchsterleuchteste Intention allezeit gewesen, Dero Societät der Wissenschaften, welche mit dem bloßen Calender-Privilegio nicht weit kommen kann, mit andern dergleichen Concessionen hülfreich zu erscheinen, wie solches Dero allergnädigste der Societät gegebene Instruction mit mehrerem besaget.

Wenn nun solches zulänglich geschehen sollte, würde man zur Ehre Gottes, Glori Ihrer Majestät und gemeinem Besten etwas rechtes zu Werke bringen, Observationes und Experimenta anstellen, neue und wichtige Erfindungen vollstrecken, und sowohl zu Verbesserung der Information und Studien, Vermehrung des Bücher-Verlags in ihrer Majestät Landen, so bisher sehr schlecht,

Proposition, sauf meilleur avis, faite en 1704, au sujet des moyens de venir en aide à la Société des sciences par des concessions royales de toute nature et d'intérêt général.

Il est connu que la très-gracieuse intention de Sa Majesté Royale, hautement manifestée dans ses instructions à la Société des sciences, est de se montrer favorable à son égard par toutes les concessions possibles, alors que maintenant les seules ressources du privilége des calendriers sont insuffisantes. Avec des fonds suffisants on pourroit, tout à la gloire de Dieu et à celle de Sa Majesté, comme en vue du bien public, obtenir quelques bons résultats, faire des observations et des expériences, pour suivre de nouvelles et importantes découvertes, contribuer en peu de temps d'une manière remarquable aussi bien au progrès des recherches et des études, à l'amélioration de l'imprimerie dans les États de Sa Majesté, qu'à la culture des produits naturels,

auch sonst zu der Erzielung der Naturalien, Fabriquen, Machinen, Bau und Wasser-Werken, sammt andern Kunst- und Nahrungs-Sachen, ein ansehnliches in kurzer Zeit contribuiren, auch durch Abschickung einiger Observatorum in frembde Oerter, unter ihrer Majestät Protection, neben den Wissenschaften auch das Licht des heiligen Evangelii fortpflanzen helfen können, alles dem diplomati fundationis, und obgedachter Königlicher Instruction gemäß. Wie man dann bereits inzwischen sich nicht nur in ziemliche Correspondenz mit auswärtigen Societäten und Gelehrten eingelassen, sondern auch mit der Congregation, so der Papst zu Verbesserung des Calender-Wesens unter zweener Cardinäle Direction angeordnet, in gewisser Communication stehet, und also wegen Ihrer Majestät, als vornehmsten Evangelischen Potentaten im Reich, zumahl da kein anders zu diesem Werk bestimmtes Evangelisches Collegium, als die Königliche Societät vorhanden, zu gewissen Temperamenten zu gelangen hoffet, dadurch die beschwerliche Calender-Spaltung gänzlich aufhören könne.

Damit nun die Societät den bereits bey Auswärtigen in etwas

aux machines, fabriques, instruments de toute espèce, machines hydrauliques, en un mot à tout ce qui a trait à l'existence et aux arts, comme aussi par l'envoi de quelques observateurs en pays étrangers, sous la protection de Sa Majesté, avec les sciences aider à propager la lumière du saint Évangile, tout cela en vue du *fundus* de la Société et conformément à l'instruction royale. Et comme on est déjà en rapports non-seulement avec les sociétés étrangères, mais aussi qu'on entretient certaines relations avec la congrégation que le Pape a chargée, sous la direction de deux cardinaux, de la révision des calendriers, et comme il n'y a pas dans l'Empire un potentat plus illustre ni une société religieuse mieux composée que la Société royale pour l'accomplissement de cette œuvre, on espère arriver à un tel tempérament que les divergences d'opinions au sujet des calendriers cesseront entièrement.

Pour que la Société puisse conquérir la gloire déjà acquise par d'autres sous certains rapports, gloire qu'elle est

erlangten, bisher aber auf Hoffnung ehester besserer Verfassung beruhenden Ruhm erhalten, und alles obgemeldte löbliche Absehen erreichen möge, könnten noch verschiedene ohnmaaßgebliche nach und nach vorschlagende Königliche Concessiones dienen, welche so bewandt, daß sie zugleich etwas Gemeinnütziges mit sich führen.

1) Weilen die gemeine Leute oft Receptur= und Quittanz=Büchlein oder dergleichen brauchen, darein die Receptores an Quittungs=Statt das Gelieferte notiren, so könnten solche bey den Calendern an die Unterthanen gegen ein leibliches distribuiret, auch solcher Modus zu quittiren, auch sonst zu notiren, als bequem und nützlich weiter eingeführet werden.

2) Weil bekannt, daß eine große Difformität sich bey denen in den Schulen und sonst bey denen Præceptoribus tam privatis, quam publicis gebräuchlichen Büchern findet, dadurch die von einer Schulen in die andere ziehen, oder in der Schule selbst andere Præceptores bekommen, sich zu neuen Büchern gewöhnen, auch wohl andere Dogmata annehmen müssen, mithin in progressu studiorum nicht wenig turbiret, und gehindert werden; überdieß auch

en droit d'espérer, grâce à son organisation supérieure, et atteindre le noble but en question, différentes concessions royales (sauf meilleur avis) proposées petit à petit pourroient y concourir; elles seroient employées de manière que le bien public en profitât.

1° Puisque les gens du commun font usage d'un carnet de recettes ou quittance, sur lequel les receveurs au lieu de quittance inscrivent ce qu'ils ont reçu, on pourroit en distribuer aux sujets contre une foible somme; une telle manière d'acquitter ou plutôt de noter seroit propagée comme utile et commode.

2° Comme on sait que, dans les écoles, il existe une grande différence non-seulement dans les livres, mais aussi pour les précepteurs tant privés que publics en ceci que les précepteurs qui passent d'une école dans une autre, et ceux qui arrivent dans la même, doivent s'habituer à des livres nouveaux, adopter de nouvelles méthodes, ce qui déroute et entrave la marche des études; en outre, il

mehr als zu bekannt, daß die Information der Jugend oft schlecht bestellet, die Ingenia weit herum geführet, zu Zeiten auch mit untauglichen, theils schädlichen, meist außer Landes verlegten Büchern beladen wird; so könnten unter Approbation der Societät richtige, deutliche, auf den alten, zur Gottesfurcht und Tugend gerichteten Grund gebauete, mit neuen Erfindungen ausgezierte Compendia, Tabulæ und Systemata disciplinarum, auch Notitiæ Historico-Geographico-Genealogico-Heraldicæ, denn auch Grammatiken, Januæ, Dictionaria, Nomenclatores, Collectanea memorabilium, unter was Namen sie wollen, und dergleichen, theils verfasset, theils erneuert, danebenst solche Editiones *autorum classicorum* zum Druck befördert worden, welche mit notis criticis nicht überhäufet und vertheuert, und doch mit nöthigen Erklärungen versehen wären. Dazu gehörten auch Schreib= und Rechen= Bücher, und sonderlich Catechismi, compendia Theologica, in denen gewisse taugende Gebeth= und Gesang= auch Spruch=Bücher, Editiones des neuen Testaments, auch der ganzen Bibel oder deren Theile in Original und andern Sprachen, auch sonderlich Lexica und Dictio=

n'est que trop connu que les moyens d'éducation sont mauvais, les dispositions naturelles dévoyées, grâce à des livres de peu de valeur et le plus souvent dangereux que l'on imprime à l'étranger; c'est alors que l'on pourroit, avec l'approbation de la Société, encourager l'impression d'ouvrages, *compendia* moraux, clairs, basés sur la crainte de Dieu et de la vertu, enrichis de nouvelles inventions, les *tabulæ* et *systemata disciplinarum*, et encore *notitiæ historico-geographico-genealogico-heraldicæ*, des grammaires, *januæ*, *dictionaria*, *nomenclatores*, *collectanea memorabilium*, peu importe le nom, en partie composés et en partie renouvelés; avec cela *editiones autorum classicorum*, non pas surchargées de notes critiques, ce qui en augmente le prix, mais pourvues d'éclaircissements nécessaires. Il y auroit aussi des livres d'écriture et de calcul, surtout des catéchismes, *compendia theologica*, y compris certains bons livres de prières, chansons et proverbes, éditions du Nouveau Testament, de toute la Bible ou parties dans l'original et en

naria, Flavissæ und Adagia von allerhand Sorten. Auch wird
Königl. Majestät in Gnaden geruhen, der Societät ein Generale
privilegium impressorium perpetuum more consueto auf
die von dero wegen verlegte Bücher in Gnaden zu ertheilen. Dem=
nach würden Königl. Majestät dero Societät in Gnaden geruhen,
ein privilegium perpetuum Generale auf die sogenannte Schul-
und andere specificirte Bücher, und die, so denen gleich, so cum
privilegio nachgedruckt, oder andere Autores zu Lectionibus und
Collegiis oder sonst uniformirter in dero Landen gebraucht würden
(zu ertheilen).

3) Weilen auch die Nicht=Studirenden billig in vielen nützlichen
Dingen, sonderlich ex Mathesi, Natura, Œconomicis, Historia
et re morali, in Teutscher Sprache unterwiesen werden sollten,
wäre der Societät dessen Besorgung insonderheit aufzutragen, und
deswegen Schreib= und Rechen=Meister, auch andere Künstler an sie
zu weisen.

4) Nachdem Maaß und Gewicht gemeiniglich mit der Zeit in Ohn=
richtigkeit zu kommen pflegen, auch die dabey in verschiedenen Pro=

d'autres langues, et principalement des *lexica* et *dictionaria, flavissæ* et *adagia* de toutes sortes. Sa Majesté daignera
accorder à la Société un privilége général perpétuel *more
consueto* sur les livres imprimés en son nom. En outre, Sa
Majesté daigneroit aussi accorder un privilége général perpétuel sur les livres spécifiés plus haut et ceux imprimés
avec privilége, et interdire l'usage dans ses États des autres
éditions et auteurs *pro lectionibus* et *collegiis*.

3° Comme il y a des personnes qui ne sont pas appelées
à l'étude de certaines sciences, principalement des mathématiques, de l'histoire naturelle, de l'économie, de l'histoire et de la morale, la Société seroit chargée d'en prendre
soin et à cet effet d'appeler à elle des maîtres d'écriture et
de calcul ainsi que d'autres artistes.

4° Puisque les poids et mesures deviennent ordinairement inexacts avec le temps, que dans beaucoup de provinces le manque d'accord a causé bien des embarras, c'est
l'affaire de la mécanique; aussi on pourroit, à l'exemple du

vincien sich findende Difformität viel Ohngelegenheit verursachet, dieß auch res mechanica ist, so könnte nach dem Exempel der Cron Dännemark, da alles Maaß und Gewicht nicht allein geaichtet und in Richtigkeit bracht, sondern auch die Mensuræ auf den Rheinländischen, in der That Romanischen Fuß gerichtet, und vermittelst der Decimal=Eintheilung von der Bruch=Rechnung befreyet worden, ein gleiches durch alle Ihrer Majestät Lande zu bewerkstelligen, auch ferner zu beobachten, die Societät autorisiret werden, auch von solcher Einrichtung und ferner beständiger Inspection ein gewisses zu genießen haben.

5) Es ist bereits vor mehr als einem Jahr die Seiden=Erziehlung in diesen Landen in Vorschlag kommen, auch Maulbeer=Saamen aus Italien angeschafft worden weilen gewisser Beweis von dem Succeß vorhanden. Ob nun gleich ein merklicher Gewinn in den ersten Jahren nicht zu erreichen; diemeil aber dennoch ein großer und ansehnlicher Nutz endlich daraus erfolgen muß; als hat man das Werk fortzusetzen nöthig befunden; und wird verhoffet, Ihre Majestät werden allergnädigst geruhen, die beyden Gärten der

Danemark où chaque poids et chaque mesure n'a pas été seulement établi et réglé, mais encore les distances, sur le pied du pays Rhénan, en réalité le pied romain, et le compte des fractions aboli par la division en décimales, établir dans les États de Sa Majesté Royale la même réforme, et remarquer que plus tard la Société seroit autorisée à prélever de certains fonds par suite de cette innovation placée sous sa surveillance constante.

5° Il y a déjà plus d'un an que la culture des vers à soie a été proposée et que des semences de mûriers ont été apportées d'Italie, alors qu'on étoit pour ainsi dire assuré du succès. Quoique dès les premières années il n'y ait pas lieu d'obtenir un gain considérable, comme cependant par la suite on en retire de grands profits, il a été trouvé bon de poursuivre le but qu'on s'est proposé, et l'on espère que Sa Majesté daignera laisser subsister les deux jardins de mûriers blancs à Potsdam et à Cœppenick, ainsi que les arbres de Glunecke, encore qu'ils n'aient que peu ou point

weißen Maulbeer=Bäume zu Potsdam und Köppenick, sammt denen Bäumen zu Glünecke zu dem Ende überlassen, als welche doch bisher wenig oder nichts einbracht haben. Desgleichen auch einige bequeme, anjetzo wenig nützende Länderien hin und wieder anweisen zu lassen, da Baum=Schulen angeleget, oder dahin vernach die Bäumlein versetzet werden könnten. Und weil der Garten zu Köppenick wenig gepfleget, und die Bäume damit verwahrloset, auch gar zum Theil gegen alle Raison ausgerottet worden: so könnten Ihre Majestät, was zu deren Erhaltung bestimmet, und von gewissen Leuten dazu genossen, aber übel angeleget werden, zu dieser bessern Anstalt wiedmen lassen.

6) Es wäre auch wohl auf etwas zu gedenken, so der Societät ohne Weitläuftigkeit und Kosten eine gewisse Einnahme geben, und sie in Stand setzen könnte, die vorhergehende Puncte, so meist Zeit, Verlag und besondere Anstalt erfordern, besser zu bestreiten.

rapporté jusqu'ici (1). De même Elle daignera indiquer certains terrains commodes non utilisés où seroient installées des pépinières et où de petits arbres pourroient être transplantés. Et comme le jardin de Cœppenick n'est pas soigné convenablement, que les arbres ne sont pas entretenus, que contre toute raison quelques-uns ont été déracinés, Sa Majesté pourroit destiner à un meilleur usage ce qui est réservé à cet entretien, ainsi que les fonds dont ont joui certaines personnes et qui ont été mal employés.

6° Ce seroit le moment de songer comment procurer à la Société, sans frais ni démarches, quelques revenus réguliers, afin de la mettre mieux à même d'exécuter les projets indiqués plus haut et qui depuis longtemps demandent l'impression et la mise en pratique.

(1) Kapp renvoie à un édit de Frédéric le Grand du 12 novembre 1742 au sujet de la plantation pour la production de la soie.

Vortrag auf der Conferenz-Stube zu Berlin den 27. December 1706 an die anwesenden Associatos, welche sich der rei mathematicæ annehmen.

Hochgeehrte Herren,

Es ist bewußt, daß des Königs zu Preußen, unsers allergnädigsten Herrn Majestät, vor einigen Jahren eine Societät der Wissenschaften aufgerichtet, und solche mit einigen Privilegien begabet, auch ein Observatorium derselben bauen zu lassen allergnädigst resolviret, darauf denn auch unterschiedliche Membra allhier und anderswo, in- und außerhalb Sr. Majestät Landen in die Societät genommen worden, von denen man sich Hoffnung zur Aufnahme der Wissenschaften machen können.

Es haben auch ferner die Membra, so sich der Fundation und deren Execution angenommen, dahin gearbeitet, daß das Calender-Wesen, als bisheriger einiger Fundus der Societät, in Stand ge-

Rapport sur la conférence tenue à Berlin, le 27 déc. 1706, aux associés présents qui s'occupent de la partie mathématique.

Très-honorés Messieurs,

On sait que le Roi de Prusse, notre très-gracieux Seigneur, a érigé, il y a quelques années, une Société des sciences, l'a dotée de quelques priviléges, et a résolu la construction d'un observatoire. C'est pourquoi des membres divers ont été reçus dans la Société, d'ici et d'ailleurs, des États de Sa Majesté Royale comme de l'étranger, alors que tous font espérer des progrès marqués dans les sciences.

Ce sont les membres ayant pris part à sa fondation et à son installation qui ont travaillé pour mettre en pratique le système des calendriers jusqu'ici seul ressource de la Société, et qui après bien des difficultés vaincues a pu fonctionner enfin.

bracht werden möchte, welches nach Ueberwindung vieler Hindernisse, endlich so ziemlich eingerichtet worden.

So hat man auch sich angelegen seyn lassen, Observationes Astronomicas zu machen, so gut als es die bisherige Anstalt leiden können. Und man will hoffen, das nunmehr nachdrückliche Ordres von wegen Königl. Majestät zu Ausbauung des Observatorii und Lieferung des versprochenen Eck=Pavillons ergehen werden.

Weilen man aber zu mehrer Vergnügung Königl. Majestät und des Publici, und Erreichung des löblichen gemeinnützigen Zwecks gleich wohl dahin zu sehen hat, daß nicht nur die Societät mehr und mehr in Stand gesetzet werde, etwas nützliches auszurichten, sondern auch würklich etwas leiste, dadurch Königl. Majestät zu Unterhaltung der vorigen und Ertheilung neuer Gnaden=Bezeigungen bewogen werde, so hat man nöthig befunden, darüber mit denen anwesenden Herren Associatis zu deliberiren.

Nachdem aber die Gelegenheit zu den General=Versammlungen noch nicht vorhanden, und die membra Societatis in drei Classes, nehmlich: Mathematicam, Physicam und Literariam vertheilet

On s'est appliqué aussi à faire des observations astronomiques aussi bien que pouvoient le permettre les ressources actuelles. Il y a lieu d'espérer que Sa Majesté Royale donnera des ordres pour l'achèvement de l'observatoire et la remise du pavillon promis.

Comme il convient de ne pas perdre de vue le plus grand contentement de Sa Majesté Royale et du public et le résultat de l'œuvre si noble et si utile qu'on se propose, afin que la Société soit de plus de plus à même de produire non-seulement quelque chose d'utile, mais encore quelque chose qui encourage Sa Majesté à nous maintenir ses faveurs, et même à les augmenter, on a trouvé nécessaire de délibérer à ce sujet avec messieurs les associés présents.

Comme on n'a pas encore eu l'occasion d'une assemblée générale et que les membres de la Société ont été partagés en trois classes, savoir : mathématique, physique et littéraire ; on a voulu convoquer spécialement ces messieurs

worden, so hat man jetzo vornehmlich diejenigen Herren convociren wollen, welche sich rei mathematicæ annehmen. Und obwohl einem jeden der Herren frey stehet, dasjenige anzubringen, was zum Besten der Societät gereichet, so hat man doch pro distinctiore deliberationis objecto folgende Puncta insonderheit zu überlegen vorstellen wollen :

1) Was die Beförderung der Astronomie und Astronomischen Observationen angehet.

2) Was etwa andere Mathematische und Mechanische Decouverten betreffen möchte.

3) Ob nun wie vermittelst rei mathematicæ et mechanicæ einige Mittel auszufinden, dadurch der fundus Societatis zu vermehren.

4) Wie etwa wenigstens jährlich gewisse Miscellanea zu publiciren, darinn sowohl communicationes curiosæ von denen Membris und andern, als einige Recensiones und Excerpta neuer Bücher enthalten seyn möchten.

qui font partie de la mathématique ; et encore que chacun de ces messieurs soit libre de faire un rapport sur ce qui lui semble le plus utile à la Société, on a voulu, comme objet plus spécial de discussions, soumettre les points suivants :

1° Ce qui pourroit encourager l'étude de l'astronomie et les observations astromiques.

2° A quoi doivent tendre les découvertes mathématiques et mécaniques ?

3° Si et comment, au moyen des mathématiques et de la mécanique, il y a lieu de chercher quelques moyens d'augmenter par là le fonds de la Société.

4° Comment publier au moins chaque année certains *Miscellanea* qui renfermeroient aussi bien les communications intéressantes des membres et autres, que quelques revues et extraits de nouveaux livres.

Gedanken,

auf was Art daß Ihro Königl. Majestät dem Herrn von Leibniz, als Präsidi der
  Societät, mündlich allergnädigst versprochene, und verselben zu ertheilende Privilegium, die Erzielung der Maulbeer-Bäume betreffend, einzurichten sey.

Nachdem man durch verschiedene Proben versichert, daß die Zucht
der weißen Maulbeer-Bäume und Erzielung der Seide in diesen Landen thulich; auch Se. Königl. Majestät zu Preussen, unser
allergnädigster, unlängst vivæ vocis oracula sich gegen den Prä-
sidem Dero Societät der Wissenschaften zu Ertheilung eines Privilegii an dieselbe dießfall in Gnaden erkläret, habe man um dessen
Ausfertigung dergestallt allerunterthänigst ansuchen wollen:

1) Daß Königl. Majestät ein Privilegium privativum generale perpetuum zu Erzielung der weißen Maulbeer-Bäume und der
Seide, wo es in Dero Landen thulich, gedachter Societät der Wissenschaften in Gnaden zu ertheilen geruhen.

Pensées sur les moyens à prendre

pour amener Sa Majesté Royale à mettre à exécution le privilége promis de vive voix par Elle à M. de Leibniz, président de la Société, privilége concernant les mûriers.

Comme on a l'assurance, par suite de plusieurs épreuves,
que la culture des mûriers blancs et l'industrie de la soie sont
possibles dans ces pays, que Sa Majesté le roi de Prusse, notre très-gracieux Seigneur, en présence du président de sa
Société des sciences, et de vive voix, s'est montrée favorable à la concession d'un privilége en sa faveur, on a voulu
en conséquence solliciter très-humblement :

1° Que Sa Majesté Royale daigne accorder un privilége
particulier, général, perpétuel, pour la culture des mûriers
et de la soie aux lieux convenables, en faveur de la Société
des sciences ;

2° Qu'en outre la Société soit libre d'exercer ou de faire

2) Also daß der Societät frey stehe, solches vor sich oder durch Andere zu exerciren, auch nach Gutfinden Andern zu überlassen, oder sonst aufs beste zu ihrem Nutz anzuwenden.

3) Es soll auch der Societät anheim stehen, wenn und wo sie es gut finden, Andern zuzulassen, daß sie in ihrem Fundo dergleichen Bäume aufziehen, doch daß sie sich deswegen mit der Societät vergleichen.

4) Se. Königl. Majestät Gärten und locis publicis aber soll allein der Societät oder denen, die caussam von ihr haben, der Gebrauch erwähnter Bäume verstattet werden, wie dann Königl. Majestät insonderheit die bei Köppenick und ohnweit Potsdam oder anderswo sich jetzo oder künftig befindende Bäume und dazu gehörige Plätze der Societät zu deren Gebrauch ohne Entgeld vergönnen werden.

5) Und weilen solche Bäume zugleich zur Zierde gereichen, und eben so wohl, als Linden aufwachsen, und mithin Schatten so wohl als Nutzen geben, so soll die Societät Macht haben, aus denen etwa anlegenden Baum=Schulen an bequemen Orten, auf Wällen, Stra-

exercer par d'autres, ou encore de transmettre à d'autres, selon son intention, ce privilége dont on fera toujours le meilleur emploi.

3° La Société a le droit, quand et où elle le trouve bon, de permettre à d'autres d'élever des arbres pour son *fundus*, après toutefois une entente préalable.

4° Dans les jardins de Sa Majesté et les lieux publics, l'usage des arbres susnommés appartient seul à la Société et à ceux qui en ont les pouvoirs, de même que les terrains de Sa Majesté Royale et les arbres qui se trouvent à Cœppenick et non loin de Potsdam ou ailleurs peuvent être concédés à la Société pour son usage sans loyer.

5° Et puisque de tels arbres servent à la fois d'ornement, peuvent croître comme des tilleuls et donner de l'ombrage, la Société peut avoir la faculté de planter, en prenant dans les pépinières quelles qu'elles soient, sur les promenades, les routes, les remparts, dans tout lieu convenable, non-seu-

APPENDICE.

ßen, und wo es sonst anständig, nicht nur dergleichen nützliche Bäume, sondern auch ganze Alleen zu pflanzen und hernach zu nutzen. Und was von Bäumen gesagt, ist auch von Hecken, wo solche dienlich, zu verstehen.

6) Da auch zu Baum-Schulen oder sonst einige bequeme Plätze verlanget werden sollten, deren anderswärts wohl zu entbehren, würden Königl. Majestät solche gegen einen gewissen Erbzins nach deren bisherigen Ertrag, der Societät anweisen lassen.

7) Weilen von den gemeinen oder schwarzen Maulbeer-Bäumen auch einige Seide zu haben, so soll solches entweder verschiedener Ursachen halber ganz verbleiben, oder nicht anders als mit Einwilligung der Societät geschehen, als deren die Erzielung der Einheimischen Seide allein zukäme.

8) Damit auch die Societät ihr Privilegium desto besser nutzen könnte, würde nicht allein die Erzielung, sondern auch die Verarbeitung und der Vertrieb der einheimischen Seide in ihrem Privilegio begriffen, mithin ihr, oder denen, so Causam von ihr haben, ohnbenommen seyn, allerhand auch mit Beyfügung fremder Seide

---

lement quelques arbres, mais des allées entières, et d'en tirer profit.

6° Comme dans l'intérêt des pépinières il peut y avoir des terrains convenables et dont on pourroit faire le sacrifice, Sa Majesté les concéderoit à la Société moyennant redevance emphytéotique basée sur le rapport obtenu jusqu'ici.

7° Et puisqu'il y a possibilité d'obtenir quelque soie des mûriers communs ou noirs, ou bien les choses resteront comme par le passé, ou bien la Société en décidera autrement, pourvu que la venue de la soie réussisse.

8° Pour que la Société profite d'autant mieux de son privilége, il faut comprendre dans ce privilége non-seulement la venue de la soie, mais encore sa préparation et son débit, et lui permettre ainsi qu'à ses mandataires l'emploi, selon le besoin, des soies étrangères et d'autres productions.

9° Enfin, puisque cette entreprise est destinée à rendre de grands services au pays, à l'intérêt général, à l'État,

und ander Materalien, nachdem es dienlich, daraus verfertigen zu lassen.

9) Endlichen weilen dieß Werk zu einem Werk eines ansehnlichen Nutzen dieser Lande und des gemeinen Wesens und der hohen Herrschaft und zu keines Menschen Beschwerde abzielt, dieses Privilegium auch als summe favorabile angesehen, bey vorfallendem Zweifel in favorem interpretiret, die rohe Seide und daraus verarbeitete Waare (in so weit die Seide einheimisch) bey Zollen und Accisen nicht hoch beschwerlich, sondern so leidlich, als es des Königs und des Landes Interesse mit sich bringet, tractiret, endlich die Uebertreter des Privilegii mit ernster Strafe beleget, und der Societät, worunter allezeit die Causam von ihr haben, mit zu verstehen, zu Erhaltung ihres wohlgemeinten Zwecks jedesmal nachdrücklich und schleunig, auch sine figura et strepitu judicii geholfen werde. Auf welchen Fuß dann und nach Befinden mit mehrer Extension (man) die Ausfertigung des Königl. Allergnädigsten Privilegii hoffet. Salvo, etc., etc.

Berlin den 10. Jan. 1707.

sans qu'il y ait la moindre charge pour qui que ce soit, que ce privilége soit considéré comme de la plus haute importance, qu'il mérite au besoin la faveur royale, que la soie rouge ainsi que la soie travaillée soit frappée d'un impôt si léger toutefois qu'il soit plutôt utile que nuisible, que les violateurs du privilége soient punis sérieusement, qu'il soit ainsi venu en aide à la Société et à ses mandataires et que son noble but prospère de plus en plus. C'est ainsi et sur de telles bases que nous attendons avec confiance l'expédition du très-gracieux privilége royal.

Salvo, etc., etc.

Berlin, le 10 janvier 1707.

FIN DE L'APPENDICE.

TABLE DU SEPTIÈME VOLUME

DES ŒUVRES DE LEIBNIZ.

	Pages.
INTRODUCTION...	V
Efforts faits par Leibniz pour obtenir un privilége pour le plan de ses *Semestria*, 1668 et 1669...	1
De vera ratione reformandi rem literariam meditationes, 1668...	20
Plan de la création d'une Société des arts et des sciences en Allemagne...	27
Réflexions sur l'établissement en Allemagne d'une Académie ou Société des sciences pour faire fleurir le progrès des arts et des sciences...	64
Consultatio de naturæ cognitione ad vitæ usus promovenda instituendaque in eam rem societate germana...	94
De l'utilité d'un établissement d'archives...	127
Repræsentanda...	138
Semestria literaria...	155
Le projet ancien des *Semestria literaria*...	164
Leibniz à Paullini...	172
Projet d'industrie séricole...	211
Plan d'une Académie en Saxe...	218
Fondation d'une Société des sciences en Prusse...	278
Société impériale allemande...	298
Leibniz au prince Eugène concernant l'Académie de Vienne...	312
Leibniz à l'empereur d'Autriche...	337
Création d'un bureau d'adresse...	358
Plan d'une Société allemande...	383
Mémoire sur l'établissement d'une Société des sciences en Russie.	404

CORRESPONDANCE CONCERNANT LA RUSSIE :

I. — Leibniz à Sparvenfeld...	419
II. — Leibniz à un personnage de la cour de Wolfenbüttel...	420
III. — Leibniz à Palmieri...	423
IV. — Réponse de Palmieri...	425

TABLE DES MATIÈRES.

	Pages.
V. — Lettre de Leibniz sur le séjour de Pierre le Grand à Coppenbrucke	426
VI. — Leibniz à Le Fort l'Aîné	429
VII. — Mémoire de Leibniz pour Le Fort	430
VIII. — Leibniz à Le Fort le Jeune	438
IX. — Le Fort le Jeune à Leibniz	444
X. — Leibniz à Sophie-Charlotte, Électrice de Brandebourg	447
XI. — In electionem Poloniæ regis (1697)	450
XII. — Witsen à Leibniz	450
XIII. — Leibniz à Sparvenfeld	451
XIV, XV, XVI. — Witsen à Leibniz	453
XVII. — Observations diverses de Leibniz sur la Russie	459
XVIII. — Leibniz à Huyssen	462
XIX. — Witsen à Leibniz	464
XX. — Mémoire de Leibniz (pour le czar Pierre)	467
XXI. — Rapport de Leibniz sur l'établissement des sciences et des études en Russie	480
XXII. — Entretien de Leibniz avec le czar Pierre à Torgau	489
XXIII. — Leibniz au duc Antoine-Ulrich	499
XXIV. — Leibniz au chancelier comte Golofkin	501
XXV. — Leibniz à Golofkin le Jeune	505
XXVI. — Leibniz à Pierre le Grand	506
XXVII. — Projet d'un conseil supérieur des sciences et arts pour le Czar	516
XXVIII. — Projet d'un mémoire de Leibniz concernant l'étude des langues et l'observation de la variation de l'aiguille aimantée dans l'empire russe	519
XXIX. — Avant-mémoire destiné à Schleiniz à l'occasion de son voyage à la cour du Czar à Greifswald	547
XXX. — Décret de Pierre le Grand, nommant Leibniz conseiller intime de justice	553
XXXI. — Leibniz à Pierre le Grand	555
XXXII. — Observations sur l'aiguille aimantée	562
XXXIII. — Projet d'un mémoire de Leibniz au Czar en vue des progrès des arts et des sciences, et des écoles dans l'empire russe	567
APPENDICE	599

FIN DE LA TABLE DU SEPTIÈME VOLUME.

Contraste insuffisant

NF Z 43-120-14

www.ingramcontent.com/pod-product-compliance
Lightning Source LLC
Chambersburg PA
CBHW050056230426
43664CB00010B/1342